해커스 공인중개사

공인중개사 1위 해커스
한경비즈니스 2024 한국브랜드만족지수 교육(온·오프라인 공인중개사 학원) 1위

시간이 없을수록, 기초가 부족할수록, 결국 강사력
강의만족도 96.4%
최정상급 스타교수진

[96.4%] 해커스 공인중개사 2023 수강생 온라인 설문결과(해당 항목 응답자 중 만족의견 표시 비율)

다른 학원에 비해 교수님들의 강의실력이 월등히 높다는 생각에 해커스에서 공부를 하게 되었습니다.

-해커스 합격생 김정헌 님-

해커스 교수님들의 강의력은 타 어떤 학원에 비해 정말 최고라고 단언할 수 있습니다.

-해커스 합격생 홍진한 님-

해커스 공인중개사 교수진이 정말 최고입니다. 그래서 합격했고요.

-해커스 합격생 한주석 님-

해커스의 가장 큰 장점은 최고의 교수진이 아닌가 생각합니다. 어디를 내놔도 최고의 **막강한 교수진**이라고 생각합니다.

-해커스 합격생 조용우 님-

잘 가르치는 정도가 아니라 어떤 교수님이라도 너무 열심히, 너무 열성적으로 가르쳐주시는데 대해서 정말 감사히 생각합니다.

-해커스 합격생 정용진 님-

해커스처럼 이렇게 열심히 의욕적으로 가르쳐주시는 교수님들 타학원에는 없다고 확신합니다.

-해커스 합격생 노준영 님-

1588-2332　　　　　　　　　　　　　　　land.Hackers.com

해커스 공인중개사

공인중개사 1위 해커스
한경비즈니스 2024 한국브랜드만족지수 교육(온·오프라인 공인중개사 학원) 1위

다른 곳에서 불합격해도 해커스에선 합격,
시간 낭비하기 싫으면 해커스!

제 친구는 타사에서 공부를 했는데, 떨어졌어요. 친구가 '내 선택이 잘못됐었나?' 이런 얘기를 하더라고요. 그래서 제가 '그러게 내가 말했잖아, 해커스가 더 좋다고.'라고 얘기했죠. 해커스의 모든 과정을 거치고 합격을 해보니까 알겠어요. **어디 내놔도 손색없는 1등 해커스 스타교수님들과 해커스 커리큘럼으로 합격할 수 있었습니다.**

해커스 합격생 은*주 님

아는 언니가 타학원 OOO에서 공부했는데 1, 2차 다 불합격했고, **해커스를 선택한 저만 합격했습니다.** 타학원은 적중률이 낮아서 불합격했다는데, 어쩜 해커스 교수님이 낸 모의고사에서 뽑아낸 것처럼 시험이 나왔는지, 정말 감사드립니다. 해커스를 선택한 게 제일 잘한 일이에요.

해커스 합격생 임*연 님

타사에서 3년 재수.. 해커스에서 해내다.. ^^

어린 아들을 둘 키우다 보니 학원은 엄두도 못내고, 인강으로만 해야 했는데, 사실 다른 사이트에서 인강 3년을 들었어요. 그리고 올해 해커스로 큰맘 먹고 바꾸고, 두 아들이 6살 7살이 된 올해 말도 안되게 합격했습니다. 진작 갈아 탔으면 하는 생각이 듭니다. 솔직히 그 전에 하던 곳과는 너무 차이가 났습니다. **특히 마지막 요약과 정리는 저처럼 시간을 많이 못내는 사람들에게는 최고입니다.**

해커스 합격생 김*정 님

타사에서 재수하고 해커스에서 합격!

저는 타사에서 공부했던 수험생입니다. 열심히 했지만 작년 시험에서 떨어졌습니다. 실제 시험에서 출제되었던 모든 문제의 난이도와 유형이 그 타사 문제집의 난이도와는 상상할 수 없이 달랐습니다. 저는 교재 수정도 잘 안되고 난잡했던 타사 평생회원반을 버리고 해커스로 옮겨보기로 결심했습니다. 해커스 학원에서 강의와 꾸준한 복습으로 6주, 정확하게는 **올해 3개월 공부해서 2차 합격했습니다.** 이는 모두 해커스 공인중개사 교수님들의 혼신을 다하신 강의의 질이 너무 좋았다고 밖에 평가되지 않습니다. 저의 이번 성공을 많은 분들이 함께 아시고 저처럼 헤매지 마시고 빠르게 공인중개사가 되는 길을 찾으셨으면 좋겠습니다.

해커스 합격생 이*환 님

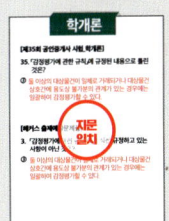
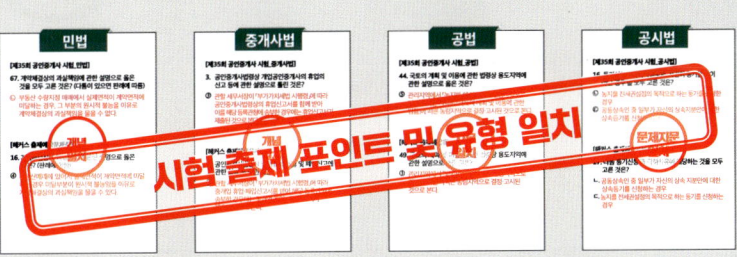
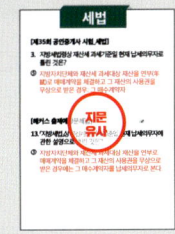

해커스 공인중개사

공인중개사 1위 해커스
한경비즈니스 2024 한국브랜드만족지수 교육(온·오프라인 공인중개사 학원) 1위

무료가입만 해도
6가지 특별혜택 제공!

전과목 강의 0원

스타교수진 최신강의
100% 무료수강
* 7일간 제공

합격에 꼭 필요한 교재 무료배포

최종합격에 꼭 필요한
다양한 무료배포 이벤트
* 비매품

기출문제 해설특강

시험 전 반드시 봐야 할
기출문제 해설강의 무료

전국모의고사 서비스 제공

실전모의고사 + 해설
강의까지 제공

막판 점수 UP! 파이널 학습자료

시험 직전 핵심자료 &
반드시 풀어야 할 600제 무료
* 비매품 * 이벤트 신청 시

개정법령 업데이트 서비스

계속되는 법령 개정도
끝까지 책임지는 해커스!

공인중개사 1위 해커스
지금 무료가입하고 이 모든 혜택 받기

해커스 공인중개사 기본서

1차 부동산학개론 ①

land.Hackers.com

공인중개사 합격을 위한 **필수 기본서,**
기초부터 실전까지 **한 번에!**

금리가 상승하면 부동산가격이나 주가(株價)는 하락할까요?
물론 경제상황마다 다를 것이고, 가격을 결정하는 요인이 수없이 많기 때문에 경제와 부동산시장을 바라보는 관점도 시장참여자마다 다릅니다. 미래 경제상황은 예측이 어려운 불확실성이 있어서 부동산시장에 대하여 균형적 시각을 갖기 위해서라도 공인중개사시험은 충분히 도전할 가치가 있습니다. 경제와 부동산시장에 대한 꾸준한 학습은 부동산투자나 자산관리에서 실수를 줄이는 데 작은 역할을 하게 될 것입니다.

부동산학개론은 경제학·재정학·도시개발학(입지론)·재무관리·금융·감정평가 등 부동산 관련 이론이 종합된 학문입니다. 따라서 수험생 혼자 방대한 분야의 학문과 여타 법 과목을 함께 준비하기에는 어려운 점들이 많고, 일상생활을 하며 공인중개사시험 준비에 투자할 수 있는 가용시간도 극히 제한적입니다. 본 해커스 공인중개사 부동산학개론 기본서는 학습역량 및 여건이 다른 수많은 수험생들에게 학습할 내용을 정확하게 전달될 수 있도록 작성되어 공인중개사시험을 효율적으로 준비하고, 궁극적으로 합격하는 데 많은 도움을 드릴 것입니다.

1. 본 교재는 제15회 공인중개사시험 이후 국토교통부에서 제시한 부동산학개론 표준목차의 총 8편을 순서대로 배치함으로써 최근의 출제경향에 대응하여 체계적이고 효율적인 학습이 가능하도록 구성하였습니다.

2. 부동산학개론은 기출된 문제와 지문들이 해당 연도 시험에 동일하게 반복 출제되는 경우는 일부에 불과하며, 법(法) 과목과 달리 경제상황이나 부동산정책, 부동산투자·금융환경이 변함에 따라 출제됐던 내용들이 새로운 시각으로 재해석·재응용되어 출제되는 경우가 많습니다. 이런 점을 충분히 고려하여 수험생들이 쉽게 접근하고 이해할 수 있도록 관련 이론을 상세하게 풀어서 기술했고, 부동산학개론에서 왜 이러한 분야를 공부하는지 그 배경을 인지함으로써 암기 위주의 학습보다는 개념과 원리를 논리적으로 접근하여 어떠한 문제가 출제되더라도 해결할 수 있는 응용능력을 가질 수 있도록 구성하였습니다.

3. 핵심적인 내용에서부터 보충적인 내용, 중요 기출문제까지 다양한 코너들을 수록함으로써 수험생들의 집중적인 학습을 유도하면서, 기본개념을 이해하는 것뿐만 아니라 대응능력도 갖출 수 있도록 하였습니다.

더불어 공인중개사 시험 전문 **해커스 공인중개사(land.Hackers.com)**에서 학원강의나 인터넷 동영상강의를 함께 이용하여 꾸준히 수강하신다면 학습효과를 극대화할 수 있을 것입니다.

마지막으로 좋은 기본서가 출간되도록 밤낮없이 수고하시고 배려해주신 많은 분들의 정성과 노고에 진심으로 감사의 말씀을 전합니다.

2025년 11월
신관식

이 책의 차례

이 책의 구성	6
공인중개사 안내	8
공인중개사 시험안내	10
학습플랜	12
출제경향분석 및 수험대책	14

1권

제1편 부동산학 총론

제1장 | 부동산의 개념과 분류 … 19
- 제1절 부동산의 개념 … 19
- 제2절 부동산의 분류 … 26

제2장 | 부동산의 특성 및 속성 … 34
- 제1절 토지의 특성 … 34
- 제2절 건물의 특성 … 41
- 제3절 부동산의 속성 … 42

제3장 | 부동산학의 이해 및 부동산활동 … 49
- 제1절 부동산학에 대한 이해 … 49
- 제2절 부동산활동 … 56

제2편 부동산경제론

제1장 | 부동산의 수요·공급이론 … 63
- 제1절 부동산수요·공급의 개념과 특징 … 63
- 제2절 균형가격과 균형거래량 … 77
- 제3절 수요와 공급의 탄력성 … 83

제2장 | 부동산의 경기변동 … 94
- 제1절 부동산경기변동 … 94
- 제2절 거미집이론 … 102

제3편 부동산시장론

제1장 | 부동산시장 … 109
- 제1절 부동산시장 … 109
- 제2절 정보의 효율성과 부동산시장 … 117
- 제3절 주택시장 … 122

제2장 | 입지 및 공간구조론 … 129
- 제1절 지대이론 … 129
- 제2절 도시공간구조이론 … 140
- 제3절 입지론 … 145

제4편 부동산정책론

제1장 | 부동산정책의 의의와 기능 … 169

제2장 | 토지정책 … 179

제3장 | 주택정책 … 192

제4장 | 조세정책 … 211

2권

제5편 부동산투자론

제1장 | 부동산투자분석 및 기법 … 229
- 제1절 부동산 직접투자의 개념과 현금흐름의 계산 … 229
- 제2절 투자의 기회비용 = 요구수익률 … 236
- 제3절 화폐의 시간가치 … 237
- 제4절 투자의 타당성분석기법 … 244

제2장 | 부동산투자이론 260

- 제1절 위험-수익의 상쇄관계(Trade-off)를 통한 투자대안분석 260
- 제2절 부동산투자의 수익률 266
- 제3절 부동산투자의 위험 269
- 제4절 포트폴리오이론(분산투자이론) 273

제6편 부동산금융론

제1장 | 부동산금융 283

- 제1절 부동산금융 283
- 제2절 주택금융(주택소비금융) 284
- 제3절 주택금융에 적용되는 고정금리와 변동금리 287
- 제4절 부동산저당대출의 상환방식 293
- 제5절 우리나라의 주택금융 299
- 제6절 주택연금제도 – 역저당(Reverse Mortgage) 303

제2장 | 부동산증권론 및 개발금융 307

- 제1절 자산유동화(ABS)제도 307
- 제2절 주택저당유동화증권(Mortgage Backed Securities) 및 제도 310
- 제3절 부동산개발금융 322

제7편 부동산개발 및 관리론

제1장 | 부동산이용 및 개발 347

- 제1절 부동산이용 347
- 제2절 부동산개발 352

제2장 | 부동산관리 373

제3장 | 부동산마케팅 및 광고 387

제8편 부동산감정평가론

제1장 | 감정평가의 기초이론 399

- 제1절 감정평가 399
- 제2절 감정평가의 분류 402
- 제3절 부동산가격이론 405
- 제4절 부동산가격의 제 원칙(감정평가원리) 413
- 제5절 지역분석 및 개별분석 420

제2장 | 감정평가의 방식 426

- 제1절 감정평가방법의 적용 및 시산가액의 조정 426
- 제2절 원가법 429
- 제3절 거래사례비교법 439
- 제4절 공시지가기준법 444
- 제5절 수익환원법 447
- 제6절 임대료의 평가방법 459

제3장 | 부동산가격공시제도 470

- 제1절 공시지가제도 471
- 제2절 주택가격공시제도 477
- 제3절 비주거용 부동산가격공시제도 482

제36회 기출문제 및 해설 490

이 책의 구성

눈에 쏙! 흐름분석

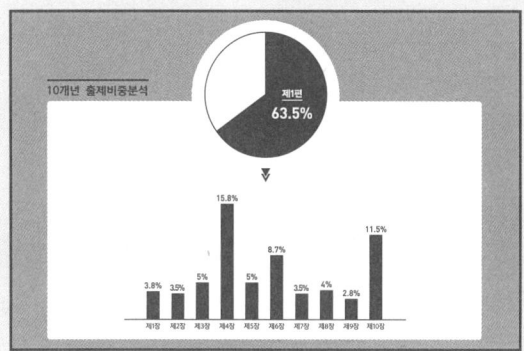

❶ 10개년 출제비중분석

최근 10개년의 출제비중을 시각적으로 제시하여 이론학습 전에 해당 편·장의 출제비중을 한눈에 확인할 수 있도록 하였습니다.

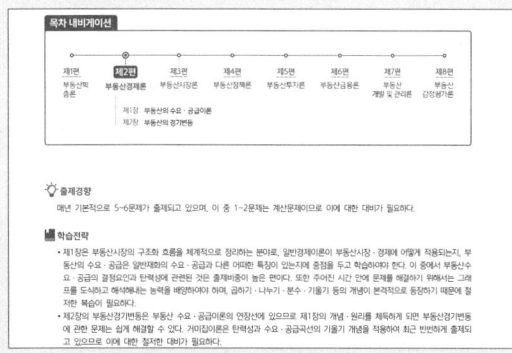

❷ 목차 내비게이션 / 출제경향 / 학습전략 / 핵심개념

목차 내비게이션을 통하여 학습하고 있는 편의 구조와 장의 위치 및 구성을 파악할 수 있으며, 출제경향·학습전략·핵심개념을 통하여 중점적으로 학습하여야 할 핵심 내용을 먼저 확인한 후 학습의 방향을 잡을 수 있도록 하였습니다.

개념 쏙! 이론학습

❸ 용어사전

이론 옆에 용어에 대한 설명을 수록하여 관련 이론을 쉽게 이해하는 데 도움이 될 수 있도록 하였습니다.

❹ 핵심 콕! 콕! / 더 알아보기

핵심 콕! 콕!을 통하여 출제 가능성이 높은 중요 이론을 확실히 이해하고 정리할 수 있도록 하였고, 더 알아보기를 통하여 이론을 더욱 충실히 학습할 수 있도록 하였습니다.

실력 쏙! 확인학습

> **확인예제**
>
> **토지의 특성에 관한 설명으로 틀린 것은?** 제34회
> ① 용도의 다양성으로 인해 두 개 이상의 용도가 동시에 경합할 수 없고 용도의 전환 및 합병·분할을 어렵게 한다.
> ② 부증성으로 인해 토지의 물리적 공급이 어려우므로 토지이용의 집약화가 요구된다.
> ③ 부동성으로 인해 주변 환경의 변화에 따른 외부효과가 나타날 수 있다.
> ④ 영속성으로 인해 재화의 소모를 전제로 하는 재생산이론과 물리적 감가상각이 적용되지 않는다.
> ⑤ 개별성으로 인해 토지별 완전한 대체 관계가 제약된다.
>
> **해설**
> 용도의 다양성으로 인해 두 개 이상의 용도가 동시에 경합할 수 있으며, 용도의 전환이 가능하다.
> • 토지는 합병·분할의 가능성이 있다. 정답: ①

❺ 확인예제

본문에서 학습한 이론을 학습 중간에 확인할 수 있도록 대표문제를 확인예제로 수록하였습니다.

교재 활용 TIP

개념다지기 01

- 목차 내비게이션과 핵심개념을 중심으로 과목의 전체적인 흐름을 확인합니다.
- 본문의 용어사전을 활용하여 이론학습의 기초를 다지고, 별색 표시 부분을 확인하여 중요한 내용이 무엇인지 파악합니다.

이론채우기 02

- 앞서 이해한 개념을 바탕으로 체계를 잡고, 중요한 내용을 보강하며 학습합니다.
- 핵심 콕! 콕!을 통하여 출제 가능성이 높은 부분을 확실히 정리하고, 확인예제를 통하여 본문에서 학습한 이론이 문제로 어떻게 구현되는지 확인합니다.

마무리하기 03

- 학습한 내용을 바탕으로 최신 기출을 풀어보고, 부족한 부분을 파악하여 집중적으로 보완합니다.

공인중개사 안내

공인중개사란?

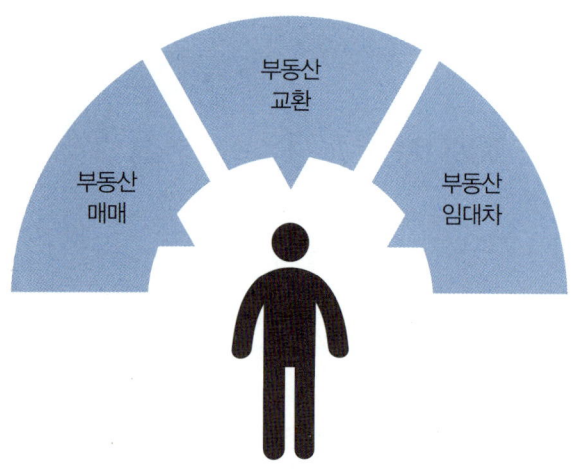

부동산 유통시장 전문가

- 공인중개사는 「공인중개사법」에 따라 공인중개사 자격을 취득한 자로, 타인의 의뢰에 의하여 일정한 수수료를 받고 토지나 건물 등에 관한 매매·교환·임대차 등의 중개를 전문으로 할 수 있는 법적 자격을 갖춘 사람을 의미합니다.

- 공인중개사는 부동산유통시장에서 원활한 부동산거래가 이루어지도록 서비스를 제공하는 전문직업인으로서 그 역할과 책무가 어느 때보다도 중요시되고 있습니다.

공인중개사의 업무

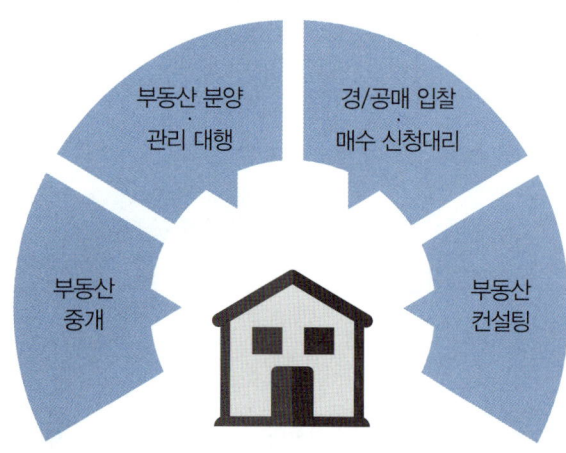

공인중개사 업무

- 일정한 수수료를 받고 토지나 주택 등 중개대상물에 대하여 거래당사자간의 매매, 교환, 임대차 그 밖의 기타 권리의 득실·변경에 관한 행위를 알선·중개하는 업무입니다.

- 토지나 건축물의 부동산중개업 외에도 부동산의 관리·분양 대행, 경·공매대상물의 입찰·매수신청 대리, 부동산의 이용·개발 및 거래에 대한 상담 등 다양한 업무를 수행할 수 있습니다.

공인중개사의 진로

창업

공인중개사 시험에 합격하면 소정의 교육을 거쳐 중개법인, 개인 및 합동 공인중개사 사무소, 투자신탁회사 등을 설립하여 중개 업무에 종사할 수 있다는 점이 공인중개사의 가장 큰 매력입니다. 특히 중개사무소의 경우 소규모의 자본으로도 창업이 가능하므로 다양한 연령대의 수험생들이 공인중개사 시험을 준비하고 있습니다.

취업

공인중개사는 중개법인, 중개사무소 및 부동산 관련 회사에 취업이 가능합니다. 또한 일반 기업의 부동산팀 및 관재팀, 은행 등의 부동산 금융분야, 정부재투자기관에도 취업이 가능하며, 여러 기업에서 공인중개사 자격증을 취득한 사원에게 승급 우대 또는 자격증 수당 등의 혜택을 제공하고 있습니다.

컨설팅

종래의 부동산 중개사무소 개업 외에 부동산의 입지 환경과 특성을 조사·분석하여 부동산의 이용을 최대화할 수 있는 방안을 연구하고 자문하는 부동산 컨설팅업이 최근 들어 부각되고 있어 단순 중개업무 이외에 법률·금융의 전문적 지식을 요하는 전문가로서의 역할을 기대할 수 있습니다.

가산점 제도

한국토지주택공사, 한국자산관리공사 등 공기업에서는 채용 시 공인중개사 자격증 소지자에게 2~3%의 가산점을 부여하고 있으며, 경찰공무원 시험에서도 가산점 2점을 주고 있습니다.

공인중개사 시험안내

응시자격

학력, 나이, 내·외국인을 불문하고 제한이 없습니다.

* 단, 법에 의한 응시자격 결격사유에 해당하는 자는 제외합니다(www.Q-Net.or.kr/site/junggae에서 확인 가능).

원서접수방법

- 국가자격시험 공인중개사 홈페이지(www.Q-Net.or.kr/site/junggae) 및 모바일큐넷(APP)에 접속하여 소정의 절차를 거쳐 원서를 접수합니다.
  * 5일간 정기 원서접수 시행, 2일간 빈자리 추가접수 도입(정기 원서접수 기간 종료 후 환불자 범위 내에서만 선착순으로 빈자리 추가접수를 실시하므로, 조기 마감될 수 있음)
- 원서접수 시 최근 6개월 이내 촬영한 여권용 사진(3.5cm×4.5cm)을 JPG파일로 첨부합니다.
- 제36회 시험 기준 응시수수료는 1차 13,700원, 2차 14,300원, 1·2차 동시 응시의 경우 28,000원입니다.

시험과목

차수	시험과목	시험범위
1차 (2과목)	부동산학개론	• 부동산학개론: 부동산학 총론, 부동산학 각론 • 부동산감정평가론
	민법 및 민사특별법 중 부동산 중개에 관련되는 규정	• 민법: 총칙 중 법률행위, 질권을 제외한 물권법, 계약법 중 총칙·매매·교환·임대차 • 민사특별법: 주택임대차보호법, 집합건물의 소유 및 관리에 관한 법률, 가등기담보 등에 관한 법률, 부동산 실권리자명의 등기에 관한 법률, 상가건물 임대차보호법
2차 (3과목)	공인중개사의 업무 및 부동산 거래신고에 관한 법령 및 중개실무	• 공인중개사법 • 부동산 거래신고 등에 관한 법률 • 중개실무(부동산거래 전자계약 포함)
	부동산공법 중 부동산 중개에 관련되는 규정	• 국토의 계획 및 이용에 관한 법률 • 주택법 • 도시개발법 • 건축법 • 도시 및 주거환경정비법 • 농지법
	부동산공시에 관한 법령 및 부동산 관련 세법*	• 공간정보의 구축 및 관리 등에 관한 법률(제2장 제4절 및 제3장) • 부동산등기법 • 부동산 관련 세법(상속세, 증여세, 법인세, 부가가치세 제외)

* 부동산공시에 관한 법령 및 부동산 관련 세법 과목은 내용의 구성 편의상 '부동산공시법령'과 '부동산세법'으로 분리하였습니다.
* 답안은 시험시행일 현재 시행되고 있는 법령 등을 기준으로 작성합니다.

시험시간

구분		시험과목 수	입실시간	시험시간
1차 시험		2과목 (과목당 40문제)	09:00까지	09:30~11:10(100분)
2차 시험	1교시	2과목 (과목당 40문제)	12:30까지	13:00~14:40(100분)
	2교시	1과목 (과목당 40문제)	15:10까지	15:30~16:20(50분)

* 위 시험시간은 일반응시자 기준이며, 장애인 등 장애 유형에 따라 편의제공 및 시험시간 연장이 가능합니다(장애 유형별 편의제공 및 시험시간 연장 등 세부내용은 국가자격시험 공인중개사 홈페이지 공지사항 참고).

시험방법

- 1년에 1회 시험을 치르며, 1차 시험과 2차 시험을 같은 날에 구분하여 시행합니다.
- 모두 객관식 5지 선택형으로 출제됩니다.
- 답안은 OCR 카드에 작성하며, 전산자동 채점방식으로 채점합니다.

합격자 결정방법

- 1·2차 시험 공통으로 매 과목 100점 만점으로 하여 매 과목 40점 이상, 전 과목 평균 60점 이상 득점자를 합격자로 합니다.
- 1차 시험에 불합격한 사람의 2차 시험은 무효로 합니다.
- 1차 시험 합격자는 다음 회의 시험에 한하여 1차 시험을 면제합니다.

최종 정답 및 합격자 발표

- 최종 정답 발표는 인터넷(www.Q-Net.or.kr/site/junggae)을 통하여 확인 가능합니다.
- 최종 합격자 발표는 시험을 치른 한 달 후에 인터넷(www.Q-Net.or.kr/site/junggae)을 통하여 확인 가능합니다.

학습플랜

8주 완성 학습플랜

- 일주일에 하루 한 과목씩 학습하여 2달에 걸쳐 전 과목을 1회독 할 수 있는 학습플랜입니다.
- 공인중개사 시험 공부를 처음 시작하는 수험생, 학원강의 커리큘럼에 맞추어 공부하는 수험생, 1·2차 동차 합격을 목표로 하는 수험생에게 추천합니다.

구분	월 부동산학개론	화 민법 및 민사특별법	수 공인중개사 법령 및 실무	목 부동산공법	금 부동산공시법령	토 부동산세법
1주차	1편	1편 1~2장	1편 1~3장	1편 1~4장	1편 1~2장	1편 1~4장
2주차	2편	1편 3~4장	1편 4~5장	1편 5~9장	1편 3장~4장 4절	2편 1장 1~5절
3주차	3편	1편 5장~2편 1장	1편 6~7장	1편 10장~2편 4장	1편 4장 5절~5장	2편 1장 6~8절
4주차	4편	2편 2장	1편 8~10장	2편 5장~3편 4장	2편 1~2장	2편 2장~3장 2절
5주차	5편	2편 3~4장	2편 1~3장	3편 5장~4편 1장	2편 3장 1~3절	2편 3장 3절~4장
6주차	6편	2편 5~6장	2편 4~6장	4편 2~5장	2편 3장 4절~4장	3편 1~2장
7주차	7편	3편	3편 1~2장	4편 6장~5편 3장	2편 5장 1~4절	3편 3장 1~5절
8주차	8편	4편	3편 3~4장	5편 4장~6편	2편 5장 5~8절	3편 3장 6~8절

2주 완성 학습플랜 – [부동산학개론]

- 한 과목을 2주에 걸쳐 1회독 할 수 있는 학습플랜입니다.
- 한 과목씩 집중적으로 공부하고 싶은 수험생에게 추천합니다.

구분	월	화	수	목	금	토
1주차	1편	2편 1장	2편 2장	3편 1장	3편 2장	4편
2주차	5편 1장	5편 2장~6편 1장	6편 2장	7편 1장	7편 2장~8편 1장	8편 2장~3장

| 셀프 완성 | 학습플랜 – [부동산학개론] |

- 자율적으로 일정을 설정할 수 있는 학습플랜입니다.
- 자신의 학습속도에 맞추어 과목별 진도를 설정하고 싶은 수험생에게 추천합니다.

제1편 부동산학 총론	제1장 부동산의 개념과 분류	월 일	~	월	일
	제2장 부동산의 특성 및 속성	월 일	~	월	일
	제3장 부동산학의 이해 및 부동산활동	월 일	~	월	일
제2편 부동산경제론	제1장 부동산의 수요 · 공급이론	월 일	~	월	일
	제2장 부동산의 경기변동	월 일	~	월	일
제3편 부동산시장론	제1장 부동산시장	월 일	~	월	일
	제2장 입지 및 공간구조론	월 일	~	월	일
제4편 부동산정책론	제1장 부동산정책의 의의와 기능	월 일	~	월	일
	제2장 토지정책	월 일	~	월	일
	제3장 주택정책	월 일	~	월	일
	제4장 조세정책	월 일	~	월	일
제5편 부동산투자론	제1장 부동산투자분석 및 기법	월 일	~	월	일
	제2장 부동산투자이론	월 일	~	월	일
제6편 부동산금융론	제1장 부동산금융	월 일	~	월	일
	제2장 부동산증권론 및 개발금융	월 일	~	월	일
제7편 부동산개발 및 관리론	제1장 부동산이용 및 개발	월 일	~	월	일
	제2장 부동산관리	월 일	~	월	일
	제3장 부동산마케팅 및 광고	월 일	~	월	일
제8편 부동산감정평가론	제1장 감정평가의 기초이론	월 일	~	월	일
	제2장 감정평가의 방식	월 일	~	월	일
	제3장 부동산가격공시제도	월 일	~	월	일

출제경향분석 및 수험대책

10개년 출제경향분석표

구분	제27회	제28회	제29회	제30회	제31회	제32회	제33회	제34회	제35회	제36회	계	비율(%)
부동산학 총론	3	4	3	3	3	3	4	3	4	4	34	8.5
부동산경제론	5	5	6	4	6	6	5	5	5	6	53	13.25
부동산시장론	4	4	5	4	4	4	7	5	4	5	46	11.5
부동산정책론	4	5	5	7	6	4	4	5	6	6	52	13
부동산투자론	8	8	6	7	3	7	6	8	3	6	62	15.5
부동산금융론	5	4	5	4	5	6	5	3	5	6	48	12
부동산개발 및 관리론	5	3	4	5	6	4	2	5	6	1	41	10.25
부동산감정평가론	6	7	6	6	7	6	7	6	7	6	64	16
총계	40	40	40	40	40	40	40	40	40	40	400	100

제36회(2025년) 출제경향분석

❶ 전 범위 고루 출제되었으나, 제35회 시험에서 6문제가 출제되었던 7편 개발론은 제36회 시험에서 1문제로 출제비중이 크게 감소하였고, 5편 부동산투자론, 6편 부동산금융론은 출제비중이 증가하였습니다.

❷ 박스형 선택 문제는 평년과 유사하게 7문제가 출제되었습니다.

❸ 난이도 상급의 신유형 2개의 계산문제(시장수요함수, 허프의 확률모형)는 시간 안에 해결이 어려웠을 것으로 판단됩니다.

❹ 킬러형 지문형 문제(14번 튀넨의 고립국이론)는 '운송비'와 '운송수단의 차이'를 구분해야 해결이 가능한 문제였습니다.

제36회(2025년) 시험 총평

❶ 제35회 시험대비 조금 평이하게 출제되었습니다. 기본개념을 충실히 하고 해커스학원 커리큘럼 과정대로 강의를 수강하시는 분들은 60점 이상을 받을 수 있는 시험이었습니다.

❷ 계산문제는 총 11문제가 출제되었는데, 이 중에서 신유형이 2문제, 시간을 요구하는 문제가 5문제였으며, 나머지는 기출된 유형과 유사하게 출제되었습니다.

❸ 2차 과목에서 학습하는 내용은 공법(용도지역 중 도시지역의 구분), 세법(조세의 유형)이 출제되었습니다.

❹ 수험생 여러분의 노고에 격려와 위로의 말씀을 드립니다.

제37회(2026년) 수험대책

❶ 공인중개사 시험은 1차 과목, 2차 과목을 동시에 준비하셔야 학습의 이해도를 높이고, 효과적인 학습이 가능합니다. 제37회 공인중개사 시험에서도 제36회 시험과 유사한 패턴이 반복될 수 있다는 가능성을 열어두시고 준비해야 합니다.

❷ 기출된 문제의 유형이 반복되는 경우도 있습니다만, 킬러형 문제의 경우는 기출된 문제나 지문의 유형들이 새롭게 변형되어(함정지문이 변경되어) 출제되고 있으므로 이에 대한 철저한 준비가 필요합니다.

❸ 시험준비에 사용하는 기초적인 용어 정리는 필수이며 제2편 부동산경제론, 제4편 부동산정책론, 제5편 부동산투자론, 제6편 부동산금융론 분야에서는 학습의 원리인 '기본기'를 잘 다지고 집중학습하셔야 안정적인 점수를 획득할 수 있습니다. 제8편 부동산감정평가론 분야는 정형화된 문제들이 주류이므로, 기본교재와 기출문제를 병행하시면 해당 분야에서 좋은 점수를 확보할 수 있을 것입니다.

해커스 공인중개사
land.Hackers.com

10개년 출제비중분석

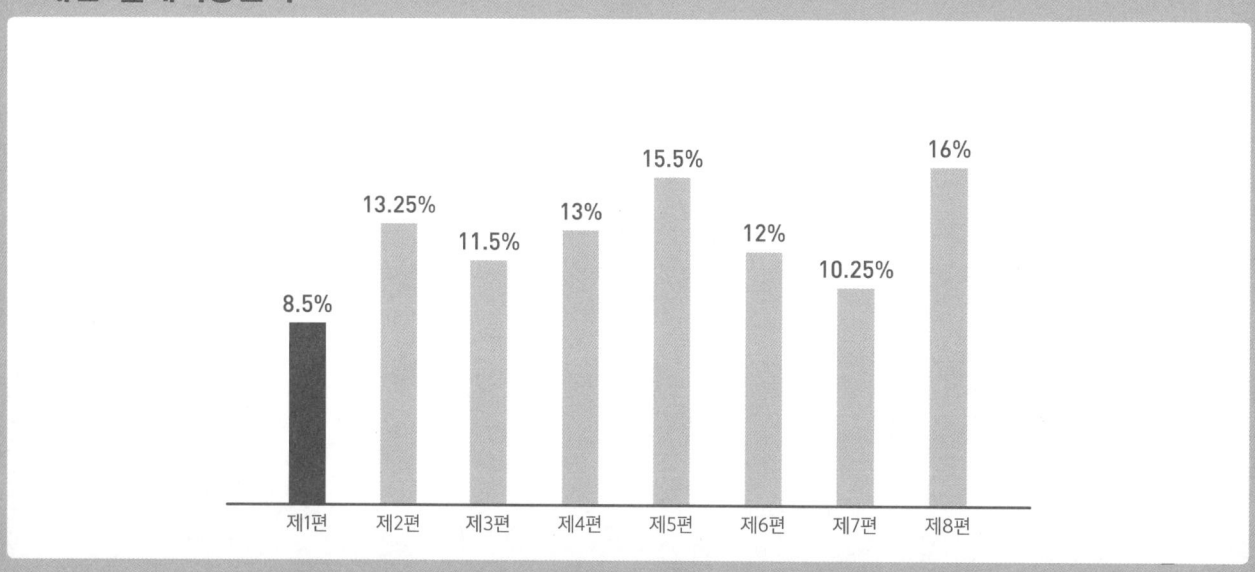

제1편

부동산학 총론

제1장 부동산의 개념과 분류
제2장 부동산의 특성 및 속성
제3장 부동산학의 이해 및 부동산활동

제1편 부동산학 총론

목차 내비게이션

- 제1장 부동산의 개념과 분류
- 제2장 부동산의 특성 및 속성
- 제3장 부동산학의 이해 및 부동산활동

출제경향

최근 5년 동안 3~4문제씩 비교적 평이한 문제가 출제되고 있다. 학습하여야 할 분량 대비 난도와 출제비중은 낮은 편이지만, 극히 지엽적인 부분도 종종 출제되고 있다. 제1편 부동산학총론은 계산문제가 출제되지 않으며, 시험일 한 달여 전에 기본서를 정독하는 것이 효과적이라 할 수 있다.

학습전략

- 제1장에서는 부동산학의 이론적 근간인 복합개념과 이에 기초한 부동산의 법률적·경제적·기술적(물리적) 개념을 구분·정리하여야 한다. 또한 부동산학에서 사용하는 토지용어는 필수적으로 꾸준히 학습하며, 2차 과목에서 다루는 법률적인 용어(예 지목, 주택의 분류 등)들이 출제될 수 있다는 사항도 염두에 두어야 한다.
- 제2장에서는 일반재화와 다른 부동산의 고유한 특성이 부동산활동과 부동산시장·투자·금융환경 등과 어떠한 영향을 주고받는지에 초점을 맞추어 학습하고, 용어도 정확하게 정리하여 학습의 이해도를 높여야 한다. 부동산의 특성은 부동산학개론 전 분야와 밀접한 관련이 있으므로 비중을 두고 학습하여야 한다. 부동산의 공간개념도 가끔 출제되고 있다.
- 제3장에서는 부동산학의 학문적 성격, 부동산활동의 속성에 대해서는 가볍게 학습하고, 한국표준산업분류상 부동산업은 출제빈도가 늘어나는 추세이므로 관련 표를 숙지(암기)하여 두는 것이 좋다.

핵심개념

개념	중요도	페이지
복합개념과 부동산의 개념	★★★★☆	p.19
토지용어	★★★★★	p.26
주택의 분류	★★★☆☆	p.32
부동산의 특성	★★★★★	p.34
부동산학 및 부동산활동	★☆☆☆☆	p.49
표준산업분류상 부동산업	★★★☆☆	p.54

제1장 부동산의 개념과 분류

제1절 부동산의 개념 제27·29·30·33·34·35회

01 부동산 용어의 유래

부동산이란 중세시대에 유럽에서 사용되었던 용어로, 우리나라에서는 1906년 '부동산조사회'에서 처음으로 사용되었다고 한다. 그 후에 '조선부동산증명령' 및 '부동산등기령' 등에서 부동산(不動産)이라는 용어가 공식화된 것으로 추정되고 있다. 미국에서는 부동산을 real estate로 가장 널리 지칭하고 있는데 그 개념은 토지와 그 정착물로서, 물리적인 부동산 그 자체뿐만 아니라 소유권으로부터 연유되는 모든 법적 권리를 포함하는 개념이다. real estate는 부동산이라는 개념 외에도 부동산업으로 지칭되기도 한다. 이 표현에 첫 글자를 대문자로 사용하는 Real Estate는 부동산학이라 한다.

02 복합개념의 부동산(부동산의 복합개념)

'복합개념의 부동산'(부동산의 복합개념)이란 부동산을 법률적·경제적·기술적(물리적) 세 가지(3대) 측면 등이 복합(종합)된 개념으로 이해(인식)하려는 것을 말한다. 부동산학에서는 부동산의 개념과 그 범위를 복합개념(종합적 개념)으로 분류하고 체계화하여 설명하는 것이 일반적이다. 이러한 부동산의 복합개념은 부동산활동의 범위를 확정시키는 데 유용하게 활용된다. 또한 부동산학을 종합응용과학❶으로 태동시킨 이론적 근간이고 배경이 되는 사고원리(思考原理)로서, 부동산학의 전 분야에 광범위하게 적용된다.

> **용어사전**
> **realty와 real property**
> - realty: 물리적 실체로서의 부동산을 의미하는 것으로, 자연물로서의 토지와 그 정착물을 지칭한다.
> - real property: 부동산의 소유권적 측면에 역점을 두는 개념으로, 소유권으로부터 연유되는 모든 법적 권리를 지칭한다. 부동산을 소유한다는 것은 물적 부동산 그 자체를 소유하는 것뿐만 아니라, 소유로부터 야기되는 모든 권리를 향유한다는 것을 의미한다.
>
> **부동산활동**
> 부동산을 대상으로 전개하는 인간의 활동을 말한다.
> 예 거래활동, 투자활동, 감정평가활동 등
>
> ❶ **종합응용과학**
> 부동산학은 여러 학문의 지원을 받는다는 측면에서 종합과학이라 한다.

복합개념의 부동산

❶
토지와 건물을 일괄하여 감정평가할 때에는 거래사례비교법을 적용해야 한다. 이 경우 감정평가액은 합리적인 기준에 따라 토지가액과 건물가액으로 구분하여 표시할 수 있다(「감정평가에 관한 규칙」 제16조).

용어사전
복합건물
주거시설과 근린생활시설 등이 함께 결합되어 있는 건물로서 주상복합건물이라 하며, 저층부에는 대규모 상업시설, 상층부에는 아파트형 주거시설을 결합시킨 건물을 말한다. 즉, 여러 가지 용도가 혼재되어 있는 건물이다.

용어사전
등기(登記)
국가기관이 소정의 절차를 밟아서 등기부라고 하는 공적 장부에 일정한 사항을 기재하는 것으로, 일정한 사항을 공시(公示)하기 위하여 공개된 공부에 기재하는 것을 말한다.

명인방법(明認方法)
소유권을 외부에서 인식할 수 있는 방법을 말한다.
[예] 벌채할 목적으로 매수한 입목의 껍질을 벗기는 것, 페인트로 소유자의 이름을 기재하는 것, 밭에 새끼줄을 두르고 푯말을 세워 과실 등을 매수하였음을 공시하는 것 등

미분리과실(未分離果實)
원물에서 분리되기 이전의 천연과실을 말한다. 이는 원물에 부착되어 있으므로 원물인 부동산 또는 동산의 일부이다.
[예] 나무에 달려 있는 과일이나 수확 전의 농작물 등

> **더 알아보기** 복합부동산
>
> 토지와 건물이 각각 독립된 거래의 객체이면서도 마치 하나의 결합된 상태로 다루어져 부동산활동의 대상으로 삼을 때 이를 복합부동산이라 한다. 즉, 토지와 건물이 결합되어 일체로 이용되고 있는 경우의 부동산을 말하며, 그 예로는 단독주택이나 아파트를 들 수 있다. 이들은 일반적으로 하나로 묶어서 거래하고 일괄하여 그 가치를 평가❶할 수 있다. '복합부동산'은 '복합개념의 부동산'과 동일한 개념이 아니다. 물론 '부동산의 복합개념'은 복합부동산에 적용할 수 있다.

03 법률적(제도적) 개념의 부동산

법률적 개념의 부동산이란 부동산에 관계되는 행정적·제도적인 측면으로서, 협의의 부동산과 광의의 부동산으로 구분할 수 있다. 부동산의 법률적 개념은 경제적 개념과 함께 부동산의 무형적 측면을 이해하는 데 도움을 준다.

(1) 협의의 부동산

협의의 부동산이란 「민법」에서 정의한 개념을 말한다. 「민법」 제99조에서는 부동산을 '토지 및 그 정착물'이라고 규정하고, "부동산 이외의 물건은 동산이다."라고 하여 동산과 부동산을 구분하고 있다.

① 토지: 지표의 일부를 일정범위로 구획·구분하여 그 구분된 개별토지 하나하나를 '1필(筆)'의 토지라 하며, 1필지마다 지번(地番)을 붙여 토지등기부에 기재한다. 「민법」 제212조에 의하면 "토지소유권의 범위는 정당한 이익이 있는 범위 내에서 토지의 상하에 미친다."라고 하여 토지소유권의 범위를 입체적으로 규정하고 있다.

② 정착물
 ㉠ 토지에 계속적·항구적으로 부착된 상태로 사용되는 것이 사회통념상 인정되는 것으로, 토지로부터 쉽게 이동할 수 없는 물건을 말한다.
 ㉡ 정착물에는 등기된 건물, 소유권보존등기된 입목, 명인방법을 갖춘 수목집단이나 미분리과실, 정당한 권원(權原)에 기하여 타인의 토지에서 재배되고 있는 농작물처럼 토지와 별개인 독립된 정착물이 있다. 이와 같은 독립된 정착물은 토지와 구분하여 별도의 공시수단을 갖추고 있다.
 ㉢ 교량, 담장, 구거, 도로의 포장, 경작목적이 아닌 나무와 다년생식물 등 토지의 일부인 정착물도 있다.
 ㉣ 토지에 계속적으로 부착된 상태에 있지 않고, 이동이 가능한 물건은 부동산 정착물로 판단하지 않는다(예 가식(假植) 중의 수목, 경작수확물, 헐어버린 건축물, 판잣집, 컨테이너박스 등).

③ 건축물의 설비(fixture)를 부동산정착물로 판단하는 기준: 건축물의 설비는 원래 동산이지만 ㉠ 물건이 부동산에 부착된 방법, ㉡ 거래당사자간의 관계, ㉢ 물건의 성격 및 용도, ㉣ 물건을 설치한 의도 등에 따라 부동산정착물로 판단하는 기준이 있다.

㉠ 물건이 부동산에 부착된 방법에 따른 분류: 부착되어 있는 설비(물건)가 건물로부터 물리적·기능적으로 둘 다 훼손 없이 제거될 수 있으면 해당 설비는 부동산정착물로 취급하지 않는다. 그러나 그 <u>설비를 제거할 경우 건물에 물리적·기능적으로 둘 중 하나라도 손상이 발생하면 해당 설비는 부동산정착물로 취급한다.</u> 예를 들어 수도배관·전기배선 등 설비를 건물로부터 물리적 훼손 없이 제거할 수 있다 하더라도, <u>건물의 기능이나 효용이 감소하면 해당 설비는 부동산의 정착물(일부)로 취급한다.</u>

㉡ 거래당사자간의 관계에 따른 분류

ⓐ <u>임대인이 설치한 것은 부동산정착물로 취급하지만, 임차인이 설치한 것(거래·농업·가사정착물)은 부동산정착물로 취급하지 않는다.</u>❶

ⓑ 부동산을 매매할 때 그 설비가 정착물인지 아닌지가 불분명한 경우에는 일단 정착물로 간주되어 소유권이 매수인에게 넘어간다. 따라서 부동산을 매매할 때에는 어떤 물건이 거래에 포함되는지를 사전에 명확하게 정할 필요가 있다.

㉢ 물건의 성격 및 용도에 따른 분류: 특정용도에 맞게 특별히 설치·구축된 물건이나 주문제작된 것은 부동산정착물(예 주택에 항구적으로 설치된 방범창, 건물에 부착된 유리문, 교회용 책상 등)로 취급한다.

㉣ 물건을 설치한 의도에 따른 분류: 임대인이 임대건물의 가치 증진을 위하여 설치한 것(예 붙박이 에어컨 등)은 부동산정착물로 취급하지만, 임차인이 본인의 편의를 위하여 설치한 것은 부동산정착물로 취급하지 않는다.

> **더 알아보기** 부동산과 동산의 차이
>
> | 구분 | 부동산 | 동산 |
> |---|---|---|
> | 위치 | 부동성(비이동성) | 이동성 |
> | 용도 | 용도의 다양성 | 용도의 제한성 |
> | 가격형성 | 일물일가의 법칙 적용 배제 | 일물일가의 법칙 적용 가능 |
> | 시장 | 추상적 시장 | 구체적 시장 |
> | 공시방법 | 등기 | 점유 |

❶ 임차인정착물은 임차인의 필요에 따라 설치·제거될 수 있으므로 비록 부동산에 부착되어 있다고 하더라도 부동산정착물로 판단하지 않는다.

용어사전
임차인정착물의 구분
- **거래정착물**: 사업이나 거래의 편의를 위하여 임차인이 설치한 선반, 진열대 등을 말한다.
- **농업정착물**: 타인의 토지를 빌려서 경작하는 경작자가 농사의 목적으로 설치한 농기구 창고, 가축의 우리 등을 말한다.
- **가사정착물**: 임차인이 생활의 편의를 위하여 설치한 블라인드나 방범창 등을 말한다.

(2) 광의의 부동산

광의의 부동산은 협의의 부동산에 준(準)부동산[의제(擬制)부동산]을 포함하는 개념이다.

① 준부동산은 자동차·항공기·건설기계·선박(20t 이상)·입목처럼 물권변동을 등기나 등록의 수단으로 하는 동산이나, 공장재단·광업재단과 같은 동산과 부동산의 결합물(집단)을 말한다.

② 이들은 「민법」상 부동산은 아니지만, 부동산처럼 등기·등록의 방법으로 공시(公示)하여 부동산에 준하여 취급함에 따라 준부동산이라 한다.

③ 준부동산은 감정평가의 대상이 되고 저당권의 목적으로도 삼을 수 있으므로, 부동산학의 연구대상 및 부동산활동의 대상이 된다. 즉, 부동산의 개념은 부동산활동의 범위를 확정시켜 준다.

④ 준부동산의 종류
  ㉠ 자동차·항공기·건설기계: 등록의 공시방법을 갖춘 자동차, 항공기, 건설기계 등은 준부동산으로 취급되어 저당권의 설정이 가능하다.
  ㉡ 선박: 20t(ton, 톤) 이상의 선박은 「선박등기법」에 의하여 등기를 하므로 준부동산에 포함된다.
  ㉢ 입목: 토지에 부착된 수목의 집단으로서 그 소유자가 「입목에 관한 법률」에 따라 소유권보존등기를 받은 것을 말하며, 토지와는 별개로 소유권(토지와 분리하여 양도 가능)과 저당권의 객체가 된다. ❶
  ㉣ 공장재단: 공장재단이란 공장에 속한 일정한 기업용 재산으로 구성되는 일단(一團)의 기업재산으로 「공장 및 광업재단 저당법」에 따라 보존등기하여 소유권과 저당권의 목적이 되는 것을 말한다.
  ㉤ 광업재단이란 광업권과 광업권에 기하여 광물을 채굴·취득하기 위한 각종 설비 및 이에 부속하는 사업의 설비로 구성되는 일단의 기업재산을 말한다. 「공장 및 광업재단 저당법」에 따라 보존등기하여 소유권과 저당권의 목적이 되는 것을 말한다.
  ㉥ 어업권: 「수산업법」에 의하여 면허를 받아 어업을 경영할 수 있는 권리를 말한다.

용어사전
저당권(抵當權)
채권자가 채무자 또는 제3자(물상보증인)로부터 점유를 옮기지 않고 그 채권을 담보로 하여 제공된 목적물에 대하여 채무자가 변제를 하지 않을 때에는 일반채권자에 우선하여 변제를 받는 권리이다.

❶ 한 그루의 수목은 토지의 일부인 정착물이므로 별도로 등기하지 않는다.

용어사전
공장재단의 기업용 재산
토지, 공작물, 기계, 기구, 전기시설, 지식재산권 등

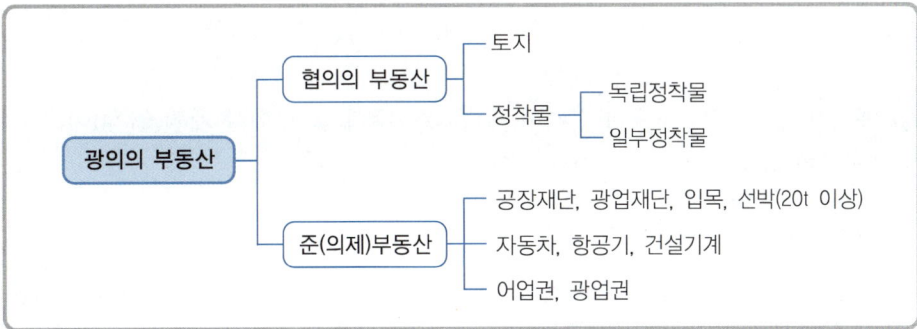

법률적 개념의 부동산

> **확인예제**
>
> 부동산의 개념에 관한 설명 중 <u>틀린</u> 것은? 　　　　　　　　　제1회
>
> ① 협의의 부동산이란 「민법」상의 개념으로 「민법」 제99조 제1항에서의 '토지 및 그 정착물'을 말한다.
> ② 토지소유자는 법률의 범위 내에서 토지를 사용·수익·처분할 수 있으며, 소유권은 정당한 이익이 있는 범위 내에서 토지의 상하에 미친다.
> ③ 협의의 부동산을 포함한 공시수단을 갖춘 독립된 거래의 객체로 인정되는 것을 '광의의 부동산'이라 하며, 이러한 개념상의 구분은 경제적 측면에서의 구분개념이라 할 수 있다.
> ④ 법률상의 공장재단, 광업재단, 어업권, 항공기 등은 '의제부동산'으로서 '광의의 부동산'에 속한다.
> ⑤ 토지와 그 토지 위의 정착물이 각각 독립된 거래의 객체이면서도 마치 하나의 결합된 상태로 다루어져 부동산활동의 대상으로 삼을 때 이를 '복합부동산'이라 한다.
>
> **해설**
>
> 협의의 부동산과 광의의 부동산으로 구분하는 것은 경제적 개념이 아닌 법률적 개념에 의한 구분이다.
> 　　　　　　　　　　　　　　　　　　　　　　　　　　　　　　　　정답: ③

04 경제적 개념의 부동산

부동산을 생산·소비·교환·분배·투자 등의 관점에서 인식하는 것으로, 부동산의 경제적 개념은 법률적 개념과 함께 부동산의 무형적 측면을 이해하는 데 도움을 준다. 부동산의 경제적 개념으로는 자산·자본·생산요소·소비재·상품 등으로 구분할 수 있는데, 부동산학에서는 주로 이러한 측면에서 부동산에 접근하게 된다.

(1) 자산(asset)

부동산은 소유자의 자산이며, 재산이다. 부동산(실물자산)을 투자대상이나 재테크 수단으로 인식하여, 임대료수입이나 부동산의 매각차익(자본이득)을 획득하기 위하여 매입한 부동산은 '자산'의 성격이 있다. 즉, 주식(株式)이나 채권(債券)이 투자수단인 것처럼 부동산도 투자수단이 될 수 있다는 것이다.

(2) 자본(capital)

자본(資本)이란 사업의 밑천을 말하는 것이다. 따라서 아파트 등 최종재화를 생산하기 위하여 중간재로서 투입되는 토지(예 아파트를 건축하기 위하여 매입한 택지)는 자본의 개념이 된다.

> **용어사전**
> **중간재**
> 인간의 욕망을 직접 충족시키는 최종재(最終財)인 소비재의 생산과정에서 투입되는 여러 가지 재화를 말한다.

(3) 생산요소(생산재)

① 생산요소란 재화를 생산하기 위하여 필요한 여러 가지 요소로 토지·자본·노동·경영을 말한다. 토지 외의 다른 생산요소는 더 많은 수익을 얻기 위하여 이동이 가능하므로 능동적 생산요소라고 하지만, 토지는 부동성(不動性)의 특성 때문에 이동이 불가능하므로 수동적 생산요소라 한다.

② 생산요소를 타인으로부터 빌려 사용하게 되면 일정한 대가를 지불하여야 하는데 토지의 사용대가는 지대, 자본의 사용대가는 이자, 노동의 사용대가는 임금, 경영의 사용대가는 이윤이라 하며 이들을 생산요소에 대한 대가라고 한다.

(4) 소비재

① 소비재란 인간의 욕구(효용·편익)를 충족시키기 위하여 가격을 지불하고 소비하는 재화를 말한다. 임대주택에 거주하기 위하여 임대료를 지불하거나 유료주차장을 이용하는 것은 부동산을 소비의 대상으로 바라본 개념이다.

② 안정적이고 쾌적한 주거생활을 영위하기 위하여 주택을 구입하였다면 그 주택은 '소비재'가 되고, 반면에 주택가격 상승에 대한 기대감으로 주택을 구입하였다면 그 주택은 '자산'의 개념이 되는 것이다. 즉, 주택(부동산)이라는 재화는 일반재화와 달리 소비재의 성격은 물론 자산의 성격도 혼재되어 있다.

> **용어사전**
> **효용(= 유용성)**
> 재화나 서비스를 소비할 때 느끼는 주관적인 만족도를 말한다. 감정평가론에서는 인간의 필요나 욕구를 충족시켜 줄 수 있는 재화의 능력이라고 정의한다.

(5) 상품

상품이란 공급자나 생산자가 공급하거나 판매함을 통하여 교환의 대상이 되는 유·무형의 재화를 말한다. 주택건설업자가 건설하여 분양하는 아파트는 공급자의 이윤창출을 위한 상품의 개념이 된다. 또한 한국토지주택공사가 택지를 개발하여 민간주체에게 공급하였다면 이러한 택지도 상품이 된다. 부동산상품 자체는 부동성이라는 특성으로 인하여 이동이 불가능하지만, '추상적 권리'로서 거래의 대상은 된다.

05 기술적(물리적) 개념의 부동산

부동산의 기술적(물리적) 개념은 부동산의 자연적 특성을 설명하는 데 중요한 역할을 하고, 부동산활동의 대상인 유형적 측면의 부동산을 이해하는 데 도움을 준다. 기술적(물리적) 측면에서의 부동산의 개념에는 부동산을 공간·위치·자연·환경으로 구분하는 전통적인 방법이 있는데, 이에 대한 세부적인 내용은 제2장 부동산의 특성 및 속성에서 살펴보도록 하겠다.

핵심 퀵! 퀵! 부동산의 개념

Tip 부동산의 개념에 대한 문제는 출제빈도가 높은 편이므로 기본적인 사항 위주로 잘 정리해 두어야 한다.

부동산의 복합개념	법률적 개념	경제적 개념	기술(물리)적 개념
법률적·경제적·기술(물리)적 측면 등을 고려하여 부동산을 종합적으로 이해하려는 것을 말한다.	• 협의의 부동산: 토지와 그 정착물 • 광의의 부동산: 협의의 부동산 + 준부동산	• 자산 • 자본 • 생산요소 • 소비재 • 상품	• 공간 • 위치 • 자연 • 환경

확인예제

부동산의 개념에 관한 설명으로 틀린 것은? 제34회

① 「민법」상 부동산은 토지 및 그 정착물이다.
② 경제적 측면의 부동산은 부동산가치에 영향을 미치는 수익성, 수급조절, 시장정보를 포함한다.
③ 물리적 측면의 부동산에는 생산요소, 자산, 공간, 자연이 포함된다.
④ 등기·등록의 공시방법을 갖춤으로써 부동산에 준하여 취급되는 동산은 준부동산으로 간주한다.
⑤ 공간적 측면의 부동산에는 지하, 지표, 공중공간이 포함된다.

해설

물리적(기술적) 측면의 부동산에는 공간, 자연, 위치, 환경이 포함된다. 생산요소(생산재)와 자산은 경제적 측면의 개념이다.

정답: ③

제2절 부동산의 분류

01 토지이용활동상의 토지용어 제26·27·28·29·30·31·32·33·34·35회

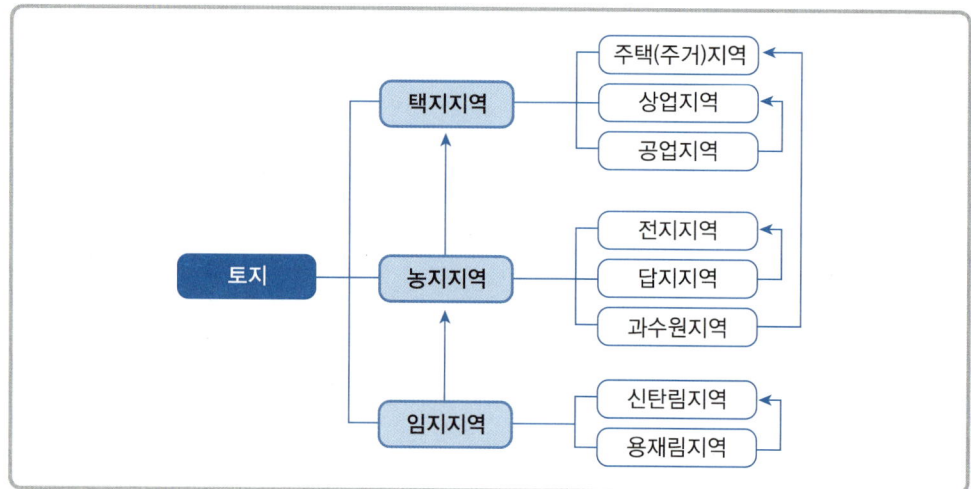

감정평가상 토지의 용도별 분류 – 실제 이용을 기준으로 한 분류

용어사전

신탄림
땔감이나 숯을 생산하기 위하여 조성된 산림을 말한다.

용재림
주로 건축재 등의 용도로 이용하기 위하여 조성된 산림을 말한다.

후보지
인근지역의 주위환경 등의 사정으로 보아 현재의 용도에서 장래 택지 등 다른 용도로의 전환이 객관적으로 예상되는 토지를 말한다(「표준지공시지가 조사·평가 기준」 국토교통부훈령).

(1) 후보지 · 이행지

부동산감정평가에 활용되는 것으로 용도가 전환되어가고 있는, 그 용도가 변경 중에 있는 토지를 말한다. 이는 토지의 용도전환, 용도적·경제적 공급으로 이해할 수 있다.

① 후보지(候補地): 택지지역 · 농지지역 · 임지지역 상호간에, 즉 용도적 지역 상호간에 다른 지역으로 그 용도가 전환(변경)되고 있는 지역의 토지를 말한다. 임지지역이 농지지역으로, 농지지역이 택지지역으로 그 용도가 변경되고 있는 토지를 '후보지'라 한다. 예를 들면 농지지역이 택지지역으로 그 용도가 전환되어가고 있는 토지를 '택지후보지'라고 한다.

② 이행지(移行地): 택지지역(주거지역 ↔ 상업지역 ↔ 공업지역) · 농지지역(전지지역 ↔ 답지지역 ↔ 과수원지역) · 임지지역(용재림지역 ↔ 신탄림지역) 내에서, 즉 용도적 지역의 세분된 지역 내에서 그 용도가 이행(변경) 중에 있는 토지를 말한다. 예를 들면 공업지역이 상업지역으로, 답(畓)지지역이 전(田)지지역으로 그 용도가 변경되고 있는 토지를 '이행지'라고 한다.

(2) 택지 · 부지

① 택지(宅地): 주거·상업·공업용지 등의 용도로 이용되고 있거나 해당 용도로 이용할 목적으로 조성된 토지를 말한다(「표준지공시지가 조사·평가 기준」 국토교통부훈령).

② 부지(敷地): 택지는 건축용지만을 의미하지만, 부지는 일정한 용도로 제공되고 있는 바닥토지로서 건축이 가능한 택지 이외에 도로부지·철도부지·수도부지 등 건축이 불가능한 토지까지 포괄하는 용어이다. 따라서 부지는 '모든 땅'을 뜻한다고 할 수 있다.

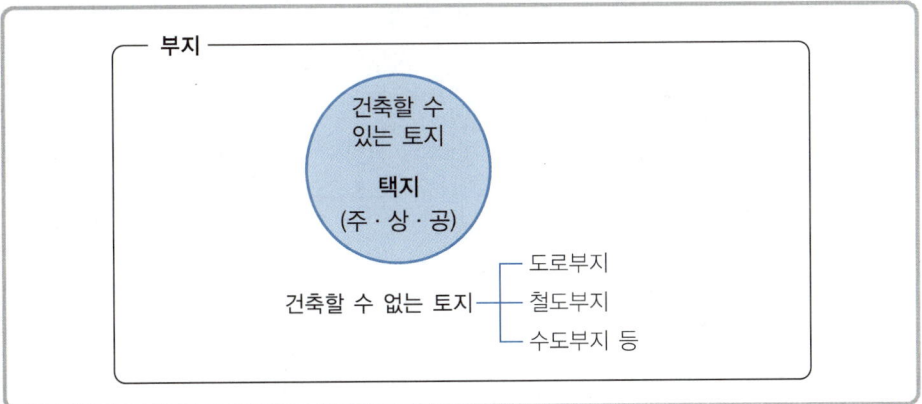

용어사전
지목
지적제도의 용어로서, 토지의 주된 용도에 따라 토지의 종류를 구분하여 지적공부에 등록한 것을 말한다[예] 전·답·과수원, 목장용지, 광천지, 염전, 대(垈), 공장용지, 주차장, 구거, 유지(溜池), 제방, 유원지 등, 「공간정보의 구축 및 관리 등에 관한 법률」].

(3) 나지·건부지·공지

① 나지(裸地)
  ㉠ 나지란 토지에 건물이나 그 밖의 정착물이 없고 지상권 등 토지의 사용·수익을 제한하는 사법상의 권리가 설정되어 있지 아니한 토지를 말한다(「표준지공시지가 조사·평가 기준」 국토교통부훈령).❶ 즉, 택지의 지상에 건축물이 없는 토지로서, 농지(農地)는 나지에 해당하지 않는다.
  ㉡ 나지는 건부지보다 그 용도가 다양하고 활용도가 높아 여러 용도 중에서 최고·최선의 방법인 최유효이용이 가능하다. 따라서 나지는 건부지보다 시장성이 더 좋기 때문에 거래될 가능성이 높은 편이다. 즉, 다른 조건이 일정할 때 나지가격은 건부지가격보다 높게 평가된다.

② 건부지(建附地)
  ㉠ 건물이 들어서 있는(건물·구축물 등의 용도로 제공되는) 부지로서, 나지에 비하여 그 용도가 다양하지 못하여 활용도가 떨어지므로 최유효이용의 기대가능성이 낮다. 건부지는 건물 등이 부지의 최유효이용에 적합하지 못할 경우, 나지보다 그 가격이 낮게 평가된다. 즉, 건부지는 감가(減價)가 발생할 수 있다[건부감가(建附減價)].
  ㉡ 개발제한구역 지정 등 토지이용규제가 강화된 지역 내에서는 건부지가 나지보다 그 유용성과 시장성이 높아지므로 오히려 건부지가격이 높게 평가되는 '건부증가(增價)현상'이 나타나기도 한다.

❶ 일상생활에서 많이 사용하는 '나대지(裸垈地)'는 나지 중에서 지목이 '대(垈)'인 토지를 말한다.

용어사전
대(垈)
「공간정보의 구축 및 관리 등에 관한 법률」상 지목의 하나로 주거·사무실·점포·박물관·극장·미술관 등 문화시설과 이에 접속된 정원 및 부속시설물의 부지, 관계 법령에 의한 택지조성공사가 준공된 토지를 말한다.

최유효이용
(highest and best use)
기술적·경제적·법률적으로 타당성이 있는 대안 중에서 최고의 가치를 창출할 수 있는 이용을 말한다. 즉, 수많은 용도 중에서 최고·최선의 이용방법을 말한다. 따라서 재화의 용도가 하나라면 최유효이용이라는 개념은 성립하지 않는다. 이는 부동산학에서만 등장하는 용어이다.

용어사전

건폐율과 용적률

- 건폐율(建蔽率, building coverage ratio): 대지면적에 대한 건축면적(바닥면적의 합계)의 비율을 말하며, 건축밀도를 나타내는 지표이다. 도시계획적 관점에서 건축을 규제하는 경우의 지표이다.
- 용적률(容積率, floor area ratio): 대지면적에 대한 연(건축)면적의 비율을 말한다.

공지

관련 법령이 정하는 바에 따라 재난시 피난 등의 안전이나 일조 등 양호한 생활환경의 확보를 위하여 건축하면서 남겨 놓은 일정 부분의 토지를 말한다.

❶ 필지

토지의 소재, 지번, 지목 또는 경계 또는 좌표를 지적공부에 등록하는 단위가 되는 토지를 말한다.

❷

토지의 면적단위는 필지나 획지가 아닌 m²이다.

❸ 일단지(一團地)

용도상 불가분의 관계에 있는 2필지 이상의 일단의 토지를 말한다(「표준지공시지가 조사·평가 기준」 국토교통부훈령).

③ 공지(空地):「건축법」상 건폐율의 적용으로 모두 건축하지 못하고 한 필지 내에서 비워둔(남겨둔) 토지로, 대지(垈地)에서 건축물의 바닥면적을 제외한 나머지 부분을 공지라 한다. 건폐율규제를 강화하면(60% ➡ 50%) 상대적으로 공지면적은 넓어진다.

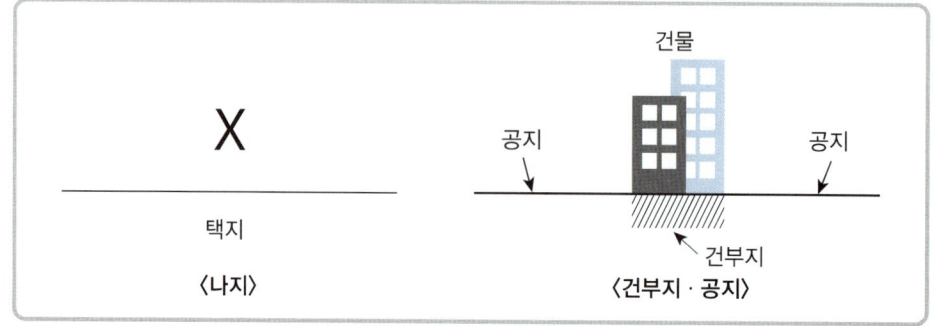

(4) 필지·획지

① 필지(筆地)❶:「공간정보의 구축 및 관리 등에 관한 법률」상의 용어로서 토지소유권을 구분하기 위하여 하나의 지번이 붙는 토지의 등록단위를 말하며,「부동산등기법」에서는 등기단위라 한다. 즉, 동일 지번으로 둘러싸인 토지로, 소유권이 미치는 범위와 한계를 표시하여 권리관계를 명시하는 용어이다.

② 획지(劃地): 주로 토지의 감정평가에 활용되며, 토지이용을 상정하여 인위적·자연적·행정적 조건에 의해 다른 토지와 구별되는 것으로, 가격수준이 비슷한 일단의 토지를 말한다.

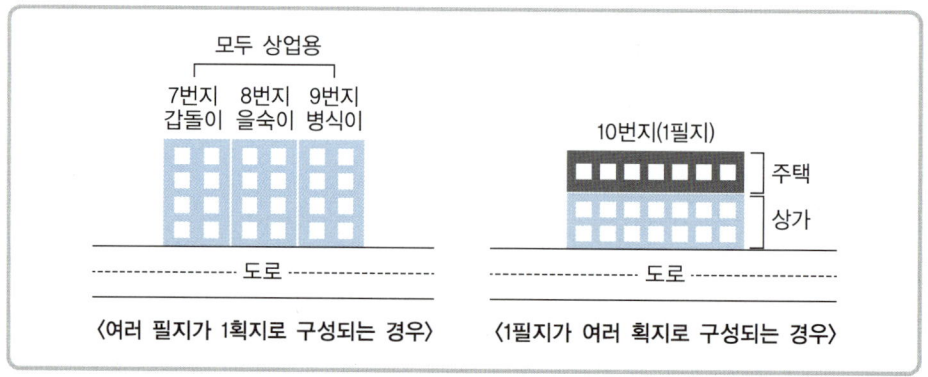

③ 필지는 소유권을 구분하는 법률적인 개념인 반면에 획지는 가치를 구분하는 경제적인 개념이다.❷

㉠ 1필지가 1획지로 구성될 수 있다. ➡ 개별평가

㉡ 1필지가 여러 획지로 구성될 수 있다. ➡ 구분평가(가치가 다른 경우)

㉢ 여러 필지가 1획지로 구성될 수 있다. ➡ 일괄평가(일체로 이용하는 경우)❸

핵심 콕! 콕! **필지와 획지의 비교**

Tip 필지는 토지의 소유권이 누구에게 있는지를 구분하기 위한 용어이고, 획지는 필요에 따라 가격수준을 구분하기 위한 용어임에 유의하여야 한다. 부동산학에서는 필지보다 경제적 개념인 획지를 더 중요시한다.

필지	획지
「공간정보의 구축 및 관리 등에 관한 법률」상의 용어	부동산학·감정평가상의 용어
하나의 지번이 붙는 등록단위	인위적·자연적·행정적 조건에 의하여 다른 토지와 구별되는, 가격수준이 비슷한 일단의 토지
토지에 대한 소유권이 미치는 범위와 한계를 표시하는 법적 개념	부동산활동과 부동산현상의 한 단위로 가격수준을 구분하기 위한 경제적 개념
법적인 기준을 중심으로 구획	감정평가할 때 주로 활용

(5) 맹지·대지

① **맹지(盲地)**: 타인의 토지로 둘러싸여 있어서 도로와 전혀 맞닿은 부분이 없는 토지를 말한다. 「건축법」에서는 맹지에 건물을 세울 수 없도록 되어 있기 때문에 맹지에는 감가(減價)가 발생한다.

② **대지(袋地)**: 맹지의 경우 주변 토지를 합병하는 등의 방법을 활용하는데, 이때 좁은 통로에 의하여 도로(공도)와 접속면을 가지는 자루모양의 토지를 자루형 대지라고 한다.

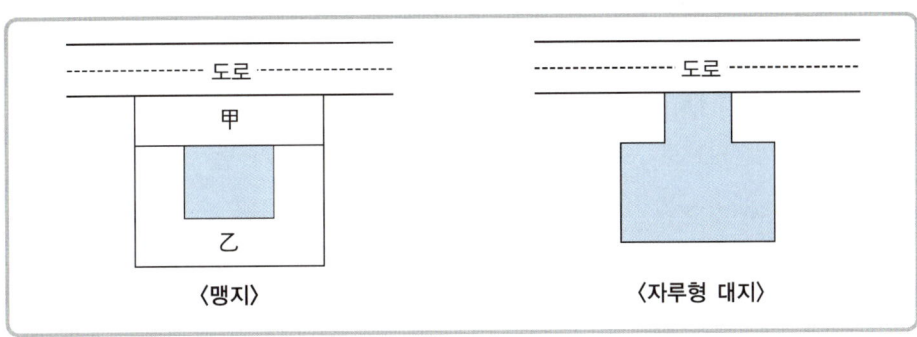

〈맹지〉　〈자루형 대지〉

(6) 법지 · 빈지

① 법지(法地): 법으로만 소유할 뿐(소유권은 인정되지만) 활용실익이 없거나 적은 토지이다. 토지의 붕괴를 방지하기 위하여 경사를 이루어 놓은 축대용 토지나 도로면과의 경사진 토지부분 등을 말한다.

② 빈지(濱地): 주로 바다와 육지 사이의 해변토지를 말하며, 활용실익은 있지만 소유권이 인정되지 않는 토지이다.

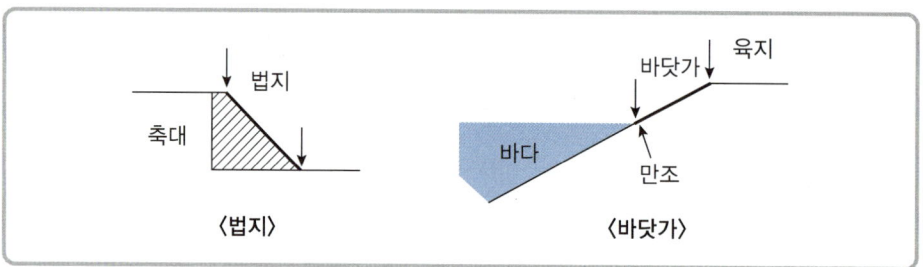

(7) 공한지 · 휴한지 · 유휴지

① 공한지(空閑地): 도시 내의 택지 중에서 지가 상승만을 기대하고 투기목적으로 장기간 방치하고 있는 토지를 말한다.

② 휴한지(休閑地): 농토의 비옥도(지력) 회복을 위하여 정상적으로 쉬게 하고 있는, 휴경하고 있는 토지를 말한다.

③ 유휴지(遊休地): 농촌토지로서 바람직스럽지 못하게 놀리고 있는 토지를 말한다.

(8) 포락지 · 선하지

① 포락지(浦落地): 공유수면 관리 및 매립에 관한 법령상 지적공부에 등록된 토지가 물에 침식되어 수면 밑으로 잠긴 토지를 말한다.

② 선하지(線下地): 고압선 아래의 토지로서 토지이용을 함에 있어서 공간의 활용도가 제한되므로 보통은 '선하지감가(線下地減價)'가 발생한다.

(9) 소지(素地)

대지나 택지 등으로 개발되기 이전의 자연적인 그대로의 토지를 말하며, 원지(原地)라고도 한다.

(10) 환지와 체비지

① 환지(換地): 도시개발사업에 소요된 비용과 공공용지를 제외한 후 도시개발사업 전 토지의 위치·지목·면적 등을 고려하여 토지소유자에게 재분배하는 토지를 말한다.

② 체비지(替費地): 도시개발사업에 필요한 경비에 충당하기 위해 환지로 정하지 아니한 토지를 말한다.

> **확인예제**
>
> **토지 관련 용어의 설명으로 틀린 것은?** 제32회
>
> ① 택지지역 내에서 주거지역이 상업지역으로 용도변경이 진행되고 있는 토지를 이행지라 한다.
> ② 필지는 하나의 지번이 부여된 토지의 등록단위이다.
> ③ 획지는 인위적·자연적·행정적 조건에 따라 다른 토지와 구별되는 가격수준이 비슷한 일단의 토지를 말한다.
> ④ 나지는 건부지 중 건폐율·용적률의 제한으로 건물을 짓지 않고 남겨둔 토지를 말한다.
> ⑤ 맹지는 도로에 직접 연결되지 않은 토지이다.
>
> **해설**
> - 공지(空地)는 건폐율·용적률의 제한으로 건물을 짓지 않고 남겨둔 토지를 말한다.
> - 나지(裸地)는 토지에 건물 기타의 정착물이 없고 지상권 등 토지의 사용·수익을 제한하는 사법상의 권리가 설정되어 있지 아니한 토지를 말한다.
> - 건폐율: 대지면적에 대한 건축면적의 비율
> - 용적률: 대지면적에 대한 연(건축)면적의 비율
>
> 정답: ④

더 알아보기 | 현장자원과 상품자원

1. **의의**
   - 현장자원의 토지란 토지에 인공적인 노력이 가해짐이 없이 자연상태로 존재하면서도 직접적으로 어떠한 사회적 이익을 발생시키는 토지를 말한다(예 황무지, 산림 등).
   - 상품자원의 토지란 자연적으로 주어진 토지에 노동과 자본의 투입을 통한 인위적인 노력을 가함으로써 어떠한 사회적 이익을 발생시키는 토지를 말한다(예 택지, 상업용지, 공업용지 등).

2. **특징**
   - 현장자원은 희소성이 있어 공급이 한정적이고 대체재가 부족하므로 일단 **다른 용도로 개발되면 원상태로 되돌리기가 어렵다는 '결정의 불가역성'을 가진다.** 반면에 상품자원은 대체재의 개발, 기술진보 등에 의하여 그 공급을 증가시킬 수 있다.
   - 소득 증가, 교육수준 향상, 여가 증대, 인구 증가는 현장자원에 대한 수요를 증가시키며, 기술이 진보하고 소득수준이 향상됨에 따라 상품자원보다 현장자원에 대한 상대적 희소성이 증가하여 현장자원의 사회적 가치가 점차 증대한다.
   - **현장자원**은 자연상태로 보존될 토지로서 **공공재적 성격을 가지므로** 정부의 정책적 배려에 의하여 **보존될 필요가 있다.**

용어사전

토지자본
토지에 투입되어 토지로부터 분리할 수 없게 된, 토지의 유용성을 증대시키는 일종의 고정자본으로서, 택지매입비용·택지원가를 말하는 것은 아니다.

- **농촌토지자본**: 농촌토지에 있어서 주로 미성숙지를 개간하여 농경용으로 사용할 수 있도록 만드는 데 소요되는 비용이다.
- **도시토지자본**: 택지조성이나 성토, 축대, 매립 등을 위하여 신규 또는 추가로 투입되는 비용이다.

02 주택의 분류 제28·32·33·35회

(1) 주택의 의의

주택이란 세대의 구성원이 장기간 독립된 주거생활을 할 수 있는 구조로 된 건축물의 전부 또는 일부 및 그 부속토지를 말하며, 단독주택과 공동주택으로 구분한다(「주택법」제2조 제1호).

(2) 주택의 분류(「건축법」시행령)

① 단독주택: 1세대가 하나의 건축물 안에서 독립된 주거생활을 할 수 있는 구조로 된 주택을 말한다.

구분	주택층수	바닥면적	특징
단독주택		1건물에 1세대가 거주하는 주택	
다중주택	3개 층 이하	660m² 이하	• 여러 사람이 장기간 거주할 수 있는 구조 • 독립된 주거형태를 갖추지 않을 것(취사시설을 설치하지 않은 것)
다가구주택			19세대 이하가 거주할 수 있을 것
공관		정부기관의 고위관리 등이 공적으로 사용하는 주택	

② 공동주택

구분		주택층수	바닥면적	비고
아파트		5개 층 이상		부동산가격공시에 관한 법령상 공동주택가격의 공시대상
연립주택		4개 층 이하	660m² 초과	
다세대주택			660m² 이하	
기숙사	일반	학교 또는 공장 등의 학생 또는 종업원 등을 위하여 사용하는 것으로서, 해당 기숙사의 공동취사시설 이용 세대 수가 전체 세대 수의 50% 이상인 것		
	임대형	공공주택사업자 또는 임대사업자가 임대사업에 사용하는 것으로서 임대 목적으로 제공하는 실이 20실 이상이고 해당 기숙사의 공동취사시설 이용 세대 수가 전체 수의 50% 이상인 것		

용어사전

타운하우스
아파트와 단독주택의 장점을 취한 구조로 2~3층짜리 단독주택을 연속적으로 붙인 형태를 말한다. 이는 수직공간을 한 가구가 독점한다는 점에서 연립주택과 다르다. 우리나라에서는 커뮤니티 시설을 갖춘 고급 연립주택단지나 단독주택단지를 일컫는 용어로 사용되고 있다.

(3) 기타 주택의 유형 – 「주택법」

도시형 생활주택	• 300세대 미만의 국민주택규모에 해당하는 주택으로서 대통령령으로 정하는 주택, 「국토의 계획 및 이용에 관한 법률」에 따른 도시지역에 건설해야 한다. • 아파트형, 단지형 연립, 단지형 다세대주택으로 구분된다. • 분양가상한제, 입주자저축, 주택청약자격, 재당첨 제한 규정 등은 적용받지 않는다.
준주택	• 주택 외의 건축물과 그 부속물로서 주거시설로 이용가능한 시설 • 기숙사, 오피스텔, 다중생활시설, 노인복지주택
세대구분형 공동주택	공동주택의 주택 내부 공간의 일부를 세대별로 구분하여 생활이 가능한 구조로 하되, 그 구분된 공간의 일부를 구분소유 할 수 없는 주택
장수명 주택	구조적으로 오랫동안 유지·관리될 수 있는 내구성을 갖추고, 입주자의 필요에 따라 내부 구조를 쉽게 변경할 수 있는 가변성과 수리 용이성 등이 우수한 주택
토지임대부 분양주택	토지소유권은 분양주택건설사업을 시행하는 자가 가지고, 건축물 및 복리시설 등에 대한 소유권은 주택을 분양받은 자가 가진다.
에너지 절약형 친환경주택	저에너지 건물 조성기술 등을 이용하여 에너지 사용량을 절감하거나 이산화탄소 배출량을 저감할 수 있도록 건설된 주택

> **더 알아보기** 국민주택과 민영주택

국민주택	국가, 지방자치단체, 한국토지주택공사 또는 지방공사가 건설하거나 재정 또는 주택도시기금으로부터 자금을 지원받아 건설되거나 개량하는 주택으로서, 주거전용면적이 85m² 이하인 주택
민영주택	국민주택을 제외한 주택

제 2 장 | 부동산의 특성 및 속성

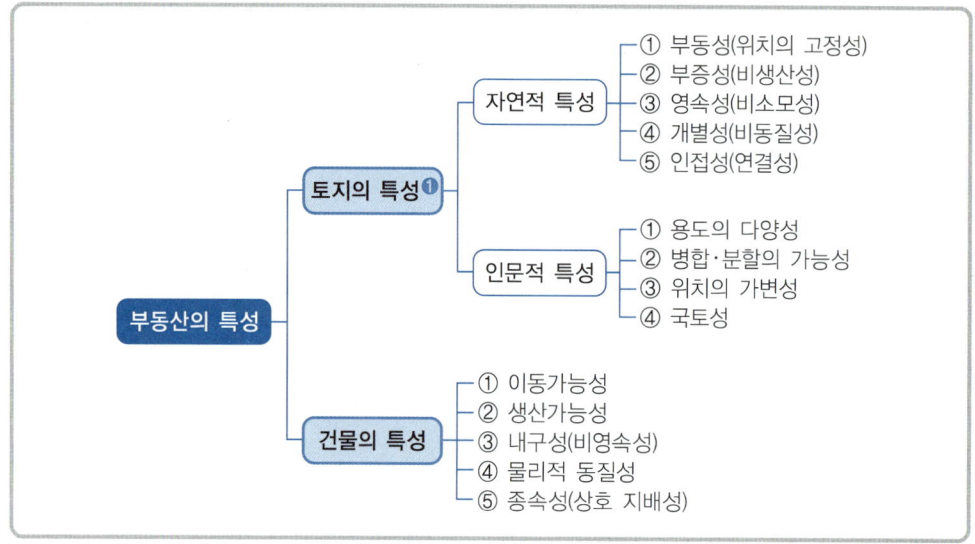

❶ 토지의 기타 특성
- 가경성
- 적재성
- 배양성
- 지력성

제1절 토지의 특성 제26·27·28·29·30·31·32·33·34·35회

01 토지의 자연적 특성

토지의 **자연적 특성**은 토지가 본원적으로 지니고 있는 근본적·선천적·본질적이며, 그 성질이 변하지 않아 불변적인 특성으로 **물리적 특성**이라고도 한다. 일반적으로 부동성·부증성·영속성·개별성·인접성이 있는데, 이러한 고유한 특성 때문에 부동산을 경제학이라는 테두리 내에서 연구대상으로 삼지 못하고, 학제적 측면에서 별개의 '부동산학'이라는 학문으로 태동되었다고 볼 수 있다.

(1) 부동성(不動性)

토지의 물리적·절대적인 위치는 인간의 힘으로 이동시킬 수 없음을 말하는 것으로 지리적 위치의 고정성, 비이동성이라고도 한다. 다만, 토지의 사회적·경제적·행정적 환경 등에 따라 그 상대적인 위치는 변할 수 있다. 모든 부동산활동은 부동성을 전제로 하여 전개된다.

① 부동성은 부동산과 동산을 구별하는 근거가 되며, 그에 따라 부동산의 공시(公示)방법을 등기(登記)함으로써 일반재화와 구별하는 이유가 된다.
② 거래·중개·입지선정·감정평가 등 부동산활동이 임장활동화·정보활동화된다.
③ 부동산시장을 지역시장·국지적 시장으로 형성되게 하므로 지역시장별로 수급불균형의 문제가 발생하며, 이러한 지역간 수급불균형의 문제는 토지라는 재화를 이동시킬 수 없으므로 시장기구가 스스로 해결할 수 없다. 이에 따라 부동산활동 및 부동산현상, 시장에 대한 정부의 규제와 통제도 지역별로 각각 다르게 나타난다.
④ 부동산은 물리적 위치가 고정되어 있어 외부환경의 변화에 많은 영향을 받게 되는 외부효과가 발생하게 된다. 외부환경이 부동산에 긍정적인 영향을 주는 것을 정(+)의 외부효과라 하며, 외부환경이 부동산에 부정적인 영향을 주는 것을 부(-)의 외부효과라 한다. 이와 같이 잘못된 입지선정과 주변 환경과의 부조화로 발생하는 가치 하락을 '경제적 감가(減價)'라고 한다.
⑤ 토지이용방식에 제약을 주고, 일반재화와는 달리 입지선정의 중요성을 제기한다. 즉, 부동성은 주어진 용도에 어떠한 위치(부지)가 적합한지를 판단하는 입지론의 근거가 된다.
⑥ 부동산이 물리적으로 동질적이라도 그 부동산이 속한 지역의 환경이 달라지면 부동산의 가격수준도 달라지므로 감정평가를 할 때 지역분석을 필연화시킨다.
⑦ 토지의 위치가 고정되어 있어서 제도적 규율의 대상으로 삼기가, 즉 공법적 규제가 용이한 편이다.
⑧ 주택의 경우에는 모델하우스 등이 있지만, 토지의 경우에는 동산(예 자동차 등)과 달리 견본을 제시하거나 진열하여 거래하기가 어렵기 때문에 중개업을 제도화시킨다. 또한, 물리적인 실체가 아닌 추상적인 권리관계가 주거래의 대상이 되므로 추상적 시장이 된다.
⑨ 동산과 달리 토지는 위치가 고정되어 있어 금융기관에 담보가치에 대한 높은 안정성을 제공하기 때문에 부동산금융에서 담보(저당)금융을 활성화시킨다.

용어사전
임장활동·정보활동
- **임장(臨場)활동**: 현장에 직접 나가서 하는 행위를 말한다.
- **정보활동**: 현장에 나가서 여러 가지를 확인하고 탐색하는 행위를 말한다.

(2) 부증성(不增性)

토지는 자연적·원시적으로 주어지는 재화이지 생산되는 재화가 아니다. 즉, 토지는 생산비를 투입하여 그의 물리적인 절대량을 늘릴 수 없다는 것이며, 일반재화와 달리 토지는 물리적인 생산이 불가능하다는 것이다. 이를 비생산성, 면적의 유한성, 수량의 고정성이라고도 한다.

① 토지의 공급은 엄격한 의미에서 생산공급이 아니다. 공유수면 매립이나 간척지의 개발은 토지이용의 용도전환 측면(경제적 공급)에서 파악하는 것으로서, 이러한 것이 부증성의 예외라고 할 수는 없다.
② 토지에는 원칙적으로 생산비(生産費)의 법칙이 적용되지 않는다. 일반재화와 달리 토지는 비용을 투입하여도 그 절대량을 생산할 수 없다. 따라서, 부증성은 토지에 원가방식 적용을 어렵게 한다.
③ 지가 상승의 근본적인 원인으로 작용하면서 토지의 희소성을 증가시킨다. 이러한 이유로 부동산활동에 있어 최유효이용의 근거가 된다.
④ 토지의 자원이 한정되어 있어 공급자독점을 가능하게 함으로써 공급자보다는 수요자경쟁을 더욱 심화시키고, 외곽지역보다는 도심지역에서 토지이용을 집약(集約)화시킨다.
⑤ 사회성·공공성이 높게 강조되어 정부가 부동산시장에 토지공개념을 설정하는 근거를 제기한다. 즉, 토지시장에 법적 규제의 필요성을 제기하는데, 일반재화시장보다 법적 규제가 많은 이유도 부증성 때문이라 할 수 있다.
⑥ 토지의 물리적 공급은 가격에 대하여 완전비탄력적이므로 그 형태는 수직선으로 나타나고, 부동산시장에 균형가격의 성립을 어렵게 한다.
⑦ 물리적 토지문제의 원인이 되고, 경제적 토지문제인 지가고(地價高)현상을 유발한다.
⑧ 리카도(D. Ricardo) 등 고전학파 경제학자의 논리적 근거에 의하면 부증성(우등지의 희소성)은 지대발생의 원인이 된다.

(3) 영속성(永續性)

토지는 사용에 의하여 그 절대면적이 소모되거나 마멸되지 않으므로 공간으로서의 토지는 영원히 존속한다는 것을 의미하는 것으로, 비소멸성·비소모성·불변성·불괴성이라고도 한다. 즉, 토지에는 물리적인 감가(減價)가 발생하지 않는다.

① 토지에는 물리적인 감가이론이 적용되지 않으므로 소모를 전제로 하는 재(再)생산이론이나 사고방식을 적용할 수 없게 한다. 따라서 토지는 건물과 달리 원칙적으로 감정평가방식 중 원가법(原價法)을 적용할 수 없다.
② 건물의 내구성과 함께 영속성은 이용·사용이익과 소유이익을 획득할 수 있게 하고, 이를 분리하여 타인이 대가를 지불하고 이용하게 하는 임대차시장을 형성하게 한다.
③ 자산가치의 보존력을 높여 투기대상 및 투자재로서의 선호도를 가지게 하므로, 장기투자를 통하여 보유기간 동안의 소득이득과 투자기간 말에 자본이득을 얻을 수 있다.

용어사전

희소성
수요에 비하여 공급이 부족한 현상을 말한다.

집약적 이용
단위면적당 자본과 노동의 투입비율이 큰 이용으로, 도심에서의 고층화현상을 예로 들 수 있다.

용어사전

물리적 감가
시간의 경과나 마모와 훼손, 재해 등으로 발생하는 파손·마멸 등의 외형적인 가치손실을 말한다.

내구성(耐久性)
파손·노후화·부패·균열·마멸 등이 없어 그 사용연한이 길게 유지될 수 있는 성질을 말한다. 즉, 재화의 수명이 비교적 길다는 것이다.

이용·사용이익과 소유이익
- 이용·사용이익: 타인에게 빌려주고 얻은 대가로, 부동산의 임대료수입을 말한다.
- 소유이익: 타인에게 매각하여 얻은 대가로, 부동산의 매각대금을 말한다.

④ 내구성(건물)은 재고시장 형성에 영향을 준다. 즉, 저량(stock)공급을 가능하게 한다.
⑤ 일반재화가격과 달리 부동산가격은 교환의 대가인 가격 외에도 용익(用益)의 대가인 임료로 구성된다는 근거를 제시한다.
⑥ 토지수명은 영원하므로 여러 가지 용도로 이용이 가능하다는 용도의 다양성을 지원한다.
⑦ 부동산활동에 장기적인 배려나 고려를 요구하게 되며, 효율적인 부동산관리를 통하여 토지나 건물의 경제적인 유용성을 증대시킬 수 있다. 즉, 부동산관리의 의의를 크게 한다.
⑧ 감정평가의 가격 제 원칙 중 예측의 원칙과 함께 부동산의 가치란 장래 유·무형의 편익에 대한 현재가치라는 정의에 부합하며, 감정평가방식 중 수익환원법 또는 직접환원법의 근거가 된다.

(4) 개별성(個別性)

1필지 단위인 하나하나의 토지는 그 위치·면적·지세·지반·가격 등이 모두 다르다는 것이며, 위치의 고정성으로 인하여 물리적으로 완전히 동일한 토지는 존재하지 않는다. 이를 개별성·이질성·비대체성·비동질성이라고도 한다.
① 물리적인 측면에서 다른 토지와 대체하여 사용할 수 없게 한다.
② 개별성은 토지뿐만 아니라 건물이나 기타 개량물에도 적용할 수 있다. 비록 물리적으로 동질적이라 하여도 그 부동산의 경제적·법적 성격이 달라지면 부동산가격 또한 달라지므로, 부동산은 동일한 재화라는 것이 존재하지 않는다. 즉, 부동산에는 일물일가의 법칙이 성립하지 않는다.
③ 개개의 부동산을 개별화·독점화시키고, 부동산시장이 비조직화되어 정부가 이를 집중통제하는 것을 어렵게 한다.
④ 개별적인 거래행태가 잘 드러나지 않으므로 부동산의 비교를 어렵게 하고, 부동성과 함께 부동산시장을 정보시장으로 만들어 많은 정보탐색비용을 부담하게 한다.
⑤ 부동산현상이나 이론이 복잡하고 다양하여 일반 경제이론이나 완전경쟁모형을 적용하기가 제한된다.
⑥ 동일지역 내의 부동산이라도 거래당사자의 특수한 사정이나 개별적인 동기 등에 따라 개별요인 또한 달라지므로 감정평가시 개별분석 및 거래사례비교법에서 사정보정의 필요성을 제기한다.
⑦ 개별토지를 감정평가할 때에 표준지공시지가를 기준으로 하는 이유도 개별성 때문이다.
⑧ 각 토지의 이질적인 특성은 표준지의 선정과 가치판단기준의 객관화를 어렵게 한다.

용어사전
일물일가(一物一價)의 법칙
동일한 시장의 일정시점에서의 동일한 물건에는 하나의 가격만이 성립하는 법칙을 말한다. 부동산은 개별성이 있어 일물일가의 법칙이 성립하지 않는다.

(5) 인접성

지표의 일부인 토지는 물리적으로 다른 토지와 연결되어 있어 인접한 토지와는 상호 연관성이 있다는 특성이다. 이를 연결성(연속성)이라고도 한다.

① 특정토지의 이용과 개발은 인근 주변토지에 영향을 미치기 때문에 부동성과 함께 정(+)의 외부효과 및 부(-)의 외부효과를 설명해 주는 이유가 된다.
② 근린공원·학군 등 긍정적 시설에 대한 개발유치현상(PIMFY현상)과 쓰레기소각장·장례식장 등 부정적 시설에 대한 개발기피현상(NIMBY현상)을 설명해 주는 근거가 된다.
③ 소유와 관련하여 경계문제를 일으킬 수 있으며, 인접토지와의 협동적 이용을 필연화시킨다.
④ 부동산의 가치형성에 있어 인접지역과 인접토지의 영향을 받게 하며, 감정평가를 할 때에 지역분석에 대한 필요성을 제기한다.
⑤ 개발사업의 시행이나 토지이용계획의 변경 등으로 발생하는 개발이익에 대하여 이를 국가가 환수하는 논리적 근거가 된다.
⑥ 개별성으로 인하여 토지의 물리적 측면에서는 대체가 불가능하지만, 용도적 측면에서는 대체이용을 가능하게 한다.

더 알아보기 | 토지의 기타 특성

1. 가경성(可耕性)
   식물의 뿌리를 정착시켜 식물의 지상부분을 지지함과 동시에 흡수작용을 가능하게 하는 물리적 작용을 말하며, 주로 농촌토지의 유용성을 좌우한다.

2. 적재성(積載性)
   토지가 건물이나 농작물 등을 지탱하여 그 기능을 발휘할 수 있도록 하는 성질을 말하며, 지지력(支持力)이라고도 부른다.

3. 배양성(培養性)
   식물의 생장·번식에 필요한 영양분을 공급하는 토지의 성능으로, 땅의 힘 또는 비옥도라고도 하며, 토지의 화학적 성질을 말한다. 주로 농업용 토지와 밀접한 관계를 가지나, 타 용도의 토지와는 관계가 적다.

4. 지력성(地力性)
   모든 것을 받쳐 주고 생성하게 하는 땅의 원천적인 힘, 즉 토지가 본원적으로 가지고 있는 힘을 말한다. 이는 토지의 생산력을 말하며 지대(地代)를 산출하는 특성이다.

용어사전

PIMFY현상과 NIMBY현상
- PIMFY현상(Please In My Front Yard): 지역사회 발전에 기여할 수 있는 시설 또는 사업을 자신들이 살고 있는 지역에 유치하겠다는 지역이기주의현상을 말한다.
- NIMBY현상(Not In My Back Yard): '내 뒷마당에서는 안 된다'는 것으로 위험시설·혐오시설 등(예 소각장, 장례식장 등)이 자신들이 살고 있는 지역에 들어서는 것을 강력하게 반대하는 시민들의 행동을 말한다. '자기중심적 공공정신결핍현상'이라고도 한다.

개발이익
개발사업의 시행 또는 토지이용계획의 변경 기타 사회·경제적 요인에 의하여 정상지가상승분을 초과하여 개발사업을 시행하는 자 또는 토지소유자에게 귀속되는 토지가액의 증가분을 말한다(「개발이익환수에 관한 법률」).

02 토지의 인문적 특성

인문적 특성은 인간이 토지를 대상으로 갖가지 행위를 할 때 인간과 토지의 관계에서 발생하는 특성으로, 자연적 특성과는 달리 여러 가지 환경변화와 인간의 부동산활동에 따라 그 성질은 가변적·후천적·인위적인 성격을 나타낸다. 일반적으로 용도의 다양성, 병합·분할의 가능성, 위치의 가변성, 국토성을 들 수 있다.

(1) 용도의 다양성

일반재화와 달리 토지는 여러 가지 용도로 다양하게 이용될 수 있다는 의미로, 즉 인간의 필요에 따라 농지지역을 택지지역으로 그 용도를 전환할 수 있으며, 공업지역을 상업지역으로 그 용도를 전환할 수도 있다는 것이다. 이를 변용성 또는 다용도성이라고도 한다.

① 후보지나 이행지의 경우처럼 전환과 이행을 통하여 토지의 경제적·용도적 공급을 가능하게 하며, 토지서비스의 경제적 공급곡선을 우상향하게 한다.
② 특정토지는 두 개 이상의 용도가 동시에 경합되는 경우가 많기 때문에 최고·최선의 토지이용을 할 필요가 있다. 즉, 용도의 다양성은 최유효이용의 성립·판단근거가 되며, 부동산학에서는 '최유효이용의 원칙'을 부동산활동의 행위기준으로 삼는다.
③ 창조적 이용을 가능하게 함으로써 하나의 부동산에 여러 가지 가치개념이 성립하는 가치(가격)다원설을 성립하게 한다.
④ 주어진 위치(부지)에 어떤 용도가 적합한지를 판단하는 적지론(適地論)의 근거를 제시한다.
⑤ 특정토지의 용도전환은 주변의 다른 토지에 영향을 주기도 하고 주변토지로부터 영향을 받기도 한다. 경우에 따라서는 일단 특정용도로 사용되기 시작하면 다른 용도로의 변경이 곤란할 수도 있다. 따라서 상호 연관성과 그 이용의 비가역성(非可逆性)도 고려할 필요가 있다.

(2) 병합·분할의 가능성

토지는 이용주체가 이용목적에 따라 그 면적을 법이 허용하는 범위 내에서 인위적으로 병합하거나 분할하여 사용할 수 있다는 것으로, 분합성이라고도 한다.

① 토지이용자의 필요에 따라 인근 토지를 합병(합필)할 수 있고, 일정한 크기와 모양으로 분할(분필)할 수도 있으므로 효율적인 합병·분할은 용도의 다양성을 지원하는 기능을 가지게 한다.

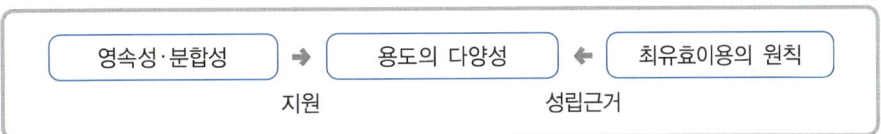

② 토지를 합병하여 증가나 감가가 발생할 수 있는 것처럼 분할해도 증가나 감가는 발생할 수 있다.

③ 토지를 합병하여 가치가 상승하는 증가(增價)분을 합필가치라 하며, 이런 현상을 규모의 경제, 플롯테이지(plottage), 어셈블리지(assemblage)현상이라 한다.

④ 병합·분할을 통하여 형성된 가격을 '한정가격'이라 하는데, 「감정평가에 관한 규칙」에서 정의하는 '시장가치'와는 다른 개념이다.

(3) 위치의 가변성

토지는 부동성으로 인하여 절대적·물리적 위치는 변하지 않지만, 토지에 관한 사회적·경제적·행정적 위치(환경)에 따라서 **토지의 상대적 위치가 변할 수 있고 이에 따라 토지가치도 변할 수 있다는 것이다.**❶

① **사회적 위치의 가변성**: 학군과 공원의 조성, 인구의 변화 등은 부동산의 사회적 위치(환경)를 변화시킨다.

② **경제적 위치의 가변성**: 도로·철도 등 교통체계, 경제성장, 이자율의 변화 등은 부동산의 경제적 위치(환경)를 변화시킨다.

③ **행정적 위치의 가변성**: 정부 등 공적 기관에 의한 토지이용계획의 변화, 토지이용규제(예 토지거래허가구역 지정 및 해제 등)의 변화, 조세제도의 변화, 공업단지의 지정 등은 부동산의 행정적 위치(환경)를 변화시킨다.

(4) 국토성

토지는 개인 소유의 대상이 되지만 그 이전에 국토의 일부라는 것으로, 공공복리와 공익추구라는 관점에서 토지공개념의 설정에 대한 근거를 제시한다.

① 토지는 사회성·공공성이 높게 요구되는 재화이므로 부증성과 함께 토지공개념을 설정하는 근거가 되는데, 이는 소유자의 절대적 소유권을 배제하고 일정 정도 이용이나 처분에 제한을 두는 것이라 할 수 있다.

② 부동산시장에 법률적 규제의 필요성을 제기한다.

> **핵심 콕! 콕!** 부동산의 경제적 특성
>
> 1. **고가성(高價性)**
>   - 자금조달능력이 시장참여를 결정하므로 부동산시장에는 다수의 수요자·공급자가 존재하는 것은 아니다. 즉, 부동산시장은 유효수요자·유효공급자로 시장참여가 한정(제한)되어 진입과 탈퇴가 자유롭지 못한 편이다.
>   - 특정부동산시장은 매수자중심시장이나 매도자중심시장으로 형성될 수 있다. 이러한 고가성이라는 특성은 부동산시장을 불완전경쟁시장으로 만드는 요인이 된다.
> 2. **불가분성(不可分性)**
>   하나의 부동산에 투자금액을 분할하여 매입하거나 투자하기가 제한될 뿐만 아니라, 매입한 부동산을 분할하여 매도하는 것도 용이하지 않다.

용어사전
규모의 경제 (economy of scale)
생산요소 투입량의 증대(생산규모의 확대)에 따른 생산비 절약 또는 수익 향상의 이익을 말한다.

❶ 인문적 특성은 부동산의 가치를 변화시킨다.

용어사전
토지공개념
토지는 국민 전체의 복리 증진을 위한 공적 재화임을 고려하여 소유와 처분에 대한 적절한 유도와 규제가 가하여질 수 있다는 개념을 의미한다.

> **확인예제**
>
> **토지의 특성에 관한 설명으로 틀린 것은?** 제34회
>
> ① 용도의 다양성으로 인해 두 개 이상의 용도가 동시에 경합할 수 없고 용도의 전환 및 합병·분할을 어렵게 한다.
> ② 부증성으로 인해 토지의 물리적 공급이 어려우므로 토지이용의 집약화가 요구된다.
> ③ 부동성으로 인해 주변 환경의 변화에 따른 외부효과가 나타날 수 있다.
> ④ 영속성으로 인해 재화의 소모를 전제로 하는 재생산이론과 물리적 감가상각이 적용되지 않는다.
> ⑤ 개별성으로 인해 토지별 완전한 대체 관계가 제약된다.
>
> **해설**
>
> 용도의 다양성으로 인해 두 개 이상의 용도가 동시에 경합할 수 있으며, 용도의 전환이 가능하다.
> • 토지는 합병·분할의 가능성이 있다.
>
> 정답: ①

제2절 건물의 특성

건물은 토지와는 달리 인위적인 축조물로서 재생산이 가능하고, 시간경과에 따른 가치소모가 전제되는 소멸성 자산으로서 토지와는 다른 여러 가지 특성을 가진다.

(1) 이동가능성

건물은 원칙적으로 부동성의 특성을 가지지만, 최근 이동식 주택의 등장이나 이축기술의 발달로 인하여 비이동성의 특성만 있다고 보기는 어렵다.

(2) 생산가능성

건물은 다른 상품과 같이 생산이 가능한 축조물이며 증·개축 등으로 그 규모를 증가시킬 수 있기 때문에 건축에 의한 생산가능성이라는 특성을 가지고 있다.

(3) 내구성(비영속성)

건물은 토지와는 달리 인위적인 축조물이기 때문에 재생산이 가능한 내구소비재로서 내용연수를 가진 내구성(비영속성)의 특성을 가지고 있다. 즉, **건물은 사용수명이 일반재화보다 길기 때문에 가격이 하락하여도 재구매수요가 빈번하게 발생하지 않는다.**

(4) 물리적 동질성

건물은 인위적인 축조물이기 때문에 동일 자재를 사용한 동종의 건물을 대량으로 생산할 수 있으므로 물리적 측면에서 동질성의 특성을 가진다. 다만, 경제적·법적 성격이 다르면 그 가격도 달라진다.

(5) 종속성(상호 지배성)

건물은 토지 위에 정착하여 축조되는 것이기 때문에 토지는 축조된 건물의 용도나 이용상황 등에 따라서 어느 정도 영향을 받기도 하고, 동시에 건물은 토지의 개별적 요인을 지배하는 성질을 지니기도 한다. 따라서 건물은 토지를 지배하기도 하고, 토지에 의하여 지배를 받기도 하는 종속성(상호 지배성)의 특성을 가진다.

제3절 부동산의 속성

01 부동산의 공간성

토지를 이용하는 것은 일반재화와 달리 '공간'을 이용하는 측면이 있다. 토지의 지표상 공간인 수평공간뿐만 아니라 지하공간·공중공간도 경제적 가치가 인정되면 소유 또는 이용의 대상이 될 수 있다. 즉, **공간으로서의 토지는 지표(수평공간)뿐만 아니라 지하공간과 공중공간을 포함하는 입체공간을 의미한다.** 토지는 그 수명이 영원하다는 '영속성'이 있으므로 공간으로서의 가치개념이 성립할 수 있다.

> **용어사전**
> **공중공간**
> 주택·빌딩 기타 공중공간을 향하여 연장되는 공간으로서 일정한 높이에 한한다.

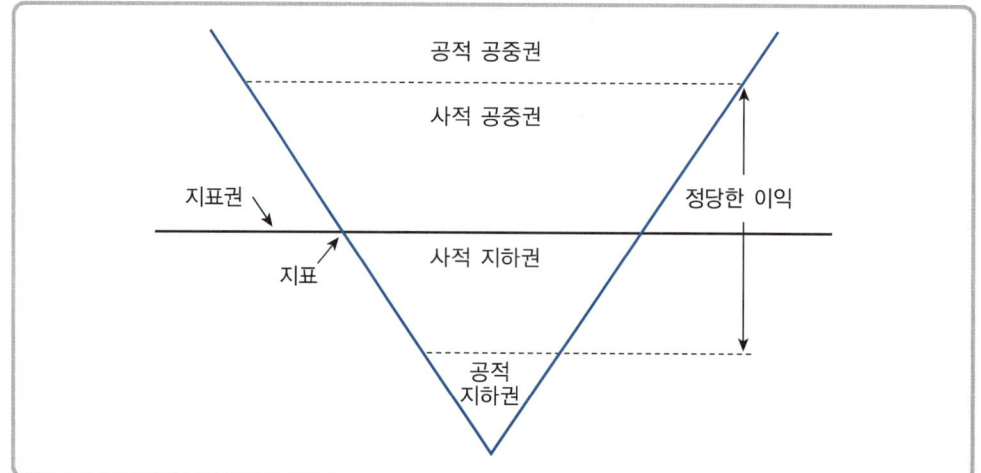

(1) 토지소유권의 공간적 범위와 그 권리

「민법」제212조에서는 "토지의 소유권은 정당한 이익이 있는 범위 내에서 토지의 상하에 미친다."라고 규정하고 있어 토지소유권의 효력범위를 입체적으로 인정하고 있다. 또한, 토지와 해면의 분계는 최고 만조시의 분계점을 그 표준으로 한다.

이러한 토지소유권의 효력범위는 무한정 확장되는 것이 아니라 법적 테두리의 범위 내에서 그 경제적 가치가 인정되는 한도까지라고 정의할 수 있다. 즉, 공간가치의 개념은 고정적이고 절대적인 개념이 아니라 시대와 장소, 나라, 사회적 통념 등에 따라 달라질 수 있다. 토지소유권은 공간적 범위에 따라 지표권·공중권·지하권으로 나누어 볼 수 있다.

① 지표권: 토지의 지표상의 공간인 수평공간을 배타적으로 이용하여 작물을 경작하거나(경작권), 건축물과 구축물을 세우거나(건축권), 지표상의 물(水)을 사용·수익·처분할 수 있는 권리(용수권)를 말한다. 물에 관한 권리는 물을 이용할 수 있는 권리와 수면하의 토지소유권에 관한 권리로 구분할 수 있다.

㉠ 물을 이용할 수 있는 권리

ⓐ 유역주의(流域主義): 유역주의는 어느 일방이 물을 독점적으로 사용하지 않고 인접한 다른 사람에게 해를 끼치지 않는 범위 내에서 골고루 사용하여야 한다는 원리로, 즉 물에 대한 배타적 독점권을 인정하지 않는다는 원리이다. 유역주의는 대체로 물이 흔한 습윤지역에서 행해진다. 우리나라「민법」에서는 유역주의를 채택하고 있다.

ⓑ 선용주의(先用主義): 선용주의는 먼저 물을 발견한 사람이 물을 독점적으로 사용하고, 남은 물이 있으면 그 다음 사람이 사용한다는 원리이다. 선용주의는 주로 물이 귀한 건조지역이나 사막지역에서 행해진다.

㉡ 수면하의 토지소유권에 관한 권리(유역지소유권자의 인접 하천·호수 등에 대한 소유권의 범위)

ⓐ 수면하 토지에 대한 소유자의 소유권은 인접하고 있는 하천이나 호수 등에 항행이 불가능한 경우에는 수로의 중앙선까지 영향을 미친다.

ⓑ 항행이 가능한 경우에는 그 수로나 하천은 공용도로와 동일하게 취급되므로 소유권은 물의 가장자리까지에만 영향을 미친다. 즉, 수면 아래에 있는 토지는 공공의 소유가 된다.

② 공중권: 토지소유권자의 토지구역상 공중공간을 일정한 고도까지 포괄적으로 이용하거나 관리할 수 있는 권리를 말한다. 공중권의 범위는 단지 소유권자의 이용을 합리적으로 예측할 수 있을 정도의 높이라는 추상적인 기준만 있을 뿐이지 구체적으로 정해진 기준은 없으며,❶ 미국에서는 공중권의 가치가 토지가격의 70~80% 정도의 수준인 것으로 알려져 있다.

❶ 공중공간인 한계고도의 범위는 법률에서 규정하고 있지 않다.

㉠ **공적 공중권**: 일정범위 이상의 공중공간에 대하여 공공기관이 공익목적으로 이용할 수 있는 권리를 말하는데, 주로 항공기의 통행(항공권)이나 전파의 발착(전파권) 등에 이용된다. 지속적인 경제성장으로 건물이 고층화되고 항공교통이 발달함에 따라 공중공간을 일정한 고도까지 제한할 필요성이 제기되고 있다.

㉡ **사적 공중권**: 일정범위까지 토지소유권자가 개인적으로 이용·관리할 수 있는 권리를 말하는데, 토지소유자의 사적 공중권의 이용은 인접한 토지소유자의 권리를 방해하여서는 안 된다. 현대적 의미에서 일조권·조망권 등이 사적 공중권에 해당한다고 볼 수 있다. 실제 일조권·조망권이 물리적인 실체가 없음에도 불구하고 이와 관련하여 대도심지역에서 이해당사자간에 분쟁이 발생하고 그 판단을 법원이 내리는 경우가 있다. 이것은 토지의 공중공간에도 부동산의 경제적 가치가 인정된다는 것을 보여주는 대표적인 사례가 된다.

㉢ **공중공간의 활용방안**
   ⓐ **개발권양도제**: 개발이 제한된 규제지역 내의 토지소유자에게 개발권을 부여하고 이 개발권을 개발이 가능한 다른 지역에 양도(매도)하도록 하여 규제지역 토지소유자의 손실을 보상하는 제도이다.
   ⓑ **용적률 인센티브(incentive)제도**: 아파트 등의 사업시행자가 공원·녹지·도로와 같이 공공용지를 무상으로 제공하면 공적 기관이 용적률을 허가기준보다 올려주는 제도를 말한다.
   ⓒ **공중분할**: 공중공간도 수평공간이나 지하공간처럼 획지로 수평 또는 수직으로 분할할 수 있는데, 이렇게 공중공간을 획지로 분할하는 것을 공중분할이라 한다. 분할된 획지를 공중획지라 하며, 임대차 등의 목적으로 삼는 것을 공중임대차라 한다.

③ **지하권**: 토지소유권자의 토지구역상 지하(지중)공간으로부터 어떤 이익을 획득하거나 이를 이용할 수 있는 권리를 말한다.

㉠ 토지소유권은 토지의 구성부분과 토지로부터 독립성이 없는 부착물에도 그 효력이 미친다. 따라서 우리나라에서는 토지소유권자가 지하수에 대해서는 이를 개발하여 이용할 권리를 인정해주고 있다.

㉡ 그러나 광업권의 객체가 되는 지하에 있는 광물에 대해서는 토지소유권자의 권리가 미치지 못하는 것으로 보고 그 권리를 제한하고 있다. 역시 공중권처럼 지하권이라는 개념도 절대적인 것이 아닌 까닭에 지하권을 토지소유자의 권리로 인정하는 국가도 있지만 일부만을 인정하는 국가도 있다.

㉢ 최근에는 지하철과 지하시설물 등 지하공간의 이용이 증대되고 있는 추세이어서 정확한 토지소유권의 범위에 대해서는 법원의 판단에 의존하는 경향이 있다. ❶

용어사전
일조권과 조망권
- **일조권**(日照權, right of light): 햇빛을 받아 쬘 수 있도록 법률상 보호되는 권리를 말한다.
- **조망권**(眺望權, prospect right): 건물과 같은 특정한 위치에서 자연·역사유적 등 바깥의 경관을 볼 수 있는 권리를 말한다.

❶ **한계심도**
- 토지소유자의 통상적 이용행위가 예상되지 않으며 지하시설물 설치로 인하여 일반적인 토지이용에 지장이 없는 것으로 판단되는 깊이를 말한다.
- 우리나라에서는 시 조례 등에 의해 한계심도의 범위를 규정하고 있다.
- 토지의 용도와 이용상태에 따라 한계심도 이내의 토지에 대해서는 입체공간이용저해율을 적용하여 보상할 수 있다. 지하공간에 한계심도를 설정하는 것은 지하공간에 경제적 가치가 있다는 것을 보여준다.

② 공공기관이 지하철 건설 등 입체적 공간 개발을 위하여 타인 소유의 지하공간을 이용하려면 구분지상권을 설정할 수 있다. ❶

> **확인예제**
>
> **공간으로서의 부동산에 관한 설명으로 옳지 않은 것은?**   2020 감정평가사
>
> ① 토지는 물리적 형태로서의 지표면과 함께 공중공간과 지하공간을 포함한다.
> ② 부동산활동은 3차원의 공간활동으로 농촌지역에서는 주로 지표공간이 활동의 중심이 되고, 도시지역에서는 입체공간이 활동이 중심이 된다.
> ③ 지표권은 토지소유자가 지표상의 토지를 배타적으로 사용할 수 있는 권리를 말하며, 토지와 해면과의 분계는 최고만조시의 분계점을 표준으로 한다.
> ④ 지중권 또는 지하권은 토지소유자가 지하공간으로부터 어떤 이익을 획득하거나 사용할 수 있는 권리를 말하며, 물을 이용하는 권리가 이에 포함된다.
> ⑤ 공적 공중권은 일정 범위 이상의 공중공간을 공공기관이 공익목적의 실현을 위해 사용할 수 있는 권리를 말하며, 항공기 통행권이나 전파의 발착권이 이에 해당한다.
>
> **해설**
> 물을 이용하는 권리(용수권)는 지하권의 범주가 아니라 지표권에 해당한다.   정답: ④

(2) 부동산의 공간가치개념

① 공간이라는 개념으로 부동산가격을 정의하면 **부동산가격은 부동산의 수평공간 · 공중공간 · 지하공간에 해당하는 3차원 입체공간의 가치를 전부 합한 것이라 할 수 있는데,** 이는 부동산의 법률적 · 경제적 · 물리적(기술적) 측면의 **복합개념으로 접근하여야 한다.**

② 부동산의 공간가치의 개념은 건물의 고층화와 집합건물의 등장으로 그 중요성이 높게 인정되고 있다. 이는 도심지역의 토지가 외곽지역의 토지보다 공간가치의 개념이 더 높게 인정된다는 것을 의미한다.

(3) 소유권분할❷의 경제적 가치

① **부동산소유권**은 부동산에 부여된 여러 가지의 '권리의 묶음(bundle of rights)'을 총괄하는 의미이다. 이에는 소유자가 행할 수 있는 권리인 사용권 · 매매권 · 저당권 · 임대권 등이 있고, 국가가 행할 수 있는 경찰권 · 수용권 · 과세권 · 지속권 등(소유권에 대한 제한)이 있다.

② 권리의 묶음을 구성하는 개별적인 권리는 법이 허용하는 범위 내에서 처분의 대상이 될 수 있으며 또한 임대할 수도 있고, 지역권을 허용해 줄 수도 있으며, 저당권의 목적으로 삼을 수도 있다.

---

❶ **구분지상권**
- 지하 또는 지상의 공간을 상하의 범위로 구분하여 기타 공작물을 소유하기 위하여 설정한 물권으로서 지상권자는 실제 사용하지 않는 지중 · 공중에까지 그 권리가 미치게 된다.
- 토지의 지하 또는 공중공간에 대한 입체이용이 요구됨에 따라 지하상가 · 지하철 · 육교 등 토지의 입체공간이용을 위하여 만들어진 제도이다.

용어사전
집합건물(集合建物)
1개 동의 건물 중 구조상 구분된 수 개의 부분이 독립된 건물로서 사용될 수 있는 건물을 말한다.
예 오피스, 오피스텔, 아파트, 연립주택, 다세대주택 등

❷
토지소유자는 토지의 입체공간의 일부를 분리하여 매매권 · 임대권 · 지상권 · 지역권 등을 설정할 수 있으며, 이러한 권리의 합이 부동산의 가치를 결정한다.

③ **소유권분할기법**: 부동산소유권은 경제적 가치가 인정되는 한 여러 개의 권리로 분할할 수 있으며, 경제적 가치가 있는 권리는 경제재로 취급되어 거래의 대상이 될 수 있다. 이와 같이 부동산소유권으로부터 경제적 가치가 있는 권리를 새롭게 창출하여 분할하는 것을 파인애플기법, 하와이기법, 제켄도르프(Zeckendorf)기법이라고 한다. 파인애플기법은 제켄도르프(Zeckendorf)라는 사람이 하와이 휴가 중에 최초로 주장하였다고 한다.

> **더 알아보기** 소유권의 내용적 범위
>
> 소유권이란 대상부동산을 배타적이고 무기한적으로 지배할 수 있는 법적인 힘을 의미하는데, 소유권의 내용을 구성하고 있는 주요한 권리로는 점유권·사용권·처분권 등이 있다.
>
> 1. 점유권
>   대상부동산을 현실적으로 지배하고 무기한 배타적인 점유상태를 유지할 수 있는 권리를 말한다.
>
> 2. 사용권
>   소유권에 법적인 하자가 없고 그 용도가 합법적인 한 다른 사람의 간섭을 받지 않고 대상부동산을 사용하고 향유할 수 있는 법적인 권리를 말한다.
>
> 3. 처분권
>   부동산소유권의 전부나 일부를 언제든지 처분할 수 있는 권리를 말한다. 부동산소유권자는 대상부동산의 매매·교환·증여·유증 등을 통하여 자신의 권리의 전부 또는 일부를 처분할 수 있다.

02 부동산의 위치성

(1) 위치의 개념

부동산은 부동성이라는 특성 때문에 주어진 위치를 인위적으로 이동할 수 없고, 부동산활동은 주어진 위치 그대로의 상태에서 행해질 수밖에 없다. 따라서 위치의 유용성이 곧 부동산의 유용성이라 할 수 있으며, 이에 따라 부동산의 위치가 다르면 부동산의 가치도 달라진다.

① 부동성은 부동산의 절대적·물리적 위치를 의미하며, 위치의 가변성은 부동산의 상대적·경제적 위치를 의미한다.

② 부동산이용에 있어서는 절대적·물리적 위치보다 상대적·경제적 위치가 더 중요하게 강조된다.

(2) 위치와 접근성

마샬(A. Marshall)은 위치의 중요성을 강조하면서 '위치의 가치'라는 표현을 주로 사용하였고, 허드(R. M. Hurd)는 접근성을 강조하면서 지가와 접근성에 대하여 "지가는 경제적 지대에 바탕을 둔다. 그리고 지대는 위치에 의존하고, 위치는 편리함에 의존하며, 편리함은 가까움에 의존한다. 결국 지가는 가까움(접근성)에 의존한다."라고 하였다.

① **접근성(接近性)의 개념**: 접근성이란 어떤 목적물에 도달하는 데 시간적·경제적·거리적 부담이 적은 것을 의미한다. 이러한 접근성은 위치의 가치판단에 있어서 매우 중요하다. 거리가 가까우면 일단 접근하기가 용이하며, 접근성이 좋을수록 입지조건이 양호하고 그 가치는 크다고 볼 수 있다.

② **부동산의 용도와 접근성**: 부동산의 용도가 무엇인가에 따라 접근성의 중요성과 평가기준이 달라진다. 즉, 주거지는 쾌적성이 높은 곳이, 상업지는 매상고와 수익성이 높은 곳이, 공업지는 생산성·경제성이 높은 곳이 유리하다고 볼 수 있다. 이처럼 토지는 용도에 따라 그 위치의 중요성이 달라지므로, 토지이용은 이러한 위치와 접근성에 따라서 결정되고 그에 합당한 가격이 형성된다.

(3) 위치의 평가

① 부동산의 평가는 '유용성'이 그 기준이 되는데, 이는 부동산의 위치를 평가할 때에도 마찬가지이다. 따라서 토지는 위치에 따라 그 유용성이 달라지므로 입지조건이 중요하다.

② '위치로서의 부동산'은 부동산의 자연적 특성 중 부동성과 밀접한 관계가 있으며, 부동산의 유용성에 가장 큰 영향을 미치는 속성을 지니고 있다. 이러한 의미에서 접근성은 곧 위치라고 할 수 있다.

03 부동산의 자연성

(1) 의의

자연으로서의 부동산의 개념은 부동산의 자연적 특성 중 '부증성'과 가장 밀접한 관련이 있다. 즉, 자연물로서의 토지는 공급량이 한정되어 있으므로 경제이론의 원칙이 그대로 적용되지 않고, 그 이용에도 국가적인 차원에서 합리적인 조정이 필요하므로 특히 사회성·공공성이 강조된다.

(2) 자연으로서의 존재가치

① 토지가 자연물이라는 점은 부동산의 여러 가지 자연적 특성을 낳게 하고, 그 특성 때문에 기존의 경제이론 및 주변 과학들의 이론을 부동산분야에 그대로 적용하는 것이 곤란하다. 이러한 이유로 부동산학이 기존의 학문과는 독립되어 새로 개발되어야 하는 필요성을 가지게 된다.
② 토지는 개발보다는 보전을 더욱 중요시하는 노력이 필요하다. 앞으로는 소득 증가, 교육수준 향상, 여가 증대, 인구 증가 등이 '현장자원(자연으로서의 토지가치)'으로서의 의미를 점차 크게 만들 것이기 때문이다.
③ 토지는 생산이 불가능하기 때문에 그 유한성을 극복하기 위해서는 효율적인 이용이 강조되며, 따라서 최유효이용의 개념이 중요시된다.
④ 자연의 산물인 토지가 법률적으로 사유화됨에 따라 토지소유제도 · 토지이용의 규제 · 거래질서 확립에 관한 문제 등이 제기되고, 용도상 공공복리의 측면이 강조되어 국가적 차원에서 합리적인 조정이 필요하므로 사회성 · 공공성이 강조된다. 즉, 부동산에 '공개념'이 설정되는 근거가 되는 속성이다.

04 부동산의 환경성

(1) 의의

부동산은 크게는 자연의 한 부분이지만, 작게는 물리 · 사회 · 경제의 여러 상황이나 조건하에 놓여 있다. 이를 환경(環境)이라 하며, 토지는 그 위치가 고정되어 있기 때문에 인간은 해당 토지 위에서 일어나는 자연환경의 변화나 충격으로부터 도피할 수 없다.❶

> ❶ 토지의 위치가치는 환경가치와 밀접한 관련을 맺고 상호 경쟁 · 보완에 영향을 준다.

(2) 환경과 부동산

① 부동산은 환경의 구성분자로서 환경으로부터 큰 영향을 받는다.
② 환경은 부동산활동을 지배하고 부동산현상에 많은 영향을 미친다.
③ 인간은 부동산활동으로 환경을 개선하여 부동산현상을 변화시키며, 동시에 새로운 환경은 다시 부동산활동을 지배하게 된다.
④ 능률적인(최유효이용) 부동산활동에 있어서는 환경의 경계나 범위를 파악하여 접근하여야 한다.
⑤ 최근의 부동산활동은 특히 주거에 있어서 생태학적 환경요소를 중시하는 경향이 있다.

제 3 장 | 부동산학의 이해 및 부동산활동

제1절 부동산학에 대한 이해 제26회

01 부동산학의 정의와 그 학문적 성격

(1) 부동산학의 정의

부동산학이란 어떻게 하면 부동산활동을 바람직하게 할 것인가를 연구하는 학문이다. 즉, **부동산학은 부동산활동을 바람직하게 전개하여 부동산과 인간의 관계를 개선하고자 하는 것이다.** 부동산학에 대한 정의는 학자들마다 표현방법에 차이는 있지만 모두 부동산과 인간과의 관계를 바탕으로 하고 있다.

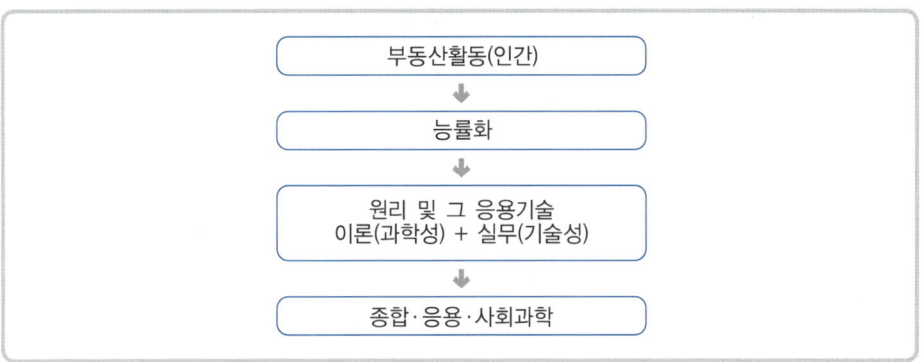

① 부동산학이란 '**부동산활동의 능률화 원리 및 그 응용기술을 개척하는 종합·응용과학**'을 의미한다. **부동산학은 부동산과 인간과의 관계 개선을 연구하는 학문**으로서, 인간과 부동산 사이에서 발생하는 문제를 해결하고 그 합리적인 개선점을 모색하는 것이 부동산학의 이념이다(김영진 교수).
② 부동산학이란 '부동산현상의 정확한 인식을 기하고 바람직한 부동산활동을 전개하기 위하여 부동산의 기술적·경제적·법률적 제 측면을 기초로 하여 연구하는 종합응용과학'을 의미한다(이창석 교수).
③ 부동산학은 토지와 토지상에 부착되어 있거나 연결되어 있는 여러 가지 항구적인 토지개량물에 관하여 그것과 관련되어 있는 직업적·물적·법적·금융적 제 측면을 기술하고 분석하는 학문연구의 한 분야이다[링과 다소(Alfred A. Ring & Jerome Dasso) 교수].

❶ 부동산학은 추상적 학문이 아니며, 순수과학·자연과학도 아니다.

(2) 부동산학의 학문적 성격 ❶

① **종합과학**: 부동산학의 연구대상이 인간, 부동산, 부동산활동과 부동산현상의 광범위한 분야에 걸쳐 있고, 이들의 이론을 설명할 때 경제학·법학·사회학·행정학·경영학·건축학 등 여러 분야 학문의 지원을 받는다는 점에서 종합학문의 성격을 가진다.

② **응용과학**: 부동산학은 부동산행위에 대한 실천과학으로서 인간과 부동산과의 관계 개선 또는 부동산의 효율적 이용, 부동산의 공평한 배분을 위한 이론 및 실천을 제시하여 유용성을 검증할 수 있는 응용과학이다.

③ **사회과학**: 부동산학은 자연현상을 연구하는 자연과학이 아니라 인간과 부동산 상호간 작용을 연구하는 사회과학적 성격이 강하다.

④ **경험과학**: 부동산학은 추상적인 학문이 아니라 현실의 부동산활동과 부동산현상을 연구대상으로 하는 구체적인 경험과학에 속한다. 경험과학은 사물의 인식보다는 현실의 사실을 설명하는 과학으로, 논리학이나 수학처럼 비현실적 사고방식에 근거를 두지 않고 어디까지나 현실과 경험사실을 중요하게 다룬다.

⑤ **규범과학**: 부동산활동에 있어 윤리성이 강조되고, 부동산활동이 사회에서 바람직한 것인가를 밝혀내어 바람직한 부동산활동을 판단하고 실천하려는 규범과학적 성격을 가지고 있다.

(3) 부동산학의 지도이념

부동산학의 지도이념이란 지도원리, 일반원칙 등의 용어로 사용되는 개념으로 부동산활동에서 추구하여야 할 최고의 가치와 지켜야 할 행동지침을 말한다. 부동산학에서는 '인간과 부동산의 관계 개선'이라는 궁극적인 목표를 실현하기 위하여 지도이념(지도원리)을 두고 있다. 그러나 이러한 것은 절대불변의 것이 아니라, 시대와 국가, 사회에 따라 창조·변화되고 발전된다.

① 부동산학의 지도이념
  ㉠ **일반적 방향**: 부동산학의 지도이념은 인간과 부동산의 관계 개선을 도모하는 데 있다. 이창석 교수는 부동산학의 일반적인 이념방향을 합법성·효율성·형평성에 초점을 두어야 한다고 보고, 그 지도이념으로 공·사익 조화의 원리, 효율적 관리의 원리, 공간 및 환경가치 증대의 원리를 제시하고 있다.

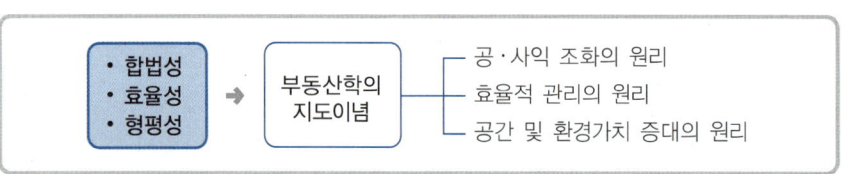

ⓛ 부동산학의 지도이념
  ⓐ 공·사익 조화의 원리(법률적 측면): 법률적 측면의 지도이념으로, 공익과 사익은 조화를 이루어야 한다. 부동산 관련 법규는 부동산사법과 부동산공법으로 나눌 수 있는데 부동산사법은 사익의 보호를 추구하고, 부동산공법은 공익의 보호를 추구한다. 그러나 부동산사법은 소유권보장의 측면이 강조되고, 부동산공법은 소유권제한의 측면이 강조되므로 서로 상충관계에 있기도 하다. 따라서 공익과 사익의 조화원리가 필요하다.
  ⓑ 효율적 관리의 원리(경제적 측면): 경제적 측면의 지도이념으로, 부동산 경제론의 측면에서는 보존과 이용 및 개발 등의 관리가 강조된다.
  ⓒ 공간 및 환경가치 증대의 원리(기술적 측면): 기술적(공학적) 측면의 지도이념으로, 건축 및 토목기술이 발달하면 공간 및 환경가치를 증대시킬 수 있어 한정된 자원인 부동산을 효율적으로 이용할 수 있게 된다.
② 부동산학에서 추구하는 가치
  ⓛ 부동산학에서 추구하는 최우선의 가치는 효율성으로, 주어진 조건에서 부동산의 가치를 극대화하는 방법을 연구하는 것이다. 다만, 사회 전체적으로는 효율성뿐만 아니라 형평성도 중요하다고 할 수 있다. 부동산활동이 형평성 측면에만 치중하면 효율성이 저해될 수 있고, 효율성 측면만을 강조하면 형평성을 달성하는 것이 어렵다는 문제가 있다.
  ⓒ 부동산은 공공재인 동시에 사적인 재화의 성격을 가지고 있으므로 사용과 관련해서는 공익과 사익이 충돌하는 경우가 많다. 따라서 부동산학이 추구하는 가치는 합법적인 테두리 내에서 부동산과 관련된 공익(형평성)과 사익(효율성)의 적절한 조화를 유도하여 그 균형점을 찾는 것에 있다.

02 부동산학의 접근방법

부동산학 이론을 설명하는 데 있어서 학자들의 태도는 다양하고 그 내용 또한 상이하다. 학자들의 이러한 연구태도 또는 연구시각을 접근방법이라 한다. 부동산문제의 해결이나 개선을 위해서 부동산분야의 학문적 연구가 지원되고 있으며, 부동산학에서는 종합식 접근방법과 의사결정 접근방법이 주로 활용되고 있다.

(1) 분산식 접근방법

법학·경제학·공학 등 일반적 주변 과학에 있어서 개별적·부분적으로 부동산을 다루는 접근방법으로, 한 가지 학문만을 가지고 부동산학에 접근하는 것이다. 이러한 접근은 부동산학의 존재를 인정하지 않고 주변 학문을 부분적으로 인용하는 방법이므로 부동산학의 종합적인 기능이 결여되고, 학문간의 연계가 단절되어 학문적 체계화가 곤란하다.

(2) 중점식 접근방법

부동산 및 부동산활동의 특정한 한 가지 측면에만 중점을 두는 방법으로, 특정 부분의 측면에만 중점을 두므로 전체적인 인식이 결여되기 쉽다. 중점식 접근방법은 분산식 접근방법에 비하여 그 적용범위가 넓어 전문적 성격이 조금 더 확대된 접근방법이라 할 수 있다.

(3) 종합식 접근방법

부동산을 기술적·경제적·법률적 등의 복합개념으로 이해하고, 부동산활동과 직·간접으로 관련되어 있는 여러 과학의 연구결과를 최대로 시스템화·체계화하여 부동산학 이론을 구축하는 방법이다. 종합식 접근방법은 우리나라 부동산학 이론을 단기간에 종합응용과학으로 정착시키는 데 크게 기여하였다.

(4) 의사결정 접근방법

합리적인 의사결정분석에 초점을 두고 있는 접근방법이다. 이 접근방법은 인간은 합리적인 존재이며, 자기이윤의 극대화를 목표로 논리적이고 합리적으로 행동한다는 기본가정에서 출발한다. 의사결정 접근방법은 사적 주체의 의사결정에 중점을 두므로 형평성보다는 효율성을 중시하며, 부동산투자·금융·개발활동과 관련이 깊다.

(5) 행태과학적 접근방법

부동산활동에 내재하는 인간적 요인에 착안하여 부동산행태(不動産行態)를 중심으로 부동산활동의 본질을 규명하려는 방법이다. 부동산활동의 주체인 인간의 행위를 사회학적·심리학적 입장에서 분석하여 접근하는 방법으로, 최근 부동산경영·부동산마케팅 및 부동산중개활동을 과학화시키는 데 주로 채택되는 경향이 있다.

(6) 현상학적 접근방법

사회적 현상은 인간의 행위의 결과로 나타나는 것이며, 부동산활동 역시 인간의 심리에 기초한 것으로 이를 중심으로 부동산학을 연구하는 것이 현상학적 접근방법이다. 현상학적 접근방법은 인간의 입장에서 토지를 이해하고자 하는 연구방법으로, 토지는 인간의 노동에 의하여 생산된 것이 아니며 그 자체는 아무런 가치가 없다고 본다. 이 방법은 주로 감정평가에서 많이 활용된다.

03 부동산학의 연구분야 및 연구대상

(1) 부동산학의 연구분야

부동산학의 연구분야는 부동산환경에 대하여 각 분야가 공통적으로 어떠한 기능과 역할을 수행하고 있느냐에 따라 부동산(의사)결정분야, 부동산결정지원분야, 부동산학의 기초분야로 나눌 수 있다.❶

① **부동산(의사)결정분야**: 부동산투자·부동산금융·부동산개발은 부동산(의사)결정분야(real estate decision area)에 속하며, 여기에 부동산정책까지 포함하는 견해도 있다. 투자를 할 것인가, 자금을 조달할 것인가, 개발을 할 것인가 또는 그렇지 않을 것인가, 정부가 시장에 개입할 것인가 또는 그렇지 않을 것인가는 부동산학에 있어서 가장 기본적인 (의사)결정사항이 된다.

② **부동산결정지원분야**: 부동산마케팅·부동산관리·부동산상담·부동산감정평가 등은 부동산결정지원분야에 속한다. 이 같은 분야는 부동산의사결정자에게 전문적인 서비스를 제공하는 역할을 수행한다.

③ **부동산학의 기초분야**: 부동산(의사)결정분야나 부동산결정지원분야에 대하여 기초적인 이론과 지식을 제공하는 기능을 한다. 부동산의 특성 및 법적 성질, 부동산시장, 도시지역, 부동산세금, 기초적 금융수학(financial mathematics) 등이 이에 해당한다.

❶ 부동산(의사)결정분야와 부동산결정지원분야는 실무적 분야, 부동산학의 기초분야는 이론적 분야를 나타낸다.

부동산학의 연구분야

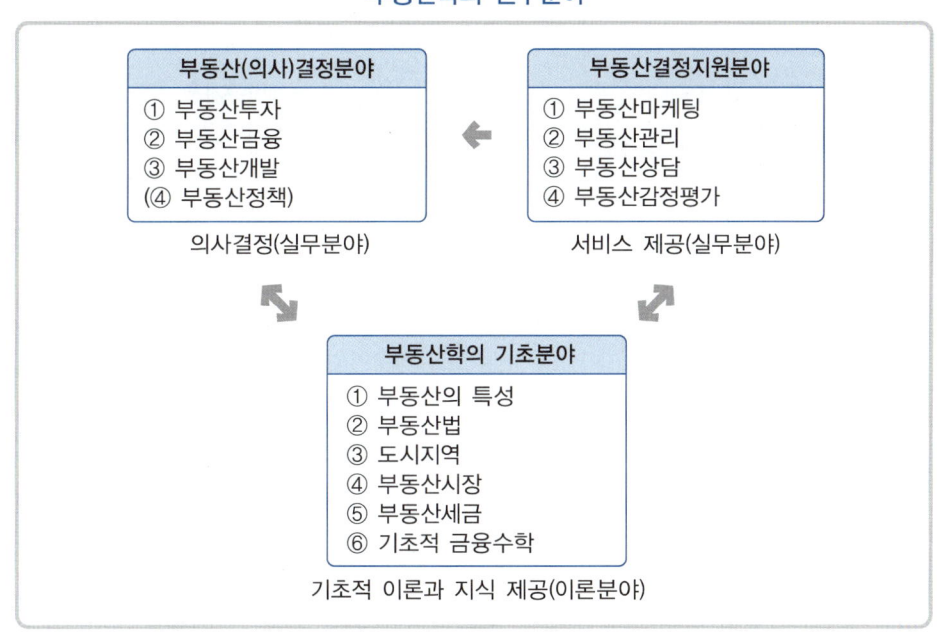

(2) 부동산학의 연구대상 제28·31회

부동산학은 부동산을 연구대상으로 하는데, 무생물로서의 부동산은 연구대상이 될 수 없고 유기적인 변화를 일으키는 부동산이 연구의 대상이 될 수 있다. 부동산학은 여러 가지 '부동산활동'이나 '부동산현상'을 연구대상으로 하여 그들간의 상호작용이나 인간생활에 미치는 영향을 분석하고, 그 안에 내재되어 있는 일반적인 원리를 도출하는 것이라 할 수 있다.

① **부동산활동(real estate activity)**: 부동산활동이란 인간이 부동산을 대상으로 전개하는 관리적 측면에서의 여러 가지 행위를 말하며, 이러한 부동산활동을 능률화하는 것이 부동산학의 목적이다. 부동산활동의 주체에는 사적 주체(민간부문)와 공적 주체(공공부문) 및 제3섹터(공공과 민간의 합동부문), 전문협회가 있다.

㉠ **사적 부문**: 부문별 부동산활동 중에서 가장 활발한 것은 사적 부문(private sector)의 활동으로, 사적 부문의 활동은 주로 효율성(효용·이윤극대화)을 중시하게 된다. 우리나라의 표준산업분류(SIC; Standard Industrial Classification)에서는 부동산업을 다음과 같이 분류하고 있다.

한국표준산업분류상의 부동산업❶

대분류	중분류	소분류	세분류	세세분류
부동산업	부동산업	부동산 임대업 및 공급업	부동산임대업	• 주거용 건물임대업 • 비주거용 건물임대업 • 기타 부동산임대업
			부동산개발 및 공급업	• 주거용 건물개발 및 공급업 • 비주거용 건물개발 및 공급업 • 기타 부동산개발 및 공급업
		부동산 관련 서비스업	부동산관리업	• 주거용 부동산관리업 • 비주거용 부동산관리업
			부동산중개·자문 및 감정평가업	• 부동산중개 및 대리업 • 부동산투자자문업 • 부동산감정평가업 • 부동산분양대행업

㉡ **공공부문**: 정부 등 공공부문의 부동산활동은 형평성 측면의 공익성과 효율성 측면의 사익성을 적절히 조화시키는 데 그 목적을 두고, 부동산시장이나 사적 부문의 활동에 대하여 관리·규제·보조·과세 등의 수단으로 그 활동을 수행한다.

㉢ **전문협회**: 공인중개사협회, 주택관리사협회, 감정평가사협회 등의 전문협회가 있다. 이러한 전문협회는 교육프로그램의 제공, 정보교환, 연구수행, 출판물 간행 등 다양한 형태의 서비스를 제공하고 있으며, 회원들의 자질 향상과 권익옹호를 위하여도 많은 노력을 하고 있다.

---

❶ 부동산투자업, 부동산금융업, 부동산컨설팅업, 건설업, 토지임대업, 사업시설유지·관리업은 제도권 표준산업분류상의 부동산업에 해당하지 않는다.

> **확인예제**
>
> **한국표준산업분류에 따른 부동산업에 해당하지 않는 것은?** 제24회 수정
>
> ① 주거용 건물개발 및 공급업
> ② 부동산투자 및 금융업
> ③ 부동산중개 및 대리업
> ④ 비주거용 부동산관리업
> ⑤ 기타 부동산임대업
>
> **해설**
> 부동산투자 및 금융업은 표준산업분류에 따른 부동산업에 해당하지 않는다. 정답: ②

② **부동산현상(real estate phenomenon)**: 부동산현상이란 인간의 삶을 영위하는 터전으로서의 부동산으로부터 나타나는 여러 가지 법칙성 등을 말한다. **부동산현상은 인간의 부동산활동으로부터 생기기도 하지만, 부동산의 본질로부터 나타나는 경우도 있다. 부동산현상도 부동산활동처럼 '복합개념'으로 접근하게 된다.**
  ㉠ **법률적 현상**: 부동산의 제도적 환경, 토지공개념 등
  ㉡ **경제적 현상**: 미분양, 지가고현상, 부동산경기변동, 부동산투기현상 등
  ㉢ **기술적 현상**: 지가구배현상, 도시스프롤, 침입적 토지이용 등

> **확인예제**
>
> **부동산학의 학문적 성격에 관한 설명 중 틀린 것은?** 제15회
>
> ① 부동산학은 부동산과 관련된 의사결정과정을 연구하기 위하여 부동산의 법적·경제적·기술적 측면의 접근을 시도하는 종합응용사회과학이다.
> ② 부동산학이란 부동산활동의 능률화의 원리 및 그 응용기술을 개척하는 종합응용과학이다.
> ③ 부동산학은 추상적인 학문이 아니라 현실의 부동산활동을 대상으로 하는 구체적인 경험과학이다.
> ④ 부동산학이 추구하는 가치를 민간부문에 한정하여 볼 때에는 효율성보다는 형평성을 중시하게 된다.
> ⑤ 부동산학은 순수과학과는 달리 복잡한 현실적 사회문제를 해결하고자 하는 응용과학이다.
>
> **해설**
> 부동산학이 추구하는 가치를 민간부문에 한정하여 볼 때에는 형평성보다는 효율성(효용·이윤극대화)을 더 중시하게 된다. 정답: ④

제2절 부동산활동

01 부동산활동의 속성

(1) 과학성 및 기술성

부동산활동은 원리라는 관점에서 본다면 과학성을, 이 원리를 실무활동에 응용한다는 관점에서 본다면 기술성을 가지고 있다. 따라서 부동산활동은 과학성 및 기술성의 양면성이 있다고 할 수 있다.

(2) 사익성 및 공공성

① 부동산은 사적재인 동시에 공공재적 성격이 있기 때문에 부동산활동은 사익성 뿐만 아니라 사회성·공공성도 강조된다.
② 부동산 및 부동산활동이 사회성·공공성을 강조한다 하여도 국민의 사익은 손상을 입지 않도록 노력하여야 한다.

(3) 윤리성

부동산 및 부동산활동은 사회성·공공성이 강조되고 있어 부동산활동의 주체는 윤리적으로 행동하여야 한다. 즉, 거래당사자는 물론 부동산업자에게도 높은 윤리성이 요구된다. 부동산업자가 준수하여야 할 윤리를 부동산윤리라 하는데, 그 유형은 다음과 같다.

① 고용윤리(고용주와 피고용주와의 관계): 조직 내부에서 지켜야 할 책무와 도리로서, 부동산업자는 경영책임자이기 때문에 그 자신은 물론이고 그가 고용하고 있는 종업원들이 법규나 윤리규정을 비롯한 해당 업무규정을 잘 준수하도록 충분히 감독할 책임이 있다.
② 조직윤리(동업자 및 동업자단체와의 관계): 조직간에 지켜야 할 책무와 도리로서, 부동산업자는 동업자에게 불리한 결과를 초래하지 않도록 노력하여야 하며 해당 동업자단체에 가입하여 동업자단체의 일원으로서 단체의 역할과 기능 등에 성실하게 협력하여야 한다.
③ 서비스윤리(의뢰인과의 관계): 부동산업자는 의뢰인의 이익옹호를 위하여 선량한 관리자의 주의로써 처리하여야 한다. 의뢰인의 금전적인 이익은 물론 비금전적인 이익도 옹호하여야 할 책무와 도리가 있다.
④ 공중윤리(일반 대중에 대한 부동산업자의 직업윤리): 부동산업자에게 직접 서비스를 의뢰하지는 않았으나, 부동산업자의 서비스에 따라서 어떤 부동산결정을 하려는 위치에 있는 일반 대중에 대한 이익도 사회적으로 옹호되어야 한다. 그러므로 부동산업자는 일반 공중의 복리증진도 도모하는 방향으로 업무활동을 전개하여야 한다.

(4) 대인활동 및 대물활동

① 부동산활동의 주체는 인간이며, 따라서 부동산활동은 대인활동(對人活動) 또는 인간활동(人間活動)이라 할 수 있다.
② 부동산활동의 객체는 부동산이므로 부동산활동은 대물활동(對物活動)이다.

(5) 임장활동 및 정보활동

① 임장활동(臨場活動)은 대물활동의 연장으로서 부동산활동을 효율적으로 행하기 위해서는 탁상을 떠나 실제 현장에 임하여 조사 및 확인하는 시간을 많이 보내야 한다는 것을 말한다.
② 토지에는 부동성의 특성이 있고 부동산현상을 둘러싼 각각의 환경요인이 다르기 때문에 정보활동도 매우 중시된다.

(6) 전문성

부동산활동은 일반재화의 거래에 비하여 높은 전문성이 요구되므로 전문직업이 제도화되고 높은 전문지식이 있어야 부동산활동의 목적을 달성할 수 있다.

① **제1차 수준의 부동산활동**: 비전문가가 행하는 자신을 위한 부동산활동으로, 자신의 이익을 위해서 하는 투자활동, 개발활동 등을 말한다.
② **제2차 수준의 부동산활동**: 해당 분야의 전문가는 아니지만, 업무의 필요에 따라 수행하는 부동산활동을 말한다. 개업공인중개사가 행하는 감정평가활동이나 공무원이 행하는 감정평가활동 등을 그 예로 들 수 있다.
③ **제3차 수준의 부동산활동**: 특정한 부동산활동에 대한 전문가에 의한 활동으로, 전문성과 그 신뢰도가 가장 높은 부동산활동이다. 공인중개사에 의한 중개활동이나 감정평가사에 의한 감정평가활동을 그 예로 들 수 있다.

(7) 배려의 장기성

영속성, 용도의 다양성, 사회적·경제적·행정적 위치의 가변성 등의 특성으로 인해 부동산활동은 이에 대한 배려가 수반된다. 또한 토지는 이용의 비가역성이 있으므로 토지이용과 관련된 의사결정에는 장기적인 관점의 고려가 필요하다.

(8) 공간활동

부동산활동은 지표면뿐만 아니라 지하공간과 공중공간을 대상으로 전개된다. 부동산활동은 3차원 공간을 대상으로 하는 공간활동(空間活動)이며 따라서 부동산업은 공간업이라 할 수 있다.

(9) 복합개념

부동산활동은 법률적·경제적·기술적 측면 등을 고려하는 복합개념을 토대로 한다.

02 부동산(부동산활동)의 일반원칙

부동산학(부동산활동)에 대한 이론·실무활동의 일반적 지도이념으로서 능률성의 원칙, 안전성의 원칙, 경제성의 원칙, 공정성(公正性)의 원칙이 있다.

(1) 능률성의 원칙

부동산활동의 능률화란 부동산활동의 '과학화·기술화' 내지는 '합리화'를 의미한다. 부동산소유활동의 능률화를 위해서는 '최유효이용의 원칙'을, 부동산거래활동의 능률화를 위해서는 '거래질서 확립의 원칙'을 지도원리로 삼고 있다.

(2) 안전성의 원칙

부동산활동을 할 때에는 거래사고 등과 관련하여 복합개념에 따라서 법률적·경제적·기술적 안전성을 고려하여야 한다. 안전성과 능률성은 상호 견제·상충 관계에 있다. 즉, 부동산활동에서 능률성을 강조하다 보면 안전성이 경시되기 쉽고, 안전성을 강조하다 보면 능률성이 소홀히 되기 쉽다.

(3) 경제성의 원칙

부동산활동에 있어서 부동산의 특성을 통한 경제원칙의 추구를 강조하는 것으로, 최소의 비용으로 최대의 효과를 올리려는 것으로 이해되는 것이 일반적이다. 또한, 이 원칙은 부동산활동 전반에 걸친 합리적 선택의 원칙이라 할 수 있다.

(4) 공정성의 원칙

부동산은 사회성과 공공성이 큰 재화이기 때문에 부동산활동은 사적 활동이든 공적 활동이든 공정하게 이루어져야 한다는 원칙이다.

확인예제

부동산학에 관한 설명으로 틀린 것은? 제26회

① 과학을 순수과학과 응용과학으로 구분할 때, 부동산학은 응용과학에 속한다.
② 부동산학의 연구대상은 부동산활동 및 부동산현상을 포함한다.
③ 부동산학의 접근방법 중 종합식 접근방법은 부동산을 기술적·경제적·법률적 측면 등의 복합개념으로 이해하여 이를 종합해서 이론을 구축하는 방법이다.
④ 부동산학은 다양한 학문과 연계되어 있다는 점에서 종합학문적 성격을 지닌다.
⑤ 부동산학의 일반원칙으로서 안전성의 원칙은 소유활동에 있어서 최유효이용을 지도원리로 삼고 있다.

해설
안전성의 원칙이 아니라 '능률성의 원칙'에 대한 설명이다. 안전성의 원칙은 복합개념의 관점에서 부동산활동을 안전하게 하여야 한다는 것이다.

정답: ⑤

land.Hackers.com

해커스 공인중개사
land.Hackers.com

10개년 출제비중분석

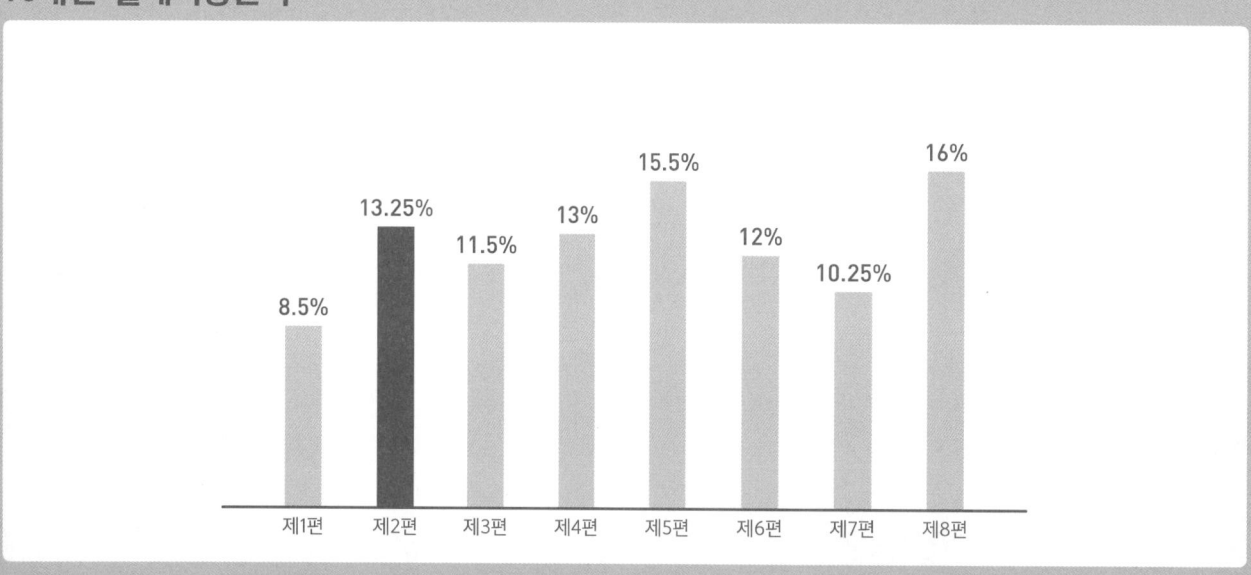

제2편

부동산경제론

제1장 부동산의 수요·공급이론
제2장 부동산의 경기변동

제 2 편 부동산경제론

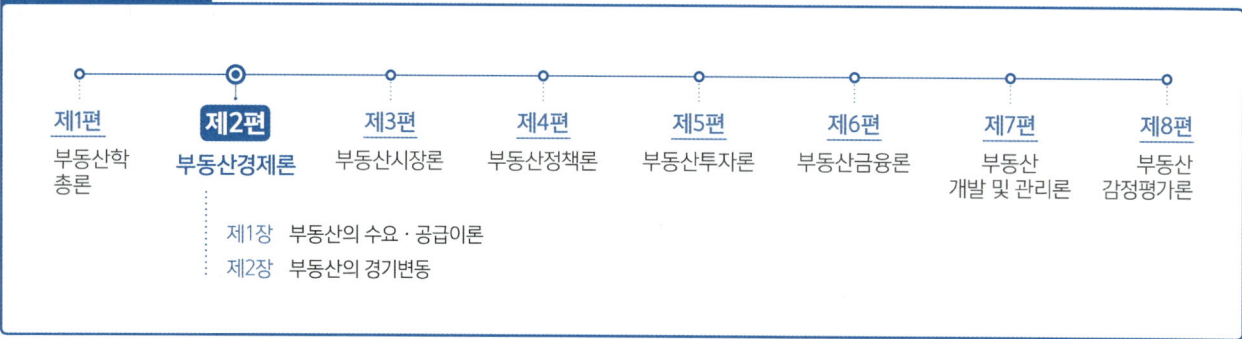

출제경향

매년 기본적으로 5~6문제가 출제되고 있으며, 이 중 1~2문제는 계산문제이므로 이에 대한 대비가 필요하다.

학습전략

- 제1장은 부동산시장의 구조화 흐름을 체계적으로 정리하는 분야로, 일반경제이론이 부동산시장·경제에 어떻게 적용되는지, 부동산의 수요·공급은 일반재화의 수요·공급과 다른 어떠한 특징이 있는지에 중점을 두고 학습하여야 한다. 이 중에서 부동산수요·공급의 결정요인과 탄력성에 관련된 것은 출제비중이 높은 편이다. 또한 주어진 시간 안에 문제를 해결하기 위해서는 그래프를 도식하고 해석해내는 능력을 배양하여야 하며, 곱하기·나누기·분수·기울기 등의 개념이 본격적으로 등장하기 때문에 철저한 복습이 필요하다.
- 제2장의 부동산경기변동은 부동산 수요·공급이론의 연장선에 있으므로 제1장의 개념·원리를 체득하게 되면 부동산경기변동에 관한 문제는 쉽게 해결할 수 있다. 거미집이론은 탄력성과 수요·공급곡선의 기울기 개념을 적용하여 최근 빈번하게 출제되고 있으므로 이에 대한 철저한 대비가 필요하다.

핵심개념

부동산수요·공급의 개념과 특징	★★★★★ p.63	수요와 공급의 탄력성	★★★★★ p.83
유량과 저량개념	★★★☆☆ p.64	부동산경기변동	★★★☆☆ p.94
균형가격과 균형거래량의 변화	★★★★★ p.80	거미집이론	★★★★★ p.102

제1장 | 부동산의 수요·공급이론

부동산의 수요·공급이론은 제3편 부동산시장론에서 다루는 부동산시장의 논리적 구조를 이해하는 분야이다.

시장이란 수요와 공급에 의해서 가격이 결정되는 곳이고, 이렇게 결정된 가격이 다시 수요와 공급에 영향을 주는, 가격이 수요와 공급을 조절하는, 즉 자원배분기능을 수행하는 곳이라고 정의할 수 있다. 합리적인 수요자(소비자)는 주어진 예산이나 소득으로 본인의 효용(만족도)을 위하여 행동하고, 합리적인 공급자(생산자·판매자)는 재화를 공급하는 데 있어 비용을 감당할 수준에서 이윤극대화를 위하여 행동한다는 기본가정에서 출발한다. 환언하면 수요자(소비자)는 부동산을 '소비재'의 개념으로 인식하는 것이고, 공급자(생산자·판매자)는 '상품'의 개념으로 인식하는 것이다.

제1절 부동산수요·공급의 개념과 특징

01 부동산수요(demand) 제26·28·29·30·31·32·34회

(1) 수요의 개념

수요란 일정기간 동안에 소비자가 재화나 서비스를 구매하고자 하는 욕구나 그 양을 말하며, **수요량**이란 일정기간 동안에 주어진 가격수준에 대하여 소비자가 구매(구입)하고자 하는 **최대수량**을 말한다.

① **사전적(事前的) 개념**: 수요는 주어진 가격수준에서 수요자들이 **구매하려고 의도된 양**이지 실제 구입한 양을 의미하는 것은 아니다.

② **유효수요**: 수요는 구매의사만 나타내는 것이 아니라 실질적인 **구매력(지불능력)**을 가지고 구매하고자 하는 유효수요를 의미한다. 반면에 구매의사만 있고 구매력이 동반되지 못한 것은 잠재수요라 하는데, 금융대출금 등을 활용하면 잠재수요는 유효수요화될 수 있다.

③ **유량(流量)개념**: **일정기간** 동안 파악되는 **유량**의 개념을 말한다.❶

> ❶ 경제학에서 일반재화의 수요와 공급의 개념을 정의할 때에는 '일정기간'을 명시하는 유량개념만을 사용하지만, 부동산에는 '일정시점'을 명시하는 저량(貯量)개념도 사용한다.

핵심 콕! 콕! 유량(流量)개념과 저량(貯量)개념의 구분 제31·35회

> **Tip** 유량개념·지표와 저량개념·지표는 자주 출제되므로 정확하게 정리하고 숙지하여야 한다.
>
> 1. **유량(flow)**
>   '일정기간'을 의미한다. 한 달 동안, 1/4분기(1월 1일~3월 31일) 동안, 1년 동안, 저수지로 흘러들어가거나 흘러나오는 물의 양을 뜻하는 개념이다.
>   - **유량지표**: 소득, 급여(임금), 임대료수입, 순영업소득, 당기순이익, 이자비용(부채서비스액), 수요(소비)/공급(생산), 주택거래량, 신규주택공급량, 손익계산서, 수입/수출, 투자 등
> 2. **저량(stock)**
>   '일정시점'을 의미한다. 1월 10일 현재, 1월 1일부로(기준으로), 저수지에 저장된, 고여 있는, 고정된 물의 양을 뜻하는 개념이다.
>   - **저량지표**: 부동산가격(가치), 순자산가치, 인구, 기존주택공급량(주택재고), 주택보급률, 통화량, 외환보유액, 재무상태표(자산, 부채, 자본) 등

용어사전

손익계산서(損益計算書, income statement)
기업의 경영성과를 밝히기 위하여 일정기간 내에 발생한 수익과 비용을 대비시켜 해당 기간의 순이익을 계산·확정하는 보고서를 말한다.

재무상태표(balance sheet)
일정시점에서의 기업의 재정상태를 기록한 보고서를 말한다. 자산을 차변(借邊)에, 부채 및 자본을 대변(貸邊)에 기재하게 된다.

통화량
한 나라의 경제에서 일정시점에 유통되고 있는, 존재하는 화폐(또는 통화)의 양을 말한다.

주택보급률
주택보급률은 특정국가 또는 특정지역에서 일반가구수에 대한 주택수의 백분율로 산정한다. 2022년 현재, 전국 주택보급률은 102.1%이다.

$$\text{주택보급률} = \frac{\text{주택수}}{\text{일반가구수}} \times 100$$

❶ 부동산의 수요(량)라는 종속변수(결과)에 영향을 주는 요인(원인)들을 독립변수라 한다.

> **확인예제**
>
> 저량(stock)의 경제변수에 해당하는 것은? 제35회
> ① 주택재고   ② 가계소득
> ③ 주택거래량   ④ 임대료 수입
> ⑤ 신규주택공급량
>
> **해설**
> ① 주택재고(기존주택공급량)는 일정 시점을 명시하여 측정하는 저량(stock)의 경제변수이다.
> ② 가계소득, ③ 주택거래량, ④ 임대료 수입, ⑤ 신규주택공급량 ➡ '일정기간'을 명시하여 측정하는 유량(flow) 경제변수
>
> 정답: ①

(2) 수요함수(demand function)

① 어떤 재화에 대한 수요(량)와 그 재화의 수요에 영향을 미치는 요인(원인)❶들간의 관계를 함수형태로 나타낸 것을 말한다.

② 해당부동산의 수요(량)에 영향을 미치는 요인은 다양하다. 다른 요인이 일정할 때, 특정부동산의 수요함수는 다음과 같이 나타낼 수 있다.

> 부동산의 수요(량)
> = f[부동산의 가격 / 인구, 수요자의 소득, 대체재, 보완재, 금리, 기호(선호도), 가격 상승(하락)에 대한 예상, 정책, 세금, 주변환경의 변화 등]

부동산수요(량)에 영향을 미치는 요인(원인)은 해당 부동산의 가격과 해당 부동산가격 이외의 요인으로 구분할 수 있다.

(3) 수요의 법칙과 수요곡선❶

① 수요의 법칙이란 다른 조건이 일정할 때 해당 부동산가격이 상승하면 부동산 수요량이 감소하고, 부동산가격이 하락하면 부동산수요량이 증가하는 현상을 말한다. 즉, 가격과 수요량 사이의 반비례·음(−)의 관계를 의미한다. 따라서 수요함수는 가격에 대한 감소함수로 정의된다.

② 부동산의 수요곡선은 부동산가격과 수요량과의 반비례·음(−)의 관계를 그래프로 나타낸 것으로, 우하향 형태의 곡선이 된다.

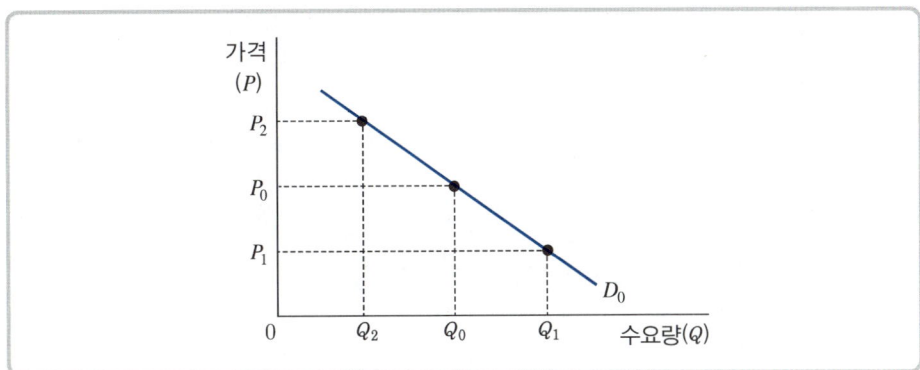

③ 수요곡선이 우하향하는 이유는 소득효과와 대체효과로 설명될 수 있다.

> **핵심 콕! 콕!** 가격효과(price effect)
>
> 가격이 하락할 때 수요량이 증가하는 것은 소득효과와 대체효과로 설명될 수 있는데, 이 두 가지를 합한 것을 가격효과라 한다.
>
> 1. **소득효과(income effect)**
>   재화의 가격이 하락하였다는 것은 상대적으로 소비자의 소득이 증가하였다는 것을 말한다. 소비자의 명목소득이 동일하여도 재화의 가격이 하락하면 소비자의 실질소득이 향상되고, 종전보다 더 많은 양의 재화를 구매할 수 있다.❷ 이처럼 실질소득이 증가함에 따라 구매력이 향상되어 수요량이 늘어나는 현상을 소득효과라 한다.
> 2. **대체효과(substitution effect)**
>   대체관계에 있는 재화(대체재)의 가격이 상승하면(그 재화의 수요량은 감소하고), 해당 재화의 상대적 가격이 하락한 효과가 있으므로, 이로 인해 해당 재화의 수요량이 늘어나는 현상을 말한다. 이는 합리적인 소비자의 선택의 결과이다.

---

❶ 수요곡선은 한계효용곡선이다.

용어사전
한계효용체감의 법칙
한계효용은 소비하는 재화의 마지막 단위가 가지는 효용을 말한다. 즉, 떡을 하나 먹으면 떡 하나의 효용이 한계효용이고, 떡 두 개를 먹으면 두 번째의 떡이 한계효용이 되는 것이다. 그런데 소비의 단위가 커지면 재화로부터 얻게 되는 만족이 점점 감소하게 되는데 이것을 가리켜 한계효용체감의 법칙이라 한다.

❷ 소비자의 명목소득이 동일하여도 재화의 가격이 상승하면 소비자의 실질소득이 감소하고, 종전보다 재화의 소비량은 감소하게 된다.

용어사전
대체재
수요자 입장에서 바꾸어 사용하여도 효용이 유사하다고 느끼는 재화를 말한다. 대체재는 두 재화의 효용·용도·가격면에서 유사성이 인정되는 것이며, 절대적인 개념은 아니다(예 콜라와 사이다).

> **더 알아보기** 수요법칙의 예외
>
> 1. 베블렌(Veblen)효과
>   과시성 소비로서, 재화의 가격이 높을 때 인간의 허영심 등에 의하여 오히려 수요량이 늘어나는 현상을 베블렌효과라고 한다(≒ 전시효과, 과시효과).
> 2. 기펜재(Giffen's goods)
>   일반 재화 중 재화의 가격이 하락하면 오히려 그 재화의 수요량이 감소하는 재화를 기펜재라고 한다.

(4) 수요량의 변화와 수요의 변화

① 수요량의 변화

㉠ 다른 조건이 일정할 때, 해당 부동산가격이 변함에 따라 동일한 수요곡선상에서 부동산수요량이 변하는 것을 말하며, 수요곡선상의 점의 이동으로 표현된다. 즉, 해당 부동산가격이 상승할 때 수요량은 감소하고, 해당 부동산가격이 하락할 때 수요량이 증가하는 현상이다.

㉡ 부동산 '**수요량의 변화**'에 영향을 주는 요인은 '**부동산의 가격**'이다.

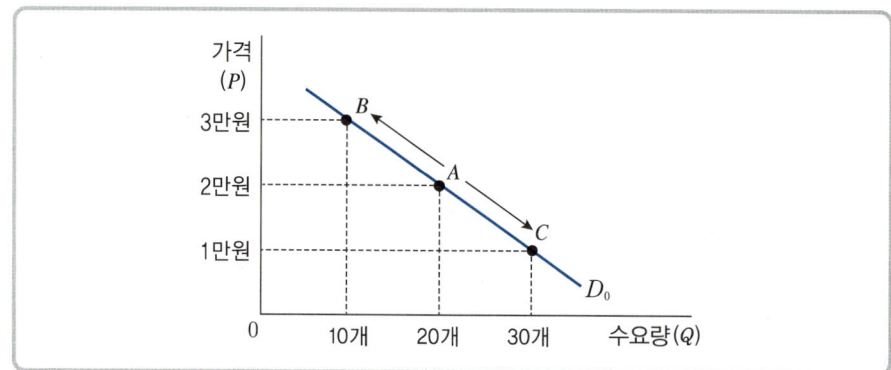

② 수요의 변화: 해당 부동산가격 '이외의 다른 요인'의 변화로 동일한 가격수준에서 부동산수요량이 변하는 것을 말하며, **수요곡선(D_0) 자체가 우측이나 좌측으로 이동하는 것**으로 표현된다.

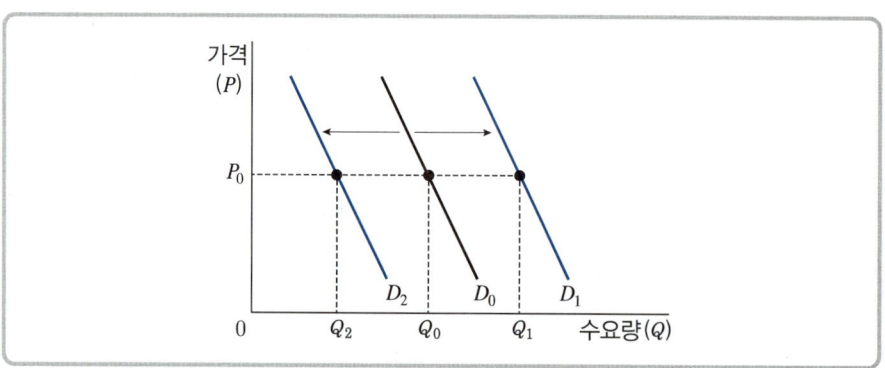

(5) 수요 변화의 요인❶ 제34회

해당 부동산가격 **이외의 다른 요인**이 변하면 그 부동산의 수요가 변하여 **수요곡선이 우측이나 좌측으로 이동하게 된다.** 이러한 수요곡선의 이동(수요 변화)을 가져오는 요인은 다음과 같다.

수요 변화의 요인		해당 부동산수요 변화	수요곡선의 이동
인구유입의 증가		증가	우측 이동
정상재(우등재)	소득 증가	증가	우측 이동
	소득 감소	감소	좌측 이동
열등재(하급재)	소득 증가	감소	좌측 이동
대체재가격의 상승(대체재수요량 감소)		증가	우측 이동
보완재가격의 상승(보완재수요량 감소)		감소	좌측 이동
소비자(수요자)의 가격 상승 예상		증가	우측 이동
소비자(수요자)의 가격 하락 예상		감소	좌측 이동
선호도·기호의 증가		증가	우측 이동
보금자리론(loan) 및 대출금리 인하		증가	우측 이동
거래세(예 취득세 등) 인하		증가	우측 이동

① **인구 수의 변화**
   ㉠ 해당 지역에 인구유입이 늘어나거나 가구분리 등으로 세대 수가 늘어나면 부동산의 **수요가 증가**하여 부동산의 수요곡선이 **우측(우상향)으로 이동한다.**
   ㉡ 반면 해당 지역에 인구유입이 감소하거나 인구유출이 많아지면 부동산의 **수요가 감소**하여 부동산의 수요곡선이 **좌측(좌하향)으로 이동한다.**

② **소득의 변화**: 수요자의 소득이 증가하면 해당 재화의 수요가 증가하고, 소득이 감소하면 해당 재화의 수요는 감소한다. 그러나 경우에 따라서는 소득이 증가할 때 오히려 해당 재화의 수요가 감소하는 경우도 있다.
   ㉠ **소득이 증가함에 따라 그 수요가 증가하는 재화를 정상재 혹은 우등재**라고 하고, 반면 **소득이 증가함에 따라 오히려 수요가 감소하는 재화를 열등재 혹은 하급재**라고 한다. 예를 들면 수요자의 소득 증가로 아파트에 대한 수요가 증가하고 빌라에 대한 수요가 감소하였다면 아파트를 정상재, 빌라를 열등재로 볼 수 있다. 이는 절대적인 개념은 아니다.❷
   ㉡ 소득의 증가로 수요곡선이 우측으로 이동(수요 증가)하였다면 이러한 재화는 정상재이고, 소득의 증가로 수요곡선이 좌측으로 이동(수요 감소)하였다면 이러한 재화는 열등재이다.❸ 즉, 소득의 증가로 인하여 수요곡선이 항상 우측으로 이동하는 것은 아니다.

---

❶ 시험 문제에서는 일정한 조건을 전제하기 때문에 인구, 소득수준, 대체재, 보완재는 부동산의 공급이 아닌 부동산의 수요에만 영향을 주는 요인이다.

용어사전
보완재
한 상품씩 따로따로 사용할 때보다 함께 사용할 때 더 큰 만족을 얻을 수 있는 재화를 보완재 혹은 협동재라 한다. 역시 대체재에 적용하였던 것처럼 절대적인 개념은 아니고 상대적인 개념이다(예 커피와 설탕, 커피와 담배 등).

융자비율과 총부채상환비율
- **융자비율(LTV)**: 부동산가치에 대한 융자금의 비율을 말한다. 금융당국이 융자비율을 50%에서 60%로 상향조정하면 융자가능금액이 늘어남에 따라 대출수요가 증가하고 부동산수요도 증가한다.
- **총부채상환비율(DTI)**: 차입자의 연소득에 대한 연간 상환해야 할 원리금의 비율을 말한다. ⇨ 비율을 상향조정하면 융자가능액이 늘어나므로 부동산수요가 증가한다.

❷ 소득의 증가로 맥주수요가 증가하는 반면에 소주수요는 감소할 경우 맥주는 정상재, 소주는 열등재라 할 수 있다. 정상재와 열등재의 개념은 절대적인 개념이 아니라 상대적인 개념이다.

❸
- 소득 증가 ➡ 수요 증가 (수요곡선 우측 이동) ➡ 정상재(우등재)
- 소득 증가 ➡ 수요 감소 (수요곡선 좌측 이동) ➡ 열등재(하급재)

③ 대체재가격의 변화
  ㉠ 빌라와 아파트가 용도적 대체관계에 있는 상품이라고 가정할 때 빌라의 가격이 상승하면 수요법칙에 의하여 빌라의 수요량은 감소하지만, 아파트의 상대적 가격이 하락하는 효과가 있으므로 아파트의 수요량은 늘어나게 된다. 합리적인 소비자는 두 재화의 효용이 유사하다면 가격이 싼 재화를 구입하게 된다. 이를테면 빌라를 구입하고 싶었으나 가격이 비싸진 빌라 대신 (상대적으로 가격이 싸진) 아파트를 구입하려 한다는 것이다.
  ㉡ 두 상품 X재와 Y재가 대체관계에 있다면, X재의 가격이 상승하면(X재의 수요량 감소) Y재의 수요가 증가하여 Y재의 수요곡선이 우측으로 이동한다. 즉, 대체관계에 있는 다른 재화의 수요가 감소하면 해당 재화의 수요는 증가한다.
  ㉢ 아파트의 대체재가격이 상승하면(대체재수요량 감소하고 이에 따라), 아파트의 수요는 증가한다(수요곡선 우측 이동).
④ 보완재가격의 변화
  ㉠ 커피와 설탕이 보완관계에 있는 재화라고 가정할 때 커피의 가격이 상승하면 수요법칙에 의하여 커피의 수요량은 감소하게 된다. 이때 소비자는 보완관계에 있는 설탕의 소비량도 줄일 수밖에 없으므로 설탕의 수요량도 감소하게 된다.
  ㉡ 두 상품 X재와 Y재가 보완관계에 있다면, X재의 가격이 상승하면(X재의 수요량 감소) Y재의 수요도 감소하여 Y재의 수요곡선이 좌측으로 이동한다. 즉, 보완관계에 있는 다른 재화의 수요가 감소하면 해당 재화의 수요 또한 감소한다.
  ㉢ 아파트의 보완재가격이 상승하면(보완재수요량 감소하고 이에 따라), 아파트의 수요 또한 감소한다(수요곡선 좌측 이동).❶
⑤ 가격 상승 예상: 수요자들은 장래에 부동산가격이 상승할 것으로 예상하면 수요를 늘리게 되므로 부동산수요가 증가하게 된다. 이러한 이유는 부동산이 자산·투자재로서의 성격이 있기 때문이다.❷
⑥ 수요자의 선호도: 어떤 부동산에 대한 수요자들의 선호도가 달라지면 그 부동산에 대한 수요가 변하여 수요곡선이 이동한다. 즉, 수요자들의 아파트에 대한 선호도가 높아지면, 그 아파트에 대한 수요가 증가하여 수요곡선은 우측으로 이동한다.
⑦ 대체투자대상의 장기적인 수익률 추세: 대체투자대상(주식시장)의 장기적인 수익률의 상승추세는 상대적으로 부동산의 투자수요를 감소시킨다. 반대로 대체투자대상(주식시장)의 장기적인 수익률의 하락추세는 상대적으로 부동산의 투자수요를 증가시킨다.
⑧ 금리수준, 거래규제, 주변환경의 변화, 부동산경기변동에 대한 전망, 조세부담 정도, 주택금융상태 등의 여러 가지 요인도 부동산수요에 영향을 준다.

❶ 대체재·보완재와 수요의 관계
대체재의 수요와 해당 재화의 수요는 반대방향의 움직임을 나타내고, 보완재의 수요와 해당 재화의 수요는 동일방향의 움직임을 나타낸다.

❷ 부동산가격의 하락이 예상되면 수요가 감소하여 부동산수요곡선이 좌측으로 이동한다.

확인예제

해당 부동산시장의 수요곡선을 우측(우상향)으로 이동하게 하는 수요변화의 요인에 해당하는 것은? (단, 수요곡선은 우하향하고, 해당 부동산은 정상재이며, 다른 조건은 동일함)

제34회

① 대출금리의 상승
② 보완재 가격의 하락
③ 대체재 수요량의 증가
④ 해당 부동산 가격의 상승
⑤ 해당 부동산 선호도의 감소

해설

② 보완재 가격의 하락(보완재 수요량 증가) ➡ 해당 부동산 수요 증가(수요곡선 우측 이동)
① 대출금리의 상승 ➡ 해당 부동산 수요 감소 ➡ 수요곡선 좌측 이동
③ 대체재 수요량의 증가 ➡ 해당 부동산 수요 감소 ➡ 해당 부동산 수요곡선 좌측 이동
④ 해당 부동산 가격의 상승 ➡ 해당 부동산 수요량 감소(수요곡선상의 점의 이동)
⑤ 해당 부동산 선호도의 감소 ➡ 해당 부동산 수요 감소 ➡ 수요곡선 좌측 이동

정답: ②

핵심 콕! 콕! 부동산수요(량)의 결정요인

Tip '수요량의 변화'에 영향을 주는 것은 '해당 재화의 가격 변화' 하나뿐이다. 원인의 차이 때문에 '수요량의 변화'와 '수요의 변화'로 구분하는 것이다.

구분	수요량의 변화	수요의 변화
원인	해당 부동산가격의 변화	해당 부동산가격 이외의 다른 요인의 변화 예 소득, 인구, 대체재, 보완재, 금리, 세금 등
형태	동일한 수요곡선상의 점의 이동 ┌ 가격 상승 ➡ 수요량 감소 └ 가격 하락 ➡ 수요량 증가	수요곡선 자체의 이동 ┌ 수요 증가 ➡ 수요곡선 우상향으로 이동 └ 수요 감소 ➡ 수요곡선 좌하향으로 이동

(6) 부동산수요의 특징

① 부동산은 일반재화에 비하여 고가성(高價性)이라는 특성 때문에 **구매자금을 축적하는 데 장(많은) 시간이 소요되며**, 생활을 위한 필수적 수요(소비재) 및 투자수요(자산)의 형태로 나타난다.
② 일반재화에 비하여 구매절차가 복잡하고 구매조건이 까다롭기 때문에 신중한 의사결정이 이루어진다.
③ 구매절차에 있어서 일반적인 방법 이외에 경매나 공매 등 특수한 방법도 활용된다.

용어사전

공매(公賣)

법률규정에 의하여 국가기관이 강제적으로 압류재산을 처분하는 것을 말한다. 공매(空賣, short selling)도와는 다른 개념이다.

④ 수요활동의 판단에 영향을 미치는 주안점은 수요활동의 주체와 부동산의 용도나 종류에 따라 달라진다.
⑤ 부동산은 고가성·내구성·개별성 때문에 가격에 대하여 수요량의 변화가 적으므로 부동산수요(량)는 가격에 대하여 비탄력적이라 볼 수 있다.

용어사전
탄력적·비탄력적
- 탄력적: 양의 변화가 많다(크다).
- 비탄력적: 양의 변화가 적다(작다).

(7) 개별수요곡선과 시장수요곡선

① 개별수요곡선: 개별수요자·소비자 한 사람 한 사람의 수요곡선을 말한다.
② 시장수요곡선
  ㉠ 시장수요곡선은 개별수요곡선을 수평적으로 합한 시장 전체의 수요곡선을 말한다.
  ㉡ 개별수요곡선을 수평적으로 합한다는 것은 각각의 가격수준에서 개별수요자들이 구입하고자 하는 재화의 수량을 합한다는 것을 뜻한다.
  ㉢ 시장수요곡선이 개별수요곡선보다 동일한 가격수준에서 양의 변화가 더 많기 때문에 더 탄력적이다. 따라서 시장수요곡선이 개별수요곡선보다 기울기가 더 완만하다. ❶

❶
1. 최초의 시장수요함수
   $P = 100 - 4Qd$
2. 수요자 수가 2배로 늘어날 경우
   $P = 100 - 2Qd(Q_M)$

개별수요곡선과 시장수요곡선

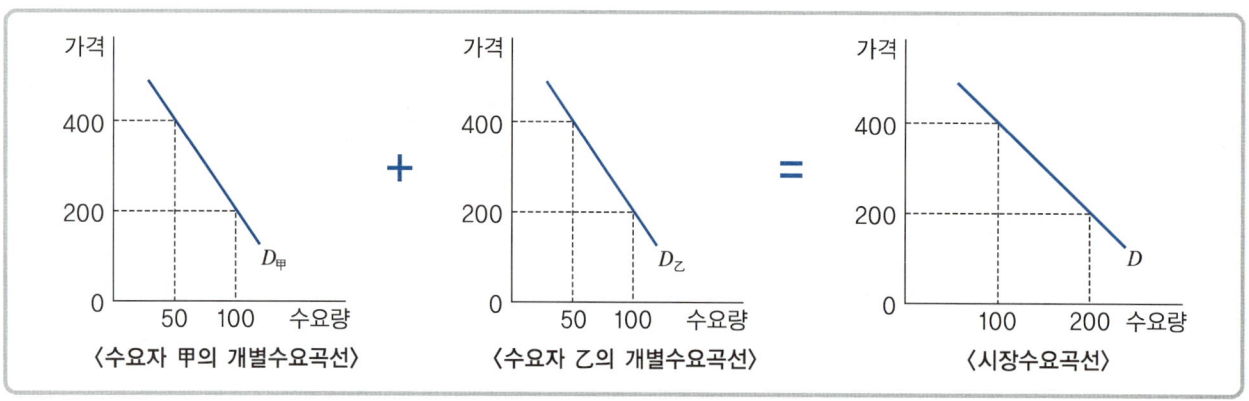

> **더 알아보기** 여러 가지 수요의 개념
>
> 1. 실질적 수요와 잠재적 수요
>   - **실질적 수요**: 부동산시장에서 가격경쟁에 참여하고 있는 실질적인, 구매력을 동반한 유효수요를 말한다.
>   - **잠재적 수요**: 구매력이 부족하여 유효수요층에는 해당하지 못하지만, 여러 가지 여건을 활용하여 유효수요화될 수 있는 예비수요를 말한다.

2. 본원적 수요와 파생적 수요
- **본원적 수요**: 인간이 소비함으로써 욕구나 편익을 직접적으로 충족시켜 주는 재화에 대한 수요, 즉 최종소비재에 대한 수요를 본원적 수요 혹은 직접수요라고 한다. 예를 들어 빵에 대한 수요, 주택에 대한 수요라 할 수 있다.
- **파생적 수요: 본원적 수요가 늘어남에 따라 뒤따라오는, 본원적 수요로 인하여 파생된 수요를 파생적 수요 혹은 간접수요라고 한다.** 예를 들어 빵에 대한 수요가 늘어나면 밀(가루)에 대한 수요가 늘어나게 되는데, 여기서 밀에 대한 수요는 빵에 대한 수요에서 파생된다고 하여 파생수요라 한다. 즉, 주택에 대한 수요 증가로 택지수요가 증가하면 택지수요를 파생적 수요라 한다. 이는 절대적 개념이 아닌 상대적 개념이다.

3. 신규수요와 교체수요
- **신규수요**: 신규로 부동산을 구매하고자 하는 유효수요를 말한다.
- **교체수요**: 현재 보유한 부동산을 처분하여 다른 부동산으로 교체하고자 하는 수요를 말한다.

4. 단독수요와 지분수요
- **단독수요**: 부동산을 단독으로, 혼자서 소유하고자 하는 수요를 말한다.
- **지분수요**: 하나의 부동산을 여러 명이 함께 지분의 형태로 소유하고자 하는 수요를 말한다.

5. 자가수요와 차가수요
- **자가수요**: 부동산을 소유할 목적으로, 자가로 이용할 목적으로 취득하려는 수요를 말한다.
- **차가수요**: 부동산을 일정기간 임차하고자 하는 수요를 말하며, 임차수요라고도 한다.

6. 가수요와 실수요
- **가수요**: 부동산에 대한 이용의사가 없는 투기적인 사재기수요를 말한다.
- **실수요**: 부동산에 대한 이용의사가 있는 수요를 말한다.

02 부동산공급(supply) 제27·28·32·33회

(1) 공급의 개념

공급이란 일정기간 동안에 생산자(공급자)가 재화나 서비스를 판매(공급)하고자 하는 욕구나 그 양을 말하며, **공급량**이란 생산자(공급자)들이 주어진 가격에 대응하여 일정기간에 판매(공급)하고자 하는 재화나 서비스의 **최대수량**을 말한다.

① **사전적(事前的) 개념**: 공급은 공급하고자 하는 의도된 양을 의미하는 것이지 실제 판매한 양을 의미하지는 않으므로 공급도 역시 사전적 개념이다.

② **유효공급**: 부동산을 공급할 의사와 실제적인 공급능력이 동반된 공급이다. 따라서 누구든지 부동산의 공급자로 참여할 수 있는 것은 아니다.

③ **유량(flow)·저량(stock)개념**: 부동산공급은 일정기간 동안에 측정되는 유량의 개념이지만, 일정시점에 존재하는 저량의 개념도 있다.

㉠ **주택유량의 공급량**: 일정기간에 공급하고자 하는 주택의 양을 말하며, 이를 구체화하면 신규주택공급량이다. 신규주택의 공급은 일정한 생산기간이 필요하므로 유량개념이다.

㉡ **주택저량의 공급량**: 일정시점에 시장에 존재하는 주택의 양을 말하며, 이를 구체화하면 기존주택공급량이다. 이미 시장에 공급되어 있는 주택의 양은 저량개념이다.

㉢ 따라서 부동산공급자에는 신규생산자뿐만 아니라 기존의 주택이나 건물의 소유자도 포함되며, 이처럼 부동산에 저량·재고시장이 형성되는 것은 영속성과 내구성으로 설명될 수 있다.

(2) 공급함수

① 어떤 재화에 대한 공급(량)과 그 재화의 공급에 영향을 미치는 요인(원인)❶들간의 관계를 함수형태로 나타낸 것을 말한다.

② 해당 부동산의 공급(량)에 영향을 미치는 요인은 다양하다. 다른 요인이 일정할 때, 특정부동산의 공급함수는 다음과 같이 나타낼 수 있다.

> 부동산의 공급(량)
> = ƒ[부동산의 가격 / 생산요소가격(생산비), 건축기술, 건축규제, 공급자의 수, 금리, 공급자의 예상, 조세 부과 및 보조금 등]

부동산공급(량)에 영향을 미치는 요인(원인)은 해당 부동산의 가격과 해당 부동산가격 이외의 요인으로 구분할 수 있다.

(3) 공급의 법칙과 공급곡선

① 공급의 법칙이란 다른 조건이 일정할 때 해당 부동산가격이 상승하면 부동산공급량이 증가하고, 부동산가격이 하락하면 부동산공급량이 감소하는 현상을 말한다. 즉, 가격과 공급량 사이의 비례·정(+)의 관계를 의미한다. 따라서 공급함수는 가격에 대한 증가함수로 정의된다.

② 부동산의 공급곡선은 부동산가격과 공급량과의 비례·정(+)의 관계를 그래프로 나타낸 것으로, 우상향 형태의 곡선이 된다. ❷

(4) 공급량의 변화와 공급의 변화

① **공급량의 변화**: 다른 조건이 일정할 때, 해당 부동산가격이 변함에 따라 동일한 공급곡선상에서 부동산공급량이 변하는 것을 말하며, 공급곡선상의 점의 이동으로 표현된다.

---

❶ 부동산의 공급(량)이라는 종속변수(결과)에 영향을 주는 요인(원인)들을 독립변수라 한다.

❷
- 공급곡선은 합리적인 공급자가 가격에 대하여 어떻게 행동하는지를 나타낸 모습이다. 가격이 원인이고 공급량이 결과이므로 가격과 공급량을 비례관계라고 하는 것이지, 공급량과 가격을 비례관계라고 하지는 않는다.
- 가격과 공급량의 관계는 곡선(curve)의 형태로 나타나지만 편의상 직선(straight line)으로 표현하였다.

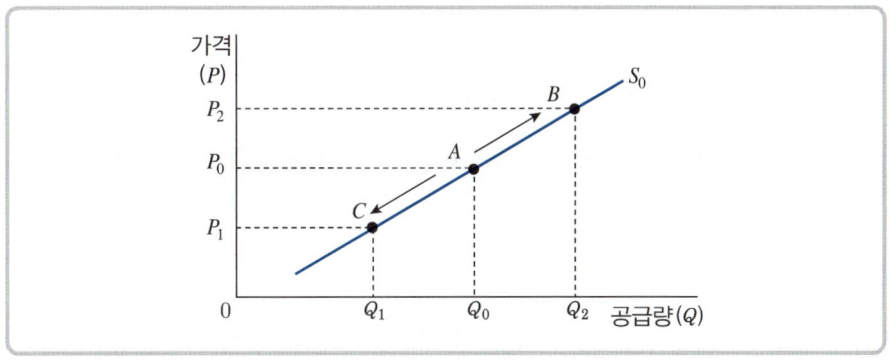

② 공급의 변화: 해당 부동산가격 이외의 다른 요인의 변화로 동일한 가격수준에서 부동산공급량이 변하는 것을 말하며, 공급곡선(S_0) 자체가 우측이나 좌측으로 이동하는 것으로 표현된다.

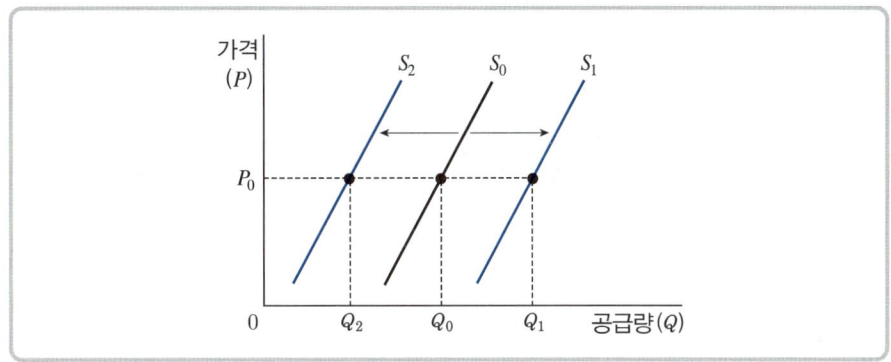

(5) 공급 변화의 요인 ❶

해당 부동산가격 이외의 다른 요인이 변하면 해당 부동산공급이 변하여 공급곡선 자체가 우측이나 좌측으로 이동한다.

공급 변화의 요인		해당 부동산공급 변화	공급곡선의 이동
건축자재 등 생산요소가격의 하락		증가	우측 이동
건축기술의 진보		증가	우측 이동
건축규제의 강화		감소	좌측 이동
공급자에게 조세 부과		감소	좌측 이동
공급자에게 보조금 지급		증가	우측 이동
이자비용의 증가(금리의 상승)		감소	좌측 이동
공급자 수의 증가		증가	우측 이동
신규주택(상품)	가격 상승 예상	증가	우측 이동
	가격 하락 예상	감소	좌측 이동
기존주택(자산)	가격 상승 예상	감소	좌측 이동
	가격 하락 예상	증가	우측 이동

❶
- 시험 문제에서는 일정한 조건을 전제하기 때문에 생산요소가격, 건축기술, 건축규제, 공급자의 수는 수요가 아닌 부동산의 공급에만 영향을 준다는 것에 유의하여야 한다.
- 공급자의 가격(상승 또는 하락)예상에 따라 공급곡선이 우측이나 좌측으로 이동할 수 있다. 부동산은 상품과 자산의 성격이 혼재되어 있고 신규주택과 기존주택이 별도로 존재하기 때문에 구분하여 정리가 필요하다.

① 생산요소가격의 변화
  ㉠ 생산요소가격(예 택지매입비용, 건축자재가격, 건설노동자 임금 등)이 하락하면 공급자의 비용이 감소하므로, 동일한 가격수준에서 부동산의 공급(량)이 증가하여 공급곡선이 우측(우하향)으로 이동한다.
  ㉡ 생산요소가격이 상승하면 공급자의 비용이 증가하므로, 동일한 가격수준에서 부동산의 공급(량)이 감소하여 공급곡선이 좌측(좌상향)으로 이동한다.
② 건축기술의 변화: 건축공법과 같은 건축기술이 향상되면 공급자의 생산성이 향상되므로, 동일한 가격수준에서 부동산의 공급이 증가하여 공급곡선이 우측으로 이동한다.
③ 건축규제의 변화
  ㉠ 건폐율·용적률 등 건축규제가 완화되면 부동산의 공급이 증가하여 공급곡선이 우측으로 이동한다.
  ㉡ 건축규제가 강화되면 부동산의 공급이 감소하여 공급곡선이 좌측으로 이동한다.
④ 이자율(금리)의 변화: 이자율이 하락하면 건설자금의 조달비용이 낮아지므로, 부동산의 공급이 증가하여 공급곡선이 우측으로 이동한다. ❶

❶ 이자율이 상승하면 공급자의 비용이 늘어나므로, 부동산의 공급이 감소하여 공급곡선이 좌측으로 이동한다.

> **확인예제**
>
> 신규주택시장에서 공급을 감소시키는 요인을 모두 고른 것은? (단, 신규주택은 정상재이며, 다른 조건은 동일함)
> 제33회
>
> ㉠ 주택가격의 하락 기대
> ㉡ 주택건설업체 수의 감소
> ㉢ 주택건설용 토지의 가격 하락
> ㉣ 주택건설에 대한 정부 보조금 축소
> ㉤ 주택건설기술 개발에 따른 원가절감
>
> ① ㉠, ㉡
> ② ㉡, ㉣
> ③ ㉢, ㉤
> ④ ㉠, ㉡, ㉣
> ⑤ ㉡, ㉣, ㉤
>
> **해설**
>
> 주택의 공급은 신규주택공급과 기존주택 공급으로 구분할 수 있으며, 이 중에서 신규주택의 공급이 감소하는 원인을 찾는 문제이다. 신규주택 공급을 감소시키는 요인에 해당하는 것은 ㉠㉡㉣이다.
> ㉠ 주택가격의 하락 기대(예상) ⇨ 신규주택 공급자의 수익성 악화 ⇨ 신규주택 공급 감소
> ㉡ 주택건설업체 수의 감소 ⇨ 신규주택 공급자의 수의 감소 ⇨ 신규주택 공급 감소
> ㉢ 주택건설용 토지의 가격 하락 ⇨ 공급자의 비용 감소 ⇨ 신규주택 공급 증가
> ㉣ 주택건설에 대한 정부 보조금 축소 ⇨ 공급자의 비용 증가 ⇨ 신규주택 공급 감소
> ㉤ 주택건설기술 개발에 따른 원가절감 ⇨ 공급자의 비용 감소 ⇨ 신규주택 공급 증가
>
> 정답: ④

핵심 콕! 콕! 부동산공급(량)의 결정요인

Tip '공급량의 변화'에 영향을 주는 것은 '해당 재화의 가격 변화' 하나뿐이다. 원인의 차이 때문에 '공급량의 변화'와 '공급의 변화'로 구분하는 것이다.

구분	공급량의 변화	공급의 변화
원인	해당 부동산가격의 변화	해당 부동산가격 이외의 다른 요인의 변화 예 생산요소가격, 건축기술, 건축규제 등
형태	동일한 공급곡선상의 점의 이동 ┌ 가격 상승 ➡ 공급량 증가 └ 가격 하락 ➡ 공급량 감소	공급곡선 자체의 이동 ┌ 공급 증가 ➡ 공급곡선 우하향으로 이동 └ 공급 감소 ➡ 공급곡선 좌상향으로 이동

(6) 부동산공급의 특징

토지는 부증성으로 인하여 물리적 공급이 불가능하지만, 용도의 다양성으로 인하여 경제적 공급은 가능하다.

① **토지의 물리적 공급**: 토지의 자연적 특성인 부증성으로 인하여 가격의 변화에도 물리적으로 이용 가능한 토지의 양은 변하지 않는다. 즉, 토지의 물리적 공급량은 한정되어 있고, 그 양에 변화가 없으므로 토지의 물리적 공급은 가격에 대하여 완전비탄력적이다. 따라서 토지의 물리적 공급곡선(S_0)은 수직선형태로 나타난다.

② **토지의 경제적 공급**: 물리적인 공급이 한정되어 있는 토지에 대하여 이용의 능률화를 추구함으로써 토지의 경제적 이용도를 증대시키는 것으로, 용도의 다양성에 의해 토지의 용도적·경제적 공급곡선은 우상향하는 형태로 나타난다.❶

토지의 물리적·경제적 공급

구분	공급방법	토지의 특성	공급곡선형태
토지의 물리적 공급 (절대적 공급)	없음	부증성 (비생산성)	수직
토지의 경제적 공급 (용도적 공급)	• 토지의 용도전환(후보지·이행지) • 토지이용의 집약화(자본·노동의 투입비율 증대) • 공유수면 매립, 간척사업 • 공법상 규제 완화	용도의 다양성	우상향

❶ 개별적인 토지, 즉 이질적인 재화를 완전경쟁모형(그래프)으로 분석하기 위해서는 동질화하는 작업이 필요하다. '토지서비스'라는 개념은 개별적(이질적)인 토지를 용도적으로 동질화시켜서 완전경쟁모형으로 분석하는 것을 가능하게 한다.

❶ 단기와 장기의 개념은 시간의 의미라기보다는 목적달성이 제한되면 단기, 목적달성이 용이하면 장기라는 상대적 개념이다.

③ 부동산의 공급곡선은 단기와 장기에 따라 그 곡선의 기울기가 다르다.❶ 단기에는 양의 변화가 적어 공급이 비탄력적이고, 장기에는 양의 변화가 많아 공급이 탄력적이다. 따라서 부동산의 단기공급곡선보다 장기공급곡선의 기울기가 더 완만하다.

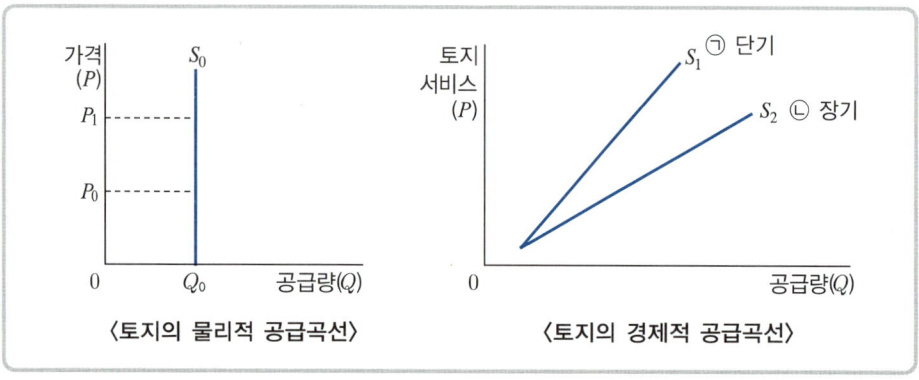

〈토지의 물리적 공급곡선〉 〈토지의 경제적 공급곡선〉

㉠ 단기공급곡선(S_1): 단기공급곡선이 장기공급곡선에 비하여 기울기가 급한 것은 단기에는 가격이 상승한다고 하더라도 공급이 어렵다는 것을 의미한다. 왜냐하면 단기에는 생산요소(예 자본·노동 등)의 사용과 투입이 제한되고 용도적 공급을 하는 데 있어 여러 가지 법적 규제가 많기 때문이다. 따라서 단기에는 그 양의 변화가 적으므로 부동산의 공급이 비탄력적이다.

㉡ 장기공급곡선(S_2): 장기공급곡선이 단기공급곡선에 비하여 기울기가 완만한 것은 장기에는 경제적·용도적 공급이 가능하다는 것을 의미한다. 즉, 장기에는 단기에 비하여 생산요소(예 자본·노동 등)의 사용이 완화되어 투입이 가능해지고, 용도변경에 관한 법적 규제도 상대적으로 완화될 수 있으므로 토지의 용도적 공급이 더 가능해진다는 것이다. 따라서 장기에는 그 양의 변화가 많으므로 부동산의 공급이 더 탄력적이다.

㉢ 부동산의 단기공급의 가격탄력성보다 장기공급의 가격탄력성이 더 탄력적이다. 즉, 단기에는 양의 변화가 적어 비탄력적이고, 장기에는 양의 변화가 많아 탄력적이다. 또한 건축물의 경우에는 일반재화에 비하여 생산에 소요되는 기간이 길기 때문에 가격이 상승하여도 공급량을 적시에 늘리기가 제한되므로 부동산의 공급은 더 비탄력적이 된다.

(7) 개별공급곡선과 시장공급곡선
① 개별공급곡선: 개별공급자·판매자 한 사람 한 사람의 공급곡선을 말한다.
② 시장공급곡선
㉠ 시장공급곡선은 개별공급곡선을 수평적으로 합한 시장 전체의 공급곡선을 말한다.

ⓛ 개별공급곡선을 수평적으로 합한다는 것은 각각의 가격수준에서 개별공급자들이 공급하고자 의도하는 재화의 수량을 전부 합한다는 것을 뜻한다.

ⓒ 시장공급곡선은 개별공급곡선보다 동일한 가격수준에서 양의 변화가 더 많기 때문에 더 탄력적이다. 따라서 시장공급곡선은 개별공급곡선보다 기울기가 더 완만하다.

개별공급곡선과 시장공급곡선

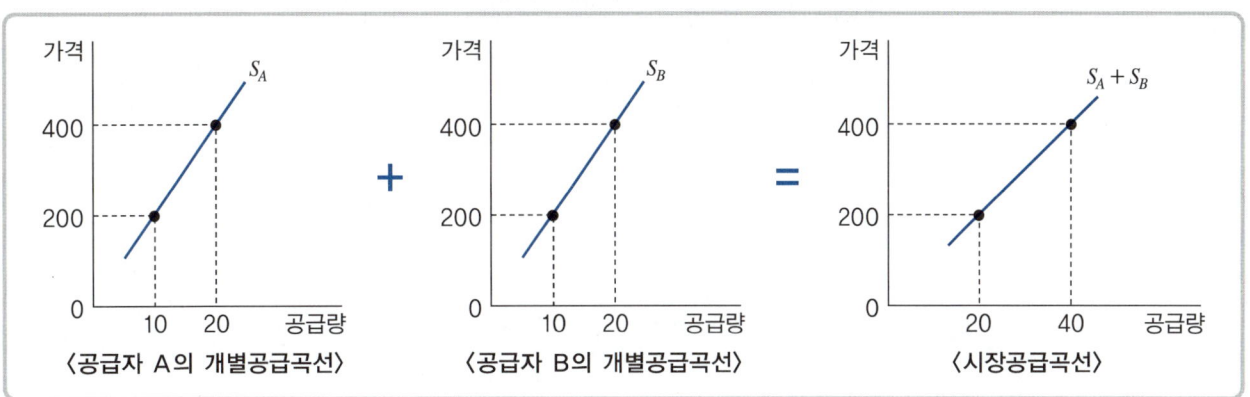

더 알아보기 한계비용(곡선)과 총합공급곡선❶

1. 한계비용은 재화나 서비스를 한 단위 더 생산하는 데 들어가는 추가비용을 말한다. 한계비용은 총비용 증가분을 생산량 증가분으로 나눈 것으로, 생산량 한 단위를 증가시킬 때 총비용이 얼마나 변화하는지를 나타낸다.

    예 아파트 4채를 생산하는 데 들어가는 총비용이 1억원인 경우 아파트 1채의 생산비용은 2,500만원(= 1억원 ÷ 4채)이다.

2. 개별기업의 한계비용곡선을 수평적으로 전부 합한 것을 총합공급곡선 또는 시장공급곡선이라 한다.

❶ 공급곡선은 한계비용곡선이다.

제2절 균형가격과 균형거래량

01 균형의 달성

이상적인 시장인 완전경쟁시장에서는 우하향하는 시장수요곡선과 우상향하는 시장공급곡선이 교차하는 점에서 균형가격과 균형거래량이 결정된다. 부동산시장은 개별성이 있어 불완전경쟁시장이지만, 완전경쟁시장을 가정하여 균형가격과 균형거래량을 분석한다. 즉, 그래프를 통하여 부동산시장을 분석한다는 것은 부동산시장에 대하여 동질적인 재화를 전제로 하는 완전경쟁시장모형을 가정한다는 것이다.

용어사전
완전경쟁시장
가격이 완전경쟁에 의하여 형성되는 시장을 말한다. 즉, 시장참여자의 수가 많고 시장참여가 자유로우며, 각자가 완전한 시장정보와 상품지식을 가지며, 개개의 시장참여자가 시장 전체에 미치는 영향력이 미미한 상태에서 그곳에서 매매되는 재화가 동질할 경우 완전한 경쟁에 의하여 가격이 형성되는 시장을 말한다.

| 사례 | 균형가격과 균형거래량의 도출

아파트에 대한 수요량 및 공급량

아파트가격(만원/m^2)	수요량(m^2)	공급량(m^2)	초과수요량	초과공급량
150	20	80	–	60
120	40	60	–	20
100	50	50	0	0
80	60	40	20	–
60	80	20	60	–

● 위 표에서 아파트의 균형가격은 100만원/m^2이고, 균형거래량은 50m^2이다.

02 시장균형과 균형가격의 결정 제26·28·31·32·33·34·35회

(1) 균형의 개념

① 균형이란 수요량(Qd)과 공급량(Qs)이 같은, 동일한 상태를 말한다. 수요곡선과 공급곡선이 만나는 점을 균형점이라 하고, 수요량과 공급량이 같은 상태의 양을 균형거래량·균형수급량(Q_0)이라 한다. 이때 수요량과 공급량이 같은 상태에서 결정된 가격을 균형가격(P_0)이라 한다.

② 즉, 균형이란 일단 그 상태에 도달한 후 외부에서 어떠한 자극을 주지 않는 한 더 이상 다른 상태로 변화하지 않는 것을 말한다. 완전경쟁시장에서는 일시적으로 균형상태를 벗어나더라도 '보이지 않는 손'에 의하여 회귀하므로 언제나 균형이 성립한다.

③ 균형상태에서는 수요자와 공급자가 모두 만족에 이르는 상태가 된다. 균형수준에서는 수요량과 공급량이 일치하므로 초과공급과 초과수요가 발생하지 않는다. 이 균형가격에서 수요자들은 사고 싶어하는 것을 모두 살 수 있고 공급자들은 팔고 싶어하는 것을 모두 팔 수 있어 수요자들과 공급자들이 모두 만족하게 되므로 시장참여자의 전체 만족도, 사회적(경제적) 후생이 극대화된다.❶

④ 완전경쟁하에서는 언제나 균형가격이 성립하고, 균형가격이 수요와 공급을 원활하게 조절하여 효율적인 자원배분이 이루어지므로 완전경쟁시장은 사회적(경제적) 후생이 극대화되는 이상적인 시장이다.

---

❶ 부동산시장은 부동산의 불완전한 특성 때문에 불완전경쟁시장이며, 시장기구에 의하여 균형가격이 성립하지 않고, 가격이 수요와 공급을 조절하는 것이 원활하지 않아 효율적 자원배분에 실패하게 된다. 따라서 시장기능에 맡겨 두면 사회적(경제적) 후생이 감소하게 된다. 이러한 문제는 정부가 부동산시장에 개입하는 근거를 제기한다.

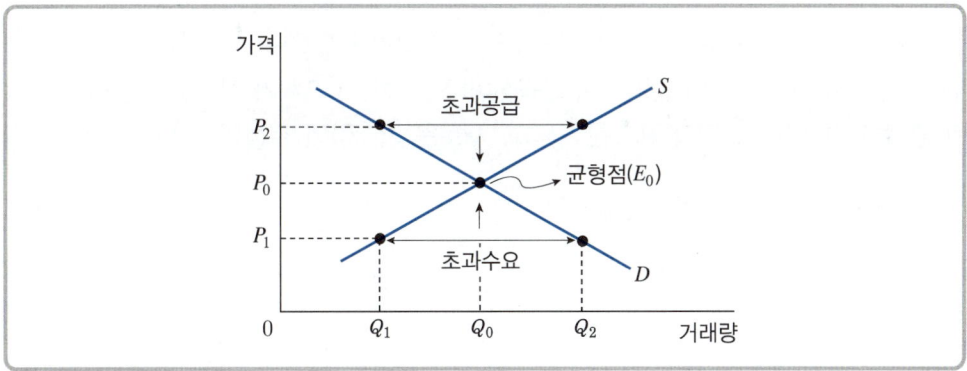

균형가격과 균형거래량의 결정❶❷

❶
- 수요곡선의 높이: 수요자의 효용(편익) – 지불용의 최대금액
- 공급곡선의 높이: 공급자의 비용 – 최소 수입(보수)

❷
- 소비자 잉여: 가격을 지불하고 소비자의 남은 소득
- 생산자 잉여: 재화를 생산(공급)하는 비용을 충당하고 남은 소득

(2) 초과공급 발생시 균형가격으로의 회귀과정

① 가격(임대료)이 P_2일 때 초과공급이 발생한다.

② 초과공급이 발생할 때에는 가격(임대료)이 하락하게 되며, 가격(임대료)은 수요량과 공급량이 일치하는 P_0 수준까지 하락하여 균형가격(임대료)이 결정된다.

(3) 초과수요 발생시 균형가격으로의 회귀과정

① 가격(임대료)이 P_1일 때 초과수요가 발생한다.

② 초과수요가 발생할 때에는 가격(임대료)이 상승하게 되며, 가격(임대료)은 수요량과 공급량이 일치하는 P_0 수준까지 상승하여 균형가격(임대료)이 결정된다.

(4) 균형가격과 균형거래량의 계산❸

다음 조건에서 A지역 아파트시장이 t시점에서 (t + 1)시점으로 변화될 때, 균형가격과 균형량의 변화는? (단, 주어진 조건에 한하며, P는 가격, Qs는 공급량이며, Qd_1과 Qd_2는 수요량임)

- 아파트 공급함수: $Qs = 2P$
- t시점 아파트 수요함수: $Qd_1 = 900 - P$
- (t + 1)시점 아파트 수요함수: $Qd_2 = 1,500 - P$

❸ 균형가격과 균형거래량을 계산하는 문제는 해당 함수(수식)를 Qd = Qs로 정리한다.

① t시점: $900 - P = 2P$ ➡ $3P = 900$ ∴ $P = 300$
계산한 가격(P = 300)을 수요함수에 대입하면 900 - P이므로, 균형(거래)량은 600(= 900 - 300)이다.

② (t + 1)시점: $1,500 - P = 2P$ ➡ $3P = 1,500$ ∴ $P = 500$
계산한 가격(P = 500)을 수요함수에 대입하면 1,500 - P이므로, 균형(거래)량은 1,000(= 1,500 - 500)이다.

③ 균형가격은 300에서 500으로 200만큼 상승하였고, 균형(거래)량은 600에서 1,000으로 400만큼 증가한다.

03 수요·공급의 변화에 따른 균형가격과 균형거래량의 변화 제31·32·33·35회

균형가격과 균형거래량은 수요곡선과 공급곡선의 위치에 의하여 결정된다. 따라서 **해당 부동산가격 이외의 요인의 변화로 수요곡선이나 공급곡선 자체가 좌우로 이동하면 시장의 균형도 변하며, 그 결과 새로운 가격과 새로운 거래량이 결정된다.**❶

❶ 이하의 그래프는 다음을 의미한다.
- E_0: 최초 균형점
- E_1: 조건에 따라 변화된 균형점

(1) 수요·공급이 각각 변하는 경우

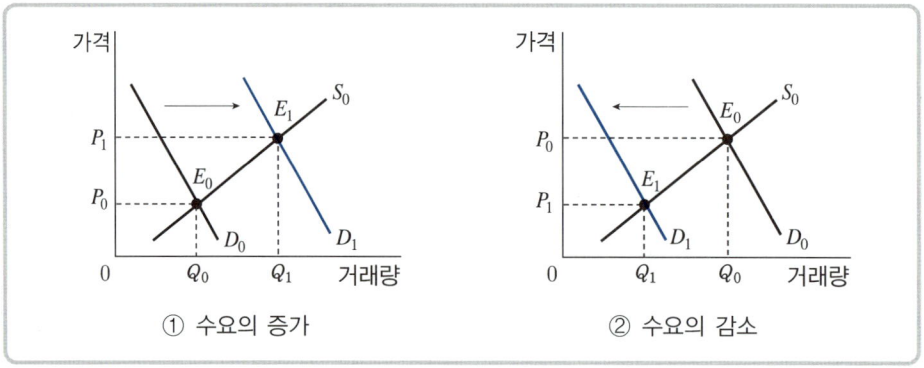

① 수요의 증가   ② 수요의 감소

① 공급은 불변이고 수요가 증가한 경우: 균형가격은 상승하고, 균형거래량은 증가한다.

② 공급은 불변이고 수요가 감소한 경우: 균형가격은 하락하고, 균형거래량은 감소한다.

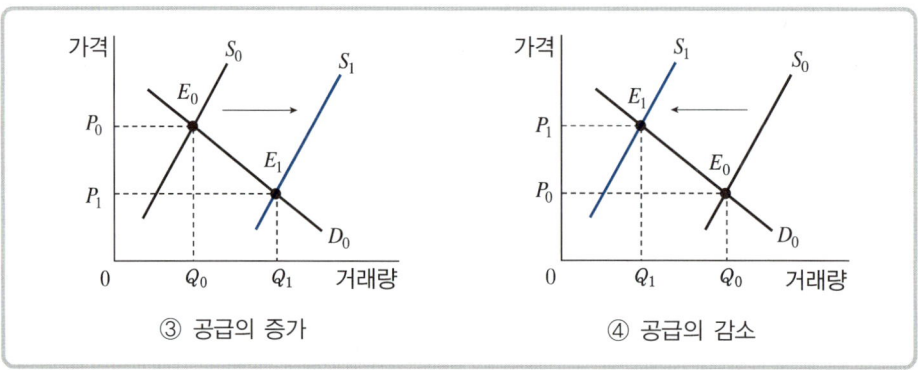

③ 공급의 증가   ④ 공급의 감소

③ 수요는 불변이고 공급이 증가한 경우: 균형가격은 하락하고, 균형거래량은 증가한다.

④ 수요는 불변이고 공급이 감소한 경우: 균형가격은 상승하고, 균형거래량은 감소한다.

(2) 수요·공급이 동시에 변하는 경우

① 수요와 공급이 동시에 증가한 경우

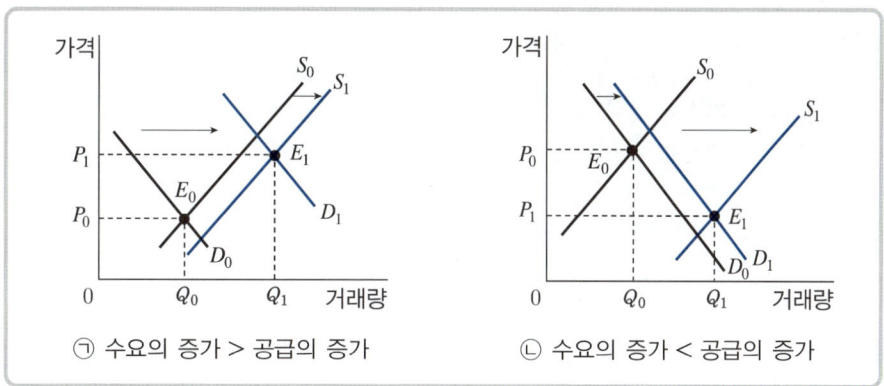

㉠ 수요의 증가 > 공급의 증가   ㉡ 수요의 증가 < 공급의 증가

㉠ 수요의 증가가 공급의 증가보다 큰 경우: 균형가격은 상승하고, 균형거래량은 증가한다.❶

㉡ 공급의 증가가 수요의 증가보다 큰 경우: 균형가격은 하락하고, 균형거래량은 증가한다.❶

㉢ 수요와 공급이 동일하게 증가한 경우: 균형가격은 변하지 않고, 균형거래량은 증가한다.❷

② 수요와 공급이 동시에 감소한 경우

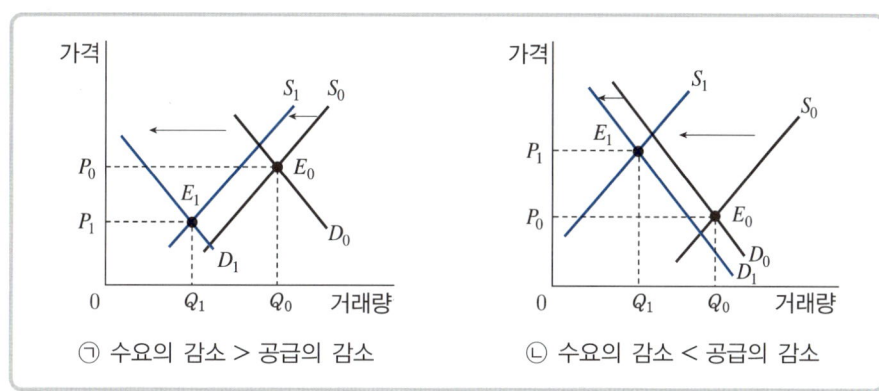

㉠ 수요의 감소 > 공급의 감소   ㉡ 수요의 감소 < 공급의 감소

㉠ 수요의 감소가 공급의 감소보다 큰 경우: 균형가격은 하락하고, 균형거래량은 감소한다.

㉡ 공급의 감소가 수요의 감소보다 큰 경우: 균형가격은 상승하고, 균형거래량은 감소한다.

㉢ 수요와 공급이 동일하게 감소한 경우: 균형가격은 변하지 않고, 균형거래량은 감소한다.

❶ ㉠, ㉡의 경우
변화폭이 큰 쪽만 보고 균형가격과 균형거래량을 판단한다.

❷ ㉢의 경우
균형가격과 균형거래량 중 하나는 변하지 않는다(불변).

> **확인예제**
>
> 아파트시장에서 균형가격을 상승시키는 요인은 모두 몇 개인가? (단, 아파트는 정상재로서 수요곡선은 우하향하고, 공급곡선은 우상향하며, 다른 조건은 동일함) 제35회
>
> - 가구의 실질소득 증가
> - 아파트에 대한 선호도 감소
> - 아파트 건축자재 가격의 상승
> - 아파트 담보대출 이자율의 상승
>
> ① 0개   ② 1개   ③ 2개   ④ 3개   ⑤ 4개
>
> **해설**
>
> 균형가격을 상승시키는 요인은 2개이다. 균형가격은 수요와 공급에 의해 결정된다. 즉, 해당 부동산가격 이외의 요인이 변하면 수요곡선이나 공급곡선이 좌우로 이동하여 새로운 균형점에서 균형가격과 균형거래량이 결정된다.
> - 가구의 실질소득 증가 ➡ 수요 증가(수요곡선 우상향으로 이동) ➡ 균형가격 상승
> - 아파트에 대한 선호도 감소 ➡ 수요 감소(수요곡선 좌하향으로 이동) ➡ 균형가격 하락
> - 아파트 건축자재 가격의 상승 ➡ 공급 감소(공급곡선 좌하향으로 이동) ➡ 균형가격 상승
> - 아파트 담보대출 이자율의 상승 ➡ 수요 감소(수요곡선 좌하향으로 이동) ➡ 균형가격 하락
>
> 정답: ②

수요와 공급이 동시에 변동하는 경우

구분	조건	균형가격	균형거래량
수요·공급이 동시에 증가할 경우	① 수요 증가 > 공급 증가	상승하고	증가한다.
	② 수요 증가 < 공급 증가	하락하고	증가한다.
	③ 수요 증가 = 공급 증가	변하지 않고	증가한다.
	④ 수요 증가 공급 증가	알 수가 없고	증가한다.
수요·공급이 동시에 감소할 경우	① 수요 감소 > 공급 감소	하락하고	감소한다.
	② 수요 감소 < 공급 감소	상승하고	감소한다.
	③ 수요 감소 = 공급 감소	변하지 않고	감소한다.
	④ 수요 감소 공급 감소	알 수가 없고	감소한다.
수요는 증가하고, 공급은 감소할 경우	① 수요 증가 > 공급 감소	상승하고	증가한다.
	② 수요 증가 < 공급 감소	상승하고	감소한다.
	③ 수요 증가 = 공급 감소	상승하고	변하지 않는다.
	④ 수요 증가 공급 감소	상승하고	알 수가 없다.
수요는 감소하고, 공급은 증가할 경우	① 수요 감소 > 공급 증가	하락하고	감소한다.
	② 수요 감소 < 공급 증가	하락하고	증가한다.
	③ 수요 감소 = 공급 증가	하락하고	변하지 않는다.
	④ 수요 감소 공급 증가	하락하고	알 수가 없다.

제3절 수요와 공급의 탄력성

앞에서는 가격이 변할 때 수요량과 공급량이 어느 방향으로 변할 것인가 그리고 수요와 공급이 변할 때 균형가격과 균형거래량은 어느 방향으로 변할 것인가라는 변동의 방향에 대하여 살펴보았다. 그러나 앞으로 살펴볼 **탄력성**은 가격이 변할 때 그 **양이 얼마나 변하는지를 판단하는 정량적(定量的) 지표**이다. 이러한 탄력성에는 수요의 가격탄력성, 공급의 가격탄력성, 수요의 소득탄력성, 수요의 교차탄력성이 있다.

> **용어사전**
> **정량적 지표와 정성적 지표**
> • 정량적(定量的) 지표: 자료에 대한 양의 변화를 측정하는 지표이다. 수요의 가격탄력성은 가격이 변할 때 수요량이 얼마나 변하는지, 즉 양의 변화를 측정하므로 정량적 지표이다.
> • 정성적(定性的) 지표: 자료의 성질이나 특징의 변화를 나타내는 지표이다.

01 수요의 가격탄력성(price elasticity of demand) 제27·28·29·30·31·32·34·35회

(1) 의의

수요의 가격탄력성이란 어떤 재화의 가격이 변할 때 그 재화의 수요량이 얼마만큼 변하는가를 측정하는 척도를 말하는 것으로서, 그 변화하는 정도는 가격의 변화율에 대한 수요량의 변화율로 측정된다.

$$\text{수요의 가격탄력성} = \frac{\text{수요량의 변화율(\%)}}{\text{가격의 변화율(\%)}} = \frac{\dfrac{\text{수요량의 변화분}}{\text{최초의 수요량}}}{\dfrac{\text{가격의 변화분}}{\text{최초의 가격}}}$$

(2) 계산

구분	가격	수요량
A점	9만원	108m²
B점	11만원	92m²

① 최초값 기준 수요의 가격탄력성 계산(소수점 세 번째까지 활용)
  ㉠ A점을 최초값으로 하여 탄력성을 구하면, **가격이** 9만원에서 11만원으로 2만원 **상승함에 따라 수요량이** 108m²에서 92m²로 16m² **감소**하였으므로 수요의 가격탄력성은 약 0.666이 된다.

$$\text{수요의 가격탄력성(A점)} = \frac{\dfrac{16m^2}{108m^2}}{\dfrac{2만원}{9만원}} ≒ \frac{0.148}{0.222} ≒ 0.666$$

ⓛ B점을 최초값으로 하여 탄력성을 구하면, 가격이 11만원에서 9만원으로 2만원 하락함에 따라 수요량이 $92m^2$에서 $108m^2$로 $16m^2$ 증가하였으므로 수요의 가격탄력성은 약 0.955가 된다.

$$수요의\ 가격탄력성(B점) = \frac{\frac{16m^2}{92m^2}}{\frac{2만원}{11만원}} ≒ \frac{0.173}{0.181} ≒ 0.955$$

ⓒ 이와 같이 **우하향하는 선분으로 주어진 수요곡선의 경우, 수요곡선상의 측정 지점에 따라 가격탄력성은 다르다.** 이러한 문제는 중간점(산술평균값)을 이용하여 탄력성을 구함으로써 보완할 수 있다.

② 중간점을 이용한 수요의 가격탄력성 계산

$$수요의\ 가격탄력성(중간점) = \frac{\frac{\Delta Q(16)}{Q_1(108)+Q_2(92)}}{\frac{\Delta P(2)}{P_1(9)+P_2(11)}} = \frac{0.08}{0.1} = 0.8$$

> **용어사전**
> **산술평균**
> 몇 가지 항목의 수치를 합계한 값을 그 항목 수로 나누는 것을 말한다.
> 예 A와 B의 합이 120일 때 산술평균값은 합인 120을 2로 나눈 60이다.

확인예제

어느 지역의 오피스텔 가격이 4% 인상되었다. 오피스텔 수요의 가격탄력성이 2.0이라면, 오피스텔 수요량의 변화는? (단, 오피스텔은 정상재이고, 가격탄력성은 절댓값으로 나타내며, 다른 조건은 동일함)   제25회

① 4% 증가   ② 4% 감소
③ 8% 증가   ④ 8% 감소
⑤ 변화 없음

해설

가격(원인)과 수요량(결과)은 반비례관계이다.

$$수요의\ 가격탄력성\ 2.0 = \frac{수요량\ 변화율}{가격\ 변화율} = \frac{x\%\ 감소}{4\%\ 상승}$$

수요량의 변화율(x)은 8%(= 2.0 × 4%)이고, 따라서 오피스텔 수요량의 변화율은 8% 감소한다.
➡ 수요의 가격탄력성이 2일 때, 오피스텔 가격이 4% 인상되면(상승하면) 오피스텔 수요량은 8% 감소한다.

정답: ④

(3) 수요의 가격탄력성의 구분

수요의 가격탄력성은 '0'과 '무한대(∞)' 사이의 값을 가지고 있으며, 다음과 같이 구분한다.

① **단위탄력적**: 가격의 변화율과 수요량의 변화율이 동일한 경우이다. 즉, 가격이 1% 변할 때 수요량도 1% 변하는 경우로, 수요의 가격탄력성은 '1'이 되고, 수요곡선이 직각쌍곡선(45°의 기울기)으로 나타난다.

② **탄력적**: 가격의 변화율보다 수요량의 변화율이 더 큰 경우로, 수요의 가격탄력성은 '1'보다 크다. 예를 들면 가격이 10% 변할 때 수요량이 20% 변하면 수요의 가격탄력성은 2가 되고, 양의 변화가 많으므로 수요곡선의 기울기는 완만해진다.

③ **비탄력적**: 가격의 변화율보다 수요량의 변화율이 더 작은 경우로, 수요의 가격탄력성은 '1'보다 작다. 예를 들면 가격이 10% 변할 때 수요량이 5% 변하면 수요의 가격탄력성은 0.5가 되고, 양의 변화가 적으므로 수요곡선의 기울기는 급해진다.

④ **완전비탄력적**: 가격이 변해도 수요량이 전혀 변하지 않는 경우로, 수요의 가격탄력성은 '0'이 된다. 예를 들면 가격이 10% 변할 때 수요량이 전혀 변하지 않으면 수요의 가격탄력성은 0이 되고, 양의 변화가 전혀 없으므로 수요곡선의 기울기는 수직선으로 나타난다.❶

⑤ **완전탄력적**: 가격이 변하면 수요량이 무한대로 변하는 이론적인 경우로, 수요의 가격탄력성은 '무한대(∞)'가 된다. 예를 들면 가격이 10% 변할 때 수요량이 무한대로 변하면 수요의 가격탄력성은 무한대가 되고, 양의 변화가 무한대가 되므로 수요곡선의 기울기는 수평선으로 나타난다.❷

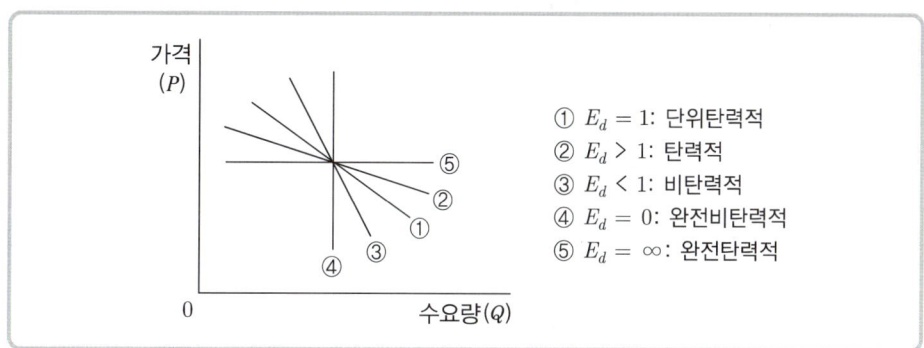

① $E_d = 1$: 단위탄력적
② $E_d > 1$: 탄력적
③ $E_d < 1$: 비탄력적
④ $E_d = 0$: 완전비탄력적
⑤ $E_d = \infty$: 완전탄력적

❶
수요함수: Qd = 200
➡ 그래프 수직선
➡ 완전비탄력적

❷
수요함수: P = 200
➡ 그래프 수평선
➡ 완전탄력적

❸
탄력성과 곡선의 기울기(경사도)는 동의어가 아님에 유의하여야 한다. 탄력적이라는 것은 양의 변화가 많다는 것이고 이것을 그래프로 표현하면 그 기울기가 완만하다는 것이다.

탄력성의 개념과 수요곡선의 기울기❸

구분	수요량의 변화 정도	수요곡선의 기울기
① 단위탄력적	가격 변화율 = 수요량 변화율	45°
② 탄력적	가격 변화율 < 수요량 변화율	완만한 경사
③ 비탄력적	가격 변화율 > 수요량 변화율	급경사
④ 완전비탄력적	가격이 변할 때 수요량은 변하지 않는다.	수직선
⑤ 완전탄력적	가격이 변할 때 수요량은 무한대로 변한다.	수평선

> **확인예제**
>
> 부동산매매시장에서 수요와 공급의 가격탄력성에 관한 설명으로 틀린 것은? (단, x축은 수량, y축은 가격, 수요의 가격탄력성은 절댓값을 의미하며, 다른 조건은 동일함)
>
> 제29회
>
> ① 수요의 가격탄력성이 완전탄력적이면 가격의 변화와는 상관없이 수요량이 고정된다.
> ② 공급의 가격탄력성이 '0'이면 완전비탄력적이다.
> ③ 수요의 가격탄력성이 비탄력적이면 가격의 변화율보다 수요량의 변화율이 더 작다.
> ④ 수요곡선이 수직선이면 수요의 가격탄력성은 완전비탄력적이다.
> ⑤ 공급의 가격탄력성이 탄력적이면 가격의 변화율보다 공급량의 변화율이 더 크다.
>
> **해설**
>
> 수요의 가격탄력성이 완전탄력적이면 (미세한) 가격의 변화에 수요량의 변화가 무한대로 변한다. 가격이 변하여도 수요량이 고정된 경우는 양의 변화가 없으므로 완전비탄력적이라고 한다.
>
> 정답: ①

(4) 수요의 가격탄력성 결정요인

수요의 가격탄력성은 대체재의 존재 유무, 용도전환의 가능성, 부동산의 종류, 지역별·용도별 세분화 정도, 목적달성 여부(기간) 등에 따라 달라진다.❶❷

① 일반적으로 대체재가 적은 경우보다 대체재가 많은 경우에 수요의 가격탄력성은 더 커진다. 수요자 입장에서 대체재가 많다는 것은 선택의 폭이 넓다는 것이고, 동일한 효용이라면 가격이 싼 재화의 수요량이 더 많이 증가할 수 있다는 것이다. 부동산은 개별성으로 인하여 물리적으로 완전한 대체관계가 성립하지 않으므로 비탄력적이다. 그러나 용도적 대체는 가능하므로, 용도적 대체재가 늘어날수록 수요의 가격탄력성은 더 커진다.

② 재화의 용도가 다양할수록, 용도전환이 용이할수록, 용도적으로 세분화할수록 수요의 가격탄력성은 더 탄력적이다.

③ 주거용 부동산은 특수한 입지조건을 요구하는 상업용·공업용 부동산보다 더 탄력적이다. 그 이유는 주거용 부동산이 상업용·공업용 부동산보다 용도적 대체재가 더 많기 때문이다.

④ 고가성·내구성·개별성의 특성 때문에 부동산의 수요는 가격에 대하여 단기에는 비탄력적이지만 장기에는 탄력적이다. 충분히 준비하면 장기에는 양의 변화가 더 많다는 것이다. 따라서 단기수요곡선보다 장기수요곡선의 기울기가 더 완만하다.

---

❶ 참고
제품의 가격이 가계소득에서 차지하는 비중이 클수록 수요는 더 탄력적이 된다(상대적 개념).

❷ 참고
주택 등 생활필수품에 대한 수요는 비탄력적이고, 사치성 재화에 대한 수요는 상대적으로 탄력적인 것이 일반적이다.

(5) 수요의 가격탄력성과 기업의 총수입액(소비자의 총지출액)의 관계❶ 제28·30·31회

임대인이 임대료를 올리면 임대부동산에 대한 전체 수입은 과연 증가할까? 다른 조건이 동일할 경우, 임대료가 상승(하락)하면 수요량은 감소(증가)한다. 전체 수입의 증가 여부는 임대료가 상승(하락)함에 따라 수요량이 얼마나 감소(증가)하는가, 즉 수요의 가격탄력성에 따라 달라진다.

> 임대부동산의 임대료 총수입(매출액) = 가격(임대료, P) × 판매량(Q)

① 수요의 가격탄력성이 '1', 즉 단위탄력적이라면 임대료의 변화율과 수요량의 변화율이 동일하므로 가격을 인상하거나 가격을 인하하여도 공급자의 총수입에는 변화가 없다.
② <u>수요의 가격탄력성이 '1'보다 큰 탄력적인 경우</u>에는 임대료를 인상하면 (임대료 인상률보다 수요량이 더 많이 감소하므로) 공급자의 총수입은 감소하고, 반대로 <u>임대료를 인하하면</u> (임대료 인하율보다 수요량이 더 많이 늘어나므로) 공급자의 총수입은 증가한다. 즉, 탄력적인 경우에는 가격 인하·저가정책이 공급자의 총수입을 증가시킨다.❷
③ 수요의 가격탄력성이 '1'보다 작은 <u>비탄력적인 경우에는 임대료를 인상하면</u> (임대료 인상률보다 수요량이 덜 감소하므로) 공급자의 총수입은 증가하고, 반대로 임대료를 인하하면 (임대료 인하율보다 수요량이 덜 증가하므로) 공급자의 총수입은 감소한다. 즉, <u>비탄력적인 경우에는 가격 인상·고가정책이 공급자의 총수입을 증가시킨다.</u>❸

수요의 가격탄력성과 총수입액의 관계

구분	가격 인하시	가격 인상시
단위탄력적($E_d = 1$)	총수입 불변	총수입 불변
탄력적($E_d > 1$)	총수입 증가	총수입 감소
비탄력적($E_d < 1$)	총수입 감소	총수입 증가
완전비탄력적($E_d = 0$)	임대료 인상분만큼 총수입 증가	
완전탄력적($E_d = \infty$)	임대료를 인상하면 총수입은 0	

---

❶ 탄력성과 총수입과의 관계는 '조세의 전가' 부분에서도 많이 응용되므로 정확히 정리해두어야 한다.

❷ 수요가 탄력적 ➡ 수요자에게 대체재가 많아지므로 저가·할인전략이 유리하다.

❸ 수요가 비탄력적 ➡ 수요자에게 대체재가 적어지므로 고가·인상전략이 유리하다.

> **확인예제**
>
> 수요의 가격탄력성에 관한 설명으로 옳은 것은? (단, 수요의 가격탄력성은 절댓값을 의미하며, 다른 조건은 동일함)
> 제28회
>
> ① 수요의 가격탄력성이 1보다 작을 경우 전체 수입은 임대료가 상승함에 따라 감소한다.
> ② 대체재가 있는 경우 수요의 가격탄력성은 대체재가 없는 경우보다 비탄력적이 된다.
> ③ 우하향하는 선분으로 주어진 수요곡선의 경우, 수요곡선상의 측정지점에 따라 가격탄력성은 다르다.
> ④ 일반적으로 부동산수요의 가격탄력성은 단기에서 장기로 갈수록 더 비탄력적이 된다.
> ⑤ 부동산의 용도전환이 용이할수록 수요의 가격탄력성은 작아진다.
>
> **해설**
>
> ③ 수요곡선상의 측정지점에 따라 최초값(기준점)을 달리하면 가격탄력성 값도 다르게 나타난다.
> ① 수요의 가격탄력성이 1보다 작을 경우(비탄력적일 경우 ➡ 수요자에게 대체재가 적을수록) 전체 수입은 임대료가 상승함에 따라 증가한다. ➡ 비탄력적일 경우에는 임대료 상승률보다 수요량이 덜 감소하므로 임대료를 인상할수록 임대수입은 증가한다. ➡ 수요의 가격탄력성이 비탄력적일 경우에는 고가(高價)전략이 유리하다.
> ② 대체재가 있는 경우 수요의 가격탄력성은 대체재가 없는 경우보다 더 탄력적이 된다. ➡ 대체재가 많을수록 수요의 가격탄력성은 더 커진다(탄력적이 된다).
> ④ 일반적으로 부동산수요의 가격탄력성은 단기에서 장기로 갈수록 더 탄력적이 된다. ➡ 단기에는 비탄력적이지만, 장기에는 그 양의 변화가 많아서 더 탄력적이 된다.
> ⑤ 부동산의 용도전환이 용이할수록(용도적 대체재가 많아질수록) 수요의 가격탄력성은 커진다. ➡ 탄력적이 된다.
>
> 정답: ③

02 공급의 가격탄력성(price elasticity of supply) 제28·29·30회

(1) 의의

공급의 가격탄력성이란 어떤 재화의 가격이 변할 때 그 재화의 공급량이 얼마만큼 변하는가를 측정하는 척도를 말하는 것으로서, 그 변화하는 정도는 가격의 변화율에 대한 공급량의 변화율로 측정된다.

> **❶ 참고**
> - 공급의 가격탄력성 = 1
>   ➡ 단위탄력적
> - 공급의 가격탄력성 > 1
>   ➡ 탄력적
> - 공급의 가격탄력성 < 1
>   ➡ 비탄력적
> - 공급의 가격탄력성 = 0
>   ➡ 완전비탄력적
> - 공급의 가격탄력성 = 무한대 ➡ 완전탄력적

$$\text{공급의 가격탄력성} = \frac{\text{공급량의 변화율(\%)}}{\text{가격의 변화율(\%)}} = \frac{\frac{\text{공급량의 변화분}}{\text{최초의 공급량}}}{\frac{\text{가격의 변화분}}{\text{최초의 가격}}}$$

(2) 계산

어떤 재화의 **가격이** 200원에서 240원으로 20% **상승(하락)하였을 때 그** 재화의 **공급량이** 100개에서 110개로 10% **증가(감소)**하였다면, 공급의 가격탄력성은 다음과 같다.

$$공급의 \ 가격탄력성 = \frac{10\%\uparrow(\downarrow)}{20\%\uparrow(\downarrow)} = 0.5$$

(3) 공급의 가격탄력성 결정요인

① 생산량을 늘릴 때 생산요소가격이 상승할수록 공급의 가격탄력성은 더 비탄력적이다.
② 생산기술이 빠르게 발전하는 상품일수록 공급의 가격탄력성은 더 탄력적이다.
③ 용도전환이 용이할수록 공급의 가격탄력성은 더 탄력적이다.
④ 건축 인·허가가 어려울수록 공급의 가격탄력성은 더 비탄력적이다.
⑤ 생산에 소요되는 기간이 길수록 공급의 가격탄력성은 더 비탄력적이다. 즉, 신규주택은 생산에 소요되는 기간이 길기 때문에 기존주택공급이나 일반재화에 비하여 공급이 더 비탄력적이다.❶
⑥ 단기공급의 가격탄력성은 장기공급의 가격탄력성보다 더 비탄력적이다. 즉, 단기에는 공급이 비탄력적이지만, 장기에는 보다 더 탄력적이 된다.

03 수요의 소득탄력성(income elasticity of demand) 제29·33회

(1) 의의

수요의 소득탄력성❷이란 수요자의 소득이 변할 때 그 재화의 수요량이 얼마만큼 변하는가를 측정하는 척도를 말하는 것으로서, 그 변화하는 정도는 소득의 변화율에 대한 수요량의 변화율로 측정된다.

$$수요의 \ 소득탄력성 = \frac{수요량의 \ 변화율(\%)}{소득의 \ 변화율(\%)} = \frac{\frac{수요량의 \ 변화분}{최초의 \ 수요량}}{\frac{소득의 \ 변화분}{최초의 \ 소득}}$$

(2) 계산

① 수요자의 소득이 200만원에서 240만원으로 20% 늘어날 때 그 재화의 수요량이 100개에서 110개로 10% 증가하였다면, 이러한 재화는 정상재(우등재)이다. 즉, 수요의 소득탄력성이 '0'보다 큰 경우는 소득의 증가로 수요량이 늘어난 것이므로 그 값은 양(+)의 값을 가지고, 이러한 재화를 정상재라 한다.

$$수요의 \ 소득탄력성 = \frac{10\%\uparrow}{20\%\uparrow} = (+)0.5$$

---

❶
- 가격이 상승하여도 신규주택의 공급은 적시에 이루어지지 못하기 때문에 그 양의 변화가 적어서 비탄력적이다.
- 임대주택을 건축하여 공급하는 기간이 짧을수록 공급의 가격탄력성은 커진다(탄력적이 된다).

❷
- 소득탄력성(+) > 0
 ➡ 소득 증가로 수요 증가
 ➡ 정상재
- 소득탄력성(−) < 0
 ➡ 소득 증가로 수요 감소
 ➡ 열등재
[소득탄력성은 음(−)의 값이 있다는 것에 유의하여야 한다]
- 소득탄력성이 '0'이라는 것은 소득이 변하여도 수요량이 변하지 않는다는 것을 의미하며, 이러한 재화를 중간재라 한다.

② 수요자의 소득이 200만원에서 240만원으로 20% 늘어날 때 그 재화의 수요량이 100개에서 90개로 10% 감소하였다면, 이러한 재화는 열등재(하급재)이다. 즉, 수요의 소득탄력성이 '0'보다 작은 경우는 소득의 증가로 수요량이 감소한 것이므로 그 값은 음(−)의 값을 가지고, 이러한 재화를 열등재라 한다.

$$수요의 \ 소득탄력성 = \frac{10\% \downarrow}{20\% \uparrow} = (-)0.5$$

확인예제

A부동산에 대한 수요의 가격탄력성과 소득탄력성이 각각 0.9와 0.5이다. A부동산 가격이 2% 상승하고 소득이 4% 증가할 경우, A부동산수요량의 전체 변화율(%)은? (단, A부동산은 정상재이고, 가격탄력성은 절댓값으로 나타내며, 다른 조건은 동일함)

제24회

① 0.2
② 1.4
③ 1.8
④ 2.5
⑤ 3.8

해설

• 수요의 가격탄력성 = $\frac{수요량의 \ 변화율}{가격의 \ 변화율}$

  $0.9 = \frac{수요량의 \ 감소율}{2\% \ 증가}$

  ➡ 수요량은 1.8%(= 0.9 × 2) 감소한다(가격과 수요량은 반비례관계).

• 수요의 소득탄력성 = $\frac{수요량의 \ 변화율}{소득의 \ 변화율}$

  $0.5 = \frac{수요량의 \ 증가율}{4\% \ 증가}$

  ➡ 정상재 ➡ 수요량은 2%(= 0.5 × 4) 증가한다.

[가격탄력성 $0.9 = \frac{1.8\% \downarrow}{2\% \uparrow}$] + [소득탄력성 $0.5 = \frac{2\% \uparrow}{4\% \uparrow}$] ➡ 수요량 전체 변화율 0.2% 증가

∴ 전체 수요량은 0.2%(= 1.8% 감소 + 2% 증가) 증가한다.

정답: ①

04 수요의 교차탄력성(cross elasticity of demand) 제26·27·28·30·32·35회

(1) 의의

수요의 교차탄력성❶이란 어느 한 재화(X재)의 가격이 변할 때 다른 재화(Y재)의 수요량이 얼마만큼 변하는가를 측정하는 것으로서, 교차탄력성은 X재의 가격의 변화율(%)에 대한 Y재의 수요량의 변화율(%)로 측정된다.

$$\text{수요의 교차탄력성} = \frac{\text{Y재의 수요량의 변화율(\%)}}{\text{X재의 가격의 변화율(\%)}} = \frac{\dfrac{\text{Y재의 수요량의 변화분}}{\text{Y재의 최초의 수요량}}}{\dfrac{\text{X재의 가격의 변화분}}{\text{X재의 최초의 가격}}}$$

❶
- 교차탄력성(+) > 0
  ➡ 두 재화는 대체관계
- 교차탄력성(−) < 0
  ➡ 두 재화는 보완관계
- 교차탄력성 = 0
  ➡ X재의 가격 변화가 Y재의 수요량에 영향을 주지 않는다는 것을 의미하고, 이러한 재화를 독립재라 한다.

(2) 적용

① 교차탄력성이 '0'보다 크면(+) 두 재화는 대체관계이다. 교차탄력성이 0.5일 경우 X재의 가격이 10% 상승하면(X재의 수요량은 감소하고), Y재의 수요량은 5% 증가한다. 여기서 수식의 X재의 가격 변화와 Y재의 수요량 변화가 동일방향이므로 교차탄력성은 양(+)의 값을 갖는다.❷

② 교차탄력성이 '0'보다 작으면(−) 두 재화는 보완관계이다. 교차탄력성이 −0.5일 경우 X재의 가격이 10% 상승하면(X재의 수요량은 감소하고), Y재의 수요량은 5% 감소한다. 여기서 수식의 X재의 가격 변화와 Y재의 수요량 변화가 반대방향이므로 교차탄력성은 음(−)의 값을 갖는다.

❷
소득탄력성과 교차탄력성은 1보다 크면 탄력적, 1보다 작으면 비탄력적이라는 개념으로 구분하지 않는다.

> **확인예제**
>
> 아파트 매매가격이 10% 상승할 때, 아파트 매매수요량이 5% 감소하고 오피스텔 매매수요량이 8% 증가하였다. 이 때 아파트 매매수요의 가격탄력성의 정도(A), 오피스텔 매매수요의 교차탄력성(B), 아파트에 대한 오피스텔의 관계(C)는? (단, 수요의 가격탄력성은 절댓값이며, 다른 조건은 동일함)   제32회
>
> | | A | B | C | | A | B | C |
> |---|---|---|---|---|---|---|---|
> | ① | 비탄력적 | 0.5 | 대체재 | ② | 탄력적 | 2 | 보완재 |
> | ③ | 비탄력적 | 0.8 | 대체재 | ④ | 탄력적 | 2 | 보완재 |
> | ⑤ | 비탄력적 | 1.0 | 대체재 | | | | |
>
> **해설**
>
> - A: 아파트수요의 가격탄력성 0.5 = $\dfrac{\text{수요량의 변화율 5\%↓}}{\text{가격변화율 10\%↑}}$
>
>   따라서 가격변화율보다 수요량의 변화율이 더 작으므로 비탄력적이다.
> - B, C: 아파트가격에 대한 오피스텔수요의 교차탄력성
>
>   0.8 = $\dfrac{\text{오피스텔 수요량의 변화율 8\%↑}}{\text{아파트 가격변화율 10\%↑}}$
>
>   따라서 아파트가격 상승으로(아파트수요량은 감소하고) 오피스텔의 수요량이 증가하였으므로, 두 재화는 대체관계이다. 교차탄력성이 0.8(+ 값)이면 두 재화는 대체관계이다.
>
> 정답: ③

05 탄력성에 따른 균형가격과 균형거래량의 변화 제28·30회

탄력적일 경우 그 양의 변화가 많기 때문에 가격의 변화폭은 작고, 비탄력적일 경우 그 양의 변화가 적기 때문에 가격의 변화폭은 크다. 환언하면 탄력적일수록 가격은 덜 상승하거나 덜 하락하고, 비탄력적일수록 가격은 더 상승하거나 더 하락한다. 즉, 가격이 하락할 때 수요가 탄력적일수록 가격은 덜 하락하고, 수요가 비탄력적일수록 가격은 더 하락한다.

① 공급이 증가할 때 수요가 탄력적일수록 가격은 덜 하락하고, 수요가 비탄력적일수록 가격은 더 하락한다.

② 공급이 감소할 때 수요가 탄력적일수록 가격은 덜 상승하고, 수요가 비탄력적일수록 가격은 더 상승한다.

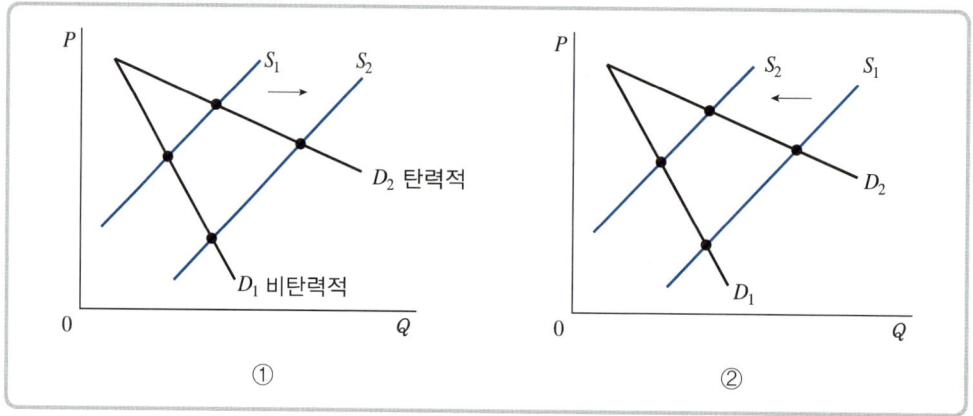

③ 수요가 증가할 때 공급이 탄력적일수록 가격은 덜 상승하고, 공급이 비탄력적일수록 가격은 더 상승한다.

④ 수요가 감소할 때 공급이 탄력적일수록 가격은 덜 하락하고, 공급이 비탄력적일수록 가격은 더 하락한다.

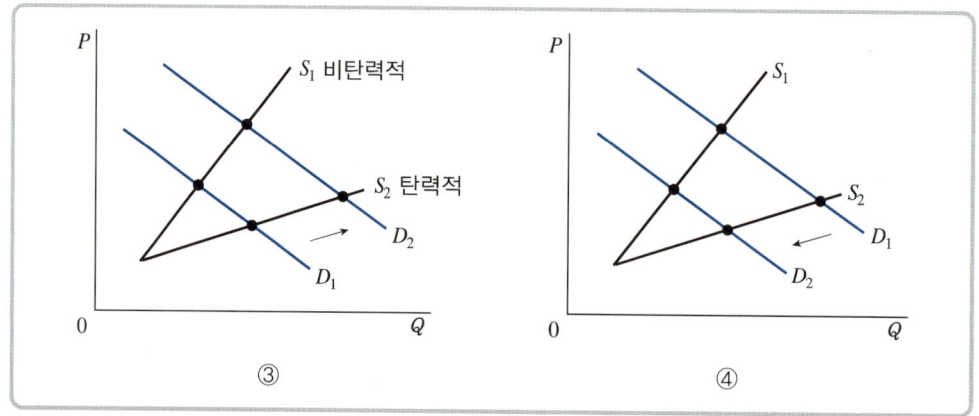

⑤ 공급이 가격에 대하여 **완전비탄력적일 때** 수요가 증가하면 **균형가격만 상승**하고, **균형거래량은 변하지 않는다**.
⑥ 수요가 가격에 대하여 **완전탄력적일 때** 공급이 증가하면 **균형가격은 변하지 않고**, 균형거래량만 증가한다.

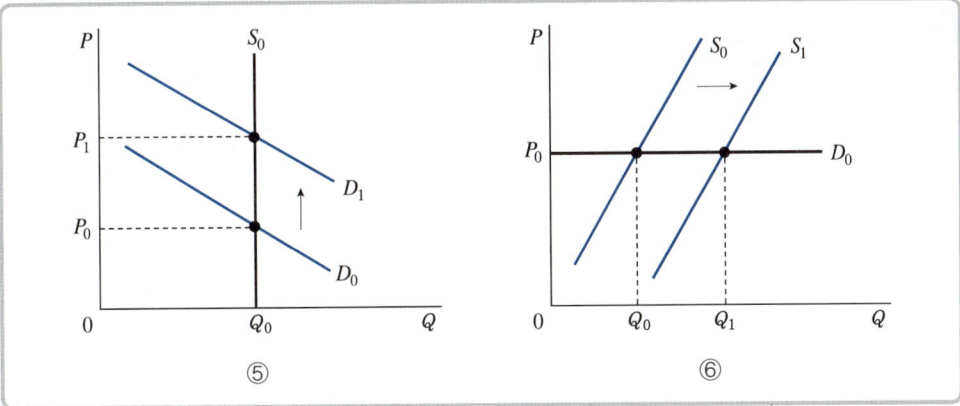

> **확인예제**

아파트에 대한 수요와 공급의 탄력성에 관한 설명 중 틀린 것은? (단, 다른 변수는 불변이라고 가정함)

제16회

① 공급이 증가할 때 수요의 가격탄력성이 비탄력적일수록 가격은 더 내린다.
② 수요의 소득탄력성은 소득의 변화율에 대한 수요량의 변화율이다.
③ 수요가 증가할 때 공급의 가격탄력성이 비탄력적일수록 가격은 더 오른다.
④ 공급이 가격에 대하여 완전비탄력적일 때 수요가 증가하여도 가격은 변하지 않는다.
⑤ 수요가 가격에 대하여 완전탄력적일 때 공급이 증가하여도 가격은 변하지 않는다.

> **해설**

공급이 가격에 대하여 완전비탄력적일 때 수요가 증가하면, 가격은 상승하고 균형거래량은 변하지 않는다.

정답: ④

제2장 부동산의 경기변동

제1절 부동산경기변동 제26·29·31회

일반적으로 경기변동이란 총체적인 경제활동의 수준이 주기적으로 상승과 하강을 반복하는, 즉 일정한 규칙성을 나타내며 변동하는 현상을 말한다. 경기라는 것은 통화량, 이자율, 경제현상, 정책, 재해, 질병 등의 여러 가지 경제변수들의 영향을 받아 지속적으로 변화하고 있으며 특정국가나 특정지역은 고성장추세를 지속하기도 하고, 반면 다른 어떤 국가나 지역은 저성장이나 침체국면에 있기도 한다.❶❷

❶ 보충
스태그플레이션
(stagflation)
저성장-고물가, 즉 경제불황 속에서 물가 상승이 동시에 발생하는 국면으로서 스태그네이션(stagnation, 경기침체)과 인플레이션(inflation)을 합성한 표현이다.

❷
- 고성장-고물가 현상 ➡ 인플레이션
- 저성장-저물가 현상 ➡ 디플레이션

일반경기변동의 주기와 발생원인

구분	원인	1주기	파동의 성격
콘트라티에프파동	기술혁신	50~60년	장기파동
쿠즈네츠파동	경제성장률	약 20년	장기파동
주글라파동	기업의 설비투자	8~10년	중기파동
키친파동	재고변동	3~4년	단기파동

일반경기의 순환적 변동

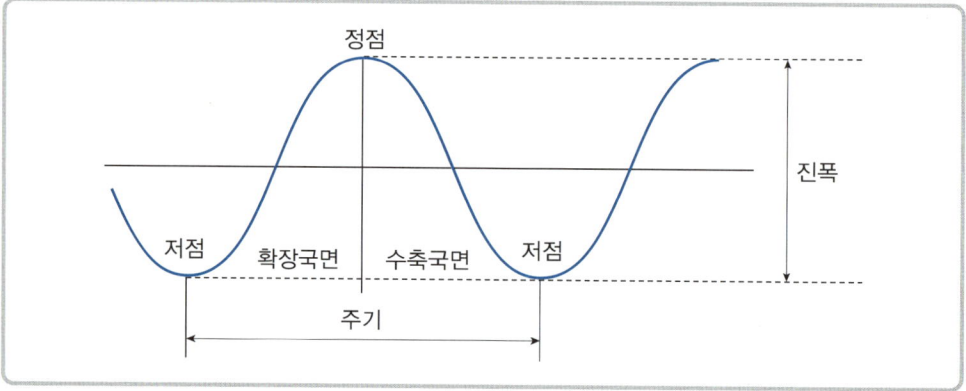

01 부동산경기변동의 개념과 유형

(1) 부문경기로서의 부동산경기

부동산경기는 일반경기를 구성하는 여러 부문경기 중의 하나로, 일반경기가 부동산경기에 영향을 주기도 하지만 부동산경기가 일반경기에 영향을 주기도 한다.

즉, **부동산경기는 일반경기와 밀접한 관련성을 가지고 상호 영향을 주고받으며 변동한다.** 따라서 일반경기를 구성하는 경제변수와 일반경기를 부양하거나 규제하는 정책 등이 부동산경기에 어떠한 영향을 미치는지 면밀하게 분석할 필요가 있다.

(2) 부동산경기변동의 개념

일반적으로 **부동산경기라 함은 주거용 부동산건축경기**를 말하는데, 이러한 이유는 전체 부동산경기에서 상업용·공업용 부동산경기보다 주거용 부동산건축경기가 차지하는 비중이 더 크기 때문이다. 즉, **부동산경기를 구성하는 각각의 부문경기가 전체 부동산경기에 영향을 주는 정도가 각각 다르다는 것으로, 부동산경기**는 부문별·용도별·지역별 **가중평균치적 성격을 지닌다.**

① 협의의 부동산경기: **주거용 부동산건축경기**를 말한다.
② 광의의 부동산경기: 주거용 부동산건축경기(협의의 부동산경기)에 상업용·공업용 부동산경기를 포함한다.
③ 최광의의 부동산경기: 광의의 부동산경기에 토지경기를 포함한다.

용어사전
가중평균
N개의 수치의 평균값을 구할 때 중요도나 영향도에 해당하는 각각의 가중치를 곱하여 구한 평균값이다. 부분이 전체에 영향을 주는 정도가 다를 경우 가중평균값을 사용한다.

(3) 부동산경기순환의 유형

부동산경기는 일반경기와 비교하였을 때 전순환·후순환·동시순환·역순환하는 경우가 있지만, **전체적으로 볼 때 부동산경기는 일반경기보다 시간적으로 뒤지는 후순환적 변동을 나타낸다.** 부동산경기는 부문별로 변동의 시차가 존재하며, 지역별·유형별로 경기변동은 각각 **다르게 나타나는 특징이 있다.** 또한 부동산의 경기변동은 나라마다 **다르고,** 같은 나라라 하더라도 시간과 지역에 따라 **다른 양상으로 나타난다.**

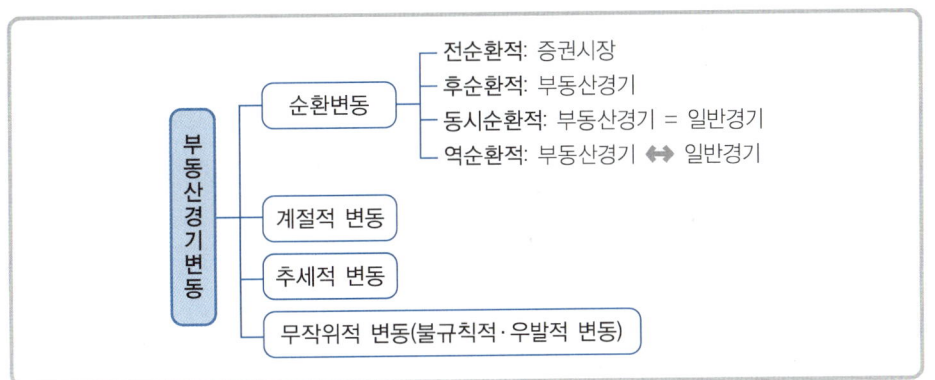

① 전(前)순환적 경기변동: 부문경기가 일반경기보다 시간적으로 앞서 진행되고 변동하는 경우를 말하며, 일반적으로 증권시장은 일반경기에 선행하여 변동하는 경향이 있다. 부동산경기변동 중에서 주택경기가 호전되어 일반경기변동도 호황국면에 접어들었다면 이러한 사실은 부동산경기변동이 일반경기변동보다 선행할 수도 있다는 것을 의미한다.

② **후(後)순환적 경기변동**: 부문경기가 일반경기보다 시간적으로 뒤늦게 진행되고 변동하는 것을 말하며, 통상적으로 부동산경기변동은 일반경기변동에 비하여 후순환적으로 나타난다.
  ㉠ 부동산의 수요와 공급은 가격에 대하여 비탄력적인 경향이 있어 일반경기의 변화에 민감하게 반응하지 못하며, 부동산경기변동은 그 변동주기가 길어 타성기간(惰性期間)이 긴 편이다.
  ㉡ 부동산경기순환은 대표적으로 한센(A. H. Hansen)의 건축순환을 예로 들 수 있는데, 그 순환주기는 17~18년으로서 일반경기의 주순환(주글라파동)과 비교하였을 때 더 길게 나타나고 있다.
  ㉢ 부동산의 고가성·내구성·개별성, 생산기간의 장기성(공급의 비탄력성), 지나친 법적 규제 등으로 인하여 부동산의 경기변동은 일반경기의 변화에 둔감하게 반응하는 경향이 있다.
③ **동시(同時)순환적 경기변동**: 부동산경기가 일반경기와 대체로 일치·병행하거나 같은 양상으로 진행되고 변동하는 경우를 말한다.
④ **역(逆)순환적 경기변동**: 부동산경기가 일반경기와 반대로 진행되고 변동하는 경우를 말한다.

(4) 다른 형태의 경기변동

① **계절적 변동**: 일반적으로 1년을 단위로 하여 계절에 따라 반복되는 경기변동을 말한다.
  ㉠ 신학기에 학군 부근의 주거지에서 주택수요나 전세수요가 늘어나는 경우
  ㉡ 방학기간 동안 대학교 부근의 원룸이나 임대주택의 공실률이 높아지는 경우
  ㉢ 해마다 겨울철에 건축허가면적이나 허가량이 감소하거나, 봄에 들어서면서 건축허가면적이 늘어나는 경우 등
② **추세적(trend) 변동**: 부동산경기가 지속적·계속적으로 좋아지거나 나빠지는 일정한 추세를 나타내는 경기변동으로, 건축허가면적이 전년 대비 매년 일정비율씩 증가(상승추세)하거나 감소(하락추세)하는 경우의 경기변동을 말한다.
③ **무작위적(random)·우발적·불규칙적 변동**: 예상하지 못한 상황으로 인하여 발생하는 비주기적이고 불규칙적인 경기변동을 말한다.
  ㉠ 정부의 일시적인 부동산대책에 의한 경기변동이나 갑자기 건축허가면적이 늘어나거나 감소하는 경우의 경기변동
  ㉡ 해마다 겨울이 되면 주택거래량이 줄어들었는데, 2025년 겨울에 주택거래량이 급격하게 늘어났다면 이는 우발적·불규칙적 변동을 의미한다.
  ㉢ 대외적인 다른 국가의 경기변동이나 지정학적 위험 등으로 발생하는 경기변동
  ㉣ 지진·홍수·해일 등 자연재해나 전염병 등에 의한 경기변동

> **확인예제**
>
> 경기변동은 변동요인(factor)에 따라 추세(trend)변동, 순환(cyclical)변동, 계절(seasonal)변동, 불규칙(우발적, random)변동으로 구성되어 있다. 매월 주택건축허가량을 통하여 부동산시장의 경기변동을 파악할 수 있다면, 다음 중 계절변동에 해당하는 사례는?　제18회
>
> ① 가격 거품으로 건축허가량이 급격히 증가하였다.
> ② 일시적인 정부규제의 완화로 건축허가량이 증가하였다.
> ③ 건축허가량의 전년 동기 대비 증가율이 지난 5월을 정점으로 하여 후퇴기로 접어들었다.
> ④ 경제성장으로 건축허가량이 지속적으로 증가하고 있다.
> ⑤ 매년 12월에 건축허가량이 다른 달에 비하여 줄어드는 현상이 반복적으로 나타나고 있다.
>
> **해설**
> ⑤ 계절적 변동에 해당한다.　①② 불규칙·우발적 변동에 해당한다.
> ③ 순환적 변동에 해당한다.　④ 추세적 변동에 해당한다.　정답: ⑤

02 부동산경기의 순환변동 4국면과 안정시장　제33회

순환변동이란 상승과 하강을 반복하는 일정한 주기(cycle)를 가지고 변동하는 경우를 말한다. 예를 들어 주택거래량이 지난 2월을 저점으로 하여 회복기에 접어들었다면 이는 순환적 변동을 의미한다. 부동산경기순환은 상승(확장)·하강(수축)국면이 일정하지 않은 특징이 있지만, 일반경기순환처럼 '회복 ➡ 상향 ➡ 후퇴 ➡ 하향'이 반복되는 경기변동의 유형을 말한다.

핵심 퀵! 퀵! 부동산경기의 순환변동

> **Tip** '수축국면은 매수자 중심의 시장으로 과거의 거래사례가격은 상한선이 되고, 확장국면은 매도자 중심의 시장으로 과거의 거래사례가격은 하한선이 된다'는 것을 기억하여야 한다.

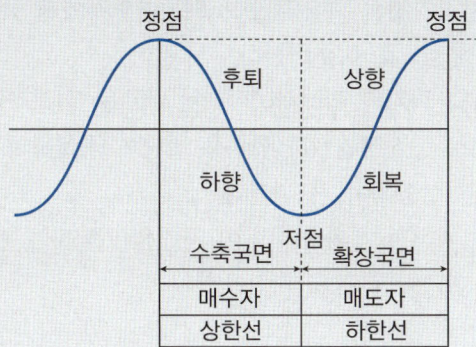

● 해당 그림은 편의상 수축국면과 확장국면을 대칭적으로 표현하였다. 일반적으로 부동산경기순환의 변동은 회복은 느리게, 후퇴는 빠르게 진행되어 좌우비대칭적인 구조를 나타낸다.

(1) 확장국면

① 회복시장
   ㉠ 부동산경기가 하강과 침체기를 벗어나면서 경기의 저점을 지나 점차 회복국면에 접어드는 시장이다.
   ㉡ 경기회복을 위한 중앙은행의 기준금리 인하가 그 효과를 발휘하면서 부동산 거래량이 점차 늘어나게 되고, 가격 상승에 대한 예상과 기대감으로 전문투자자들이 부동산을 선취매(先取買)함에 따라 전체적인 부동산가격도 바닥(저점)을 확인하고 상승하기 시작한다.
   ㉢ 회복시장에서 부동산전문업자들의 부동산활동은 매수자(구매자)중시화 태도에서 매도자(판매자)중시화 태도로 변하게 된다. 이러한 이유는 회복시장에서는 가격 상승이 예상되므로 매수자는 거래성립시기를 당기려고 하고, 매도자는 거래성립시기를 늦추려고 하기 때문이다.
   ㉣ 가격이 점차 상승하는 국면이므로 회복시장에서의 과거의 거래사례가격은 새로운 거래에 있어서 그 기준가격이 되거나 하한선이 된다.
   ㉤ 부동산경기의 회복은 전국적·광역적·동시다발적으로 발생하는 것이 아니라, 지역적·개별적으로 이루어지는 것이 일반적이다.
   ㉥ 업무용 빌딩의 공실률과 주택의 공가율이 점차 감소하게 되며, 부동산투자 및 투기가 고개를 들기 시작한다.
   ㉦ 건축허가면적이 점차 늘어나는 추세라면 회복시장에 진입한 것으로 판단해 볼 수 있다.

② 상향시장(호황)
   ㉠ 회복국면을 지나 접어드는 부동산경기의 호황국면을 말하며, 거래량이 활발하게 늘어나고 단기간 내에 부동산가격과 임대료도 큰 폭으로 상승하게 된다.
   ㉡ 지속적인 가격 상승이 예상되므로 매수자는 거래성립시기를 당기려고 하고, 매도자는 거래성립시기를 늦추려고 한다.
   ㉢ 회복시장과 마찬가지로 시장의 주도권은 매도자에게 있으므로 부동산전문활동은 매도자 중심으로 이루어진다.
   ㉣ 상향시장에서의 과거의 거래사례가격은 새로운 거래가격의 하한선이 된다.
   ㉤ 호황국면이므로 중심상권이나 업무용 빌딩의 공실률이 최저 국면이며, 대형부동산의 가격 상승폭이 큰 편이다.
   ㉥ 보유부동산을 처분할 계획이라면 이 국면을 면밀하게 판단하여 적정한 가격에 매도하여 현금화할 필요가 있다. ❶

❶ 상향시장이 과열에 접어들게 되면, 부동산경기가 정점을 찍고 후퇴할 가능성이 있는지에 대하여 유의할 필요가 있다. 거래량이 부족한 상태에서 가격이 급등하고 TV광고나 신문 등 대중매체에 신규주택의 분양광고가 매일 게재되고 있다면 머지않아 정점을 지나칠 가능성이 있다.

(2) 수축국면

① 후퇴시장

㉠ 부동산경기가 정점을 지나 수축·하락세로 전환되는 단계이며, 가격 상승률이 더디거나 거래량이 감소하고, 공실률·공가율이 높아지고 있다면 후퇴국면으로 분석할 수 있다.

㉡ 전 단계인 호황국면에서는 금융대출금 등 거액의 자금을 동반하여 부동산의 매입과 투자가 이루어졌으므로, 자금수요가 늘어남에 따라 금리도 상당히 높은 수준이었다. 이때 중앙은행이 급격하게 기준금리를 인상하거나 정부가 부동산시장을 과도하게 규제하면 단기간에 후퇴국면으로 접어들 수 있다. 즉, 부동산경기는 회복에는 오랜 시간이 소요되지만 후퇴는 단시간 내에 빠르게 진행된다는 특징이 있다.

㉢ 부동산가격이 하락하는 국면이므로 과거의 거래사례가격은 새로운 거래의 기준가격이 되거나 상한선이 된다.

㉣ 부동산전문활동은 상향시장의 매도자중시화 태도에서 매수자중시화 태도로 변한다.

㉤ 이 국면에서 부동산의 매도자는 신속하게 부동산을 처분하여야 하므로 거래성립시기를 당기려고 하고, 매수자는 의사결정을 신중하게 하는 까닭에 거래를 뒤로 미루려는 경향이 있다.

㉥ 이전 국면에서 변동금리대출을 이용한 차입자의 경우 대출금리는 상승하고, 보유부동산가격은 하락하는 이중고의 상황에 직면할 수 있다.

② 하향시장(불황)

㉠ 부동산경기가 후퇴국면 이후로 하향·불황국면에 접어들어 장기화되면 거래활동과 건축활동이 침체(recession)상태에 이르고, 공실률은 최대국면이며, 부동산가격이 최저수준에 이른다.❶

㉡ 하향시장에서의 과거의 거래사례가격은 새로운 거래의 상한선이 된다.

㉢ 후퇴시장과 마찬가지로 시장의 주도권은 매수자 중심에 있기 때문에 매수자를 시장으로 유인하는 상담능력과 중개전략이 요구된다.

㉣ 하향시장은 부동산의 경매신청건수가 가장 많이 늘어나는 국면으로, 경기흐름을 잘 올라탄 자와 그렇지 못한 자의 불평등문제가 심화될 수 있다.❷

(3) 안정시장

① 부동산학자들의 연구에 의하면 부동산경기에서만 고려되는 시장으로서 불황에 강한 부동산이 이에 속하며, 경기변동에 민감하게 반응하지 않는 시장이다. 안정시장은 경기순환의 모든 국면에서 존재할 수 있다.

② 안정시장에 속하는 부동산은 유효수요와 실수요에 의하여 지지를 받고 있으므로 부동산가격이 안정되어 있거나 완만한 상승을 지속하는 시장이다.❸

---

❶ 보충
하향국면에서 정부가 부동산경기회복을 위하여 부동산 관련 규제를 완화하고 중앙은행의 기준금리 인하효과가 나타나면, 일정한 시차를 두고 부동산경기의 회복국면을 준비할 필요가 있다.

❷
신규주택의 미분양으로 인하여 부도가 나는 건설업체 수가 많아지고, 거래가 급격하게 감소함에 따라 폐업하는 부동산중개사무소가 늘어나기도 한다.

❸
경기변동에 따라 다소 차이가 있지만, 안정시장에 속하는 부동산으로는 주로 위치가 좋은 주택이나 매출액이 안정된 점포를 그 예로 들 수 있다.

③ 안정시장에서의 과거의 거래사례가격은 현재에서 신뢰할 수 있는 기준가격이 된다.
④ 안정기의 경우, 공인중개사는 중개물건의 매각의뢰와 매입의뢰 수집이 다 같이 중요하다.
⑤ 안정시장에 속한 부동산들은 큰 폭으로 부동산경기가 확장될 때에는 여타 부동산에 비하여 투자수익률이 상대적으로 저하될 수 있다.

03 부동산경기변동의 특징

① 부동산경기는 그 타성현상으로 인하여 일반경기에 비하여 회복은 느리고 후퇴는 빠르게 진행된다. 즉, 저점에서 정점에 이르는 기간은 길고 정점에서 저점에 이르는 기간은 짧은 경향이 있어서 확장국면과 수축국면이 비대칭적이다.
② 부동산경기순환에서 그 정점은 일반경기보다 더 높고, 저점 또한 일반경기보다 더 낮아서 경기의 진폭이 큰 편이다.
③ 부동산경기의 각 순환국면은 불규칙적이고, 불분명하여 현재의 국면이 호황인지 불황인지가 뚜렷하게 구분되지 않는다.
④ 부동산경기는 지역별·유형별로 각각 다르게 나타나며, 일반경기와 비교하였을 때 그 저점과 정점이 엇갈려 나타나기도 한다.
⑤ 전체적으로 부동산경기는 일반경기보다 시간적으로 뒤늦게 반응하므로 후순환적이다. 이러한 이유는 부동산경기가 주거용·공업용·상업용 부동산 등 부문별 부동산경기의 가중평균치적 성격이 있기 때문이며, 또한 부동산의 수요가 급증하여도 공급이 적시에 이루어지지 못하기 때문이다.

04 부동산경기변동의 측정지표

부동산경기는 개별성·지역성의 특성에 따라 유형별·용도별·지역별 경기변동이 각각 다른 양상으로 나타나기 때문에 전체 부동산경기를 파악하는 것은 용이하지 않다. 따라서 지역경기 위주로 부동산경기를 측정하되 인근지역의 부동산경기를 측정하기 위해서는 인근지역과 대체·경쟁관계에 있는 유사지역의 부동산경기도 함께 고려할 필요가 있다. 또한 경기지표가 좋다고 하여 실제로 부동산경기가 좋다고 판단하는 데에는 다소 무리가 있다. 즉, 통계적인 경기지표가 절대적인 것은 아니므로 여러 가지 경기지표를 통하여 종합적으로 판단하고 측정하여야 한다. 부동산경기를 측정할 때에는 주로 다음과 같은 지표가 활용되고 있다.

(1) 공급지표

공급지표인 건축허가면적, 건축허가량, 건축착공량, 건축완공량, 미분양물량 등은 통계적 자료로 제시되기 때문에 비교적 파악이 용이하여 널리 사용되고 있다. 여기서 유의할 점은 건축허가면적이 늘어나도 건축착공이 활발하지 못하거나, 건축착공량이 늘어나도 완공에 소요되는 시간이 지나치게 길어질 수 있다는 것이다. 또한 건축완공량이 늘어나도 미분양물량이 많아지면 부동산경기가 좋다고 할 수 없다. 따라서 부동산경기의 측정은 종합적인 관점에서 접근하는 것이 바람직하다.

(2) 수요지표

거래량, 택지분양실적, 공실률·공가율 등의 수요지표도 부동산경기를 측정하는데 유용하게 활용된다. 이 중 거래량은 등기신청건수나 취득세 납부실적을 기준으로 하여 발표가 되는데, 경기의 저점에서 거래량이 늘어나는 추세라면 회복국면으로 판단하여 접근하여야 한다. 또한 택지분양이 활발하면 향후 건축활동이 활발해질 것이라고 예측할 수 있으며, 공실률이나 공가율을 통해서도 수요자의 구매력 등을 판단하여 경기측정에 활용할 수 있다. 그 밖에 정부나 민간금융기관에서 제공하는 주택금융의 여건이나 대출의 규제수단인 담보인정비율(LTV)과 총부채상환비율(DTI)의 변화도 고려할 필요가 있다.

(3) 보조지표로서의 부동산가격

부동산경기가 회복국면이나 상향국면에 있을 때에는 부동산가격도 상승하는 경향이 있다. 그러나 **부동산가격이 상승한다고 하여 부동산경기가 반드시 좋아졌다고 판단하는 것은 적절하지 못하다.** 주택의 경우 생산원가의 상승이나 투기적인 요인 때문에 또는 규제에 따른 공급의 감소 때문에 가격이 상승할 수 있다. 즉, 부동산가격이라는 것은 부동산경기를 판단하는 보조지표로 활용될 뿐이지, **부동산가격 그 자체만으로는 경기를 판단하는 절대적인 지표가 될 수 없다.**

> **확인예제**
>
> **부동산경기순환과 경기변동에 관한 설명으로 틀린 것은?** 제31회
>
> ① 부동산경기변동이란 부동산시장이 일반경기변동처럼 상승과 하강국면이 반복되는 현상을 말한다.
> ② 부동산경기는 일반경기와 같이 일정한 주기와 동일한 진폭으로 규칙적이고 안정적으로 반복되며 순환된다.
> ③ 부동산경기변동은 일반경기변동에 비해 저점이 깊고 정점이 높은 경향이 있다.
> ④ 부동산경기는 부동산의 특성에 의해 일반경기보다 주기가 더 길 수 있다.
> ⑤ 회복시장에서 직전국면 저점의 거래사례가격은 현재 시점에서 새로운 거래가격의 하한이 되는 경향이 있다.
>
> **해설**
> 부동산경기는 지역마다, 도시마다, 유형마다 경기변동의 양상이 각각 다르기 때문에 일반경기와 달리 그 순환국면이 불규칙적이고 불분명하며, 호황과 불황의 국면이 뚜렷하게 구분되지 않는 특성을 갖는다.
>
> 정답: ②

제2절 거미집이론 제27·29·31·32·34회

01 의의

(1) 부동산의 수요와 공급은 가격에 대하여 비탄력적이다. 부동산은 생산에 소요되는 기간이 길어서 수요보다 공급이 더 비탄력적이라 할 수 있다. 이러한 사실에 근거하여 거미집이론은 공급이 일정한 시차(time-lagging)를 두고 발생한다는 것을 토대로 균형의 안정성을 동태적인 관점에서 설명한 이론이다. 균형으로 수렴해가는 그 래프의 동적(動的)인 궤적이 마치 거미집과 유사하다고 하여 거미집이론,❶ 동적 균형이론이라고 한다.

(2) 거미집이론은 가격이 상승하여도 공급량이 일정한 시간이 지나야만 변동하는 농산물에 적용하는 것이지만, 부동산경기변동을 설명하는 데에도 유용하게 활용될 수 있다.

02 기본가정(전제조건)

(1) 수요

올해의 수요량은 올해의 가격에 의존하여 결정된다. 즉, 부동산가격이 변동하면 수요량은 즉각적으로 반응할 수 있기 때문에 상대적으로 탄력적이라는 것이다.

(2) 공급

① 올해의 공급량은 전년도의 가격에 의존하여 결정된다. 즉, 부동산가격이 변동하면 공급량은 일정한 시간이 지나야만 반응한다는 것을 전제한다. 공급자는 전년도 시장에서 형성된 가격이 금년에도 그대로 유지될 것이라는 전제하에 올해의 생산량을 늘리게 되는데, 이때 부동산은 착공에서 완공에 이르기까지 상당한 시간이 소요되므로 공급량은 상대적으로 비탄력적이라는 것이다.
② 거미집이론에서는 공급자가 언제나 현재의 시장가격·임대료에만 반응한다는 것을 전제로 하고 있다.❷
예 2026년도의 생산량은 2025년도의 가격에 의해서 결정된다.

---

❶ 거미집이론은 에치켈(M. J. Ezekiel)에 의하여 전개되었다.

❷ 거미집이론은 인간이 미래가격에 대한 합리적인 예상능력이 결여되어 있다고 가정하기 때문에 인간이 미래가격을 예측하여 생산량을 결정할 수 있다면 거미집이론은 성립하지 않는다.

03 거미집이론에 의한 균형점의 이동

수요와 공급의 상대적인 가격탄력성에 따라 수렴형·발산형·순환형으로 구분할 수 있는데, 거미집이론에서 핵심이 되는 균형조건은 수렴형이다.

(1) 수렴형

시간의 경과에 따라서 점차적으로 균형수준으로 접근·수렴해가는 모형이다.
① 수요의 가격탄력성(1.5)이 공급의 가격탄력성(0.5)보다 크면 균형으로 수렴한다.❶
② 수요곡선 기울기의 절댓값(-0.5)보다 공급곡선 기울기의 절댓값(1.5)이 더 큰 경우에는 균형으로 수렴한다.❷
③ 수요곡선의 기울기(경사도)보다 공급곡선의 기울기(경사도)가 더 급한 경우에는 균형으로 수렴한다.

(2) 발산형

시간의 경과에 따라 점차적으로 균형수준에서 이탈하여 발산·확산해가는 모형이다.
① 수요는 비탄력적(0.5)이고 공급은 탄력적(1.5)인 경우에는 균형에서 이탈하여 발산한다.
② 수요곡선 기울기의 절댓값(-1.5)보다 공급곡선 기울기의 절댓값(0.5)이 더 작은 경우에는 균형에서 이탈하여 발산한다.
③ 수요곡선의 기울기(경사도)보다 공급곡선의 기울기(경사도)가 더 완만한 경우에는 균형에서 이탈하여 발산한다.

(3) 순환형

시간이 경과하여도 균형으로 수렴하지 않고 발산하지도 않는, 순환만 하는 모형이다.
① 수요와 공급의 가격탄력성이 동일한 경우에는 순환한다.
② 수요곡선 기울기의 절댓값(-0.5)과 공급곡선 기울기의 절댓값(0.5)이 동일한 경우에는 순환한다.
③ 수요곡선의 기울기와 공급곡선의 기울기가 동일한 경우에는 순환형으로 나타난다.

❶ 수요보다 공급이 더 비탄력적일 때 균형으로 수렴한다.

❷ 기울기 값은 절댓값을 의미하므로 음(-)의 값은 고려하지 않는다.

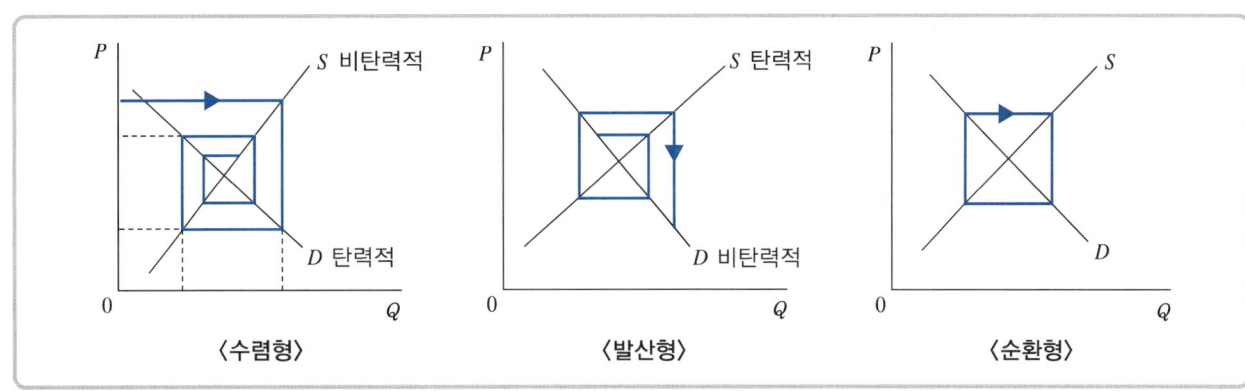

> **확인예제**
>
> 다음은 거미집이론에 관한 내용이다. ( )에 들어갈 모형형태는? (단, X축은 수량, Y축은 가격을 나타내며, 다른 조건은 동일함) 제31회
>
> > - 수요의 가격탄력성의 절댓값이 공급의 가격탄력성의 절댓값보다 크면 (㉠)이다.
> > - 수요곡선의 기울기의 절댓값이 공급곡선의 기울기의 절댓값보다 크면 (㉡)이다.
>
> ① ㉠ 수렴형, ㉡ 수렴형
> ② ㉠ 수렴형, ㉡ 발산형
> ③ ㉠ 발산형, ㉡ 수렴형
> ④ ㉠ 발산형, ㉡ 발산형
> ⑤ ㉠ 발산형, ㉡ 순환형
>
> **해설**
> ㉠ 첫 번째 조건은 수요의 가격탄력성을 제시하였다.
>   '수요의 가격탄력성 절댓값 = 수요의 가격탄력성'이므로, 수요의 가격탄력성의 절댓값이 공급의 가격탄력성의 절댓값보다 크면, 수요는 탄력적이고 공급은 비탄력적이므로 수렴형이다.
> ㉡ 두 번째 조건은 수요곡선 기울기의 절댓값을 제시하였다.
>   수요곡선의 기울기의 절댓값이 공급곡선의 기울기의 절댓값보다 크면, 수요는 비탄력적이고 공급은 탄력적이므로 발산형이다.
>   정답: ②

04 부동산경기에의 적용

(1) 거미집이론은 주택시장에 적용할 수 있다

① 보금자리론(loan) 대출금리가 하락하여 주택수요가 증가하였다고 하자. 주택수요의 증가로 주택가격이 상승하고, 주택시장에는 초과이윤이 발생한다. 이때 초과이윤은 신규주택의 공급 증가를 유도하게 되는데, 신규주택은 생산에 소요되는 기간이 길어서 주택가격이 급등하여도 그 공급이 적시에 이루어지지 못한다.

② 공급이 적시에 이루어지지 못하기 때문에 착공량이 늘어나도 높은 가격수준에서 발생하는 초과이윤은 아직 소멸되지 않는다. 이에 따라 시간이 경과할수록 착공량이 더 많이 늘어나게 되고, 완공된 많은 물량이 일시에 시장에 출하되면 초과이윤은 소멸하게 된다.

③ 주택시장이 초과공급상태가 되어 주택가격은 하락하고 새로운 수요가 늘어날 때까지 침체국면(예 준공 후 미분양)에 접어들 수 있다. 이처럼 거미집이론은 공급의 시차 때문에 발생하는 신규주택의 초과공급에 따른 (준공 후)미분양현상을 이해하는 데 활용될 수 있다.

④ 거미집이론은 주택시장이 초과수요(가격 급등)와 초과공급(가격 급락)의 과정을 거치면서 장기적으로는 균형수준으로 수렴(회귀)한다는 것을 잘 설명해준다. 즉, 주택시장은 단기적으로 균형을 벗어나서 수급불균형의 상태가 되지만, 장기적으로는 균형수준으로 수렴(회귀)한다는 것이다.

(2) 학자들의 연구결과에 따르면 거미집이론은 주거용 부동산보다는 상업용·공업용 부동산에 더 강하게 적용된다. 이는 상업용·공업용 부동산이 주거용 부동산보다 공급이 더 비탄력적이라는 것을 의미한다.

> **확인예제**
>
> **거미집이론에 관한 설명 중 옳은 것은?** 제19회
>
> ① 가격에 대한 수요의 탄력성이 공급의 탄력성보다 클 경우 균형에 충격이 가해지면 새로운 균형으로 수렴한다.
> ② 가격에 대한 수요의 탄력성과 공급의 탄력성이 같을 경우 균형에 충격이 가해지면 균형으로부터 이탈·발산한다.
> ③ 균형의 이동을 비교정학적으로 설명하는 이론이다.
> ④ 가격이 변해도 수요량은 일정기간 후에 변한다고 가정한다.
> ⑤ 가격이 변하면 공급량은 즉각 변한다고 가정한다.
>
> **해설**
> ① 수요의 탄력성이 공급의 탄력성보다 크면(상대적으로 공급이 비탄력적이면) 균형으로 수렴한다.
> ② 가격에 대한 수요의 탄력성과 공급의 탄력성이 같을 경우에는 순환한다.
> ③ 균형의 이동을 동태적으로 설명하는 이론이다.
> ④ 가격이 변해도 공급량은 일정기간 후에 변한다고 가정한다.
> ⑤ 가격이 변하면 수요량은 즉각 변한다고 가정한다.
>
> 정답: ①

해커스 공인중개사
land.Hackers.com

10개년 출제비중분석

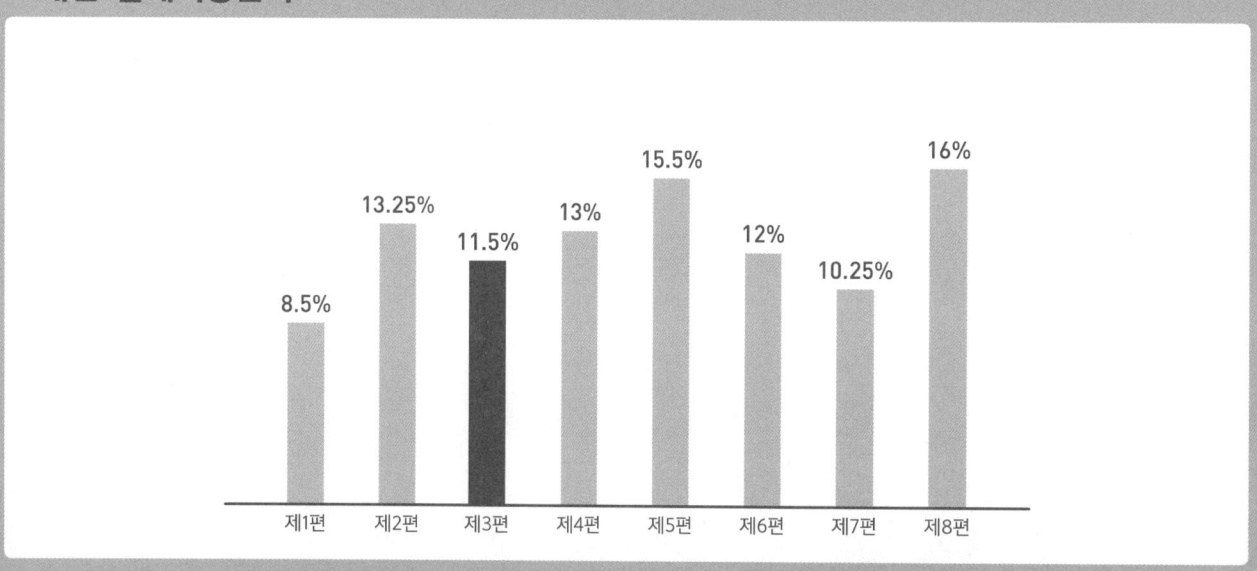

제3편

부동산시장론

제1장 부동산시장
제2장 입지 및 공간구조론

제 3 편 부동산시장론

목차 내비게이션

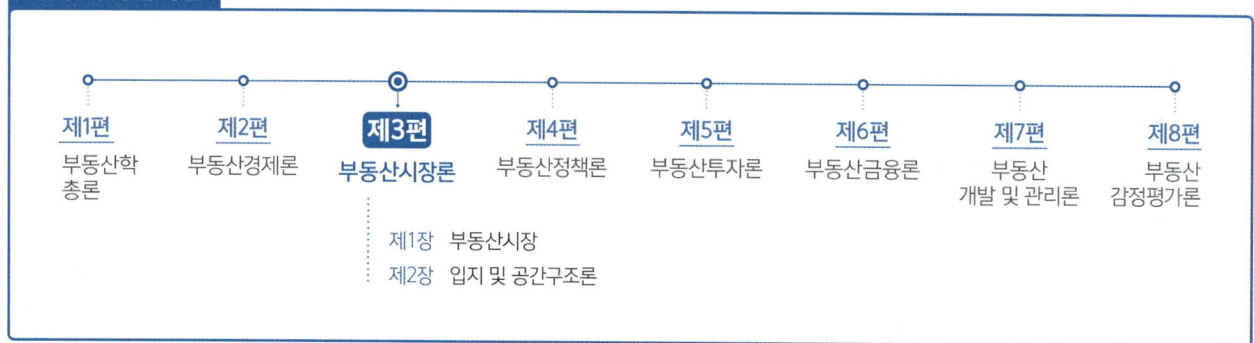

제1편 부동산학총론
제2편 부동산경제론
제3편 부동산시장론
　제1장 부동산시장
　제2장 입지 및 공간구조론
제4편 부동산정책론
제5편 부동산투자론
제6편 부동산금융론
제7편 부동산개발 및 관리론
제8편 부동산감정평가론

출제경향

일반적으로 제1장 부동산시장에서 2~3문제가, 제2장 입지 및 공간구조론에서 2~3문제가 출제된다. 또한 정보의 현재가치와 입지론에서는 1~2문제 정도의 계산문제에 대한 대비가 필요하다.

학습전략

- 제1장은 부동산경제론의 논리적인 흐름과 내용들이 응용되는 분야이므로, 제2편을 열심히 학습하였다면 비교적 쉽게 정리할 수 있다. 불완전경쟁시장으로서의 부동산시장의 특성·기능, 주택의 여과과정과 주거분리, 효율적 시장에 관한 것은 비교적 출제빈도가 높은 편이며, 시험에서의 난이도는 중급 이하가 대부분이다.
- 제2장은 다른 분야와 논리적인 연계성이 높지 않아 별도로 학습하는 분야임을 인지해야 한다. 아울러 출제위원의 성향에 따라 출제문제 수의 편차가 크며, 문제 수 대비 학습하여야 할 분량이 많지만 2~3문제 정도 출제될 것으로 예상하고 대비하여야 한다. 지대이론에서는 리카도의 차액지대설, 튀넨의 고립국이론(위치지대설), 마샬의 준지대, 파레토의 경제지대에 중점을 두고, 도시구조이론은 기본개념만 잘 정리하면 된다(단순 암기사항). 상업지이론에서는 레일리의 소매인력법칙, 허프의 확률모형, 컨버스의 분기점모형에 관한 계산문제를 필수적으로 학습하여야 한다. 공업입지이론에서는 베버의 최소비용이론과 뢰쉬의 최대수요이론을 구분하여 정리할 필요가 있다.

핵심개념

부동산시장의 특성과 기능	★★★★★ p.112	도시공간구조이론	★★★★☆ p.140
정보의 효율성과 부동산시장	★★★☆☆ p.117	상업입지이론	★★★★☆ p.146
주택시장분석	★★☆☆☆ p.122	상권이론과 고전적 점포유형	★☆☆☆☆ p.156
주택의 여과과정과 주거분리	★★★☆☆ p.125	공업입지이론	★★★☆☆ p.160
지대이론	★★★★★ p.129		

제1장 부동산시장

제1절 부동산시장

01 개요

(1) 시장의 개념

시장은 상품의 수요자와 공급자가 모여 거래행위가 이루어지는 특정한 장소뿐만 아니라, 어떤 상품에 대한 수요와 공급에 관한 정보가 수요자와 공급자 사이에 교환되어 그 상품이 매매되는 추상적인 장소까지 포함한다.

(2) 부동산시장의 개념

① 부동산시장이란 수요와 공급에 의해서 가격이 결정되고 결정된 가격이 수요와 공급을 조절하는, 즉 자원배분을 수행하는 곳이라 정의할 수 있다. 일반재화시장을 분석할 때에는 지리적인 공간을 고려하지 않지만, 부동산시장은 부동성이라는 특성에 따라 구체적인 지리적 공간을 고려하여야 한다. 따라서 부동산시장을 부동산의 규모·양·질·위치 등의 제(諸) 측면에서 유사한 부동산에 대하여 그 가격이 균등(유사)해지는 경향이 있는 지리적 구역이라고 정의하기도 한다. 이러한 지리적 공간을 수반한다는 점에서 구체적 시장이라고 한다.

② 부동산시장을 주식시장 등 유가증권시장처럼 자산(자본)시장으로 규정할 경우에는 일정한 장소를 요하지 않는다는 측면에서 추상적 시장으로 정의되기도 한다.

③ 즉, 부동산시장은 지리적 공간을 수반한다는 측면에서는 구체적 시장이라고 정의할 수 있으며, 부동산을 투자재의 관점으로 보아 자산시장으로 규정하는 측면에서는 추상적 시장이라고도 할 수 있다.

02 불완전경쟁시장인 부동산시장의 개념

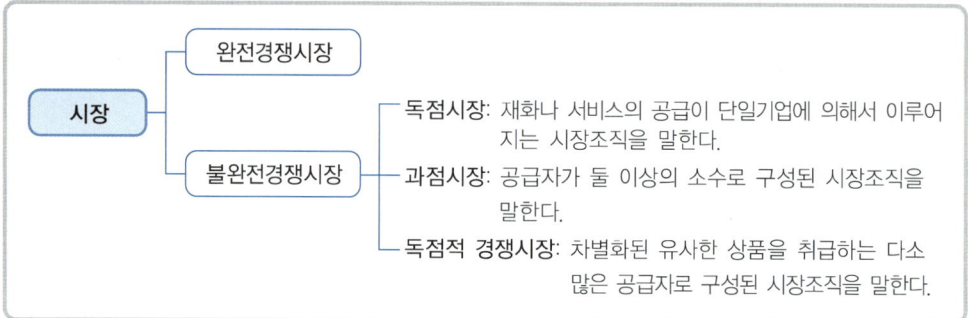

(1) 완전경쟁시장의 요건❶

완전경쟁시장이란 가격이 완전한 경쟁에 의하여 형성되는 시장을 말한다. 즉, 시장 참여에 제한이 없고 자유로우며, 각자가 완전한 시장정보와 상품지식을 가지고, 개개의 시장참여자가 시장 전체에 미치는 영향력이 미미한 상태에서 그곳에서 매매되는 재화가 동질적일 경우 완전한 경쟁에 의하여 가격이 형성되는 시장을 말한다.

① **다수의 수요자와 공급자**: 완전경쟁시장은 다수의 수요자와 공급자가 존재한다는 것을 전제한다. 즉, 해당 산업에 대하여 소비자나 기업의 진입과 퇴출이 자유로워야 한다는 것이다. 따라서 완전경쟁시장에서 개별수요자나 개별공급자는 수요와 공급에 의하여 시장균형가격이 결정되면 그 균형가격을 주어진 것으로 받아들이고 행동하므로, 이들을 가격순응자(price-taker), 가격수용자라고 한다.

② **재화의 동질성**: 완전경쟁시장이 성립하기 위한 중요한 가정 중의 하나는 재화가 모두 동질적이라는 것이다. 동질적인 재화에는 하나의 가격이 성립하는 '일물일가(一物一價)의 법칙'이 적용된다. 또한 상품이 동질적이라는 것은 표준화를 통하여 상품들간에 완전한 대체관계가 성립한다는 것을 의미한다.

③ **자원의 완전한 이동가능성**: 완전경쟁시장에서는 자원이나 자본의 완전한 이동가능성을 전제한다. 따라서 완전한 시장에서는 지역별로 수급불균형의 상태는 성립하지 않으며, 언제나 균형상태에 있다.

④ **완전한 정보**: 완전경쟁시장에 참여하는 모든 수요자·공급자가 현재와 미래에 대한 완전한 정보, 즉 동일한 양의 정보를 갖는다는 것을 전제한다. 따라서 정상이윤 이상의 초과이윤은 존재하지 않으며, 완전경쟁시장에서는 균형가격에 해당하는 정상이윤만 존재한다.

⑤ **시장기구에 의한 균형가격의 성립으로 효율적 자원배분 가능**: 완전경쟁시장은 수요·공급의 작동이 원활하여 언제나 균형가격이 성립하고, 어떠한 이유로 인하여 일시적으로 균형상태를 벗어나더라도 항상 '보이지 않는 손'에 의하여 신속하게 균형수준으로 회귀한다. 따라서 정부가 개입할 필요가 없는 이상적인 시장모델이다.

---

❶ 완전경쟁시장이라는 개념은 분석상의 이론가설로, 현실적으로 존재하는 것은 아니다.

용어사전
정상이윤과 초과이윤
균형가격에 해당하는 이윤을 정상이윤이라 하고, 균형수준 이상(정상 이상)의 이윤을 초과이윤이라 한다.

(2) 불완전경쟁시장으로서의 부동산시장

고가성 · 개별성 · 부동성 · 부증성 등 부동산의 불완전한 특성 때문에 부동산시장은 불완전경쟁시장이 된다.❶

① 부동산의 고가성(高價性)으로 인하여 시장참여가 제한되고, 공급자가 가격을 결정 · 설정하는 경우가 많다. 따라서 부동산시장은 시장참여자가 유효수요자와 유효공급자로 한정되어 경쟁이 자유롭지 못하므로 불완전경쟁시장이 된다.
② 개별성으로 인하여 동질의 재화가 존재하지 않으므로 일물일가의 법칙이 성립하지 않는다. 또한 완전한 대체관계가 성립할 수 없다.
③ 부동성으로 인하여 부동산자원을 이동할 수 없으므로 특정지역에 수요가 더 많은 초과수요나 공급이 더 많은 초과공급이 발생할 수 있고, 이러한 지역간 수급 불균형의 문제는 시장기구가 스스로 해결할 수 없다.
④ 시장참여자간의 정보의 비대칭성(불완전성)으로 인하여 정보를 많이 가진 주체는 그렇지 못한 주체보다 정상 이상의 초과이윤을 획득할 수 있다.
⑤ 부동산시장은 수요 · 공급의 작동이 원활하지 못하여 균형가격이 성립되지 않으며, 효율적 자원배분에도 실패하게 된다. 따라서 시장기구에 맡겨 두면 사회적 후생이 감소하게 되므로 이러한 불완전한 부동산시장은 정부의 개입이 필요하다.

❶ 부동산시장에 균형가격이 성립하지 않고, 불완전경쟁시장이 되는 것은 인접성(연결성)과는 무관하다.

완전경쟁시장과 불완전경쟁시장의 비교

구분	완전경쟁시장	불완전경쟁시장
시장참여자	• 다수의 수요자와 공급자 • 진입과 탈퇴가 용이함	• 유효수요자와 유효공급자로 한정 • 고가성이 있어 시장참여가 제한됨
재화의 동질성	• 표준화된 동질적인 재화를 가정 • 일물일가의 법칙 성립	• 개별성으로 재화는 모두 이질적 • 일물일가의 법칙 불성립
자원의 이동가능성	• 자원의 완전한 이동가능성 • 지역간 수급불균형 없음	• 부동성으로 재화의 이동 불가 • 지역간 수급불균형 발생
정보의 완전성	정보의 양과 질이 동일하여 완전한 정보를 가정함	개별성으로 정보의 불완전성 · 비대칭성에 따른 정보비용이 수반됨
가격과 이윤	항상 균형가격에 해당하는 정상이윤만 획득 가능	정보를 많이 가진 주체는 정상 이상의 초과이윤 획득 가능
정부의 개입	완전한 이상적 시장이므로 정부의 개입 불필요	가격기구를 통한 효율적 자원배분 실패 ➡ 정부의 개입 필요

03 부동산시장의 특성 제26·28·31·33회

부동산시장은 일반재화시장과 달리 부동산의 불완전한 특성 때문에 고유한 시장의 특성을 지니고 있다.

(1) 지역시장·시장의 국지성

부동산은 부동성의 특성이 있어 '지역시장', '국지적(localized) 시장'이 된다.

① 부동산시장은 부동성으로 인하여 부동산상품을 이동할 수 없으므로 지역시장별로 초과수요나 초과공급현상이 발생하여 지역간의 수급불균형이 초래된다. 특정지역 주택시장은 수요보다 공급이 더 많고, 또 다른 지역의 주택시장은 공급보다 수요가 더 많을 수 있다는 것이다.

② 부동산시장은 부동성이라는 특성으로 인하여 지역시장이라는 특성을 지니게 되므로 지역의 자연적 환경과 인문적(경제적·사회적·행정적) 환경의 영향을 많이 받게 된다. 따라서 물리적으로 동질적인 부동산이라도 지역이 달라지면 지역별로 서로 다른 이질적인 가격이 형성된다.

③ 부동산의 수요·공급도 그 지역특성의 영향을 받게 되며, 지역시장에 따라 각각 상이한 통제와 규제를 받는다.

④ 부동산시장은 지역·위치·용도·규모·질 등에 따라 여러 개의 부분시장(sub-market)으로 나누어지며, 부분시장별로 서로 다른 가격이 형성되는 '시장의 분화(分化)현상'이 나타난다. 이러한 부동산시장의 분화현상은 부분시장별로 시장의 불균형을 초래하기도 한다.

> **더 알아보기** 부동산시장의 유형
>
> 1. 시장범위에 따른 분류
>   - 개별시장: 하나하나의 개별적인 부동산은 각각의 개별시장을 형성한다.
>   - 부분시장(submarket): 하위시장이라 하며, 전체시장과 개별시장의 중간규모범위로 지역·위치·규모·용도·질 등에 따라 나누어진 세분된 시장의 결과물이다.
>   - 전체시장: 각 개별시장의 총합으로, 동일한 시장권역 내의 부분시장과 개별시장을 모두 포함하는 개념이다.
>
> 2. 용도에 따른 분류
>   주거용 부동산시장, 상업용 부동산시장, 공업용 부동산시장, 농업용 부동산시장으로 나눌 수 있으며, 묘지·교회·골프장·공원·공공용 부동산 등의 특수용 부동산시장도 있다.

(2) 수급조절의 곤란성

부동산시장은 상황이 변한다고 하여도 가격이 수요와 공급을 원활하게 조절하지 못한다. 이를 '수급조절의 곤란성'이라고 한다.

① 부동산시장은 부증성 등의 불완전한 특성과 각종 법적 규제 등에 의하여 시장환경이 변하더라도 가격이 수요와 공급을 조절하기가 쉽지 않아 단기적으로 '가격의 왜곡(price distortion)'이 발생할 가능성이 많다. 즉, 주택시장에서 수요가 급증하여 초과이윤이 발생하여도 주택의 건축에 소요되는 기간이 길기 때문에 신규주택공급이 신속하게 늘어나지 못한다.

② 부동산은 가격이 하락하여도 수요가 적시에 늘어나지 못하는 경우가 많고, 가격이 상승하여도 공급이 적시에 늘어나지 못하는 경우가 많다.❶ 즉, 부동산시장은 가격이 수요와 공급을 조절하는 데 많은 시간이 소요된다는 것이다.

❶ 일반재화와 달리 가격에 대하여 부동산의 수요와 공급은 단기에는 양의 변화가 적어 비탄력적이고, 장기에는 양의 변화가 많아 탄력적이라는 것이다.

(3) 거래의 비공개성 · 은밀성

부동산은 개별성의 특성이 있어 거래행태가 잘 드러나지 않기 때문에 부동산시장은 폐쇄적인 시장의 특성이 있다. 이를 '거래의 비공개성(은밀성)'이라고 한다.

① 주식이나 일반상품과 달리 부동산상품은 표준화되지 못하므로 거래사실이나 가격 등이 잘 드러나지 않는 거래관행으로 인하여 거래당사자가 아닌 제3자는 거래내용을 파악하기가 어렵다. 이러한 특성으로 인하여 부동산시장에 참여하기 위해서는 정보탐색비용이 수반되기도 한다.

② 거래의 비공개성으로 인하여 부동산시장에서는 불합리한 가격이 형성되기도 한다.

③ 실거래가격신고제도, 전자계약제도, 부동산투자회사의 공시(公示)제도는 거래의 비공개성과 정보의 비대칭성을 완화시켜 부동산시장의 투명성을 제고하고 그 효율성을 높일 수 있다.

(4) 상품의 비표준화성

부동산상품은 개별성이라는 특성이 있어 표준화하기가 어렵다. 이를 '상품의 비표준화성'이라고 한다.

① 부동산시장은 부동산의 개별성으로 인하여 일물일가의 법칙이 성립되지 않고, 완전한 대체관계도 제약된다.

② 부동산상품의 개별성(이질성)은 개별시장을 형성하게 하며, 하나하나의 개별시장을 독점적 시장으로 만들고, 공급을 비탄력적으로 만든다.

③ 부동산상품은 표준화가 불가능하므로 부동산시장분석이 복잡·다양해진다. 부동산시장에서는 동질의 재화가 존재하지 않기 때문에 수요·공급에 의한 부동산시장분석이 어렵다. 즉, 개별성을 가진 이질적인 재화는 완전경쟁모형으로 분석하기에 용이하지 않다는 것이다.

❶ **조직적 시장**
동질의 재화가 '생산자 ➡ 도매상 ➡ 소매상 ➡ 소비자'로 연결되는 유통체계를 갖춘 시장이다.

❷ **보충**
공매(空賣, short selling): 증권시장에서 주가 하락에 대비하여 증권회사로부터 빌려온 주식을 고가에 매도하고, 예상대로 주가가 하락하면 주식을 되사서 증권회사에 주식을 상환하는 것을 말한다. 부동산은 개별성에 따라 표준화가 제한되므로, 증권(주식)과 달리 부동산시장에서 공매도를 통한 가격 하락위험을 타인에게 전가하기가 어렵다.

(5) 시장의 비조직성

부동산상품은 개별성이라는 특성이 있어 부동산시장이 조직화되지 못한다.❶ 이를 '시장의 비조직성'이라고 한다.
① 부동산시장에서는 시장의 국지성·개별성 등으로 인하여 시장을 조직화하기가 어렵다.
② 부동산시장은 일반재화시장과 달리 유통조직이라는 것이 없으므로 정부에 의한 집중통제도 용이하지 않다.

(6) 매매기간의 장기성❷

부동산을 구매할 때에는 자금조달, 입지선정, 권리분석, 세금부담, 법적 규제 등 고려할 사항이 많아 그 의사결정이 신중하게 이루어지기 때문에 매수기간이 길어진다는 특성이 있다. 또한 보유한 부동산을 매도할 때에도 개별성이라는 특성이 있어 상품이 표준화되지 못하므로 현금화하기가 어렵기 때문에 환금성위험·유동성위험이 큰 편이다. 이러한 이유 때문에 부동산시장에서는 거래가 빈번하게 발생하지 못하는데, 이를 '단기거래의 곤란성'이라고도 한다.

(7) 과다한 법적 규제

토지의 부증성과 국토성은 부동산시장에 법적 규제의 필요성과 토지공개념의 근거를 제기한다. 이러한 특성 때문에 부동산시장은 일반재화시장보다 그 법적 규제가 많은 편이다. 즉, 사회성과 공공성이 높게 요구되는 시장이므로 정부의 공적 개입이나 규제가 많은데, 지나친 법적·행정적 규제는 오히려 시장기능을 왜곡시킬 수 있어 시장의 자동조절기능이 저하되기도 한다.

(8) 금융시장·자본시장과의 연관성

① 낮은 금리수준은 시장참여자의 기회비용을 적게 만들기 때문에 이에 기초한 자금의 유용성은 더 많은 경제주체를 부동산시장에 진입하게 한다. 즉, 다른 조건이 일정할 때 이자율이 하락하면 부동산의 수요와 공급은 증가하게 되고, 거래량이 늘어나면서 부동산시장이 활성화될 수 있다.
② 다른 조건이 일정할 때, 이자율이 하락하면 전세금의 운용수익이 줄어들면서 월세공급이 증가한다.
③ 금융시장과 실물시장으로서의 부동산시장간에 연관성이 높아지면서 다른 자본시장(예 증권시장 등)과 부동산시장간 변동의 시차만 있을 뿐이며, 유사한 양상으로 전개되는 경우가 많다.

> **확인예제**
>
> 부동산시장에 관한 다음 설명 중 **틀린** 것은? 제11회
> ① 부동산시장은 수요와 공급의 조절이 쉽지 않아 단기적으로 가격의 왜곡이 발생할 가능성이 많다.
> ② 부동산시장은 부동산의 부증성 때문에 고도로 국지화되는 경향을 갖는다.
> ③ 유사한 부동산이라 하여도 부분시장별로 서로 다른 가격이 형성되는 시장의 분화현상이 발생한다.
> ④ 지리적 위치의 고정성, 내구성, 개별성 등 부동산의 제 특성으로 인하여 부동산시장은 불완전성을 띤다.
> ⑤ 부동산에 대한 법적 제한도 시장을 불완전하게 만드는 한 요인이 된다.
>
> **해설**
> 부동산시장은 부동산의 부동성 때문에 고도로 국지화되고 지역시장화되는 특성을 갖는다. 정답: ②

04 부동산시장의 기능

시장의 기능이란 시장이 어떠한 역할을 수행하는가를 말하는 것으로, 시장의 기능 중 가장 기본이 되는 것은 가격이 수요와 공급을 조절한다는 '자원배분기능'이다. 부동산시장도 일반재화시장처럼 재화의 교환기능, 자원배분기능, 정보제공기능, 양과 질의 조정기능이라는 기본적인 기능이 있고, 가격의 창조기능, 입지주체간의 경쟁기능이라는 일반재화시장과 다른 부동산시장만의 독특한 기능도 있다.

(1) 교환기능

부동산시장에서는 부동산과 현금이 교환되기도 하고, 소유권·임차권 등 **부동산권리와 현금이 교환**되기도 하며, 부동산과 부동산이 상호 교환되기도 한다. 부동산시장에서는 주로 무형의 추상적인 권리와 현금이 교환되므로 이러한 측면에서 부동산시장을 '추상적 시장'이라고 정의할 수 있다.

(2) 자원배분기능❶

부동산시장은 개별성이라는 특성에도 불구하고 가격을 통하여 부동산의 물적 자원을 배분하거나 소유권에 관한 공간이나 위치서비스를 배분하는 기능이 있다. 즉, 자원배분기능이 있지만, 그 기능이 원활하게 수행되는 것은 아니다. 이는 '수급조절의 곤란성'이라는 부동산시장의 특성과 밀접한 관련이 있다.

❶ 양과 질의 조정기능
소득수준의 변화에 따른 주택의 수요변화가 주택의 질을 개선하고, 특정주택의 선호도의 변화가 부동산의 공급량을 조정하는 등 부동산의 양과 질을 조정하는 기능이 있다. 또한 부동산의 소유자나 공급자는 토지의 형질변경, 건물의 용도전환 등을 통하여 부동산의 양과 질을 조정하고 상품의 유용성이 최대가 되도록 노력한다.

(3) 정보제공기능

부동산시장은 시장참여자에게 가격, 상품, 지역환경변화 등에 관한 정보를 제공한다. 부동산시장 외에도 정부 등 공적 주체가 부동산시장(예 토지시장, 주택시장, 비주거용 부동산시장 등)의 가격정보를 제공하기도 하는데, 시장참여자들은 이렇게 제공된 정보를 활용하여 의사결정의 판단기준으로 삼는다.

(4) 가격의 창조기능

① 부동산시장에서는 매도인의 제안가격과 매수인의 제안가격의 접점에서 부동산 가격이 형성된다.

② 부동산은 개별성이 있어 거래가 빈번하게 이루어지지 못하는 편이다. 따라서 거래당사자는 상호 가격을 협의하게 되는데, 매도자가 제안하는 가격은 시간이 경과함에 따라 점차 하락하고, 매수자가 제안하는 가격은 점차 상승하게 되어 가격의 조정과정을 거치게 된다. 이때 거래가 형성되기 위해서는 일정수준의 가격의 양보과정이 필요하다.

③ 매도자가 제안하는 하한선과 매수자가 제안하는 상한선의 범위 내에서 상호 협의과정을 통하여 가격이 형성·창조되고, 이렇게 형성된 가격은 다시 파괴되기도 한다. 로스(T. H. Ross)에 의하면 이렇게 하여 형성된 가격정보는 거래당사자뿐만 아니라 부동산시장의 안정과 유지를 위한 중요한 요소로 작용한다.

부동산시장에서의 가격의 형성

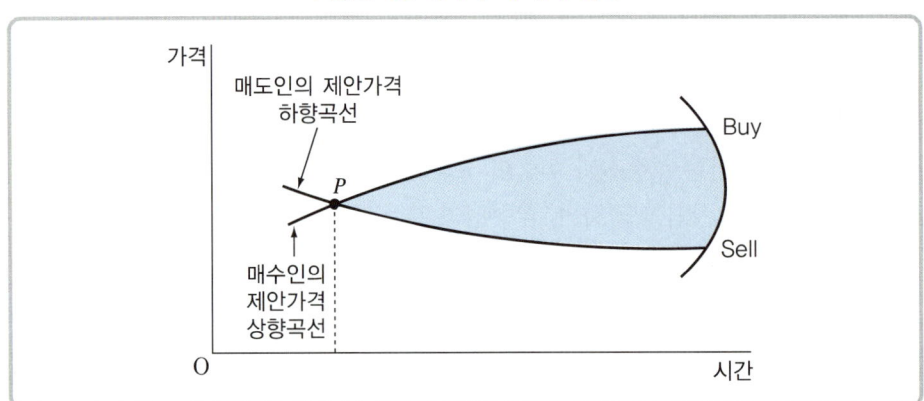

(5) 입지주체간의 입지경쟁기능

단일도시지역의 부동산시장에서 이용 가능한 토지는 한정되어 있다. 토지이용자간에 양호한 입지조건을 갖춘 토지를 이용하고자 하는 입지경쟁이 심화되면, 토지소유자는 각 위치별로 가장 높은 지대를 지불할 주체에게 토지를 할당하게 되고 이에 따라 토지이용의 유형이 결정되기도 한다. 즉, 부동산시장은 경제활동의 지대지불능력에 따라 토지이용의 유형이 결정되는 기능을 수행한다.

제2절 정보의 효율성과 부동산시장 제26·27·28·29·31·32회

01 효율적 시장가설❶

(1) 개념

효율적 시장에서 의미하는 부동산시장의 효율성은 정보의 효율성을 의미한다. 효율적 시장은 부동산가격이 이용 가능한 모든 정보를 신속·정확·충분하게 반영하는 시장의 의미로 사용되고 있다.

① 부동산시장이 효율적이라면, 새로운 정보가 발생하면 이는 신속하고 정확하게 부동산가격에 반영될 것이고, 결과적으로 정보 효율적 시장에서는 어떠한 정보를 이용하여도 초과수익을 얻을 수 없다.

② 부동산가격이 이용 가능한 모든 정보를 신속·정확·충분하게 반영하고 있어 그 정보로는 초과수익을 얻을 수 없다는 주장을 효율적 시장가설(EMH; Efficient Market Hypothesis)이라고 한다.❷

(2) 효율적 시장가설(EMH)의 형태

부동산시장의 효율성은 부동산가격이 어떤 정보를 신속하게 반영하고 있느냐에 따라 효율성의 정도를 상대적으로 평가하게 된다. 부동산가격에 반영되는 정보집합으로는 첫째, 과거 역사적 움직임을 분석함으로써 얻어낼 수 있는 역사적 정보가 있고, 둘째, 공식적(공개적)으로 이용 가능한 정보집합으로서 일반투자자들이 인지하는 정보집합이 있으며, 셋째, 일반투자자들이 인지할 수 없는 것으로 부동산가격에 영향을 주는 모든 정보집합으로서, 공개적으로 이용 가능한 정보뿐만 아니라 비공개적 내부자정보까지도 포함하는 정보집합이 있다.

특정부동산에 관련된 이용 가능한 세 가지 정보집합

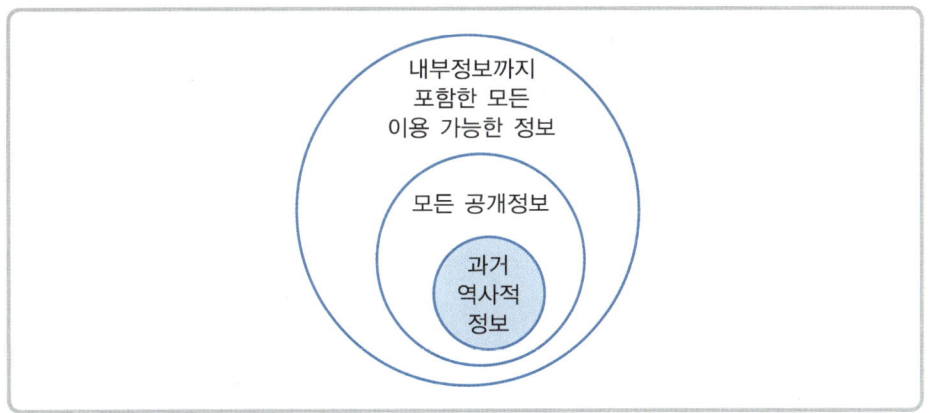

효율적 시장가설은 세 종류의 정보집합 중에서 어떠한 정보가 부동산가격에 반영되었는지에 따라 부동산시장에 상대적 차이가 있다고 보고 다음과 같이 구분한다.

---

❶ 효율적 시장가설은 본질적으로 제품의 동질성과 상호간의 대체성이 있다는 증권(주식)시장이론을 부동산시장에 적용한 것이다.

❷ 투자에 있어 정보와 이에 관한 분석이 무의미하다는 것이 아니라, 정보가 효율적인 상태에서는 개인이나 기관투자자의 투자성과가 달라져서는 안 되지만, 현실적인 부동산시장에서는 정보의 비대칭이 존재하고, 정보를 분석하는 능력·정보의 양과 질에 따라 누군가는 초과이윤을 달성하기도 하고 누군가는 초과이윤을 달성하지 못한다는 것을 설명하는 것이다.

① **약성 효율적 시장가설(weak-form EMH)**: 현재의 부동산가격은 과거 가격변동의 양상, 거래량의 추세에 관한 정보 등 과거의 역사적 정보를 완전히 반영하고 있으므로 어떤 투자자도 과거 가격변동의 형태와 이를 바탕으로 하는 기술적 분석(Technical Analysis)을 하더라도 초과수익을 얻을 수 없다는 주장이다.

> **더 알아보기** 기술적 분석(Technical Analysis)
>
> 가격이나 거래량 등 증권시장과 부동산시장에 나타난 과거의 데이터를 기초로 시세를 예측하는 것을 말한다. 흔히 차트를 이용하여 투자심리, 매매시점, 가격동향 등을 예측하는 방법으로, 즉 과거의 가격이나 거래량 등을 계량화하거나 도표화하여 일정한 추세나 패턴을 찾는 분석기법이다.

② **준강성 효율적 시장가설(semi strong-form EMH)**: 현재의 부동산가격은 공개적(공식적)으로 이용 가능한 모든 정보(all publicly available information)를 완전히 반영하고 있으므로 투자자들은 공표된(공개된) 어떠한 정보나 이에 바탕을 둔 기본적 분석(Fundamental Analysis)으로는 초과수익을 달성할 수 없다는 주장이다. 여기서 공개적으로 이용 가능한 정보란 과거의 가격이나 거래량과 같은 역사적 정보뿐만 아니라 회계정보, 공표된 정부의 정책, 경쟁업체의 영업환경, 규제나 법적 환경 등의 정보가 포함된다. 준강성 효율적 시장가설에 의하면 투자자는 공표된(공개된) 모든 정보를 활용하여도 정상 이상의 수익(초과수익)을 달성할 수 없다고 한다. 이러한 준강성 효율적 시장은 약성 효율적 시장의 성격을 포함하고 있다.

> **더 알아보기** 기본적 분석(Fundamental Analysis)
>
> 주식이나 부동산의 내재가치·적정가치를 분석하여 미래의 가격을 예측하는 방법이다. 주식과 부동산의 내재가치·적정가치는 기업의 재무요인과 경제요인 등에 따라 결정되며, 이러한 요인들과 적정가치와의 관계를 찾아내어 예상한 적정가치와 그 주식이나 부동산의 현재의 시장가격을 비교하여 투자결정을 하게 된다. 이때 현재의 시장가격이 적정가치를 상회하면(고평가상태라면) 매각하고, 적정가치에 미치지 못하면(저평가상태라면) 매입하는 전략을 구사하는 것이다.

③ **강성 효율적 시장가설(strong-form EMH)**: 현재의 부동산가격은 일반인에게 공개된 정보뿐만 아니라 공개되지 않은 내부자(미공개)정보까지도 이미 가격에 반영되어 있으므로 투자자는 어떠한 정보에 의해서도 초과수익을 얻을 수 없다는 주장이다. ❶ 내부자(미공개)정보는 사전에 밝히는 것이 불가능하므로 투자자들은 정보분석을 할 수가 없다. 이러한 강성 효율적 시장이야말로 진정한 의미의 효율적 시장이며, 강성 효율적 시장은 약성·준강성 효율적 시장의 성격을 포함하고 있다. ❷ 이는 완전경쟁시장의 가정에 가장 부합한 시장이다.

---

❶ 투자자가 신도시개발에 관한 정보를 사전에 확보하여 토지에 투자하였으나, 투자성과가 개선되지 않는다면(초과이윤을 달성할 수 없다면) 이는 부동산시장에 강성 효율적 시장가설이 존재한다는 의미이다.

❷ 일부 부동산학자들의 주장에 따르면 완전경쟁시장의 가정에 가장 부합한 시장을 강성 효율적 시장이라 하며, 이러한 측면에서 현실의 불완전한 부동산시장은 준강성 효율적 시장까지만 나타난다고 한다.

핵심 퀵! 퀵! 효율적 시장가설

Tip 효율적 시장이라는 전제하에서는 어떠한 정보를 활용하더라도 초과수익(이윤)을 달성할 수 없다.

구분	반영되는 정보	정보의 내용	분석방법	초과이윤(수익)
약성 효율적 시장	과거정보	가격·거래량의 패턴과 추세	기술적 분석 (차트분석)	획득 불가능
준강성 효율적 시장	과거 + 현재정보 (공표된·공개된)	재무제표·경영 실적·경제환경· 부동산정책 등	기본적 분석 (내재·본질· 적정가치분석)	획득 불가능
강성 효율적 시장	과거 + 현재 + 미공개정보	미공개정보· 내부자정보	분석 불가능	획득 불가능

(3) 효율성의 반영 정도

어떠한 형태의 효율적 시장이 부동산시장에 존재하는가는 나라마다 **다를 수 있고**, 그 효율성의 정도 또한 **다를 수 있다.**

확인예제

부동산시장의 효율성에 관한 설명으로 틀린 것은?   제27회

① 효율적 시장은 어떤 정보를 지체 없이 가치에 반영하는가에 따라 구분될 수 있다.
② 강성 효율적 시장은 공표된 정보는 물론이고 아직 공표되지 않은 정보까지도 시장가치에 반영되어 있는 시장이므로 이를 통하여 초과이윤을 얻을 수 없다.
③ 강성 효율적 시장은 완전경쟁시장의 가정에 가장 근접하게 부합되는 시장이다.
④ 약성 효율적 시장에서는 현재가치에 대한 과거의 역사적 자료를 분석하여 정상이윤을 초과하는 이윤을 획득할 수 있다.
⑤ 준강성 효율적 시장은 과거의 추세적 정보뿐만 아니라 현재 새로 공표되는 정보가 지체 없이 시장가치에 반영되므로 공식적으로 이용 가능한 정보를 기초로 기본적 분석을 하여 투자해도 초과이윤을 얻을 수 없다.

해설

약성 효율적 시장은 이미 정보가 가격에 모두 반영된 시장이므로, 현재가치에 대한 과거의 역사적 자료를 분석하더라도 정상이윤을 초과하는 이윤(초과이윤)을 획득할 수 없다.   정답: ④

02 할당 효율적 시장

(1) 할당 효율성의 개념

① 증권시장과 부동산시장이 투자재시장·자산시장으로서의 대체관계가 성립한다고 가정할 때, 여기서 자원이 효율적으로 할당되었다는 것은 자본시장의 자금이 증권시장과 부동산시장에 균형적으로 배분된 상태를 의미한다.

② 할당 효율적 시장이란 자원이나 정보가 모든 투자자에게 효율적·균형적으로 배분된 시장으로, 어느 누구도 기회비용보다 싼 값으로 정보를 획득할 수 없는 시장을 말한다. 이와는 달리 소수의 투자자가 다른 투자자보다 값싸게 정보를 획득하여 초과이윤을 달성할 경우에는 할당 효율적 시장이 되지 못한다.

(2) 부동산시장에서의 할당 효율성

> 정보(기회)비용 = 이윤 ➔ 할당 효율적

① 완전경쟁시장은 정보가 완전한 시장이므로 정보비용이 존재하지 않지만, 부동산시장은 부동산의 개별성으로 인하여 정보가 불완전하므로 불완전경쟁시장이 된다.

② 부동산시장은 정보가 불완전하고 비대칭적이어서 시장에 참여하기 위해서는 많은 정보탐색비용이 수반되는데, 여기서 수반되는 정보비용(기회비용)과 이를 통하여 획득하는 이윤이 동일하다면 이때 부동산시장은 할당 효율적이라 할 수 있다.

③ 완전경쟁시장은 언제나 할당 효율적 시장이지만, 불완전경쟁시장인 부동산시장도 할당 효율적 시장이 될 수 있다.❶ 즉, 불완전경쟁시장도 정보를 획득하기 위한 기회비용과 이를 통하여 얻는 이윤이 같다면(동일·일치한다면) 할당 효율적 시장이 될 수 있다는 것이다. 그러므로 독점시장도 독점을 획득하기 위한 기회비용이 모든 투자자에게 동일하다면 할당 효율적 시장이 될 수 있다.

④ 불완전한 시장에서 특정투자자가 다른 투자자보다 값싸게 정보를 획득해 초과이윤을 얻을 수 있다면 이러한 경우는 할당 효율적이지 못하게 된다.

⑤ 결론적으로 불완전경쟁시장인 부동산시장은 할당 효율적이 될 수도 있고, 할당 효율적이지 못할 수도 있다.

⑥ 부동산시장에서 부동산투기나 초과이윤이 발생하는 이유는 시장참여자에게 자원이나 정보의 배분이 할당 효율적이지 못하기 때문이다. 이렇게 부동산시장이 할당 효율적이지 못할 경우에는 이로 인한 부동산가격의 과소평가나 과대평가 등의 왜곡가능성이 높아질 수 있다.

❶ 완전경쟁시장과 강성 효율적 시장은 '정보의 완전성'을 가정하므로 할당 효율적 시장이 된다.

03 정보가치의 개념과 계산 제29 · 33 · 35회

부동산에 관한 개발정보를 사전에 확보한 경우와 그렇지 않은 경우에는 부동산투자수익률과 투자가치가 달라질 수 있다. 즉, 현실적인 부동산시장에서는 공개되지 않은 정보를 부동산투자에 이용하여 초과이윤을 획득할 수 있다. 예제를 활용하여 장래의 수익변동에 관한 정보가 부동산의 현재가치에 어떠한 영향을 미치는지 확인해 보도록 한다.

> **확인예제**
>
> 복합쇼핑몰 개발사업이 진행된다는 정보가 있다. 다음과 같이 주어진 조건하에서 합리적인 투자자가 최대한 지불할 수 있는 이 정보의 현재가치는? (단, 주어진 조건에 한함)
>
> 제29회
>
> - 복합쇼핑몰 개발예정지 인근에 일단의 A토지가 있다.
> - 2년 후 도심에 복합쇼핑몰이 개발될 가능성은 50%로 알려져 있다.
> - 2년 후 도심에 복합쇼핑몰이 개발되면 A토지의 가격은 6억 500만원, 개발되지 않으면 3억 250만원으로 예상된다.
> - 투자자의 요구수익률(할인율)은 연 10%이다.
>
> ① 1억 500만원 ② 1억 1,000만원 ③ 1억 1,500만원
> ④ 1억 2,000만원 ⑤ 1억 2,500만원
>
> **해설**
>
> 정보의 현재가치 = 확실성하의 현재가치 − 불확실성하의 현재가치
>
> - 확실성하 토지의 현재가치(PV) = $\dfrac{6억\ 500만원}{(1 + 0.1)^2}$ = 5억원
> - 불확실성하 토지의 현재가치(PV) = $\dfrac{(0.5 \times 6억\ 500만원) + (0.5 \times 3억\ 250만원)}{(1 + 0.1)^2}$ = 3억 7,500만원
>
> 따라서 정보가치는 1억 2,500만원(= 5억원 − 3억 7,500만원)이다.
>
> 정답: ⑤

제3절 주택시장

01 주택서비스의 의의

(1) 주택서비스의 개념

① 토지가 개별성의 특성을 가지는 것처럼 주택도 물리적으로는 동일하지만 경제적·법적 성격이 달라지면 그 가격도 달라지므로, 동일한 것이 없는 이질적인 재화이다.

② 물리적(이질적·개별적) 주택시장은 완전경쟁을 전제로 하는 이론이나 모형으로 분석이 용이하지 않은 문제가 있기 때문에, 이질성이 강한 주택시장을 완전경쟁모형으로 분석하기 위해서는 용도적으로 동질화시킬 필요가 있다. 이에 해당하는 것이 '주택서비스'이다.

③ 주택서비스란 주택이 소유자나 이용자에게 제공하는 효용을 의미하는데, 주택을 물리적 실체로 보지 않고 주택서비스를 제공하는 효용의 대상으로 본다면 주택도 동질적인 상품으로 취급될 수 있다.

(2) 주택서비스를 분석의 대상으로 하는 이유

주택시장에서 분석의 대상을 주택서비스개념으로 하는 이유는 완전경쟁시장의 가정 중 하나인 상품의 동질성이라는 전제를 물리적인 주택시장에는 적용할 수 없기 때문이다. 그러므로 주택시장분석에서는 분석대상을 개별적이고 이질적인 물리적 주택 그 자체로 하는 것이 아니라, '주택서비스'라는 추상적인 개념으로 하는 것이다.

02 주택시장분석의 기본가정

(1) 소득에 따른 부분시장의 형성

주택시장이 고가(신규)주택시장과 저가(기존)주택시장으로 이원화되어 있고, 소득의 차이 때문에 고소득층은 고가(신규)주택만을 소비하고, 저소득층은 저가(기존)주택만을 소비한다고 가정한다.

(2) 주택수요와 주택소요

고소득층이 고가·신규주택을 구매하고자 하는 욕구를 주택수요(demand)라 한다면, 소득이 낮은 저소득층에게 필요한 저가·기존주택의 양과 질에 대한 서비스는 주택소요(needs)라고 한다. 즉, 주택수요와 주택소요는 다른 개념이다.

구분	주택수요(demand)	주택소요(needs)
개념	주로 구매력이 동반된 고소득층이 주택을 구매하고자 하는 욕구	구매력이 낮은 저소득층에게 필요한 주택의 양과 질
대상	중산층 이상의 유효수요계층	저소득층
성격	경제적 개념으로 효율성 측면 강조	사회복지적 개념으로 형평성 측면 강조
공급	유량개념의 신규주택공급	저량개념의 기존주택공급

03 주택저량의 공급량과 주택유량의 공급량

부동산과 같이 단기적으로 생산공급이 제한되는 재화를 분석할 때에는 저량개념은 물론 유량개념도 동시에 분석할 필요가 있다.

(1) 주택저량(housing stock)

① **주택저량의 공급량**: 일정시점에 시장에 존재하는 주택의 양을 말한다. 이를 구체화하는 개념은 기존주택공급량이며, 주택재고량으로 표현된다.

  예 1월 2일 현재, A지역에 50,000채의 주택이 존재한다면 주택저량의 공급량은 50,000채이다.

② **주택저량의 수요량**: 일정시점에 수요자들이 보유하거나 구매하고자 하는 주택의 양을 말한다.

  예 1월 2일 현재, A지역에 50,000채의 주택 중에서 5,000채가 공가(空家)로 남아 있다면 주택저량의 수요량은 45,000채이다. ❶

(2) 주택유량(housing flow)

① **주택유량의 공급량**: 일정기간 동안에 공급자들이 공급·판매하고자 하는 주택의 양을 말한다. 이를 구체화하는 개념은 신규주택공급량이다. 즉, 신규주택의 공급은 일정한 생산기간이 필요하다.

② **주택유량의 수요량**: 일정기간 동안에 수요자들이 보유·구매하고자 하는 주택의 양을 말한다.

❶ 일정시점에 시장에 존재하는 주택의 양과 사람들이 보유하고자 하는 주택의 양은 다를 수 있다.

04 주택시장의 단기와 장기균형

① 단기에는 주택수요의 증가로 주택가격이 상승한다고 하더라도, 주택의 생산공급은 일시에 증가할 수 없기 때문에 주택의 단기공급곡선은 수직선으로 표시된다. 즉, 단기에는 주택공급이 고정되어 있다는 것이다.

② 단기에는 수요 증가로 주택가격이 상승하여도 주택수량은 변하지 않는다. 건축원자재 등 생산요소가격이 하락하여도 단기에는 주택의 생산공급이 늘어나지 않는다. 즉, 단기에는 양의 변화가 없다.❶

③ 장기에는 유량개념의 신규주택(생산)공급이 가능하므로 우상향하는 공급곡선이 우측으로 이동하는 모양으로 나타난다.

④ 주택의 단기공급곡선은 저량개념을, 장기공급곡선은 유량개념을 의미한다.

⑤ 주택시장을 분석할 때 유량과 저량의 개념을 동시에 파악하는 것은 주택의 생산공급이 단기적으로 제한되어 있기 때문이다. 단기적으로 생산공급은 제한되므로 저량개념의 공급량을 먼저 분석하고, 장기적으로 저량과 유량개념을 함께 사용하여 주택시장을 분석할 필요가 있다.❷

❶ 단기에는 주택의 이용주체만 변하게 되는 '주택의 여과현상'이 발생한다.

❷ 생산요소가격이 하락할 경우, 단기에는 생산공급이 늘어나지 못하므로 균형가격에는 변화가 없지만, 장기에는 생산공급이 가능하므로 공급곡선이 우측으로 이동하게 되고, 균형가격은 하락하게 된다.

주택시장의 저량공급곡선과 유량공급곡선

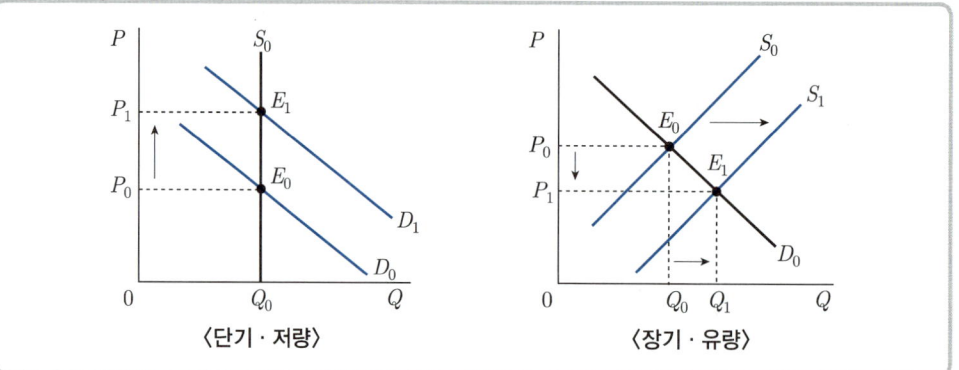

확인예제

주택시장에 대한 설명 중 가장 옳은 것은? 제15회 추가

① 물리적 주택시장은 완전경쟁을 전제로 하는 이론이나 모형으로 분석이 용이하다.
② 주택이란 이질성이 강한 제품이므로 용도적으로 동질화된 상품으로 분석해서는 안 된다.
③ 주택시장은 지역적 경향이 강하고, 지역수요에 의존하기 때문에 적정가격의 도출이 용이하다.
④ 주택시장의 단기공급곡선은 유량개념을, 장기공급곡선은 저량개념을 의미한다.
⑤ 주택시장분석에서 유량의 개념뿐만 아니라 저량의 개념을 파악하는 것은 주택공급이 단기적으로 제한되어 있기 때문이다.

> **해설**
> ① 물리적(개별적·이질적) 주택시장은 완전경쟁을 전제로 하는 이론이나 모형으로 분석하기 용이하지 않다.
> ② 주택이란 이질성이 강한 제품이지만, 주택서비스개념을 적용하여 용도적으로 동질화된 상품으로 분석할 수 있다.
> ③ 주택시장은 지역적 경향이 강하고, 지역수요에 의존하기 때문에 적정가격의 도출이 용이하지 않다.
> ④ 주택시장의 단기공급곡선은 저량개념을, 장기공급곡선은 유량개념을 의미한다.
> 정답: ⑤

05 주택시장의 여과과정(filtering process) 제30·31회

(1) 여과과정의 개념과 기본가정

주택여과과정(현상)이란 주택의 질적 변화와 가구의 이동과의 관계를 설명해 주는 현상으로, 소득계층에 따라 상·하로 이동하는 현상을 말한다. 환언하면 주택여과과정(현상)이란 제한된 소득(예산)으로 효용을 극대화하는 과정에서 주택의 이용주체가 변화되는 현상을 말하며, '주택순환과정'이라고도 한다. ❶

(2) 하향여과(filtering down)와 상향여과(filtering up)

① 주택의 하향여과란 상위계층이 사용하던 고가주택의 일부가 노후화과정을 거쳐 하위계층의 사용으로 전환되는 현상을 말하며, 고가주택이 저소득층에게 이전되어 저가주택으로 대체되는 현상으로 표현하기도 한다.

② 주택의 상향여과란 하위계층이 사용하던 저가주택이 상위계층의 매입·재건축·리모델링 등을 통하여 상위계층의 사용으로 전환되는 현상을 말한다.

(3) 여과과정을 통한 주택시장의 변화

여과과정을 통한 저가주택시장·고가주택시장의 변화

저가주택시장	• 저소득층에게 보조금 지급 ➡ 저가주택수요 증가 ➡ 저가주택가격 상승(초과이윤 발생) ➡ 상대적으로 낙후된 고가주택의 일부가 하향여과되어 저소득층에게 제공(공급)됨 • 단기에는 주택수량은 변하지 않고, 주택의 이용주체만 변하게 됨
고가주택시장	하향여과로 고가주택 일부 공급 감소(초과수요) ➡ 고가주택가격 상승(초과이윤 발생) ➡ 고가주택 신규(장기·유량)공급

① 저가주택시장의 변화

㉠ 단기적으로 주택의 생산공급은 고정(제한)되어 있거나, 일정수준에 미달하는 저가주택에 대한 신축은 금지한다고 가정한다.

㉡ 정부가 저소득층에 대하여 주택보조금을 지급하면 저소득층의 실질소득이 향상되는 효과가 있다. 저소득층의 소득 증가로 저가주택의 수요가 증가하면(초과수요) 저가주택의 가격(임대료)이 상승하고, 저가주택시장에서 초과이윤이 발생한다.

---

❶ 상위계층은 소득이 높아 고가주택·신규주택만을 소비하고, 하위계층은 소득이 낮아 저가주택·기존주택만을 소비한다는 기본가정에서 출발하며, 주택시장을 2개의 부분시장으로 구분하여 분석한다.

ⓒ 주택가격이 상승하여 초과이윤이 발생하여도 단기에는 생산공급이 불가능하므로 고가주택의 일부가 하향여과되어 저소득층에게 제공되기 시작한다.
ⓓ 이처럼 소득 증가와 같은 이유로 저가주택에 대한 수요가 증가하면 주택의 하향여과가 발생하게 되고, 하향여과가 발생하면 전체 주택시장에서 저가주택이 차지하는 비중은 증가한다.
ⓔ 공가(空家)의 발생은 여과과정의 중요한 구성요소 중 하나이다.

② 고가주택시장의 변화
㉠ 고가주택시장의 단기균형: 고가주택시장에서는 하향여과된 주택으로 인하여 고가주택공급이 감소하여 고소득층의 고가주택에 대한 초과수요가 발생함에 따라 고가주택가격 또한 상승한다.
㉡ 고가주택시장의 장기균형: 고가주택가격이 상승함에 따라 고가주택시장에서도 초과이윤이 발생하게 된다. 이에 따라 장기에는 신규주택공급을 통한 주택의 유량공급이 이루어진다.

(4) 여과작용의 긍정적 효과

안정적인 주택시장에서 주택여과현상이 긍정적으로 작동하면 주거의 질을 개선하는 효과가 있다. 또한 이러한 현상은 장기적으로 신규주택의 공급량 증가에도 기여하게 된다. 따라서 전체적인 주거안정을 달성할 수 있다는 데 그 의의가 있다.❶ 즉, 여과과정이 원활하게 작동하면 신규주택에 대한 정부지원으로 모든 소득계층이 이득을 볼 수 있다.

❶ 상위계층을 대상으로 신규주택공급을 증가시키면 주택의 여과과정으로 하위계층에게도 도움이 된다.

(5) 불량주택의 문제

① 저가주택지역에서 주거의 수준이 극히 열악하여 발생하는 불량주택은 시장실패로 볼 수 없다. 불량주택은 '하향여과'라는 자원배분의 결과물로서, 낮은 소득에 따른 문제이다.
② 따라서 이러한 불량주택을 철거하고 신규주택공급을 늘리거나 재건축·재개발을 유도하는 정부의 시장개입은 불량주택의 문제를 해결하는 적절한 대책이 될 수 없다.
③ 저소득층의 실질소득을 향상시킬 수 있는 임대료보조정책이나 공공임대주택공급정책이 불량주택의 문제를 해결하는 데 적합하다고 볼 수 있다.

06 주거분리현상 제27·30·31회

(1) 주거분리의 의의

주거분리란 도시에서 고소득층 주거지역과 저소득층 주거지역이 서로 분리되고 있는 현상을 말한다. 주거분리현상은 도시 전체적인 측면에서뿐만 아니라 지리적으로 인접한 근린지역에서도 발생하는데, 주택이용주체의 소득 차이 때문에 고가주택지역과 저가주택지역이 서로 분리되어 입지하는 현상을 의미한다.

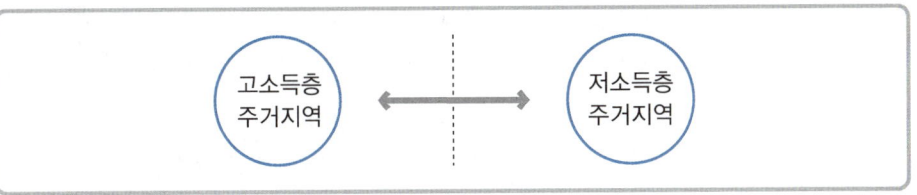

(2) 주거분리과정

주거분리현상의 근본적인 원인은 소득의 차이이고, 여과과정과 외부효과에 의해서도 설명될 수 있다.

① **여과과정에 의한 주거분리**: 일반적으로 다음과 같은 과정을 거치면서 주거분리현상이 발생한다.

  ㉠ 고가주택지역 내에서는 주택의 노후화를 방지하기 위하여 투입되는 개량(수선)비용보다 개량(수선) 이후의 가치상승분이 더 클 것이다. 이에 따라 고소득층은 고가주택을 개량(수선)하여 계속해서 이용하게 되고 이러한 과정이 진행됨에 따라 이 지역은 계속 고가주택지역으로 남게 된다.❶

  ㉡ 저가주택지역 내에서는 주택의 노후화를 방지하기 위하여 투입되는 개량(수선)비용이 개량(수선) 이후의 가치상승분보다 더 클 것이다. 이에 따라 저소득층은 저가주택을 개량(수선)하지 않은 상태로 계속해서 이용하게 되고 이러한 과정이 진행됨에 따라 이 지역은 계속 저가주택지역으로 남게 된다.

② **외부효과에 의한 주거분리**: 주거분리는 주택소비자가 정(+)의 외부효과에 의한 편익은 추구하려 하고, 부(-)의 외부효과에 의한 피해는 피하려는 동기에서 비롯되기도 한다.❷

  ㉠ 고가주택지역에 인접한 저가주택은 정(+)의 외부효과가 발생하여 다른 주택에 비하여 비싸게 할증되어 거래될 가능성이 있다. 이러한 저가주택은 개량(수선)비용보다 개량(수선) 이후의 가치상승분이 더 클 것이라 예상할 수 있으므로, 매입·리모델링 등을 통하여 고소득층의 이용으로 전환되는 상향여과가 발생할 수 있다.

❶ 여과과정에서 주거분리는 주로 고소득층(상위계층)이 주도하는 것이 일반적 현상이다.

❷ 하위계층은 정(+)의 외부효과를 누리고자 고급주택지역 가까이 거주하려 하고, 상위계층은 부(-)의 외부효과를 피하고자 저급주택지역에서 떨어진 곳에서 거주하려고 한다.

㉡ 저가주택지역에 인접한 고가주택은 부(-)의 외부효과가 발생하여 다른 주택에 비하여 싸게 할인되어 거래될 가능성이 있다. 이러한 고가주택은 가치상승분보다 개량(수선)비용이 더 클 것이라 예상할 수 있으므로, 개량(수선)하지 않아 점차 노후화되어 저소득층의 이용으로 전환되는 하향여과가 발생할 수 있다. ❶

③ 침입과 천이(계승)에 의한 주거분리
  ㉠ 고가주택지역에 저소득층이 유입되면 주택의 하향여과과정이 발생하고, 이에 따라 고가주택지역은 점차 저가주택지역으로 변해갈 것이다. ❷
  ㉡ 저가주택지역에 고소득층이 유입되면 주택의 상향여과과정이 발생하고, 이에 따라 저가주택지역은 점차 고가주택지역으로 변해갈 것이다.
  ㉢ 이와 같이 어떤 지역에 다른 형태의 이질적인 기능이 유입되는 현상을 '침입'이라 하고, 침입의 결과 다른 유형의 토지이용으로 전환·변화되어 가는 과정을 '천이(계승)'라 한다. 주택의 여과과정과 주거분리현상을 토지 및 공간이용에 대한 침입과 천이(계승)의 과정으로 이해할 수 있다.

> **확인예제**
>
> **주택의 여과과정(filtering process)과 주거분리에 관한 설명으로 틀린 것은?** 제31회
> ① 주택의 하향여과과정이 원활하게 작동하면 저급주택의 공급량이 감소한다.
> ② 저급주택이 재개발되어 고소득 가구의 주택으로 사용이 전환되는 것을 주택의 상향여과과정이라 한다.
> ③ 저소득가구의 침입과 천이현상으로 인하여 주거입지의 변화가 야기될 수 있다.
> ④ 주택의 개량비용이 개량 후 주택가치의 상승분보다 크다면 하향여과과정이 발생하기 쉽다.
> ⑤ 여과과정에서 주거분리를 주도하는 것은 고소득 가구로 정(+)의 외부효과를 추구하고 부(-)의 외부효과를 회피하려는 동기에서 비롯된다.
>
> **해설**
> 주택의 하향여과과정이 원활하게 작동하면(고가주택의 일부가 노후화되어 하위계층의 사용으로 전환되면) 전체 주택시장에서 저가주택이 차지하는 비중은 증가한다.
> 정답: ①

❶ 저가주택지역 내에서도 주택의 개량·수선비용보다 주택의 가치상승분이 더 크다면 저가주택지역에서도 재건축이나 재개발 등을 통한 주택의 상향여과가 발생할 수 있다.

❷ 저소득 가구의 침입과 천이현상으로 인하여 주거입지의 변화가 야기될 수 있다.
➡ 전통적인 학자들의 견해이며, 침입에는 확대적 침입과 축소적 침입이 있다 (p.350 참고).

제2장 | 입지 및 공간구조론

제1절 지대이론 제26·27·28·29·30·31·32·33·34·35회

01 지대와 지가

① 지대(地代)는 일정기간 동안 토지의 사용·수익에 대한 대가로서 토지소유자의 소득으로 귀속되는 임대료를 말하며, 유량(flow)개념이다.
② 지가(地價)는 일정시점에서의 교환에 대한 토지 자체의 가격으로, 저량(stock)개념이다.
③ 영속성에 따라 지가는 장래 토지로부터 발생하는 매 기간의 지대(임대료수입)를 현재가치로 환원한 값이다. 매 기간의 지대가 동일하고 이것이 영원히 계속된다면, 지가는 지대를 이자율로 할인한 값이 된다.

$$지가 = \frac{지대}{이자율}$$

④ 다른 조건이 일정할 때 지대가 상승하면 지가는 상승하고, 이자율이 상승하면 지가는 하락한다. 즉, 지대와 지가는 비례관계이고, 이자율과 지가는 반비례관계이다.
⑤ 투자대상으로서 토지에 대한 위험프리미엄(보상률)이 상승하면 토지가치는 하락한다.

02 지대결정이론

(1) 리카도(D. Ricardo)의 차액지대설

19세기 초반의 경제학자인 리카도는 차액지대설을 통하여 '생산비의 차이를 지대의 원천'으로 보았기 때문에 "지대는 곡물가격이 상승하기 때문에 발생하는 것이다."라고 주장하였다. 즉, 생산성의 차이에 따른 토지의 비옥도가 지대를 결정한다라는 것이다.

① **지대발생의 원인**: 작물을 경작할 수 있어 비옥도(생산성)가 있는 토지를 우등지라 하고, 생산성이 가장 낮은 토지를 한계지라 한다. 차액지대설에 의하면 생산물가격(매상고)과 생산비가 일치하는 한계지(최열등지)❶에서는 지대가 발생하지 않는다. 리카도는 지대의 발생원인을 크게 두 가지로 보았는데, 비옥한 토지의 양이 한정되어 있다는 우등지의 희소성과 토지에는 수확체감의 법칙(현상)이 있다는 것이다.

---

❶ 한계지(최열등지) ➡ 조방한계 ➡ 무(無)지대

용어사전
수확체감의 법칙(현상)
자본과 노동 등 생산요소가 한 단위 추가될 때 이로 인하여 늘어나는 한계생산량은 점차 줄어든다는 것을 말한다. 즉, 생산요소를 추가적으로 계속 투입해나갈 때 어느 시점이 지나면 새롭게 투입되는 요소로 인하여 발생하는 수확의 증가량은 감소한다는 것이다.
➡ 한계 생산성 감소

㉠ 19세기 유럽에서 산업혁명이 시작되면서 인구의 증가가 생산성을 높여 경제성장을 유도한다는 사고(思考)의 변화가 발생하였다. 이에 따라 출산율이 높아지고 인구가 증가함으로써 곡물(밀)수요도 함께 증가하였기 때문에 곡물가격이 상승하게 되었다. 이러한 곡물가격의 상승은 경작자(농부)에게 작물의 경작을 통하여 초과이윤을 획득할 기회를 제공한다.
　　　㉡ 초과이윤이 발생함에 따라 경작자는 작물을 더 경작하려고 하는데, 토지에는 우등지의 희소성(부증성)과 수확체감의 법칙이 작용하기 때문에 작물의 재배(경작)면적을 늘리는 방법으로 작물을 더 경작하려고 한다. 이에 따라 한계지에서도 작물을 경작하게 되고, 그 토지에 비옥도가 생기면서 토지소유자에게 지대가 발생한다는 것이다.
　　　㉢ 즉, 비옥한 토지(우등지)와 덜 비옥한 토지(열등지) 사이에 생산성의 차이가 생기는데, 이러한 생산성의 차이로 인하여 지대가 발생한다는 것이 차액지대설이다. 고전학파 경제학자인 리카도는 곡물가격이 상승하여 지대가 발생한다고 주장하였다.
　② 지대의 성격
　　　㉠ 경작자의 곡물 생산에 따라 한계지에도 비옥도가 생기고 지대가 발생하게 되는데, 리카도는 이러한 토지소유자의 지대수입을 아무런 노력 없이 얻는 일종의 불로소득이라고 주장하였다.
　　　㉡ 리카도를 비롯한 고전학파는 토지는 원시적으로 존재하는 것이기 때문에, 토지를 특별한 재화로 취급하여 인공적인 자본이나 노동과는 별개의 것으로 엄격하게 구분(구별)하였다.
　　　㉢ 고전학파는 토지에서 발생하는 지대수입은 토지소유자의 정당한 소득으로 인정하지 않기 때문에 지대를 다른 생산요소(예 자본·노동 등)들에게 지불하고 남은 잉여, 즉 불로소득으로 간주한다.
　　　㉣ 차액지대설은 '지대'가 곡물가격에 영향을 주는 비용(구성요소)이 아닌 '잉여'라는 것을 증명해준다.
　③ 한계
　　　㉠ 비옥도의 차이에만 중점을 두게 됨에 따라 토지의 위치문제를 경시하였다.
　　　㉡ 비옥도가 전혀 없는 한계지(최열등지)라도 토지소유자가 지대를 요구하면 지대가 발생한다는 것을 설명하지 못한다.

> **확인예제**
>
> **다음에서 설명하는 지대이론은?** 제19회
>
> - 지대가 발생하는 이유는 비옥한 토지의 양이 상대적으로 희소하고 토지에 수확체감현상이 있기 때문이다.
> - 경작되고 있는 토지 가운데 생산성이 가장 낮은 토지를 한계지라고 하며, 한계지에서는 지대가 발생하지 않는다.
> - 어떤 토지의 지대는 그 토지의 생산성과 한계지의 생산성과의 차이에 의해 결정된다.
> - 지대는 토지생산물가격의 구성요인이 되지 않으며 또한 될 수도 없다.
>
> ① 리카도의 차액지대설 ② 알론소의 입찰지대이론
> ③ 파레토의 경제지대이론 ④ 마르크스의 절대지대설
> ⑤ 마샬의 준지대설
>
> **해설**
> 리카도는 (한계지)차액지대설에서 토지의 비옥도가 지대를 결정하며, 곡물가격으로 지대가 발생한다고 하여 지대는 곡물가격에 영향을 주는 비용이 아닌, 일종의 불로소득(잉여)으로 보았다. **정답: ①**

(2) 마르크스(K. Marx)의 절대지대설

① 마르크스는 비옥도가 전혀 없는 한계지에서도 지대가 존재한다고 주장하였는데, 그 이유는 토지소유자가 토지를 소유하고 있다는, 토지를 독점하고 있다는 자체만으로도 절대적으로 지대가 발생한다는 것이다.

② 토지소유자는 한계지(최열등지)라 하더라도 일정한 대가를 지불하지 않는 한 토지 사용을 허락하지 않기 때문에 한계지에서도 무조건 지대가 존재한다는 것이다. 다시 말해 토지소유자들은 한계지(최열등지)인 토지라도 결코 공짜로 빌려주지는 않을 것이라는 의미이다.

③ 절대지대설에 의하면 지대는 토지소유자들이 토지소유권을 가지고 있다는 이유 자체만으로 발생하는 것이므로, 토지의 비옥도(생산성), 위치 등에 관계없이 한계지(최열등지)에서도 토지소유자가 요구하면 절대적으로 지대가 발생한다.

④ 마르크스는 토지소유 자체가 농산물의 가격을 인상시킨다고 보았다.

> **더 알아보기** 오펜하이머(Oppenheimer, F)의 독점지대설
>
> 독점지대란 토지용역의 공급독점으로 발생하는 지대로서 독점이윤이 포함된 지대를 말한다.
> 1. 다른 토지가 생산하지 못하는 최고의 상품을 생산하는 토지를 소유하고 있는 사람이 최고의 상품에 대한 독점적인 초과이윤의 지대를 요구한다는 것이다.
> 2. 해당 토지에서 생산되는 생산물에 대한 초과수요가 발생하여 생산물가격이 상승하는 경우, 토지소유자는 경작자에게 생산물에서 발생하는 독점적인 초과이윤에 해당하는 지대를 추가적으로 요구한다.

(3) 마샬(A. Marshall)의 준지대이론

마샬은 고전학파의 논리를 일부분 이어받아 신고전학파의 이론으로 연결하고 이를 정착시키는 데 기여하였으며, 리카도의 지대이론(지대의 성격 = 소득)을 기본골격으로 삼아 준지대의 개념을 재편성하였다.

① 마샬에 의하면 도시토지는 농업용 토지를 개량공사하여 가치가 상승하는 것이므로 여기에 투입된 인공적인 자본재로부터 얻는 소득을 준지대라고 보았다.
② 준지대란 생산을 위하여 사람이 만든 기계·기구·설비(고정생산요소) 등으로부터 얻는 일시적인 소득을 말한다. 기계·기구·설비 등은 단기적으로 그 생산요소공급이 고정되어 있기 때문에 물리적 공급이 고정되어 있는 토지와 성격이 유사하다는 점에서 준지대라고 한다. ❶
③ 토지에서 발생하는 소득은 영구적이지만, 준지대는 영구적이 아니라 일시적인 소득이다.
④ 다른 조건이 일정할 때, 준지대는 고정생산요소에 대한 수요에 의해 결정된다.
⑤ 토지는 공급량이 고정되어 있는 반면에 토지 이외의 인공적 고정생산요소들은 그 공급량을 장기적으로 증가시킬 수 있다.
⑥ 준지대는 단기에는 지대의 성격을 가지지만, 장기적으로는 재화의 생산량이나 재화의 가격에 영향을 미치기 때문에 비용의 성격을 갖는다고 볼 수 있다.

❶ 마샬은 공장, 기계 등과 같이 내구적 자본설비의 이용에 대하여 지불되는 대가를 준지대라고 하였다.

(4) 전용수입과 파레토(V. Pareto)의 경제지대

지대의 현대적 의미를 파악할 때 생산요소 공급자의 총수입은 전용수입과 경제지대를 합한 것이라고 할 수 있다.

> 생산요소 공급자의 총수입 = 전용(이전)수입❷ + 경제지대❸

① 전용(이전)수입: 어떤 생산요소가 현재의 용도에서 다른 용도로 전용되지 않고 현재의 용도에 그대로 사용되도록 하기 위하여 지불하여야 하는 최소한의 지급액을 말한다. 전용수입은 생산요소의 기회비용이라고 볼 수 있다.
② 경제지대(經濟地代, economic rent)·파레토지대: 생산요소의 경제지대는 그 생산요소가 받는 총수입에서 전용(이전)수입을 뺀 것이다. 여기서 전용(이전)수입을 초과하여 생산요소에 추가로 지불되는 보수가 경제지대인 것이다. 이는 생산요소공급자의 잉여분을 말한다. 즉, 경제지대는 공급이 제한되어 있거나 공급의 가격탄력성이 낮은(비탄력적인) 생산요소에서 발생하는 추가적인 소득,❹ 토지공급의 희소성에 따른 잉여분(초과수익)을 말한다.

❷ 전용수입 = 최소수입(기회비용)

❸ 경제지대 = 초과수입(추가적 보수)

❹ 경제학(노동시장)에서는 유명 연예인이나 운동선수의 높은 소득을 경제적 지대(economic rent)와 관련이 있다고 본다.

③ 공급의 가격탄력성에 따른 경제지대의 크기
  ㉠ 공급이 일반적인 우상향의 형태를 나타내는 경우 총수입은 탄력성의 크기에 따라 전용(이전)수입과 경제지대로 배분되는데, 이때 **생산요소의 공급이 비탄력적일수록** 총수입 중에서 **경제지대가 차지하는 비중은 커진다.**
  ㉡ 공급이 완전비탄력적인 경우에는 생산요소공급에 대한 수입 전체가 경제지대가 된다. 즉, 토지의 물리적 공급은 완전비탄력적이므로 수입 전체(100%)가 경제지대가 된다.
  ㉢ 공급이 완전탄력적인 경우에는 생산요소공급에 대한 수입 전체가 전용(이전)수입이 되고, 경제지대는 존재하지 않는다.❶

❶ 공급곡선 수평선 ➡ 공급이 완전탄력적)의 경우 경제지대는 0이 된다.

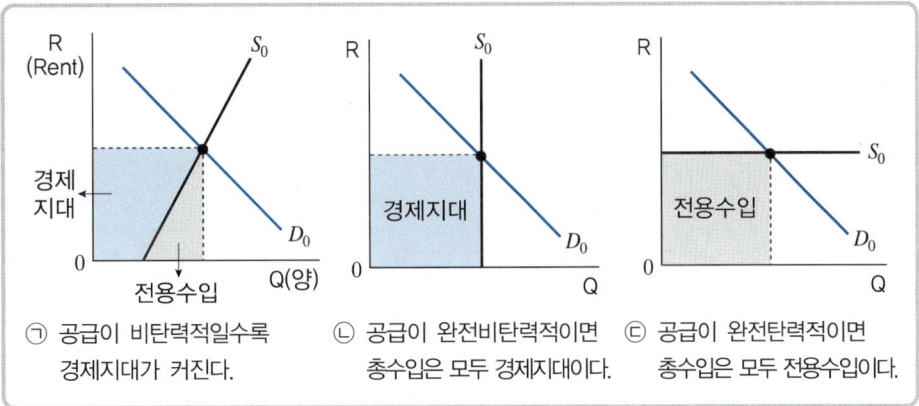

㉠ 공급이 비탄력적일수록 경제지대가 커진다.
㉡ 공급이 완전비탄력적이면 총수입은 모두 경제지대이다.
㉢ 공급이 완전탄력적이면 총수입은 모두 전용수입이다.

| 더 알아보기 | 지대논쟁

지대에 관한 논쟁은 지대가 가격에 영향을 주는 생산비(비용)인가 아니면 잉여인가에 그 핵심을 두고 있다. 지대는 일종의 불로소득이므로 비용으로 인정할 수 없기 때문에 잉여라는 것이 고전학파의 주장이며, 지대를 비용(생산비)으로 인정한 것이 신고전학파의 주장이다.

1. 고전학파의 주장
   ① 토지의 자연적 특성을 강조하고, 토지를 원시적인(특별한) 재화로 취급하여 인공적인 자본과는 엄격하게 구분·구별하였다.
   ② 지대는 곡물가격에 의하여 결정된 소득이지, 곡물가격을 결정하는 비용은 아니므로 소득분배의 관점에서 불로소득으로 간주하여 이를 국가가 환수하여야 한다고 보았다.
   ③ 노동비가치설에 근본을 두고 **지대는 총생산 중 다른 생산요소에 대한 대가를 지불하고 남은 잔여, 즉 잉여로 보았다.**
   ④ 토지단일세를 통한 불로소득의 환수를 주장하였으며, 특히 헨리 조지(Henry George)는 토지세만으로도 다른 세원 없이 재정을 모두 충당할 수 있다고 주장하였다.

2. 신고전학파의 주장
   ① 토지를 다른 자원과 구별할 필요가 없는 생산요소 중 하나로서 파악하였다.
   ② 한정된 자원의 효율적 이용에 중점을 두어 지대를 잉여가 아닌 생산요소에 대한 대가라고 하여 지대를 생산물가격에 영향을 주는 요소비용으로 파악하였다.
   ③ 즉, 지대(토지임대료)가 상승하면 곡물가격도 상승한다고 주장하였으므로, 신고전학파 입장에서 지대는 생산물가격에 영향을 주는 비용의 개념인 것이다.

구분	고전학파	신고전학파
토지관	토지를 고정적 자원, 즉 공급의 한정으로 인한 특별한 재화로 파악(자연적 특성을 강조)	토지는 경제적 공급이 가능하므로 여러 개의 생산요소 중의 하나로 취급
가격에의 영향	• 곡물가격이 지대를 결정함 • 곡물가격 상승 ➡ 지대발생	• 지대가 곡물가격을 결정함 • 지대 상승 ➡ 곡물가격 상승
지대의 성격	생산물에서 다른 생산요소에 대한 대가를 지불하고 남은 잉여(불로소득)로 간주	잉여가 아니라 생산요소에 대한 대가이므로 지대를 요소비용(기회비용)으로 파악

(5) 튀넨(J. H. von Thünen)의 위치지대설(입지교차지대설) 제35회

① 개념
   ㉠ 튀넨은 직접 농장을 운영한 경험을 토대로 1826년에 그의 논문 '고립국이론'에서 지대의 결정과 농업용 토지가 어떻게 할당되는지를 설명하였다.
   ㉡ 지대의 결정이 토지의 비옥도만이 아닌 위치에 따라 달라지는 위치지대의 개념을 통하여 현대적 입지론의 기초를 제공하였다.
   ㉢ 읍 중심(시장)으로부터 원거리에 입지한 토지생산물에 비하여 근거리에 입지한 토지생산물의 '수송비 절약분'이 지대가 된다고 하였다.
   ㉣ 지대를 생산물가격(매상고·매출액)에서 생산비와 수송비를 뺀 것으로 보았으며, 지대의 차이를 수송비에서 찾고 있다. 따라서 고립국이론을 상정한 경작자(농부)의 순수익(이윤)은 다음과 같은 과정으로 계산할 수 있다.❶

> 지대(순수익) = 매출액(생산물가격) − 생산비 − 수송비
>   └ 단위당 수송비 × 거리

❶ 토지를 빌려 사용하는 농부(경작자)의 순수익 = 농부의 이윤

② 개별작물의 한계지대곡선

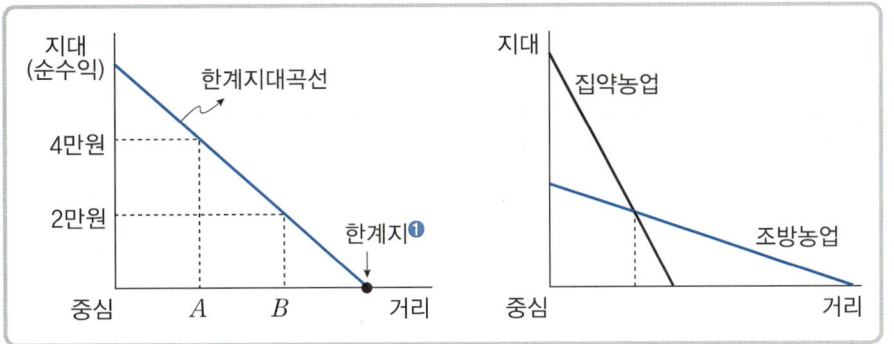

㉠ 단일작물의 경우, 외곽에서 읍 중심으로 들어갈수록 절약되는 수송비가 지대화된다. 즉, **위치지대설에 따르면 중심지에서 거리가 멀어질수록 수송비는 늘어나게 되고 지대는 감소하게 된다. 수송비와 지대는 반비례관계(역선형함수)이므로, 이는 우하향하는 한계지대곡선으로 나타난다.**

㉡ **즉, 읍 중심(시장)에 가까울수록 수송비가 감소되므로 토지이용자(경작자)가 지불할 수 있는 입찰지대는 증가한다.**

㉢ 생산물가격, 생산비, 수송비, 인간의 행태에 따라 한계지대곡선의 기울기는 달라진다. 집약적 농업의 (한계)지대곡선 기울기는 급해지고, 조방적 농업의 (한계)지대곡선 기울기는 완만해진다.❷

㉣ 중심으로 갈수록 집약적 토지이용이 이루어지고, 외곽으로 갈수록 조방적 토지이용이 이루어진다. 즉, 읍 중심(시장)에 입지한 업종이나 작물일수록 토지보다는 자본을 많이 사용하고, 외곽에 입지하는 업종이나 작물일수록 자본보다는 토지를 많이 사용하게 된다는 것이다.

③ 입찰지대(bid rent)

㉠ **입찰지대란 단위면적의 토지에 대하여 토지이용자가 지불하고자 하는 최대금액으로, 초과이윤이 '0'이 되는 수준의 지대를 말한다.**

㉡ 한정된 토지에 대한 입지경쟁의 결과, **가장 높은 지대를 지불하는 입지주체가 중심지에 가깝게 입지하게 되고, 각 위치별로 지대지불능력에 따라 토지이용의 유형이 결정된다.**❸

㉢ **입찰지대곡선(우하향하면서 원점을 향하여 볼록한 형태)이란 각 위치별로 최대의 지대지불능력을 나타내는 각 산업의 지대곡선을 연결한 곡선(포락선)** 을 말하며, 그 기울기는 생산물의 한계(단위거리당)운송비를 토지이용량으로 나눈 값이다.

$$입찰지대곡선의\ 기울기 = \frac{한계운송비}{토지이용량}$$

❶ 여기서 한계지란 수송비부담 때문에 더 이상 경작할 수 없어서 지대가 '0'인 토지를 말한다.

❷ 하나의 중심 도시가 존재하고, 운송 수단은 우마차(달구지)만 이용하며, 운송비는 거리에 비례한다고 하였다. 또한, 농민은 합리적 판단을 하는 경제인으로 보았다.

❸ 중심에서 지가나 지대가 높은 것은 입지주체간의 입지경쟁의 산물로 이해할 수 있다.

❶ 입찰지대곡선의 기울기가 가파른(급한) 업종일수록 중심지에 가까이 입지하려는 경향을 보인다.

㉣ 입찰지대곡선의 기울기가 급한 작물은 단위거리당(한계) 수송비의 부담이 다른 작물보다 크다는 것을 의미한다. 즉, 단위거리당(한계) 수송비부담이 큰 작물일수록 입찰지대곡선의 기울기가 급해진다(A)는 것이고, 반면에 외곽에 입지한 업종이나 작물일수록 토지이용량이 많아지므로 입찰지대곡선의 기울기가 완만해진다(C)는 것이다.❶

입찰지대곡선

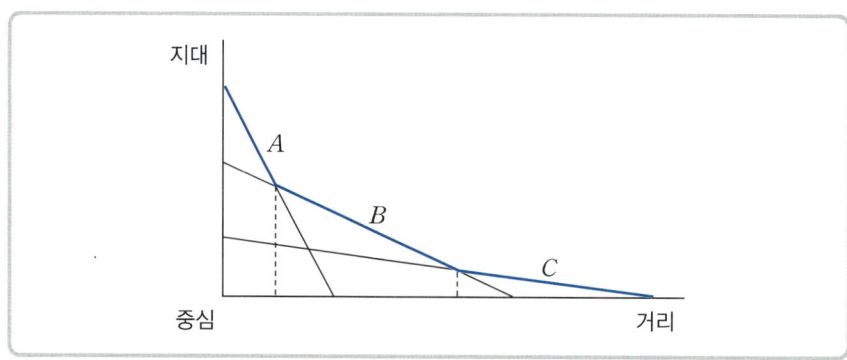

㉤ 교통이 발달하여 한계운송비가 감소하면 입찰지대곡선의 기울기는 완만해진다. 이에 따라 외곽으로 한계지가 연장되고 외곽지역의 토지수요가 증가하여 토지이용량이 늘어나는 교외화현상이 발생한다.

㉥ 외곽지역의 토지가격 상승은 이전보다 외곽토지이용의 집약화현상을 유발시킨다.

㉦ 튀넨은 이와 같이 **수송비의 절약분에 따른 토지이용자의 지대지불능력을 반영한 6개의 동심원적 토지이용모델**이 형성된다고 설명하였다.

❷ 튀넨의 고립국이론은 버제스(E. Burgess)의 동심원(도시구조)이론에 영향을 주었다.

튀넨의 동심원적 토지이용모델❷

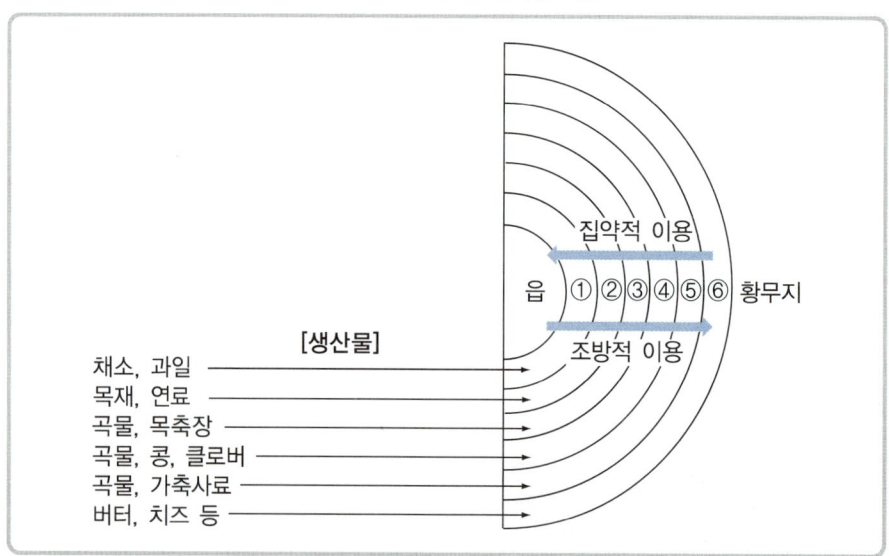

> **확인예제**
>
> **다음의 설명에 모두 해당하는 것은?** 　　　　　　　　　　　　　　　　　제33회
>
> > - 서로 다른 지대곡선을 가진 농산물들이 입지경쟁을 벌이면서 각 지점에 따라 가장 높은 지대를 지불하는 농업적 토지이용에 토지가 할당된다.
> > - 농산물 생산활동의 입지경쟁 과정에서 토지 이용이 할당되어 지대가 결정되는데, 이를 입찰지대라 한다.
> > - 중심지에 가까울수록 집약 농업이 입지하고, 교외로 갈수록 조방 농업이 입지한다.
>
> ① 튀넨(J. H. von Thünen)의 위치지대설
> ② 마샬(A. Marshall)의 준지대설
> ③ 리카도(D. Ricardo)의 차액지대설
> ④ 마르크스(K. Marx)의 절대지대설
> ⑤ 파레토(V. Pareto)의 경제지대론
>
> **해설**
> ① 튀넨(J. H. von Thünen)의 위치지대설(고립국이론, 입지교차지대설, 입찰지대설)에 대한 설명이다.
> ② 마샬(A. Marshall)의 준지대란 토지 이외의 기계, 기구, 설비 등 고정생산요소에 귀속되는 일시적인 소득을 말한다.
> ③ 리카도(D. Ricardo)의 차액지대에 따르면 어떤 토지의 지대는 우등지의 생산성과 한계지의 생산성의 차이에 의해 결정된다.
> ④ 마르크스(K. Marx)의 절대지대에 따르면 토지소유 자체가 지대의 발생요인이다.
> ⑤ 파레토(V. Pareto)의 경제지대란 공급이 제한된, 공급이 비탄력적인 생산요소(예 토지, 노동 등)로부터 발생하는 추가적인 보수, 초과수익(잉여)을 말한다.　　　　　　　정답: ①

03 도시지대이론

(1) 알론소(W. Alonso)의 입찰지대이론

알론소는 튀넨의 농촌토지이용에 대한 이론을 도시토지이용으로 확장·발전시켰는데, 입찰지대라는 개념으로 위치별 지대 차이와 이에 따른 토지이용의 결정을 설명하였다. 그는 수송비는 도심지로부터 멀어질수록 증가하고, 재화의 평균생산비용은 동일하다는 가정을 전제하였다.

① 도심으로부터 일정한 거리에 위치한 토지들은 여러 토지이용활동들간의 입지경쟁을 통하여 특정용도로 배분된다. 즉, 이 과정은 해당 토지에 대한 여러 활동들의 지대입찰과정으로 설명될 수 있으며, 최대의 순현가(수익)를 올릴 수 있어서 가장 높은 지대를 지불하려는 주체에게 해당 토지의 이용이 할당된다고 할 수 있다.

② 지대의 성격은 기업주의 정상이윤과 투입생산비를 지불하고 남은 잉여에 해당하며, 여기서 입찰지대란 토지이용자가 지불하고자 하는 최대금액이라 할 수 있다.

③ 도심지역의 이용 가능한 토지는 외곽지역에 비하여 한정되어 있어 토지이용자들 사이에 경쟁이 치열해질 수밖에 없다. 따라서 **토지소유자는 이용구간(위치)별로 가장 높은 지대를 지불할 수 있는 주체에게 토지를 할당하게 된다.**

④ 도심 쪽 입지주체의 입찰지대곡선은 급경사이며, 도심에서 외곽으로 나감에 따라 입찰지대곡선의 기울기는 점차 완만해진다. 즉, 도심으로부터 외곽으로 나감에 따라 '상업지역 ➡ 주거지역 ➡ 공업지역'순으로 그 토지이용이 분화된다는 것이다.

⑤ 단일도심에서 **상업용 토지이용이 도심 부근에 나타나는 것은 상업용 토지이용이 단위토지면적당 생산성이 높기** 때문이다.

⑥ 알론소의 지대이론에 따르면, 교통비부담이 너무 커서 도시민이 거주하려고 하지 않는 한계지점이 도시의 주거한계점이 될 수 있다.

(2) 헤이그(R. M. Haig)의 마찰비용이론❶

> ❶ 마찰비용 = 교통비+지대

헤이그의 마찰비용이론은 중심지로부터 멀어질수록 수송비(교통비)는 증가하고 지대는 감소한다고 보고, 수송비(교통비)를 강조하였다. 교통수단은 공간의 마찰을 극복하기 위하여 고안된 것으로, 교통수단이 양호하면 마찰은 작아진다. 즉, 공간의 마찰비용은 지대와 교통비의 합이며, 토지는 고정되어 있으므로 **교통비의 절약액이 지대라고 하였다.** 따라서 토지이용자는 마찰비용으로 교통비와 지대를 지불한다.

확인예제

지대이론에 관한 설명으로 옳은 것은? 제34회

① 튀넨(J. H. von Thünen)의 위치지대설에 따르면, 비옥도 차이에 기초한 지대에 의해 비농업적 토지이용이 결정된다.
② 마샬(A. Marshall)의 준지대설에 따르면, 생산을 위하여 사람이 만든 기계나 기구들로부터 얻은 일시적인 소득은 준지대에 속한다.
③ 리카도(D. Ricardo)의 차액지대설에서 지대는 토지의 생산성과 운송비의 차이에 의해 결정된다.
④ 마르크스(K. Marx)의 절대지대설에 따르면, 최열등지에서는 지대가 발생하지 않는다.
⑤ 헤이그(R. Haig)의 마찰비용이론에서 지대는 마찰비용과 교통비용의 합으로 산정된다.

> **해설**
> ② 토지 이외의 고정생산요소(예 기계, 기구, 설비 등)로부터 발생하는 지대는 준지대로서, 일시적인 소득이다.
> ① 튀넨(J. H. von Thünen)의 위치지대설에 따르면 수송비 차이에 기초한 (입찰)지대에 따라 농업적 토지이용이 결정된다.
> ③ 리카도(D. Ricardo)의 차액지대설에서 지대는 토지의 생산성과 비옥도의 차이에 의해 결정된다.
> ④ 마르크스(K. Marx)의 절대지대설에 따르면 최열등지(한계지)에서도 지대가 발생한다(비옥도와 무관하게 최열등지에서도 토지소유자는 지대를 요구할 수 있다).
> ⑤ 헤이그(R. Haig)의 마찰비용이론에서 마찰비용은 교통비용과 지대의 합으로 구성된다.
>
> 정답: ②

(3) 생산요소의 대체성과 도시지대

① 토지에 대한 자본의 결합비율

㉠ 생산요소 중 노동은 일정하다고 가정하고 토지와 자본의 투입량만을 달리하여 재화를 생산한다고 가정한다.

㉡ 다음 그림은 일정량을 생산하기 위한 토지와 자본의 대체관계를 나타내는 등(생산)량곡선이다. 즉, 동일한 양을 생산한다고 할 때 자본을 많이 사용하고 토지를 적게 사용하는 결합비율이나, 토지를 많이 사용하고 자본을 적게 사용하는 결합비율을 택할 수 있다. 따라서 토지와 자본의 대체관계는 원점을 향하여 볼록한 역선형의 우하향하는 형태로 나타난다.

생산요소의 대체성에 의한 도시지대함수

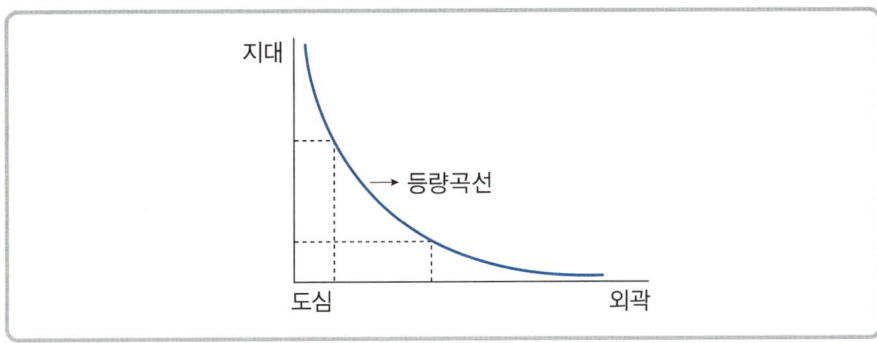

② 생산요소의 대체성: 토지에 대한 자본의 결합비율을 말한다.

$$생산요소의\ 대체성 = \frac{자본}{토지} \times 100$$

㉠ 생산요소의 대체성이 크다는 것은 토지에 대한 자본의 결합비율이 크다는 의미이다.

    ⓒ 도심 안(중심)으로 들어갈수록 토지보다는 자본을 많이 사용하고, 외곽으로 나갈수록 자본보다는 토지를 많이 사용하게 된다. 즉, 토지에 대한 자본의 결합비율은 도심에 가까울수록 높고 외곽으로 갈수록 낮아진다.
    ⓒ 3차 산업(상업·금융업)은 중심에서 집약적 토지이용을, 1차 산업(농업)은 외곽에서 조방적 토지이용을 하게 된다. 즉, 도심지역에 입지하는 활동들은 대체로 토지에 대한 자본의 대체성이 크다.
    ⓔ 도심지역의 건물이 고층화된다는 것은 토지에 대한 자본의 결합비율이 높다(크다)는 것을 의미한다.
    ⓜ 생산요소의 대체성은 생산요소의 상대적 가격, 기업이나 산업의 종류에 따라서도 달라진다.

(4) 마샬(A. Marshall)의 지가이론

마샬은 토지의 유용성에 대한 화폐가치의 합을 '지가'라고 하였다. 택지의 가격은 위치의 가치로 나타난다고 하여 위치의 중요성을 강조하였고, 상업지의 가치는 매출액의 증가분으로, 공업지의 가치는 비용의 절약분으로 나타난다고 하였다.

(5) 허드(R. M. Hurd)의 지가이론

허드는 지가는 접근성에 따라 다르다고 하였다. 즉, 지가의 바탕은 경제적 지대이며 지대는 위치에, 위치는 편리에, 편리는 접근성에 의존하므로 지가는 접근성에 따라 달라진다고 하였다.

제2절 도시공간구조이론 제26·28·29·30·31·32·33·34·35회

도시공간구조란 도시를 구성하고 있는 각종 요소와 기능들의 유기적이고 체계적인 외적 공간배열상태를 의미한다.

01 단핵이론

(1) 버제스(E. Burgess)의 동심원이론
① 개념
  ⓐ 1925년 시카고 대학의 교수인 사회학자 버제스가 튀넨(J. H. von Thünen)의 동심원적 토지이용모델을 응용하여 제시한 도시구조모델이다.❶
  ⓑ 거주지분화현상을 통하여 도시의 팽창과 발전을 설명하였다. 즉, 도시의 구조가 침입·경쟁·천이 등의 과정을 통하여 원형을 그리면서 팽창·형성된다는 것이다.

❶ 시카고시를 연구대상으로 하여 경험적으로 도출한 이론이다.

ⓒ 도시생태학의 관점에서 도시는 그 중심지에서 주거지를 외곽으로 밀고 나가면서 동심원상으로 확대되어 5개 지구로 분화되면서 성장한다는 이론이다.
ⓓ 중심지에서 외곽으로 멀어질수록 접근성, 지대 및 인구밀도가 낮아지는 반면에 주거환경은 쾌적해짐에 따라 범죄·빈곤·질병 등 도시문제가 적어지는 경향을 보인다.❶
ⓔ 소득이 향상되어 중심지에서 외곽으로 주거이동을 함에 따라 고소득층일수록 쾌적한 외곽지역에 주거입지를 선정하는 경향이 있다.

② 기능지역의 분화: 버제스에 의하면 도시의 기능지역은 5개 지대, 즉 '중심업무지대 ➡ 천이(점이)지대 ➡ 근로자 주거지대 ➡ 중산층 주거지대 ➡ 통근자지대(고소득층 주거지대)'로 분화되면서 외곽으로 팽창·성장한다.

❶ 중심업무지구로부터 지가의 모습은 지가구배현상(地價勾配現象)을 나타낸다.

용어사전
지가구배현상
전통적 소도시에서 지가의 패턴이 도심에서 가장 높고, 도심에서 멀어질수록 점점 낮아지는 현상을 말한다.

동심원이론

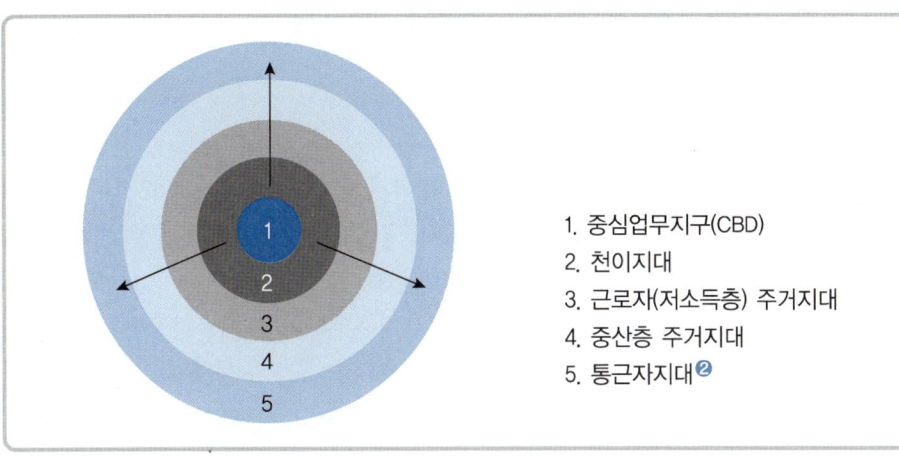

1. 중심업무지구(CBD)
2. 천이지대
3. 근로자(저소득층) 주거지대
4. 중산층 주거지대
5. 통근자지대❷

❷ 통근자(주거)지대
= 고소득층 주거지대

㉠ 제1지대 – 중심업무지구(CBD; Central Business District): 상업, 사회·시민생활 및 교통의 핵심지로서 도시가 성장해나가는 데 초점이 되는 곳으로, 백화점·철도역·호텔·극장 등의 각종 시설이 집중되어 있는 소매상업지구와 그 외곽에 도매업과 경공업 등이 혼재된 지구이다.

㉡ 제2지대 – 천이지대(Zone in Transition, 점이지대, 과도기지역): 도시가 현대화됨에 따라 외곽의 농촌인구가 시카고시에 유입되었는데, 이들은 주택지 불능력이 낮아 중심업무지구(CBD)를 둘러싼 다음 지대에 주거지를 형성하게 되었다. 이를 천이지대 혹은 점이지대라 하며, 전환과정의 지역이라고도 한다. 이 지역의 일부에는 빈곤·빈민층의 주거지가 형성되고, 중심업무지구(CBD)에 입지하였던 업무시설이나 경공업이 주거지를 잠식하고 있어 주거환경이 더욱 악화되는 슬럼(slum)지대의 성격을 갖는다.

㉢ 제3지대 – 근로자 주거지대(Zone of Low Income Housing, 저소득층 주거지역): 천이(점이)지대에 거주하던 사람들이 소득이 향상됨에 따라 이주해오는 지역이다.

ⓔ 제4지대 - 중산층 주거지대(Zone of Middle Income Housing): 중류계층이 살고 있는 곳으로 단독주택이나 아파트단지 등이 공존해 있는 지구이다.
ⓜ 제5지대 - 통근자지대(Commuter's Zone, 고소득층 주거지대): 도시경계선 밖에 있는 지대로, 주로 주택지로서의 기능을 가지는 소규모의 위성도시가 발달되어 있는 곳으로 고급주택이 산재되어 있다. 이 지대는 소득이 가장 높은 계층이 거주하는 고급주택지역이 형성되며, 주민의 대다수가 중심업무지구까지 통근하고 있기 때문에 통근자지대라고 불린다.

③ 한계점
 ㉠ 버제스가 시카고시만을 연구대상으로 한 결과이므로 도시에 대한 일반적인 공간구조를 설명하는 데 제한사항이 있다.
 ㉡ 교통망의 발달을 고려하지 못한 측면이 있고, 다른 요인에 의하여 동심원의 토지이용구조가 변형된다는 점을 간과하고 있다.

(2) 호이트(H. Hoyt)의 선형이론(扇形理論)

① 개념
 ㉠ 1939년 미국의 토지경제학자인 호이트에 의하여 제안된 도시구조모델로서, 주택임대자료를 분석한 결과 도시공간구조가 도심에서 뻗은 방사형 교통망을 따라 형성·발전된다는 이론이다.
 ㉡ 도시구조의 성장과 분화가 중심업무지구로부터 도매·경공업지구, 저급주택지구, 중급주택지구, 고급주택지구들이 주요 교통노선을 따라 쐐기형(wedge) 지대모형으로 확대 배치되기 때문에 쐐기형이론, 축이론이라고도 불린다.
 ㉢ 도시구조가 중심업무지대(CBD)를 따라 외곽지형으로 뻗어 '부채꼴'의 섹터를 형성하고 있고, 도로를 따라 원을 변형한 부채꼴 모양으로 도시가 성장한다는 이론이다.
 ㉣ 선형이론에 의하면 주택구입능력이 높은 고소득층의 주거지는 주요간선도로의 인근(교통망 축)에 가까이 입지하는 경향이 있다. 즉, 선형이론에서는 주택가격의 지불능력이 주거지 공간이용의 유형을 결정하는 중요한 요인이 된다.
 ㉤ 고급주택은 교통망의 축에 가깝게 입지하고, 중급주택은 고급주택의 인근에 입지하며, 저급주택은 반대편에 입지하는 경향이 있다.

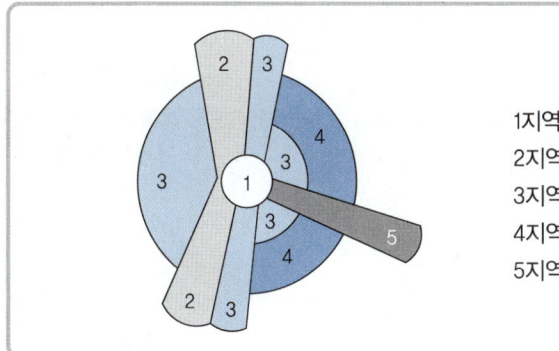

호이트의 선형이론

1지역: 중심업무지구(CBD)
2지역: 도매 및 경공업지대
3지역: 저소득층 주거지역
4지역: 중소득층 주거지역
5지역: 고소득층 주거지역

② 한계점
  ㉠ 단순히 과거의 경향만을 설명하고 있으므로 실제 도시의 토지이용형태는 교통망에 따른 토지이용형태와 일치하지 않는다.
  ㉡ 주택입지의 이동을 설명 또는 예측하기 위해서 지나치게 고급주택의 역할만을 강조하였다.

02 다핵심이론

(1) 개념

① 미국의 도시지리학자인 해리스(C. D. Harris)와 울만(E. L. Ullman)은 도시 내부의 토지이용은 단일핵심의 주위에서 형성되는 것이 아니라 몇 개의 분리된 핵심과 그 주위에서 형성된다는 점을 강조하였다.

② 런던의 도시구조에 대한 실증적인 조사에 기반을 두고, 주로 대도시 내 전 지역을 대상으로 다핵심의 기능적 지역분화를 설명하였는데, 이는 동심원이론과 선형이론을 결합한 이론이다.

③ 도시 성장에 있어서 도시의 핵심은 단일핵심이 아니며, 도시가 성장하면서 핵심의 수(부도심)가 증가하고 도시는 복수의 핵심 주변에서 발달한다는 이론이다. 즉, 현대도시나 대도시에서 나타나고 있는 기능별 분화현상을 설명하고 있다.

④ 다핵심이론에서 중심업무지구(CBD) 외에도 다핵심, 즉 부도심이라는 것은 도시의 발생 당시부터 존재하기도 하지만, 도시성장·이동과 지역특화가 진행됨에 따라 형성되기도 한다.

⑤ 각 도시마다 하나의 중심핵을 가지는 것이 아니라 도시 내의 입지·교통·공간형태·도시규모 등의 요인에 의하여 여러 개의 핵을 동시에 형성할 수 있으며, 도시성장은 이 여러 개의 핵을 중심으로 개발이 이루어진다는 것이다.

⑥ 전통적인 소도시일수록 단핵패턴을 형성하지만, 현대 도시나 대도시일수록 다핵패턴을 형성하고 있다.

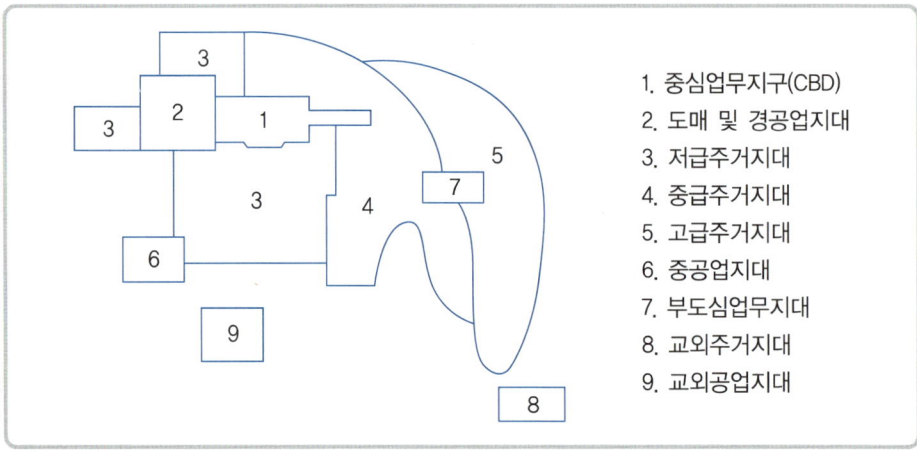

(2) 다핵심이 발생하는 요인

① **동종활동의 집적이익 추구:** 동종·유사활동은 집적이익이 있기 때문에 특정지역에 서로 모여서 입지하는 경향이 있다.

② **이종활동의 이해 상반:** 이질적 활동은 이해가 상반되므로 서로 분리하여 분산입지하는 경향이 있다는 것으로, 이를 입지적 비양립성이라고도 한다.

③ **지대지불능력의 차이:** 경우에 따라 지대지불능력의 차이 때문에 그곳에 입지하지 못하고 분리되는 경향이 있다.

④ **특정활동에 따른 특수시설:** 상가용 점포의 경우에는 고객의 접근성이 양호한 위치가 필요하고 공장의 경우에는 수송비를 절약할 수 있는 위치가 필요한데, 그러한 곳에 입지하는 경향이 있다.

(3) 한계점

① 다핵이론은 모든 도시에 표준적으로 적용할 수 있는 모형은 아니다.

② 다핵형성이 원래 도심부의 핵을 중심으로 이루어진다고 하였는데, 현대의 대도시들은 몇 개의 중소도시가 교통의 발달로 인하여 하나의 생활권으로 형성되는 경우가 많다.

03 베리(Berry)의 유상도시이론

교통수단의 발달로 종래 도시 내부에 집약되어 있던 업무시설과 주택이 간선도로를 따라 확산 입지하는 경향이 있다는 이론으로서 도시성장이 마치 리본(Ribbon), 띠 모양과 같다는 의미에서 유상도시이론이라 한다. 현대는 자동차시대라 할 수 있으므로 간선도로를 따라 토지이용의 효용이 증대되고 있다.

04 시몬스(J. W. Simmons)의 다차원이론

시몬스는 1965년 '도시의 토지이용에 관한 기술적 모델'에서 이전의 동심원이론, 선형이론, 다핵심이론 등 도시성장이론 각각은 토지이용의 공간적 분포를 설명하는 데 미흡하다고 주장하였다. 즉, 다차원이론은 동심원이론, 선형이론, 다핵심이론 등의 이론을 종합하여 도시의 공간적 분포를 설명하는 이론을 제시한 것이다.

> **확인예제**
>
> **도시공간구조이론에 관한 설명으로 틀린 것은?** 제24회
> ① 동심원이론에 따르면 저소득층일수록 고용기회가 적은 부도심과 접근성이 양호하지 않은 지역에 주거를 선정하는 경향이 있다.
> ② 선형이론에 의하면 고소득층의 주거지는 주요교통노선을 축으로 하여 접근성이 양호한 지역에 입지하는 경향이 있다.
> ③ 동심원이론에 의하면 점이지대는 고소득층 주거지역보다 도심에 가깝게 위치한다.
> ④ 다핵심이론에서 도시는 하나의 중심지가 아니라 몇 개의 중심지들로 구성된다.
> ⑤ 동심원이론은 도시의 공간구조를 도시생태학적 관점에서 접근하였다.
>
> **해설**
> 동심원이론에 따르면 저소득층일수록 중심업무지구를 둘러싼 주거환경이 좋지 않은 점이(천이)지대에 주거지를 두는 경향이 있다. 이후 소득이 향상될수록 주거지를 외곽으로 밀고 나가면서 원형 도시의 구조가 팽창·성장한다.
> 정답: ①

제3절 입지론

01 부동산입지론의 개요

(1) 입지와 입지선정의 개념
① '입지'란 주택·공장·상점 등 어떤 입지주체가 자리 잡고 있는 구체적인 장소를 말한다. 따라서, 입지는 정적·공간적인 개념이다.
② 입지선정이란 입지주체의 입지목적에 부합하는 입지조건을 갖춘 토지를 찾는 것, 이를 발견하는 작업으로, 동적이고 공간적·시간적인 개념이다.

(2) 입지론과 적지론
① 입지론: 주어진 용도에 어떠한 위치(부지)가 적합한지를 판단하는 것으로, 부동산을 이용하는 입장에서 더 유리한 위치를 선택하고 결정하는 것을 말한다. 즉, 특정경제활동의 최적입지를 찾는 것으로, 이는 부동성에 근거를 두고 있다.

② **적지론**: 주어진 위치에 어떠한 용도가 적합한지를 판단하는 것으로, 특정토지를 어떻게 사용하는 것이 최적인지를 논의하는 것이다. 즉, 그 토지의 최유효이용 방법을 찾는 것으로, 이는 용도의 다양성에 그 근거를 두고 있다.

(3) 입지조건(立地條件)

① **개념**: 입지조건이란 토지가 자리잡고 있는 위치의 자연적 조건이나 인문적 조건을 말하는 것으로, 자연적 조건은 지세·지질·지반·온도·습도·경관 등을 말하며, 인문적 조건은 사회적·경제적·행정적 제 요인을 말한다.

② 입지주체의 목표는 유용성(有用性)을 최대로 만족시킬 수 있는 입지조건을 찾는 것인데, 부동산의 입지조건은 용도에 따라 달라진다.

용도	입지조건
주거입지	생활조건(편리성)·환경조건(쾌적성)
상업입지	수익성
공업입지	생산성·비용성

(4) 입지선정의 중요성❶

① 입지선정이 잘못되면 경영관리상 노력의 낭비를 가져와 사업실패를 초래할 수 있으며, 입지선정에는 비가역성의 문제도 고려하여야 한다.

② 입지선정의 과정에서는 입지경쟁이 전개되고, 그 결과 토지이용을 집약화시키며 토지의 단위면적당 노동과 자본의 투입량을 높인다. 따라서 이러한 집약적 토지이용의 결과는 지가를 상승시키고, 건물의 고층화를 불가피하게 만든다.

❶ 부동성, 인접성, 용도의 다양성, 위치의 가변성은 입지선정의 중요성을 제기한다.

02 상업입지이론

(1) 레일리(J. W. Reilly)의 소매인력법칙(소매중력법칙) 제26·27·29·33회

① 레일리는 1930년대 미국 텍사스주의 도시에 대한 소매상권연구로부터 '소매중력법칙'을 처음으로 주장하였다.

② 뉴턴(Newton)의 만유인력법칙을 원용하여 '두 도시의 상거래흡인력은 두 도시의 인구 수에 비례하고, 두 도시의 분기점으로부터 거리의 제곱에 반비례한다'는 전제하에 경쟁하는 두 도시 사이에 위치한 도시인구로부터 발생하는 매출액의 비율이 각각 두 경쟁도시에 어떻게 배분되는지를 추정하는 이론이다.

③ 소비자들은 도시의 규모가 클수록 다양한 구매시설들을 활용할 수 있기 때문에 이러한 구매장소를 선택할 가능성이 더 높을 것이고, 반면에 도시와의 거리가 멀어질수록 구매 매력도가 작아져서 구매장소로 선택할 가능성이 낮아질 것이라는 점에 기초하였다.

④ 레일리의 소매인력법칙은 두 도시로 구매하러 갈 인구유인비율을 구하지만, 점포간의 매출비율을 추정하는 데에도 활용될 수 있다.

⑤ 두 도시 사이에 위치한 도시인구에 대하여 상권이 미치는 영향력의 크기(상거래의 흡인력)는 그 두 도시의 크기에 비례하여 배분된다. 따라서 A도시와 B도시의 크기(인구 수)가 동일하다면 1 : 1의 비율로 나누어지지만, A도시가 B도시보다 크다면 더 많은 소비자들이 A도시로 갈 것이므로 상권의 분기점(경계)은 B도시 쪽에 가까워질 것이다.

⑥ 레일리의 소매인력법칙은 중심지간의 상호작용에 중점을 두고 있다. A · B 두 도시로의 유인비율 · 구매지향비율은 다음과 같이 수식화하여 구할 수 있다.

$$\frac{X_A}{X_B} = \frac{A도시의\ 인구}{B도시의\ 인구} \times \left(\frac{B도시까지의\ 거리}{A도시까지의\ 거리}\right)^2$$

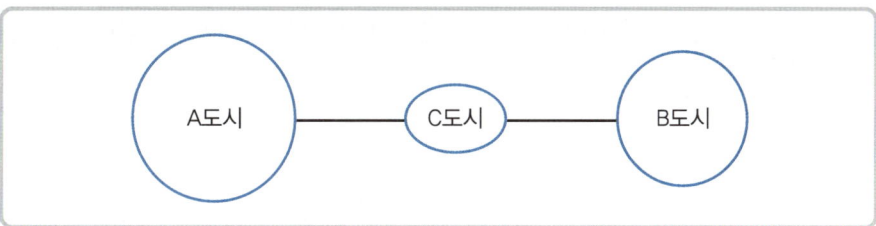

확인예제

레일리(W. Reilly)의 소매중력모형에 따라 C신도시의 소비자가 A도시와 B도시에서 소비하는 월 추정소비액은 각각 얼마인가? (단, C신도시의 인구는 모두 소비자이고, A, B도시에서만 소비하는 것으로 가정함) 제33회

- A도시 인구: 50,000명, B도시 인구: 32,000명
- C신도시: A도시와 B도시 사이에 위치
- A도시와 C신도시간의 거리: 5km
- B도시와 C신도시간의 거리: 2km
- C신도시 소비자의 잠재 월 추정소비액: 10억원

① A도시: 1억원,   B도시: 9억원
② A도시: 1억 5천만원, B도시: 8억 5천만원
③ A도시: 2억원,   B도시: 8억원
④ A도시: 2억 5천만원, B도시: 7억 5천만원
⑤ A도시: 3억원,   B도시: 7억원

> **해설**
>
> - 두 도시로의 구매지향비율은 두 도시의 인구수에 비례하고, 두 도시의 분기점으로부터 거리의 제곱에 반비례하여 결정된다.
>
> $$\frac{\text{A도시의 구매지향비율}}{\text{B도시의 구매지향비율}} = \frac{\text{A도시의 인구}}{\text{B도시의 인구}} \times \left(\frac{\text{B도시까지의 거리}}{\text{A도시까지의 거리}}\right)^2$$
>
> $$\Rightarrow \frac{A}{B} = \frac{50{,}000명}{32{,}000명} \times \left(\frac{2km}{5km}\right)^2 = \frac{200{,}000}{800{,}000} = \frac{2}{8}$$
>
>   따라서, 전체 10(= 2 + 8) 중에서 2(20%) : 8(80%)의 비율이 된다.
> - C신도시 소비자 월 추정소비액 10억원 × A도시 구매지향비율 0.2(20%) = A도시 월 소비액 2억원
> - C신도시 소비자 월 추정소비액 10억원 × B도시 구매지향비율 0.8(80%) = B도시 월 소비액 8억원
>
> 정답: ③

(2) 컨버스(P. D. Converse)의 분기점모형(수정소매인력법칙) 제29·31·32·35회

① 컨버스의 분기점모형은 레일리의 소매인력법칙을 수정·보완하여 경쟁관계에 있는 두 점포(매장)의 영향력이 균등해지는 상권의 분기점(경계점)을 구하는 방법을 제시한 것이다.❶

② 컨버스는 일반적으로 두 도시 사이에 있는 소비자들은 보다 더 큰 점포(매장)를 향해 흡인·유인된다는 레일리의 주장을 뒷받침하였다.

③ 상권의 경계점은 두 도시가 미치는 구매영향력이 같은 점, 즉 **두 매장으로 구매하러 갈 비율이 1 : 1인 지점**이 되므로 각 도시로부터의 분기점은 다음과 같이 구할 수 있다.❷

$$\frac{X_A}{X_B} = \frac{\text{A도시 면적}}{\text{B도시 면적}} \times \left(\frac{\text{B도시까지의 거리}}{\text{A도시까지의 거리}}\right)^2 = \frac{1}{1}$$

$$\text{A도시로부터의 분기점} = \frac{\text{A도시와 B도시간 거리}}{1 + \sqrt{\dfrac{\text{B도시의 면적(인구 수)}}{\text{A도시의 면적(인구 수)}}}}$$

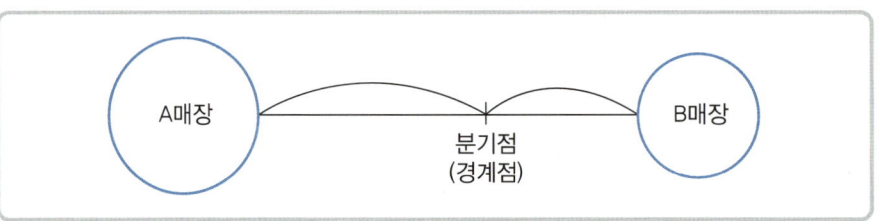

❶ 레일리의 소매인력법칙과 컨버스의 분기점이론은 매장규모(도시크기)와 거리만 고려한다(시간거리나 소비자의 효용은 고려하지 않는다).

❷ 문제의 조건에서 두 도시의 인구수, 두 점포(매장)의 면적 등으로 제시되기도 한다.

> **확인예제**

어떤 도시에 쇼핑센터 A·B가 있다. 두 쇼핑센터간 거리는 8km이다. A의 면적은 1,000m²이고, B의 면적은 9,000m²이다. 컨버스(P. D. Converse)의 분기점모형에 따른 두 쇼핑센터의 상권 경계선은 어디인가? (컨버스의 분기점모형에 따르면, 상권은 거리의 제곱에 반비례하고, 상가의 면적에 비례함)

제18회

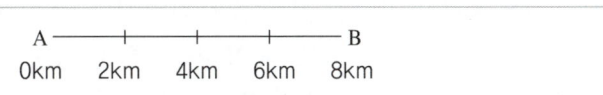

① A로부터 1km 지점
② A로부터 2km 지점
③ A로부터 4km 지점
④ A로부터 6km 지점
⑤ A로부터 7km 지점

> **해설**

상권의 분기점(경계점)이란 두 도시(매장)로 구매하러 갈 비율이 1:1인 지점이므로 다음과 같이 정리하여 계산한다. B쇼핑센터이 A쇼핑센터보다 면적이 더 크기 때문에 B쇼핑센터의 상권 영향력이 더 크다. 따라서, 상권의 경계점(분기점)은 A쇼핑센터쪽에 더 가깝게 형성된다.

- $\dfrac{A}{B} = \dfrac{A의\ 면적}{B의\ 면적} \times \left(\dfrac{B까지의\ 거리}{A까지의\ 거리}\right)^2 = \dfrac{(1)}{(1)}$

- $\dfrac{A}{B} = \dfrac{1,000}{9,000} \times \left(\dfrac{B까지의\ 거리}{A까지의\ 거리}\right)^2 = \dfrac{(3)}{(1)}$ ➡ $\dfrac{A}{B} = \dfrac{1}{9} \times \left(\dfrac{3}{1}\right)^2 = \dfrac{(1)}{(1)}$

∴ 전체 거리 8km 중에서 A쇼핑센터와 B쇼핑센터 간 거리의 비율은 1:3이므로, $8km \times \dfrac{1}{4} = 2km$, 즉 A쇼핑센터로부터 2km 떨어진 지점이 상권의 경계점이 된다.

아래와 같은 공식을 사용하는 방법도 있다.

A쇼핑센터로부터 분기점 $= \dfrac{두\ 쇼핑센터간의\ 거리}{1 + \sqrt{\dfrac{B의\ 면적}{A의\ 면적}}} = \dfrac{8km}{1 + \sqrt{\dfrac{9,000}{1,000}}} = \dfrac{8}{4} = 2km$

정답: ②

(3) 허프(D. L. Huff)의 확률모형(소매지역이론) 제28·29·30·33·34·35회

① 허프의 확률모형은 레일리의 중력모형을 활용하여 상권의 규모에 따른 매장의 매출액을 추정하는 모형으로서 다양한 경험적 사례를 통하여 분석하였다.

② 레일리의 소매인력법칙이 두 도시만을 활용하여 상권을 분석하였다면, 허프의 확률모형은 다수의 중심지(점포)에 적용이 가능하며 대도시에서의 소비자의 구매패턴에 관한 확률모형을 제시하였다.

③ 소비자가 특정 매장(점포)을 이용할 확률은 점포의 면적(비례), 공간마찰계수를 고려하여 점포와의 거리(반비례), 경쟁점포의 수(반비례)에 의해서 결정된다.

④ 소비자들의 특정 매장의 구매를 설명할 때 실측거리, 시간거리(예 5분, 10분), 매장규모와 같은 공간요인뿐만 아니라 효용(예 소비자의 개성 등)이라는 비공간요인도 고려한다.

⑤ 확률모형으로 한 지역에서 각 상점의 시장점유율(가능매상고·매출액)을 추산할 수 있다. 특정점포(매장)로 소비자가 구매하러 갈 중력(유인력)은 다음과 같은 수식을 활용하여 계산할 수 있다. ❶

$$\text{특정점포(매장)에 구매하러 갈 중력} = \frac{\text{매장면적}}{\text{거리}^{\text{마찰계수}\,❷}}$$

⑥ 공간(거리)마찰계수는 시장의 교통조건과 쇼핑물건의 특성에 따라 달라지며, 교통조건이 나쁠수록 공간(거리)마찰계수가 커지게 된다. 전문품점의 경우, 소비자가 교통비나 거리를 크게 고려하지 않으므로 소비자의 거리에 대한 저항이 작다. 따라서 전문품점의 공간마찰계수 값은 일상용품(편의품)점보다 작은 편이다.

⑦ 고정된(한정된) 상권을 놓고 경쟁함으로써 제로섬(zero-sum) 게임이 된다는 한계가 있다.

⑧ 허프에 의하면 소비자는 가장 가까운 곳에서 상품을 선택하려는 경향이 있다. 그런데 적당한 거리에 고차원중심지가 있다면 인근의 저차원중심지를 지나칠 가능성이 커진다. 즉, 매장 면적이 클수록 상품의 종류가 많아지기 때문에 고객들은 고차원중심지(예 대형마트)를 방문하여 다목적구매를 함으로써 더 많은 효용을 얻을 수 있다는 것이다. 어떤 매장이 고객에게 주는 효용이 클수록 그 매장이 고객들에게 선택될 확률은 높아진다.

---

❶ A점포로의 구매확률

$$\frac{\dfrac{\text{A점포 면적}}{\text{A점포 거리}}}{\dfrac{\text{A점포 면적}}{\text{A점포 거리}} + \dfrac{\text{B점포 면적}}{\text{B점포 거리}}}$$

❷ 공간마찰계수의 값이 '2'라고 제시되면 수식 분모의 거리 값에 2를 적용하면 된다. 예 거리 값이 4km이면 $4^2 = 16$이다.

> **확인예제**

허프(D. Huff)모형을 활용하여, X지역의 주민이 할인점 A를 방문할 확률과 할인점 A의 월 추정매출액을 순서대로 나열한 것은? (단, 주어진 조건에 한함) 제28회

- X지역의 현재 주민: 4,000명
- 1인당 월 할인점 소비액: 350,000원
- 공간마찰계수: 2
- X지역의 주민은 모두 구매자이고, A · B · C 할인점에서만 구매한다고 가정

구분	할인점 A	할인점 B	할인점 C
면적	500m²	300m²	450m²
X지역 거주지로부터의 거리	5km	10km	15km

① 80%, 10억 9,200만원
② 80%, 11억 2,000만원
③ 82%, 11억 4,800만원
④ 82%, 11억 7,600만원
⑤ 82%, 12억 400만원

> **해설**

각 할인점으로 구매하러 갈 중력(유인력)을 구한다.

- 할인점 A의 구매중력 = $\dfrac{500}{5^2}$ = 20
- 할인점 B의 구매중력 = $\dfrac{300}{10^2}$ = 3
- 할인점 C의 구매중력 = $\dfrac{450}{15^2}$ = 2

각 점포의 구매지향비율(확률)은 전체 25 중에서 20/25(80%) : 3/25(12%) : 2/25(8%)가 된다. 따라서 할인점 A의 추정매출액은 X지역의 주민 4,000명의 80%인 3,200명에 1인당 소비액 350,000원을 곱한 11억 2,000만원이다.

정답: ②

(4) 크리스탈러(W. Christaller)의 중심지이론 제33·34·35회

① 개요
  ㉠ 재화와 서비스를 공급하는 **중심지의 형성과정에 중점을 둔 이론이다.**
  ㉡ 독일의 지리학자인 크리스탈러는 도시들의 규모분포와 그 거리간에는 일정한 규칙성을 가진다고 보고 남부독일 도시구조의 일정한 규칙성을 연구하였다.
  ㉢ 도시의 분포(인간 정주체계)와 중심지의 형성과정을 최소요구치와 재화의 도달범위와의 관계를 통하여 설명하는 거시적 관점의 입지이론이다.

② 중심지의 개념: 주변 지역에 재화나 서비스를 제공하는 기능을 수행하는 곳으로 이러한 중심기능을 수행하는 장소를 중심지라고 하는데, 이는 곧 도시나 상점으로 이해할 수 있다.
  ㉠ 중심지: 각종 재화와 서비스의 공급기능이 집중되어 **배후지❶에 재화와 서비스를 제공하는 중심지역**을 말한다.
  ㉡ 최소요구치: 중심지 기능이 유지되기 위한 **최소한의 수요 요구 규모**(최소한의 인구수)를 말한다.
  ㉢ 최소요구범위: 판매자가 **정상이윤**을 얻는 만큼의 소비자를 포함하는 경계까지의 **거리**를 말한다.
  ㉣ (재화의) 도달범위(거리): 중심지활동이 제공되는 공간적 한계로, 중심지로부터 어느 기능에 대한 **수요(판매량)가 0이 되는 지점까지의 거리**를 말한다. 즉, 소비자가 기꺼이 통행할 수 있는 최대한의 범위를 의미한다.
  ㉤ **중심지가 성립하기 위해서는** 최소요구치보다 **재화의 도달범위가 더 커야 한다.**

최소요구치와 재화의 도달범위

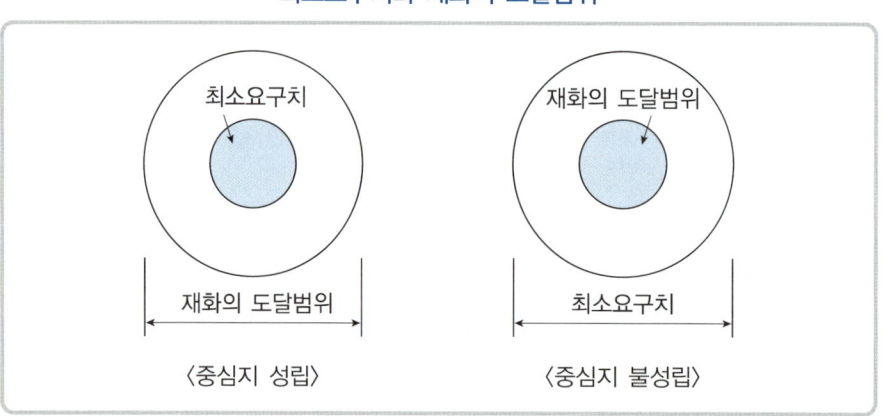

❶
- **배후지**(상권): 중심지로부터 재화와 서비스를 공급(제공)받는 주변지역을 말한다.
- **중심지 재화 및 서비스**: 중심지에서 배후지로 제공되는 재화 및 서비스

③ 중심지의 형태
　㉠ 단일중심지인 경우
　　ⓐ 소비자들은 재화를 구매하기 위하여 중심지로 이동하여야 하는데, 이 경우 이동에 따른 운송비가 발생한다. 따라서 중심지로부터 거리가 멀어질수록 운송비가 늘어나게 되므로 소비자가 부담하는 재화의 가격은 상승하게 되고, 재화에 대한 수요는 감소하게 된다.
　　ⓑ 이렇게 일정거리 이상의 범위가 되면 높은 재화가격으로 인하여 수요가 '0'이 되는 지점이 존재하게 되는데, 중심지로부터 이 지점까지의 거리범위를 '재화의 도달범위'라 한다.
　　ⓒ 따라서 단일중심지인 경우 시장의 형태는 원형으로 형성된다.
　㉡ 다수의 중심지인 경우
　　ⓐ 다수의 중심지가 존재하는 경우에는 각 중심지의 배후지가 중복되지 않는 지역에 입지하려고 할 것이므로, 서비스를 제공받지 못하는 서비스 사각지대가 발생할 수 있다.
　　ⓑ 서비스를 제공받지 못한 지역은 시간이 경과하면서 사각지대를 획득하기 위한 입지경쟁이 발생하게 되고, 이로 인하여 배후지는 중첩·중복된다.
　　ⓒ 이러한 입지경쟁과정을 거치면서 경쟁을 최소화하기 위해서는 중심지가 정육각형의 상권형태를 이루고 입지하는 것이 수송비를 최소화할 수 있기 때문에 합리적·이상적이라는 것이다.
　　ⓓ 중심지는 '서비스 사각지대 발생 ➡ 경쟁의 심화 ➡ 경쟁의 최소화'의 순으로 진행되면서 이상적인 정육각형의 형태를 나타낸다고 보았다.
　　ⓔ 크리스탈러는 이러한 논리로 남부독일의 도시구조가 어떻게 형성되는지를 중심지의 형성과정에 초점을 두고 설명하였다.

이상적인 배후지의 형성

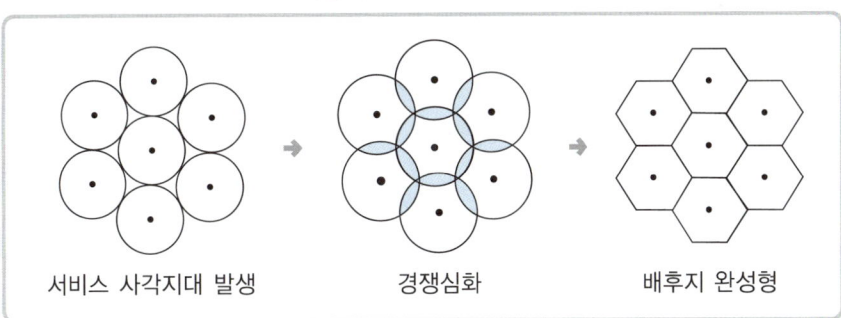

서비스 사각지대 발생　　　경쟁심화　　　배후지 완성형

④ 중심지 계층: 소비자들이 요구하는 재화와 서비스는 매우 다양하며, 서로 다른 재화와 서비스는 서로 다른 크기의 최소요구치와 도달범위를 가진다.
  ㉠ 고차중심지
    ⓐ 고차중심지는 이보다 차수가 낮은 중차중심지와 저차중심지의 기능도 수행한다. 즉, 고차중심지는 고차재와 저차재를 모두 취급한다.
      예 대도시, 백화점, 대형마트, 시청, 대학교 등
    ⓑ 고차중심지는 재화의 도달범위와 최소요구치가 가장 크며 중심지기능도 다양하므로 전문화된 기능을 수행한다.
    ⓒ 고차중심지는 상권의 범위가 넓고 중심지의 수가 적기 때문에 점포의 밀도가 낮은 편이다. 이에 따라 고차중심지간의 거리가 멀다.
  ㉡ 저차중심지
    ⓐ 저차중심지에서는 저차재나 이와 관련된 개별적인 서비스만을 취급한다.
      예 소도시, 편의점, 동사무소, 초등학교 등
    ⓑ 저차중심지는 재화의 도달범위와 최소요구치가 가장 작으며 중심지기능도 가장 작으므로 단순한 서비스만을 제공한다.
    ⓒ 저차중심지는 상권의 범위가 작고 중심지의 수가 상대적으로 많기 때문에 점포의 밀도가 높은 편이다. 이에 따라 저차중심지간의 거리가 가깝다.
⑤ 중심지 계층구조(포섭의 원리, nesting)
  ㉠ 고차중심지는 중차중심지 · 저차중심지의 기능을 모두 제공하고 있다. 즉, 저차재와 고차재를 모두 제공하는 고차중심지 배후지 안에는 저차재만 제공하는 저차중심지 배후지가 중첩되어 나타나게 된다.
  ㉡ 포섭의 원리란 고차중심지의 배후지 안에 차수가 낮은 중심지들간의 배후지와 그 해당 중심지가 어떻게 분할·포섭되는지에 대한 중심지 계층간의 공간 구조체계를 말한다.
  ㉢ 중심지의 수는 저차중심지에서 고차중심지로 갈수록 피라미드형을 이룬다.

중심지 계층간 포섭(nesting)의 원리

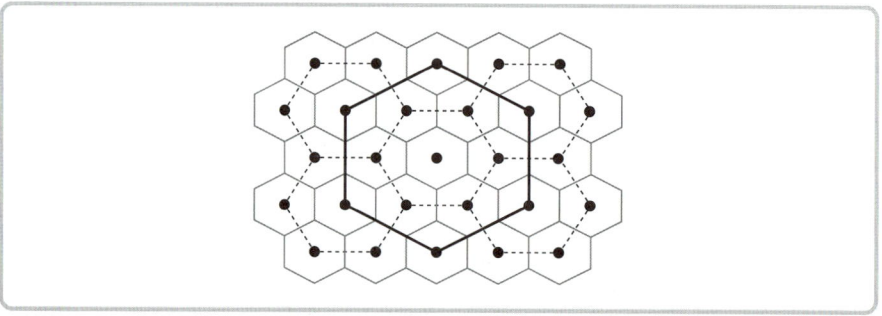

> **확인예제**
>
> 크리스탈러(W. Christaller)의 중심지이론에 관한 설명으로 옳은 것은? 제34회
>
> ① 최소요구범위 – 중심지 기능이 유지되기 위한 최소한의 수요 요구 규모
> ② 최소요구치 – 중심지로부터 어느 기능에 대한 수요가 0이 되는 곳까지의 거리
> ③ 배후지 – 중심지에 의해 재화와 서비스를 제공받는 주변지역
> ④ 도달범위 – 판매자가 정상이윤을 얻을 만큼의 충분한 소비자들을 포함하는 경계까지의 거리
> ⑤ 중심지 재화 및 서비스 – 배후지에서 중심지로 제공되는 재화 및 서비스
>
> **해설**
>
> ③ 배후지(상권) – 중심지에 의해(중심지로부터) 재화와 서비스를 제공받는 주변지역
> ① 최소요구치 – 중심지 기능이 유지되기 위한 최소한의 수요 요구 규모
> ② 도달범위 – 중심지로부터 어느 기능에 대한 수요가 0이 되는 곳까지의 거리
> ④ 최소요구범위 – 판매자가 정상이윤을 얻을 만큼의 충분한 소비자들을 포함하는 경계까지의 거리
> ⑤ 중심지 재화 및 서비스 – 중심지에서 배후지로 제공되는 재화 및 서비스
>
> 정답: ③

(5) 넬슨(R. Nelson)의 소매입지이론 제30·31회

① **개념**: 넬슨은 점포의 주체가 **최대의 이익을 얻을 수 있는 매출액을 확보하려면 어디에 입지하여야 하는가**에 대한 점포입지의 8가지 원칙을 제시하였는데, 이 중 '양립성'을 가장 중요한 요소로 판단하였다.

② **점포입지의 8가지 원칙**
   ㉠ **성장가능성**: 향후에도 점포가 지속적으로 성장할 수 있어야 한다.
   ㉡ **상권의 잠재력**: 현재만 볼 것이 아니라 미래의 상황에도 대비하여야 한다.
   ㉢ **고객의 중간유인**: 대상점포와 기존 점포 상권의 중간에 입지하여야 한다.
   ㉣ **접근가능성**: 점포가 충분한 고객을 확보할 수 있는 지역에 입지하여야 한다.
   ㉤ **양립성**: 서로 다른 점포가 인접해 있으면 고객을 서로 주고받으면서 점포의 매출액이 높아진다는 것을 말한다.❶
   ㉥ **집중흡인력**: 대상점포는 동종의 점포가 집중되어 있는 곳에 입지하여야 한다.
   ㉦ **경합성의 최소화**: 경쟁이 심하지 않은 곳에 입지하여야 한다.
   ㉧ **용지의 경제성**: 투자하는 자본보다 더 많은 이익이 보장되는 장소에 입지하여야 한다.

---

❶ **양립성**: 구매고객의 이동을 크게 방해하지 않고 한 곳에 오랫동안 머무르면서 원스톱(One stop) 쇼핑을 할 수 있도록 배려하여야 한다는 것이다.
예 백화점, 대형할인점, 메디컬빌딩 등

용어사전
후버(Hoover)의 입지효과 시간(hour)의 법칙
후버는 점포가 입지하면 즉시 이윤이 발생하는 것이 아니라, 점포 입지 후 일정한 시간이 지나야만 이윤이 달성한다고 하였다.

(6) 상권이론

① 상권의 개념

㉠ 상권이란 대상점포의 고객을 흡인·유인할 수 있는 실질적인 소비자의 숫자가 존재하는 권역으로 상업활동을 성립시키는 공간적 범위를 말하며, 시장지역 또는 배후지(hinterland)라고도 한다.

㉡ 상권은 점포의 매출이 발생하는 구역을 정의하는 공간개념으로 **상권의 규모는 상품이나 서비스의 종류에 따라 다르며, 상권의 범위도 시간의 경과에 따라 유동적이고 가변적이다.**

㉢ 고객의 사회적·경제적 수준이 높을수록, 지역면적이 클수록 좋은 상권이라 할 수 있다.

㉣ **일반적으로 점포의 면적과 상권의 범위는 비례하며, 구매빈도와 상권의 범위는 반비례한다.** 즉, 점포의 면적이 큰 대형마트가 점포의 면적이 작은 편의점보다 상권의 범위가 큰 편이며, 제품의 구매빈도가 높은 편의점이 구매빈도가 낮은 백화점보다 상권의 범위가 더 작다는 것이다.

② 상권의 측정

㉠ 개념: 상권의 측정이란 지리적 조건으로 지역성을 포착하는 것이며, 도시의 흡인력과 주변과의 관계, 소매 및 서비스업 제 활동의 밀집·위치·규모·성격으로 나타나는 여러 가지 특성을 지표상에서 포착하는 것이다.

㉡ 상권측정의 방법

ⓐ **현지조사법**: 해당 지역에 사는 세대와 소재하는 상점을 대표하는 샘플을 추출하여 면접을 실시해서 상권을 측정하는 방법으로, 여기에는 방문조사법, 가두면접법, 고객카드분석법 등이 있다.

ⓑ **통계분석법**: 기존 통계자료를 분석하여 시장의 지역성을 포착하고, 그 지역성을 기초로 상권을 측정하는 방법이다.

ⓒ **수학적 분석법**: 경험적 연구의 결론을 수식화를 통하여 일반화시켜 상권을 분석하는 방법으로, 여기에는 소매인력법칙, 확률모형 등이 있다.

㉢ 상권획정의 방법: 입지와 용도가 정해지면 이에 따라 상권을 획정하게 되는데, 업종에 따라 공간독점법, 시장침투법, 분산시장접근법의 세 가지로 구분할 수 있다.

ⓐ **공간독점법**: 편의품, 체인점 등 거리제한을 두거나 면허가 필요한 업종 등 지역독점력이 인정되는 업종에 적용된다.

ⓑ **시장침투법**: 선매품, 금융상품, 슈퍼마켓 등 대부분의 상권분석에서 적용되는 방법으로 상호간의 상권중첩을 인정하는 경우로서 확률상권의 개념으로 접근하게 된다.

ⓒ **분산시장접근법**: 고가품, 전문품 등 매우 전문화된 상품이나 특정계층만 대상으로 하는 업종에 적용되며, 상권이 연속되지 못한다는 특징이 있다.

(7) 공간균배의 원리와 고전적 점포유형

① 공간균배의 원리
  ㉠ 개념: 경쟁관계에 있는 두 점포(복점)가 공간을 균등하게 분배한다는 이론으로, 동업종의 점포가 서로 도심에 인접해 있거나 분산입지하는 경우를 설명해준다.
  ㉡ 공간의 분배과정: 특정공간(상권)에 동질적인 소비자가 균등하게 분포되어 있고 기존의 점포 A가 입지한 경우, 점포 A와 동일한 점포 B가 새롭게 입지하면 서로 더 넓은 상권을 획득하기 위하여 경쟁을 하지만, 결국 기존의 상권을 균등하게 분배한다는 것이다.

공간균배의 원리

시장이 좁은 경우	시장이 넓은 경우
A B 〈집심입지〉	A ↔ B 〈분산입지〉

  ⓐ 시장이 좁고 수요자가 운송비에 대하여 비탄력적인 경우에는 기꺼이 중심(중앙)까지 물건을 구매하러 올 것이고 따라서 두 경쟁점포는 중심(중앙)에 입지하는 것이 유리할 것이다.
  ⓑ 시장이 넓고 수요자가 운송비에 대하여 탄력적인 경우에는 중심(중앙)까지 물건을 구매하러 오지 않을 것이고 따라서 두 경쟁점포는 상권을 분할하여 분산입지하는 것이 유리할 것이다.

② 소재위치·장소에 따른 점포유형
  ㉠ 집심성 점포
    ⓐ 도심이나 배후지의 중심지에 입지하여야 유리한 점포를 말한다.
    ⓑ 집심성 점포는 주로 재화의 도달범위가 긴 상품을 취급한다.
      예 백화점, 고급음식점, 영화관, 보석점 등
  ㉡ 집재성 점포
    ⓐ 동업종의 점포가 집적이익을 얻기 위하여 의도적으로 모여서 한곳에 입지하는 것이 유리한 점포를 말한다.
    ⓑ 집재성 점포는 업무의 연계성이 크거나 소비자 입장에서 비교하여 구매할 수 있다는 이점이 있는 상품을 주로 취급한다.
      예 가구점, 공구상가, 전자상가, 금융회사 등

ⓒ 산재성 점포
ⓐ 상권의 크기가 한정되어 다른 곳에 **분산입지하여야 유리한 점포를 말한다.**
ⓑ 산재성 점포는 주로 재화의 도달범위가 작은 상품을 취급한다.
예 잡화점, 세탁소, 어물점, 이발소 등
ⓓ 국부적 집중성 점포
ⓐ 동업종의 점포끼리 **국부적 중심지에 입지**하는 것이 유리한 점포를 말한다.
ⓑ 국부적 집중성 점포는 주로 외곽지역에 자연스럽게 입지한다.
예 농기구점, 석재상, 철공소 등

③ 구매습관에 따른 점포유형
㉠ 전문품점
ⓐ **구매의 노력과 비용에 크게 구애받지 않고 수요자의 취미·기호 등에 따라 구매하는 상품을 취급하는 점포를 말한다.**
ⓑ 가격수준이 높아서 구매결정에 신중을 기하기 때문에 구매빈도가 낮은 편이다.
ⓒ 주로 고차중심지에 입지하는 집심성 점포가 대부분이며, 고급의류·보석품 등을 취급하므로 점포의 이윤율이 높은 편이다.
㉡ 선매품점(매회품점)
ⓐ **여러 상점을 통하여 품질·가격·스타일 등을 상호 비교한 후에 구매하는** 상품을 취급하는 점포를 말한다.
ⓑ 대부분 집재성 점포에 해당하며 전자제품, 의류, 공구, 가구 등을 취급하므로 비교적 가격수준이나 이윤율이 전문품점보다는 낮은 편이다.
㉢ 편의품(일상용품)점
ⓐ 일상의 생활필수품을 판매하는 점포이므로 접근성이 가장 중요시된다.
ⓑ 주로 저차중심지에 입지하는 경향이 있으며, 산재성 점포와 그 유형이 유사하다.
ⓒ 편의품은 소비자의 구매결정이 신속하고, 재화의 가격수준이 낮은 편이다.

(8) 매장용 부동산의 부지선정 5단계

① 기존부지의 분석: 점포 하나를 유지하기 위하여 일정한 기간 동안 벌어야 하는 비용, 즉 최소요구치를 파악하는 과정으로 최소요구치의 파악은 동종의 기존 점포를 분석하여 파악할 수 있다.

② 도시분석(➡ 목표도시의 선정)
  ㉠ 분석대상도시의 시장규모와 현재 입점해 있는 경쟁업체를 분석하여 추가로 신규입점이 가능한지 여부를 분석한다.
  ㉡ 순현가를 분석해서 음(−)의 값이 나온다는 것은 이미 시장이 포화상태라는 것을 의미하므로 이러한 곳의 입지는 회피하여야 한다. 반면에 순현가가 '0' 보다 큰 곳이라면 추가입점의 가능성이 있으므로, 이러한 곳이 있다면 순현가가 가장 높게 나오는 도시를 목표도시로 선정한다.
③ 근린분석
  ㉠ 목표시장 선정 후 대상도시 내에서 점포를 입지시킬 근린지역을 선정한다.
  ㉡ 근린지역별로 가구당 또는 1인당 소득을 근거로 하여 해당 업종에 대한 주민들의 지출가능액을 계산한다.
④ 대상근린지역의 선정
  ㉠ 점포입지가 가능한 근린지역들을 선정한 후 이 중 어느 곳에 대상점포를 입지시킬 것인가를 결정한다. 전 단계에서 분석한 근린지역의 지출가능액과 점포가 유지되기 위한 최소요구치를 비교하여 차이가 가장 큰 곳을 선정한다.
  ㉡ 근린지역에 경쟁점포가 입지하고 있는 경우 경쟁점포의 실제 매상고와 주민들의 지출가능액을 비교하여 차이가 큰 곳을 선정한다.
⑤ 대상부지의 선정: 대상근린지역이 선정되면 입점이 가능한 구체적 부지를 선정한다. 이 경우 가능매상고가 가장 높은 부지를 선정하면 된다.

(9) 매장용 부동산의 가능매상고 추계방법

가능매상고의 산정방법으로는 비율법, 유추법, 중력모형법, 회귀모형법, 체크리스트법 등의 방법이 있다.

① **비율법**: 비율법은 여러 비율을 추계함에 있어서 주관이 많이 개입된다는 단점이 있다.
  ㉠ 거래가능지역을 획정한다.
  ㉡ 1인당 주민의 소득을 추계한다.
  ㉢ 거래지역의 지출가능액을 추계한다.
  ㉣ 지출가능액의 비율로써 대상부동산의 가능매상고를 추계한다.

|사례|
3,000세대 가구로 구성된 A지역 주민들은 ➡ ㉠ 거래가능지역의 획정
월 평균 400만원을 벌어서 ➡ ㉡ 평균소득 추계
그중 10%인 40만원은 의류에 소비하며 ➡ ㉢ 해당 품목에 지출하는 비율 추계
40만원의 5%인 2만원은 K의류매장에서 ➡ ㉣ K의류매장의 가능매상고
소비한다.   = 3,000세대 × 2만원 = 6,000만원

② **유추법**: 같은 회사 내의 다른 점포나 유사·사례점포를 이용해서 가능매상고를 유추하여 계산하는 방법으로 유사점포법·유비법이라고도 한다.

③ **중력모형법**: 만유인력의 법칙을 이용하여 대상점포의 가능매상고를 추계하는 방법이며, 중력모형은 동일한 지역시장에 다수의 경쟁업체가 입지하고 있을 때 각 점포의 이론적인 매상고를 확률적으로 구하는 방법이다.

④ **회귀모형**

$$y = a + bx$$
$$\begin{bmatrix} y: \text{종속변수} & x: \text{독립변수(인구 수)} \\ a: \text{회귀상수} & b: \text{회귀계수} \end{bmatrix}$$

㉠ 회귀모형은 매상고에 영향을 미치는 여러 변수(독립변수)들을 가정하여 일정한 수식(회귀모형)을 만든 후 기존의 표본을 통하여 회귀모형을 완성하고, 이를 통하여 대상점포의 가능매상고(종속변수)를 산정하는 방법이다.

㉡ 가능매상고에 영향을 주는 독립변수(요인)로는 경쟁점포의 규모, 주차장, 접근성 등을 활용할 수 있는데, 이처럼 회귀모형은 다른 방법보다 여러 가지 많은 독립변수들을 이용하여 가능매상고를 추계할 수 있다는 장점이 있다.

⑤ **체크리스트법**: 규모가 작은 상점을 분석하거나, 예비적인 분석 또는 본분석의 보조나 예비수단으로서의 체크리스트를 이용하여 가능매상고를 분석할 수 있다. 매장용 부동산에 대한 체크리스트의 활용은 사전적 예비수단으로 대안부지의 여러 가지 특성을 다각도로 활용할 수 있다는 장점이 있다.

03 공업입지이론

(1) 입지인자와 공업입지의 결정

① 입지단위와 입지인자

㉠ **입지단위**: 생산과정에 소요되는 비용을 항목별로 세분한 개개의 비용항목을 말한다.

㉡ **입지인자**

ⓐ **개념**: 입지단위로 보아 다른 장소 이상으로 이익을 가져오기 때문에 이때 특정 장소에 공업입지를 끌어들이는 비용절약상의 이익을 말한다.

ⓑ **종류**: 경제적 인자와 비경제적 인자로 나눌 수 있다.

- **경제적 인자**: 경제적·금전적 이익을 계량화할 수 있는 것으로 수입인자와 비용인자로 구분된다.
- **비경제적 인자**: 수치화를 통하여 계량화할 수 없는 인자로 개인적 선호, 문화적 가치, 국방적 가치, 정치적 가치 등을 그 예로 들 수 있다.

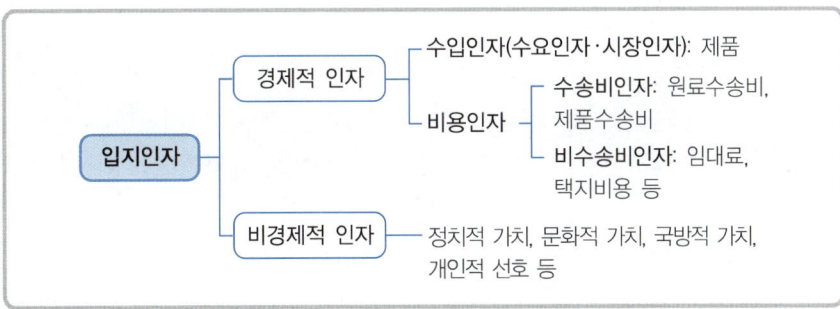

② 공업의 집적인자와 분산인자
  ㉠ **집적인자**: 공업이 일정한 지역에 집중하는 현상을 '집적'이라 하며, 생산과 그로부터의 이익이 특정 장소에 있어 다른 집단과의 통합을 통하여 이익이 발생하는 요인을 '집적인자'라 한다.
  ㉡ **분산인자**: 집단의 해체에 따른 생산과정의 저렴화를 통하여 이익이 발생하는 요인을 '분산인자'라 한다.

③ 공업입지 결정의 3단계: 기업은 이윤극대화를 목표로 입지선정을 하게 된다. 기업의 입지선정은 해당 기업의 업종·규모·기존공장·자금, 경쟁기업의 상태 등에 따라 달라지며, 일반적인 순서는 다음과 같다.
  ㉠ **목표시장의 결정**: 입지선정의 첫 단계로 기업의 목표시장을 결정한다.
  ㉡ **입지지역의 결정**: 목표시장에의 합리적인 출하, 경쟁기업과의 거리, 수입인자와 비용인자의 비교 등을 참작하여 지리적 범위를 결정한다.
  ㉢ **입지지점의 결정**: 지역이 지정되면 지가, 기타 개별적 사정에 의하여 입지지점을 결정한다.

(2) 베버(A. Weber)의 최소비용이론 제29·32·34·35회

① 내용
  ㉠ 베버의 최소비용이론은 **생산비용이 최소가 되는 지점이 공장의 최적입지**가 된다는 접근방법이다. 즉, 생산비가 최소일 때 기업의 이윤이 최대가 된다는 전제하에 최소비용으로 제품을 생산할 수 있는 장소를 최적입지지점으로 보았다.
  ㉡ 공업입지 결정에서 고려하는 비용항목에는 **수송비, 노동비(임금), 집적이익(집적력)**을 들 수 있는데, **그중에서 수송비(원료와 제품)를 가장 중요하게 인식하였다.**
  ㉢ **수송비 최소화지점**을 검토하여 입지를 정하고, 그 다음에 **노동비 최소화지점**을 고려하며, 마지막으로 **집적이익이 최대가 되는 지점**을 판단하여 순차적인 과정을 거쳐 공장의 최적입지를 선정하게 된다.

ⓐ **수송비지향**: 원료와 제품의 수송비를 합한 총수송비가 최소인 지점에 공장이 입지한다.

ⓑ **노동비지향**: 노동비가 저렴하여 노동비의 절약분이 수송비의 증가분보다 큰 경우에는 노동비 최소화지점에 공장이 입지한다.

ⓒ **집적지향**: 집적이익에 의하여 비용절감효과가 큰 경우에는 집적이익 최대화지점에 공장이 입지한다.

② 입지삼각형모델을 통한 공장의 최적입지 선정

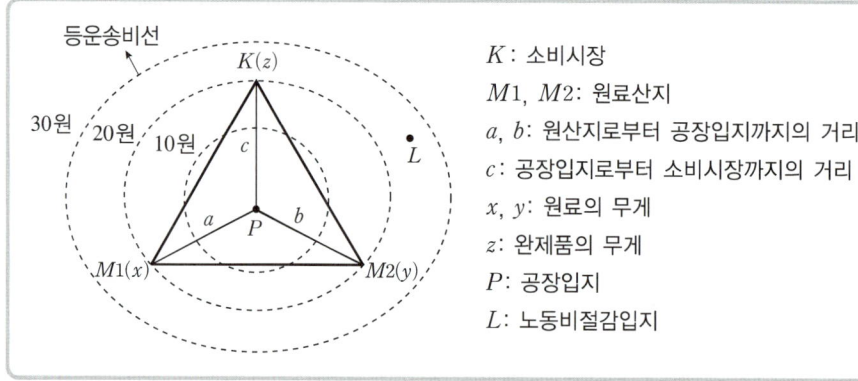

㉠ 입지삼각형모델은 특정 제품의 생산을 위하여 2개의 원료산지(M_1, M_2)와 1개의 시장(K)이 있을 때, 삼각형 안에서 최소수송비지점을 구하기 위하여 베버가 고안한 것이다.

㉡ 원료산지로부터 원료를 공급받아 제품 1단위를 생산하여 시장에 판매하는 데 드는 총수송비는 'ax + by + cz'를 통하여 구할 수 있으며, 이때 수송비(운송비)가 가장 작은 곳이 최적입지가 된다.❶

㉢ 수송비만을 고려한 공장의 최적입지는 원료의 수송비와 제품의 수송비의 합이 최소인 지점으로, 즉 입지삼각형의 무게중심인 P지점이 된다. 이 때 기업의 입지가 최소수송비지점인 P지점으로부터 멀어짐에 따라 수송비는 점차적으로 증가한다.

㉣ 최소수송(운송)비 지점으로부터 기업이 입지를 바꿀 경우, 이에 따른 추가적인 수송(운송)비의 부담액이 동일한 지점을 연결한 것을 등비용선(등수송비선)❷❸이라 한다. 즉, 그림에서 30원으로 표시된 등운송비선은 단위당 총운송비가 P지점보다 30원이 더 발생하는 지역을 연결한 것이다.

㉤ 베버는 수송비 이외에 노동비, 집적의 경제 등에 의하여 최적입지가 최소수송비지점(P)에서 벗어날 수 있는 가능성을 설명하였다. 즉, 공장이 입지삼각형 외부의 L지점으로 이동함에 따라 증가되는 수송비보다 노동비의 감소분이 크다면 최적입지는 L지점이 될 수 있다는 것이다.

❶ 지역간에, 생산 요소의 가격에 차이가 없는 경우 총운송비 최소 지점은 「원료 및 제품의 무게 × 원료 및 제품의 운송거리」의 값이 최소가 되는 지점이다.

❷ 등비용선
같은 동심원상에서는 위치에 관계없이 수송비가 항상 일정한데, 이를 연결한 선을 등운송비선이라 한다.

❸ 임계등비용선
일정 수준 이상의 생산이나 활동에서는 추가적인 이익이 없으므로, 더 이상 생산을 늘리지 않는 임계점에서의 총비용을 나타내는 선을 말한다.

(3) 뢰쉬(A. Lösch)의 최대수요이론 제30회

① 독일의 경제학자 뢰쉬는 베버의 최소비용이론이 생산비에만 치우쳐 있음을 비판하고, 수요를 주요변수로 하는 입지이론을 제시하였다.

② 뢰쉬는 **수요가 최대가 되는 지점**이 기업의 이윤을 극대화시키는 최적입지가 된다는 최대수요이론을 전개하였다. 즉, **이윤극대화를 위한 공장의 최적입지는 시장확대가능성이 가장 풍부한 지점에 입지하는 것**이라고 보았다.

③ 최대수요이론은 비용은 일정하다고 보고, 장소에 따라 **수요가 차별적이라는 전제하에** 수요측면의 경제활동의 공간조직과 상권조직을 파악하였다.

④ 이윤을 추구하는 기업의 입지는 개개 시장지역의 중심부가 최적입지가 되고, 개개 시장지역의 형태는 자유경쟁을 통하여 정육각형패턴의 공간조직으로 이루어진다는 것이다.

⑤ 시장지역이 육각형구조가 될 때 최대다수의 기업이 입지하게 되고 운송거리가 가장 짧아 판매가격이 가장 저렴하며, 그 결과 수요가 최대로 유발됨으로써 소비자와 기업이 다 같이 유리하게 된다는 것이다.

수요원추형

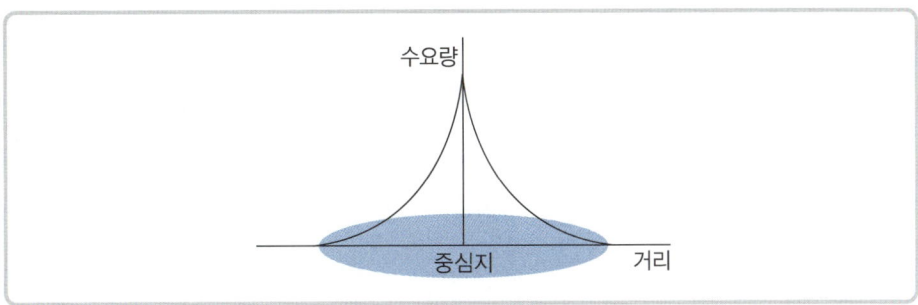

> **용어사전**
> **그린헛(M. Greenhut), 아이사드(W. Isard), 스미스(D. Smith) 등의 비용수요통합(이윤극대화)이론**
> 최소비용이론과 최대수요이론 모두를 비판하면서 비용요인과 수요요인을 동시에 고려한 '통합입지이론'을 전개하였다.

(4) 산업별 입지유형

① 원료지향형 입지
  ㉠ **원료의 중량이나 부피가 제품보다 큰 경우나** 생산과정에서 제품의 무게나 부피가 감소하는 **중량감소산업은 원료지향형 입지를 선호한다.**
  ㉡ 시멘트의 원료가 되는 석회석 등의 **국지·편재원료를 많이 사용하는 산업이나 부패하기 쉬운 원료를 사용하는** 생선통조림공장 등은 **원료지향형 입지를 선호하는 경향이 있다.**

② 시장지향형 입지
  ㉠ 제품수송비란 제품을 공장에서 시장까지 수송하는 비용이다. 공업입지 결정에서 제품수송비가 기업이윤에 미치는 영향이 큰 공장은 제품수송비를 절감할 수 있는 지역에 입지하는 것이 유리한 산업이다.
  ㉡ 제품의 중량이나 부피가 원료보다 큰 경우나 제조과정에서 제품의 무게나 부피가 증가하는 중량증가산업을 그 예로 들 수 있다.

> **용어사전**
> **원료수송비**
> 원료수송비란 원료를 원료산지에서 공장까지 수송하는 비용이다. 공장입지 결정에서 원료수송비가 기업이윤에 미치는 영향이 큰 공장은 원료수송비를 절감할 수 있는 지역에 입지하는 것이 유리한 산업이다.

㉢ 청량음료나 주류의 원재료가 되는 물(水) 등의 보편원료를 많이 사용하는 산업과 중간재나 부패하기 쉬운 완제품을 생산하는 공장 등은 시장지향형 입지를 선호하는 경향이 있다.

③ 베버는 운송비(수송비)관점에서 특정 공장이 원료지향형인지 또는 시장지향인지를 판단하기 위해 원료지수(MI; material index)개념을 사용한다.❶

❶ 베버는 원료를 편재원료와 보편원료로 구분하였다. 편재원료(국지원료)란 광물자원과 같이 특정한 지역에서만 생산되는 원료를 말하며, 보편원료란 물(水)처럼 비교적 어디에서나 쉽게 구할 수 있는 원료를 말한다.

- 원료지수(MI) = $\dfrac{\text{국지원료 중량}}{\text{제품 중량}}$ →
  - 원료지수(MI) > 1: 원료지향형 입지
  - 원료지수(MI) = 1: 자유지향형 입지
  - 원료지수(MI) < 1: 시장지향형 입지

- 입지중량 = $\dfrac{\text{국지원료 중량 + 제품 중량}}{\text{제품 중량}}$

핵심 콕! 콕! 원료지향형 입지와 시장지향형 입지

Tip 간단한 내용인 만큼 개념을 이해한 후에 숙지·암기해 두어야 한다.

원료지향형 입지	시장지향형 입지
원료 중량 > 제품 중량	원료 중량 < 제품 중량
(제품)중량감소산업	(제품)중량증가산업
국지(편재)원료를 많이 사용하는 공장	보편원료를 많이 사용하는 공장
원료지수(MI) > 1	원료지수(MI) < 1
부패하기 쉬운 원료를 사용하는 공장	부패하기 쉬운 제품을 생산하는 공장
시멘트·통조림제조공장 등	가구·음료(물)제조공장 등

④ 집적지향형 산업
㉠ 수송비의 비중이 적고, 기술연관성이 높은 계열화된 다수의 기업이나 산업이 특정한 지역에 집중적으로 입지하는 것이 유리한 산업이다.
㉡ 선박·자동차산업 등은 기술·정보·시설·원료 등의 공동이용을 통하여 비용절감효과를 얻을 수 있다.

⑤ 중간지향형 산업
㉠ 원료산지와 소비시장 사이(중간)의 수송수단이 바뀌는 적환(이적)지점에 공장이 입지하는 경우로, 원료의 해외 의존도가 높은 산업이나 항구 등에 집중하여 입지하는 산업이다.
  예 정유산업, 제철산업 등
㉡ 원료산지와 제품소비지가 수상교통과 육상교통으로 연결되는 경우 원료산지와 소비시장 사이의 중간지점인 항구는 수송수단이 바뀌는(해상 ➡ 육상) 적환지점이 될 수 있는데, 항구 등의 적환지점에 공장이 입지하면 수송비 절감효과를 얻을 수 있다.

⑥ 노동지향형 산업
  ㉠ 공장입지 결정에서 노동비를 절감할 수 있는 저임금지역에 입지하는 것이 유리한 산업으로, 생산비 중에서 노동비의 비중이 큰 산업이 이에 해당된다.
  ㉡ 노동집약적이고 미숙련공을 많이 사용하는 산업이다.
    예 의류산업, 신발제조업 등

> **용어사전**
> **자유지향형 산업**
> 수송비 등이 입지선정에 큰 영향을 미치지 않기 때문에 특정 장소에 입지하지 않고 비교적 자유롭게 입지하는 산업이다.
> ➡ 부가가치가 큰 대규모 기술집약적 산업(예 전자산업, 항공기산업 등)

확인예제

다음을 모두 설명하는 입지이론은? 제32회

- 운송비의 관점에서 특정 공장이 원료지향적인지 또는 시장지향적인지를 판단하기 위해 '원료지수(MI: material index)' 개념을 사용한다.
- 최소운송비 지점, 최소노동비 지점, 집적이익이 발생하는 구역을 종합적으로 고려해서 최소비용지점을 결정한다.
- 최소운송비 지점으로부터 기업이 입지를 바꿀 경우, 이에 따른 추가적인 운송비의 부담액이 동일한 지점을 연결한 것이 등비용선이다.

① 베버(A. Weber)의 최소비용이론
② 호텔링(H. Hotelling)의 입지적 상호의존설
③ 뢰쉬(A. Lösch)의 최대수요이론
④ 애플바움(W. Applebaum)의 소비자분포기법
⑤ 크리스탈러(W. Christaller)의 중심지이론

해설
공업입지이론 중 베버(A. Weber)의 최소비용이론에 대한 설명이다. 베버는 입지삼각형 모델을 통해 원료와 제품의 수송비(운송비)가 최소가 되는 지점을 찾고, 그 곳이 공장(기업)의 최적입지라고 주장하였다.
등비용선 = 등수송비선(운송비선)

정답: ①

해커스 공인중개사
land.Hackers.com

10개년 출제비중분석

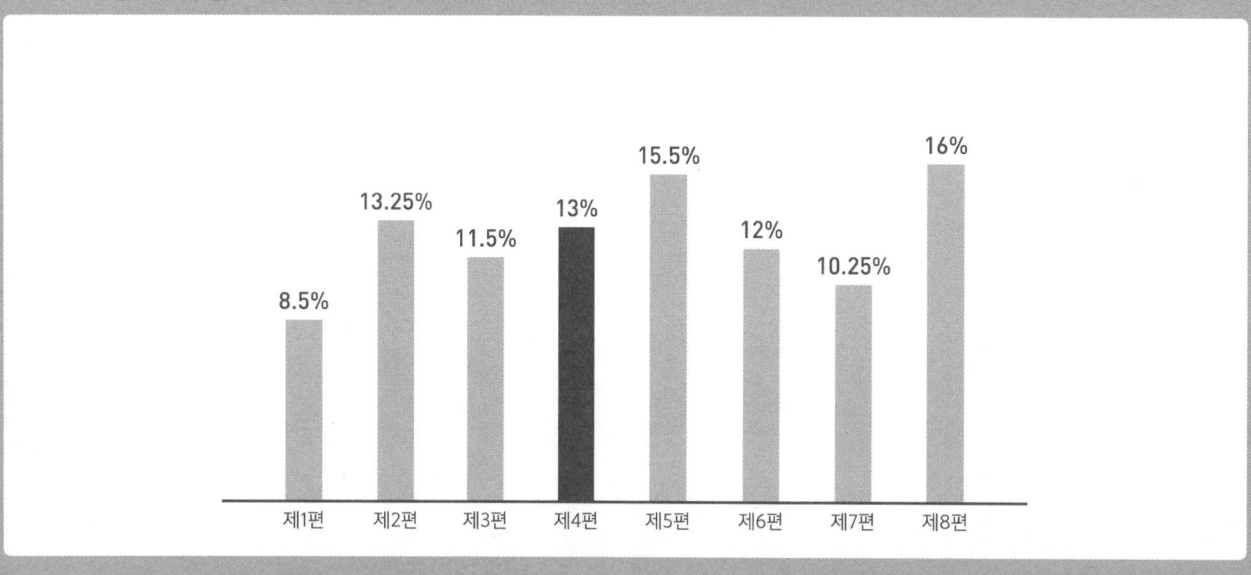

제4편

부동산정책론

제1장　부동산정책의 의의와 기능
제2장　토지정책
제3장　주택정책
제4장　조세정책

제4편 부동산정책론

출제경향

출제문제 수의 편차가 다소 있지만(3~6문제) 기본적으로 4~5문제가 출제된다. 이 중 제1장 부동산정책의 의의와 기능(정부의 시장개입이유)과 제3장 주택정책은 출제비중이 높은 편이다.

학습전략

- 제2편 부동산경제론과 제3편 부동산시장론의 논리적인 흐름이 계속 전개되면서 밀접한 연관성을 가지고 있어 제2·3편을 충실히 학습한다면 부동산정책론에서도 좋은 점수를 획득할 수 있다. 특히 수요공급이론과 이와 관련된 탄력성의 개념은 부동산정책론 분야에서도 계속 연결하여 응용된다.
- 2차 과목인 부동산공법에서 다루는 「국토의 계획 및 이용에 관한 법률」, 「주택법」, 「부동산세법」 등의 일부가 부동산정책론과 연계되어 출제되는 경우도 있으므로, 학습의 이해도를 높이기 위해서라도 1차·2차 시험을 동시에 준비하는 것이 좋은 점수를 받는 방법이다. 기본서에 수록된 내용 외에 시사적인 내용도 출제되고 있으므로 정부의 부동산정책이나 이와 관련된 뉴스에 관심을 가질 필요가 있다.

핵심개념

정부의 시장개입이유와 시장실패의 원인	★★★★☆ p.171	토지정책	★★★★☆ p.179
		주택정책	★★★★★ p.192
외부효과	★★★★☆ p.174	조세정책	★★★★★ p.211

제1장 부동산정책의 의의와 기능

부동산정책은 인간과 부동산과의 관계에서 발생하는 여러 가지의 부동산문제를 해결하려는 정부의 공적 개입이라 할 수 있다. 즉, 부동산정책이란 바람직한 부동산활동을 유도하기 위한 목표설정과 이를 달성하기 위한 부동산대책의 결정 및 운용에 관한 정부의 공적인 계획이나 실행행위를 말한다. 부동산정책의 목적은 사익성보다는 공익성 추구에 있으며, 최근에는 사익성과 공익성을 조화시키고 이를 절충하는 방향으로 전환되고 있는 추세이다.

01 부동산문제의 개념과 특징

(1) 부동산문제의 개념

부동산문제란 인간과 부동산과의 관계 악화에서 발생하는 여러 가지 문제를 말하는데, 이에는 토지가격이 합리적 가격 이상으로 급등하는 지가고(地價高)현상, 난개발과 환경파괴의 문제, 비효율적인 토지이용의 문제, 부동산투기의 문제, 주거의 수준이 낮거나 주택공급이 부족한 현상 등이 있다. 이러한 부동산문제가 발생하면 사회의 전체적인 만족도, 즉 사회적 후생이 감소하게 된다.

(2) 부동산문제의 특징

① **악화성향**: 부동산에 어떠한 문제가 발생하면 시간의 흐름에 따라 그 효과가 연쇄적으로 파급되어 더욱 나빠진다는 것을 의미한다.
  ㉠ 토지투기방지대책을 소홀히 하면 토지가격이 급등하여 국민경제에 부정적인 영향을 미칠 수 있다.
  ㉡ 토지이용계획과 토지이용규제를 소홀히 하면 스프롤이 확대될 수 있다.
  ㉢ 주택공급을 시장기능에 맡겨 두면 주택의 양적·질적 문제가 악화될 수 있다.
  ㉣ 공정한 거래질서의 확립을 위한 정책을 소홀히 하면 각종 투기와 거래사고가 빈번하게 발생할 수 있다.

② **비가역성**: 어떠한 문제가 한번 악화되면 이를 완전한 원래 상태로 회복하는 것은 사회적·경제적·기술적으로 매우 어렵다는 것을 의미한다.
  ㉠ 지가가 폭등하면 폭등한 지가수준에 의하여 경제상태가 형성되며, 이를 과거로 환원하기에는 기술적으로 매우 어렵다.
  ㉡ 도시계획·토지이용계획·도시개발 등이 한번 잘못되면 이를 과거로 환원하여 다시 시작하는 것은 어렵다.
  ㉢ 건물을 잘못 건축한 경우 이를 철거하고 재건축하는 것은 경제적으로 어렵다.

③ **지속성**: 부동산문제가 시간의 흐름과 함께 계속되는 현상을 말한다.
  ㉠ 희소성의 특성이 있는 토지에 대한 수요가 증가하면 토지시장의 수급불균형 현상을 지속시킨다.
  ㉡ 토지이용에 관한 여러 가지 문제는 필연적으로 지속성을 갖는다.
④ **복합(복잡)성**: 부동산문제는 부동산현상의 일부분으로서 법률적(제도적)·경제적·기술적인 측면 등이 서로 영향을 미치면서 그 문제가 복잡하게 나타나는 경향이 있다. 부동산문제는 다양한 것들로 구성되어 있다는 것을 의미하며, 이로 인하여 부동산문제의 해결에 있어서 '해결수단의 다양성'이 요구된다.
⑤ **해결수단의 다양성**: 부동산문제를 해결하는 데에는 조세제도, 금융지원 및 규제, 정부재정, 공공주택 공급, 택지공영개발, 토지이용계획, 부동산가격공시, 토지수용 등의 다양한 대책이 요구되므로 부동산정책은 종합정책의 성격을 강하게 지닌다.

02 부동산정책의 의사결정과정❶

부동산정책은 부동산문제를 해결하려는 정부의 개입이기 때문에 부동산문제가 무엇인지 파악(인지)하는 것을 가장 우선적으로 하여야 한다.

❶ 기본적으로 의사결정과정은 '계획(Plan) ➡ 실행(Do) ➡ 평가(See)'의 순서로 진행된다.

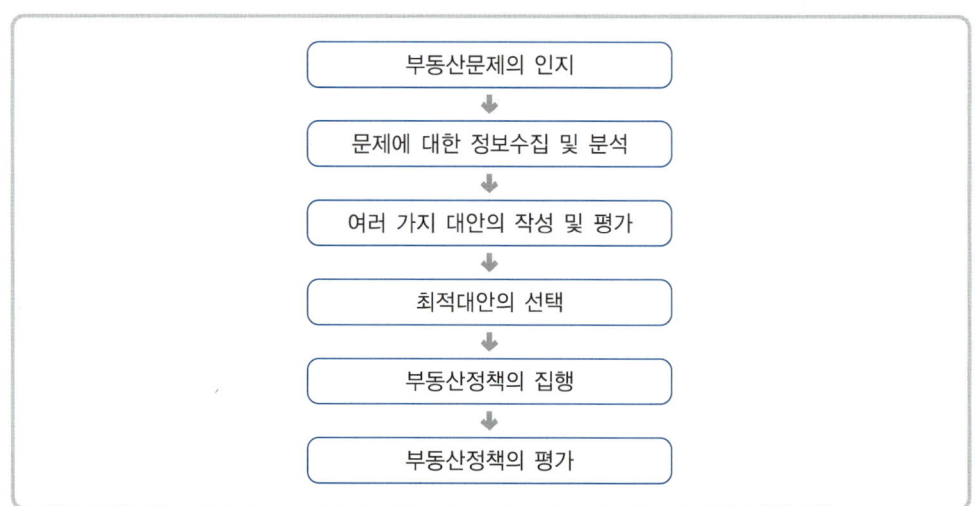

(1) 부동산문제의 인지

정책이란 문제의 해결을 위한 최적의 대안을 선택하는 일이라 할 수 있다. 따라서 적절한 정책을 수립하기 위해서는 먼저 부동산문제가 무엇인지 파악하고 이에 대하여 정확하게 인지하는 것이 필요하다.

(2) 문제에 대한 정보수집 및 분석

인지된 부동산문제에 대하여 그 원인이 무엇이고 어느 지역에 어떠한 문제가 얼마나 심각한지의 구체적인 현황들을 파악하기 위하여 관련된 정보를 수집하고, 수집된 정보를 종합적·과학적으로 분석할 필요가 있다.

(3) 여러 가지 대안의 작성 및 평가

부동산문제에 대한 정보수집 및 분석작업 이후에는 문제해결을 위한 여러 가지 대안을 광범위하게 작성하고 각 대안의 장·단점, 한정된 자원배분의 효율성, 문제해결의 공헌도 등을 감안하여 적절한 최적대안이 무엇인지를 모색하여야 한다. 즉, 이 단계는 정책의 계획수립과정이라 볼 수 있다.

(4) 최적대안의 선택

각 대안의 평가가 끝나면 여러 가지 대안 중에서 가장 합리적이라고 판단되는 최적대안을 선택한다. 선택된 최적대안에 대하여 최종확정을 하기 위해서는 정부기관, 정당, 지방자치단체 등과 협의·조정하고, 입법을 요하는 경우에는 국회의 의결을 거쳐 공포함으로써 확정한다.

(5) 부동산정책의 집행

부동산정책의 집행을 능률화하기 위해서는 정책목표를 확실히 하여 충분한 자원의 지원을 받고, 관계 기관과의 유기적인 협조를 통하여 정치·경제 및 사회적 여건을 고려하여 선택된 대안을 적시에 집행하여야 한다.

(6) 부동산정책의 평가

최종단계는 정책의 평가단계로서, 집행한 정책이 제대로 수행되었는지를 평가한 이후에 미흡한 부분에 대해서는 정책을 재수립하여 재실행하게 된다. 즉, 부동산정책의 의사결정과정에도 피드백(feedback)원리가 적용된다.

03 정부의 시장개입 이유(부동산정책의 기능) 제26회

정부는 사회적 목표를 달성하기 위하여 여러 가지 방법으로 부동산시장에 개입한다. 그 사회적 목표는 형평성일 수 있고, 효율성일 수도 있으며 그 밖의 다른 목표일 수도 있다. 정부의 시장개입 이유나 그 목적은 시대적 상황이나 경제환경 등에 따라 달라질 수 있다. 부동산시장은 시장기구 스스로 형평성을 달성하기가 어렵고, 또한 불완전한 시장이므로 효율성을 제고하기도 어렵기 때문에 정부의 시장개입이 필요하다.

(1) 형평성 측면의 정치적 기능

① **저소득층의 주거안정**을 위해 공공임대주택을 공급하거나 주거복지 증진의 관점에서 시장에 개입하는 것은 **사회적 형평성을 달성**하기 위한 정치적 기능이다.
② 소득에 따라 **차등과세(누진세 적용)**를 하는 등 **소득재분배** 등을 위하여 정부가 부동산시장에 개입하는 것도 형평성 측면의 정치적 기능으로 볼 수 있다.
③ **공공성이나 공익성의 관점**에서 토지공개념을 구현하는 개발부담금제도나 토지거래허가제도를 시행하는 것도 형평성 측면의 시장개입으로 볼 수 있다.

(2) 효율성 측면의 경제적 기능

① 부동산시장은 불완전한 부동산의 특성으로 수요와 공급이 원활하게 작동하지 못하기 때문에 균형가격이 성립하지 않으며, 부동산가격이 수요와 공급을 효율적으로 조절하지 못한다. 즉, **부동산시장은 가격기구가 자원을 효율적(최적)으로 배분하지 못하고 그 결과 사회 전체 구성원의 후생이 감소하는데, 이를 시장실패**라 한다.
② **시장실패(market failure)❶란 어떠한 요인에 의해 부동산시장기구가 자원의 적정(최적·효율적)배분을 자율적으로 조정하지 못하는 상태**를 말한다. 이러한 시장실패를 수정(보완)하기 위해 정부가 부동산시장에 개입하는 것은 **시장의 효율성을 높이고자 하는 경제적 기능**이다. 즉, 부동산자원의 최적 사용이나 최적 배분을 위해서 개입하는 경우로, 부동산시장의 불완전성은 정부의 시장개입 근거를 제기한다.

04 시장실패의 원인 제28·29회

(1) 불완전경쟁❷

독점이나 과점기업은 **생산량을 적게 조정하고 높은 가격을 결정함**으로써 이윤극대화를 위하여 행동한다. 이러한 독과점기업을 비롯한 불완전경쟁시장은 시장기능에만 맡겨 두면 자원의 효율적 배분을 왜곡시키게 된다. 즉, **소비자 입장에서는 높은 가격을 지불하여야 하고 재화의 소비량도 줄어들게 되어 사회적 후생손실을 초래하게 된다.** 따라서 정부는 독과점기업의 가격담합에 대해서는 과징금 부과 등을 통하여 규제하고 있다.

(2) 규모의 경제(economy of scale)

기업이 생산량이나 판매량을 증가시키기 위하여 생산이나 판매시설의 규모를 확대함에 따라 **장기평균비용이 점점 절약·감소되는 현상**을 '규모의 경제'라고 한다. 이러한 규모의 경제효과는 산업을 '독점화'하는 경향을 가져오게 되는데, 이를 '**비용체감산업**'이라 한다.

용어사전
누진세
세율의 적용에 있어서 과세표준이 크면 클수록 높은 세율을 적용하는 세금을 말한다. 누진세의 종류에는 소득세, 상속세, 증여세 등이 있으며 소득재분배의 효과가 크다.

소득재분배
정부가 계층간 불균등한 소득분포를 수정하는 행위를 말한다.

❶ 시장실패 ➡ 시장의 자율조절 기능 상실

❷ 재화의 동질성, 정보의 완전성은 완전경쟁시장의 요건이므로 시장실패의 원인이 아니다.

용어사전
규모(規模)의 경제(經濟)
규모의 경제는 각종 생산요소를 투입하는 양을 증가시킴으로써 발생하는 이익이 증가되는 현상이다. 일반적으로는 대량생산을 통하여 단위당 들어가는 비용을 절감하여 이익을 늘리는 것을 말한다.

전력산업, 통신산업 등 비용체감산업이 등장하면 시장에 먼저 진입한 주로 대기업 등이 경쟁우위를 가지게 되고, 후발기업의 경쟁력을 저하시켜 시장구조가 '자연독점화' 될 수 있다. 즉, 생산이나 소비에 있어서 규모의 경제가 발생하면 자원배분의 효율성이 달성되지 못하므로 시장실패의 원인이 된다.

(3) 공공재(public goods) 제30회

① 공공재란 도로·공원·명승지처럼 가격이 존재하지 않는 재화로서, 여러 사람이 소비하더라도 소비량이 줄어들지 않으며 가격을 지불하지 않은 사람이라도 소비로부터 배제되지 않는 재화를 말한다. 사용수명이 긴 내구재적 성격을 갖는다.

② 공공재는 시장기능에 생산과 소비를 맡겨 두면 무임승차의 문제가 발생하여 사적 기업의 수익성 확보를 어렵게 한다. 따라서 공공재는 사회적인 적정수준보다 더 적게(과소) 생산되는 경향이 있다.

③ 이러한 이유 때문에 공공재는 공적 주체가 세금이나 공공의 기금으로 직접 공급하거나, 민간주체에게 보조금을 지급하여 공급이 이루어지도록 하고 있다.

④ 공공재의 특성: 공공재는 비경합성과 비배제성의 특성이 있다.

　㉠ 비경합성(非競合性)❶: 여러 사람이 함께 사용하여도 경합(경쟁)이 붙지 않는 특성을 말한다. 즉, 비경합성이란 어떤 특정 공공재를 사용하고 있더라도 다른 사람들도 이를 함께 사용할 수 있는 특성을 말한다.

　㉡ 비배제성(非排除性): 공공재는 생산비(비용)를 부담하지 않은 경제주체라 할지라도 소비로부터 배제되지 않는 특성을 말한다. 공공재는 그 나라의 국민이면 사용료(가격)를 지불하지 않은 사람이라도 누구나 사용할 수 있다.

> **용어사전**
> **무임승차(無賃乘車, free rider problem)**
> 공공재를 생산하는 데에는 비용이 수반되지만 이의 이용주체들이 생산비·가격을 지불하지 않으려는 행동을 하게 된다. 무임승차 문제는 아무런 노력이나 대가 없이 만족을 얻으려는 경우를 말한다.
>
> ❶
> 일반재(private goods)에는 한 사람이 재화를 소비하면 다른 사람은 그 재화를 소비할 수 없는 성질, 즉 경합성(競合性)의 특성이 있다. 이와는 달리 공공재는 다른 경제주체가 소비하여도 자기의 소비에 아무런 지장을 받지 않는 성질, 즉 비경합성의 특성이 있다.

확인예제

공공재에 관한 일반적인 설명으로 틀린 것은?　　제30회

① 소비의 비경합적 특성이 있다.
② 비내구재이기 때문에 정부만 생산비용을 부담한다.
③ 무임승차 문제와 같은 시장실패가 발생한다.
④ 생산을 시장기구에 맡기면 과소생산되는 경향이 있다.
⑤ 비배제성에 의해 비용을 부담하지 않는 사람도 소비할 수 있다.

해설
공공재는 비(非)내구재가 아니며, 사용수명이 긴 내구재적(반영구적) 성격을 갖는다. 공공재의 생산을 시장에만 맡기면 사적(기업) 비용이 더 커지는 문제가 있으므로(정부만 생산비용을 부담하는 것은 아니다), 사회적 최적량보다 과소생산될 수 있기 때문에 정부 등 공적 주체가 사적 주체에게 보조금 지급 등을 통하여 부동산시장에 개입하기도 한다.　　정답: ②

용어사전

도덕적 해이(moral hazard)
건물의 화재보험에 가입한 자가 화재예방을 게을리하거나 화재주의의무를 소홀히 함에 따라 화재발생가능성이 높아지는 현상으로, 이를 통하여 과다한 보험금을 지급받으려는 경우를 말한다.

역(逆)선택
보험회사가 보험가입대상자의 충분한 정보를 파악하기 어려운 경우 높은 사고확률을 가진 보험가입대상자를 받아들임으로써 보험재정이 악화되는 현상을 말한다.

❶
- 외부효과는 부동성과 인접성으로 설명될 수 있다.
- 외부환경이 부동산에 긍정적인 영향을 주는 것은 정(+)의 외부효과라 하고, 외부환경이 부동산에 부정적인 영향을 주는 것은 부(-)의 외부효과라 한다.

❷
외부효과의 핵심은 이에 대한 가격의 변화를 알고자 하는 것이 아니라, 외부효과가 왜 시장실패이고 사회적 후생 감소를 유발하는지에 그 초점이 있다.

(4) 정보의 비대칭(asymmetric information)

① 불완전경쟁시장인 부동산시장에서는 거래에 관한 **정보가 불완전하고 비대칭적이므로 자원배분의 효율성이 달성되지 못한다. 경제주체들이 접하는 정보의 양과 질이 서로 다른 경우** 정보를 많이 보유한 주체는 '도덕적 해이'의 문제가 발생하고, 정보가 부족한 주체는 '역선택(**정보가 부족하여 불리한 선택을 하거나 하지 않아야 할 거래를 하는 경우를 말한다**)'의 문제가 발생한다.

② 실거래가격신고제도, 전자계약제도, 공시(公示)제도 등은 정보의 비대칭에 대한 정부의 개입수단이 될 수 있다.

(5) 외부효과(external effect)❶ 제26·28회

외부효과(外部效果)란 어떤 경제주체의 경제활동이 **시장기구를 통하지 않고** 거래상대방이 아닌 **다른 제3자에게 의도하지 않은** 이익이나 손해를 가져다주면서도 이에 합당한 **대가나 보상이 이루어지지 않는 경우**를 말한다. **외부효과는 생산과정뿐만 아니라 소비과정에서도 발생한다.** 또한 외부효과는 시장기구·가격기구 밖에서 발생하므로 외부효과 자체에는 가격이 형성되지 않는다.❷

① 정(+)의 외부효과

㉠ **현상**: 주택시장에서 주거지 부근에 생태공원과 학군이 조성되면 주거지에 정(+)의 외부효과를 발생시킬 수 있는데, 이를 긍정적·이로운·이익을 주는 외부효과, 외부경제, PIMFY(긍정적 시설 개발유치)현상이라 한다.

㉡ **개념**: 한 경제주체의 행위가 시장기구를 통하지 않고 제3자에게 미치는 유리한 효과로, 의도하지 않은 **이익을 가져다주어도 이에 대한 대가가 이루어지지 않는 경우**를 말한다. 이러한 정(+)의 외부효과를 유발하는 재화나 행위(예) 공원 등 공공재)는 **사회적인 최적량보다 더 적게(과소) 생산**되거나 **더 적게(과소) 소비**되는 문제가 발생할 수 있다. 이는 균형상태가 아니므로 시장실패의 원인이 된다.

ⓐ **생산 측면**: 사적 비용이 사회적 비용보다 큰 경우로, 과소생산되는 문제가 있다.

ⓑ **소비 측면**: 사적 편익보다 사회적 편익이 큰 경우로, 과소소비되는 문제가 있다.

㉢ **정부의 개입**: 정부가 사적 주체에게 보조금을 지급하거나 세금감면 등을 통하여 시장에 개입하면 수요곡선이나 공급곡선이 우측으로 이동한다. 즉, 정부는 사적 경제주체에게 보조금을 지급하거나 정(+)의 외부효과를 발생하는 재화를 직접 공급함으로써 과소생산이나 과소소비의 문제를 해결하고 균형생산량과 균형소비량을 맞추기 위해서, 사회적 최적수준을 맞추기 위해서 시장에 개입하는 것이다.

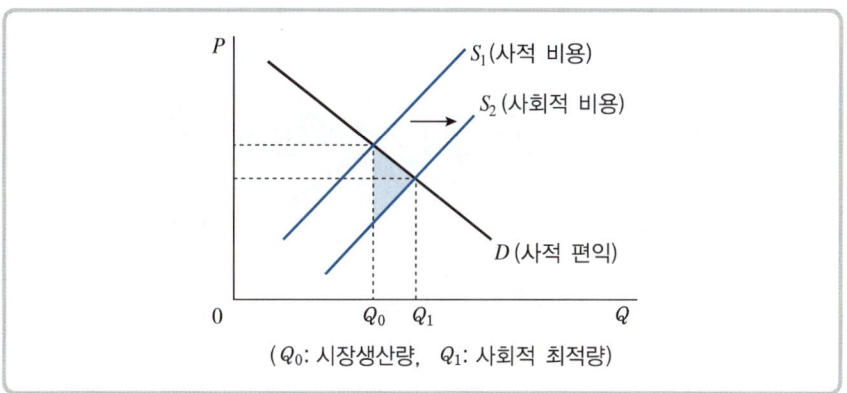

생산 측면에서 정(+)의 외부효과와 정부의 시장개입

(Q_0: 시장생산량, Q_1: 사회적 최적량)

② 부(−)의 외부효과
   ㉠ **현상**: 주택시장에서 주거지 부근에 쓰레기소각장 등 유해시설이 설치되면 주거지에 부(−)의 외부효과를 발생시킬 수 있는데, 이를 부정적·해로운·손해·피해를 주는 외부효과, 외부불(비)경제, NIMBY(부정적 시설 기피) 현상이라 한다.
   ㉡ **개념**: 한 경제주체의 행위가 시장기구를 통하지 않고 제3자에게 미치는 불리한 효과로, 의도하지 않은 손해를 가져다주어도 이에 대한 보상이 이루어지지 않는 경우를 말한다. 예를 들어 공해를 유발하는 화학제품을 생산하는 공해기업이 화학제품을 많이 생산함에 따라 주거지역 거주민들에게 의도하지 않은 공해나 환경오염에 따른 피해를 주게 된다. 이러한 부(−)의 외부효과를 유발하는 재화나 행위는 사회적인 최적량보다 더 많이(과다·과잉) 생산되거나 더 많이(과다·과잉) 소비되는 문제가 발생할 수 있다. 이는 균형상태가 아니므로 시장실패의 원인이 된다.
      ⓐ **생산 측면**: 사적 비용보다 사회적 비용이 큰 경우로, 과다(과잉)생산되는 문제가 있다.
      ⓑ **소비 측면**: 사적 편익이 사회적 편익보다 큰 경우로, 과다(과잉)소비되는 문제가 있다.
   ㉢ **정부의 개입**: 정부가 사적 주체에게 규제나 과징금·환경부담금·세금 부과 등을 통하여 시장에 개입하면 수요곡선이나 공급곡선이 좌측으로 이동한다. 즉, 정부는 사적 경제주체에게 주로 규제라는 수단으로 개입함으로써 과다생산이나 과다소비의 문제를 해결하고 균형생산량과 균형소비량을 맞추기 위해서, 사회적 최적수준을 맞추기 위해서 시장에 개입하는 것이다.

용어사전

사적 비용과 사회적 비용
- **사적(한계) 비용**: 특정 재화를 생산하면서 개별주체가 부담하여야 하는 비용, 즉 개별공급자의 사적 비용을 말한다.
- **사회적 비용**: 외부효과로 인하여 생산자와 소비자, 즉 사회 전체가 부담하여야 하는 부수적인 비용을 포함한다. 예를 들어 화학제품을 생산하는 사적 주체의 생산비용과 이에 따르는 환경오염에 대한 정화비용을 포함하여 사회적 비용으로 정의할 수 있다(사회적 비용 = 사적 비용 + 외부비용).

생산 측면에서 부(−)의 외부효과와 정부의 시장개입

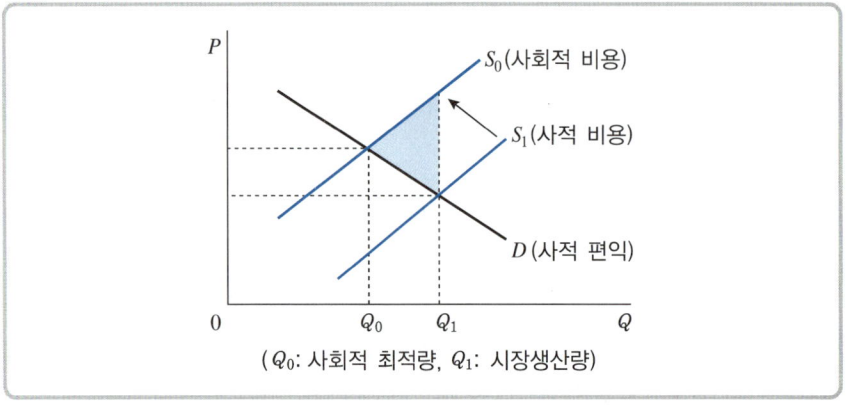

(Q_0: 사회적 최적량, Q_1: 시장생산량)

③ 시장기구를 통한 외부효과의 해결방안

㉠ 코즈(Coase)는 외부효과가 자원의 효율적인 배분을 저해하는 이유는 사적 경제주체에게 외부효과와 관련된 재산권 등이 제대로 정해져 있지 않기 때문이라고 보았다. 그는 재산권(소유권)이 적절하게 설정되면 정부의 개입 없이 시장기구가 스스로, 사적 경제주체간에 협상이나 교섭을 통하여도 외부효과의 문제를 해결할 수 있다고 주장하였는데, 이를 '코즈의 정리(Coase theorem)'라고 한다.

㉡ 적용사례

ⓐ 쓰레기 투기로 인하여 지역사회가 피폐해지자, 지역주민들이 자율적인 규범을 통하여 지역사회를 다시금 쾌적하게 만들었다.

ⓑ 신축 공사장의 소음으로 인근 주민들이 고통을 당하자, 주민대표가 건축회사 대표와 협상하여 보상을 받았다.

㉢ 현실적용상의 문제점

ⓐ 협상비용이 너무 크면 처음부터 협상 자체가 이루어지기 어렵고, 부(−)의 외부효과로 인한 피해를 측정하기 어려운 경우가 많다.

ⓑ 의도하지 않은 피해를 주는 자와 피해를 받는 자의 협상과정에서 법적 비용의 과다, 제3자라는 관계의 모호성, 진상조사의 어려움, 협상능력의 차이 등 여러 가지 문제로 인하여 현실에서는 코즈의 정리를 통한 외부효과문제를 해결하는 데 한계가 있다.

용어사전
외부효과의 내부화
부동산시장 참여자가 자신들의 행동이 초래하는 외부효과를 의사결정에 감안하도록 만드는 과정을 외부효과의 내부화라고 한다.

> **핵심 콕! 콕!** 외부효과
>
> **Tip** 외부효과는 좋고 나쁘고를 기준으로 판단하는 것이 아니라, 사회적 최적수준(균형)에 비하여 과소생산·소비되거나 과다생산·소비되는 결과가 발생하기 때문에 외부경제·외부불경제 모두 시장실패에 해당한다.
>
> | 정(+)의 외부효과(외부경제) | 부(−)의 외부효과(외부불경제) |
> | --- | --- |
> | • 시장기구를 통하지 않고 제3자에게 의도하지 않은 이익을 주는 재화나 행위
• **과소생산** ➡ 사적 비용 > 사회적 비용 (예 도로·공원 등 공공재)
• **과소소비** ➡ 사적 편익 < 사회적 편익 (예 초·중등 교육서비스 등)
• 보조금 지급, 규제 완화 ➡ 생산·소비 증가 ➡ 균형(최적)으로 유도
• PIMFY현상(긍정적 시설 개발유치현상) | • 시장기구를 통하지 않고 제3자에게 의도하지 않은 피해를 주는 재화나 행위
• **과다생산** ➡ 사적 비용 < 사회적 비용 (예 공해유발하는 화학제품 등)
• **과다소비** ➡ 사적 편익 > 사회적 편익 (예 흡연 등)
• 규제, 과징금·환경부담금 부과 ➡ 생산·소비 감소 ➡ 균형(최적)으로 유도
• NIMBY현상(부정적 시설 개발기피현상) |
>
> • 정(+)의 외부효과와 부(−)의 외부효과는 모두 시장실패의 원인이며, 정부의 시장개입의 근거가 된다.
> • 정부는 사적 비용과 사회적 비용을 일치시키기 위하여, 사적 편익과 사회적 편익을 일치시키기 위하여 부동산시장에 개입한다. 예를 들어 사회적 편익이 사적 편익보다 큰 경우에도 정부의 시장개입은 필요하다.

05 정부의 실패(government failure) 제26회

① **정부의 시장개입은 정부가 의도하지 않은 부작용이 나타나는 등 실패할 가능성도 있다.** 이와 같이 **정부의 실패**란 자원배분의 효율성을 위하여 정부가 시장에 개입하였지만 여러 가지 이유로 인하여 시장실패를 치유하지 못하는 것을 말하는 것으로, 오히려 상황이 더 악화된 경우라 할 수 있다. 즉, **정부의 시장개입은 사회적 후생손실을 야기할 수도 있다.**

② 정부는 부동산자원의 최적사용이나 최적배분을 위하여, 사회적 최적수준만큼 생산되고 소비되는 것을 유도하기 위하여, 즉 균형생산량과 균형소비량을 유도하기 위하여 부동산시장에 개입할 수 있다. 그러나 **정부의 시장개입결과로 최적(균형)수준을 더 벗어나게 되어 자원배분의 효율성이 더욱 악화될 수 있다.**

③ 정부의 실패원인으로는 시장개입과정에서의 재정비용의 과다, 관료의 부정부패, 정보의 부족, 사적 경제주체간의 이해상충 등이 있다.

> 확인예제

01 부동산시장에서 시장실패(market failure)의 원인으로 틀린 것은? 제29회

① 공공재
② 정보의 비대칭성
③ 외부효과
④ 불완전경쟁시장
⑤ 재화의 동질성

> 해설

재화의 동질성은 완전경쟁시장의 요건이다. 완전경쟁시장은 가격기구가 자원을 효율적으로 배분하고, 균형을 달성하는 이상적인 시장모델로서 시장실패가 발생하지 않는다. 이와는 달리 부동산시장은 개별성 등의 특성에 따라 불완전경쟁시장이므로, 시장기구 스스로 균형을 달성하지 못하므로 시장실패가 발생할 수 있다.

정답: ⑤

02 외부효과에 관한 설명으로 틀린 것은? (단, 다른 조건은 불변임) 제22회

① 부(−)의 외부효과에 대한 규제는 부동산의 가치를 상승시키는 효과를 가져올 수 있다.
② 정(+)의 외부효과의 경우 비용을 지불하지 않은 사람도 발생되는 이익을 누릴 수 있다.
③ 지역지구제나 토지이용계획은 외부효과문제의 해결수단이 될 수 없다.
④ 부동산의 부동성과 연속성(인접성)은 외부효과와 관련이 있다.
⑤ 부(−)의 외부효과가 발생하는 재화의 경우 시장에만 맡겨 두면 지나치게 많이 생산될 수 있다.

> 해설

지역지구제(토지이용규제)나 토지이용계획은 부(−) 외부효과문제의 해결수단이 될 수 있다.

정답: ③

제 2 장 | 토지정책 제26·27·28·29·30·31·33·34회

01 토지문제

(1) 물리적 토지문제와 경제적 토지문제

① **물리적 토지문제 – 부증성**: 토지면적의 유한성에 대한 문제로서 부증성(비생산성)에서 비롯된다. 또한 인구의 도시집중과 경제가 성장함에 따라 한정된 토지에 대한 수요가 늘어날수록 상대적으로 공급부족문제는 더욱 심각해질 수 있다.

② **경제적 토지문제 – 지가고(地價高)현상**: 한정된 토지에 대한 수요가 급증하면 토지가격이 합리적 가격 이상으로 급등하는 지가고(地價高) 현상이 발생하는데, 이로 인하여 경제에 전반적으로 부정적 영향을 미칠 수 있다. 물리적 토지문제와 경제적 토지문제는 상호 밀접하게 작용하여 토지문제를 더욱 심화시킬 수 있다.

　㉠ **공공용지 확보의 어려움**: 부동산정책을 수행할 때에는 공공용지를 확보해야 하는 경우가 있는데, 높은 용지가격의 보상은 재정상 부담이 될 수 있고, 사회간접자본시설 등 정부의 공공서비스를 줄일 수밖에 없게 한다.

　㉡ **주택문제의 해결에 악영향**: 주택을 건설하기 위한 택지취득을 어렵게 만들어 택지구입에 과다한 비용이 소모되므로 상대적으로 건축·설비 등의 질적 수준을 저하시키며, 아파트의 지나친 고층화를 초래하고, 과도한 직주분리 및 도시스프롤(sprawl)현상을 발생시킨다.

　㉢ **물가 및 생산비 상승요인**: 지가고는 기업의 제품가격 인상을 통하여 소비자에게 전가되고 이에 따라 높아진 최종소비재의 가격은 임금 상승요인으로 작용하거나 과도한 인플레이션을 유발할 수 있다. 따라서 국민경제나 대외적인 국가경쟁력에 부정적인 영향을 줄 수 있다.

(2) 비효율적 토지이용문제

택지가 부족함에도 불구하고 한편에서는 많은 양의 토지가 유휴지나 공한지로 방치되고 있는가 하면, 다른 한편에서는 쾌적함을 제공해주는 공원이나 녹지공간에 대한 수요가 더욱 증대되고 있는데 그러한 공간확보가 토지시장에서 원활하게 수행되고 있지 못하는 등 토지의 합리적·효율적 이용이 이루어지지 않는 경우가 많다. 이러한 토지의 효율적인 이용에 문제가 생기면 경제적인 토지이용문제를 더욱 심화시키게 된다.

용어사전

사회간접자본 (Social Overhead Capital)
도로, 항만, 철도, 통신, 전력 등 사회에 간접적으로 기여하는 자본을 말한다. 넓게는 교육, 제도 등도 포함된다.

직주분리
도시화가 진행되고 도심의 주택가격이 급등함에 따라 도시민의 주거지가 주택가격이 싼 외곽지역으로 밀려나면서 직장과 주거지가 멀어지는 현상을 말한다.

도시스프롤(sprawl)
토지이용계획 등을 소홀히 함에 따라 도시의 급격한 팽창으로 기존 주거지역이 과밀화되면서 도시 교외지역으로 무질서·무계획적으로 확산되어 가는 현상을 말한다.

(3) 기타 문제

토지소유편중 문제, 소득분배의 불평등, 토지거래질서의 문란, 개발이익의 불공정한 환수, 토지관리체계의 미흡 등을 들 수 있다.

> **더 알아보기** | 계층별 소득분배의 측정
>
> 1. 로렌츠곡선
>   - 로렌츠곡선은 소득분포의 불평등도를 측정하는 방법이다.
>   - 대각선 OO′는 소득분배가 완전히 균등함을 의미한다.
>   - OTO′는 소득분배가 완전히 불균등함을 의미하며, 곡선과 대각선 사이의 면적의 크기가 소득의 불평등도를 나타내는 지표가 된다.
>
>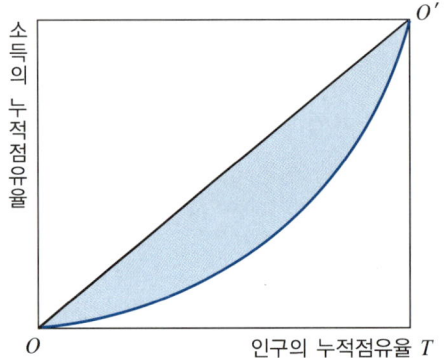
>
> 2. 지니계수
>   - 로렌츠곡선이 나타내는 소득분배상태를 숫자로 표현한 개념이다.
>
> $$지니계수 = \frac{OO′의\ 면적}{\triangle OTO′의\ 면적}$$
>
>   - 지니계수는 '0'과 '1' 사이의 값으로 나타내는데, 그 값이 작을수록 소득분배가 균등하다(0 ➡ 완전평등, 1 ➡ 완전불평등).
>
> 3. 10분위분배율
>   - 최하위 40%의 소득이 최상위 20%의 소득에서 차지하는 비율을 나타내는 지표이다.
>
> $$10분위분배율 = \frac{최하위\ 40\%\ 소득의\ 합계}{최상위\ 20\%\ 소득의\ 합계}$$
>
>   - 10분위분배율의 값이 클수록 소득분배가 균등하다.

02 토지정책의 수단

정부의 토지시장에 대한 공적 개입의 방법(수단)으로는 직접적 개입방법, 간접적 개입방법, 토지이용규제 등을 들 수 있다.

(1) 직접적 개입방법

직접적 개입방법이란 정부나 공공기관이 부동산시장에 직접 개입하여 부동산에 대한 수요자 및 공급자의 역할을 적극적으로 수행하는 방법을 말한다.

[예] 토지수용, 토지선매, 협의매수, 택지공영개발, 토지은행(비축)제도, 공공투자사업, 도시재개발 등

(2) 간접적 개입방법

간접적 개입방법이란 시장기구의 틀을 유지하면서 부동산시장에 조세감면정책, 행정상·금융상의 지원정책, 보조금 지급, 개발부담금제도 등을 통해 시장기능을 제고하여 그 소기의 효과를 노리는 방법을 말한다.

[예] 토지의 '공시지가(公示地價)제도', 토지시장에 대한 정보의 창출 및 제공(토지거래에 관한 정보체계의 구축 등) 등

(3) 토지이용규제

개별토지이용자의 토지이용행위를 사회적으로 바람직한 방향으로 유도하기 위하여 용도제한 등의 법적·사회적 조치에 의해서 구속하고 제한하는 개입방법을 말한다.

[예] 용도지역·지구제, 건축규제, 각종 인·허가제도, 토지이용계획, 도시계획, 개발권양도제 등

확인예제

정부의 부동산시장 직접개입 유형에 해당하는 것을 모두 고른 것은? 제31회

㉠ 토지은행
㉡ 공영개발사업
㉢ 총부채상환비율(DTI)
㉣ 종합부동산세
㉤ 개발부담금
㉥ 공공투자사업

① ㉠, ㉡, ㉢
② ㉠, ㉡, ㉥
③ ㉢, ㉣, ㉤
④ ㉢, ㉤, ㉥
⑤ ㉣, ㉤, ㉥

해설

직접개입은 공적 주체가 부동산시장의 수요자나 공급자의 역할을 수행하는 방법으로, ㉠㉡㉥이다.
- ㉢ 총부채상환비율(DTI)은 금융규제수단이다.
- ㉣ 종합부동산세를 부과하는 것은 규제수단이며, 세제상 지원하는 것은 간접적 개입이다.
- ㉤ 개발부담금을 부과하는 것은 규제수단으로 볼 수 있다.

정답: ②

용어사전

토지수용(土地收用)
공공사업을 위하여 필요한 토지 등을 소유자 등으로부터 강제징수하는 것을 말한다. 「공익사업을 위한 토지 등의 취득 및 보상에 관한 법률」이 공공사업수행과 사유재산보장의 조화를 위하여 그 요건·절차·효과·손실보상을 규정하고 있다.

토지선매제도(土地先買制度)
개인 사이의(사적) 거래에 우선하여 공공기관 등이 토지를 매수하는 것을 말한다. 토지수용은 소유자의 의사와 관계없이 강제매수할 수 있는 데 반해, 선매는 소유자가 팔 의사가 있어야 한다는 점에서 차이가 있다.

협의매수(協議買收)
토지소유자와 협의하여 국가, 지방자치단체 등이 토지를 사들이는 것을 말한다.

표준지공시지가(公示地價)
「부동산 가격공시에 관한 법률」의 규정에 따라 국토교통부장관이 조사·평가하여 공시한 표준지의 단위면적당 가격을 말한다.

03 토지은행(land banking)제도 제28·35회

정부 등 공적 주체가 재원을 투입하여 장래의 용도를 위하여 사전에 미개발토지를 저렴한 가격으로 **매입·확보**·비축하였다가 민간의 토지수요가 증가하면 비축한 **토지를 공급·판매**하는 **직접적 개입방법**이다.

(1) 우리나라의 토지은행(비축)제도

「**공공토지의 비축에 관한 법률**」(2009년)에 의해 국토교통부장관이 10년 단위의 공공토지비축 종합계획(이하 '종합계획')과 1년 단위의 연도별 공공토지비축 시행계획(이하 '시행계획')을 수립하고, 토지수급조사결과를 토대로 공공토지비축심의위원회의 심의를 거쳐 종합계획을 확정한다.

① 토지은행(비축)사업의 주체: **한국토지주택공사(LH)**
② 추진배경·목적
  ㉠ 토지비축제도는 토지를 사전에 비축하여 **장래 공익사업의 원활한 시행**과 수급조절을 통해 **토지시장의 안정**에 기여할 수 있다.
  ㉡ 비축토지를 저가 또는 장기임대 등으로 공급하여 서민·중소기업 등의 계층별 양극화문제 해소
③ 토지은행 재원의 조달: 토지은행의 재원은 다음의 방법으로 조달한다. ❶
  ㉠ 토지비축위원회가 결정한 「한국토지주택공사법」에 따른 토지은행적립금
  ㉡ 토지은행사업을 위하여 「한국토지주택공사법」에 따라 채권을 발행하여 조성한 자금
  ㉢ 「자산유동화에 관한 법률」에 따른 자산유동화나 그 밖에 대통령령으로 정하는 부동산금융의 방법으로 조성한 자금
  ㉣ 비축토지의 관리 또는 공급으로 인한 수익금
  ㉤ 자산운용수익금
  ㉥ 그 밖에 토지비축위원회에서 토지은행 재원으로 조달하기로 결정한 금액
④ 회계의 구분: 토지은행은 공공토지의 비축을 위하여 한국토지주택공사에 설치하는 토지은행계정으로서, 한국토지주택공사의 고유회계와는 별도로 구분하여 관리한다. 이는 토지은행사업의 독립성과 안전성을 담보하기 위한 것이다.

---

❶ **토지수익연계채권발행 사례**
1. **채권발행금액**: 1조 1,500억원
2. **발행일**: 2011.9.16.
3. **만기일**: 2021.9.16.(만기 10년)
4. **채권이자**: 표면이자 3.25%/년 + 추가이자(α)
   - **표면이자**: 3개월 후급
   - **추가이자**: 연계토지 매각차익 발생시 제 비용 차감 후 매각이익을 추가이자로 지급 (연 1회)

⑤ 비축토지의 관리 및 공급
　㉠ 한국토지주택공사는 비축토지의 관리를 위하여 토지의 이동에 관한 신청, 비축토지를 유지·보전하거나 가치를 증대시키기 위한 용지조성 등의 조치를 취할 수 있다.
　㉡ 토지비축사업으로 토지를 공급받은 자는 지정용도대로 사용하지 않고 전매 및 전대할 수 없다. 다만, 상속 등 대통령령으로 정한 경우에는 그러하지 아니하다.
　㉢ 공공토지 비축을 통하여 토지를 공급받은 자가 그 토지를 3년 이내에 지정용도대로 사용하지 아니한 경우에는 이를 환매할 수 있도록 하여 투기를 대상으로 하는 토지매입을 제한하고 있다. ❶

⑥ 비축대상토지: 토지은행에서 비축하는 토지는 비축목적에 따라 구분하여 매입·비축하게 된다.

구분	공공개발용	수급조절용
대상	SOC용지, 산업용지, 주택용지 등	일반토지, 개발가능지, 매립지❷ 등
비축목적	적기·적소·저가공급 및 경제기반 확충	토지시장의 안정

　㉠ **공공개발용 토지**: 공공개발용 토지의 취득을 위하여 필요한 때에는 「공익사업을 위한 토지 등의 취득 및 보상에 관한 법률」에서 정하는 토지·물건 또는 권리(이하 '토지 등'이라 한다)를 수용(사용을 포함한다)할 수 있다.
　㉡ **수급조절용 토지**: 수급조절용 토지 등의 비축을 위하여 한국토지주택공사는 시행계획에 따라 수급조절용 토지 등의 비축사업계획을 수립하여 국토교통부장관의 승인을 받아야 한다(매입계획공고 또는 선매).
　㉢ **농지**: 농지는 농지소유자의 매도의사가 있는 경우에 한정하여 매입할 수 있으며, 식량안보 등 농지정책에 따라 농지보전이 계속적으로 필요한 농지에 대하여는 농지매입을 제한할 수 있다.

> 「공공토지의 비축에 관한 법률」
> 제26조 【농지의 취득】 ① 한국토지주택공사는 토지은행사업을 위하여 필요한 경우 「농지법」으로 정하는 바에 따라 농지를 취득할 수 있다.
> ② 한국토지주택공사는 ①에 따라 취득한 농지를 「농지법」에 따른 농지의 전용 이전까지 「농지법」으로 정하는 바에 따라 임대하거나 사용대(使用貸)하여야 한다.

❶ **부동산가격 안정에 관한 조치**
국토교통부장관은 공공토지의 비축으로 인하여 부동산의 투기적 거래가 성행하거나 지가가 급격히 상승하는 지역과 그러한 우려가 있는 지역에 대하여 관계 중앙행정기관의 장 또는 시·도지사로 하여금 필요한 조치를 취하도록 요청할 수 있다.

❷ **매립지 등의 특례**
한국토지주택공사는 공유수면매립공사를 준공하였거나 시행 중에 있는 매립지 등으로서 토지비축위원회에서 비축이 필요하다고 인정하는 매립지 등에 대하여는 관계 법령에도 불구하고 국토교통부장관의 승인을 받아 해당 매립지 등을 우선적으로 매입할 수 있다.

(2) 기대효과(장점)

① SOC(사회간접자본시설)용지 · 산업용지 · 주택용지 등을 **저렴하게 공급**하고, 시장상황에 따른 **토지시장의 수급조절**을 통하여 **토지시장 안정화에 기여**할 수 있다.
② 비축한 토지를 낮은 가격으로 공급함으로써 **공공주택분양가 및 공공임대주택임대료 인하효과로 서민들의 주거안정에 기여**할 수 있으며, 임대산업단지의 경우 초기 투자비용의 감소(임대료 인하)로 원가부담을 낮추어 **중소기업의 경쟁력 제고에도 기여**할 수 있다.
③ 사적 토지소유의 편중현상으로 발생가능한 **토지보상비 등의 고비용문제를 완화시킬 수 있다.**
④ 공적 주체에 의한 계획적인 토지이용이 가능하여 사적 주체의 무질서한 토지개발을 방지할 수 있다.
⑤ 공적 주체에 의하여 수행됨에 따라 민간주체에 의한 것보다 개발이익의 환수가 가능하고 이를 사회에 환원할 수 있다.

(3) 단점

① 공공토지를 사전에 확보하는 데에는 막대한 토지매입비용이 수반된다.
② 비축한 토지에 대하여 민간의 토지수요가 발생하지 않을 경우에는 비축토지의 무단점유 등 '공공자유보유', 즉 방대한 토지관리상의 문제가 있어 불량주택지역이 형성될 수 있다.
③ 적절한 투기방지대책 없이 공적 주체가 토지를 대량으로 매입할 경우에는 주변지역의 지가가 급등하거나 투기현상이 발생할 수 있다.

용어사전
공공자유보유
공공이 확보한 미개발토지를 아무런 수익 없이 방치하는 것을 말한다.
➡ 무단점유 등으로 불량주택지역이 형성될 수 있다.

확인예제

토지비축제도에 관한 설명으로 틀린 것은? 제28회

① 토지비축제도는 정부가 직접적으로 부동산시장에 개입하는 정책수단이다.
② 토지비축제도의 필요성은 토지의 공적 기능이 확대됨에 따라 커질 수 있다.
③ 토지비축사업은 토지를 사전에 비축하여 장래 공익사업의 원활한 시행과 토지시장의 안정에 기여할 수 있다.
④ 토지비축제도는 사적 토지소유의 편중현상으로 인해 발생 가능한 토지보상비 등의 고비용문제를 완화시킬 수 있다.
⑤ 공공토지의 비축에 관한 법령상 비축토지는 각 지방자치단체에서 직접 관리하기 때문에 관리의 효율성을 기대할 수 있다.

해설
공공토지의 비축에 관한 법령상 비축토지는 국토교통부장관의 계획수립하에 한국토지주택공사(사업주체)가 관리하기 때문에 관리의 효율성을 기대할 수 있다.

정답: ⑤

> **더 알아보기** 「공공토지의 비축에 관한 법률」상 주요용어
>
> 1. **공공토지**: 다음의 어느 하나에 해당하는 토지를 말한다.
>   - 「공익사업을 위한 토지 등의 취득 및 보상에 관한 법률」에 따른 공익사업에 필요한 토지
>   - 토지시장 안정을 위한 수급조절용 토지
>   - 「공유수면 관리 및 매립에 관한 법률」에 따라 조성된 매립지 및 매립예정지 등
> 2. **비축**: 「공공토지의 비축에 관한 법률」에 따라 공공토지를 취득 및 관리하는 것을 말한다.
> 3. **토지은행**: 공공토지의 비축 및 공급을 위하여 한국토지주택공사에 설치하는 토지은행계정을 말한다.
> 4. **토지은행사업**: 한국토지주택공사가 토지은행을 운용하여 수행하는 사업을 말한다.
> 5. **비축대상토지**: 한국토지주택공사가 토지은행사업으로 취득할 공공토지를 말한다.
> 6. **비축토지**: 한국토지주택공사가 토지은행사업으로 취득하여 관리하는 공공토지를 말한다.

04 용도지역·지구제 제35회

(1) 경제적 개념과 필요성

① 정부가 어울리지 않는 토지이용을 규제하여 토지시장에서 발생할 수 있는 부(−)의 외부효과를 차단하거나 제거함으로써 토지이용의 효율성을 제고하고자 하는 규제방법이다. 즉, 사적 시장이 외부효과에 대해서 효율적인 해결책을 제시하지 못할 때 정부에 의하여 채택되는 부동산규제의 한 방법이다.

② 특정지역을 전용주거지역으로 지정할 경우, 주거지가 집단화됨을 통하여 얻게 되는 집적이익의 증대효과를 기대할 수 있다.

③ 용도지역·지구제는 주거지역이나 상업지역처럼 개발이 가능한 지역은 개발을 유도하고, 문화재나 자연환경은 적절하게 보전하여 토지이용의 개발과 보전의 조화를 통해 세대(후대)간의 형평성을 유지하려는 정책이다. 즉, 공공복리의 증진을 위해 지정하기도 한다. ❶❷

④ 용도지역·지구제는 특정 토지를 용도지역이나 용도지구로 지정한 후 해당 토지의 이용을 지정목적에 맞게 제한함으로써 공공토지서비스의 공급수단(공공용지 확보수단)으로도 활용될 수 있다. 즉, 부동산의 공급을 조절할 수 있다.

⑤ 용도지역·지구제는 토지이용계획에서 토지의 기능을 계획에 부합되는 방향으로 유도하기 위하여 마련된 법적·행정적 장치라 할 수 있다.

용어사전
집적이익
특정활동이나 산업 등이 한 곳에 모임을 통하여 추가적으로 발생하는 이익이나 비용절감효과를 말한다.

❶ 토지적성평가제도는 토지에 대한 개발과 보전의 문제가 있을 때 이를 합리적으로 조정하는 제도이다.

❷ 용도지역은 토지를 경제적·효율적으로 이용하고 공공복리의 증진을 도모하기 위하여 지정한다.

❶ 보충
국토의 계획 및 이용에 관한 법령상 용도지역 중 도시지역에는 주거지역, 상업지역, 공업지역, 녹지지역이 있다.

용어사전
용도지역
토지를 경제적·효율적으로 이용하고 공공복리의 증진을 도모하기 위하여 서로 중복되지 아니하게 전국의 모든 토지를 대상으로 결정(지정)하는 지역을 말한다(「국토의 계획 및 이용에 관한 법률」).

용도지구
용도지역의 제한을 강화 또는 완화하여 적용하며, 경관·안전 등을 도모하기 위하여 필요한 토지에 중복지정이 가능하고, 용도지역 내 일부토지를 대상으로 한다.

(2) 용도지역·지구제가 주택시장에 미치는 효과

주거 및 공업지역이 혼재된 지역을 전용주거지역❶으로 지정하였을 때, 주택시장에 미치는 효과를 단기효과와 장기효과로 분석하면 다음과 같다.

① **단기효과**: 용도지역·지구제는 부동산의 사용을 일정한 용도로 제한한다. 해당 주거전용지역 주택소유자 입장에서는 공업지역이 인접하여 발생하는 부정적인 외부효과로 인하여 주택가격이 하락할 위험을 그만큼 감소시켜준다. 다른 조건이 동일할 경우 이러한 위험부담의 감소는 주택에 대한 기대수익을 그만큼 높여주므로 해당 지역에 대한 주택수요가 증가할 것이고, 이에 따라 단기적으로 주택가격이 상승할 것이다.

> 용도지역·지구제 실시 ➡ '어울리지 않는 토지이용' 규제 ➡ 부(-)의 외부효과 차단·제거 ➡ 주택수요 증가 ➡ 주택가격 상승(초과이윤 발생)

② **장기효과**: 주택가격이 상승함에 따라 기존 소유자·공급자들은 초과이윤을 획득하게 된다. 초과이윤의 획득은 다른 신규공급자들로 하여금 시장에 진입하게 만든다. 이는 장기적으로 시장의 주택공급을 증가시키므로 주택가격은 하락하게 되고 초과이윤은 소멸하게 된다.

> 주택가격 상승 ➡ 기존 소유자·공급자의 초과이윤 획득 ➡ 신규공급자 시장진입 ➡ 주택공급 증가 ➡ 주택가격 하락(초과이윤 소멸, 정상이윤 획득)

③ **추가적인 제한이 있는 경우**: 어떤 지역에 지역지구제에 의한 제한뿐만 아니라 주택신축을 제한하는 추가적인 제한도 있다면, 이 지역에서는 더 이상 새로운 주택이 공급될 수 없으므로 대체관계에 있는 인접한 다른 지역이 개발될 것이다. 따라서 단기적으로는 주택가격이 상승하지만, 장기적으로는 균형수준으로 회귀할 것이다.

④ **용도지역·지구제의 실시에 따른 사전적 독점의 문제**
  ㉠ **사전적 독점**: 용도지역·지구제는 경우에 따라서 어느 특정지역에 독점적 위치를 부여할 수 있다. 만약 지역지구제가 어느 특정지역에만 독점적 위치를 부여하고 있다면 이는 다른 시장과 마찬가지로 자원의 부적정한 할당의 문제를 발생시킨다. 즉, 부동산에 있어서 문제가 되는 것은 사전적 독점이 발생하는 경우이며, 사후적 독점의 문제는 발생하지 않는다.
  ㉡ **사후적 독점**: 특정위치를 점하고 있는 부동산을 획득하기 위하여 투자자가 지불하는 가격에는 이미 위치에 대한 이점이 가산되어 있으므로 초과이윤의 문제는 발생하지 않는다. 즉, 사전적 독점의 경우와는 달리 특정위치를 독점함으로써 생기는 초과이윤의 문제가 발생하지 않는다.

> **확인예제**
>
> 용도지역·지구제 등과 같은 토지이용에 관한 공법적 규제가 필요한 이유로서 **부적당한** 것은?
> 제13회
>
> ① 토지자원의 개발과 보전의 적절한 조화를 위함
> ② 토지이용에 따른 부(−)의 외부효과의 발생을 사전에 방지하기 위함
> ③ 토지자원을 보다 효율적이고 합리적으로 이용하기 위함
> ④ 도시 내의 지가를 합리적으로 조정하기 위함
> ⑤ 토지자원의 활용 측면에서 세대간 형평성을 유지하기 위함
>
> **해설**
> 지역지구제는 도심지의 지가를 합리적으로 조정할 수 없고, 지가를 조정하는 데 그 필요성이 있는 것도 아니다.
> 정답: ④

(3) 용도지역·지구제의 문제점

① **규제지역 토지소유자의 재산상 손실문제**: 용도지역·지구제의 실시로 주거전용지역이나 상업지역처럼 개발이 가능한 지역의 지가는 상승할 수 있지만, 문화재 보전지역 등 토지이용규제가 심한 지역은 개발이 제한되기 때문에 개발이 제한되는 지역의 지가는 상대적으로 하락하는(상승하지 못하는) 문제가 발생한다. 즉, 용도지역·지구제는 토지이용을 제한하여 지역에 따라 지가의 상승 또는 하락을 야기할 수도 있다.❶

② **적시에 적용·대처 곤란**: 용도지역·지구제는 계획수립과 집행간의 시차에 기인하는 상황의 변화에 대처하기가 어렵다.

③ **지역특성을 고려하지 못한 과잉지정**: 지나치게 많은 면적을 과잉지정하는 것은 토지의 지역별·위치별 특성을 살린 효율적 이용을 저해하며, 획일적인 지역지구의 지정은 지역특성을 잘 반영하지 못할 수 있다.

④ **바람직한 토지이용 저해가능성**: 용도지역·지구제가 잘못 지정되거나 사회적·경제적 여건에 신축성 있게 대응하지 못하는 경우 사회적으로 바람직한 토지이용이 저해될 가능성이 있다.

⑤ **경직적인 토지이용의 문제**: 토지이용의 경직성을 보완하기 위하여 계획단위개발(PUD), 보상지역제(Incentive zoning), 개발권양도제(TDR) 등 도시 여건과 특성에 맞는 다양한 제도가 개발되어 활용되고 있다.

용어사전

개발제한구역

도시의 무질서한 확산을 방지하고 도시주변의 자연환경을 보전하여 도시민의 건전한 생활환경 확보를 목적으로 도시 주변에 설정하는 「국토의 계획 및 이용에 관한 법률」에 의한 용도구역의 하나이다.

❶ 용도지역·지구제는 개발이 가능한 지역(독점적 지위를 부여한 지역)의 토지소유자와 규제가 심하여 개발이 제한된 지역(규제지역)의 토지소유자간의 재산상 불평등 문제가 발생된다는 단점이 있다.

> **더 알아보기** 용도지역·지구제의 보완제도

성과주의 용도지역제	환경오염기준이나 소음공해기준 등의 성과기준을 정해 놓고, 기준에 부합하는 활동은 허용하고 그렇지 못한 활동은 규제하는 방법
계획단위개발 (PUD; Planned Unit Development)	개발업자가 전체적 개발계획을 수립하고, 공공은 개발밀도와 기반시설 여건을 확인한 후 개발을 허가하는 제도
상여 용도지역·지구제	토지소유자나 토지개발업자가 개발허용한도 이상의 토지를 이용함에 따른 외부효과에 대하여 보상 대신 공공의 쾌적요소를 제공하게 하는 제도적 장치
재정적 지역지구제 (Fiscal zoning), 계약지역지구제 (Contractual zoning)	민간은 공공에 토지 등의 현물을 기부하거나 시설을 준공하여 귀속하게 하며, 현금으로 부담할 수도 있는 등 다양한 방법으로 기반시설에 대한 부담을 지우는 방법

05 개발권양도제(TDR; Transferable Development Right) 제32·35회

(1) 개념

① 개발권(개발증서)❶을 시장에서 매도하여 현금으로 보상받는 제도로, 토지의 개발권과 소유권을 분리하여 보전(규제)지역 토지소유자에게 개발권을 부여하고, 개발이 필요한 다른 지역에 개발권을 양도할 수 있는 제도이다.

② 토지이용규제에 따른 보전(규제)지역에서 발생하는 토지소유자의 손실을 공공의 재정부담 없이 시장기구를 통하여 보전하기 위한 제도이다. 우리나라에서는 법 적용의 차이와 경제환경의 변화로 아직 시행되고 있지 않다.

③ 보전지역 토지소유자가 공적 기관으로부터 부여받은 개발권을 시장에서 매도·양도할 수 있고, 개발이 가능한 다른 지역에서 토지소유자가 직접 행사하여 개발하는 것도 가능하기 때문에 이러한 측면에서 '개발권이전제'라고도 한다.❷

---

❶ 미국에서는 토지소유권을 사용권, 수익권, 처분권, 저당권 등 각각 독립된 여러 가지의 '권리의 묶음'으로 정의하고 있다. 즉, 개발권을 토지소유권에서 별도로 분리될 수 있는 권리로 이해하고 있다. '개발권'이 실체가 있는 것은 아니지만 그 경제적 가치가 인정되고 시장에서 개인간에 매매가 이루어지는 것이라 이해할 필요가 있다.

❷ 개발권양도제는 보전지역에서 사용하지 못하는 상부 미이용공간을 인근의 다른 지역으로 이전시켜서 개발하는 공간성의 논리로 접근할 때 이는 공중공간의 활용방안으로 볼 수 있다.

(2) 운용절차와 장·단점

① 개발권양도제는 토지이용규제가 극심한 지역에서 유용하게 활용될 수 있다.❶ 미국에서는 1960년대 후반 역사적 유물을 보전할 목적으로 개발권양도제가 시작되었다.

② 운용절차

㉠ 보전지역과 개발가능지역을 구분하여 지정하고, 토지소유자의 소유권과 개발권을 분리한다.

㉡ 보전지역 토지소유자의 소유권은 인정하되, 보전지역 토지소유자에게 개발권을 부여한다.

㉢ 보전지역 토지소유자는 공적 기관으로부터 부여받은 개발권을 시장(예 거래소 등)에서 개발업자 등에게 매도(양도)하고 현금으로 보상을 받게 된다.

㉣ 정부 등은 개발이 가능한 지역에 대해서 토지이용밀도 상한선을 사전에 설정하고, 상한선 이상의 토지개발이나 건물의 증축은 개발권의 매수자에게 한정한다. 즉, 개발권을 시장에서 매입한 자에게만 다른 지역(예 또다른 규제지역 등)에서 개발할 권리를 부여하는 것이다.

③ 장점: 보전지역 토지소유자의 재산권을 시장기구를 통해 일정 정도 보호하고, 보전지역 등을 유지함으로써 사회적 편익에 기여할 수 있다. 즉, 사익과 공익의 적절한 조화를 도모할 수 있다.

④ 단점: 개발권양도제는 개발가능지역에서 이미 설정된 규제 상한선 이상으로 토지를 개발할 수 있음을 전제하기 때문에 과도하게 활용될 경우 기존 개발가능지역에서의 과밀 및 혼잡을 가중시킬 수 있다.

❶ 우리나라의 경우 도심의 개발제한구역, 녹지지역, 자연환경보전지역 등을 그 예로 들 수 있다.

> **확인예제**
>
> **개발권양도제(Transferable Development Rights)에 관한 설명 중 틀린 것은?** 제19회
>
> ① 개발제한으로 인하여 규제되는 보전지역(이하 규제지역)에서 발생하는 토지소유자의 손실을 보전하기 위한 제도이다.
> ② 초기의 개발권양도제는 도심지의 역사적 유물 등을 보전하기 위한 목적으로 실시되었다.
> ③ 규제지역 토지소유자의 손실을 개발지역토지에 대한 소유권 부여를 통하여 보전하는 제도이다.
> ④ 공공이 부담하여야 하는 비용을 절감하면서 규제에 따른 손실의 보전이 이루어진다는 점에서 의의가 있다.
> ⑤ 규제지역 토지소유자의 재산상 손실을 시장을 통해서 해결하려는 제도이다.
>
> **해설**
> 개발권양도제는 규제지역 토지소유자의 손실을 개발지역토지에 대한 소유권과 개발권을 분리하여 개발권 부여를 통하여 보상하는 제도이다.
>
> 정답: ③

용어사전

용적률거래제
30년 이상된 노후건축물 등에 대하여 재건축을 활성화하기 위하여 용적률을 사고팔 수 있게 하는 제도를 말한다(인접해 있는 건축물소유자들끼리 용적률을 사고팔 수 있도록 하는 제도). 용적률거래제는 보전지역 등의 규제로 사용하지 못하는 용적률을 개발지역의 용적률로 보전하고 거래하게 하자는 것이다.

06 토지공개념(土地公槪念)

(1) 개념

① 토지공개념❶이란 공공복리를 위하여 토지를 가장 효율적으로 이용하기 위한 공권적 규제를 의미한다. 즉, 토지소유자의 개별적인 권익은 보호되어야 하지만, 정책적 차원에서는 공익과 사익의 조화를 도모하고 공공복리를 우선함으로써 유한한 국토자원의 효율적 이용을 추구하고자 하는 데 의의를 두고, 토지정책을 소유권 중심에서 이용권 중심으로 전환하고자 하는 개념을 말한다.

② 토지의 공익성과 사회성을 강조하는 개념으로, 토지소유권에 대한 제한가능성을 인식하려는 사고라고 볼 수 있다.

(2) 정책수단 ❷❸ 제32회

① 토지거래허가제도

㉠ 「부동산 거래신고 등에 관한 법률」에 따라 투기적 거래가 성행하거나 지가 급등 우려지역을 토지거래허가구역으로 지정하여 계약 전에 시장·군수·구청장의 허가를 받아 거래(투기적 거래를 방지)하는 제도이다.

㉡ 토지거래허가구역은 5년 이내의 기간을 정하여 국토교통부장관 또는 특별시장·광역시장·특별자치시장·도지사·특별자치도지사가 지정할 수 있다.

② 개발이익환수제도

㉠ 개발이익의 개념: 「개발이익 환수에 관한 법률」에 의하면 "개발이익이란 개발사업의 시행이나 토지이용계획의 변경, 그 밖에 사회적·경제적 요인에 따라 정상지가상승분을 초과하여 개발사업을 시행하는 자(사업시행자)나 토지소유자에게 귀속되는 토지가액의 증가분을 말한다."라고 규정하여 이에 해당하는 개발이익은 환수할 수 있다. 개발이익환수제도는 개발이익을 환수하는 수단에 따라 세금에 의하지 않는 방법과 세금에 의한 방법으로 나누어 볼 수 있다.

㉡ 비조세적 환수수단

ⓐ 개발부담금(개발이익환수)제: 개발사업의 시행으로 이익을 얻은 사업시행자로부터 불로소득적 증가분의 일정액을 환수하는 제도이다. ❹

ⓑ 환지방식(감보율), 공영개발사업(표준지공시지가) 등

㉢ 조세적 환수수단: 양도소득세, 재산세 등

---

❶ 보충
현재 시행하지 않는 정책
(➡ 폐지)
- 「택지소유상한에 관한 법률」
- 토지초과이득세제
- 공한지세
- 종합토지세

❷ 보충
현재 시행 중인 부동산투기억제제도
- 토지거래허가제
- 개발부담금제
- 재건축부담금제
- 부동산거래신고제
- 부동산실권리자명의 등기제도(부동산실명제)

❸ 보충
부동산 관련 제도 시행시기
- 공인중개사제도: 1985년
- 부동산실명제: 1995년
- 자산유동화제도: 1998년
- 부동산거래신고제: 2006년

❹
개발부담금제(1990)가 재건축부담금제(「재건축초과이익환수에 관한 법률」, 2006)보다 먼저 도입되었다.

용어사전
재건축초과이익의 환수
국토교통부장관은 재건축사업에서 발생되는 재건축초과이익을 재건축부담금으로 징수하여야 한다.

> **더 알아보기** 「개발이익 환수에 관한 법률」 제2조, 제3조
>
> 1. '**개발사업**'이란 국가나 지방자치단체로부터 인가·허가·면허 등(신고를 포함하며, 이하 '인가등')을 받아 시행하는 택지개발사업이나 산업단지개발사업 등의 사업을 말한다.
> 2. '**정상지가상승분**'이란 금융기관의 정기예금 이자율 또는 「부동산 거래신고 등에 관한 법률」에 따라 국토교통부장관이 조사한 평균지가변동률 등(그 개발사업 대상토지가 속하는 해당 시·군·자치구의 평균지가변동률을 말한다)을 고려하여 대통령령으로 정하는 기준에 따라 산정한 금액을 말한다.
> 3. '**개발부담금**'이란 개발이익 중 특별자치시장·특별자치도지사·시장·군수 또는 구청장(구청장은 자치구의 구청장을 말하며, 이하 '시장·군수·구청장')이 부과·징수하는 금액을 말한다.
> 4. **시장·군수·구청장**은 개발부담금 부과 대상 사업이 시행되는 지역에서 발생하는 개발이익을 **「개발이익 환수에 관한 법률」**에서 정하는 바에 따라 **개발부담금으로 징수**하여야 한다.

③ 부동산거래신고제: 「부동산 거래신고 등에 관한 법률」에 따라 실제 거래가격 등을 거래계약체결일부터 30일 이내에 대상 부동산 소재지 관할 시·군·구청장에게 공동으로 신고하는 제도를 말한다.

④ 부동산실명제: 부동산투기·탈세·탈법행위 등 반사회적 행위를 방지하고, 부동산거래의 정상화와 부동산가격 안정을 도모하기 위한 목적으로 부동산에 관한 소유권과 기타 물권을 실체적 권리관계에 부합하도록 실권리자 명의로 등기하게 하는 제도를 말한다[부동산실명법(「부동산 실권리자명의 등기에 관한 법률」)].

> **확인예제**
>
> 부동산정책에 관한 설명으로 틀린 것은?   제26회
>
> ① 부동산에 대한 부담금제도나 보조금제도는 정부의 부동산시장에 대한 직접개입방식이다.
> ② 정부가 부동산시장에 개입하는 이유에는 시장실패의 보완, 부동산시장의 안정 등이 있다.
> ③ 개발제한구역은 도시의 무질서한 팽창을 억제하는 효과가 있다.
> ④ 공공토지비축제도는 공익사업용지의 원활한 공급과 토지시장의 안정에 기여하는 것을 목적으로 한다.
> ⑤ 정부의 시장개입은 사회적 후생손실을 발생시킬 수 있다.
>
> **해설**
>
> 부담금제도나 보조금제도는 직접개입방식이 아니다. 부담금제도는 규제수단으로 볼 수 있으며, 보조금제도는 간접적 개입수단이다.   정답: ①

제3장 주택정책 제26·27·29·30·31·33·34회

01 주택문제와 주택의 특성

(1) 주택문제

① 양적 주택문제

㉠ 의의: 특정지역에서 주택이 절대적으로 부족한 현상을 말하며, 대체로 '주택을 필요로 하는 가구 수'와 '현실적으로 존재하고 있는 주택 수'를 비교하여 주택의 절대량 부족을 인식함으로써 양적 주택문제의 정도를 가늠할 수가 있다.

㉡ 양적 주택수요의 증가요인

ⓐ 인구유입의 증가
ⓑ 핵가족화현상
ⓒ 공공사업 등에 의한 주택의 철거 및 전용
ⓓ 필요공가율의 증가

> **더 알아보기** 공가현상
>
> 1. 의도적 공가현상
>   별장과 같은 여가주택이나 투기를 목적으로 여러 채의 주택을 보유하는 것을 말한다.
> 2. 마찰적 공가현상
>   주택의 유통을 원활히 하기 위한 합리적인 공가율이며, 이사에 따른 마찰을 없애기 위하여 필요한 공가를 말한다.
> 3. 통계적 공가현상
>   우리나라 주택센서스에서는 3분의 2 이상이 건설된 주택은 입주하기 이전이라도 주택으로 취급하고 있어서 실제 주택 수와의 불일치현상을 발생시킨다.
> 4. 주택의 방기현상
>   사회적·경제적으로 쓸모가 적거나 세금관계 등으로 수익성이 맞지 않아 기존주택을 방기하는 현상으로, 선진국 도시에서 많이 나타나며 우리나라에서도 농촌주택의 방기현상이 나타나고 있는 실정이다.

② 질적 주택문제

㉠ 의의: 주택가격이나 주거비의 부담능력이 낮아 주거환경이 열악한 데에서 비롯되는 불만과 관련된 것으로 불량주택이 발생하는 문제를 말한다. 질적 주택문제의 대표적인 원인은 낮은 소득에 있는데, 이러한 이유로 질적 주택문제를 경제적 주택문제라고도 한다.

용어사전
필요공가율
주택의 원활한 유통을 위하여 필요한 합리적인 공가율로 주거의 이동 등을 감안한 실거주 이외에 필요로 하는 주택의 수가 가구 총수에서 차지하는 비율을 말한다.

ⓛ 질적 주택수요의 증가요인
  ⓐ 소득의 증대
  ⓑ 생활수준의 향상
  ⓒ 문화생활에의 욕구
  ⓓ 신건축자재의 개발

> **더 알아보기** 주택부담능력(지불능력)과 질적 수준에 관한 지표 제31회

1. PIR(Price to Income Ratio): 소득대비 주택가격의 비율

$$PIR = \frac{주택가격}{연소득} \times 100$$

① 연평균소득을 반영한 특정지역 또는 국가 평균수준의 주택을 구입하는 데 걸리는 기간을 의미한다. 소득수준을 반영하여 주택가격의 적정성을 나타낼 때 사용하는 것으로, 대출 없이 소득만을 이용할 경우의 **가구의 주택구입(지불)능력을 나타낸다.**
② PIR이 높을수록 주택(임대료)구입부담능력은 낮아진다.
  예 PIR이 10이라는 것은 10년 동안의 소득을 한 푼도 쓰지 않고 모두 모아야 집 한 채를 살 수 있음을 뜻한다. 즉, PIR이 10배라면 10년치 소득을 모아야 주택 한 채를 살 수 있다.

2. 슈바베지수(Schwabe Index)

$$슈바베지수 = \frac{주거비용}{소득(생계비용)}$$

가계소득비 가운데 주거비용이 차지하는 비율을 의미한다. 슈바베지수는 빈곤의 척도로 사용되는데, 슈바베지수가 25%를 넘으면 빈곤층에 속한다고 본다. 저소득층일수록 슈바베지수는 높고, 고소득층일수록 슈바베지수는 낮다. 슈바베지수가 높을수록 주거비용의 비중이 큰 것이므로 가구의 주택부담능력은 떨어진다고 볼 수 있다.

용어사전
소득대비 임대료비율(RIR; Rent to Income Ratio)
월평균 소득에 대한 임대료의 비율을 의미한다. 즉, 무주택자가 주거를 위해 소득에서 부담하는 임대료의 비율을 말한다.

(2) 주택의 특성
① 주택은 개인의 기초적 욕구를 충족시켜 주는 것이므로 그 수요는 절대적이며 긴요하다.
② 주택의 생산과 유통과정에는 이익이 창출되기 때문에 생산업자의 이윤창출수단이 된다.
③ 주택은 생산을 위하여 많은 비용이 소요되므로 가격이 비싼 것이 보통이다.
④ 주택은 일정한 장소에 고정되어 있어 상품으로서의 유통성이 낮은 편이다.
⑤ 주택공급의 비탄력적인 성격과 주택수요의 필수재적인 성격 때문에 주택시장은 항상 불완전한 특성을 가지고 있다.
⑥ 주택에 대하여는 공공서비스가 제공되며, 주택시장은 정부의 정책과 인근지역의 영향을 크게 받는다.

02 주택정책의 목표와 원리

(1) 주택정책의 목표

주택정책은 궁극적으로 양호한 환경에서 안정된 주거생활을 영위하는 데 충분한 주택을 확보하는 것을 목표로 한다.

① **양적으로 충분한 주택 확보**: 급속한 도시화의 과정에서 가장 먼저 당면하는 것이 주택의 절대량 부족현상이다. 이러한 경우 주택정책의 목표는 우선 주택의 양을 해결하는 것에 있다.

② **질적으로 양호한 주택 확보**: 주택의 양적 문제를 해결한 다음으로 직면하는 문제는 바로 주택의 질에 대한 문제이다. 이것은 경제성장에 따른 소득 증가로 인한 주택의 교체수요에 관계된 현상에서 나타난다.

③ **환경적으로 쾌적한 주택 확보**: 환경적으로 쾌적한 주택의 확보는 인근지역의 환경개선에서부터 시작된다고 볼 수 있다. 이에 접근성, 도로·근린공원 기타 편의시설의 수준을 향상시키려는 노력 등을 들 수 있다.

(2) 주택정책의 원리

① flow대책(신규공급정책): flow대책은 주택수요가 있는 지역에 공적 주체가 직접 또는 간접적으로 주택시장에 개입하여 주택건설을 촉진시키는 것이다.

  ㉠ **직접개입**: 저소득층에게는 공공임대주택을 공급하고, 고소득층에게는 일반주택을 공적으로 건설·분양하는 경우를 말한다.

  ㉡ **간접개입**: 수요계층에 대하여 보조금을 지급하거나 장기저리로 융자하는 경우를 말한다.

② stock대책(기존주택정책): stock대책은 기존주택과 주거지를 대상으로 재개발·보수·관리 등을 행하여 주택이나 주거환경의 질을 회복·향상시키는 것을 그 내용으로 한다.

③ 특정지역 주택의 절대량 부족에 따른 flow대책(신규공급정책)에 그 비중을 두어야 하나, 기존의 주택을 보유하고 있는 사람들을 위하여 질적인 주거수준의 향상을 위한 stock정책에도 관심을 가져야 한다.

④ **주택구입능력을 제고하기 위한 정책은 소득계층에 따라 달라진다.**

03 임대료규제정책 제28회

(1) 개념

① 임대료규제정책은 저소득 임차가구를 보호하려는 일종의 **최고가격제**, 즉 **임대료상한제**를 말한다.

② 임대료규제정책은 임대료수준 또는 임대료상승률을 일정범위 이내에서 규제함으로써 **시장균형가격보다 낮은 수준으로 최고가격을 설정**하여 임대인으로 하여금 정부가 규제하는 임대료 이상으로 임대료를 부과할 수 없도록 하는 일종의 가격통제정책이다. 즉, 임대료를 시장균형가격 이하로 규제하는 것으로 정부가 규제한 가격 이하로만 거래하도록 통제하는 것이다.

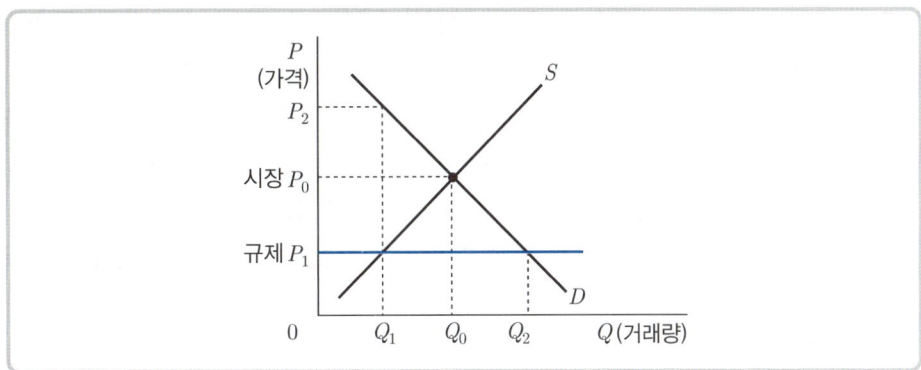

(2) 효과

① 임대주택에 대한 초과수요가 발생한다: 시장균형임대료(P_0)보다 임대료를 낮게 규제(P_1)함에 따라 임대료가 하락한 효과가 있으므로, 임대주택수요량은 증가하고 임대주택공급량은 감소하여 **임대주택시장에 초과수요현상**($Q_2 \sim Q_1$)이 나타난다. 이때에는 초과수요가 발생하지만 임대료가 상승하지도 않고, 임대주택의 공급이 늘어나지도 않는다.

② 임대주택의 수익성이 악화되어 공급이 감소한다.

㉠ 투자자는 임대사업의 수익성 악화로 인하여 임대주택에 대한 투자를 기피할 것이고, 기존의 임대주택도 다른 용도로 전환될 가능성이 높다. 즉, **임대료규제는 장기적으로 임대주택의 공급을 감소시킨다.**

㉡ 임대료의 상한(P_1)이 시장균형임대료(P_0)보다 낮을 경우, 임대주택의 공급은 단기보다 장기에 더 많이 감소하게 된다. 따라서 다른 조건이 일정할 때 **임대주택의 공급은 단기에는 비탄력적, 장기에는 탄력적으로 반응한다.**

㉢ 또한 임대업자는 임대주택에 대한 관리 및 보수를 소홀히 하게 되어 임대주택의 질적 수준도 저하될 것이다. 정리하면 임대료규제정책은 장기적으로 임대주택공급을 감소시키고, 임대주택에 대한 관리가 부실하게 되므로 **임차인의 주거환경이 악화될 수 있다.**

③ 공급이 감소함에 따라 주택난이 더욱 심화된다.
  ㉠ 기존임차인들은 공급이 감소함에 따라 새롭게 이주할 임대주택이 부족하게 되므로 다른 임대주택으로의 주거이동이 저하(감소)될 것이다.
  ㉡ 새롭게 임대주택을 구하고자 하는 신규임차인들 입장에서는 임대주택공급이 계속 감소하고 있고, **기존임차인들도 주거이동을 기피함**에 따라 정부가 규제하는 정상적인 임대료(P_1)만을 지불해서는 임대주택을 구하기가 어려운 상황에 직면하게 된다. 따라서 **신규임차인들은 규제임대료보다 높은 임대료(P_2)를 지불해서라도 임대주택을 구할 수밖에 없는 상황에 직면하게 된다.**
  ㉢ 주택난의 가중으로 불법적인 암시장(black market)이 형성되어 음성적인 지불현상이 나타나기도 한다. 즉, 규제임대료가 시장균형임대료보다 낮을 경우 **규제임대료(P_1)와 음성적 지불임대료(P_2)라는 '임대료의 이중가격'이 형성될 수 있다.**

④ 임대료의 상한이 시장균형임대료보다 낮을 경우, 수요와 공급이 탄력적일수록 초과수요량은 많아지고, 수요와 공급이 비탄력적일수록 초과수요량은 적어진다. 따라서 **임대료규제정책으로 인하여 임대주택의 공급이 탄력적으로 반응하면, 즉 공급이 더 많이 감소하게 되면 장기적으로 임차인의 주거환경은 더욱 악화될 것이다.** 다른 조건이 일정할 경우, 임대주택의 공급이 탄력적일 때보다 비탄력적일 때 저소득 임차인에 대한 보호효과가 커진다.

⑤ **임대주택의 공급이 완전비탄력적인 한,** 임대인의 소득 일부가 임차인에게 귀속되는 **소득재분배효과**가 있다.

⑥ **임대료의 상한이 시장임대료보다 높을 때의 효과:** 시장의 균형임대료보다 높은 수준에서 임대료를 규제할 경우에는 임대주택시장에 아무런 변화가 발생하지 않을 것이다. 즉, 규제임대료를 시장균형임대료보다 높게 규제하면 임차인 보호효과가 없다는 것이다.

> **핵심 퀵! 퀵!** 임대료규제정책의 효과

시장	시장균형임대료보다 임대료를 낮게 규제하는 최고가격제·상한제 ➡ 공급 감소, 수요 증가 ➡ 초과수요
임대인	• 낮은 임대료에 따른 수익성 하락 • 임대주택 투자기피, 용도전환 ➡ 임대주택의 공급 감소 • 단기보다 장기로 갈수록 공급은 더 많이 감소(단기에는 비탄력적, 장기에는 탄력적으로 반응) • 임대주택의 관리 소홀 ➡ 임대주택의 질적 수준 하락
임차인	• 공급 감소와 관리부실로 인한 주거환경 악화 • 기존임차인의 주거이동 감소 • 신규임차인의 음성적 지불현상(암시장 형성) • 임대료의 이중가격 형성

- 시장균형가격 이하로 임대료를 규제하면, 장기적으로 임대주택공급이 감소하기 때문에 임대료규제의 효과가 충분히 발휘되지 못한다.
- 공급이 완전비탄력적인 한, 임대인의 소득 일부가 임차인의 소득으로 귀속되는 소득재분배효과가 있다.
- 임대료규제정책으로 공급이 탄력적으로 반응하면 임대주택을 구하기가 어려워진다.

> **더 알아보기** 「민간임대주택에 관한 특별법」[1] 주요내용
>
> 1. 목적
>   민간임대주택의 건설·공급 및 관리와 민간 주택임대사업자 육성 등에 관한 사항을 정함으로써 민간임대주택의 공급을 촉진하고 국민의 주거생활을 안정시키는 것을 목적으로 한다.
>
> 2. 정의
>   ① **"민간임대주택"**이란 임대 목적으로 제공하는 주택[토지를 임차하여 건설된 주택 및 오피스텔 등 대통령령으로 정하는 준주택(이하 "준주택"이라 한다) 및 대통령령으로 정하는 일부만을 임대하는 주택을 포함한다.]으로서 **임대사업자가 등록한 주택을 말하며, 민간건설임대주택과 민간매입임대주택으로 구분**한다.
>   ② **민간건설임대주택**: 다음의 어느 하나에 해당하는 민간임대주택을 말한다.
>   - 임대사업자가 임대를 목적으로 건설하여 임대하는 주택
>   - 「주택법」에 따라 등록한 주택건설사업자가 사업계획승인을 받아 건설한 주택 중 사용검사 때까지 분양되지 아니하여 임대하는 주택
>   ③ **민간매입임대주택**: 임대사업자가 **매매 등으로 소유권을 취득**하여 임대하는 민간임대주택을 말한다.
>   ④ **공공지원민간임대주택**: 임대사업자가 **민간임대주택을 10년 이상 임대할 목적**으로 취득하여 이 법에 따른 **임대료 및 임차인의 자격 제한** 등을 받아 임대하는 민간임대주택을 말한다.
>   ⑤ **장기일반민간임대주택**: 임대사업자가 공공지원민간임대주택이 아닌 주택을 10년 이상 임대할 목적으로 취득하여 임대하는 민간임대주택[아파트(「주택법」 제2조 제20호의 도시형 생활주택이 아닌 것을 말한다)를 임대하는 민간매입임대주택은 제외한다]을 말한다.
>   ⑥ '단기민간임대주택'이란 임대사업자가 6년 이상 임대할 목적으로 취득하여 임대하는 민간임대주택을 말한다.
>   ⑦ 임대사업자: 「**공공주택 특별법**」에 따른 **공공주택사업자가 아닌 자**로서 1호 이상의 민간임대주택을 취득하여 임대하는 사업을 할 목적으로 등록한 자를 말한다.
>   ⑧ 임대사업자는 임대기간 동안 임대료의 증액을 청구하는 경우에는 임대료의 5%의 범위에서 주거비 물가지수, 인근지역의 임대료 변동률, 임대주택 세대 수 등을 고려하여 대통령령으로 정하는 증액 비율을 초과하여 청구해서는 아니 된다.
>   → 전월세 상한제

[1] 약칭: 민간임대주택법

> **확인예제**
>
> 임대료규제가 임대주택시장에 미치는 효과에 관한 설명으로 틀린 것은? (다만, 단기적으로 다른 조건은 일정하다고 가정함) 제20회
>
> ① 균형임대료보다 임대료상한이 높을 경우, 균형임대료와 공급량에 아무런 영향을 미치지 않는다.
> ② 균형임대료보다 임대료상한이 낮을 경우, 장기적으로 임대주택의 질이 낮아질 수 있다.
> ③ 균형임대료보다 임대료상한이 낮을 경우, 임대주택에 대한 공급이 단기적으로는 탄력적, 장기적으로는 비탄력적으로 반응한다.
> ④ 균형임대료보다 임대료상한이 낮을 경우, 임대료규제가 지속되면 장기적으로는 음성적 거래가 발생할 수 있다.
> ⑤ 균형임대료보다 임대료상한이 낮을 경우, 임대료가 규제 이전의 균형수준보다 낮아져서 단기에 비하여 장기에 초과수요가 더 발생할 수 있다.
>
> **해설**
>
> 균형임대료보다 임대료상한이 낮을 경우, 공급부족현상은 단기보다 장기로 갈수록 더욱 심해진다. 즉, 단기보다 장기에 임대주택공급은 더 많이 감소한다. 따라서 임대주택공급은 단기에는 비탄력적, 장기에는 탄력적으로 반응한다. 정답: ③

04 임대료보조정책 제28회

(1) 개념

① 임대료보조정책은 일정수준 이하의 저소득층의 주거안정을 위하여 정부가 무상으로 임대료의 일부 또는 전부를 보조해주는 정책을 말한다.
② 임대료보조정책은 정부가 임대사업자의 심리를 자극시켜 시장기능에 의하여 **사적 임대주택 공급 증가를 유도**하는 방법으로, 임대료규제정책보다 임차인의 주거안정효과가 더 크다.
③ **임대료보조정책은 정부가 임대주택시장에 간접적으로 개입하는 방법**으로, 수요 측면의 임차인에 대한 보조금정책과 공급 측면의 생산자에 대한 보조금정책으로 구분할 수 있다.

(2) 수요자보조금정책

임차인이 부담하여야 하는 임대료가 100만원일 때, 정부가 무상으로 30만원의 임대료보조금을 지급해주면 상대적으로 임대료가 하락하여 임대주택의 소비가 늘어날 수 있다. 이는 소득효과와 대체효과로 이해할 수 있다. **임대주택수요자에게 보조금을 지급하는 방식은** 생산자에게 보조금을 지급하는 방식보다 **임차인의 주거지 선택의 자유가 보장된다.**

① 단기효과
　㉠ 임차인이 지불하여야 하는 100만원의 임대료 중에서 정부가 30만원의 보조금을 무상으로 지급해주면, 주택보조금을 지급받은 임차인의 효용이 증가되고 실질소득이 향상되는 효과가 발생한다. 즉, 임차인의 명목소득은 동일하여도 임대료가 상대적으로 30만원만큼 하락한 효과가 있으므로 보조금 지급 이후 임차인의 구매력이 향상되었다는 것이다.
　㉡ 이에 따라 임대주택의 수요가 증가하여 임대료가 단기적으로 상승하게 되고, 임대주택시장은 기존 임대사업자나 공급자에게 초과이윤을 얻을 수 있는 기회를 제공한다.

② 장기효과
　㉠ 임대주택시장에서 단기에 발생하는 초과이윤은 신규공급자로 하여금 시장에 진입하게 하는 요인이 되어 장기적으로 임대주택의 공급이 증가하게 되고 임대주택의 임대료는 원래 수준으로 하락하게 된다.
　㉡ 다른 조건이 일정할 때, 임대료보조정책은 장기적으로 임대주택의 공급을 증가시키고 저소득 임차인의 주거안정에 기여할 수 있다.

수요자보조금정책의 단기·장기효과

단기효과	보조금 지급 ➡ 효용 증가 ➡ 실질소득 향상 ➡ 임대주택수요 증가 ➡ 임대료 상승(임대업자·공급자 초과이윤 획득)
장기효과	신규공급자 시장진입 ➡ 임대주택공급 증가 ➡ 임대료 하락(P_0)

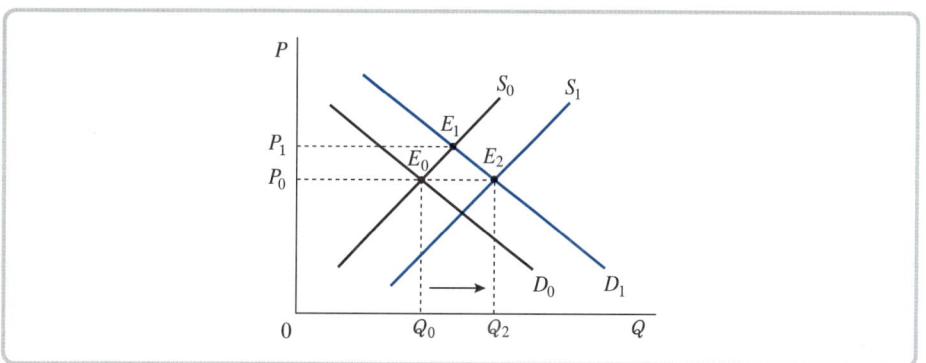

③ 임대료(가격)보조방식과 현금(소득)보조방식
　㉠ 임대료(가격)보조방식
　　ⓐ 정부가 임대료의 일부인 30만원의 보조금을 지급하면 보조받은 금액을 전액 임대주택재화의 소비에 한정하는 것으로, 임차인의 주거수준 향상과 주택소비량 증대라는 주택정책목표를 달성하는 측면에서 현금(소득)보조방식보다 더 효과적이다.

ⓑ 임대료(가격)보조방식은 보조받은 금액을 다른 재화의 소비에는 사용할 수 없지만, 보조금을 지급받은 만큼 임차인의 실질소득이 향상되는 효과가 있으므로 보조금 지급 이후 다른 재화를 소비할 수 있는 여력이 늘어나게 된다.

ⓒ 즉, 임대료보조금을 주택재화의 구입에만 한정한다 할지라도 보조금 지급 이후 다른 재화의 소비량은 이전보다 늘어날 수 있다.

ⓛ 현금(소득)보조방식

ⓐ 임대료보조금과 **동일한 금액만큼을 현금으로 지급**하는 것으로, 현금(소득)보조를 받은 임차인은 스스로 임대주택수준(주거의 질)을 결정할 수 있고, 임대료를 지불하고 남은 금액이 있다면 이를 다른 재화에 소비하는 것도 공식적으로 허용하는 방식이다.

ⓑ 정부 입장에서 주거수준의 향상과 후생 증대를 동시에 유도하는 것으로, **현금(소득)보조방식은 임대료(가격)보조방식보다 다른 재화를 더 많이 소비하는 것을 가능하게 해준다.**

ⓒ 즉, **현금(소득)보조방식은 가격기구를 왜곡하지 않고 소비자의 선택의 폭을 넓혀 주기 때문에 시장의 효율성을 높이며, 임대료(가격)보조방식보다 임차인의 효용증대효과가 더 큰 편이다.**

구분	임대료(가격)보조방식	현금(소득)보조방식
개념	보조금 전액을 임대주택 소비에 한정(예 주택바우처, 주거급여)	보조금 일부는 임대주택 소비, 나머지 금액은 다른 재화 소비 선택 가능
효과	사회 전체적인 주택소비량 증대와 주거수준 향상의 주택정책 관점에서 더 효과적임	선택의 폭을 넓혀주기 때문에 임차인의 효용 증대 측면에서 더 효과적임

> **더 알아보기** 주택바우처(voucher)
>
> 1. 임대료보조금을 현금이 아닌 바우처(교환권), 일종의 쿠폰형식으로 지급하는 것으로, 소득대비 월 임대료부담이 큰 **저소득 가구를 대상**으로 월 임대료의 일부를 재정을 통하여 지원하고 있다. ➡ 간접적 개입, 소비자 보조
> 2. 주택바우처는 지역별·소득수준별로 차등지급한다.
> 3. 정부가 임대인 계좌에 바우처만큼의 현금을 직접 입금하여 지급된 바우처가 타 용도로 전용되는 것을 방지하고 있기 때문에 임대료(가격)보조방식으로 볼 수 있다.

(3) 생산자보조금정책[1]

생산자보조는 임대주택사업자에게 보조금을 지급하거나 장기저금리의 건설자금을 지원해주는 등의 방식으로, 임대업자의 생산비 절감효과가 있으므로 장기적으로 임대주택공급이 늘어나는 효과가 있고 이에 따라 임대료가 하락하여 수요자보조금정책처럼 저소득 임차인의 주거안정에 기여하게 된다.

> 생산자에게 장기저리 지원 ➡ 생산비 절감효과 ➡ 임대주택공급 증가 ➡ 임대료 하락

[1] 공공지원민간임대주택은 생산자보조의 한 방법으로 볼 수 있다.

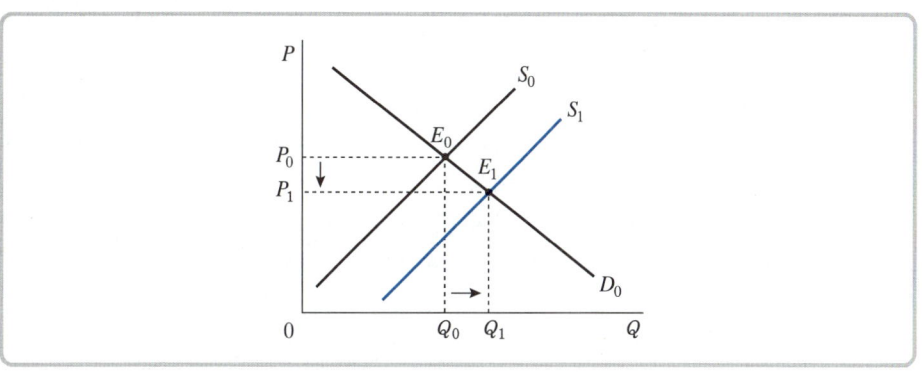

① 생산자에게 보조금을 지급하는 방식은 임대주택수요자에게 보조금을 지급하는 방식보다 임차인의 주거지 선택의 자유가 제한된다는 단점이 있다.
② 생산자보조금정책[2]은 수요자보조금정책보다 상대적으로 임대료 인하효과·안정효과가 더 큰 편이다. 임대료(가격)를 안정화시키는 최선의 방법은 임대주택의 공급이 늘어날 수 있도록 유도하는 것이기 때문이다.

[2] 주택도시기금이 부동산투자회사(공공임대주택리츠나 민간임대주택리츠)에 임대주택 건설 및 공급에 관한 자금을 지원하는 것은 생산자보조방식으로 볼 수 있다.

확인예제

임대주택정책에 관한 설명으로 틀린 것은? (단, 다른 조건은 동일함) 제28회

① 임대료보조정책은 저소득층의 실질소득 향상에 기여할 수 있다.
② 임대료상한을 균형가격 이하로 규제하면 임대주택의 공급과잉현상을 초래한다.
③ 임대료보조정책은 장기적으로 임대주택의 공급을 증가시킬 수 있다.
④ 정부의 규제임대료가 균형임대료보다 낮아야 저소득층의 주거비 부담 완화효과를 기대할 수 있다.
⑤ 임대료규제란 주택 임대인이 일정수준 이상의 임대료를 임차인에게 부담시킬 수 없도록 하는 제도다.

해설

임대료상한을 균형가격 이하로 규제하면 공급과잉(초과공급)이 아니라 초과수요가 발생할 수 있다. 임대료상한을 시장균형가격 이하로 규제하면, 임대사업자의 수익성 악화로 임대주택의 공급이 감소하고, 수요는 증가한다(➡ 초과수요 발생).

정답: ②

> 더 알아보기 「주거기본법」의 주요내용

1. 목적(제1조)
   이 법은 주거복지 등 주거정책의 수립·추진 등에 관한 사항을 정하고 **주거권을 보장**함으로써 국민의 주거안정과 주거수준의 향상에 이바지하는 것을 목적으로 한다.

2. 주거권(제2조)
   국민은 관계 법령 및 조례로 정하는 바에 따라 물리적·사회적 위험으로부터 벗어나 쾌적하고 안정적인 주거환경에서 인간다운 주거생활을 할 권리를 갖는다.

3. 주거종합계획의 수립(제5조)
   국토교통부장관은 국민의 주거안정과 주거수준의 향상을 도모하기 위하여 주거종합계획을 수립·시행하여야 한다.

4. 주거비 보조(제15조)
   - 국가 및 지방자치단체는 주거비부담이 과다하여 주거생활을 영위하기 어려운 저소득 가구에게 주거급여❶를 지급하여야 한다.
   - 국가 및 지방자치단체는 주거급여대상이 아닌 저소득 가구에게도 예산의 범위에서 주거비의 전부 또는 일부를 보조할 수 있다.

5. 최저주거기준의 설정(제17조)
   - **국토교통부장관은 국민이 쾌적하고 살기 좋은 생활을 하기 위하여 필요한 최소한의 주거수준에 관한 지표로서 최저주거기준을 설정·공고하여야 한다.**
   - 최저주거기준에는 주거면적, 용도별 방의 개수, 주택의 구조·설비·성능 및 환경요소 등 대통령령으로 정하는 사항이 포함되어야 하며, 사회적·경제적인 여건의 변화에 따라 그 적정성이 유지되어야 한다.

6. 국토교통부장관은 주거종합계획과 연계하여 5년마다 최저주거기준의 타당성을 재검토하여야 한다(제17조).

7. 최저주거기준 미달 가구에 대한 우선지원 등(제18조)
   - 국가 및 지방자치단체는 최저주거기준에 미달되는 가구에게 우선적으로 주택을 공급하거나 개량 자금을 지원할 수 있다.
   - 국가 및 지방자치단체가 주거정책을 수립·시행하거나 사업주체가 주택건설사업을 시행하는 경우에는 최저주거기준에 미달되는 가구를 줄이기 위하여 노력하여야 한다.

---

❶
- '주거급여'란 「국민기초생활 보장법」상 주거급여로서 주거안정에 필요한 임차료, 수선유지비, 그 밖의 수급품을 지급하는 것을 말한다.
- '주거급여'는 「국민기초생활보장법」, 「주거급여법」, 「주거기본법」에서 그 내용을 명시하고 있다.
- '주거급여'는 부양의무자의 소득·재산과 무관하게 신청가구의 소득과 재산만을 반영한 소득인정액이 기준 중위소득 43% 이하면 신청 가능하다.

05 공공임대주택공급정책 제29 · 31회

(1) 개념
① 정부 등 공적 주체가 재원을 투입하여 사적 임대주택시장보다 낮은 임대료를 책정하여 공공임대주택공급을 증가시키고, 사회 전체에서 차지하는 공공임대주택의 비율을 높이려는 정책으로, 정부의 직접적 개입방법이다.
② 국가 · 지방자치단체 · 지방공사 · 한국토지주택공사 등의 공적 주체가 정부나 지방자치단체의 재정과 주택도시기금의 등의 지원을 받아 건설하거나 기존주택을 매입하여 임대하는 임대주택정책 등을 말한다.
③ 공공임대주택공급정책은 입주자(임차인)의 주거지 선택이 제한된다는 단점이 있다.

(2) 사적 임대주택시장에 미치는 효과
임대주택시장은 민간이 공급하는 사적 임대주택시장과 정부가 공급하는 공공임대주택시장으로 이원화되어 부분시장으로 구분되고, 임대료 또한 이중가격으로 형성된다. 정부가 사적 임대주택시장보다 낮은 임대료를 책정하여 공공임대주택을 특정지역에 공급하게 되면 사적 임대주택시장에는 다음과 같은 효과가 발생한다.
① 단기효과
  ㉠ 사적 임대주택에 거주하던 임차인은 공공임대주택과 사적 임대주택으로부터 얻는 효용이 유사하다고 인식할 경우, 임대료가 낮은 공공임대주택시장으로 이주해 갈 것이다.
  ㉡ 이에 따라 임대료가 상대적으로 비싼 사적 임대주택에 대한 수요가 감소하고, 사적 임대주택의 임대료가 하락한다. 즉, 단기적으로는 사적 시장의 임차인, 공적 시장의 임차인 모두 임대료 인하혜택이 있다.
  ㉢ 사적 시장에서 임차인이 공공임대주택이 공급되는 지역으로 이주해 옴에 따라 공공임대주택의 수요가 증가하여도 공공임대주택의 임대료는 변하지 않는다. 공공임대주택의 임대료는 고정되어 있어야 임차인 보호효과가 있다. 즉, 정부가 공급하는 공공임대주택의 임대료는 사적 임대주택의 임대료보다 낮아야 저소득 임차인 보호효과가 있다는 것이다.

② 장기효과
㉠ 사적 임대주택에 대한 수요 감소로 사적 시장의 임대료가 하락하고, 이로 인하여 사적 임대주택의 수익성이 나빠짐에 따라 장기적으로 사적 시장의 임대주택공급은 줄어들게 된다. 즉, 기존의 사적 임대주택이 다른 용도로 전환될 수 있다.

㉡ 사적 시장의 임대주택공급이 감소하여 임대료가 상승하기 때문에 장기적으로 사적 시장 임차인에게는 임대료 인하혜택이 소멸하게 되며, 임대료가 저렴한 공공임대주택의 임차인에게만 임대료 인하혜택이 존재하게 된다.

㉢ 장기적으로 공공임대주택의 비율이 증가한 만큼 사적 임대주택의 비율은 감소하게 된다. 즉, 장기적으로 사회 전체의 임대주택량은 변하지 않는다.

㉣ 시장임대료보다 낮은 공공임대주택을 공급❶하면 공공 임차인 입장에서는 사적 시장과의 임대료 차액만큼을 정부로부터 보조받는 것과 같은 효과를 누릴 수 있다.❷ 즉, 공공임대주택의 공급은 소득재분배효과를 기대할 수 있다.

공공임대주택공급에 따른 사적 임대주택시장의 변화

단기효과	공공임대주택의 공급 ➡ 사적 임차인은 임대료가 낮은 공공임대주택으로 이주해 감 ➡ 사적 임대주택의 수요 감소(D_1으로 이동) ➡ 사적 시장의 임대료 하락(P_1)
장기효과	사적 임대업자의 수익성 하락 ➡ 사적 임대주택의 공급 감소(S_1으로 이동) ➡ 사적 시장의 임대료 상승(P_0) ● 사적 시장에 거주하는 임차인은 장기적으로 임대료 인하혜택이 없음

> **❶ 보충**
> 공공임대주택의 공급을 확대하면, 임차인의 수요의 탄력성을 높여주므로(대체재가 만들어짐에 따라 선택의 폭이 넓어지므로) 사적 임대시장에서 부동산조세가 임차인에게 전가되는 현상을 완화시켜 줄 수 있다.

> **❷**
> 사적 시장의 임대료가 100만원이고 정부가 공급하는 공공임대주택의 임대료가 70만원일 때, 공공임대주택의 임차인 입장에서는 사적 시장과의 임대료 차이인 30만원만큼을 정부로부터 보조받는 효과가 있다는 것이다.

확인예제

주거정책에 관한 설명으로 틀린 것을 모두 고른 것은? (단, 다른 조건은 일정함)

제34회 수정

㉠ 우리나라는 주거에 대한 권리를 인정하고 있지 않다.
㉡ 공공임대주택, 주거급여제도, 주택청약종합저축제도는 현재 우리나라에서 시행되고 있다.
㉢ 주택바우처는 저소득임차가구에 주택임대료를 일부 지원해주는 소비자보조방식의 일종으로 임차인의 주거지 선택을 용이하게 할 수 있다.
㉣ 임대료 보조정책은 민간임대주택의 공급을 장기적으로 감소시키고 시장임대료를 높인다.
㉤ 임대료를 균형가격 이하로 통제하면 민간임대주택의 공급량은 증가하고 질적 수준은 저하된다.

① ㉠, ㉡, ㉤   ② ㉠, ㉢, ㉤   ③ ㉠, ㉣, ㉤
④ ㉡, ㉢, ㉣   ⑤ ㉢, ㉣, ㉤

> **해설**
>
> 틀린 것은 ㉠㉣㉤이다.
> ㉠ 우리나라는 「주거기본법」 등에 의해 주거에 대한 권리를 인정하고 있다.
> ㉣ 다른 조건이 일정할 때, 임대료 보조정책은 민간임대주택의 공급을 장기적으로 증가시키므로 시장임대료가 하락한다. 또는 시장임대료가 원래 수준으로 하락한다.
> ㉤ 다른 조건이 일정할 때, 임대료를 균형가격 이하로 통제(임대료를 규제)하면 민간임대주택의 공급은 감소하고 (관리 소홀로 인해) 질적 수준은 저하된다.
>
> 정답: ③

더 알아보기 | 정부의 임대주택공급정책 제31·33·35회

「공공주택 특별법 시행령」

제2조【공공임대주택】① 「공공주택 특별법」에서 "대통령령으로 정하는 주택"이란 다음 각 호의 주택을 말한다.

1. **영구임대주택❶**: 국가나 지방자치단체의 **재정을 지원받아** 최저소득 계층의 주거안정을 위하여 **50년 이상** 또는 **영구적인 임대**를 목적으로 공급하는 공공임대주택
2. **국민임대주택**: 국가나 지방자치단체의 **재정이나** 「주택도시기금법」에 따른 **주택도시기금**(이하 "주택도시기금"이라 한다)**의 자금을 지원**받아 저소득 서민의 주거안정을 위하여 **30년 이상** 장기간 임대를 목적으로 공급하는 공공임대주택
3. **행복주택**: 국가나 지방자치단체의 재정이나 주택도시기금의 자금을 지원받아 대학생, 사회초년생, 신혼부부 등 **젊은 층의 주거안정**을 목적으로 공급하는 공공임대주택
3의2. **통합공공임대주택**: 국가나 지방자치단체의 재정이나 주택도시기금의 자금을 지원받아 최저소득계층, 저소득 서민, 젊은층 및 장애인·국가유공자 등 사회 취약계층 등의 주거안정을 목적으로 공급하는 공공임대주택
4. **장기전세주택**: 국가나 지방자치단체의 재정이나 주택도시기금의 자금을 지원받아 **전세계약**의 방식으로 공급하는 공공임대주택
5. **분양전환공공임대주택❷**: 일정 기간 **임대 후 분양전환**할 목적으로 공급하는 공공임대주택
6. **기존주택등매입임대주택**: 국가나 지방자치단체의 재정이나 주택도시기금의 자금을 지원받아 **주택 또는 건축물**(이하 "기존주택등"이라 한다)**을 매입**하여 「국민기초생활 보장법」에 따른 수급자 등 저소득층과 청년 및 신혼부부 등에게 공급하는 공공**임대주택**
7. **기존주택전세임대주택**: 국가나 지방자치단체의 재정이나 주택도시기금의 자금을 지원받아 **기존주택을 임차하여** 「국민기초생활 보장법」에 따른 수급자 등 저소득층과 청년 및 신혼부부 등에게 **전대(轉貸)하는** 공공임대주택

❶ 영구임대주택은 국가나 지방자치단체의 재정만 지원받는다.

❷ 분양전환공공임대주택은 한국토지주택공사가 자금 지원 없이 자체 자금으로 공급하는 임대주택 유형이다.

> **확인예제**
>
> **공공주택 특별법령상 공공임대주택의 용어 정의로 틀린 것은?** 제31회
>
> ① 국민임대주택은 국가나 지방자치단체의 재정이나 주택도시기금의 자금을 지원받아 대학생, 사회초년생, 신혼부부 등 젊은 층의 주거안정을 목적으로 공급하는 공공임대주택을 말한다.
> ② 영구임대주택은 국가나 지방자치단체의 재정을 지원받아 최저소득 계층의 주거안정을 위하여 50년 이상 또는 영구적인 임대를 목적으로 공급하는 공공임대주택을 말한다.
> ③ 장기전세주택은 국가나 지방자치단체의 재정이나 주택도시기금의 자금을 지원받아 전세계약의 방식으로 공급하는 공공임대주택을 말한다.
> ④ 분양전환공공임대주택은 일정 기간 임대 후 분양전환할 목적으로 공급하는 공공임대주택을 말한다.
> ⑤ 기존주택전세임대주택은 국가나 지방자치단체의 재정이나 주택도시기금의 자금을 지원받아 기존주택을 임차하여「국민기초생활 보장법」에 따른 수급자 등 저소득층과 청년 및 신혼부부 등에게 전대(轉貸)하는 공공임대주택을 말한다.
>
> **해설**
>
> ①은「공공주택 특별법 시행령」제2조의 '행복주택'에 대한 설명이다.
> - 행복주택은 국가나 지방자치단체의 재정이나 주택도시기금의 자금을 지원받아 대학생, 사회초년생, 신혼부부 등 젊은 층의 주거안정을 목적으로 공급하는 공공임대주택을 말한다.
> - 국민임대주택은 국가나 지방자치단체의 재정이나「주택도시기금법」에 따른 주택도시기금의 자금을 지원받아 저소득 서민의 주거안정을 위하여 30년 이상 장기간 임대를 목적으로 공급하는 공공임대주택을 말한다.
>
> 정답: ①

06 분양가규제정책 제30·32회

(1) 개념

분양가규제정책은 신규주택의 분양가를 시장가격 이하로 통제하여 주택가격을 안정화시키고, 저소득층의 주택구입을 용이하게 하기 위한 최고가격제의 일환이다. 즉, **저소득층의 내집마련부담을 완화하고자 하는 정부의 가격규제정책**으로, 임대료규제정책과 마찬가지로 정부가 규제한 가격 이상으로 거래하지 못하도록 분양가격을 통제하는 것이다.

예 시장평균가격이 m^2당 600만원인데, 정부가 신규주택의 분양가격을 m^2당 400만원 이하로 통제하는 경우

분양가상한제

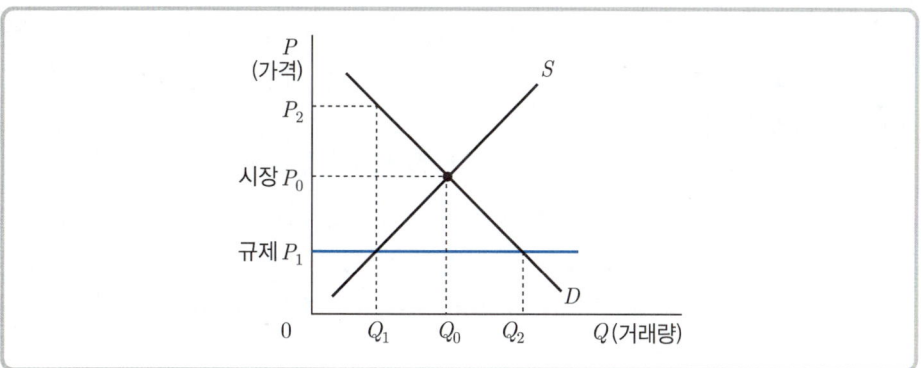

(2) 효과

① 신규분양주택에 대한 초과수요가 발생한다. 시장균형가격(P_0)보다 분양가격을 낮게 규제(P_1)함에 따라 분양주택의 가격이 하락한 효과가 있으므로, 주택수요량은 증가하고 분양가상한제를 적용받는 주택공급량은 감소하여 주택시장에 초과수요현상(Q_2~Q_1)이 나타난다. 이때에는 초과수요가 발생하지만 분양가격이 상승하지도 않고, 주택공급이 늘어나지도 않는다.

② 주택건설업자의 수익성이 악화되어 장기적으로 주택공급이 감소할 것이다. 주택건설업자는 주택건설업의 수익성·채산성이 악화됨에 따라 신규주택공급을 감소시킬 것이고, 신규로 공급되는 주택이라 할지라도 그 질적 수준도 저하될 가능성이 있다. 주택공급이 장기적으로 감소함에 따라 기존·중고주택을 포함한 전체적인 주택가격이 상승하게 되어 오히려 저소득층의 주택난이 심화될 수 있다. 다른 조건이 일정할 때 분양가상한제를 적용받는 주택의 공급은 감소하고, 이를 적용받지 않는 주택의 공급은 증가할 수 있다.

③ 분양가상한제의 실시는 분양주택에 대한 투기적 수요를 유발할 수 있다. 분양주택에 대한 투기억제수단 등 제도적 보완이 없으면 시장가격과 분양가격의 차이에서 전매차익이 발생할 수 있으므로 분양주택에 대한 투기적 수요가 증가할 수 있다. 분양가상한제의 목적이 저소득층의 주거안정을 위한 것이지만, 분양주택에 대한 프리미엄이 형성되면 분양권을 불법으로 전매하는 등의 부작용이 발생할 수 있다. 즉, 분양가상한제의 실시로 인한 이익의 주체가 '투기적 수요자'로 변질될 가능성이 있다. ❶

④ 분양시장에 대한 정부의 규제가 과도할 경우 가격기능을 왜곡시켜 자원배분의 효율성을 저해할 수 있고, 저소득층의 주거안정이라는 본래의 목적과는 달리 소득의 불균형문제를 심화시켜 형평성을 저해할 수도 있다.

---

❶ 분양주택에 대한 프리미엄 형성(예 투기 등)의 문제는 전매제한 강화를 통해 보완할 수 있다.

> ❶ 「주택법」 제57조【주택의 분양가격 제한 등】에 따른 내용이다.

(3) 주택법령상 분양가상한제 ❶

① 사업주체가 일반인에게 공급하는 공동주택 중 다음 하나에 **해당하는 지역에서 공급하는 주택의 경우에는 산정되는 분양가격 이하로 공급하여야 한다.**
  ㉠ **공공택지**
  ㉡ 공공택지 외의 택지로서 다음 어느 하나에 해당하는 지역
    ⓐ 「공공주택 특별법」에 따른 도심 공공주택 복합지구
    ⓑ 「도시재생 활성화 및 지원에 관한 특별법」에 따른 주거재생혁신지구
    ⓒ 주택가격 상승 우려가 있어 국토교통부장관이 「주거기본법」에 따른 주거정책심의위원회의 심의를 거쳐 지정하는 지역

② 다음 어느 하나에 해당하는 경우에는 **분양가규제를 적용하지 아니한다.**
  ㉠ **도시형 생활주택**
  ㉡ 경제자유구역에서 건설·공급하는 공동주택으로서 경제자유구역위원회에서 외자유치 촉진과 관련이 있다고 인정하여 분양가격 제한을 적용하지 아니하기로 심의·의결한 경우
  ㉢ 관광특구에서 건설·공급하는 공동주택으로서 해당 건축물의 층수가 50층 이상이거나 높이가 150m 이상인 경우
  ㉣ 한국토지주택공사 또는 지방공사가 정비사업의 시행자로 참여하는 등 대통령령으로 정하는 공공성 요건을 충족하는 경우로서 해당 사업에서 건설·공급하는 주택

③ **분양가격은 택지비와 건축비로 구성**(토지임대부 분양주택의 경우에는 건축비만 해당한다)된다.

④ 사업주체가 건설·공급하는 주택 및 해당 주택의 입주자로 선정된 지위를 10년 이내의 범위에서 대통령령으로 정하는 기간이 지나기 전에는 그 주택을 전매하거나 이의 전매를 알선할 수 없다(「주택법」 제64조).

> **확인예제**
>
> **분양가상한제에 관한 설명 중 옳은 것으로 묶인 것은?** 제19회
>
> > ㉠ 장기적으로 민간의 신규주택공급을 위축시킴으로써 주택가격을 상승시킬 수 있다.
> > ㉡ 상한가격이 시장가격보다 낮을 경우 일반적으로 초과공급이 발생한다.
> > ㉢ 주택건설업체의 수익성을 낮추는 요인으로 작용하여 주택공급을 감소시킬 수 있다.
> > ㉣ 시장가격 이상으로 상한가격을 설정하여 무주택자의 주택가격부담을 완화시키고자 하는 제도이다.
>
> ① ㉠, ㉢
> ② ㉠, ㉢, ㉣
> ③ ㉡, ㉢
> ④ ㉠, ㉡, ㉢
> ⑤ ㉡, ㉣
>
> **해설**
>
> 옳은 것은 ㉠㉢이다.
> ㉡ 상한가격이 시장가격보다 낮을 경우 일반적으로 초과수요가 발생한다.
> ㉣ 시장가격 이하로 상한가격을 설정하여 무주택자의 주택가격부담을 완화시키고자 하는 제도이다.
>
> 정답: ①

07 분양가자율화

(1) 개념

분양가상한제는 장기적으로 주택공급을 감소시키는 등 부작용이 있기 때문에 분양가자율화는 이러한 부작용을 해소하기 위한 것으로 주택시장의 수요와 공급을 시장의 자율기능에 맡겨서 가격이 결정되도록 하는 것이다. 분양가자율화를 위해서는 충분한 택지 확보, 건설업체에 대한 금융지원 등 정책적 지원이 선행되어야 한다.

(2) 효과

① 주택건설업체가 분양가격을 높게 책정할 가능성이 있고, 이에 따른 수익성 향상에 대한 기대감으로 주택공급이 장기적으로 늘어날 수 있다.
② 주로 이윤율이 높은 대형주택의 공급은 활발하게 이루어지는 반면, 이윤율이 낮은 소형주택의 공급은 감소할 수 있기 때문에 분양가를 자율화하게 되면 저소득층을 위한 주택정책이 추가적으로 고려될 필요가 있다.
③ 분양가자율화는 분양가상한제와는 달리 주택을 통한 전매차익이 줄어들어 투기적 수요가 감소할 수 있다.

> **더 알아보기** 선분양제도와 후분양제도 제30회

1. 선분양제도
   ① 개념: 주택건설업자가 **주택을 완공하기 전에 미리 입주자를 모집하여 계약금, 중도금 등을 사전에 받아 주택건설자금으로 활용**할 수 있도록 하는 제도를 말한다.
   ② 장점
      - **주택건설업자는 분양계약자로부터 주택건설자금을 용이하게 조달할 수 있다.**
      - 소비자는 분양금을 분할하여 납부하므로 목돈마련에 대한 부담을 덜 수 있다.
   ③ 단점
      - 선분양을 통하여 주택건설업자가 이윤극대화만을 중시하여 건설비용을 줄이는 데 주력하면 부실공사와 품질이 낮은 아파트를 양산하게 된다.
      - 분양권 전매를 통해서 가수요를 창출하여 주택시장의 불안을 야기할 수 있다.
      - 모델하우스를 통하여 주택을 구매하기 때문에 실제 품질과 차이가 있을 경우 주택건설업자와 소비자간에 많은 분쟁이 발생할 수 있다.
      - **주택건설업자에게 부도가 발생하는 경우 입주가 지연될 수 있어 소비자에게 피해가 따르게 된다.**

2. 후분양제도
   ① 개념: 일정 절차에 따라 (80~90% 완공된) 주택을 분양하는 것으로 **주택건설업자가 주택건설자금을 직접 조달하는 제도이다.** 후분양제도가 정착되면 주택건설업자간의 경쟁을 유발시켜 소비자 중심의 시장이 형성될 수 있다.
   ② 장점
      - 주택상품별로 비교한 이후 구입하는 것이 가능하므로 소비자의 선택의 폭이 넓어진다.
      - 공급자의 부실시공 및 품질 저하에 대처가 가능하므로, 견본주택과 실제주택의 차이 등으로 인한 분쟁이 줄어들 수 있다.
      - 주택건설업자의 부도로 인한 소비자의 피해가 감소할 것이며, 분양금에 대한 비용전가 문제는 발생하지 않을 것이다.
   ③ 단점
      - 선분양에 비하여 **주택을 구입하는 데 소비자의 초기 자금부담이 큰 편이다.**
      - **주택건설업자는 건설자금을 직접 조달하여야 하므로 자금조달이 어려우면 주택공급이 감소할 수 있다.**
      - 건설자금이자는 주택건설업자가 형식적으로 부담하지만, 이러한 차입비용은 분양가격에 반영되어 소비자에게 전가될 수 있다.

제 4 장 | 조세정책   제26·28·29·30·31·32·33·34·35회

01 부동산조세의 개념과 기능

(1) 부동산조세의 개념과 유형 제35회

① 부동산조세에는 부동산을 취득·소유하는 경우, 이용·임대하는 경우, 처분·매도하는 경우 등에 부과되는 세금이 있다.

② **부동산조세**는 공적 기관이 자신의 활동을 수행하는 데 **필요한 재원을 조달**하는 것에 목적이 있다. 즉, 정부나 지방자치단체가 공익성·공공성이라는 포괄적인 목표를 달성하기 위하여 조세를 부과한다.

구분	취득단계	보유단계	처분단계
국세	상속세, 증여세, 인지세	종합부동산세❶	양도소득세
	부가가치세(취득 – 보유 – 처분단계)		
지방세	취득세, 등록면허세	재산세❶	지방소득세

❶ **재산세, 종합부동산세의 과세기준일**
매년 6월 1일
- 재산세의 과세대상: 토지, 주택, 건축물, 항공기, 선박
- 종합부동산세의 과세대상: 토지, 주택

(2) 부동산조세의 기능 제28회

① **부동산자원배분**

㉠ 부동산조세는 외부효과로 발생하는 과소생산(소비)·과다생산(소비) 등의 시장실패를 수정하여 자원배분의 효율성을 제고하는 수단으로 활용된다.

㉡ 주택에 대한 취득세 인하는 주택의 상대적 가격을 하락시키는 효과를 발생시켜 주택의 수요 증가를 유도할 수 있으며, 특히 서민들을 위한 부동산과 관련된 조세특례는 주거공간배분에 큰 역할을 담당한다.

㉢ 이처럼 **부동산조세는 상대적 가격변화를 통하여** 부동산의 수요·공급을 조절하는 **자원배분기능이 있으며, 공공부문뿐만 아니라 사적 부문에서도 그 기능을 갖는다.**

㉣ 정부가 토지이용을 특정방향으로 유도(자원배분을 유도)하기 위하여 보유세를 부과할 때에는 **그 용도에 따라 차등과세를 하여야 한다.**

② **부동산경기 조절**: 취득세 인하로 주택의 수요가 증가하여 주택거래량이 늘어나고, 주택가격이 상승함에 따라 주택의 신규공급이 촉진된다면 부동산조세가 부동산경기 조절수단으로 유용하게 활용된다는 것을 의미한다.

③ **소득재분배**: 부동산에 관한 상속세·증여세 등은 사회계층간의 소득격차를 좁히는 기능이 있다. 소득재분배는 정부의 시장개입을 통하여 소득의 불균형문제를 일정 정도 해소하려는 정부의 정치적 기능에 해당한다.❷

❷ 소득재분배는 부동산시장의 기능이 아니므로 용어 사용에 유의하여야 한다.

④ **투기억제 및 지가안정**: 부동산투기가 과열되어 부동산시장이 불안정할 때에는 양도소득세 등을 중과하여 투기적 수요를 억제하고 이를 통하여 지가 및 주택가격의 안정화를 유도할 수 있다.

⑤ **주택문제 해결**: 부동산조세재원의 확보 또는 조세감면정책을 통하여 주택공급을 늘리고 국민들의 전체적인 주거안정이라는 목표를 달성할 수 있다. 즉, 부동산조세는 소형주택공급의 확대, 호화주택의 건축억제 등과 같은 주택문제해결수단의 기능을 갖는다.

> **확인예제**
>
> 부동산조세의 기능으로 잘못 설명된 것은? 　　　　　　　　　　　　　　제13회
> ① 주택문제 해결수단의 기능을 갖는다.
> ② 부동산자원을 배분하는 기능을 가지고 있다.
> ③ 부동산자원을 공공부문에서만 활용할 수 있도록 제한하는 기능을 갖는다.
> ④ 지가안정수단의 기능을 가지고 있다.
> ⑤ 사회계층간의 소득격차를 좁히는 기능을 갖는다.
>
> **해설**
> 공공·민간의 모든 부문에서 부동산자원을 배분하는 기능을 갖는다. 　　　　　정답: ③

02 부동산조세의 전가와 귀착

(1) 개념

① 조세를 부과하면 법률상 납세의무자가 부과된 세금을 모두 부담하여야 하지만, 납세의무자는 부과된 세금을 본인의 비용으로 인식함에 따라 다른 방법을 통하여 세금의 일부를 타인에게 떠넘기려고 한다. 이를 조세의 전가라 하며, 타인에게 전가하고 나머지 부분만큼 본인에게 최종적으로 돌아가는 몫을 조세의 귀착이라 한다.

② 즉, '**조세의 전가**'란 재산세가 부과되면 납세의무자인 임대인이 임대주택공급을 감소시켜 임대료 인상을 통하여 세금의 일부를 임차인에게 이전시키는 현상을 말하며, 조세의 전가가 완료되어 실질적인 조세부담이 임대인과 임차인에게 각각 최종적으로 귀속되는 것을 '**조세의 귀착**'이라 한다(예) 맥주생산업자에게 정부가 세금을 많이 부과하면, 맥주생산업자는 생산량을 감소시켜 맥주가격 인상을 통하여 세금의 일부를 맥주소비자에게 전가시킬 수 있다. 다른 한편으로 맥주생산량의 감소는 맥주의 원재료가 되는 맥주보리의 소비량 감소로 이어지므로 맥주보리를 경작하는 농부의 수입이 감소하는 결과를 초래할 수 있다. 이처럼 세금이 다른 방법을 통하여 타인에게 전가되면 경제주체의 전체적인 만족도가 떨어지는 경제적 후생(순)손실이 발생할 수 있다).

용어사전
조세의 중립성
조세 부과의 결과 납세의무자의 상대적인 경제상황에 변화가 없는 것을 조세의 중립성이라고 한다. 즉 납세의무자뿐만 아니라 다른 경제주체의 순(후생)손실에 영향을 주지 않아야 한다는 것을 말한다.

(2) 조세부과의 효과

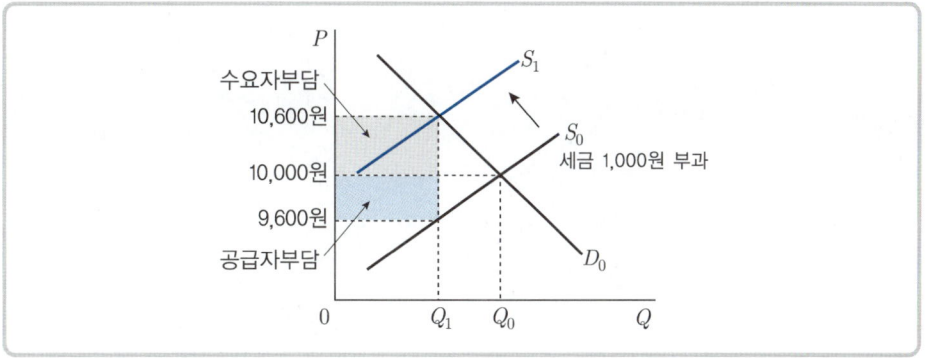

① 그림에서 재화의 최초가격은 10,000원이다. 납세의무자가 공급자일 때 정부가 공급자에게 1,000원의 세금을 부과하면, 공급자는 부과된 세금을 본인의 비용으로 인식하게 된다. 공급자의 비용 증가는 재화의 공급을 감소시키고, 이에 따라 공급곡선은 좌측으로 이동할 것이고, 재화의 가격은 최초가격보다 600원 상승한 10,600원이 되었다고 가정한다.

② 수요자 입장에서는 세금부과 전의 가격인 10,000원에서 600원의 부담이 늘어난 10,600원을 지불하여야 한다. 공급자 입장에서는 최초가격에서 600원이 늘어난 10,600원의 수입이 발생하였지만, 부과된 세금 1,000원을 납부하게 되면 실질적인 수입은 9,600원(= 10,600원 − 1,000원)으로 감소하게 된다. 결국 최초가격보다 400원이 줄어든 9,600원이 세금부과 후 공급자의 이윤이다.

③ 부과된 세금은 600원만큼 수요자의 지불가격을 높이고(소비자잉여 감소), 400원만큼 공급자의 이윤을 감소시키며(생산자잉여 감소), 거래량도 감소시키는 부정적인 효과, 즉 경제적 순손실을 발생시키며 자원배분을 왜곡시킬 수 있다. 위 그림에서 부과된 1,000원의 세금은 가격 인상을 통하여 600원은 수요자에게 전가되었고, 나머지 400원은 공급자의 몫으로 귀착되었다고 볼 수 있다.

④ 이와 같이 가격 인상 등의 방법으로 조세의 전가가 이루어지면 법률상 납세의무자와 실제로 조세를 부담하는 담세자는 달라지게 된다.

(3) 상대적 가격탄력성에 따른 조세의 귀착

조세의 전가와 귀착 정도는 수요와 공급의 상대적인 가격탄력성에 따라 달라진다. 조세부과는 수요자와 공급자 모두에게 세금을 부담하게 하나, 상대적으로 가격탄력성이 낮은(비탄력적인) 쪽이 세금을 더 많이 부담하게 된다. 즉, 가격탄력성이 탄력적이면 그 조세의 귀착부담이 작아지고, 비탄력적이면 그 조세의 귀착부담이 많아진다.

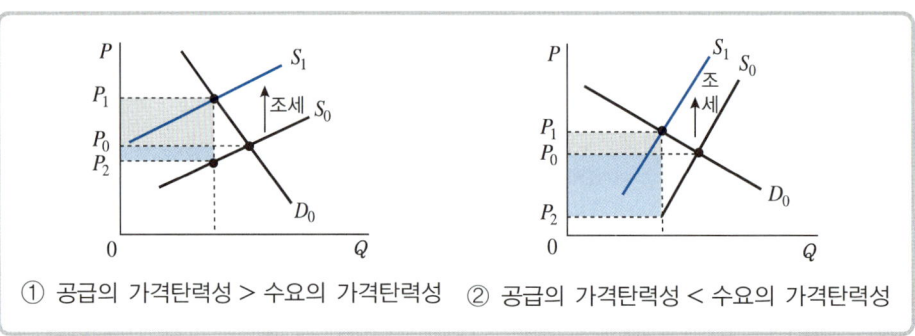

① 공급의 가격탄력성 > 수요의 가격탄력성   ② 공급의 가격탄력성 < 수요의 가격탄력성

① 공급의 가격탄력성은 탄력적이고 수요의 가격탄력성은 비탄력적인 시장에서 세금이 부과될 경우, 실질적으로 수요자가 공급자보다 더 많은 세금을 부담하게 된다.

② 공급의 가격탄력성은 비탄력적이고 수요의 가격탄력성은 탄력적인 시장에서 세금이 부과될 경우, 실질적으로 공급자가 수요자보다 더 많은 세금을 부담하게 된다.❶

❶ 수요곡선이 변하지 않을 때, 세금부과에 의한 경제적 순손실은 공급이 비탄력적일수록 작아진다.

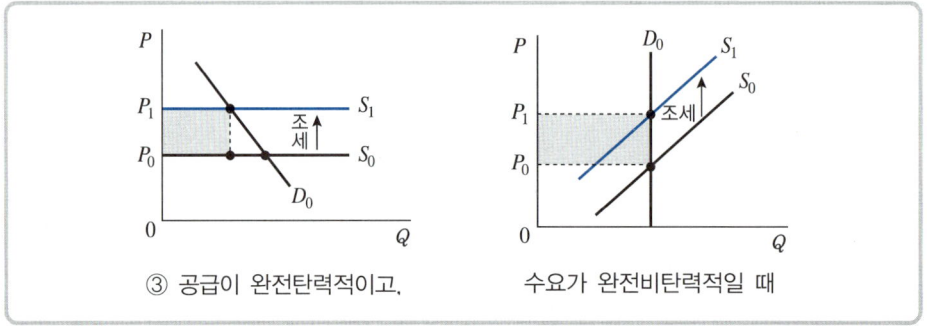

③ 공급이 완전탄력적이고,   수요가 완전비탄력적일 때

③ 공급의 가격탄력성이 완전탄력적일 때 또는 수요의 가격탄력성이 완전비탄력적인 시장에서 세금이 부과될 경우, 공급자의 세금귀착분은 전혀 없고 수요자에게 모두 귀착된다.

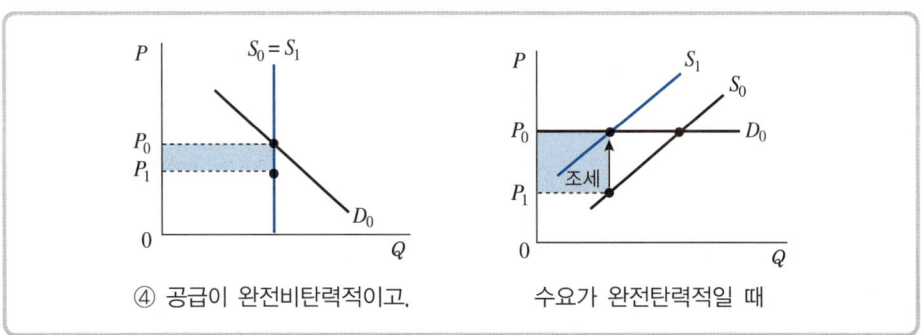

④ 공급이 완전비탄력적이고,   수요가 완전탄력적일 때

④ 공급의 가격탄력성이 완전비탄력적일 때 또는 수요의 가격탄력성이 완전탄력적인 시장에서 세금이 부과될 경우, 공급자가 모든 세금을 부담하고 수요자에게는 전혀 전가·귀착되지 않는다.

핵심 콕! 콕! 상대적 가격탄력성에 따른 조세의 귀착

Tip 탄력성과 기울기의 개념을 잘 정리해 두어야 한다.

대체재가 많아 선택의 폭이 넓을수록 가격탄력성이 클수록 가격탄력성이 탄력적일수록 기울기가 완만할수록 기울기의 절댓값이 작을수록	선택의 폭이 제한될수록 가격탄력성이 작을수록 가격탄력성이 비탄력적일수록 기울기가 급할수록 기울기의 절댓값이 클수록
조세부담이 작아진다	조세부담이 커진다

확인예제

주택구입에 대한 거래세 인상에 따른 경제적 후생의 변화로 틀린 것은? (단, 우상향하는 공급곡선과 우하향하는 수요곡선을 가정하며, 다른 조건은 일정함) 제26회

① 수요곡선이 공급곡선에 비하여 더 탄력적이면, 수요자에 비하여 공급자의 부담이 더 커진다.
② 공급곡선이 수요곡선에 비하여 더 탄력적이면, 공급자에 비하여 수요자의 부담이 더 커진다.
③ 수요자가 실질적으로 지불하는 금액이 상승하므로 소비자잉여는 감소한다.
④ 공급자가 받는 가격이 하락하므로 생산자잉여는 감소한다.
⑤ 거래세 인상에 의한 세수입 증가분은 정부에 귀속되므로 경제적 순손실은 발생하지 않는다.

해설

세금이 부과되면(공급자의 비용증가) 공급이 감소하여 재화의 가격이 상승하기 때문에, 수요자의 지불가격은 상승하고(재화의 소비량도 감소) 공급자의 실질이윤은 줄어들어 수요자와 생산자의 잉여가 감소한다. 이와 같이 세금이 가격(임대료) 인상 등을 통해 타인에게 전가되면 소비자와 생산자의 잉여가 감소하고, 경제주체의 만족도가 떨어지는 경제적 순(후생)손실이 발생할 수 있다. **정답: ⑤**

03 부동산조세의 경제적 효과 제35회

(1) 토지세의 경제적 효과

① 토지소유자에게 세금이 부과될 경우 토지의 공급은 완전비탄력적(공급의 가격탄력성: 0)이므로 토지의 공급자(소유자)가 부과된 세금을 모두 부담하게 되고, 토지를 임차하여 사용하는 수요자에게는 전혀 전가가 발생하지 않는다.
② 리카도를 비롯한 고전학파의 논리적 근거에 의하면 "토지세는 타인에게 전가되지 않기 때문에 사회적(경제적) 후생손실이 적은 효율적인 세금이므로 자원배분의 왜곡을 초래하지 않는다."라고 하여, 토지세는 형평성과 효율성을 모두 달성할 수 있다고 주장하였다.

③ 헨리 조지(Henry George)는 토지에서 나오는 **지대수입을 100% 징세할 경우**, 자본가(이자소득)나 노동자(임금소득)에게 세금을 부과하지 않고 토지세수입만으로도 재정을 모두 충당할 수 있다는 **토지단일(가치)세를 주장하였다**. 그의 논리에 따르면 지대소득은 불로소득이므로 조세를 부과하더라도 경제에 나쁜 영향을 주지 않기 때문에 정부가 토지세만으로 재정을 충당할 것을 주장하였다. ❶❷

(2) 탄력성에 따른 재산세의 경제적 효과

① 주택을 이용하는 주체의 소득 차이 때문에 고소득층은 신규주택만을 소비하고, 저소득층(임차인)은 기존주택만을 소비(임차)한다고 가정한다. 신규주택은 기존주택보다 생산에 소요되는 기간이 길어서 공급이 더 비탄력적이므로 신규주택을 소비하는 고소득층의 수요는 상대적으로 탄력적이다. 반면에 기존주택은 신규주택보다 공급이 탄력적이므로 기존주택을 소비(임차)하는 저소득층(임차인)의 수요는 상대적으로 비탄력적인 셈이 된다.

② 이러한 상황에서 재산세가 부과되면 신규주택의 소비자인 고소득층은 수요가 탄력적이기 때문에 세금부담이 작아지고, 반면에 기존주택의 소비자인 저소득층(임차인)은 수요가 비탄력적이기 때문에 세금부담이 커지는 결과가 초래된다. 즉, 신규주택을 주로 구입하는 고소득층은 기존주택을 주로 소비하는 저소득층(임차인)에 비하여 세금의 귀착문제에서 상대적으로 혜택을 보게 된다.

주택가격에 관계없이 재산세를 동일세율로 부과하였을 경우

구분	신규·고가주택	기존·저가주택
공급자	건설업자	임대업자(고소득층)
수요자	고소득층	임차인(저소득층)
탄력성	공급은 비탄력적 ↔ 수요는 탄력적	공급은 탄력적 ↔ 수요는 비탄력적
조세의 귀착	• 고소득층(수요자)에게 더 적게 귀착 • 건설회사(공급자)에게 더 많이 귀착	• 임대업자(고소득층)에게 더 적게 귀착 • 임차인(저소득층)에게 더 많이 귀착

③ **재산세를 부과할 때 주택가격이나 소득에 관계없이 일률적으로 같은 세율을 적용하게 되면**, 저소득층이 소득대비 세금을 더 많이 부담하게 되는 **역진세적인(regressive) 결과가 발생하게 된다**.

④ 따라서 재산세는 누진세제로 하는 것이 형평성 측면에서 바람직하며, **재산세를 누진세로 부과할 때 세금이 저소득층에게 귀착되는 현상을 완화시켜 줄 수 있다**.

⑤ 공공임대주택공급의 확대정책은 사적 임대주택시장에서 재산세가 저소득 임차인에게 전가되는 현상을 완화시켜 줄 수 있다.

---

❶ **헨리 조지의 토지단일세·토지가치세**

토지가치세(Land value taxation)는 토지의 가치에 비례하여 토지소유자에게 부과하는 세금이다. 이는 지대(rent)라는 토지소유자의 불로소득을 국가가 환수하여 국민 전체의 편익을 위하여 사용하여야 한다는 것이다.

❷ **보충**

현실적으로 토지는 그 용도가 다양하여 용도의 전환이 가능함에 따라 공급곡선이 완전비탄력적이지 않기 때문에 토지에 부과되는 세금은 다른 방법을 통하여 타인에게 그 일부가 전가될 수 있다.

(3) 양도소득세의 경제적 효과

① 양도소득세의 중과는 주택의 매각으로 발생하는 양도차익의 상당부분에 세금을 부과하여 주택시장의 과열국면을 해소(투기적 수요 억제)하고, 주택가격을 안정화시키기 위하여 시행된 사례가 있다.

② 다른 조건이 일정할 때, 양도소득세를 중과하면 주택의 (투기적) 수요를 감소시켜 주택가격은 하락하고 주택거래량도 감소할 수 있다.

③ 단, 주택시장의 과열국면에서 투기적 수요억제와 주택가격 안정화를 위하여 시행되었던 양도소득세의 중과는 여러 가지의 부작용을 초래할 수 있다.

㉠ 양도소득세의 중과는 주택소유자로 하여금 거래를 뒤로 미루게 하는 주택공급의 동결효과(lock-in effect)를 불러일으킬 수 있다. 즉, 주택 등 부동산의 보유기간이 늘어나는 현상이 발생할 수 있다.

㉡ 주택공급의 동결효과란 기존주택의 소유자가 양도소득세를 납부하지 않기 위하여 주택의 매각·처분을 기피함으로써 공급(매물)이 따라서 감소하는 현상을 말한다.

㉢ 양도소득세가 중과된 후 주택공급의 동결효과가 발생하면 주택가격이 상승할 수 있다. 주택거래량도 이전보다 더욱 감소할 수 있다.

㉣ 수요와 공급의 상대적인 가격탄력성, 주택공급의 동결효과의 유무와 그 정도에 따라서 양도소득세의 경제적 효과는 달라진다.

> **확인예제**
>
> **부동산조세에 관한 설명으로 틀린 것은?** 제32회
>
> ① 조세의 중립성은 조세가 시장의 자원배분에 영향을 미치지 않아야 한다는 원칙을 의미한다.
> ② 양도소득세를 중과하면 부동산의 보유기간이 늘어나는 현상이 발생할 수 있다.
> ③ 조세의 사실상 부담이 최종적으로 어떤 사람에게 귀속되는 것을 조세의 귀착이라 한다.
> ④ 양도소득세는 양도로 인해 발생하는 소득에 대해 부과되는 것으로 타인에게 전가될 수 있다.
> ⑤ 재산세와 종합부동산세는 보유세로서 지방세이다.
>
> **해설**
> 재산세는 지방세이며, 종합부동산세는 국세이다.   정답: ⑤

 **Memo**

 **Memo**

# Memo

저자 약력

신관식
부동산학 석사(부동산금융학)

현 | 해커스 공인중개사학원 부동산학개론 대표강사
해커스 공인중개사 부동산학개론 동영상강의 대표강사

전 | 세종공인중개사학원, 광주고시학원 부동산학개론 강사 역임
분당·노량진·구리·대전 박문각 부동산학개론 강사 역임

저서 | 부동산학개론(문제집) 공저, 도서출판 박문각, 2011
부동산학개론(부교재), 도서출판 색지, 2007~2014
부동산학개론(기본서), 해커스패스, 2015~2025
부동산학개론(한손노트), 해커스패스, 2025
부동산학개론(핵심요약집), 해커스패스, 2024~2025
부동산학개론(계산문제집), 해커스패스, 2023~2025
부동산학개론(단원별 기출문제집), 해커스패스, 2025
부동산학개론(출제예상문제집), 해커스패스, 2015~2025
공인중개사 1차(기초입문서), 해커스패스, 2021~2026
공인중개사 1차(핵심요약집), 해커스패스, 2015~2023
공인중개사 1차(단원별 기출문제집), 해커스패스, 2020~2024
공인중개사 1차(회차별 기출문제집), 해커스패스, 2022~2025
공인중개사 1차(실전모의고사), 해커스패스, 2023~2025

기본서

1차 부동산학개론

개정10판 1쇄 발행	2026년 1월 5일
지은이	신관식
펴낸곳	해커스패스
펴낸이	해커스 공인중개사 출판팀
주소	서울시 강남구 강남대로 428 해커스 공인중개사
고객센터	1588-2332
교재 관련 문의	land@pass.com
	해커스 공인중개사 사이트(land.Hackers.com) 1:1 무료상담
	카카오톡 채널 [해커스 공인중개사]
학원 강의 및 동영상강의	land.Hackers.com
ISBN	979-11-7404-631-4 (13320)
Serial Number	10-01-01

저작권자 ⓒ 2026, 신관식
이 책의 모든 내용, 이미지, 디자인, 편집 형태는 저작권법에 의해 보호받고 있습니다.
서면에 의한 저자와 출판사의 허락 없이 내용의 일부 혹은 전부를 인용, 발췌하거나, 복제, 배포할 수 없습니다.

공인중개사 시험 전문,
해커스 공인중개사 land.Hackers.com

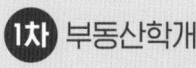

- 해커스 공인중개사학원 및 동영상강의
- 해커스 공인중개사 온라인 전국 실전모의고사
- 해커스 공인중개사 무료 학습자료 및 필수 합격정보 제공

해커스 공인중개사

공인중개사 1위 해커스
한경비즈니스 2024 한국브랜드만족지수 교육(온·오프라인 공인중개사 학원) 1위

합격 이후까지 함께하는
해커스 공인중개사
동문회 혜택

합격생 총동문록 제공

해공회 정기모임

동문회 주최 실무교육

공인중개사 합격자모임 초대

선배들의 현업 노하우 전수

공동중개, 고급정보 실시간 교류
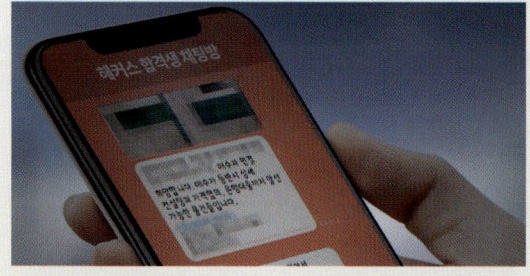

선후배 결연 멘토링

1588-2332　　　　　　　　　　　　　　　　　　　land.Hackers.com

해커스 공인중개사

공인중개사 1위 해커스
한경비즈니스 2024 한국브랜드만족지수 교육(온·오프라인 공인중개사 학원) 1위

해커스 공인중개사
100% 환급 평생수강반

* 교재비 환급대상 제외, 제세공과금 본인부담
* 상품페이지 이용안내 필수 확인

합격할 때까지 평생 **무제한 수강**	전과목 최신교재 **21권 제공**	2026 대비 **3대 유료특강 제공**

* 매년 응시확인서 제출 필요		

 **온가족 5명 줄줄이 합격!** 해커스 합격생 정*진 님

 **15세 중학생 역대 최연소 합격!** 해커스 합격생 문*호 님

 **70대 어르신도 해커스로 합격!** 해커스 합격생 김*호 님

지금 등록 시 **최대할인 쿠폰지급**

지금 바로 수강신청 ▶

* 상품 구성 및 혜택은 추후 변동 가능성이 있습니다. 상품에 대한 자세한 정보는 이벤트페이지에서 확인하실 수 있습니다. * 상품페이지 내 유의사항 필수 확인

해커스 공인중개사

공인중개사 1위 해커스
한경비즈니스 2024 한국브랜드만족지수 교육(온·오프라인 공인중개사 학원) 1위

해커스 공인중개사 기본서
기본이론 50% 할인

50%

| 2026년 시험 대비 기본이론 단과강의 할인쿠폰 |

EEE836AF23EAECFK

해커스 공인중개사 사이트 land.Hackers.com에 접속 후 로그인
▶ [나의 강의실 - 쿠폰 등록] ▶ 본 쿠폰에 기재된 쿠폰번호 입력

- 아이디당 1회에 한하여 사용 가능하며, 다른 할인수단과 중복 사용 불가합니다.
- 본 쿠폰은 기본이론 단과강의에만 적용됩니다.
- 쿠폰 사용 기간: 등록 후 7일간 사용
- 쿠폰 유효 기한: 2026년 10월 24일

| 온라인 전국 실전모의고사 응시방법 |

우측 QR코드를 통해 접속하여 로그인 후 신청

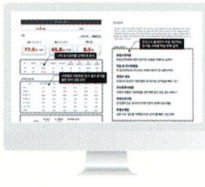

개인 성적분석
서비스 당일제공

스타 교수진
해설강의 제공

시험지, OMR 카드 제공
*온라인 응시생은 인쇄 후 사용가능

- 기타 쿠폰 사용과 관련된 문의는 해커스 공인중개사 고객센터 1588-2332로 연락해 주시기 바랍니다.

누구나 꿈을 이룰 수 있는 곳 교육그룹 1위 해커스

공무원
9급·7급 공무원 1위
해커스공무원
gosi.Hackers.com

PSAT 1위
해커스PSAT
psat.Hackers.com

경찰공무원 1위
해커스경찰
police.Hackers.com

소방공무원 1위
해커스소방
fire.Hackers.com

군무원 1위
해커스군무원
earmy.Hackers.com

전문직 자격시험
회계사·세무사·경영지도사 전문교육
해커스 경영아카데미
cpa.Hackers.com

변호사·공인노무사 자격 전문교육
해커스 법아카데미
law.Hackers.com

감정평가사 전문 교육
해커스 감정평가사
ca.Hackers.com

행정사 단기합격
해커스행정사
adm.Hackers.com

관세사 자격 전문 교육기관
해커스관세사
cca.Hackers.com

전문대학원·편입
온·오프라인 편입 교육 1위
해커스편입
HackersUT.com

로스쿨 교육 1위
해커스로스쿨
lawschool.Hackers.com

교원임용
교원임용 교육 1위
해커스임용
teacher.Hackers.com

어학
외국어학원 1위
해커스어학원
Hackers.ac

토익·토플·스피킹·제2외국어 온라인 교육
해커스인강
HackersIngang.com

중국어인강 1위
해커스중국어
china.Hackers.com

일본어 교육 1위
해커스일본어
japan.Hackers.com

해커스어학원 최신 현장 100% 생중계
해커스라이브
HackersLive.co.kr

기초영어회화
영어회화인강 1위
해커스톡
talk.Hackers.com

유학
소비자 평가 NO.1 브랜드
해커스 유학컨설팅
HackersUhak.com

온라인 SAT 교육
해커스 프렙
prep.Hackers.com

SAT 교육 1위
해커스 SAT·AP
sat.Hackers.ac

자격증·학위
공인중개사 교육 1위
해커스 공인중개사
land.Hackers.com

주택관리사 교육 1위
해커스 주택관리사
house.Hackers.com

금융·무역·경제·세무·회계 자격증 전문
해커스금융
fn.Hackers.com

자격증 교육 1위
해커스자격증
pass.Hackers.com

한능검 교육 1위
해커스한국사
history.Hackers.com

검정고시 전문 교육기관
해커스 검정고시
gumjung.edu2080.co.kr

학점은행제 수강생 수 1위
해커스 원격평생교육원
paranhanul.net

학점은행제 평생교육 전문 교육기관
위더스 원격평생교육원
edu2080.co.kr

독학사 교육 1위
해커스독학사
haksa2080.com

사회복지사 교육 1위
해커스 사회복지사
sabok.edu2080.co.kr

중·고등영어
중·고등영어 온라인 전문 교육
해커스 영스타 중·고등
star.Hackers.com

중·고등 영어 전문 참고서
해커스북
HackersBook.com

취업
대기업·공기업·금융권 취업 전문 교육
해커스잡
ejob.Hackers.com

취업 컨설팅 & 필기시험 대비 교육
해커스 취업아카데미
job.Hackers.com

직무교육
커리어 성장의 필수 파트너
해커스캠퍼스
campus.Hackers.com

대한민국 직무교육의 중심
해커스캠퍼스 business
Hackershrd.com

교재
베스트셀러 교재 개발 연구기관
해커스어학연구소

온라인 커뮤니티
대한민국 1위 영어사이트
해커스영어
Hackers.co.kr

방문자 수 1위 유학 커뮤니티
고우해커스
goHackers.com

나를 위한 스마트 클래스
해커스 ONE

해커스 ONE이 궁금하다면?
지금 바로 다운받기! ▼

1위 해커스 직영학원

어학원
강남역캠퍼스 02-566-0001
종로캠퍼스 02-502-2000
대구 동성로캠퍼스 053-956-9000

유학컨설팅
강남역캠퍼스 02-554-5800

공무원 학원
노량진캠퍼스 02-599-0500

군무원 학원
노량진캠퍼스 02-599-1000

경찰·경찰간부 학원
경찰 노량진캠퍼스 02-823-8806
경찰 대구 동성로캠퍼스 053-256-5000
경찰간부 신림캠퍼스 02-533-5555

소방 학원
노량진캠퍼스 02-596-1119

변호사·노무사 학원
변호사 신림캠퍼스 02-595-7000
노무사 신림캠퍼스 02-533-5555

로스쿨 학원
강남역캠퍼스 02-596-5000

임용 학원
노량진캠퍼스 02-566-6860

공인중개사 학원
강남본원 02-597-9000
종로학원 02-548-3333
수원학원 031-245-7777

주택관리사 학원
강남본원 02-597-9000

감정평가사 학원
강남본원 02-597-9000

행정사 학원
강남본원 02-597-9000

취업 학원
강남역캠퍼스 02-566-0028

편입학원
종로본원 02-735-1881
강남역캠퍼스 02-522-1881

회계사·세무사 학원
강남역캠퍼스 02-599-3011

[해커스어학원] 한경비즈니스 2024 한국브랜드만족지수 교육(온·오프라인 어학원) 1위 [해커스중국어] 주간동아 선정 2019 한국 브랜드 만족지수 교육(중국어인강) 부문 1위 [해커스일본어] 한경비즈니스 선정 2020 한국브랜드선호도 교육(온·오프라인 일본어) 부문 1위 [해커스 유학컨설팅] 중앙SUNDAY선정 2017소비자평가 No.1 브랜드 유학부문 1위 [해커스 SAT] 한경비즈니스 선정 2020 한국품질만족도 교육(온·오프라인 SAT) 부문 1위 [해커스공무원] 한경비즈니스 2024 한국품질만족도 교육(온·오프라인 공무원학원) 1위 [해커스경찰] 한경비즈니스 2024 한국품질만족도 교육(온·오프라인 경찰학원) 1위 [해커스소방] 한경비즈니스 2024 한국품질만족도 교육(온·오프라인 소방학원) 1위 [해커스군무원] 한경비즈니스 2024 한국품질만족도 교육(온·오프라인 군무원학원) 1위 [해커스편입] 한경비즈니스 2024 한국브랜드만족지수 교육(온·오프라인 편입 학원) 1위 [해커스 공인중개사] 한경비즈니스 2024 한국브랜드만족지수 교육(온·오프라인 공인중개사 학원) 1위 [해커스 주택관리사] 주택관리사 부문 1위 [해커스한국사] 주간동아 선정 2022 올해의교육브랜드파워 온·오프라인 한국능력검정시험 부문 1위 [해커스자격증] 주간동아 선정 2022 올해의 교육브랜드파워 온·오프라인 자격증 부문 1위 [해커스 원격평생교육원] 2020년 하반기 ~ 2023년 하반기 학점은행제 정보공시 전체 학습자수 기준 (출처 : 국가평생교육진흥원) [해커스독학사] 한경비즈니스 선정 2020 한국품질만족도 교육(온·오프라인 독학사) 부문 1위 [해커스톡] 2018 헤럴드미디어 선정 대학생이 선정한 영어회화 인강 1위 [해커스임용] 2021 대한민국 NO.1 대상 교원임용 교육(온·오프라인 교원임용) 부문 1위 [한국미디어마케팅그룹] [해커스영어] 2016 고객만족브랜드 대상 대한민국 만족도 1위 영어사이트부문 수상 (한국마케팅포럼 주관) [고우해커스] 랭키닷컴 유학/어학연수 분야 기준 방문자수 1위, 2021년 1월 3,4주 발표 랭키순위 기준 [해커스로스쿨] 한경비즈니스 선정 2019 한국 브랜드선호도 교육(교육그룹) 부문 1위 [해커스로스쿨] 주간동아 2023 한국브랜드만족도 교육(온·오프라인 로스쿨) 1위 [해커스변호사] 주간동아 2023 한국브랜드만족지수 교육(온·오프라인 변호사) 1위 [해커스 사회복지사] 한경비즈니스 2024 한국품질만족도 교육(온·오프라인 사회복지사) 1위 [해커스PSAT] 한경비즈니스 2024 한국품질만족도 교육(온·오프라인 PSAT학원) 1위

해커스 공인중개사 기본서

1차 부동산학개론 ①

합격으로 가는 확실한 선택, 해커스 공인중개사 교재 시리즈

만화입문서	기초입문서 시리즈	기본서 시리즈	핵심요약집 시리즈	단원별 기출문제집 시리즈	회차별 기출문제집 시리즈

		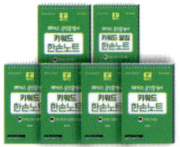		
출제예상문제집 시리즈	실전모의고사 시리즈	한손노트 시리즈	공법체계도	계산문제집

정가 **42,000**원

13320

ISBN 979-11-7404-631-4

해커스 공인중개사

해커스 수강생 96.5%가 만족한 교재 시리즈

1위 해커스

2026 대비 최신개정판

[96.5%] 해커스 공인중개사 수강생 온라인 설문조사(2023.10.28.~12.27.) 결과(해당 항목 응답자 중 만족의견 표시 비율)
[1위] 한경비즈니스 2024 한국브랜드만족지수 교육(온·오프라인 공인중개사 학원) 1위

— 제37회 —
공인중개사 시험 대비

해커스 공인중개사
신관식

기본서

1차 부동산학개론 ②

해커스 공인중개사 | land.Hackers.com

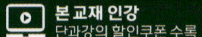 본 교재 인강
단과강의 할인쿠폰 수록

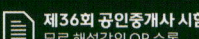 제36회 공인중개사 시험
무료 해설강의 QR 수록

해커스 공인중개사

공인중개사 1위 해커스
한경비즈니스 2024 한국브랜드만족지수 교육(온·오프라인 공인중개사 학원) 1위

해커스 합격생
10명 중 9명
1년 내 합격!

환급 → 해커스만이 **유일하게** 4년 연속
합격 발표 즉시 1개월 내 환급

교수진 → 강의만족도 **96.4%**
최정상급 스타교수진

적중 → 전과목 **출제포인트** 및 **유형 유사**

교재 → 베스트셀러 **1위** 교재

* 해커스 2020 합격생(유,무료강의 포함) 온라인 설문결과 (2020.10~2020.12)
* [1] 2024 해커스 공인중개사 1차 기본서: 부동산학개론 교보문고 취업/수험서 베스트셀러 공인중개사 분야 1위(2023.12.18. 온라인 주간베스트 기준)
* [2] 2024 해커스 공인중개사 1차 기본서: 민법 및 민사특별법 교보문고 취업/수험서 베스트셀러 공인중개사 분야 1위(2023.12.19. 온라인 주간베스트 기준)
* [3] 2024 해커스 공인중개사 2차 기본서: 공인중개사법령 및 실무 교보문고 취업/수험서 베스트셀러 공인중개사 분야 1위(2023.12.21. 온라인 주간베스트 기준)
* [4] 2024 해커스 공인중개사 2차 기본서: 부동산공법 교보문고 취업/수험서 베스트셀러 공인중개사 분야 1위(2023.12.27. 온라인 주간베스트 기준)
* [5] 2024 해커스 공인중개사 2차 기본서: 부동산공시법령 교보문고 취업/수험서 베스트셀러 공인중개사 분야 1위(2023.12.28. 온라인 주간베스트 기준)
* [6] 2024 해커스 공인중개사 2차 기본서: 부동산세법 교보문고 취업/수험서 베스트셀러 공인중개사 분야 1위(2023.12.27. 온라인 주간베스트 기준)
* [강의만족도] 해커스 공인중개사 2023 수강생 온라인 설문결과(해당 항목 응답자 중 만족 의견 표시 비율)
* [유일하게 1개월 내 환급] 2021년~2024년 주요 5개 업체 비교

1588-2332　　　　　　　　　　　　　　　　　　　　　　　　　　　　　land.Hackers.com

해커스 공인중개사

공인중개사 1위 해커스
한경비즈니스 2024 한국브랜드만족지수 교육(온·오프라인 공인중개사 학원) 1위

시간이 없을수록, 기초가 부족할수록, 결국 강사력

강의만족도 96.4%
최정상급 스타교수진

[96.4%] 해커스 공인중개사 2023 수강생 온라인 설문결과(해당 항목 응답자 중 만족의견 표시 비율)

다른 학원에 비해 교수님들의 강의실력이 월등히 높다는 생각에 해커스에서 공부를 하게 되었습니다.

-해커스 합격생 김정헌 님-

해커스 교수님들의 강의력은 타 어떤 학원에 비해 정말 최고라고 단언할 수 있습니다.

-해커스 합격생 홍진한 님-

해커스 공인중개사 교수진이 정말 최고입니다. 그래서 합격했고요.

-해커스 합격생 한주석 님-

해커스의 가장 큰 장점은 최고의 교수진이 아닌가 생각합니다. 어디 내놔도 **최고의 막강한 교수진**이라고 생각합니다.

-해커스 합격생 조용우 님-

잘 가르치는 정도가 아니라 어떤 교수님이라도 너무 열심히, 너무 열성적으로 가르쳐주시는데 대해서 정말 감사히 생각합니다.

-해커스 합격생 정용진 님-

해커스처럼 이렇게 열심히 의욕적으로 가르쳐주시는 교수님들 타학원에는 **없다고 확신**합니다.

-해커스 합격생 노준영 님-

1588-2332　　　　land.Hackers.com

해커스 공인중개사

공인중개사 1위 해커스
한경비즈니스 2024 한국브랜드만족지수 교육(온·오프라인 공인중개사 학원) 1위

다른 곳에서 불합격해도 해커스에선 합격, 시간 낭비하기 싫으면 해커스!

제 친구는 타사에서 공부를 했는데, 떨어졌어요. 친구가 '내 선택이 잘못됐었나?' 이런 얘기를 하더라고요. 그래서 제가 '그러게 내가 말했잖아, 해커스가 더 좋다고.'라고 얘기했죠. 해커스의 모든 과정을 거치고 합격을 해보니까 알겠어요. **어디 내놔도 손색없는 1등 해커스 스타교수님들과 해커스 커리큘럼으로 합격할 수 있었습니다.**

— 해커스 합격생 은*주 님

아는 언니가 타학원 OOO에서 공부했는데 1, 2차 다 불합격했고, **해커스를 선택한 저만 합격했습니다.** 타학원은 적중률이 낮아서 불합격했다는데, 어쩜 해커스 교수님이 낸 모의고사에서 뽑아낸 것처럼 시험이 나왔는지, 정말 감사드립니다. 해커스를 선택한 게 제일 잘한 일이에요.

— 해커스 합격생 임*연 님

타사에서 3년 재수.. 해커스에서 해내다.. ^^

어린 아들을 둘 키우다 보니 학원은 엄두도 못내고, 인강으로만 해야 했는데, 사실 다른 사이트에서 인강 3년을 들었어요. 그리고 올해 해커스로 큰맘 먹고 바꾸고, 두 아이가 6살 7살이 된 올해 말도 안되게 합격했습니다. 진작 갈아 탔으면 하는 생각이 듭니다. 솔직히 그 전에 하던 곳과는 너무 차이가 났습니다. **특히 마지막 요약과 정리는 저처럼 시간을 많이 못내는 사람들에게는 최고입니다.**

— 해커스 합격생 김*정 님

타사에서 재수하고 해커스에서 합격!

저는 타사에서 공부했던 수험생입니다. 열심히 했지만 작년 시험에서 떨어졌습니다. 실제 시험에서 출제되었던 모든 문제의 난이도와 유형이 그 타사 문제집의 난이도와는 상상할 수 없이 달랐습니다. 저는 교재 수정도 잘 안되고 난잡했던 타사 평생회원반을 버리고 해커스로 옮겨보기로 결심했습니다. 해커스 학원에서 강의와 꾸준한 복습으로 6주, 정확하게는 **올해 3개월 공부해서 2차 합격했습니다.** 이는 모두 해커스 공인중개사 교수님들의 혼신을 다하신 강의의 질이 너무 좋았다고 밖에 평가되지 않습니다. 저의 이번 성공을 많은 분들이 함께 아시고 저처럼 헤매지 마시고 빠르게 공인중개사가 되는 길을 찾으셨으면 좋겠습니다.

— 해커스 합격생 이*환 님

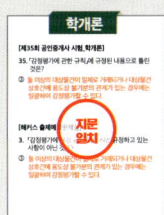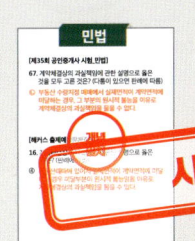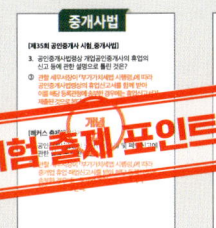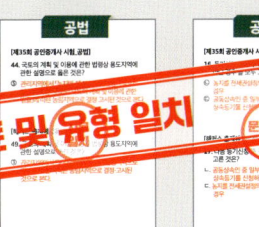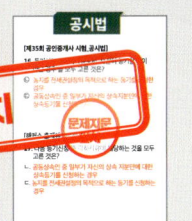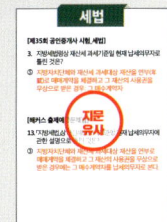

해커스 공인중개사

공인중개사 **1위** 해커스
한경비즈니스 2024 한국브랜드만족지수 교육(온·오프라인 공인중개사 학원) 1위

무료가입만 해도
6가지 특별혜택 제공!

전과목 강의 0원

스타교수진 최신강의
100% 무료수강
* 7일간 제공

합격에 꼭 필요한 교재 무료배포

최종합격에 꼭 필요한
다양한 무료배포 이벤트
* 비매품

기출문제 해설특강

시험 전 반드시 봐야 할
기출문제 해설강의 무료

전국모의고사 서비스 제공

실전모의고사 + 해설
강의까지 제공

막판 점수 UP! 파이널 학습자료

시험 직전 핵심자료 &
반드시 풀어야 할 600제 무료
* 비매품 * 이벤트 신청 시

개정법령 업데이트 서비스

계속되는 법령 개정도
끝까지 책임지는 해커스!

공인중개사 1위 해커스
지금 무료가입하고 이 모든 혜택 받기

해커스 공인중개사
기본서

1차 부동산학개론 ②

해커스 공인중개사

land.Hackers.com

공인중개사 합격을 위한 **필수 기본서,**
기초부터 실전까지 **한 번에!**

금리가 상승하면 부동산가격이나 주가(株價)는 하락할까요?
물론 경제상황마다 다를 것이고, 가격을 결정하는 요인이 수없이 많기 때문에 경제와 부동산시장을 바라보는 관점도 시장참여자마다 다릅니다. 미래 경제상황은 예측이 어려운 불확실성이 있어서 부동산시장에 대하여 균형적 시각을 갖기 위해서라도 공인중개사시험은 충분히 도전할 가치가 있습니다. 경제와 부동산시장에 대한 꾸준한 학습은 부동산투자나 자산관리에서 실수를 줄이는 데 작은 역할을 하게 될 것입니다.

부동산학개론은 경제학·재정학·도시개발학(입지론)·재무관리·금융·감정평가 등 부동산 관련 이론이 종합된 학문입니다. 따라서 수험생 혼자 방대한 분야의 학문과 여타 법 과목을 함께 준비하기에는 어려운 점들이 많고, 일상생활을 하며 공인중개사시험 준비에 투자할 수 있는 가용시간도 극히 제한적입니다. 본 해커스 공인중개사 부동산학개론 기본서는 학습역량 및 여건이 다른 수많은 수험생들에게 학습할 내용을 정확하게 전달될 수 있도록 작성되어 공인중개사시험을 효율적으로 준비하고, 궁극적으로 합격하는 데 많은 도움을 드릴 것입니다.

1. 본 교재는 제15회 공인중개사시험 이후 국토교통부에서 제시한 부동산학개론 표준목차의 총 8편을 순서대로 배치함으로써 최근의 출제경향에 대응하여 체계적이고 효율적인 학습이 가능하도록 구성하였습니다.

2. 부동산학개론은 기출된 문제와 지문들이 해당 연도 시험에 동일하게 반복 출제되는 경우는 일부에 불과하며, 법(法) 과목과 달리 경제상황이나 부동산정책, 부동산투자·금융환경이 변함에 따라 출제됐던 내용들이 새로운 시각으로 재해석·재응용되어 출제되는 경우가 많습니다. 이런 점을 충분히 고려하여 수험생들이 쉽게 접근하고 이해할 수 있도록 관련 이론을 상세하게 풀어서 기술했고, 부동산학개론에서 왜 이러한 분야를 공부하는지 그 배경을 인지함으로써 암기 위주의 학습보다는 개념과 원리를 논리적으로 접근하여 어떠한 문제가 출제되더라도 해결할 수 있는 응용능력을 가질 수 있도록 구성하였습니다.

3. 핵심적인 내용에서부터 보충적인 내용, 중요 기출문제까지 다양한 코너들을 수록함으로써 수험생들의 집중적인 학습을 유도하면서, 기본개념을 이해하는 것뿐만 아니라 대응능력도 갖출 수 있도록 하였습니다.

더불어 공인중개사 시험 전문 **해커스 공인중개사**(land.Hackers.com)에서 학원강의나 인터넷 동영상강의를 함께 이용하여 꾸준히 수강하신다면 학습효과를 극대화할 수 있을 것입니다.
마지막으로 좋은 기본서가 출간되도록 밤낮없이 수고하시고 배려해주신 많은 분들의 정성과 노고에 진심으로 감사의 말씀을 전합니다.

2025년 11월
신관식

이 책의 차례

이 책의 구성	6
공인중개사 안내	8
공인중개사 시험안내	10
학습플랜	12
출제경향분석 및 수험대책	14

1권

제1편 부동산학 총론

제1장 | 부동산의 개념과 분류 19
- 제1절 부동산의 개념 19
- 제2절 부동산의 분류 26

제2장 | 부동산의 특성 및 속성 34
- 제1절 토지의 특성 34
- 제2절 건물의 특성 41
- 제3절 부동산의 속성 42

제3장 | 부동산학의 이해 및 부동산활동 49
- 제1절 부동산학에 대한 이해 49
- 제2절 부동산활동 56

제2편 부동산경제론

제1장 | 부동산의 수요·공급이론 63
- 제1절 부동산수요·공급의 개념과 특징 63
- 제2절 균형가격과 균형거래량 77
- 제3절 수요와 공급의 탄력성 83

제2장 | 부동산의 경기변동 94
- 제1절 부동산경기변동 94
- 제2절 거미집이론 102

제3편 부동산시장론

제1장 | 부동산시장 109
- 제1절 부동산시장 109
- 제2절 정보의 효율성과 부동산시장 117
- 제3절 주택시장 122

제2장 | 입지 및 공간구조론 129
- 제1절 지대이론 129
- 제2절 도시공간구조이론 140
- 제3절 입지론 145

제4편 부동산정책론

제1장 | 부동산정책의 의의와 기능 169

제2장 | 토지정책 179

제3장 | 주택정책 192

제4장 | 조세정책 211

2권

제5편 부동산투자론

제1장 | 부동산투자분석 및 기법 229
- 제1절 부동산 직접투자의 개념과 현금흐름의 계산 229
- 제2절 투자의 기회비용 = 요구수익률 236
- 제3절 화폐의 시간가치 237
- 제4절 투자의 타당성분석기법 244

제2장 | 부동산투자이론 260

- 제1절 위험-수익의 상쇄관계(Trade-off)를 통한 투자대안분석 260
- 제2절 부동산투자의 수익률 266
- 제3절 부동산투자의 위험 269
- 제4절 포트폴리오이론(분산투자이론) 273

제6편 부동산금융론

제1장 | 부동산금융 283

- 제1절 부동산금융 283
- 제2절 주택금융(주택소비금융) 284
- 제3절 주택금융에 적용되는 고정금리와 변동금리 287
- 제4절 부동산저당대출의 상환방식 293
- 제5절 우리나라의 주택금융 299
- 제6절 주택연금제도 – 역저당(Reverse Mortgage) 303

제2장 | 부동산증권론 및 개발금융 307

- 제1절 자산유동화(ABS)제도 307
- 제2절 주택저당유동화증권(Mortgage Backed Securities) 및 제도 310
- 제3절 부동산개발금융 322

제7편 부동산개발 및 관리론

제1장 | 부동산이용 및 개발 347

- 제1절 부동산이용 347
- 제2절 부동산개발 352

제2장 | 부동산관리 373

제3장 | 부동산마케팅 및 광고 387

제8편 부동산감정평가론

제1장 | 감정평가의 기초이론 399

- 제1절 감정평가 399
- 제2절 감정평가의 분류 402
- 제3절 부동산가격이론 405
- 제4절 부동산가격의 제 원칙(감정평가원리) 413
- 제5절 지역분석 및 개별분석 420

제2장 | 감정평가의 방식 426

- 제1절 감정평가방법의 적용 및 시산가액의 조정 426
- 제2절 원가법 429
- 제3절 거래사례비교법 439
- 제4절 공시지가기준법 444
- 제5절 수익환원법 447
- 제6절 임대료의 평가방법 459

제3장 | 부동산가격공시제도 470

- 제1절 공시지가제도 471
- 제2절 주택가격공시제도 477
- 제3절 비주거용 부동산가격공시제도 482

제36회 기출문제 및 해설 490

해커스 공인중개사
land.Hackers.com

10개년 출제비중분석

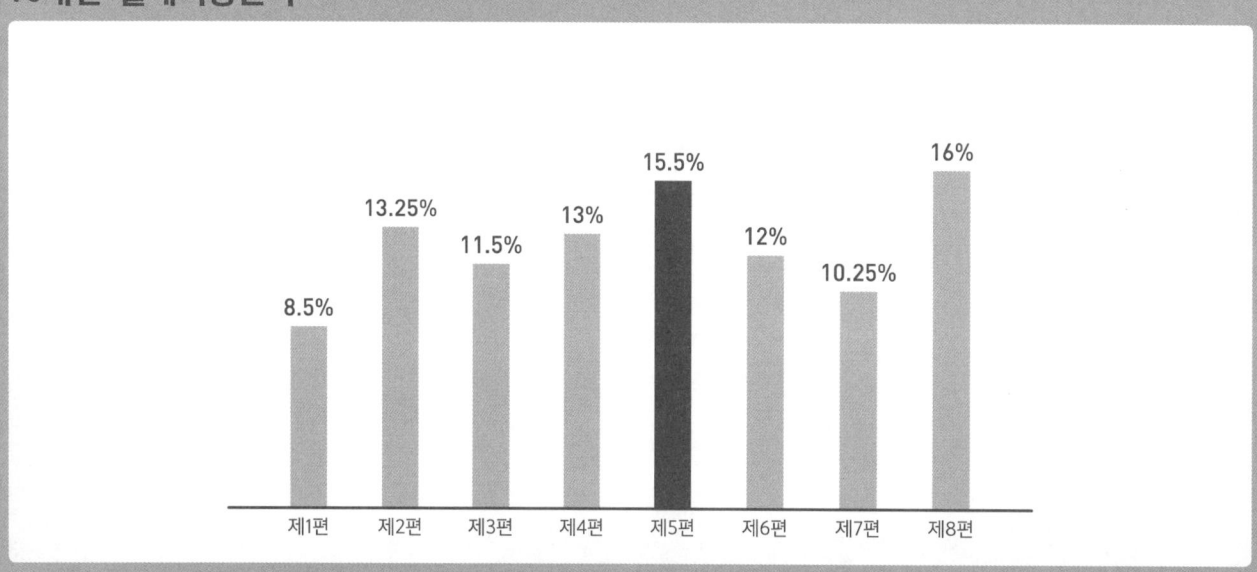

제5편

부동산투자론

제1장　부동산투자분석 및 기법
제2장　부동산투자이론

제 5 편 부동산투자론

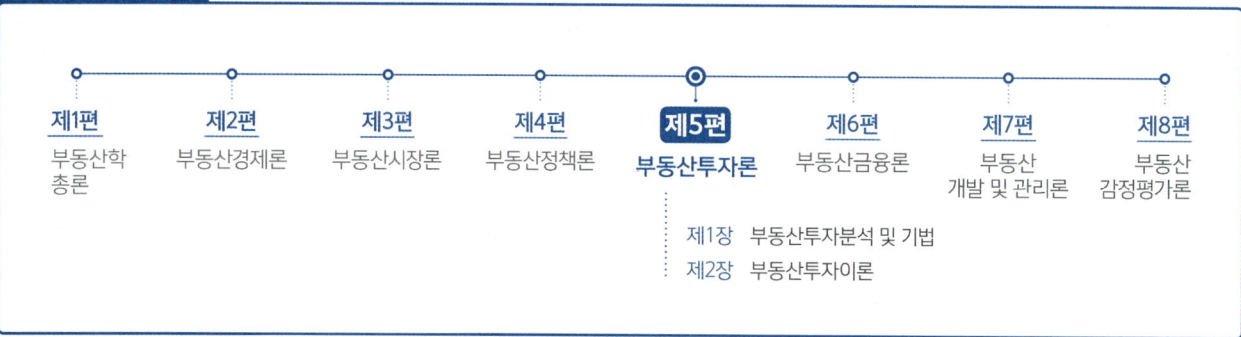

💡 출제경향

해마다 6~8문제가 출제되고 있고 문제의 난도 또한 높은 분야이다. 이 중에서 2~3문제는 계산문제이다. 일반적인 수험생들은 단기간 내에 습득하기가 다소 어려운 분야이다. 용어정리 및 기본개념을 정확하게 학습해야 하며, 종합적인 사고를 요구하는 응용문제가 많이 출제되는 추세이므로 시간을 여유 있게 확보하여 반복학습하고 그 수준을 계속 유지하여야 한다. 일부 내용은 제8편 제2장 감평가방식에도 활용되고 있다.

📖 학습전략

- 제1장에서 투자현금흐름의 계산방법 및 과정, 요구수익률, 화폐의 시간가치, 할인현금수지분석법은 매년 출제가 되고 있는데, 이 분야가 부동산투자론 문제의 50% 이상을 차지하고 있다는 점에 주목할 필요가 있다. 특히 제1장의 논리적인 구조는 감정평가론 중 수익방식에도 응용되므로 집중학습이 필요하다.
- 제2장에서는 위험 – 수익의 상쇄관계를 통한 투자대안의 분석(지배원리, 효율적 포트폴리오, 최적포트폴리오 개념)과 포트폴리오이론(분산투자이론)의 출제비중이 높으며, 범위를 뛰어넘는 종합문제의 출제비중이 높아지고 있다.

🔍 핵심개념

투자를 통한 현금흐름의 계산	★★★★★ p.229	위험 – 수익의 상쇄관계를 통한 투자대안분석	★★★★☆ p.260
요구수익률(자본의 기회비용)	★★★★☆ p.236	부동산투자의 위험	★★☆☆☆ p.269
화폐의 시간가치	★★★★★ p.237	부동산투자위험의 처리·관리기법	★★★☆☆ p.271
투자의 타당성분석기법	★★★★★ p.244	포트폴리오이론(분산투자이론)	★★★★☆ p.273

제1장 부동산투자분석 및 기법

제1절 부동산 직접투자의 개념과 현금흐름의 계산 제29회

01 부동산투자의 개념 ❶

① 투자란 장래의 불확실한 수익을 위하여 현재의 확실한 소비를 희생하는 행위라고 할 수 있다. 투자에는 예상했던 기대수익을 달성하지 못할 위험(불확실성)이 존재하므로, 이에 따른 일정한 대가(보상)를 요구하게 된다.

② **소득이득과 자본이득의 기대**: 부동산은 영속성·내구성의 특성이 있으므로 부동산의 보유기간 동안 부동산을 운영·임대하면서 소득이득(임대료수입)을 얻을 수 있을 뿐만 아니라 투자기간 말에 처분을 통한 자본이득(매각대금)도 얻을 수 있다. ❷

> **더 알아보기** 소득이득과 자본이득
>
> ● 부동산 직접투자의 과정: 취득 ➡ 운영 ➡ 처분
>
> 1. 소득이득(income gain)
>   부동산의 전형적인 보유기간 동안에 발생하는 이득으로서 임대료수입, 지대수입 등을 말한다.
> 2. 자본이득(capital gain)
>   부동산을 취득한 후 자산가치의 상승으로 인한 이득으로서 투자기간 말에 처분을 통해 발생하는 매매차익, 양도차익을 말한다.

02 투자를 통한 현금흐름의 계산

(1) 투자분석의 기본전제

부동산을 취득할 때에는 지분투자액과 저당투자액을 함께 고려한다고 가정한다. 지분투자액이 40억원이고 융자금(저당투자액)이 60억원이면 총투자액 ❸ 은 100억원이다. 이렇게 조달한 자금으로 부동산을 매입하면 부동산(취득)가격도 100억원이 된다. 예상수익을 산출할 때에는 융자금 60억원에 대한 매 기간의 대가(상환해야 할 원리금)도 고려하게 된다.

---

❶ 보충
투자유형
- **실물투자**: 부동산·금 등 실물자산에 자금을 투자하는 것
- **재무적 투자**: 주식·채권 등 유가증권에 자금을 투자하는 것

❷
- 주식투자
  = 배당 + 매매차익
- 채권투자
  = 이자 + 매매차익
- 부동산투자
  = 임대료수입 + 매각대금
- 채권과 달리 부동산에 투자하면 매기의 일정한 임대료수입(현금흐름)을 획득할 수 있다.

❸
총투자액 = 부동산가격

(2) 현금흐름(현금수지)의 개념

투자대상 부동산의 현금흐름은 일정기간(5년) 부동산운영(임대)을 통하여 발생되는 매년의 **영업현금흐름(소득이득 ➡ 세후현금수지)** 과 해당 부동산을 투자기간 말에 매각할 때 발생하는 **매각현금흐름(자본이득 ➡ 세후지분복귀액)** 으로 구성된다. ❶

❶ 소득이득 + 자본이득 = 종합수익

03 영업현금흐름(영업수지)의 계산 – 1년 동안의 소득이득 계산과정 제28·29·30회

영업현금흐름의 계산이란 부동산의 보유기간 동안 운영(영업)·임대활동으로부터 발생하는 현금수입(cash inflow)과 현금지출(cash outflow)을 측정하는 것을 말한다. 일반적으로 다음과 같은 과정으로 예상현금흐름을 계산한다.

```
   가능총소득(PGI; Potential Gross Income) = 단위당 예상임대료 × 임대단위 수
 + 기타소득(Other Income)
 - 공실 및 대손충당금(Vacancy & Bad Debt Allowance)
   ─────────────────────────────────────────
   유효총소득(EGI; Effective Gross Income)
 - 영업경비(OE; Operating Expenses)
   ─────────────────────────────────────────
   순영업소득(NOI; Net Operating Income)
 - 부채서비스액(DS; Debt Service)
   ─────────────────────────────────────────
   세전현금수지(BTCF; Before-Tax Cash Flow)
 - 영업소득세(TFO; Taxes From Operating)
   ─────────────────────────────────────────
   세후현금수지(ATCF; After-Tax Cash Flow)
```

(1) 가능총소득(가능조소득) ❷

투자부동산으로부터 얻을 수 있는 최대한의 임대료수입을 말하는 것으로 가능총수입이라고도 하며, **단위당 임대료에 임대단위 수(임대가능면적)를 곱하여 구한다.** 즉, 원룸의 1실당 연간 임대료가 600만원이고 원룸의 객실 수가 100실이면 6억원(= 600만원 × 100실)이 된다.

❷ 공실(空室)이 없다고 가정하였을 경우 최대로 가능한 임대료수입이다.

(2) 기타소득(기타수입)

기타소득은 임대료수입 외에 얻는 부가적인 수입(영업외수입)을 말한다.
  예 임대부동산의 규모가 큰 경우 구내식당을 운영해서 얻는 수입, 주차료수입, 자판기 등을 설치해서 얻는 임대소득 외의 수입 등

(3) 공실률(空室率)과 대손충당금(貸損充當金)(공실 및 불량부채·채권)

① 공실: 예상 공실률은 과거와 현재의 공실률 수준을 토대로 임대시장의 상황을 반영하고 계산한다.

② **대손충당금**: 회수 불가능한 임대료수입 등 예상손실에 해당하는 금액을 말하며, 가능총소득에서 이를 공제하여 유효총소득을 산정한다.
③ 일반적으로 공실 및 대손충당금은 가능총소득의 일정비율(%)을 반영한다. 즉, 공실률이 10%라면, 가능총소득이 6억원일 때 여기에 10%(0.1)를 곱하면 공실 및 대손충당금은 6,000만원이 된다.

(4) 유효총소득

실제로 달성 가능한 유효한 영업소득(영업수익)을 말하는 것으로, 유효조소득이라고도 한다. 유효총소득은 가능총소득에 기타소득을 더하고 공실 및 대손충당금을 공제하여 구한다.

(5) 영업경비(운영경비)

① 영업경비는 투자대상 부동산의 운영이나 임대에 소요되는 여러 가지 경비를 말한다.
② 영업경비에 포함되는 것으로는 유지·관리비, 화재보험료, 광고비, 인건비(종업원 급여), 재산세, 용역비❶, 전기요금, 전화요금 등이 있다.❷ 영업경비가 많아지면 순영업소득은 작아진다(감소한다).
③ 공실 및 대손충당금(불량부채), 부채서비스액(저당지불액·연간 이자비용), 영업소득세, 건물의 감가상각비, 취득세, 자본이득세 등은 영업경비에 해당하지 않는다.

(6) 순영업소득

순영업소득은 유효총소득에서 영업경비를 공제하여 구하는 것으로, 순운용소득이라고도 한다. 순영업소득을 계산하기 위해서는 영업경비는 물론이고, 기타수입과 공실 및 대손충당금에 관한 자료도 필요하다.❸

(7) 부채서비스액(저당지불액 = 원리금상환액 ≒ 연간 이자비용)

부채서비스액은 융자금(저당대부액, 대출원금)에 대하여 매 기간 상환하여야 할 원금상환분과 이자지급분을 합한 것(=원리금)을 말한다. 융자금이 60억원일 때, 이자율이 10%이고, 원금만기일시상환방식이라면 매기의 부채서비스액은 6억원[= 60억원 × 0.1(10%)]이 된다. 부채서비스액은 융자조건에 따라 달라진다.

(8) 세전현금수지

세전현금수지는 순영업소득에서 부채서비스액을 공제한 것을 말한다.❹ 총투자액 중에서 일부를 차입하여 조달하였다면 순영업소득보다 세전현금수지가 더 작을 것이다. 그러나 투자액을 전액 자기자본으로 투자하였다면 순영업소득과 세전현금수지는 동일할 수 있다.

---

❶ **용역비**
생산과 소비에 필요한 노무를 제공하는 일에 대한 비용을 말한다.

❷ 소유자 급여, 개인업무비는 영업경비에 해당하지 않는다.

❸ 순영업소득은 총투자액(= 지분투자액 + 저당투자액)으로 획득한 결과물이다.

❹ 세전현금수지는 지분투자액에 대한 결과물이다.

(9) 영업소득세

부동산의 영업·임대사업으로부터 발생하는 영업소득·임대소득에 대한 세금을 말한다. 영업소득세의 계산과정은 다음과 같다.

```
    순영업소득              세전현금수지
  + 대체충당금            + 대체충당금
  - 이자지급분            + 원금상환분
  - 감가상각액            - 감가상각액
  ─────────              ─────────
    과세소득                과세소득
  ×   세율              ×   세율
  ─────────              ─────────
    영업소득세              영업소득세
```

① 세금부과의 대상이 되는 항목
  ㉠ **순영업소득 또는 세전현금수지**: 순영업소득이나 세전현금수지는 '소득'이므로 기본적으로 세금부과의 대상이다.
  ㉡ **대체충당금❶**: 임대업자나 투자자가 임대용 부동산의 에어컨, 주방가구 기타 시설물 등을 일정기간마다 교체(대체)하기 위하여 매년 적립한 금액이다. 이는 부동산의 수익이나 가치상승분에 기여하기 때문에 과세대상소득에 포함된다(세금부과의 대상이 된다). 즉, 자본적 지출로 취급되므로 과세대상소득을 구할 때 세금공제의 대상이 되지 않는다.
  ㉢ **원금상환분**: 부채서비스액 중 차입자가 원금의 일부를 상환하였다면 그만큼 지분이 형성되었으므로 수익에 기여한 바가 있다는 것이다. 따라서 과세대상소득에 포함된다(세금부과의 대상이 된다). 즉, 원금상환분도 과세대상소득을 구할 때 세금공제의 대상이 되지 않는다.

② 세금공제의 대상이 되는 항목❷
  ㉠ **이자지급분**: 부채서비스액 중 이자지급분은 수익에 기여한 바가 없으므로 세금공제의 대상이 된다. 즉, 과세대상소득을 구할 때 세금부과의 대상에 해당하지 않는다.
  ㉡ **감가상각비**: 건물의 감가상각비는 수익에 기여한 바가 없으므로 세금공제의 대상이 된다. 즉, 과세대상소득을 구할 때 세금부과의 대상이 아니다.

(10) 세후현금수지

① 세후현금수지는 세전현금수지에서 영업소득세를 공제하여 구한다. 실질적으로 투자자에게 귀속되는 현금흐름으로서, 영업수지의 계산과정은 궁극적으로 세후현금수지를 구하는 데 있다.
② 과세대상소득이 적자가 아니고 투자자가 과세대상이라면 세전현금흐름은 세후현금흐름보다 크다.

---

❶ 대손충당금과 대체충당금은 동일한 개념이 아니므로 용어 사용에 유의하여야 한다.

용어사전
자본적 지출
영업용 자산의 능률을 높이기 위하여 이를 정비하고 수정하는 과정에서 생긴 원가로서, 지출의 결과가 유형자산의 가치를 높이거나 내용연수를 연장시키는 지출을 말한다.

❷ 부동산투자는 차입이자와 감가상각에 대한 절세효과를 기대할 수 있다. 부동산투자는 주식투자와 달리 거액의 자금이 소요되므로 불가피하게 차입을 하는 경우가 많고, 취득한 부동산 가격이 시간이 경과할수록 일정액씩 감가가 되면 투자자본의 손실이 발생한다. 따라서 정부가 이러한 점을 고려하여 부동산투자를 권유하거나 조장하기 위하여 정책적으로 차입금이자와 건물의 감가상각에 대한 손실부분은 과세대상소득을 산정할 때 공제해 준다는 것으로 이해할 필요가 있다.

> **확인예제**
>
> 다음은 임대주택의 1년간 운영실적에 관한 자료이다. 이와 관련하여 틀린 것은? (단, 주어진 조건에 한함)
>
> 제23회
>
> - 호당 임대료 6,000,000원
> - 임대가능호수 40호
> - 공실률 10%
> - 운영비용 16,000,000원
> - 원리금상환액 90,000,000원
> - 융자이자 20,000,000원
> - 감가상각액 10,000,000원
> - 소득세율 30%
>
> ① 유효총소득은 216,000,000원이다.
> ② 순영업소득은 200,000,000원이다.
> ③ 세전현금수지는 110,000,000원이다.
> ④ 영업소득세는 50,000,000원이다.
> ⑤ 세후현금수지는 59,000,000원이다.
>
> **해설**
>
> - 가능총소득 = 호당 임대료(6,000,000원) × 40호 = 240,000,000원
> - 공실 및 대손충당금 = 가능총소득(240,000,000원) × 공실률(0.1) = 24,000,000원
> - 원리금상환액(부채서비스액) 90,000,000원 = 융자이자 20,000,000원 + 원금상환분 70,000,000원
>
> - 영업소득세의 계산
>
> | | |
> |---|---:|
> | 순영업소득 | 200,000,000원 |
> | + 대체충당금 | 0원 |
> | − 이자지급분 | 20,000,000원 |
> | − 감가상각비 | 10,000,000원 |
> | 과세소득 | 170,000,000원 |
> | × 소득세율 | 30% |
> | 영업소득세 | 51,000,000원 |
>
> - 세후현금수지의 계산
>
> | | |
> |---|---:|
> | 가능총소득 | 240,000,000원 |
> | − 공실 및 대손충당금 | 24,000,000원 |
> | 유효총소득 | 216,000,000원 |
> | − 영업경비 | 16,000,000원 |
> | 순영업소득 | 200,000,000원 |
> | − 부채서비스액 | 90,000,000원 |
> | 세전현금수지 | 110,000,000원 |
> | − 영업소득세 | 51,000,000원 |
> | 세후현금수지 | 59,000,000원 |
>
> 정답: ④

04 매각현금흐름의 계산(지분복귀액) - 자본이득의 계산과정 제29·30회

(1) 지분복귀액의 개념

지분복귀액은 부동산을 일정기간 보유하다가 투자기간 말에 처분하였을 경우, 융자금 중에서 미상환대출잔액을 모두 상환하고 자본이득세를 공제한 이후에 처분으로 인하여 발생하는 매각차액을 말한다. 즉, **최초의 지분투자액에 대한 결과물을 계산하는 것이다.**

(2) 지분복귀액의 계산

지분복귀액은 투자자가 처음에 투자자금으로 지출한 원래의 지분투자액, 보유기간 동안 저당지불액의 납입으로 인한 원금상환분(지분형성분), 투자기간 말 부동산의 가치상승분의 세 가지로 구성된다. 지분복귀액은 다음과 같이 계산한다.

```
      매도가격(selling price)
  -   매도경비(selling expense)
      순매도액(net sales proceed)
  -   미상환저당잔금(unpaid mortgage balance)
      세전지분복귀액(before-tax equity reversion)
  -   자본이득세(capital gain tax)
      세후지분복귀액(after-tax equity reversion)
```

① **매도가격**: 투자기간 말 지분복귀액의 계산은 장래 예상되는 부동산의 매도가격의 추계로부터 시작한다. 투자자가 팔고 싶어하는 예상되는 매도가격을 말하며, 총매각대금(현금흐름)이라고도 한다.

② **순매도액**: 매도가격(총매각대금)에서 매도경비를 빼면 순매도액(net sales proceed)이 되는데, 이를 순매각현금흐름이라고도 한다. 매도경비에는 부동산처분과 관계되는 광고비, 중개보수(중개수수료), 법적 수속비, 기타경비 등이 포함된다. 일반적으로 총매각대금보다 순매각대금이 더 작은 편이다.

③ **세전지분복귀액**
   ㉠ 순매도액에서 상환하지 못하고 남은, 즉 미상환저당잔금을 뺀 것을 세전지분복귀액이라 하며, 세전매각현금흐름이라고도 한다.
   ㉡ 융자액 60억원 중에서 5년 동안 20억원을 상환하였다면 미상환저당잔금은 40억원이 된다. 이처럼 **미상환저당잔금이 남아 있다면 순매각현금흐름보다 세전매각현금흐름이 더 작을 것이다.** 그러나 부동산을 매각하기 전에 융자금을 모두 상환하였다면 순매각현금흐름과 세전매각현금흐름은 동일할 수 있다.

④ **세후지분복귀액**: 순매도액에서 미상환저당잔금을 공제하면 세전지분복귀액이 되며, 여기서 다시 자본이득세를 공제하면 세후지분복귀액이 된다. 세후지분복귀액은 부동산 매도시 투자자에게 돌아오는 최종의 현금흐름이다.

> **더 알아보기** | **자본이득세의 계산**
>
> ```
>        순매도액
>   −    순장부가치(= 매수가격 − 총감가상각액)
>   ─────────────────────────────────
>        매도이익
>   −    초과감가상각액
>   ─────────────────────────────────
>        자본이득
>   −    세제상 공제액
>   ─────────────────────────────────
>        과세대상 자본이득
>   ×    세율
>   ─────────────────────────────────
>        자본이득세
> ```

> **확인예제**
>
> **부동산투자의 현금흐름 추정에 관한 설명으로 틀린 것은?** 제30회
>
> ① 순영업소득은 유효총소득에서 영업경비를 차감한 소득을 말한다.
> ② 영업경비는 부동산 운영과 직접 관련 있는 경비로 광고비, 전기세, 수선비가 이에 해당된다.
> ③ 세전현금흐름은 지분투자자에게 귀속되는 세전소득을 말하는 것으로, 순영업소득에 부채서비스액(원리금상환액)을 가산한 소득이다.
> ④ 세전지분복귀액은 자산의 순매각금액에서 미상환저당잔액을 차감하여 지분투자자의 몫으로 되돌아오는 금액을 말한다.
> ⑤ 부동산투자에 대한 대가는 보유시 대상부동산의 운영으로부터 나오는 소득이득과 처분시의 자본이득의 형태로 나타난다.
>
> **해설**
> 세전현금흐름은 지분투자자에게 귀속되는 세전소득을 말하는 것으로, 순영업소득에서 부채서비스액(원리금상환액)을 공제하여 구한 소득이다.   정답: ③

용어사전
기회비용(機會費用)
여러 가능성 중 하나를 선택하였을 때 그 선택으로 인하여 포기하여야 하는 가치로써 표시한 비용이다. 한정된 자원으로 생산이나 소비활동을 하는 경제활동에 있어서 다른 경제활동을 할 수 있는 기회의 희생으로 이루어진다.

제2절 투자의 기회비용 = 요구수익률 제32·34회

(1) 요구수익률은 투자에 대한 위험으로 인하여 투자자가 대상부동산에 자본을 투자하기 위해서 충족되어야 할 최소한의 필수수익률을 의미한다. 즉, 해당 부동산에 투자하였을 경우에 포기하여야 하는 대체투자안의 수익률이라는 점에서 요구수익률은 자본의 기회비용이라는 의미를 갖는다.

(2) 요구수익률에는 '시간에 대한 비용(보상, 대가)'인 무위험(이자)율과 '위험에 대한 비용(보상)'인 위험할증률이 포함되어 있다. 이는 아래와 같이 피셔방정식으로 표현할 수 있다. 예를 들어 무위험(이자)율 4%, 위험할증률 1%, 예상인플레이션율 3%일 때, 이를 합한 연 8% 이상의 수익률이 확보되어야 부동산투자가 이루어질 수 있다는 것이다.

용어사전
인플레이션(inflation)
물가가 전반적·지속적으로 상승하는 반면 화폐가치가 하락하는 경제현상을 말한다.

요구수익률	=	무위험(이자)율 (시간에 대한 비용)	±	위험할증(보상)률 (위험에 대한 비용)	+	예상인플레이션율
6%	=	3%	+	1%	+	2%

① 무위험(이자)률은 표현 그대로 위험이 없는 이자율이다.
   ㉠ 정기예금이자율이나 국채이자율로서, 금융기관이 부도가 나지 않는 이상 소정의 원금과 이자는 지급받게 되어 있고 또한 국가가 부도가 나지 않는 이상 국채이자는 반드시 지급받게 되어 있는데 이들을 무위험자산이라 한다.❶
   ㉡ 무위험률은 이자율로서 자금시장의 수요와 공급, 즉 자금시장의 동향에 따라 달라질 수 있으므로 일반경제상황과 관련이 있다.
   ㉢ 중앙은행의 기준금리(정책금리) 인상은 무위험률을 높게 만드는 요인이다.

❶ 무위험자산은 위험이 전혀 없지는 않지만, 위험자산인 주식이나 부동산 등과 구별하기 위한 개념이다.

② 위험할증률(risk premium)은 위험대가율·위험보상률이라고도 한다.
   ㉠ 투자자의 위험에 대한 태도(공격적이냐 보수적이냐)에 따라 그 보상 정도는 달라질 수 있다. 따라서 요구수익률도 투자자마다 달라지게 된다.
   ㉡ 동일 투자자산이라도 개별투자자가 위험을 기피할수록 요구수익률이 높아진다.

③ 무위험률과 위험할증률이 커지면 요구수익률도 높아진다. 요구수익률이 높아질수록 기회비용이 커지므로 부동산에 투자할 가능성은 낮아진다. 정리하면 투자자의 요구수익률(기회비용)이 충족될 때 부동산투자는 유발될 수 있다.❷

❷ p.266 **01** 수익률
'기대수익률 ≥ 요구수익률
➡ 투자채택' 참고

④ 피셔(Fisher)효과: 투자자는 어떤 자산에 투자를 하든지 예상되는 인플레이션을 고려하기 마련이다. 인플레이션이 발생하면 투자원금의 가치가 하락하므로, 이와 같이 예상되는 인플레이션(기대인플레이션)을 요구수익률에 반영하는 것을 '피셔효과'라 한다.

제3절 화폐의 시간가치

부동산투자는 현재시점에서 이루어지고, 투자부동산의 임대료수입과 매각대금은 미래에 발생된다. 즉, 투자금액의 투입시점과 수익이 발생하는 시점은 일치하지 않으므로 현재시점의 가치와 미래시점의 가치를 일치시키는 이자율에 대한 개념정립이 필요하다. 현재 1억원의 가치와 1년 후의 1억원의 가치는 동일하지 않으며, 액면상으로만 동일할 뿐이지 현재 1억원의 가치가 더 크다. 즉, 현재 1억원으로 이자율 10%의 정기예금에 가입하면 이 금액의 가치는 1년 후에 1억 1천만원이 되므로, 1년 후의 1억원의 가치보다 현재 1억원의 가치가 더 크다는 것이다. 바꾸어 이야기하면 1년 후의 1억원이라는 액면상의 가치는 현재시점에서의 1억원의 가치보다 작다는 의미이다.

01 이자율(rate, interest)의 개념

(1) 개념 정리와 수식의 도출

① 단리: 이자율의 개념에는 단리와 복리가 있는데, 단리는 투자원금에 대해서만 붙는 이자를 말한다. 단리를 반영할 경우 현재 100만원의 2년 후의 가치는 다음과 같이 구할 수 있다.

$$100만원 + [100만원 \times 0.1(10\%) \times 2년] = 120만원$$

따라서 이자율이 10%일 때, 현재 100만원은 2년 후에 120만원이 된다.

② 복리: 복리는 지급받을 이자가 원금에 가산되어 또 이자가 발생하는 개념으로, 최초의 투자금액이 수익을 창출하고 그 수익이 재투자됨을 가정한다. 부동산투자에서 사용하는 이자율은 통상적으로 복리의 개념을 활용한다. 복리를 반영할 경우 현재 100만원의 2년 후의 가치는 다음과 같이 구할 수 있다.

- 1년 후의 현금흐름 = 100만원 × 1 + 100만원 × 0.1 = 100만원(1 + 0.1)
  = 110만원
- 2년 후의 현금흐름 = 110만원 × 1 + 110만원 × 0.1 = 110만원(1 + 0.1)
  = 121만원

1년 후의 현금흐름에서 '100만원(1 + 0.1) = 110만원'이라는 관계가 성립하므로, 2년 후의 현금흐름을 수식으로 정리하면, '100만원(1 + 0.1)(1 + 0.1) = 100만원$(1 + 0.1)^2$ = 121만원'으로 정리할 수 있다. 따라서 이자율이 10%일 때, 현재 100만원은 2년 후에 121만원이 된다. 여기서 100만원을 2년 후에 121만원이 되게 하는 $(1 + r)^n$을 내가계수(미래가치계수)라 한다.

(2) 수익률과 할인율

현재가치를 미래가치로 만들어주는 이율(r)을 **이자율·수익률**이라 하고, 미래가치를 현재가치로 만들어주는 이율(r)을 **할인율**이라 한다. 같은 'r'이지만 각각 다른 개념이다.

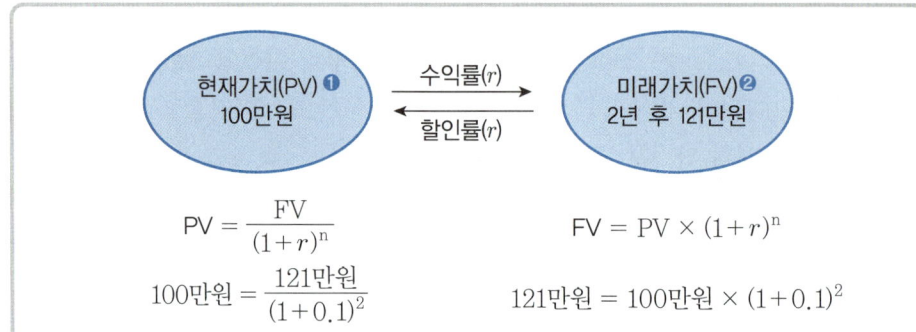

❶ 현재가치[현가(PV; Present Value)]

❷ 미래가치[내가(FV; Future Value)]

02 화폐의 시간가치를 구하는 자본환원계수❸ 제26·28·29·30·31·32회

미래가치를 구하는 수식에는 일시불의 내가계수, 연금의 내가계수, 감채기금계수가 있고, 현재가치를 구하는 수식에는 일시불의 현가계수, 연금의 현가계수, 저당상수가 있다. 이러한 자본환원계수는 그 개념이 정리되어야 하고, 이를 어떻게 적용하는지가 중요하다.

❸ 자본환원계수는 계산문제의 비중이 높아지고 있으므로 개념 정리를 정확히 해 두어야 한다.

(1) 미래가치계수(내가계수)

① **일시불의 미래가치계수(내가계수)**: 1원을 이자율 r로 예금하였을 때 n년 후에 찾게 되는 금액(예 정기예금의 만기금액 등)을 구하는 계수이다.

$$\text{일시불의 내가계수} = (1+r)^n$$

확인예제

현재 토지가격이 1,000만원인데 토지가격이 매년 10%씩 상승한다면, 5년 후에 토지가격은 얼마가 되겠는가? [단, $(1 + 0.1)^5 = 1.6105$]

해설

현재가치(PV) × 일시불의 내가계수(10%, 5년) = 5년 후의 미래가치(FV)
1,000만원 × $(1 + 0.1)^5$ ≒ 1,610만원

정답: 1,610만원

② **연금의 미래가치계수(내가계수)**: 매년 1원씩 연금을 이자율 r로 계속해서 적립하였을 때 n년 후에 달성되는 금액(예 정기적금의 만기금액 등)을 구하는 계수이다.❶

$$\text{연금의 내가계수}❷ = \frac{(1+r)^n - 1}{r}$$

❶
월(月) 단위 값을 구할 때에는 n년(기간) × 12개월, 이자율(r)은 12개월로 나누어서(r/12개월) 계산한다.

❷
기초 적립시 연금의 내가계수 = $\frac{(1+r)[(1+r)^n - 1]}{r}$

> **확인예제**
>
> 주택자금을 마련하기 위하여 매년 1,000만원씩 5년 동안 계속 적립한다면, 5년 후에는 얼마가 되겠는가? [단, 연금의 내가계수(10%, 5년) = 6.1051]
>
> **해설**
>
> 연금액 × 연금의 내가계수(10%, 5년) = 연금의 미래가치(적금의 만기금액)(FV)
>
> 1,000만원 × $\frac{(1+0.1)^5 - 1}{0.1}$ ≒ 6,105만원
>
>
>
> 정답: 6,105만원

③ **감채기금계수**: n년 후에 1원을 만들기 위해서 매년단위로 적립·불입하여야 할 금액을 구하는 계수로서 연금의 내가계수와 역수관계가 성립한다. 즉, 연금의 내가계수와 반대개념이다.

$$\text{감채기금계수} = \frac{r}{(1+r)^n - 1}$$

> **확인예제**
>
> 5년 후에 6,105만원을 만들기 위해서 5년 동안 매년 얼마씩을 적립하여야 하는가? [단, 감채기금계수(10%, 5년) = 0.163797]
>
> **해설**
>
> 연금의 미래가치(FV) × 감채기금계수(10%, 5년) = 매년 적립할 금액(연금)
>
> 6,105만원 × $\frac{0.1}{(1+0.1)^5 - 1}$ ≒ 1,000만원
>
>
>
> 정답: 1,000만원

(2) 현재가치계수(현가계수)

① **일시불의 현재가치계수(현가계수)**: 할인율이 r일 때 n년 후의 1원이 **현재 얼마만한 가치가 있는가**를 구하는 계수이다. 즉, **투자기간 말의 부동산매각대금의 현재가치나 일정기간 후의 임대료수입의 현재가치를 구할 때 사용**한다.❶

❶ 일시불의 현가계수의 역수는 일시불의 내가계수이다.

$$\text{일시불의 현가계수} = \frac{1}{(1+r)^n} = (1+r)^{-n}$$

확인예제

5년 후의 토지가격 1,610만원은 현재 얼마만큼의 가치가 있다고 볼 수 있겠는가? [단, 일시불의 현가계수(10%, 5년) = 0.620921]

해설

일시불의 현재가치(PV) = 미래가치(FV) × 일시불의 현가계수(10%, 5년)

1,000만원 ≒ 1,610만원 × $\frac{1}{(1+0.1)^5}$

정답: 1,000만원

② **연금의 현재가치계수(현가계수)**: 이자율이 r이고 기간이 n년일 때 **매년 1원씩 n년 동안 받게 될 연금을 일시불로 환원·할인한 액수를 구하는 계수**이다. 5년 동안 매년 동일한(일정한) 금액의 임대료수입이 발생한다고 가정할 경우, **매년 동일한(일정한) 임대료수입의 현재가치를 구할 때 사용**한다.❷

❷ 연금의 현가계수의 역수는 저당상수이다.

$$\text{연금의 현가계수} = \frac{1-(1+r)^{-n}}{r}$$

확인예제

매년 연금으로 1,000만원씩 5년 동안 받게 될 경우, 이 금액을 현재시점에서 일시불로 받는다고 하면 얼마가 되겠는가? [단, 연금의 현가계수(10%, 5년) = 3.790787]

해설

연금의 현재가치(PV) = 연금액 × 연금의 현가계수(10%, 5년)

3,790만원 ≒ 1,000만원 × $\frac{1-(1+0.1)^{-5}}{0.1}$

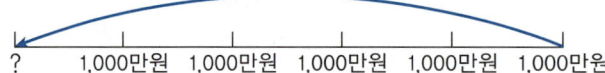

정답: 3,790만원

핵심 콕! 콕! 중도상환시 미상환대출잔액을 구하는 방법

Tip '연금의 현가계수'의 개념을 정확히 이해하면 된다.

1. 15년(만기, n년) 동안 원리금균등상환방식으로 원리금을 상환하다가 10년 말($n-t$ 시점)에 미상환대출잔액(= **중도상환시 미상환대출잔액**)은 연금의 **현가계수**를 사용하여 구한다. 즉, 원리금에 연금의 현가계수(남은 기간)를 곱하면 미상환대출잔액을 구할 수 있다.

   > 미상환대출잔액 = 원리금(저당지불액) × 연금의 현가계수(남은 저당기간)
   >   = 융자금 × 저당상수(만기) × 연금의 현가계수(남은 저당기간)

2. 미상환대출잔액은 융자금에 잔금비율을 곱하여 구할 수도 있다.

   $$\text{미상환대출잔액} = \text{융자금} \times \text{잔금비율}\left[=\frac{\text{연금의 현가계수(남은 기간)}}{\text{연금의 현가계수(만기)}}\right]$$

   ① 잔금이란 저당대출액(대출원금) 중 미상환된 금액을 말하고, 잔금비율이란 저당대출액(융자금)에 대한 미상환된 금액의 비율로서 이자율, 만기, 남은 저당기간의 함수로 구성된다.
   ② 저당대부액 중 상환된 원금을 상환액이라 하고, 상환금액이 차지하는 비율을 상환비율이라 한다. 즉, 상환비율은 저당대출액(대출원금)에 대한 상환된 금액의 비율을 말하며 이자율, 만기, 경과한 저당기간의 함수이다.
   ③ 상환비율이 0.6이면 잔금비율은 0.4가 되므로 '상환비율 + 잔금비율 = 1'의 등식이 성립한다. 따라서 '잔금비율 = 1 − 상환비율'로 표현될 수 있다.

확인예제

15년간 매월 원리금균등상환조건으로 연리 10%, 5,000만원을 융자받은 경우, 5년 후 융자잔고를 계산하기 위한 잔금비율은? (단, 10% 월 복리로 연금의 현가계수는 5년 47.06537, 10년 75.67116, 15년 93.05744)

제14회

① 75.67116 ÷ 47.06537
② 47.06537 ÷ 75.67116
③ 93.05744 ÷ 75.67116
④ 47.06537 ÷ 93.05744
⑤ 75.67116 ÷ 93.05744

해설

잔금비율은 저당대출액에 대한 미상환된 금액의 비율이므로, 다음과 같이 계산한다.
잔금비율 = 연금의 현가계수(남은 기간 10년) ÷ 연금의 현가계수(만기 15년)
       = 75.67116 ÷ 93.05744

정답: ⑤

③ **저당상수**: 원리금균등상환방식으로 대출기관으로부터 융자를 받고, 매 기간 균등하게 상환하여야 할 원금과 이자의 합계(원리금), 저당지불액, 부채서비스액을 구하는 계수이다. 저당상수는 연금의 현가계수의 역수이다.❶

$$저당상수 = \frac{r}{1-(1+r)^{-n}}$$

❶ 연저당상수·월저당상수
기간단위가 연(年)일 경우의 저당상수를 연저당상수, 월(月)일 경우의 저당상수를 월저당상수라 한다.

> **확인예제**
>
> 금융기관으로부터 3,790만원의 대출을 받았다. 원리금균등상환방식에 따라 5년간 매년 얼마씩 원리금을 상환하여야 하는가? [단, 저당상수(10%, 5년) = 0.263797]
>
> **해설**
>
> 저당지불액(원리금) = 융자금(연금의 현재가치) × 저당상수(10%, 5년)
>
> 1,000만원 ≒ 3,790만원 × $\frac{0.1}{1-(1+0.1)^{-5}}$
>
> 3,790만원 ─ ? ─ ? ─ ? ─ ? ─ ?
>
> 정답: 1,000만원

핵심 콕! 콕! 자본환원계수 요약

Tip 각 계수의 개념을 확실하게 정리하면 역수관계는 덤으로 이해할 수 있다.❷

현재가치계수(현가계수)	미래가치계수(내가계수)
일시불의 현가계수 = $\frac{1}{(1+r)^n}=(1+r)^{-n}$ 할인율이 r일 때, n년 후의 1원이 현재 얼마만한 가치가 있는가를 나타냄	일시불의 내가계수 = $(1+r)^n$ 1원을 이자율 r로 예금하였을 때, n년 후에 찾게 되는 금액을 구함
연금의 현가계수 = $\frac{1-(1+r)^{-n}}{r}$ 매년 1원씩 n년 동안 받게 될 연금을 일시불로 환원·할인한 액수(금액)를 구함	연금의 내가계수 = $\frac{(1+r)^n-1}{r}$ 매년 1원씩 이자율 r로 계속 적립하였을 때, n년 후에 찾게 되는 금액을 구함
저당상수❸ = $\frac{r}{1-(1+r)^{-n}}$ 원리금균등상환방식으로 일정액을 빌렸을 때 매 기간마다 상환할 원금과 이자의 합계(원리금)를 구함	감채기금계수❸ = $\frac{r}{(1+r)^n-1}$ n년 후에 1원을 만들기 위해서 매 기간마다 적립하여야 할 금액을 구함

- 일시불의 현가계수 = 복리현가율
- 연금의 현가계수 = 복리연금현가율
- 저당상수 = 연부상환율
- 일시불의 내가계수 = 복리종가율
- 연금의 내가계수 = 복리연금종가율
- 감채기금계수 = 상환기금률

❷ 보충
- 역수끼리 곱하면 1이 된다.
- 감채기금계수(1)에 연금의 현가계수(≒0.9)를 곱하면 일시불의 현가계수(≒0.9)가 된다(n=1년, r=10%일 경우).

❸
이자율(할인율)이 상승할수록 감채기금계수는 작아지고, 저당상수는 커진다.

복리이자표

[이자율: 10%(연)]

년	일시불의 내가계수	연금의 내가계수	감채기금계수	일시불의 현가계수	연금의 현가계수	저당상수
1	1.100000	1.000000	1.000000	0.909091	0.909091	1.100000
2	1.210000	2.100000	0.476190	0.826446	1.735537	0.576190
3	1.331000	3.310000	0.302115	0.751315	2.486852	0.402115
4	1.464100	4.641000	0.215471	0.683013	3.169865	0.315471
5	1.610510	6.105100	0.163797	0.620921	3.790787	0.263797
...						
10	2.593745	15.937425	0.062745	0.385543	6.144567	0.162745
...						
15	4.177248	31.772487	0.031474	0.239392	7.606080	0.131474
...						
20	6.727500	57.274999	0.017460	0.148644	8.513564	0.117460

확인예제

화폐의 시간가치에 관한 설명으로 틀린 것은? 제26회

① 연금의 미래가치계수를 계산하는 공식에서는 이자 계산방법으로 복리방식을 채택한다.
② 원리금균등상환방식으로 주택저당대출을 받은 경우, 저당대출의 매기 원리금상환액을 계산하려면 저당상수를 활용할 수 있다.
③ 5년 후 주택구입에 필요한 자금 3억원을 모으기 위하여 매월 말 불입하여야 하는 적금액을 계산하려면 3억원에 연금의 현재가치계수(월 기준)를 곱하여 구한다.
④ 매월 말 50만원씩 5년간 들어올 것으로 예상되는 임대료수입의 현재가치를 계산하려면 저당상수(월 기준)의 역수를 활용할 수 있다.
⑤ 상환비율과 잔금비율을 합하면 '1'이 된다.

해설

5년 후 필요한 자금 3억원을 모으기 위하여 매월 말 불입(적립)하여야 하는 금액은 3억원에 감채기금계수(5년)를 곱하여 구한다.
② 원리금균등상환방식 ➡ 매기 원리금상환액 = 융자금 × 저당상수
④ 매월 말 50만원씩 5년간 들어올 것으로 예상되는 임대료수입의 현재가치를 계산하려면 저당상수의 역수(= 연금의 현가계수)를 활용할 수 있다.

정답: ③

제4절 투자의 타당성분석기법

01 개요

투자의 타당성분석이란 미래에 예상되는 임대료수입과 매각대금의 현재가치가 초기지분투자액보다 더 큰지, 투자수익이 투자자의 요구수익률을 충족하고도 남는 것이 있는지를 판단하여 투자를 결정하는 것이다. 투자의 타당성을 분석하기 위한 투자분석기법에는 화폐의 시간가치를 고려하는 현금흐름할인법과 전통적인 평가기법(비할인법)으로 나누어 볼 수 있다.

02 할인현금수지분석법 제26·27·28·29·30·31·32·33·34·35회

(1) 개념

① 할인현금수지분석법(DCF; Discounted Cash Flow method)은 현재의 부동산가격이 장래의 현금흐름을 할인한 현재가치와 똑같다는 인식을 기초로 하고 있다. 이는 현재의 1원은 미래의 1원보다 더 큰 가치를 가지고 있는 것으로 평가되기 때문이다. 이 개념을 앞에서 화폐의 시간가치(time value of money)라고 하였다.

② 투자를 통하여 얻는 '**현금유입**'을 수익, 수입, 소득이라고 하며, 이는 보유기간 동안의 세후현금수지의 합과 투자기간 말의 세후지분복귀액을 말한다. 즉, 임대료수입과 매각대금의 합으로 구성되어 있다. 또한 투자에 소요되는 '**현금유출**'을 현금지출, 투자비용, 투자금액, (초기)지분투자액이라고 한다.❶

③ **할인현금수지분석법이란 장래 예상되는 현금유입과 현금유출을 현재가치로 할인하고, 이것을 서로 비교하여 투자의 타당성을 분석하는 방법이다.** 할인현금수지분석법에는 순현재가치법(NPV), 내부수익률법(IRR), 수익성지수법(PI)이 있다.

④ 절차
 ㉠ 보유(투자)기간 결정 및 이를 고려한 예상 현금흐름 및 매각대금 예측
 ㉡ 예측된 현금수지에 대한 위험을 평가하는 위험할증률의 추계
 ㉢ 무위험(이자)률과 위험할증률을 반영한 적정 할인율(요구수익률) 결정
 ㉣ DCF모형을 통한 투자채택 결정 및 부동산가치평가

(2) 순현가법

① 개념: 순현재가치(NPV; Net Present Value, 순현재투자가치, 이하 '순현가')는 **현금유입의 현재가치**에서 현금유출의 현재가치를 **공제(차감)한 값**으로 정의된다.❷ 환언하면 순현가법이란 장래 기대되는 세후소득의 현재가치의 합계와 투자비용으로 지출된 금액의 현재가치의 합계를 서로 비교하여 투자결정을 하는 방법을 말한다.

용어사전

현금유입(= 수익, 수입)
보유기간 동안의 세후현금수지의 합 + 기간 말 지분복귀액

현금유출(= 현금지출, 투자비용)
5년 말에 미상환저당잔금을 모두 상환한 후 투자의 현금흐름을 비교하므로 현금유출은 '총투자액'이 아니라는 점에 유의하여야 한다.

❶ 투자부동산의 현금흐름표

기간	0	1	2	3
현금유출	−2,000	−	−	−
현금유입	−	55	121	2,662

❷ 문제의 조건에 따라 현금유입의 현재가치 또는 현금유입의 현재가치합으로 표현될 수 있다.

$$NPV = \sum_{t=1}^{T} \frac{ATCF_t}{(1+k)^t} + \frac{ATER_T}{(1+k)^T} - I_0$$

단, $ATCF_t$: t기의 세후현금수지
$ATER_T$: T기(보유기간 말)의 매각에 의한 세후지분복귀액
I_0: 최초의 지분투자액
k: 부동산투자로부터 얻어야 할 최소한의 요구수익률
t: 현금흐름이 얻어지는 시기 $t = 0, 1, 2, \cdots, T$

순현가 = 현금유입의 현재가치(합) − 현금유출의 현재가치(합)

= [보유기간 동안 예상되는 매년의 세후현금수지의 현재가치의 합] + [처분시에 예상되는 세후지분복귀액의 현재가치] − [현금유출의 현재가치 (지분투자액)]

② 특징
  ㉠ 순현가를 계산하기 위하여 사용하는 **할인율은 사전에 결정되어야 하는데**, 이 때의 할인율은 해당 부동산투자로부터 얻어야 할 최소한의 **요구수익률**[1]로서 투자의 위험도를 반영하여 결정되므로 **순현가의 할인율은 투자주체마다 달라질 수 있다.**
  ㉡ 요구수익률은 시간에 대한 대가(무위험률)와 위험에 대한 대가(위험할증률)를 포함하는데, 이때 부동산투자의 위험이 크면 클수록 더 높은 할인율을 적용하게 되고 이에 따라 순현가는 작아지게 된다.
  ㉢ 투자안의 **순현가가 '0'보다 크다는 것**은 현금유입의 현재가치의 합이 현금유출의 현재가치를 공제하고도 남는 금액이 있다는 것이다. 다시 말하면 요구수익률(기회비용)을 충족하고도 남는 금액이 있다는 것으로, **순현가의 크기만큼 투자자의 부(富)의 극대화를 달성하는지 파악할 수 있다는** 의미이다.
③ 투자의 채택 여부 판단: 순현가가 '0'보다 크면 해당 투자안을 채택하고, '0'보다 작으면 기각한다. 여러 개의 상호 배타적인 부동산투자안의 우선순위를 결정하고자 하는 경우에도 순현가가 큰 순서로 결정한다.

  ㉠ 채택 여부
    ⓐ 투자안의 순현가(NPV) ≧ 0이면, 투자채택한다.
    ⓑ 투자안의 순현가(NPV) < 0이면, 투자기각한다.
  ㉡ 우선순위: 투자안의 순현가(NPV)가 큰 것부터 우선한다.

[1] 요구수익률(k)
= 무위험률 ± 위험할증률 + 예상인플레이션율

용어사전
상호 배타적
두 투자안 A와 B가 있을 때, A와 B의 관계가 상호 배타적이라 함은 A와 B 중에서 하나를 선택하여야 하는 동시에 나머지 하나를 버려야 한다는 것을 의미한다. 즉, 의사결정을 하기 위해서는 A에 관한 정보와 B에 관한 정보가 동시에 필요하다.

> **확인예제**
>
> 현금흐름이 다음과 같은 투자안을 순현재가치가 큰 순서대로 나열한 것은? (단, 할인율은 연 10%, 사업기간은 1년임, 단위: 만원)
>
> 제22회 수정
>
> | 투자안 | 금년의 현금지출 | 내년의 현금유입 |
> |---|---|---|
> | A | 5,000 | 5,786 |
> | B | 4,000 | 4,730 |
> | C | 3,000 | 3,575 |
> | D | 2,000 | 2,398 |
>
> ① B > C > A > D   ② B > A > C > D
> ③ A > C > B > D   ④ A > C > D > B
> ⑤ C > B > D > A
>
> **해설**
>
> - A의 현금유입의 현가 = $\dfrac{5,786}{(1+0.1)^1}$ = 5,260 ➜ 순현가 = 5,260 − 5,000 = 260만원
> - B의 현금유입의 현가 = $\dfrac{4,730}{(1+0.1)^1}$ = 4,300 ➜ 순현가 = 4,300 − 4,000 = 300만원
> - C의 현금유입의 현가 = $\dfrac{3,575}{(1+0.1)^1}$ = 3,250 ➜ 순현가 = 3,250 − 3,000 = 250만원
> - D의 현금유입의 현가 = $\dfrac{2,398}{(1+0.1)^1}$ = 2,180 ➜ 순현가 = 2,180 − 2,000 = 180만원
>
> 정답: ②

더 알아보기 | 연평균순현가

순현가에 대한 연간 복리평균을 연평균순현가라고 한다. 투자안의 순현가가 100만원이면, 이 투자안은 전체 투자기간 동안 지분투자액 회수는 물론이고 추가로 100만원을 더 획득하였다는 의미가 된다. 할인율이 10%이고 사업기간이 10년일 경우, 10년 동안의 연평균순현가는 다음과 같이 구할 수 있다.

> 연평균순현가 162,745원 = 순현가 100만원 × 저당상수(10%, 10년) 0.162745

연평균순현가는 전체 순현가에 저당상수를 곱하거나, 연금의 현가계수(10%, 10년 = 6.144567)로 나누어서 구할 수 있다.

❶ 내부수익률 개념의 이해

- PV = $\dfrac{FV}{(1+r)^n}$
- IRR: $\sum_{t=1}^{T} \dfrac{현금유입}{(1+r)^n}$
  = $\dfrac{현금유출}{(1+r)^n}$

(3) 내부수익률법(IRR; Internal Rate of Return)❶

① 개념: 내부수익률(IRR)은 화폐의 시간가치를 고려한 여러 기간·다기간(多期間)의 수익률로서, <u>투자안의 현금유입의 현재가치합과 현금유출의 현재가치를 일치시키는(같게 만드는) 할인율</u>을 말한다.

이는 부동산투자에서 장래 예상되는 운용 및 매각에 의한 현금유입(수익)의 현재가치 합계와 현금유출(현금지출)의 현재가치를 같게 만드는 할인율을 의미하며, 다음과 같이 표현할 수 있다.

$$NPV = \sum_{t=1}^{T} \frac{ATCF_t}{(1+r)^t} + \frac{ATER_T}{(1+r)^T} - I_0 = 0$$

단, $ATCF_t$: t기의 세후현금수지
$ATER_T$: T기(보유기간 말)의 매각에 의한 세후지분복귀액
I_0: 최초의 지분투자액
r: 내부수익률
t: 현금흐름이 얻어지는 시기 $t = 0, 1, 2, \cdots, T$

② 특징

㉠ 내부수익률은 순현가를 '0'으로 만드는 할인율을 의미한다. 순현가가 '0'이라는 것은 현금유입의 현재가치합과 현금유출의 현재가치가 같다는 의미가 되므로 투자안의 수익성지수❶는 '1'이 된다. 따라서 내부수익률은 수익성지수(PI)를 '1'로 만드는 할인율을 의미한다.

㉡ 수식에서 분모 r은 내부수익률로서 현금흐름의 자료로부터 구해진다. 순현가를 구하기 위해서는 사전에 할인율을 결정하여야 하지만, 내부수익률(IRR) 자체를 구하기 위해서는 사전에 할인율을 결정하지 않아도 된다. 즉, 투자안의 현금흐름(현금유입과 현금유출)만 알고 있어도 내부수익률(IRR)을 구하고 투자우선순위를 채택할 수 있다.❷

㉢ 내부수익률법의 할인율인 내부수익률은 요구수익률(k)과 달리 위험보상이 반영되지 못하므로 내부수익률이 높다고 하더라도 투자자의 부(富)가 극대화되지는 않는다.

③ 투자의 채택 여부 판단: 부동산투자의 채택 여부의 판단은 해당 부동산투자의 내부수익률(IRR)과 투자의 기회비용인 요구수익률(k)을 비교하여 결정한다. 만약 내부수익률이 요구수익률보다 크면 그 투자안은 채택하고, 내부수익률이 요구수익률보다 작으면 그 투자안은 기각한다. 또한 여러 개의 부동산투자안이 있을 경우 그 우선순위는 내부수익률이 큰 순서로 결정한다.

㉠ 채택 여부
ⓐ 투자안의 내부수익률(IRR) ≧ 요구수익률(k)이면, 투자채택한다.
ⓑ 투자안의 내부수익률(IRR) < 요구수익률(k)이면, 투자기각한다.
㉡ 우선순위: 투자안의 내부수익률(IRR)이 큰 것부터 우선한다.

❶
p.249 (4) 수익성지수법
참고

❷
투자안의 현금흐름에 따라 복수의 내부수익률이 존재할 수 있다.

> **핵심 콕! 콕!** 순현가법과 내부수익률법의 비교

Tip 해마다 출제되므로 개념 정리를 잘 해두어야 한다.

구분	순현가(NPV)	내부수익률(IRR)
개념	현금유입의 현재가치에서 현금유출의 현재가치를 공제·차감한 금액	• 현금유입의 현재가치와 현금유출의 현재가치를 같게 만드는 할인율 • 순현가를 '0'으로 만드는 할인율
투자결정	• 순현가 ≥ 0: 투자채택 • 순현가 < 0: 투자기각	• 내부수익률 ≥ 요구수익률: 투자채택 • 내부수익률 < 요구수익률: 투자기각
할인율 (재투자율)	요구수익률(k)	내부수익률(r)
비고	\multicolumn{2}{l}{투자판단의 준거로 순현가법이 내부수익률법보다 합리적이다. • 순현가법의 할인율은 요구수익률로서 투자자의 위험보상을 반영하며, 절대적 금액의 크기로 부(富)의 극대화 여부를 판단할 수 있다. • 내부수익률법의 할인율은 내부수익률로서 위험보상을 반영하지 못하므로 내부수익률이 크다고 하더라도 부(富)가 늘어나는 것은 아니다.}

> **확인예제**
>
> 다음과 같은 현금흐름을 가지는 투자안 A의 순현가(NPV)와 내부수익률(IRR)은? [단, 할인율은 20%, 사업기간은 1년이며, 사업 초기(1월 1일)에 현금지출만 발생하고 사업 말기(12월 31일)에 현금유입만 발생함]
>
> 제24회
>
> | 투자안 | 초기 현금지출 | 말기 현금유입 |
> |---|---|---|
> | A | 5,000원 | 6,000원 |
>
> | | NPV | IRR | | NPV | IRR |
> |---|---|---|---|---|---|
> | ① | 0원 | 20% | ② | 0원 | 25% |
> | ③ | 0원 | 30% | ④ | 1,000원 | 20% |
> | ⑤ | 1,000원 | 25% | | | |
>
> **해설**
>
> • 현금유입의 현가 = $\dfrac{6,000원}{(1 + 0.2)^1}$ = 5,000원
>
>   ∴ 순현가(NPV) = 현금유입의 현가(5,000원) − 현금유출의 현가(5,000원) = 0원
> • 내부수익률(IRR)은 현금유입의 현가와 현금유출의 현가를 같게 만드는 할인율을 말한다. 즉, 순현가(NPV)를 '0'으로 만드는 할인율을 의미하므로 문제에 제시된 할인율 20%와 내부수익률(IRR)의 값은 같다. 따라서 투자안 A의 내부수익률(IRR)은 20%이다.
> → 현재 현금지출 5,000원과 말기 현금유입 6,000원의 현재가치(5,000원)은 크기는 같다는 화폐의 시간가치 개념을 묻고 있다.
>
> 정답: ①

(4) 수익성지수법(PI; Profitability Index)

① **개념**: 수익성지수(PI)는 부동산투자로부터 얻게 될 장래의 현금유입의 현재가치를 현금유출의 현재가치(지분투자액)로 나누어 계산한다. 즉, **수익성지수란 현금유출의 현재가치에 대한 현금유입의 현재가치를 말한다.**❶ 수익성지수도 순현가처럼 사전에 할인율(요구수익률)을 결정해야만 그 값을 구할 수 있다.

$$PI = \left\{ \sum_{t=1}^{T} \frac{ATCF_t}{(1+k)^t} + \frac{ATER_T}{(1+k)^T} \right\} \div I_0$$

단, $ATCF_t$: t기의 세후현금수지
$ATER_T$: T기(보유기간 말)의 매각에 의한 세후지분복귀액
I_0: 최초의 지분투자액
k: 부동산투자로부터 얻어야 할 최소한의 요구수익률

$$\text{수익성지수(PI)} = \frac{\text{현금유입의 현재가치(합)}}{\text{현금유출의 현재가치(합)}}$$

② **투자의 채택 여부 판단**: **현금유입의 현재가치가 현금유출의 현재가치보다 크다면 투자의 타당성이 있으므로 수익성지수가 '1'보다 큰 부동산투자안은 투자가치가 있다고 본다.** 반면에 수익성지수가 '1'보다 작은 부동산투자안은 투자가치가 없다고 본다.

> ⊙ 채택 여부
> ⓐ 투자안의 수익성지수(PI) ≥ 1이면, 투자채택한다.
> ⓑ 투자안의 수익성지수(PI) < 1이면, 투자기각한다.
> ⊙ 우선순위: 투자안의 수익성지수(PI)가 큰 것부터 우선한다.

③ **특징**
  ⊙ 수익성지수는 현금유출의 현재가치(지분투자액)에 대하여 부동산투자로부터 발생하는 현금유입(수익)의 현재가치가 몇 배인가를 구하고자 하는 것이다.
  ⊙ **수익성지수는 투자금액이 서로 다른 투자안을 비교하여 투자액에 대한 상대적 효율성이나 수익성을 측정하여 투자우선순위를 결정하는 경우 주로 사용된다.** 즉, 수익성지수는 순현가가 투자금액(규모)의 차이를 충분히 고려하지 못한다는 단점을 보완할 수 있는 투자결정기준이 된다.❷
  ⊙ 따라서 여러 투자안 중 순현가가 가장 큰 투자안이 수익성지수도 가장 크다고 볼 수는 없다. **투자분석의 적용방법에 따라 투자우선순위는 달라질 수 있다는 것이다.**

---

❶ 수익성지수는 투자로부터 얻어지는 편익(장래현금유입의 현재가치)을 비용(최초의 지분투자액)으로 나눈 비율이라는 점에서 편익/비용비율(B/C ratio; Benefit/Cost ratio)이라고도 한다.

❷ 여러 투자안의 순현가 크기가 동일할 경우, 투자금액(규모)의 차이가 있는 이들 투자안의 우선순위를 결정하고자 하는 경우에는 수익성지수가 적절하게 활용될 수 있다.

> **핵심 콕! 콕!** 순현가(순현재가치), 수익성지수, 내부수익률의 관계
>
> 단일투자안의 경우 순현가, 수익성지수, 내부수익률의 관계
> - 순현가 > 0, 수익성지수 > 1, 내부수익률 > 요구수익률
> - 순현가 = 0, 수익성지수 = 1, 내부수익률 = 요구수익률
> - 순현가 < 0, 수익성지수 < 1, 내부수익률 < 요구수익률

확인예제

부동산투자분석에 관한 설명으로 틀린 것은?   제18회

① 내부수익률(IRR)이란 순현가(NPV)를 '0'으로 만드는 할인율을 의미한다.
② 순현가(NPV)는 장래에 발생할 수입의 현가총액에서 비용의 현가총액을 차감한 금액이다.
③ 요구수익률이 내부수익률(IRR)보다 크면 투자타당성이 있다고 할 수 있다.
④ 순현가(NPV)가 '0'보다 크면 투자타당성이 있다고 할 수 있다.
⑤ 수익성지수(PI)가 '1'보다 크면 투자타당성이 있다고 할 수 있다.

해설

요구수익률이 내부수익률(IRR)보다 크면 투자가치가 없다. 즉, 내부수익률(IRR)이 요구수익률보다 커야 투자가치가 있다고 할 수 있다.

정답: ③

(5) 할인현금수지분석법 비교·분석

아래와 같은 투자안 A와 B를 통하여 투자분석을 하고자 한다.

투자안	현금유입의 현가	현금유출의 현가	순현가(NPV)	수익성지수(PI)
A	110만원	100만원	10만원	1.10
B	58만원	50만원	8만원	1.16

① A 순현가는 10만원(= 110만원 − 100만원)이고, B 순현가는 8만원(= 58만원 − 50만원)으로 순현가법으로 우선순위를 결정하면 A가 B에 우선한다. 즉, A가 B보다 부(富)의 극대화를 기준으로 볼 때 타당성이 더 높다.
② A의 수익성지수는 1.10(= 110만원 ÷ 100만원)이고, B의 수익성지수는 1.16(= 58만원 ÷ 50만원)으로 수익성지수법으로 우선순위를 결정하면 B가 A에 우선한다. 즉, B는 A보다 순현가는 작지만, 수익성지수가 더 크므로 B가 A에 비하여 투자금액 대비 투자효율성이 상대적으로 더 높다.
③ 이처럼 투자의 타당성분석지표에 따라서 그 우선순위는 달라질 수 있다. 순현가는 투자안의 절대적인 부(富)를 측정하는 지표이고, 수익성지수는 투자금액 대비 상대적인 수익성·효율성을 판단하는 지표이다.

④ A와 B를 함께 수행한 A + B의 포트폴리오의 순현가는 18만원이다. A와 B의 현금유입의 현가를 더하면 168만원이고, A와 B의 현금유출의 현가를 더하면 150만원으로, 현금유입의 현가합(= A + B) 168만원에서 현금유출의 현가합(= A + B) 150만원을 공제하면 순현가는 동일하게 18만원이 된다. 즉, 순현가법은 가치합산의 원칙이 적용되고 순현가의 합만큼 투자자의 부(富)의 극대화에 기여한다.

⑤ 수익성지수법은 가치합산의 원칙이 성립하지 않는다. A와 B의 수익성지수를 더하면 2.26으로 계산되는데, 두 투자안의 수익성지수 합이 2.26이라고 할 수는 없다. A와 B의 현금유입의 현가합 168만원을 A와 B의 현금유출의 현가합 150만원으로 나누면 1.12(= 168만원 ÷ 150만원)가 되어, 동일한 값으로 계산되지 않는다. 즉, 수익성지수의 합만큼 투자자의 부(富)가 극대화되는 것도 아니고, 투자효율성이 향상되는 것도 아니다.

⑥ 내부수익률법도 가치합산의 원칙이 적용되지 않는다. A의 내부수익률이 12%이고, B의 내부수익률이 8%라면, A + B 포트폴리오의 내부수익률이 20%라고 할 수는 없다. 20%만큼 투자자의 부(富)가 증가하는 것도 아니고 그만큼 수익률이 높아지는 것도 아니다.[1]

03 어림셈법[2] 제34·35회

수익률법과 승수법[3]

수익률법		역수관계	승수법	
			조(총)소득승수	$\dfrac{\text{총투자액}}{\text{조소득}}$
총투자수익률 종합자본환원율	$\dfrac{\text{순영업소득}}{\text{총투자액}}$	↔	순소득승수	$\dfrac{\text{총투자액}}{\text{순영업소득}}$
지분투자수익률 자기자본수익률	$\dfrac{\text{세전현금수지}}{\text{지분투자액}}$	↔	세전현금수지승수	$\dfrac{\text{지분투자액}}{\text{세전현금수지}}$
세후수익률	$\dfrac{\text{세후현금수지}}{\text{지분투자액}}$	↔	세후현금수지승수	$\dfrac{\text{지분투자액}}{\text{세후현금수지}}$

어림셈법은 할인현금수지분석법(DCF)과는 달리 화폐의 시간가치를 고려하지 못하며, 여러 기간이 아닌 1기간의 일정한 소득을 기준으로 분석하기 때문에 매 기간의 현금흐름에 변동이 있거나 현금흐름이 불규칙할 경우에는 적용하기가 곤란하다는 단점이 있다. 어림셈법에는 수익률법과 승수법이 있는데 투자안의 수익률은 그 값이 클수록 투자의 타당성이 있고, 승수는 그 값이 작을수록 투자의 타당성이 있다고 분석한다. 즉, 수익률법과 승수법은 반대·역수관계가 성립한다.

❶ 두 개 이상의 투자안으로 구성된 포트폴리오의 내부수익률은 단순하게 더하는 것이 아니라, 투자금액에 가중치를 부여하고 가중평균하여 구하기 때문이다.

❷ 어림셈법이란 어림잡아서, 가늠으로, 대략적으로 계산하여 투자분석하는 방법이다.

❸ 역수끼리(예 종합자본환원율 × 순소득승수) 곱하면 1이 된다.

(1) 수익률법 제26·29·33회

① **총투자수익률·종합자본환원율**(종합환원율, 자본환원율, overall capitalization rate): **총투자액에 대한 순영업소득의 비율**로서 총자본수익률이라고도 한다. 이는 순소득승수의 역수가 된다.

$$종합자본환원율 = \frac{순영업소득}{총투자액(부동산가격)}$$

② **지분투자수익률**(equity dividend rate): **지분투자액에 대한 세전현금수지의 비율**로서 자기자본수익률, 지분환원(배당)률, 세전수익률(before-tax rate)이라고도 하며, 세전현금수지승수의 역수가 된다. 지분투자수익률과 종합자본환원율은 동일할 수 있다.

$$지분투자수익률 = \frac{세전현금수지^{❶}}{지분투자액}$$

핵심 콕! 콕! 지렛대(재무레버리지)효과(leverage effect)❷ 제27·31·33회

1. 개념

타인자본, 부채(차입금)를 활용하여 자기자본수익률을 증폭시키는 것으로, 대부비율이나 부채비율의 증감이 자기자본수익률에 미치는 효과를 말한다. 전세보증금을 활용하여 투자수익을 창출하는 경우도 지렛대효과로 볼 수 있다. **타인자본을 활용하여 투자하면(레버리지를 활용하면) 위험과 수익을 동시에 증폭시킨다.**

- 정(+)의 지렛대효과: 차입(저당)이자율보다 자기자본수익률이 더 큰 경우이다.❸❹
  ➡ 차입이자율❺ < 총자본수익률 < 자기자본수익률
- 부(−)의 지렛대효과: 차입(저당)이자율보다 자기자본수익률이 더 작은 경우이다.
  ➡ 차입이자율 > 총자본수익률 > 자기자본수익률
- 중립적 지렛대효과: 차입(저당)이자율과 자기자본수익률이 동일한 경우이다.

2. 대부(대출)비율과 지렛대효과

- 정(+)의 지렛대효과가 나타날 때, 대부비율을 높일수록 자기자본수익률은 높아진다.
- 부(−)의 지렛대효과가 나타날 때, 대부비율을 높일수록 자기자본수익률은 낮아진다. ➡ 부(−)의 지렛대효과가 나타날 때, 대부비율을 낮추면 자기자본수익률은 이전보다 상승한다. 그러나, 정(+)의 지렛대효과로 전환되지는 않는다.
- 중립적 지렛대효과(저당수익률 = 총자본수익률 = 자기자본수익률)가 나타날 때는 대부비율을 높이더라도 자기자본수익률은 변하지 않는다.

---

❶ **세전현금수지**
= 순영업소득 − 부채서비스액

❷ 부동산투자는 저당권과 전세제도 등을 통하여 레버리지를 활용할 수 있다.

❸ **정(+)의 수익률**
자기자본수익률이 0보다 크다는 것으로, 정(+)의 지렛대효과와 동일한 개념이 아니다.

❹ 정(+)의 지렛대효과는 이자율의 변화로 부(−)의 지렛대효과로 변할 수 있다.

❺ **차입이자율**
= 저당이자(수익)율

확인예제

다음 〈보기〉와 같은 상황에서 임대주택투자자의 1년간 자기자본수익률은? 제18회

〈보기〉
- 임대주택 총투자액: 100백만원
  - 차입금: 60백만원
  - 자기자본: 40백만원
- 차입조건: 이자율 연 8%, 대출기간 동안 매 1년 말에 이자만 지급하고 만기에 원금을 일시상환
- 1년간 순영업소득: 8백만원
- 1년간 임대주택의 가격상승률: 2%

① 7%   ② 10%
③ 13% ④ 16%
⑤ 20%

해설

- 총투자액(부동산가격) 1억원 = 차입금 6,000만원 + 자기자본 4,000만원
- 세전현금수지 외에 문제에서 제시한 부동산가격상승분 200만원[= 부동산가격 1억원 × 0.02(2%)]까지 반영하여 계산한다.
- 부채서비스액은 매기 이자지급분만 반영하면 된다.
- 순영업소득이 800만원이고, 임대주택의 가격상승률이 2%, 즉 200만원이다.

∴ 자기자본수익률 = $\dfrac{800만원 + 200만원 - 480만원(= 6,000만원 \times 0.08)}{4,000만원}$

= $\dfrac{520만원}{4,000만원}$ = 13%(0.13)

정답: ③

③ 세후수익률(after-tax rate): 지분투자액에 대한 세후현금수지의 비율로서, 세후현금수지승수의 역수가 된다.

$$세후수익률 = \dfrac{세후현금수지}{지분투자액}$$

(2) 승수법 제26·29·33·34·35회

① 조(총)소득승수(GIM; Gross Income Multiplier): 조(총)소득에 대한 총투자액의 배수를 말한다. ❶

$$조(총)소득승수 = \dfrac{총투자액}{조(총)소득}$$

❶ 조(총)소득승수가 2이고, 총투자액이 10억원일 경우에 유효총소득은 5억원이 된다.

② **순소득승수(NIM; Net Income Multiplier)**: 순영업소득에 대한 총투자액의 배수를 말하며, 자본회수기간(payback period)이라고도 한다. 자본회수기간이란 투자에 소요된 자금을 그 투자로부터 발생하는 현금흐름으로부터 모두 회수하는 데 걸리는 기간을 말한다.❶ 일반적으로 총소득승수보다 순소득승수가 더 큰 편이다.

❶
[예] 총투자액 10억원으로 투자하여 매년 순영업소득이 2억원씩 달성된다면 총투자액 10억원을 회수하는 데 5년이 걸린다는 의미이다.

$$순소득승수 = \frac{총투자액}{순영업소득}$$

③ **세전현금수지승수(before-tax cash flow multiplier)**: 세전현금수지에 대한 지분투자액의 배수를 말한다.

$$세전현금수지승수 = \frac{지분투자액}{세전현금수지}$$

④ **세후현금수지승수(after-tax cash flow multiplier)**: 세후현금수지에 대한 지분투자액의 배수를 말한다. 일반적으로 세전현금수지승수보다 세후현금수지승수가 큰 편이다.

$$세후현금수지승수 = \frac{지분투자액}{세후현금수지}$$

> **확인예제**
>
> 다음 자료를 활용하여 산정한 대상부동산의 순소득승수는? (단, 주어진 조건에 한함)
>
> 제33회
>
> - 총투자액: 10,000만원
> - 가능총소득(PGI): 1,100만원/년
> - 영업비용(OE): 500만원/년
> - 영업소득세: 120만원/년
> - 지분투자액: 6,000만원
> - 유효총소득(EGI): 1,000만원/년
> - 부채서비스액(DS): 260만원/년
>
> ① 6　　② 9　　③ 10　　④ 12　　⑤ 20
>
> **해설**
> - 문제의 조건에서 유효총소득을 제시하였으므로, 가능총소득 자료는 필요하지 않다.
> - 순영업소득을 계산하는 과정에서 부채서비스액, 영업소득세 자료도 필요하지 않다.
> - 순영업소득 500만원 = 유효총소득 1,000만원 − 영업비용(영업경비) 500만원
> - ∴ 순소득승수(자본회수기간) 20 = $\frac{총투자액\ 1억원}{순영업소득\ 500만원}$
>
> 정답: ⑤

04 재무비율분석법 제26·27·28·30·34회

재무비율분석법은 투자자나 금융기관이 투자안의 재무상태의 비율을 통하여 그 투자안이 안전한지 위험한지를 판단하는 방법이다. 재무비율분석법은 비율을 구성하는 요소들에 대하여 투자자의 주관이 개입될 여지가 있고, 비율을 계산하는 주체의 잘못으로 비율 자체가 왜곡될 수 있다. 따라서 재무비율분석법은 동일한 투자안이라 하여도 그 재무비율마다 투자의사결정이 다르게 나타날 수 있다.

(1) 대부비율과 부채비율

① 대부비율

㉠ 대부비율은 총투자액(부동산가치)에 대한 융자금의 비율로서 대출비율, 융자비율, 담보인정비율, 저당비율 등으로 사용된다.

㉡ 투자안의 대부비율이 높을수록 차입자의 채무불이행가능성이 높아지므로, 투자자(차입자)의 금융적 위험[1]이 커진다. 또한 대부비율이 높아지면 대출기관은 대출원금을 회수하기가 어렵게 되므로 채무불이행위험[2]이 커진다.

$$대부비율 = \frac{융자금}{총투자액(부동산가치)}$$

② **부채비율**: 자기자본(지분)에 대한 타인자본(부채)의 비율로서, 부채총계(타인자본)를 자본총계(자기자본)로 나눈 비율로 표현되기도 한다.

$$부채비율 = \frac{타인자본(부채총계)}{자기자본(자본총계)} = \frac{부채}{지분}$$

③ 투자안의 대부비율이 높아지면 부채비율은 더욱 높아진다.[3]

대부비율	20%	50%	60%	80%	⋯	100% 이상
자기자본비율	80%	50%	40%	20%	⋯	
부채비율	25%	100%	150%	400%	⋯	무한대

(2) 부채감당률

① 부채감당률이란 투자자의 순영업소득이 매기의 부채서비스액(원리금)을 감당할 수 있는지의 능력을 나타내는 지표로, 순영업소득이 부채서비스액의 몇 배가 되는지를 판단한다.

$$부채감당률 = \frac{순영업소득}{부채서비스액[4]}$$

---

[1] 금융적 위험은 투자자(차입자)의 위험이다.

[2] 채무불이행위험은 대출기관의 위험이다.

[3] 부동산을 담보로 대출을 받은 후에 담보가치가 융자금 이하로 하락하면 대부비율은 100%를 넘을 수도 있다.

[4] 부채서비스액(원리금) = 융자금 × 저당상수

② 순영업소득이 1억원이고 부채서비스액이 1억원이면 부채감당률은 '1'이 되는데, 이는 순영업소득이 부채서비스액을 상환하고 전혀 남는 것이 없다는 의미가 된다. 즉, 부채감당률이 '1'이면 세전현금수지가 '0'이 된다.

③ 부채감당률이 '1'보다 크다는 것은 순영업소득이 매기의 원리금을 상환하고도 잔여액이 있다는 것이고, 부채감당률이 '1'보다 작다는 것은 순영업소득이 매기의 원리금을 상환하기에 부족하다는 것이다.

④ 대출기관 입장에서는 상업용 투자안의 부채감당률이 '1' 이하가 되면 대출을 해줄 가능성이 극히 낮아진다. 즉, 부채감당률은 상업용 투자안의 현금흐름을 근거로 대출 여부를 판단하는 지표로 활용된다.

(3) 채무불이행률 제29회

① **채무불이행률**이란 **유효조소득**이 영업경비와 부채서비스액을 상환할 수 있는지를 나타내는 것으로 재무상태의 안전성을 판단하는 지표로, 손익분기비율이라고도 한다. ❶

$$\text{채무불이행률} = \frac{\text{영업경비} + \text{부채서비스액}}{\text{유효조소득}}$$

② 유효조소득이 일정할 때 영업경비와 부채서비스액이 늘어날수록 투자자의 채무불이행가능성이 높아지기 때문에 채무불이행률도 높아진다.

(4) 영업경비비율

① 영업경비비율이란 조소득에 대한 영업경비의 비율을 말한다.

$$\text{영업경비비율} = \frac{\text{영업경비}}{\text{조소득}^❷}$$

② 투자안의 영업경비비율이 동종(대체·경쟁)부동산보다 높다면 영업경비에 대한 통제나 관리가 미흡한 것으로 판단할 수 있다.

(5) 총자산회전율

총투자액(부동산가치)에 대한 조소득의 비율로서, 조(총)소득승수와 역수관계이다.

$$\text{총자산회전율} = \frac{\text{조소득}}{\text{총투자액(부동산가치)}}$$

---

❶ 부채감당률에는 순영업소득이 적용되고, 채무불이행률에는 유효조소득이 적용된다는 것에 유의할 필요가 있다.

❷ 문제의 조건에 따라 가능조소득 또는 유효총소득을 사용할 수 있다.

05 회수기간법 제28회

(1) 개념

어림셈법에서 학습한 순소득승수(자본회수기간)법은 순영업소득을 대상으로 하여 투자분석을 하지만, 회수기간법은 투자자에게 실질적으로 귀속되는 세후현금수지를 분석대상으로 하여 회수기간을 구한다. 여기서 '회수기간'이란 투자금액을 회수하는 데 걸리는 기간을 말한다. 회수기간법은 투자안의 회수기간이 투자자가 임의로 설정한 목표회수기간보다 짧으면 투자를 채택하는 방법이다.

- 투자안의 회수기간 ≤ 목표회수기간 ➡ 투자채택
- 투자안의 회수기간 > 목표회수기간 ➡ 투자기각

(2) 단순회수기간법

① 단순회수기간법은 화폐의 시간가치를 고려하지 못한다. 즉, 할인하지 않는다.
② 여러 투자안 중 회수기간이 짧은 투자안일수록 현금흐름이 좋다는 것을 의미하므로 투자의 타당성이 더 높다.
③ 회수기간법은 회수기간 이후의 현금흐름은 고려하지 않는다.
④ 단순회수기간법은 계산이 간단하지만, 목표회수기간의 설정이 자의적이라는 단점이 있다.

> **확인예제**
>
> 다음 부동산 투자안에 관한 단순회수기간법의 회수기간은? (단, 주어진 조건에 한함)
>
> 제28회
>
> | 기간 | 1기 | 2기 | 3기 | 4기 | 5기 |
> |---|---|---|---|---|---|
> | 초기 투자액
1억원(유출) | | | | | |
> | 순현금흐름 | 3,000만원 | 2,000만원 | 2,000만원 | 6,000만원 | 1,000만원 |
>
> ※ 기간은 연간 기준이며, 회수기간은 월 단위로 계산함
> ※ 초기 투자액은 최초시점에 전액 투입하고, 이후 각 기간 내 현금흐름은 매월 말 균등하게 발생
>
> ① 2년 6개월 ② 3년 ③ 3년 6개월
> ④ 4년 ⑤ 4년 6개월
>
> **해설**
>
> 투자금액이 1억원이고, 3기까지의 회수금액은 7,000만원이다. 현금흐름은 균등하다고 하였으니 4기의 2분의 1(50%)인 3,000만원까지 회수하면 총회수금액은 1억원이 된다. 따라서, 투자안의 회수기간은 3년 6개월(3.5년)이 된다.
>
> 정답: ③

(3) 현가(PV)회수기간법

① 현가회수기간법은 미래의 현금수지를 현재가치로 할인하여 투자안의 회수기간을 구하는 방법이다.
② 다른 조건이 동일할 때, 현금흐름에 화폐의 시간가치를 반영하면 여러 투자안 중에서 초기현금유입이 큰 투자안이 투자의 타당성이 더 높다.

06 회계적 이익(수익)률법 제26·29·32·34회

(1) 개념

회계적 이익률법이란 회계적 이익률을 먼저 구하고, 투자자가 임의로 설정한 목표이익률과 비교하여 회계적 이익률이 더 큰 경우에 투자를 채택하는 방법이다. 여기서 '회계적'이란 장부상의 현금흐름을 말하는 것으로, 부동산의 초기 총투자금액이 일정 금액씩 감가된다(정액법)는 전제하에 투자분석을 하는 것이다.

- 목표이익률 ≤ 회계적 이익률 ➡ 투자채택
- 목표이익률 > 회계적 이익률 ➡ 투자기각

$$회계적\ 이익률 = \frac{연평균세후순이익}{연평균투자액}$$

(2) 단점

① 회계적 이익률법은 화폐의 시간가치를 고려하지 못한다. 즉, 현금흐름을 현재가치로 할인하지 않는다.
② 장부상을 기준으로 분석하기 때문에 실제의 현금흐름과 일치하지 않는다.
③ 목표이익률의 설정이 자의적이고, 요구수익률과 달리 투자자의 위험보상을 반영하지 못한다.

> **더 알아보기** 투자분석기법
>
> 1. 화폐의 시간가치를 고려하는 현금흐름할인법
>   - 순현가법
>   - 내부수익률법
>   - 수익성지수법
>   - 연평균순현가법
>   - 현가회수기간법
> 2. 화폐의 시간가치를 고려하지 못하는 비할인법
>   - 어림셈법(수익률법·승수법)
>   - 재무비율분석법
>   - 단순회수기간법
>   - 회계적 이익률법

> **확인예제**
>
> 부동산투자분석기법에 관한 설명으로 옳은 것을 모두 고른 것은? (단, 다른 조건은 동일함)
> 제29회
>
> ㉠ 내부수익률법, 순현재가치법, 수익성지수법은 할인현금흐름기법에 해당한다.
> ㉡ 순현재가치가 '0'이 되는 단일 투자안의 경우 수익성지수는 '1'이 된다.
> ㉢ 재투자율로 내부수익률법에서는 요구수익률을 사용하지만, 순현재가치법에서는 시장이자율을 사용한다.
> ㉣ 회계적 이익률법에서는 투자안의 이익률이 목표이익률보다 높은 투자안 중에서 이익률이 가장 높은 투자안을 선택하는 것이 합리적이다.
> ㉤ 내부수익률법에서는 내부수익률과 실현수익률을 비교하여 투자 여부를 결정한다.

① ㉠, ㉡
② ㉠, ㉡, ㉣
③ ㉠, ㉢, ㉤
④ ㉡, ㉣, ㉤
⑤ ㉠, ㉡, ㉣, ㉤

> **해설**
>
> 옳은 것은 ㉠㉡㉣이다.
> ㉢ 재투자율(할인율)로 내부수익률법에서는 내부수익률을 사용하지만, 순현재가치법에서는 요구수익률을 사용한다.
> ㉤ 내부수익률법에서는 내부수익률과 요구수익률을 비교하여 투자 여부를 결정한다. 내부수익률이 요구수익률보다 클 경우, 투자를 채택한다. 실현수익률은 투자성과를 판단하는 실제·사후적·역사적 수익률이므로 투자채택 여부를 판단할 때 필요하지 않다.
>
> 정답: ②

제 2 장 | 부동산투자이론

제1절 위험 – 수익의 상쇄관계(Trade-off)를 통한 투자대안분석

제26 · 30 · 32 · 34 · 35회

위험 – 수익의 상쇄관계(Trade – off)란 높은 수익을 얻기 위해서는 그에 따른 위험도 그만큼 커진다는 것이다. 환언하면 투자대안의 (체계적) 위험이 클수록 기대수익률도 커진다는 것으로 위험과 기대수익은 비례관계에 있다. 현대 투자이론에서는 투자대안의 투자가치를 주로 기대수익과 위험 두 가지 요인만을 고려하여 평가하고 있다. 투자가치는 그 투자로 인한 미래의 기대수익에 달려 있는데, 그 기대수익은 실현되지 않을 가능성, 즉 위험도 내포하고 있다.

$$투자가치 = f(기대수익, 위험)$$

기대수익과 위험에 대한 측정이 가능하다면 기대수익률이 동일한 투자대안들 중에서는 위험이 보다 작은 투자대안을 선택하고, 위험이 동일한 투자대안들 중에서는 기대수익이 보다 큰 투자대안을 선택함으로써 여러 개의 투자대안 중에서 몇 개의 최적투자대안으로 쉽게 압축할 수 있다. ❶

❶ '제1장 부동산투자분석 및 기법'에서는 장래의 현금흐름이 확실한 상황에서 투자의 타당성을 분석하였지만, '제2장 부동산투자이론'에서는 장래의 기대수익의 달성이 불확실한 상황에서 통계적 기법으로 기대수익과 위험을 측정하여 투자대안을 분석하게 된다.

(1) 기대수익률의 측정

미래의 투자수익률을 계산하는 방법으로는 미래투자수익률의 확률분포를 예상하는 것이다. 즉, 미래에 대한 경제 및 산업환경, 기업예측, 투자환경, 법적 환경, 지역시장 동향 등을 분석하여 미래에 발생 가능한 상황이 일어날 확률을 추정하고 그 상황에서의 예상수익률을 계산해 보는 것이다. 예를 들어 부동산 A·B에 대한 분석결과 호경기·정상·불경기의 세 가지 상황(각각이 일어날 확률은 0.3, 0.4, 0.3)에서 예상투자수익률이 추정되었다고 하자.

미래투자수익률의 확률분포

상황	확률(p)	부동산 A	부동산 B
호경기	0.3	100%	40%
정상	0.4	15%	15%
불경기	0.3	−70%	−10%

투자대상들의 수익성 정도는 예상수익률의 확률분포에서 평균적인 수익률을 계산하여 평가한다. 미래 평균적으로 예상되는 수익률을 **기대수익률**(expected rate of return)이라고 하는데, **각 상황(호경기 · 정상 · 불경기)이 발생할 확률(p)에 그 상황별로 발생 가능한 추정수익률을 곱한 다음 이의 합(가중평균)을 구하여 계산한다.** 부동산 A · B의 기대수익률 E(R)은 다음과 같이 계산한다.

- $E(R_A) = (0.3 \times 100\%) + (0.4 \times 15\%) + (0.3 \times -70\%) = 15\%$
- $E(R_B) = (0.3 \times 40\%) + (0.4 \times 15\%) + (0.3 \times -10\%) = 15\%$

(2) 투자위험의 측정

① 투자(위험)자산은 **투자위험**을 지니고 있다. 투자위험이란 **투자수익의 변동가능성, 기대한 투자수익이 실현되지 않을 가능성, 기대와 실제의 차이, 예상과 실제 결과가 달라질 가능성, 손실의 가능성, 불확실성 등을 말한다.**

② 투자위험은 계량적으로 그 투자로부터 예상되는 미래수익률의 분산도(dispersion)로 측정될 수 있는데, **분산**(variance),❶ **표준편차**(standard deviation), 변동(변이)계수(Coefficient of Variation) 등이 이용되고 있다.

- 분산$(\sigma^2) = \sum [r_i - E(R)]^2 \times P_i$
- 표준편차$(\sigma) = \sqrt{\sum [r_i - E(R)]^2 \times P_i}$
- 변동(변이)계수(CV) = 표준편차(σ) ÷ 기대수익률(r)

❶ 분산은 상황별 예상수익률과 평균기대수익률의 차이를 제곱하고, 여기에 각 상황이 발생할 확률을 곱하여 모두 더한 값이다.

③ 투자위험의 측정에는 주로 분산 혹은 표준편차를 이용한다.
  ㉠ 분산은 발생 가능한 수익률의 평균수익률로부터의 편차 제곱들을 평균한 값으로 변동성의 크기를 측정한 것이다. 따라서 부동산 A · B의 위험(분산)은 다음과 같이 측정된다.❷

- $\sigma_A^2 = (1.0 - 0.15)^2 \times 0.3 + (0.15 - 0.15)^2 \times 0.4 + (-0.7 - 0.15)^2 \times 0.3$
  ≒ $0.4335 = (0.6584)^2$ ⇨ 표준편차 65.84%
- $\sigma_B^2 = (0.4 - 0.15)^2 \times 0.3 + (0.15 - 0.15)^2 \times 0.4 + (-0.10 - 0.15)^2 \times 0.3$
  ≒ $0.0375 = (0.1936)^2$ ⇨ 표준편차 19.36%

❷
평균 15% ➡ 0.15
　　100% ➡ 1
　　15% ➡ 0.15
　　−70% ➡ −0.7

  ㉡ 부동산 A · B를 비교하면 A의 투자위험이 B보다 크다는 것을 알 수 있다. 두 투자대안의 기대수익률은 동일하지만, 투자위험은 A가 더 크므로 B가 우월한 투자대상이 된다. **투자결정의 기준으로 평균기대수익률과 분산만을 고려한다는 것은 수익률의 확률분포가 정규분포인 것을 가정한 것이다.**

다음 그림은 부동산 A와 B에 대하여 정규분포를 가정하여 나타낸 것이다.

정규분포를 통한 투자수익률의 확률분포도

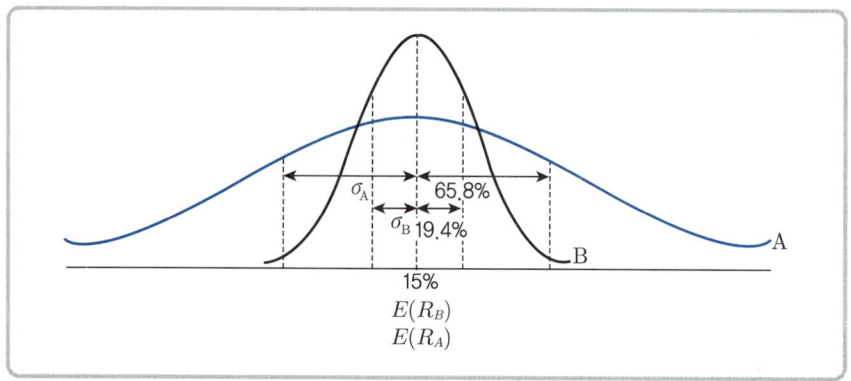

ⓐ 미래투자수익률의 확률분포도가 넓게 분포되어 있을수록 분산이나 표준편차가 더 크다는 것으로, 투자위험이 더 크다는 것이다. 따라서 기대수익률을 달성할 가능성은 더 낮아진다(부동산 A).

ⓑ 미래투자수익률의 확률분포도가 좁게 분포되어 있을수록 분산이나 표준편차가 더 작다는 것으로, 투자위험이 더 작다는 것이다. 따라서 기대수익률을 달성할 가능성은 더 높아진다(부동산 B).

(3) 위험에 대한 투자자의 태도❶와 무차별효용곡선

위험에 대한 투자자의 태도는 위험회피형, 위험추구(선호)형, 위험중립형❷으로 구분할 수 있다. 일반적으로 합리적이고 이성적인 투자자들의 위험에 대한 성향은 위험회피형을 말하며, 이는 위험혐오적·위험기피적 투자자라고도 한다.

① 기대수익률이 동일한 두 개의 투자대안이 있을 경우에 투자자들은 대부분 덜 위험한 쪽을 선택하려고 할 것인데, 투자자들의 이러한 태도를 위험회피적이라고 한다.

② 위험회피적이란 말은 투자자가 전혀 위험을 감수하지 않겠다는 의미는 아니다. 따라서, 위험회피적 투자자는 높은 수익을 얻기 위해서는 이에 따르는 위험을 기꺼이 감수하게 된다.

③ 위험회피적 투자자는 투자대안의 위험이 커지면 기대수익을 높이게 되는데, 이는 무차별효용곡선으로 표시된다. 무차별효용곡선이 아래쪽을 향하여 볼록한 우상향형태를 나타내는 것은 투자자가 위험회피적이라는 것을 의미한다.

---

❶ 위험회피적 투자자는 상대적으로 고위험-고수익 투자대안을 선호하는 공격적 투자자와 저위험-저수익 투자대안을 선호하는 보수적 투자자로 구분할 수 있다.

❷
- **위험추구(선호)형**: 높은 수익률을 획득할 기회를 얻기 위해 보다 큰 위험을 기꺼이 부담하는 투자자
- **위험중립형**: 위험의 크기에 관계없이 기대수익률의 크기에 의해서만 투자결정을 하는 투자자

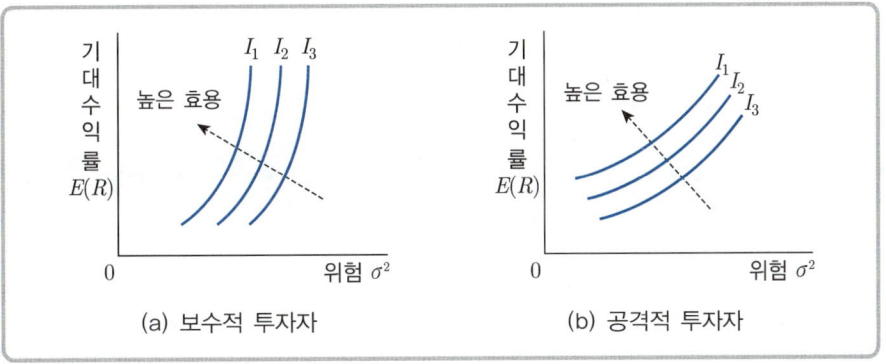

㉠ 그림은 위험회피적 투자자의 위험에 대한 태도를 나타낸 것으로, 이를 **무차별효용곡선**(indifferent utility curve)이라고 한다. 이는 **특정투자자에게 동일한 효용을 가져다주는 기대수익과 분산(위험)의 조합을 연결한 곡선이다.**

㉡ 위험회피적 투자자라도 위험회피도, 즉 위험의 증가에 따라 보상을 바라는 정도에는 서로 차이가 있으므로 무차별효용곡선의 기울기는 달라지게 된다.❶ (a)처럼 상대적으로 기울기가 급한 경우는 극히 위험을 회피하는 **보수적 투자자**로서 위험 증가가 있을 때보다 더 많은 기대수익의 증가를 요구하는 경우를 나타낸다. 반면 (b)처럼 기울기가 상대적으로 완만한 경우는 **공격적 투자자**로서 기대수익의 증가가 위험이 증가한 정도에 미치지 못하더라도 만족하는 경우를 나타낸다.❷

(4) 평균 – 분산 지배원리와 최적포트폴리오의 선택

① **평균 – 분산 지배원리**: 평균 – 분산 지배원리란 불확실성하에서 두 투자대안의 평균(기대수익)이 동일하다면 분산(위험)이 작은 투자대안을 선택하고, 분산(위험)이 동일하다면 평균(기대수익)이 높은 투자대안을 선택하는 방법을 말한다.

구분	A	B	C	D
기대수익률(%)	10	5	10	4
표준편차(%)	14	4	18	4

㉠ 위 표에서 A와 C를 비교하면 기대수익률은 동일하지만 A의 위험이 더 작기 때문에 A가 효율적 투자대안(효율적 포트폴리오)이다. B와 D를 비교하면 위험은 동일하지만 B의 기대수익률이 더 높기 때문에 B가 효율적 투자대안(효율적 포트폴리오)이다. 효율적 투자대안인 A와 B는 상호 지배관계에 있지 않다.

㉡ **효율적 투자대안(효율적 포트폴리오)인 A · B 중에서 최적의 선택은 투자자의 위험성향에 따라 달라진다.** 공격적 투자자는 위험이 높지만 기대수익도 높은 A를 선호할 것이며, 보수적 투자자는 기대수익이 낮지만 위험도 낮은 B를 선호할 것이다.

---

❶ 위험을 회피하려 할수록 (보수적 투자자일수록) 동일한 위험 증가에 대해 더 많은 보상을 요구하므로 무차별곡선의 기울기는 급해진다.

❷ 보수적 투자자를 위험회피형 투자자라고 하지 않으며, 공격적 투자자를 위험선호형 투자자라 하지 않는다.

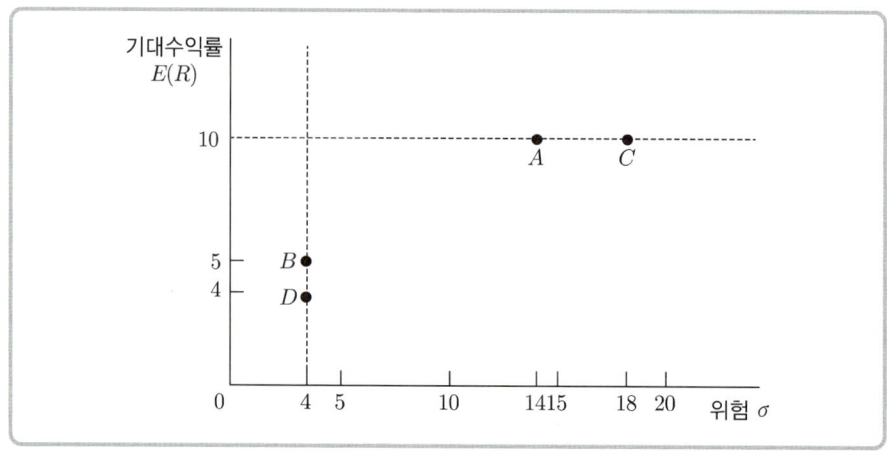

② **효율적 포트폴리오의 선택**: 지배원리에 의하여 선택된 개별투자대안 또는 투자대안의 집합체를 효율적 투자대안 또는 효율적 포트폴리오라고 한다. ❶

③ **효율적 전선(前線)·투자선·프론티어(frontier)**
  ㉠ 지배원리를 통하여 선택된 효율적 투자대안(효율적 포트폴리오)의 묶음을 효율적 포트폴리오 집합이라 하고, 이 투자대안들을 모두 연결한 것을 효율적 전선(前線), 효율적 투자선, 효율적 프론티어라고 한다.
  ㉡ 즉, 효율적 전선·투자선·프론티어란 동일한 위험하에서 최고의 수익률을 얻을 수 있는 투자대안을 모두 연결한 곡선으로 우상향하는 형태를 나타낸다. 환언하면 효율적 전선이 우상향하는 이유는 주어진 위험하에서는 그 이상의 수익을 얻을 수 없기 때문에 더 높은 수익을 얻기 위해서는 더 많은 위험을 부담하여야 한다는 것을 의미한다. 곧 위험-수익의 상쇄관계를 나타내고 있는 것이다. ❷

④ **변동(변이)계수(CV; Coefficient of Variation)를 통한 투자대안의 상대적 위험의 판단**: 효율적 전선에 존재하는 포트폴리오간에는 상호 지배관계가 성립하지 않고 어떤 투자대안이 좋다고 하거나 나쁘다고 할 수 없다. 즉, 변동(변이)계수는 상호 지배관계에 있지 않은, 기대수익률과 위험이 서로 다른 투자대안들의 상대적 위험척도를 구하는 지표이다. 이러한 변동(변이)계수의 값이 작을수록 투자대안의 상대적 위험이 작다고 분석한다.

$$변동(변이)계수(CV) = \frac{위험(표준편차)}{기대수익률(평균)}$$

임의의 X투자대안의 기대수익률이 20%, 표준편차가 12%이고, Y투자대안의 기대수익률이 15%, 표준편차가 10%일 경우 두 투자대안의 변동(변이)계수의 값을 구하면 X투자대안은 0.6(= 12 ÷ 20), Y투자대안은 0.666(≒ 10 ÷ 15)이 된다.

---

❶ 효율적 포트폴리오는 위험회피적 투자자가 선택할 수 있는 '투자대상 후보'를 말한다.

❷ 결론적으로 효율적 전선에 존재하는 투자대안은 위험회피적 투자자에게 모두 동일한 효용을 제공하는 '투자대상 후보'의 개념인 것이다.

용어사전
최소분산 포트폴리오
두 자산간 상관계수(ρ)가 주어진 상황에서 위험이 가장 작은 포트폴리오를 말한다. 즉, 주어진 기대수익률 하에서 가장 작은 위험을 갖는 포트폴리오를 말한다.

이러한 결과는 Y투자대안이 X투자대안보다 표준편차는 작지만 그 변동계수는 더 크다는 것을 보여준다. 즉, 여러 투자대안 중에서 표준편차가 가장 작다고 하여 변동(변이)계수까지 가장 작은 것은 아니라는 의미이다.❶

❶ 표준편차는 투자안의 절대적 위험을, 변동(변이)계수는 투자안의 상대적 위험을 측정하는 지표이다.

⑤ **최적포트폴리오의 선택**: 투자대안들이 지배원리에 의하여 효율적 투자대안으로 선별되면 이들 중에서 최종적으로 어느 투자대안을 선택할 것인가의 문제는 효율적 포트폴리오(투자대안)와 무차별효용곡선이 만나는 접점에서 투자대안을 찾으면 된다.

㉠ 보수적인 투자자는 부동산 B를 선택하고, 공격적인 투자자는 부동산 A를 선택함으로써 만족(기대효용)을 극대화시킬 수 있게 된다.

㉡ 지배원리를 충족하는 효율적 투자대안(포트폴리오) 중에서 투자자의 위험선호도까지 고려하여 최종적으로 선택되는, 즉 무차별효용곡선과 접하는 투자대안을 최적투자대안·최적포트폴리오(optimal portfolio)라고 한다.

㉢ 결론적으로 투자대상들의 선택과정은 먼저 지배원리를 충족하는 효율적 투자대안을 선택한 다음, 이 중에서 투자자의 무차별효용곡선(위험선호도)에 적합한 최적투자대안을 선택하는 것으로 정리할 수 있다.

효율적 전선과 최적포트폴리오의 선택

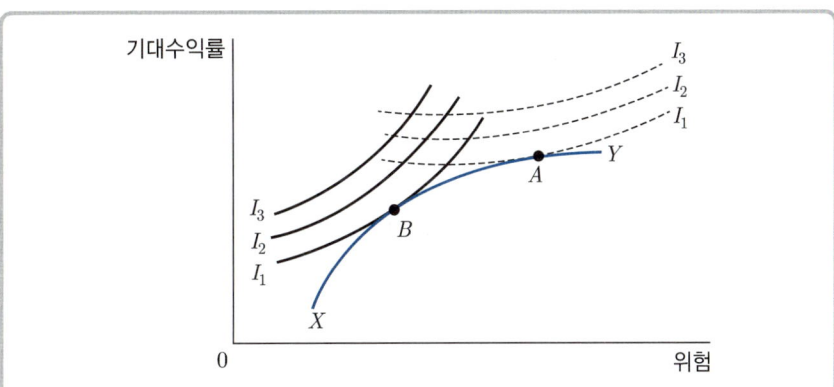

● 그림에서 곡선 X~Y는 효율적 전선을, I_1, I_2, I_3는 무차별효용곡선을 나타내고 있다. 효율적 전선과 무차별효용곡선이 접하는 점(접점)인 부동산 B는 보수적인 투자자의 최적포트폴리오가 되고, 부동산 A는 공격적인 투자자의 최적포트폴리오가 될 수 있다.

㉣ 최적포트폴리오는 투자자의 위험선호도에 따라 달라질 수 있다. 즉, 한 투자자에게 최적인 투자대안이 다른 투자자에게는 최적이 아닐 수도 있다.

> **확인예제**
>
> 부동산투자의 기대수익률과 위험에 관한 설명으로 옳은 것은? (단, 위험회피형 투자자라고 가정함)
> 제26회
> ① 부동산투자안이 채택되기 위해서는 요구수익률이 기대수익률보다 커야 한다.
> ② 평균-분산 지배원리에 따르면, A투자안과 B투자안의 기대수익률이 같은 경우 A투자안보다 B투자안의 기대수익률의 표준편차가 더 크다면 A투자안이 선호된다.
> ③ 투자자가 위험을 회피할수록 위험(표준편차, X축)과 기대수익률(Y축)의 관계를 나타낸 투자자의 무차별곡선의 기울기는 완만해진다.
> ④ 투자의 위험(표준편차)과 기대수익률은 부(-)의 상관관계를 가진다.
> ⑤ 무위험(수익)률의 상승은 투자자의 요구수익률을 하락시키는 요인이다.
>
> **해설**
> ② 합리적인 위험회피형 투자자는 두 투자안의 기대수익률(평균값)이 동일할 경우 표준편차(위험)가 작은 투자안을 선택한다.
> ① 투자안이 채택되기 위해서는 기대수익률이 요구수익률보다 커야 한다.
> ③ 위험회피형 투자자라도 보수적 투자자일수록(위험을 회피하려 할수록 더 많은 보상을 요구하기 때문에) 무차별곡선의 기울기는 급해지고, 공격적 투자자일수록 무차별곡선의 기울기는 완만해진다.
> ④ 위험과 기대수익률은 비례(상쇄)관계를 가진다. 투자안의 위험이 클수록 기대수익률 또한 커진다. 즉, 높은 수익을 얻기 위해서는 그만큼 더 많은 위험을 감수하여야 한다는 것이다.
> ⑤ 무위험(수익)률의 상승은 투자자의 요구수익률을 상승시키는 요인이다.
> 정답: ②

제2절 부동산투자의 수익률 제32·34회

01 수익률

(1) 기대수익률(expected rate of return)

① 기대수익률이란 투자로부터 기대되는 예상수입(순수익)과 예상지출(투자액)로부터 계산되는 수익률이다. 기대수익률은 예상수익률 또는 사전적 수익률이라고도 한다.

$$\text{기대수익률} = \frac{\text{순수익}}{\text{투자액}}$$

② 어떤 부동산에 10억원을 투자하여 1년 후에 2억원의 순수익이 예상된다면, 이 부동산에 대한 기대수익률은 20%가 될 것이다.

③ 종류
  ㉠ 투자기간이 1기간, 1년인 경우에는 단순수익률이라 하며 종합자본환원율(총자본수익률), 지분배당률(자기자본수익률)❶ 등이 이에 해당한다. 즉, 화폐의 시간가치를 고려하지 않은 개념이다.
  ㉡ 투자기간이 다(多)기간(여러 기간)인 경우에는 화폐의 시간가치를 고려하는 내부수익률(IRR)❷을 적용하게 된다.

❶ p.252 ① 종합자본환원율, ② 지분투자수익률 참고

❷ p.246~248 (3) 내부수익률법 참고

❸ p.236 제2절 투자의 기회비용 = 요구수익률 참고

요구수익률을 고려한 투자의사결정❸

- 기대수익률 > 요구수익률 ➡ 투자채택
- 기대수익률 < 요구수익률 ➡ 투자기각
- 기대수익률 = 요구수익률 ➡ 균형상태

(2) 실현수익률(실제수익률, 사후적 수익률)

① 투자가 이루어지고 난 후에 현실적으로 달성된 수익률로서, 부동산에 대한 **투자의사결정을 할 때 고려하는 것은 아니며**, 투자성과를 측정하는 수익률이다.
② 어떤 부동산에 10억원을 투자하여 1년 후에 실제로 2억원의 순수익이 달성되었다면, 부동산의 실현수익률은 20%가 된다.

확인예제

부동산 투자수익률에 관한 설명으로 옳은 것은? (단, 위험회피형 투자자를 가정함)
제32회

① 기대수익률이 요구수익률보다 높을 경우 투자자는 투자가치가 있는 것으로 판단한다.
② 기대수익률은 투자에 대한 위험이 주어졌을 때, 투자자가 투자부동산에 대하여 자금을 투자하기 위해 충족되어야 할 최소한의 수익률을 말한다.
③ 요구수익률은 투자가 이루어진 후 현실적으로 달성된 수익률을 말한다.
④ 요구수익률은 투자에 수반되는 위험이 클수록 작아진다.
⑤ 실현수익률은 다른 투자의 기회를 포기한다는 점에서 기회비용이라고도 한다.

해설
② 요구수익률은 투자에 대한 위험이 주어졌을 때, 투자자가 투자부동산에 대하여 자금을 투자하기 위해 충족되어야 할 최소한의 수익률을 말한다.
③ 실현수익률은 투자가 이루어진 후 현실적으로 달성된 수익률을 말한다.
④ 요구수익률은 투자에 수반되는 위험이 클수록 커진다.
⑤ 요구수익률은 다른 투자의 기회를 포기한다는 점에서 기회비용이라고도 한다.

정답: ①

(3) 균형시장을 전제한 기대수익률과 요구수익률의 관계

① **기대수익률이 요구수익률보다 큰 경우**: 많은 투자자들이 대상부동산에 투자하려 할 것이다. 결국 투자수요의 증가로 인하여 대상부동산의 가치(시장가치)는 상승하게 되고, 대상부동산의 기대수익률이 점차 하락하여 기대수익률과 요구수익률이 일치하는 수준에서 균형을 이루게 될 것이다.

② **기대수익률이 요구수익률보다 작은 경우**: 어떠한 투자자도 대상부동산에 투자를 하지 않을 것이다. 결국 투자수요의 감소로 인하여 대상부동산의 가치(시장가치)는 하락하게 되고, 대상부동산의 기대수익률이 점차 상승하여 기대수익률과 요구수익률이 일치하는 수준에서 균형을 이루게 될 것이다.

02 투자가치와 시장가치

(1) 투자가치

투자가치란 부동산의 소유로부터 기대되는 미래의 편익이 특정한 투자자에게 주는 현재의 가치를 말한다. 즉, 대상부동산에 투자할 경우 투자자에게 부여되는 주관적 가치이다. 투자의 위험이 커지면 요구수익률(할인율)이 커지므로 대상부동산의 투자가치는 하락한다. 이때 요구수익률은 순현가(NPV)와 대상부동산의 투자가치를 구할 때 할인율로 사용된다.

$$\text{매년 일정한 순수익이 영구히 나오는 경우의 투자가치} = \frac{\text{순수익(순영업소득)}}{\text{요구수익률}}$$

확인예제

다음과 같은 투자안에서 부동산의 투자가치는? (단, 연간 기준이며, 주어진 조건에 한함)

제34회

- 무위험률: 3%
- 위험할증률: 4%
- 예상인플레이션율: 2%
- 예상순수익: 4,500만원

① 4억원 ② 4억 5천만원 ③ 5억원
④ 5억 5천만원 ⑤ 6억원

해설
- 현재가치(PV)를 구하는 방법처럼(요령으로) 계산한다.
- 요구수익률(할인율) 9% = 무위험률 3% + 위험할증률 4% + 예상인플레이션율 2%

∴ 부동산의 투자가치 5억원 = $\frac{\text{장래 순수익(순영업소득) 4,500만원}}{\text{요구수익률 0.09(9%)}}$

정답: ③

(2) 시장가치

공정한 매매를 할 수 있는 모든 조건이 충족된 시장에서 성립될 가능성이 가장 많은 가치를 말한다. 즉, 시장가치란 대상부동산이 시장에서 가지는 객관적 가치이다.

(3) 투자가치와 시장가치의 비교

부동산투자자는 대상부동산의 투자가치와 시장가치를 비교하여 투자가치가 시장가치보다 크면 투자를 하려고 할 것이고, 투자가치가 시장가치보다 작으면 투자를 하려고 하지 않을 것이다.

- 투자가치 ≥ 시장가치 ➡ 투자채택
- 투자가치 < 시장가치 ➡ 투자기각

제3절 부동산투자의 위험

01 부동산투자위험의 구분(유형) 제29회

부동산을 취득하여 전형적인 보유기간 동안 운영하는 과정과 투자기간 말에 부동산을 매각하는 과정에서 투자자에게 수반되는 여러 가지 위험을 말하는 것으로, 부동산투자의 위험은 부동산 직접투자의 단점으로 이해하면 된다.

(1) 사업상 위험

부동산투자사업으로 발생하는 위험으로서 시장위험, 운영위험, 위치적 위험 등을 들 수 있다.

① **시장위험**: 시장의 불확실성이 투자자에게 주는 부담으로 수요가 부족하여 투자부동산이 임대·분양되지 않아 손실이 발생할 가능성을 말한다. 즉, 경기침체로 인해 부동산의 수익성이 악화되면서 야기되는 위험이다.

② **운영위험(경영·관리의 위험)**: 임대부동산의 운영·임대과정에서 관리능력 저하, 종업원의 통제, 영업경비의 과다지출, 근로자의 파업 등에 따르는 위험이라 할 수 있다. 즉, 부동산에 직접투자하는 것은 경영·관리상의 어려움이 있다.

③ **위치적 위험**: 부동성으로 인하여 부동산의 절대적 위치는 고정되어 있으나 상대적 위치가 변하게 됨에 따라 발생되는 것으로 입지선정의 실패로 발생하는 위험이다. 이는 부동산의 경제적 감가요인이 된다.

(2) 금융적 위험

타인자본이나 **차입금**을 활용하였으나 투자자의 채무불이행가능성이 높아지는 경우로, 재무적 위험이라고도 한다. 그 원인은 차입금에 있으므로, **투자금액을 전액 자기자본으로 투자하면 금융적 위험은 제거할 수 있다.** 여기서 유의하여야 할 것은 투자액을 고정금리로 조달하였더라도 금융적 위험은 존재한다는 것이다.

(3) 인플레이션위험

예상인플레이션보다 실제인플레이션이 높으면 부동산의 실질임대료는 줄어든다. 즉, 인플레이션이 발생하면 화폐가치가 하락하므로 이에 따라 임대수익의 가치가 상대적으로 하락하는 것을 말한다. 이를 투자자의 인플레이션위험이라 하며, 구매력 하락위험이라고도 한다.❶ 단, **부동산은 실물자산(영속성)이므로 현금성자산과 달리 인플레이션 보호기능(헷지, hedge)을 가지기도 한다.**

❶ 보충
디플레이션(저성장-저물가)과 같은 경기침체기에는 부동산가격이 급격하게 하락할 수 있다.

(4) 유동성위험

투자자가 시장가치보다 낮은 가격으로 부동산을 매도하는 과정에서 발생하는 부동산가치의 손실가능성으로, 환금성위험이라고도 한다. 부동산은 개별성이 있어 표준화되지 못하므로 거래가 빈번하게 이루어지지 않기 때문에 **부동산투자는 유동성(환금성)위험이 큰 편이다.** 따라서 부동산에 직접투자하는 것보다 간접투자(예 부동산투자회사의 주식에 투자 등)하는 것이 유동성(환금성)위험을 줄일 수 있는 방법이다.

(5) 법적·행정적 위험

정부정책이나 공법상 규제변경에 따른 위험으로서 제도적 위험이라고도 한다. 사업지역에서 원주민과의 마찰이나 민원 기타 부동산소유권의 하자 등으로 발생할 수 있는 위험이다. 사적 임대주택시장보다 낮은 임대료를 책정한 정부의 공공임대주택공급정책은 사적 임대주택투자자에게는 행정적 위험으로 작용할 수 있다.

(6) 투자금액의 불가분성(不可分性)

증권시장에 상장된 상장기업이나 부동산투자회사의 주식은 투자금액을 분할하여 매수하거나 분할하여 매도하는 것이 가능하기 때문에 환금성 확보가 비교적 용이한 편이지만, 부동산의 경우에는 투자금액을 하나의 부동산에 분할하여 매수하거나 분할하여 매도하는 것이 용이하지 않다. 이는 곧 환금성(유동성) 확보를 어렵게 만든다.

(7) 부동산 직접투자는 주식·채권 등 유가증권투자보다 취득세, 재산세, 양도세 등의 세금부담이 많은 편이다.

> **확인예제**
>
> 부동산투자의 위험에 관한 설명으로 틀린 것은? 제23회
>
> ① 장래에 인플레이션이 예상되는 경우 대출자는 변동이자율 대신 고정이자율로 대출하기를 선호한다.
> ② 부채의 비율이 크면 지분수익률이 커질 수 있지만, 마찬가지로 부담하여야 할 위험도 커진다.
> ③ 운영위험(operating risk)이란 사무실의 관리, 근로자의 파업, 영업경비의 변동 등으로 인하여 야기될 수 있는 수익성의 불확실성을 폭넓게 지칭하는 개념이다.
> ④ 위치적 위험(locational risk)이란 환경이 변하면 대상부동산의 상대적 위치가 변화하는 위험이다.
> ⑤ 유동성위험(liquidity risk)이란 대상부동산을 현금화하는 과정에서 발생하는 시장가치의 손실가능성을 말한다.
>
> **해설**
> 장래에 인플레이션이 예상되는 경우 대출자(대출기관)는 변동이자율 대출을 선호한다(금리위험을 차입자에게 전가). 이에 따라 투자자(차입자)는 금리위험(인플레위험)이 커지게 된다. 정답: ①

02 부동산투자위험의 처리·관리기법 제28회

(1) 위험한 투자를 제외시키는 방법

위험한 투자를 제외시키는 방법은 위험한 투자대안을 투자대상에서 배제하는 것이다. 이는 여러 투자대안들 중에서 가장 안전한 투자대안 위주로 선택하는 과정으로 볼 수 있는데, 극단적으로 위험한 투자대안을 모두 배제시키면 사실상 투자를 하지 않는 것이 된다. 즉, 정부가 발행한 국채에 투자하거나 정기예금에 가입하는 등 무위험자산을 선택하는 결과가 되며, 투자에 수반되는 모든 위험을 배제하고 얻을 수 있는 수익률은 결국 무위험률에 불과하다.

(2) 보수적 예측방법

투자함에 있어서 기대수익을 가능한 한 낮게 설정하여 위험을 관리하는 방법이다. 반대로 투자에 수반되는 비용이나 위험은 가능한 한 높게 설정하여 위험을 관리한다는 것이다. 즉, 보수적 예측방법이란 투자수익의 추계치를 하향조정함으로써 미래에 발생할 수 있는 위험을 상당수 제거할 수 있다는 가정에 근거한다.

(3) 위험조정할인율을 적용하는 방법

① 순현재가치(NPV)를 구할 때에 적용되는 할인율인 요구수익률을 적용하는 방법이다. 투자대안의 위험이 커지면 요구수익률이 높아지고, 이에 따라서 할인율도 높아진다. 할인율이 높아지면 부동산의 순현재가치는 하락한다.

② 위험조정할인율법은 위험한(위험이 큰) 투자대안일수록 높은 할인율을 적용하고, 위험이 낮은 투자대안일수록 낮은 할인율을 적용하는 방법이다. 즉, 위험한(위험이 높은) 투자대안일수록 할인율(요구수익률)을 상향조정하여 위험을 관리하는 방법이다.

(4) 민감도분석 제31·32회

① 투자수익(투자효과)에 영향을 미치는 여러 가지 위험요소를 파악하고, 이러한 위험요소(투입요소)의 변동이 투자수익(결과치)에 어떠한 영향을 미치는지 분석하는 것을 말한다. 감응도분석이라고도 한다.❶

② 투자효과를 분석하는 모형에 대한 투입요소가 변화함에 따라 그 결과치가 어떠한 영향을 받는가를 분석하는 방법이다.

③ 미래현금흐름에 영향을 주는 (위험)요소 중 하나만 변동시킬 때 수익성이 어떻게 변동하는지를 분석함으로써 그 (위험)요소의 영향을 검토하기도 한다.

④ 민감도분석을 통해 미래의 투자환경 변화에 따른 투자가치의 영향을 검토할 수 있다.

⑤ 민감도분석은 투자수익에 영향을 주는 위험요소 중 가장 민감하게 영향을 주는 요소가 무엇인지, 즉 위험요소 중 집중적으로 관리하여야 할 대상을 파악하고 그 위험을 적절하게 통제·관리하여 수익률의 예상범위를 예측하는 데 목적이 있다. 예를 들어 영업경비, 대출이자율, 세금, 정부의 정책 등이 임대수익에 어떠한 영향을 주는지를 분석하여, 이 중에서 영업경비의 변동으로 수익의 변동가능성이 커진다면 투자자는 영업경비를 잘 통제할 필요가 있다는 것이다.

⑥ 민감도분석의 결과, 민감도가 큰 투자대안일수록 기대수익의 변동가능성이나 순현가의 변동가능성이 큰 것으로 파악할 수 있고, 이렇게 민감도가 큰 투자대안일수록 더욱 위험한 투자대안으로 평가될 수 있다.

> **더 알아보기** 회귀모형·분석(regression analysis)
>
> 회귀분석이란 종속변수와 독립변수들 사이의 최적선형함수관계를 밝히는 통계적 기법을 말한다. 회귀분석을 위한 통계모형은 회귀분석모형·회귀방정식이라고 한다.

(5) 투자위험의 전가

투자자 자신의 투자위험을 타인에게 이전시키려는 것을 말하는데, 투자위험을 받고자 하는 주체가 기꺼이 그럴 의사가 있어야 전가가 가능하다.

① 임대부동산에서 근무하는 종업원의 인적 손실이나 화재사고로 인한 재산상 손실에 따른 위험을 순수위험이라 하는데, 이러한 위험은 생명보험이나 손해보험에 가입함으로써 보험회사에 그 위험의 일부를 전가할 수 있다.

---

❶ 투자수익(결과)을 종속변수로 놓고, 투자수익에 영향을 주는 각 위험요소(원인)를 독립변수로 설정하여 위험요소에 해당하는 독립변수의 변동이 투자수익에 어떠한 영향을 미치는지를 분석한다.

② 임대수익을 달성하지 못할 가능성이나 매각대금을 실현하지 못할 가능성의 **투자위험은 타인에게 전가하는 것이 불가능하다**. 부동산은 주식·채권과 달리 표준화가 되어 있지 못하여 **공매도(空賣渡)나 선물(先物, futures), 옵션(option)** 등의 파생상품을 통한 투자위험의 전가가 제한되는 측면이 있다.

> **확인예제**
>
> 부동산투자의 위험분석에 관한 설명으로 **틀린** 것은? (단, 위험회피형 투자자라고 가정함)
> 제28회
>
> ① 부동산투자에서 일반적으로 위험과 수익은 비례관계에 있다.
> ② 평균분산결정법은 기대수익률의 평균과 분산을 이용하여 투자대안을 선택하는 방법이다.
> ③ 보수적 예측방법은 투자수익의 추계치를 하향조정함으로써, 미래에 발생할 수 있는 위험을 상당수 제거할 수 있다는 가정에 근거를 두고 있다.
> ④ 위험조정할인율을 적용하는 방법으로 장래 기대되는 소득을 현재가치로 환산하는 경우, 위험한 투자일수록 낮은 할인율을 적용한다.
> ⑤ 민감도분석은 투자효과를 분석하는 모형의 투입요소가 변화함에 따라, 그 결과치에 어떠한 영향을 주는가를 분석하는 기법이다.
>
> **해설**
>
> 위험조정할인율(= 요구수익률)을 적용하는 방법으로 장래 기대되는 소득을 현재가치로 환산하는 경우, 위험한 투자일수록(위험이 큰 투자안일수록) 높은 할인율을 적용한다. 즉, 위험이 큰 투자안일수록 할인율을 상향조정하여 위험을 관리한다.
> 정답: ④

제4절 포트폴리오이론(분산투자이론) 제26·30·32·33·34회

01 포트폴리오(portfolio)❶ 이론의 의의 및 목적

(1) 의의

투자자산이 하나에 집중되어 있을 경우 발생할 수 있는 불확실성을 제거하기 위하여 위험 및 기대수익이 다른 여러 개의 자산을 보유함으로써 안정된 결합편익을 획득하도록 하는 자산관리의 방법이나 원리를 말한다.

❶ 라틴어에 뿌리를 둔 포트폴리오라는 말은 '종이(foglio)'와 '나르다(portare)'라는 말이 합쳐진 것으로 처음에는 서류철이나 서류가방을 가리키다 나중에는 여러 가지(종이로 된) 증권의 모음이라는 뜻을 가지게 되었다.

(2) 목적

포트폴리오를 구성하는 목적은 일정한 기대수익하에서 위험을 최소화하거나, 일정한 위험하에서 기대수익을 극대화시키는 방법으로 설명될 수 있다. 여기에서 유의할 점은 분산투자를 하는 목적이 고수익을 목표로 한다는 것이 아니라, 포트폴리오의 구성종목 수를 다양화하여 비체계적 위험(불필요한 위험)을 감소시키고, 이를 통하여 안정된 결합편익(잠재적 이익)을 확보하는 데 있다.❶

02 포트폴리오 총위험

포트폴리오의 총위험은 체계적 위험과 비체계적 위험의 합으로 구성된다. 체계적 위험은 분산투자로 제거가 불가능한 위험이고, 비체계적 위험은 투자자가 통제·관리하는 것이 가능한 위험으로 분산투자의 핵심은 비체계적 위험을 줄이는 데 있다.

> 포트폴리오 총위험 = 체계적 위험 + 비체계적 위험

(1) 체계적 위험

① 체계적 위험이란 부동산시장의 거시적·구조적·시스템적인 위험이라 할 수 있다. 즉, 모든 투자대안에 공통적으로 영향을 미치는 위험이다.
② 이자율변동위험, 경기변동위험, 인플레이션위험은 모든 부동산에 공통적으로 영향을 주기 때문에 포트폴리오를 구성하는 종목 수를 늘려도 회피할 수 없는 위험이며, 분산투자로 감소시킬 수 없기 때문에 분산불가능위험이다.
③ 체계적 위험은 분산투자로 절대 제거하는 것이 불가능하므로 포트폴리오의 총위험이 '0'이 되지 않는다.

(2) 비체계적 위험

① 비체계적 위험이란 시장의 구조적인 문제가 아닌 개별투자대안마다 각각 다르게 나타나는 위험이다. 개별위험, 해당 투자대안의 고유위험, 불필요한 위험이라 한다.
② 한 종목에 투자하면 분산투자효과가 없지만, 포트폴리오의 종목(자산)의 수를 증가시키면 개별자산간 수익률의 분포도가 각각 상이하므로 서로 위험이 상쇄되어 분산투자효과가 발생한다. 따라서 비체계적 위험을 분산투자로 회피할 수 있는 위험, 분산가능위험이라 한다.❷

---

❶ **마코위츠이론**
마코위츠는 투자자들이 수익률의 극대화를 위하여 단일자산에 투자하지 않고 여러 개의 다른 자산, 자산포트폴리오에 투자한다는 현실의 관찰로부터 이론을 전개하였다. 투자자들은 수익률을 극대화할 뿐만 아니라 여러 자산에 분산투자하여 위험을 분산시키려는 노력을 한다는 것이다.

❷ 대학교 인근의 원룸이 갖는 개별적인 위험, 주거지의 아파트가 갖는 개별적인 위험, 중심상권에 있는 상가가 갖는 개별적인 위험은 각각 다르게 나타난다. 대학교가 다른 지역으로 이전함에 따르는 원룸의 개별위험(공실위험)은 원룸에 100% 집중투자하였을 때보다 다른 지역의 아파트와 상가에 분산투자함으로써 어느 정도 줄일 수 있다.

종목 수의 변화에 따른 포트폴리오 총위험의 크기

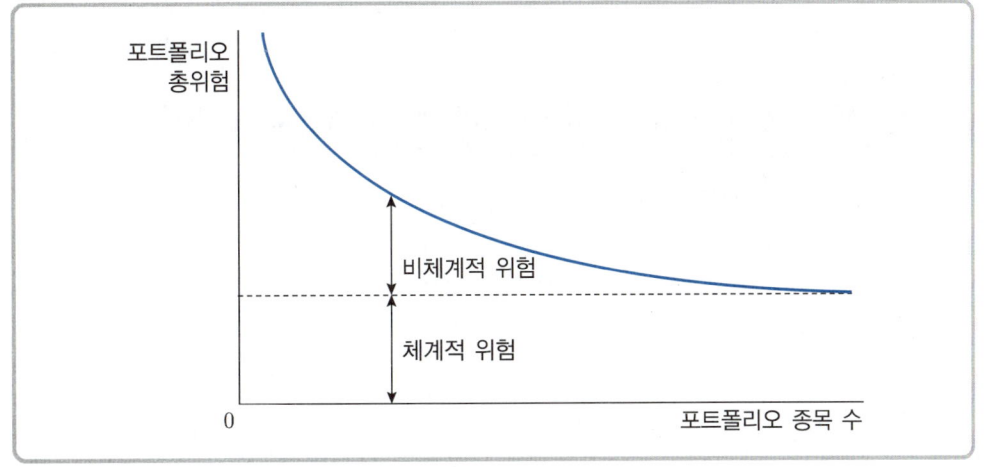

03 효율적인 분산투자전략

(1) 포트폴리오 종목 수를 고려한 분산투자

기대수익률과 표준편차만 고려한다면, 포트폴리오를 구성하는 종목 수가 많은 것이 종목 수가 적은 것보다 분산투자효과가 더 클 것이다. 포트폴리오를 구성하는 종목 수를 무한대로 증가시키면 이론적으로 비체계적 위험을 '0'까지 감소시킬 수 있다.

(2) 투자금액의 가중치(비중)를 고려한 분산투자❶

① 포트폴리오의 기대수익률은 개별자산의 기대수익률을 가중평균하여 구한다.
② 포트폴리오를 구성하는 종목별 투자금액의 가중치(비중)와 개별자산의 기대수익률에 따라 포트폴리오의 기대수익률은 달라진다.

> **확인예제**
>
> A·B·C 3개의 부동산시장으로 이루어진 포트폴리오가 있다. 이 포트폴리오의 자산 비중 및 경제상황별 예상수익률분포가 다음 표와 같을 때 전체 포트폴리오의 기대수익률은? (다만, 호황과 불황의 확률은 각각 50%임)   제21회
>
> | 구분 | 포트폴리오 비중(%) | 경제상황별 예상 수익률(%) | |
> |---|---|---|---|
> | | | 호황 | 불황 |
> | A 부동산 | 20 | 6 | 4 |
> | B 부동산 | 30 | 8 | 4 |
> | C 부동산 | 50 | 10 | 2 |
>
> ① 5.0%   ② 5.2%   ③ 5.4%
> ④ 5.6%   ⑤ 5.8%

❶ 포트폴리오를 구성하는 종목에 대하여 투자금액의 조정이 가능하다면 종목별로 가중치를 두어 분산투자하는 것이 효율적이다. 공격적인 투자자는 기대수익이 높은 투자대안의 비중을 늘리고, 보수적인 투자자는 기대수익이 낮은 투자대안의 비중을 늘린다.

> **해설**
>
> 먼저 개별자산의 기대수익률을 구하고, 이것을 다시 투자금액의 비중에 따라 가중평균하여 전체 포트폴리오의 기대수익률을 구한다.
>
> ※ 확률이나 투자액의 가중치가 다를 경우에는 가중평균 방법으로 계산하며, 확률이나 투자액의 가중치가 동일할 경우에는 산술평균방법으로 시간을 단축할 수 있다.
> - A 부동산의 기대수익률 = (0.5 × 6%) + (0.5 × 4%) = 5%
> - B 부동산의 기대수익률 = (0.5 × 8%) + (0.5 × 4%) = 6%
> - C 부동산의 기대수익률 = (0.5 × 10%) + (0.5 × 2%) = 6%
> ∴ 포트폴리오의 기대수익률 = (0.2 × 5%) + (0.3 × 6%) + (0.5 × 6%) = 5.8%
>
> 정답: ⑤

(3) 투자자산간 수익률의 움직임(상관계수)을 고려한 분산투자

위험자산(부동산 + 주식)끼리 결합하는 것보다 **위험자산(부동산)에 무위험자산(국채 등)을 결합하면 포트폴리오의 위험분산효과는 더 커진다.** 즉, 두 자산의 수익률의 움직임이 유사한 종목으로 구성하는 것보다 **상이한 종목으로 구성하는 것이 분산투자효과가 더 크다.** 이처럼 두 자산간 수익률의 움직임, 상관관계를 보여주는 것이 상관계수(ρ)이다. ❶❷

① 두 자산간 **상관계수가 '+1'**이라는 것은 두 자산간 수익률의 움직임이 **완전한 정(+)의 관계**에 있다는 것이다. 즉, 두 자산간 수익률의 움직임이 완전히 비례관계, 완전히 동일한 방향으로 동일한 폭만큼 움직인다는 의미가 된다. 이때에는 **분산투자효과가 전혀 없으며, 비체계적 위험을 전혀 감소시킬 수 없다.** 따라서 두 자산의 **상관계수 값이 '+1'만 아니라면, 즉 수익률의 움직임이 완전히 상호 연관되어 있지 않다면 분산투자효과는 발생한다.**

② 두 자산간 **상관계수가 '-1'**이라는 것은 두 자산간 수익률의 움직임이 **완전한 부(-)의 관계**에 있다는 것이다. 즉, 두 자산간 수익률의 움직임이 완전히 반비례관계, 완전히 반대 방향으로 동일한 폭만큼 움직인다는 의미가 된다. 이때에는 **분산투자효과가 극대화되며 비체계적 위험을 '0'으로 만들 수 있다.** ❸

③ 두 자산간 **상관계수가 '0'**이라는 것은 두 자산간 수익률의 움직임이 아무런 관련이 없다(random)는 것이다. 그렇다고 하더라도 **분산투자효과는 있다.**

④ 두 자산간 상관계수값이 '+1'에 근접할수록 분산투자효과는 작아지고, 상관계수값이 '-1'에 근접할수록 분산투자효과는 커진다.
  ㉠ 투자대안 A와 B의 상관계수값이 0.618이고, 투자대안 C와 D의 상관계수값이 0.382일 경우, 투자대안 C와 D의 포트폴리오의 분산투자효과가 더 크다.
  ㉡ 투자대안 A와 C의 상관계수값이 -0.734이고, 투자대안 B와 D의 상관계수값이 -0.184일 경우, 투자대안 A와 C의 포트폴리오의 분산투자효과가 더 크다.

---

❶ 마코위츠는 분산투자에서 고려하여야 할 것은 자산들의 수익률이 같이 움직이는 정도, 즉 통계적 개념으로서의 상관계수임을 밝혔다. 상관계수가 낮은 자산들을 결합하는 것이 최적의 포트폴리오를 구성하는 방법이라는 것이다.

❷ 포트폴리오 종목수를 늘리는 것도 중요하지만, 어떠한 종목(자산)으로 구성하느냐에 따라서도 분산투자효과는 달라진다.

❸ 두 자산간의 상관계수값이 '-1'인 경우를 제외하면 비체계적 위험은 '0'이 되지 않는다.

ⓒ 투자대안 A와 D의 상관계수값이 -0.248이고, 투자대안 B와 C의 상관계수값이 0.575일 경우, 투자대안 A와 D의 포트폴리오의 분산투자효과가 더 크다.

⑤ 두 자산간 수익률 움직임, 즉 상관계수까지 고려한다면 수익률의 움직임이 상이한 두 종목의 포트폴리오가 수익률의 움직임이 유사한 세 종목의 포트폴리오보다 분산투자효과가 더 클 수 있다.

투자안의 상관관계

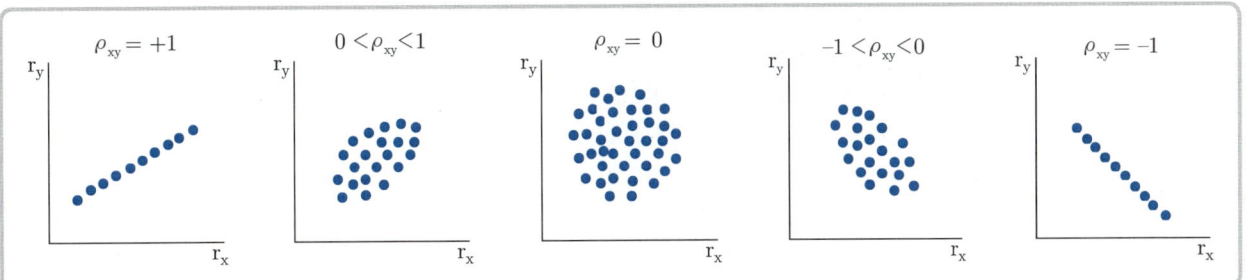

04 부동산 포트폴리오이론의 장·단점

(1) 장점

① 투자금액에 제한을 두지 않는다면 부동산의 개별성·지역성·부동성 등으로 인하여 부동산투자는 포트폴리오 구성이 용이한 편이다.

② 같은 유형의 부동산이더라도 지역을 달리하면 분산투자효과는 존재하고, 동일지역시장에 있더라도 부동산의 유형이 다르면 분산투자효과는 존재한다. 현실적으로 두 종목 이상으로 투자하면 분산투자효과는 발생한다.

(2) 단점

① 부동산투자자산은 개별성에 따라 표준화되지 못하여 환금성이 떨어지므로 투자자가 시장상황에 따라 포트폴리오를 재수정하거나 능동적으로 관리하는 데에는 어려움이 많다. 따라서 부동산 포트폴리오는 주식 포트폴리오와 달리 장기적으로 포트폴리오를 구성할 필요가 있다. 즉, 장기투자관점으로 접근할 필요가 있다.

② 주식시장은 '종합주가지수', 'KOSPI200' 등의 기준이 되는 지수(Index)가 있어 투자성과의 측정이 가능하지만, 부동산은 개별성으로 인하여 '기준지수'라는 것을 파악하기가 곤란하다. 따라서 시장 포트폴리오의 수익률을 측정하는 것이 어렵기 때문에 부동산투자에 대하여 '수익률'로 투자성과를 판단하는 것은 합리적이지 못하다.

③ 투자대안마다 세율이 각각 다르다.

용어사전

종합주가지수(綜合株價指數)
증권시장에서 형성되는 개별주가를 총괄적으로 묶어 전체적인 주가를 나타내는 지표를 말한다. 기준시점인 1980년 1월 4일의 주가기준을 100으로 하여 비교시점의 주가변화를 측정하기 위하여 사용된다. 우리나라의 종합주가지수는 시가총액방식으로 주가지수를 산출·발표하고 있다. 2025년 10월 2일 종가는 3549.21이었다.

KOSPI(코스피)200
증권거래소가 상장증권 중 200종목을 대상으로 하여 시가총액방식으로 산출하는 지수로서 1990년 1월 3일을 기준지수 100으로 하여 시작되었다. 2025년 10월 2일 종가는 493.41이었다.

확인예제

포트폴리오이론에 따른 부동산투자의 포트폴리오분석에 관한 설명으로 옳은 것은? 제26회

① 인플레이션, 경기변동 등의 체계적 위험은 분산투자를 통하여 제거가 가능하다.
② 투자자산간의 상관계수가 '1'보다 작을 경우, 포트폴리오 구성을 통한 위험절감효과가 나타나지 않는다.
③ 2개의 투자자산의 수익률이 서로 다른 방향으로 움직일 경우, 상관계수는 양(+)의 값을 가지므로 위험분산효과가 작아진다.
④ 효율적 프론티어(efficient frontier)와 투자자의 무차별곡선이 접하는 지점에서 최적포트폴리오가 결정된다.
⑤ 포트폴리오에 편입되는 투자자산의 수를 늘림으로써 체계적 위험을 줄여나갈 수 있으며, 그 결과로 총위험은 줄어들게 된다.

해설

① 인플레이션, 경기변동 등의 체계적 위험은 분산투자를 통하여 제거할 수 없다.
② 상관계수가 '+1'보다 작을 경우에는(즉, 0.999이어도) 포트폴리오 구성을 통한 위험절감효과를 얻을 수 있다.
③ 투자자산의 수익률이 서로 다른 방향으로 움직일 경우, 상관계수는 음(-)의 값을 가지기 때문에 위험분산효과가 커진다.
⑤ 투자자산의 수를 늘려도 체계적 위험은 감소되지 않는 반면, 비체계적 위험은 감소되는 효과가 있다. 따라서 포트폴리오의 총위험이 '0'이 되지는 않는다.

정답: ④

> **더 알아보기** 부동산투자의 의사결정과정

| 투자의 목적 파악 및 계획수립 | **1. 투자의 목적 파악 및 계획수립**
부동산투자에는 투자를 통하여 기대되는 현금흐름의 획득, 보유부동산의 가치 상승, 인플레이션 헷지(inflationary hedge) 등 다양한 목적이 있다. 일반적으로 합리적인 투자자의 목적은 부(富)의 극대화에 있다. |

⬇

| 투자환경
(법·경제·기술·사회)의 분석 | **2. 투자환경의 분석**
투자의사결정을 하기 위해서는 사전에 투자환경을 분석하여야 한다. 부동산투자환경을 분석할 때에는 부동산투자에 영향을 주는 거시적인 부동산경기뿐만 아니라 투자부동산이 속해 있는 지역적인 부동산시장과 여기에 영향을 주는 행정적·경제적·기술적 환경 등을 고려할 필요가 있다. 부동산투자자는 투자환경을 분석함에 있어서 공인중개사, 감정평가사, 주택관리사 등의 전문가로부터 관련 서비스를 요청하여 이를 활용할 필요가 있다. |

⬇

| 투자를 통한 비용과 편익분석 | **3. 투자를 통한 비용과 편익분석**
투자환경분석이 완료되었다면 부동산투자로부터 예상되는 편익(수익)과 비용을 계산한다. 보유기간 동안의 현금흐름은 영업수지의 계산과정을 통하여, 투자기간 말의 부동산의 매각대금은 지분복귀액의 계산과정을 통하여 구한다. |

⬇

| 투자의 타당성분석 | **4. 투자의 타당성분석**
분석된 현금수지에 여러 가지 기법을 적용하여 투자의 타당성을 판단한다. 규모가 작은 부동산은 단순하게 어림셈법을 주로 활용하지만, 대형부동산투자사업의 경우에는 할인현금수지분석법(DCF; Discounted Cash Flow)에 의한 타당성분석을 널리 활용하고 있다. |

⬇

| 최종투자결정 | **5. 최종투자결정**
타당성분석결과를 토대로 해당 부동산의 투자를 채택할 것인가, 그렇지 않을 것인가를 최종적으로 결정한다. |

해커스 공인중개사
land.Hackers.com

10개년 출제비중분석

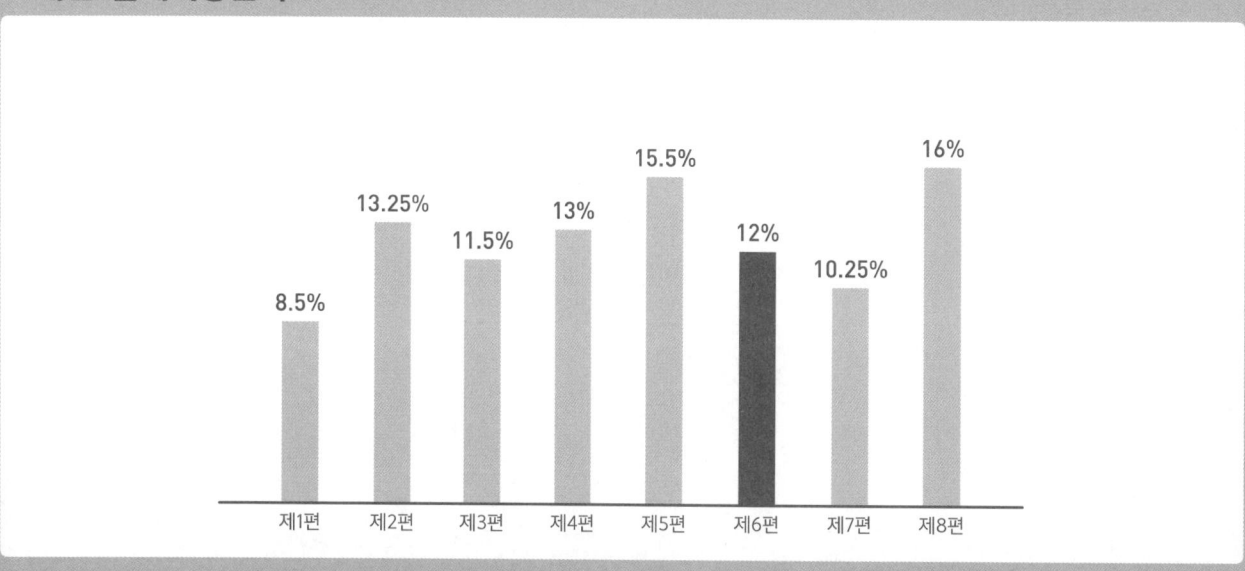

제6편

부동산금융론

제1장 부동산금융
제2장 부동산증권론 및 개발금융

제 6 편 부동산금융론

목차 내비게이션

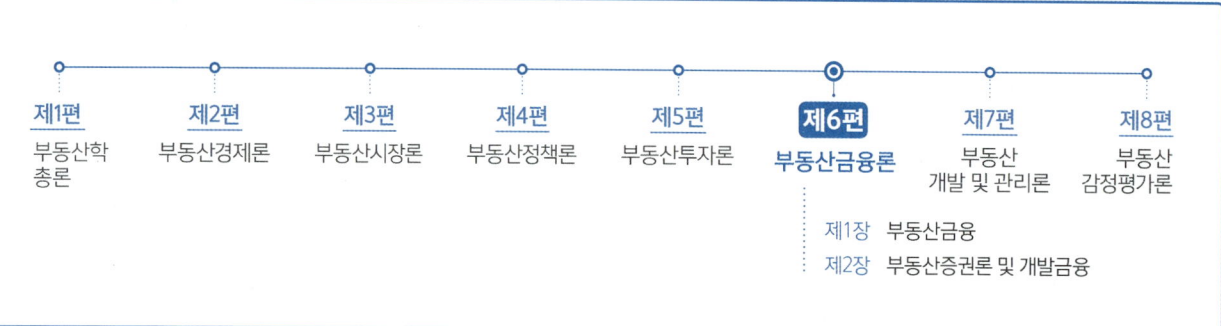

제1장 부동산금융
제2장 부동산증권론 및 개발금융

출제경향

출제문제 수의 편차가 비교적 크지만, 해마다 4~6문제가 출제된다는 인식하에 시험을 준비하여야 한다. 부동산투자론보다는 계산문제의 비중이 적지만 상호 비교하는 지문이 많기 때문에 정확한 개념정리가 요구된다.

학습전략

- 부동산금융론은 경제론·정책론·투자론과 밀접한 관련이 있는 분야이다. 용어들이 쉽지 않기 때문에 조기에 익숙해지려는 노력이 필요하며, 생활에서 쓰는 용어와 시험에서 쓰는 용어에 차이가 있으므로 용어정리에 유의하여야 한다.
- 제1장에서 주택금융의 대출규제수단(LTV·DTI), 대출금리(고정금리·변동금리), 부동산저당대출의 상환방식(예 원리금균등·원금균등·체증식 상환 등) 등에 관한 문제는 출제빈도가 높다는 사실을 인지하고 꾸준히 학습하여야 한다.
- 제2장에서 자산유동화(ABS) 및 주택저당유동화제도(MBS), 프로젝트 파이낸싱(PF), 부동산투자회사(REITs)에 관련된 문제가 자주 출제되고 있기 때문에 학습배경과 그 원리를 이해하고 반복학습을 통하여 이를 유지·관리하는 데에 중점을 두어야 한다. 또한 시험문제에서 '주식(stock)'과 '채권(bond)'이 무엇이냐고 묻지는 않으나, 이에 대한 개념정리가 되어 있어야만 제6편 제2장에 대한 접근이 용이해지며, 지분·부채·메자닌금융을 구분할 수 있어야 한다.

핵심개념

부동산대출 규제수단(LTV, DTI, DSR)	★★★★★ p.285	주택저당유동화제도(MBS) ★★★★☆ p.310
고정금리대출과 변동금리대출	★★★☆☆ p.287	프로젝트 파이낸싱(PF) 및
대출기관의 대출위험요인과 관리방법	★★★☆☆ p.288	자산유동화제도(ABS) ★★★★☆ p.322
부동산저당대출의 상환방식	★★★★★ p.293	부동산투자회사(법) ★★★★★ p.326
우리나라의 주택금융	★★☆☆☆ p.299	지분금융·부채금융·메자닌금융 ★★★☆☆ p.341

제1장 부동산금융

제1절 부동산금융

01 금융(金融)

금융이란 재화와 용역의 거래를 수반하지는 않지만, 이자율이라는 것을 매개로 화폐의 수요와 공급이 이루어지는 현상을 말한다. 부동산도 금융이라는 매개를 통하여 부동산의 거래, 수요와 공급이 이루어진다. 특히 부동산의 투자 또는 개발에는 거액의 자금이 소요되기 때문에 금융의 중요성이 더욱 증대되고 있다.

02 부동산금융

(1) 개념

① 부동산금융이란 부동산과 금융이 결합된 개념이다. 과거에는 부동산이 대출을 얻기 위한 담보수단으로 주로 활용됨으로써 저당대출을 부동산금융으로 인식해 왔다. 그러나 최근에는 부동산증권화, 부동산개발 관련 프로젝트 파이낸싱 등 다양한 부동산금융기법이 개발되어 활용되고 있다. 즉, 부동산금융이란 ⊙ 주택금융, ⓒ 부동산개발금융, ⓒ 부동산을 수단으로 하는 담보(저당)금융으로 정의할 수 있다.

② 부동산금융은 부동산의 매입, 매각, 개발 등과 관련하여 자금이나 신용을 조달 또는 제공하는 것을 말한다. 즉, 부동산의 개발·취득 등의 목적으로 화폐와 신용을 이전하기 위하여 사용되는 제도, 시장, 수단과 관계된 영역을 포괄하는 개념으로 이해할 수 있다.

(2) 최근의 부동산금융(부동산의 증권화)

① 1997년 IMF 외환위기 이후 「자산유동화에 관한 법률」 등 선진 부동산금융기법의 도입이 가속화되고 있고, 2003년 한국주택금융공사가 설립되어 주택저당유동화(MBS)를 통하여 연기금 등 기관투자자의 여유자금이 주택금융시장에 유입되고 있는 추세이다. 더불어 수익성 부동산에 대한 프로젝트 파이낸싱 등 투자자금의 조달과 운용방법이 더욱 다양해지고 있다.

> **용어사전**
> **프로젝트 파이낸싱**
> **(project financing)**
> 부동산개발사업의 분양수입금 등 장래의 현금흐름을 기초로 금융기관으로부터 자금을 조달하는 방법을 말한다.

용어사전

부동산펀드
부동산투자전문운용회사가 투자자로부터 자금을 모아 부동산개발사업, 임대사업, 부동산 관련 유가증권 등에 투자하여 펀드를 운용하고 운용수익을 투자자에게 배당하는 부동산간접투자상품을 말한다.

❶ 주택소비금융의 종류
- 대출: 보금자리론, 디딤돌대출, 전세자금대출 등
- 저축: 주택청약종합저축

❷
주택소비금융은 주택구입능력을 제고시켜 자가주택소유를 촉진시킬 수 있다.

② 투자자 입장에서 간접투자제도라 볼 수 있는 「자본시장과 금융투자업에 관한 법률」에 의한 부동산집합투자기구(부동산펀드), 「부동산투자회사법」에 의한 부동산투자회사(REITs)제도가 보완·발전되고 있고, 정부의 이에 대한 활성화 유도로 부동산금융이 중요하게 인식되고 있다. 즉, 실물시장으로서의 부동산시장과 자본시장으로서의 금융시장이 밀접한 연관을 맺고 있는 추세이다.

제2절 주택금융(주택소비금융) 제33회

주택소비금융❶이란 주택을 구입하려는 사람이 주택을 담보로 제공하고 자금을 제공받는 형태의 금융을 말한다. 주택소비금융은 대출조건이 대부분 고정금리·저금리이고, 일시금으로 대출을 실행하되 원리금의 상환은 장기분할로 행해진다. 즉, 차입자에게 금리변동위험과 매기의 원리금상환부담을 줄여줌으로써 소득 증가를 바탕으로 주택구입을 용이하게 해주는 정책적인 특수금융❷으로 이해할 수 있다.

(1) 대출이자율 · 대출금리(interest, rate)

대출이자율(대출금리)은 원금에 대한 이자의 비율을 말한다. 대출기관 입장에서는 대출기관의 자금조달비용, 다른 경쟁대출기관이 부과하는 대출이자율, 담보가치와 차입자의 신용상태에 따른 대출의 위험도, 다른 대안적인 투자에서 얻을 수 있는 수익률(무위험수익률) 등을 고려하여 대출이자율을 결정하게 된다. 다른 조건이 일정할 때, 대출이자율이 낮을수록 이자상환부담이 적어지므로 대출수요는 증가하고 이에 따라 부동산수요도 증가할 수 있다.

(2) 대출기간(융자기간, 상환기간, 저당기간)

대출기간은 차입자가 대출원금을 상환하여야 하는 기간을 말한다. 다른 조건이 일정할 때, 융자기간이 길수록 매기의 상환부담이 작아져 대출수요가 증가하고 부동산수요도 증가할 것이다. 반면에 대출기관은 대출기간이 길수록, 즉 만기가 긴 대출상품일수록 대출원금회수가 늦어져 유동성위험이 커질 수 있다.

(3) 융자금(대출원금, 저당대부액) 및 저당잔금(잔고)

융자금은 최초에 융자받은 금액을 말하며, 저당잔금은 대출기간 중 상환하지 못하고 남은 융자금액의 일부를 말한다. 잔금비율은 대출원금에 대한 잔금(미상환된 금액)의 비율을 말하고, 상환비율은 대출원금에 대한 상환된 금액의 비율을 말한다.

(4) 원리금상환액(부채서비스액, 저당지불액 ≒ 연간 이자비용)

원리금상환액은 대출원금에 대하여 매 기간 대출기관에게 상환해야 하는 원금상환분과 이자지급분의 합계를 말한다. 이런 원리금상환액은 대출조건에 따라 달라진다.

원리금균등상환방식이나 원금균등상환방식이라면 매기 상환할 금액에는 원금과 이자가 포함되지만, 원금만기일시상환방식이라면 매기 상환할 금액에는 이자만 포함된다. 원금만기일시상환방식은 대출원금을 대출의 만기에 일시상환하는 방식으로, 여기서 이자만 상환하는 기간을 '거치기간'[1]이라 한다.

(5) 부동산대출 규제수단 제26·27·28·31·32·35회

① **담보인정비율(LTV; Loan To Value ratio), 융자비율, 대부비율, 대출비율, 저당비율**: 담보인정비율(LTV)은 금융기관이 대출을 해 줄 때 담보로 설정되는 부동산가치에 대비하여 인정해주는 금액의 비율을 말한다. 시장가치가 4억원인 아파트를 담보로 2억원을 융자받았다면 LTV는 50%이다. 즉, LTV가 50%이면 4억원의 아파트를 담보로 2억원까지 융자가 가능하다.[2]

$$담보인정비율(LTV) = \frac{융자금}{부동산가치}$$

   ㉠ 다른 조건이 일정할 경우, 담보인정비율이 높을수록 융자가능금액이 늘어나므로 대출수요가 증가하고 부동산수요도 증가한다.
   ㉡ 담보인정비율이 높을수록 대출기관의 채무불이행위험이 커지므로 대출이자율은 높아진다.

② **총부채상환비율, 소득대비 부채비율(DTI; Debt To Income)**: 차주상환능력이라고도 하며, 차입자의 연소득에 비하여 매기 원리금상환액의 비율이 얼마나 되는지를 체크하여 대출의 부실화를 사전에 방지하고자 하는 규제수단이다.

$$총부채상환비율(DTI) = \frac{원리금상환액[3]}{연소득}$$

   ㉠ 주택을 구입하려는 소비자가 주택담보대출을 받을 때 장래에 대출금을 얼마나 잘 상환할 수 있는지를 소득(상환능력)으로 판단하여 대출한도를 정하는 것을 말한다. 즉, 소득이 증명되지 않거나 상환능력이 부족하다고 판단되면 대출을 규제하겠다는 제도이다.[4]
   ㉡ DTI가 40%이면 매년 상환하는 원리금이 연소득의 40% 이내이어야 하므로 연소득이 4,000만원인 경우 대출로 인한 연간 원리금상환액은 1,600만원을 넘을 수 없다는 의미이다. 즉, 대출로 연간 상환해야 할 원리금이 소득의 40%를 초과할 수 없다는 것이다.
   ㉢ 총부채상환비율(DTI)이 높을수록 채무불이행위험이 높아진다.
   ㉣ 주택금융에서는 담보인정비율(LTV)과 총부채상환비율(DTI)을 적용하여 적은 한도를 기준으로 대출가능금액을 결정한다.

---

[1] **거치기간**
금융기관으로부터 대출을 받은 후, 원금은 갚지 않고 매달 이자만 납부하는 기간을 말한다.
예 대출기간은 20년이고 '3년 거치 17년 상환'인 경우에는 3년 동안 이자만 상환하고 4년이 되는 해부터 대출원금을 분할하여 상환한다.

[2] 담보인정비율(LTV)이나 총부채상환비율(DTI)에 대한 기준은 금융위원회, 금융감독원의 경영지도에 따라 금융기관에서 정하는 기준에 의한다.

[3] **원리금상환액**
= 융자금 × 저당상수

[4] DTI는 주택담보대출의 원리금(실무적으로 기타대출은 이자만 포함)만을 고려한다.

③ 총부채원리금상환비율, 총체적 상환능력 비율(DSR; Debt Service Ratio)
　㉠ 모든 대출의 원리금상환액을 반영해 대출금액을 판단하는 지표이다. 즉, 원리금상환액을 따질 때 주택담보대출뿐만 아니라 일반신용대출, 마이너스통장, 카드론, 할부거래 등이 모두 포함된다.
　㉡ DSR은 모든 대출의 연간 원리금상환액을 연간 소득으로 나눠 계산한 비율이다. 즉, 차입자의 소득대비 모든 대출 원리금의 비율을 말한다.

$$총부채원리금상환비율(DSR) = \frac{모든\ 대출\ 원리금상환액}{연소득}$$

　㉢ DSR이 40%이면, 연소득이 5천만원이면 전체 대출액의 연간 원리금상환액이 2천만원을 넘을 수 없다는 의미이다.

> **확인예제**
>
> 현재 5천만원의 기존 주택담보대출이 있는 A씨가 동일한 은행에서 동일한 주택을 담보로 추가대출을 받으려고 한다. 이 은행의 대출승인기준이 다음과 같을 때, A씨가 추가로 대출받을 수 있는 최대금액은 얼마인가? (단, 제시된 두 가지 대출승인기준을 모두 충족시켜야 하며, 주어진 조건에 한함)
> 　　　　　　　　　　　　　　　　　　　　　　　　　　　　　　　제35회
>
> - A씨 담보주택의 담보가치평가액: 5억원
> - A씨의 연간 소득: 6천만원
> - 연간 저당상수: 0.1
> - 대출승인기준
> 　- 담보인정비율(LTV): 시장가치기준 70% 이하
> 　- 총부채상환비율(DTI): 60% 이하
>
> ① 2억원　　② 2억 5천만원　　③ 3억원
> ④ 3억 2천만원　　⑤ 3억 5천만원
>
> **해설**
>
> 기존 주택담보대출을 받은 금액 5천만원을 반영하여 융자가능액을 계산한다.
> - LTV 70% = $\frac{융자금(a)}{부동산가격(5억원)}$
> 　➡ 담보인정비율(LTV)을 적용한 융자금(a)는 3.5억원(= 5억원 × 0.7)이다.
> - DTI 60% = $\frac{원리금(b)}{연간\ 소득(6{,}000만원)}$ ➡ 원리금(b)는 3,600만원(= 6,000만원 × 0.6)이다.
> 　여기서 분자값인 원리금(b)은 3,600만원 = 융자금(c) × 저당상수(0.1)이다.
> 　따라서, 융자금(c)는 3.6억원 = $\frac{원리금(3{,}600만원)}{저당상수(0.1)}$이다.

∴ 담보인정비율(LTV)을 적용한 융자가능액은 3억 5,000만원이고, 총부채상환비율(DTI)을 적용한 융자액은 3억 6,000만원이지만, 두 가지 조건을 모두 충족시키려면 둘 중 적은 한도금액인 3억 5,000만원이 최대대출가능금액이다. 그러나, 기존 주택담보대출금액 5천만원이 있으므로, 이를 차감하여 계산한 최대융자가능액은 3억원이다.
LTV와 DTI 기준을 적용한 융자가능액 3억 5,000만원 - 기존 주택담보대출금액 5천만원 = 3억원

정답: ③

제3절 주택금융에 적용되는 고정금리와 변동금리 제26·27·32회

01 고정금리저당대출(고정이자율 저당)

고정금리저당대출은 융자기간 동안 대출시의 초기 이자율에 변동이 없는 고정된 명목이자율을 적용하는 융자제도이다. 한국주택금융공사가 발행하는 '보금자리론'이나 '디딤돌대출'이 대표적인 고정금리상품이며, 차입자는 고정금리상품을 이용하는 것이 변동금리상품을 이용하는 것보다 금리변동위험이 적은 편이다.

(1) 고정금리대출이자율의 결정요인

① 금융기관은 대출로부터 적정한 수익을 확보할 필요가 있기 때문에 무위험이자율에 해당하는 수익은 확보되어야 하며, 대출 이후 여러 가지 대출위험에 직면해 있으므로 이에 대한 보상도 받을 필요가 있다. 또한 대출 이후 예상하지 못한 인플레이션이 발생하면 대출원금의 가치가 하락할 가능성도 있다. 이러한 세 가지 요인은 대출이자율에 반영된다. ❶

② 고정금리대출에 적용되는 대출금리(금융기관의 요구수익률)는 예상인플레이션이 반영된 명목금리이다.

> 대출(명목)금리 = 실질금리 ± (대출 관련) 위험에 대한 대가 + 예상인플레이션율

③ 고정금리대출은 대출 이후 실질금리가 변하여도 최초에 적용된 명목금리는 변하지 않는다.

④ 다른 조건이 일정할 때, 고정금리대출은 변동금리대출보다 초기 이자율이 더 높다. 고정금리대출은 대출 실행 이후 금융기관이 위험요인을 대출금리에 추가적으로 반영하지 못하기 때문에 대출과 관련된 위험프리미엄을 사전에 명목금리에 반영한다.

용어사전

보금자리론
한국주택금융공사가 발행하는 장기주택대출상품으로 10년, 15년, 20년, 30년 상품과 40년, 50년 초장기 보금자리론이 있다.

❶ **피셔방정식**
요구수익률
= 무위험률 + 위험할증률
+ 예상인플레이션율
➡ 대출금리를 결정할 때에도 피셔방정식이 활용된다.

명목이자율
• 명목이자율은 실질이자율에 기대인플레이션을 더한 이자율을 말한다.
• 명목이자율 = 실질이자율 + 기대인플레이션

실질이자율
실질이자율은 명목이자율에서 기대인플레이션을 차감한 이자율을 말한다.

(2) 대출기관의 대출위험(저당위험)요인

① 채무불이행위험

㉠ 채무불이행은 차입자(채무자)가 하는 것이고, **채무불이행위험은 대출기관의 위험**이다.

㉡ 채무불이행위험은 차입자의 **소득이 감소**하여 상환능력이 부족해지거나 저당대출 이후 **주택의 담보가치가 하락**하여 담보인정비율(LTV)이 상승할 때 대출기관이 **대출원금을 회수하지 못할 위험**을 말한다. 이는 대출기관의 원금회수위험이라고도 한다. ❶

㉢ 대출기관이 이러한 채무불이행위험을 줄이기 위해서는 대출 당시 차입자의 신용평가와 담보가치평가를 강화하고, 대출 초기에 대부비율(LTV)을 하향 조정하여 융자가능금액을 줄일 필요가 있다.

② 금리(이자율)변동위험

㉠ 대출기관이 고정금리대출을 실행한 이후 **시장금리가 지속적으로 상승하는 경우**, 시장금리상승분을 추가적으로 대출이자율에 반영할 수 없는 위험이다. 즉, 대출금리를 설정할 때 얼마만큼의 이자율을 부과하는가에 대한 불확실성에 따른 위험이라 할 수 있다.

㉡ **고정금리대출을 실행한 대출기관은 금리변동위험에 심하게 노출되어 있으며, 대출상품의 만기가 길수록 금리변동위험이 커진다고 볼 수 있다.**

㉢ 고정금리대출을 판매한 대출기관은 금리변동위험 일부를 회피하기 위하여 변동금리대출을 판매한 대출기관과 **이자율스왑(swap)계약**을 체결하여 금리변동위험을 상호 전가하기도 한다.

> **더 알아보기** 이자율스왑(swap) - 교체매매
>
> 1. 금융차입비용을 절감하기 위하여 일정기간 동안 원금은 바꾸지 않은 채 동일통화의 이자지급의무만을 서로 바꾸는 거래로 금융기관이나 기업간에 금리변동위험을 상호 전가하기 위하여 사용되는 파생상품이다.
>   - 고정금리대출기관의 경우, 금리 상승을 예상하거나 상승위험에 노출되어 있을 때에는 자신의 고정금리를 지급하고 대신 변동금리대출기관으로부터 변동금리를 받는 스왑거래를 할 수 있다.
>   - 변동금리대출기관의 경우, 금리 하락을 예상하거나 하락위험에 노출되어 있을 때에는 자신의 변동금리를 지급하고, 고정금리대출기관으로부터 고정금리를 받는 스왑거래를 할 수 있다.
> 2. 이러한 이자율스왑계약은 금융기관간 상호 이해관계가 충족되어야 성립할 수 있다.

❶ 다른 조건이 일정할 때, DTI 비율이 높을수록 채무불이행위험이 높아진다.

③ 조기상환위험(만기 전 변제위험)
  ⓐ 대출의 만기 전에 차입자가 대출원금을 미리 갚는 경우를 조기상환·중도상환이라고 하는데, 조기상환은 차입자가 하는 것이고, 조기상환위험은 대출기관❶의 위험이다. 차입자가 대출금을 일시에 상환할 만큼의 여유자금이 있을 때 조기상환이 발생할 수 있다.
  ⓑ 고정금리대출 차입자는 대출 이후 시장금리가 하락하면 타금융기관으로부터 더 낮은 금리의 대출을 이용하여 기존 대출을 갚을 요인이 발생하기도 한다. 대출기관 입장에서는 차입자가 조기상환을 할 경우 나머지 대출기간 동안의 이자수익을 상실한 결과가 되므로, 이러한 위험에 대하여 일종의 페널티 성격의 조기(중도)상환수수료를 부과할 수 있다.

❶ 대출기관 = 대출자

> **더 알아보기** 중도상환수수료(조기상환수수료, prepayment penalties)
>
> 대출약정기한까지 대출금을 사용하지 않고 대출기간 중도에 대출금을 상환하는 경우 그 상환대출금에 대하여 부과하는 페널티성 수수료이다. 금융기관은 장기계획에 의하여 자금을 운용하고 그로부터 발생하는 수익을 계산하여 자금운용계획을 세운 데 반하여, 채무자가 조기상환을 하면 금융기관은 새로운 자금운용대상을 다시 찾아야 하고 자금운용에 공백이 생겨(대출이자는 감소하고 상대적으로 예금이자는 지속적으로 지불되므로) 수익이 감소하는데, 이에 대해 보상을 요구하는 수수료이다. 일반적으로 대출 후 1년 이내에 상환시 금융기관은 상환금액의 1~2% 정도를 수수료로 부과한다.

④ 유동성위험(liquidity risk)❷
  ⓐ 대출(금융)기관의 자금부족위험을 말한다. 금융기관은 보통 예금·적금 등의 금융상품을 판매하여 자금을 조달하고, 이렇게 조달한 자금을 주로 대출 등으로 운용한다. 대개 예금의 만기는 5년 미만이고, 대출(주택금융)의 만기는 10년 이상이다.
  ⓑ 즉, 단기로 조달한 자금을 장기로 대출(운용)하는 과정에서 발생하는 현금흐름의 불일치문제로, 대출에 대한 원리금의 회수는 늦은 데 비하여 예금만기에 지급할 자금이 부족한 경우이다. 이러한 장기대출에 따른 대출기관의 자금부족위험을 유동성위험이라 한다.
  ⓒ 대출기관이 보유한 주택저당(대출)채권을 매각하여 자금을 조달하면 유동성위험을 감소시킬 수 있다.
⑤ 법률적·행정적 위험: 금리수준이나 대출규제 등에 대한 정부와 금융감독기관의 시장개입에 대한 위험을 말한다.

❷ 대출위험요인

채무불이행위험
대출기관이 대출한 원금을 회수하지 못할 위험

금리변동위험
고정금리대출기관이 대출을 실행한 후 시장금리가 계속 상승하는 경우, 시장금리 상승분을 대출이자율에 추가적으로 반영할 수 없는 위험

조기상환위험
대출 만기 전에 차입자가 원금을 미리 갚는 경우

유동성위험
단기로 조달한 자금을 장기로 운용하는 과정에서 발생하는 현금흐름의 불일치 문제

법률적·행정적 위험
정부와 금융감독기관의 시장개입에 대한 위험

(3) 고정금리저당대출의 특징

① 예상하지 못한 인플레이션이 발생할 경우(기대인플레이션보다 실제인플레이션이 더 높을 경우), 대출기관은 실제인플레이션만큼을 추가로 이자율에 반영하지 못하므로 불리해진다. 반면에 차입자는 최초 적용된 이자율 외에 추가적으로 더 부담하지 않으므로 상대적으로 유리해진다. 즉, 대출기관은 손해이고, 차입자는 상대적으로 이익이다.

② 고정금리대출은 대출기관 입장에서 상대적으로 금리변동위험이 더 큰 편이다. 대출의 만기가 길수록, 즉 장기대출일수록 대출기관의 금리변동위험과 유동성위험이 커진다. 다른 조건이 일정할 때, 대출만기가 10년인 상품보다 30년인 상품의 대출이자율이 더 높다.

③ 차입자 입장에서는 향후 시장금리가 상승할 것으로 예상되면 금리변동위험을 줄일 수 있는(시장이자율 상승에 따른 추가적인 이자상환부담이 없는) 고정금리대출을 이용하는 것이 유리하다.❶

02 변동금리저당대출

변동금리대출은 시장금리의 변동에 따라 대출금리가 계속 변동하는 형태로서, 대표적으로 코픽스(COFIX)연동❷ 주택담보대출이 있다. 변동금리대출은 대출기관이 금리변동위험을 회피하기 위한 것으로, 금리(이자율)변동위험을 차입자에게 전가시키기 위하여 고안된 것이다. 즉, 변동금리대출상품은 대출기관을 인플레이션위험으로부터 어느 정도 보호해 준다.

다른 조건이 일정할 때, 변동금리대출의 초기 이자율은 고정금리대출보다는 낮은 편이며, 차입자를 유인하기 위해서라도 변동금리대출의 초기 이자율은 고정금리대출보다 낮아야 한다.

(1) 변동금리대출이자율의 결정요인(코픽스연동 주택담보대출의 경우)

> 변동금리의 대출금리 = 기준금리(지표) ± 가산금리(마진)

① 기준금리: 코픽스(COFIX; Cost Of Funds Index)기준금리로, 은행의 자본조달비용을 지수(Index)화하여 제공되고 있는 주택담보대출 기준금리를 말하며, 은행연합회가 산출하여 고시하고 있다.

㉠ 코픽스(COFIX)기준금리는 이전의 CD금리가 은행의 자본조달비용을 제대로 반영하지 못한다는 지적에 따라 도입되었다.

㉡ 코픽스(COFIX)기준금리가 높아지면 담보대출금리도 높아지고, 코픽스(COFIX)기준금리가 낮아지면 담보대출금리도 낮아진다. 이는 최초 대출 이후 6~12개월 단위로 기준금리를 조정하는 방식이다.

---

❶ 대출 이후 시장이자율이 대출약정이자율보다 하락하면 차입자는 상대적으로 불리해진다. 만일 차입자가 변동금리로 차입하였다면 상환부담은 줄어들었을 것이다.

❷ 코픽스연동 주택담보대출은 변동금리이고, 대부분 원금만기일시상환방식을 채택하고 있다.

용어사전

양도성예금증서(CD; Certificate of Deposit)
- 은행이 양도성을 부여하여 무기명 할인식으로 발행한 정기예금증서를 말한다.
- 수익률이 실제금리를 반영하여 비교적 높은 편이며, 통상 1,000만원 이상의 목돈을 3개월 내지 6개월 정도 운용하는 데 적합한 단기상품이다.

코픽스기준금리
정기예금, 정기적금, 상호부금, 주택부금, 양도성예금증서(CD), 환매조건부 채권(RP), 표지어음매출, 금융채(후순위채 및 전환사채 제외) 등의 수신금리를 취합·가중평균하여 산출하는 주택담보대출의 기준금리를 말한다.

ⓒ **기준금리의 조정주기**: 기준금리의 조정주기만을 고려한다면, 코픽스연동 주택담보대출이 이전의 CD연동 주택담보대출보다 기준금리의 조정주기가 길어서 차입자 입장에서는 금리변동위험이 작은 편이다.

   ⓐ 기준금리의 조정주기만 고려한다면, 시장금리상승기에 차입자는 금리변동을 천천히 반영해주는 기준금리의 조정주기가 긴 상품을 이용하는 것이 이자상환부담을 부담을 줄일 수 있다.

   ⓑ 시장금리하락기에 차입자는 금리변동을 상대적으로 빠르게 반영해주는 기준금리의 조정주기가 짧은 상품을 이용하는 것이 이자상환부담을 줄일 수 있다.

② **가산금리**: 금융기관이 차입자의 직업, 신용점수, 연체실적 등에 따라 차등적용하는 것으로 차입자의 채무불이행가능성이 크다고 판단되면 가산금리를 더하고, 위험이 적거나 신용점수가 높으면 우대금리(prime rate) 등을 적용하여 대출금리를 인하하기도 한다.❶

(2) 변동금리저당대출의 특징

① 대출기관은 금리변동위험을 회피하기 위하여 변동금리대출상품을 판매한다. 즉, 변동금리대출은 금리변동위험을 대출기관이 차입자에게 전가시키는 형태로서, 차입자 입장에서는 고정금리에 비하여 금리변동위험이 큰 편이다.

② 대출기관 입장에서 금리변동위험을 차입자에게 전가하였다고 해서 금리변동위험이 완전히 제거되는 것은 아니다. 즉, 대출 이후 시장금리가 하락하면 변동금리대출의 수익성이 악화되는 문제가 있고, 이러한 문제를 해결하기 위하여 대출기관은 이자율스왑(swap)을 활용하거나 금리하한선(floor)이 설정된 대출상품을 판매하기도 한다.

③ 기준금리의 조정주기가 짧을수록(3개월 ➔ 1개월) 금리변동위험은 대출기관에서 차입자에게 더 많이 전가된다. 다른 조건이 일정할 경우, 기준금리의 조정주기가 짧은 것보다 긴 상품을 이용하는 것이 차입자의 금리변동위험을 줄일 수 있다. 반면에 기준금리의 조정주기가 길수록(3개월 ➔ 6개월) 대출기관 입장에서 금리변동위험이 커지므로 최초 적용되는 대출금리는 높아지게 된다.❷

④ 향후 시장금리가 하락할 것이라 예상되면 차입자는 변동금리상품을 이용하는 것이 유리할 것이다. 반면에 대출 이후 시장금리가 상승하게 되면 차입자의 금리변동위험이 커지는 문제가 발생한다.

⑤ 금리상한선(cap)이 설정된 대출상품은 차입자를 금리 상승에 따른 위험으로부터 어느 정도 보호해 준다.

---

❶ 변동금리형 주택담보대출은 차입자가 금리변동위험에 많이 노출되어 있고, 차입자가 대출원금을 일시에 상환하여야 하는데 주택의 담보가치가 하락하거나 차입자의 상환능력이 부족해지면 주택담보대출이 부실화될 가능성이 높다.

❷ 대출 이후 주택가치가 하락하면 담보인정비율(LTV)이 상승하게 되므로 대출기관의 위험이 커진다. 또한 차입자의 소득수준이 낮아지고 신용점수의 하락, 연체실적 등이 발생하면 대출기관은 가산금리를 인상하여 위험을 관리하게 된다.

용어사전
유효이자율
명목(대출)이자율이 동일하더라도 이자 계산기간이 짧을수록 유효이자율은 높아진다.
예 1년 만기 대출의 경우 대출기관은 기간 중 4회에 나누어 이자를 받는 것이 기말에 한 번 받는 것보다 유리하다.

확인예제

주택담보대출에 관한 설명으로 틀린 것은? 제32회

① 담보인정비율(LTV)은 주택담보대출 취급시 담보가치에 대한 대출취급가능금액의 비율을 말한다.
② 총부채상환비율(DTI)은 차주의 소득을 중심으로 대출 규모를 결정하는 기준이다.
③ 담보인정비율이나 총부채상환비율에 대한 구체적인 기준은 한국은행장이 정하는 기준에 의한다.
④ 총부채원리금상환비율(DSR)은 차주의 총 금융부채 상환부담을 판단하기 위하여 산정하는 차주의 연간 소득대비 연간 금융부채 원리금상환액 비율을 말한다.
⑤ 변동금리주택담보대출은 이자율 변동으로 인한 위험을 차주에게 전가하는 방식으로 금융기관의 이자율 변동위험을 줄일 수 있다.

해설
담보인정비율이나 총부채상환비율에 대한 기준은 정부기관인 금융위원회의 기준이나 금융위원회에서 정하는 지침에 따라 금융기관에 의해 정해진다. 중앙은행인 한국은행은 물가수준관리 및 통화안정(예 통화량 조절 등)의 역할을 수행한다. ➡ 정부와 독립된 기관이다.

정답: ③

제4절 부동산저당대출의 상환방식 제26·27·28·29·31·32·33·35회

저당대출의 상환방식❶은 대출상품에 따라 달라지며 차입자가 선택할 수 있다.

(1) 원리금균등상환방식(Fully Amortized Mortgage loan)

대출 총기간에 걸쳐서 만기까지의 총이자금액을 미리 산출하고 융자원금에 이자총액을 합산한 총원리금을 대출기간으로 나눔으로써, 매기 원리금이 일정하게 지불되는 대출방식이다. CPM(Constant Payment Mortgage loan)이라고도 한다. 이는 주택금융에서 가장 보편적으로 사용되는 상환방식으로 단독주택, 공동주택, 상업용 부동산에까지 광범위하게 사용되고 있다.

① 원리금균등상환방식은 매년 원리금(상환금액)이 균등·일정한 방식이다.
② 매년 원리금, 이자지급분, 원금상환분, 잔금(잔고)을 구하는 과정은 다음과 같다.

> 1. 매년 원리금 = 대출원금(융자금, 저당대부액) × 저당상수❷
> 2. 매년 이자지급분 = 저당잔금 × 이자율
> 3. 매년 원금상환분 = 원리금 − 매년의 이자지급분

대출원금 1억원, 대출기간(만기) 20년, 금리 10%인 경우(저당상수 = 0.11746)의 상환조건표❸

(단위: 원)

기간	원리금	이자지급분	원금상환분	잔금	잔금비율
0	0	0	0	100,000,000	1.00000
1	11,746,000	10,000,000	1,746,000	98,254,000	0.98254
2	11,746,000	9,825,400	1,920,600	96,333,400	0.96334
…	…	…	…	…	…
19	11,746,000	2,008,380	9,737,620	10,676,180	0.106762
20	11,746,000	1,067,618	10,678,382	0	0
	균등(일정)	감소	증가		

원리금균등상환방식의 현금흐름의 변화

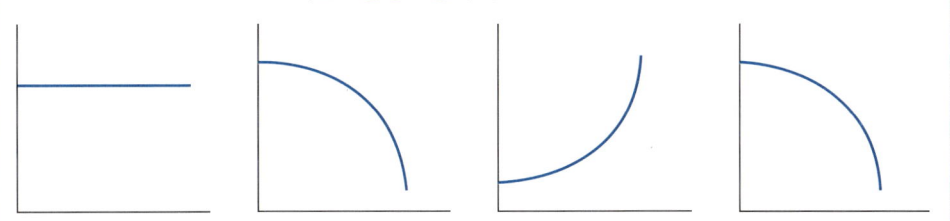

❶ 저당대출의 상환방식
원리금균등상환방식, 원금균등(체감식)상환방식, 체증식 상환방식, 계단식 상환방식, 원금만기일시상환방식 등이 있다.

학습 Point
1. 계산
2. 상환방식의 구조
3. 다른 방식과 비교

❷ 저당상수
$$\frac{r}{1-(1+r)^{-n}}$$

❸
상환조건표는 매기의 원리금, 이자지급분, 원금상환분, 잔금과 잔금비율을 표기한 것이다. 상환조건표를 통하여 저당대출에 대한 원금상환분과 이자지급분이 시간에 따라 어떻게 달라지는지 볼 수 있다.

③ 원리금균등상환방식에서 매기의 원리금은 일정(균등)하지만, 원리금에서 원금과 이자의 구성 비율은 시간이 경과함에 따라 달라진다.
　㉠ 상환 초기에는 이자지급분이 차지하는 비중이 크지만, 매기 원금이 상환되고 잔금이 감소함에 따라 후기로 갈수록 이자지급분은 점차 감소한다. 따라서, 이자지급곡선은 음(−)의 기울기를 갖는다.
　㉡ 상환 초기에 원금상환분이 차지하는 비중은 작지만, 후기로 갈수록 원금상환분이 차지하는 비중은 점차 커진다. 따라서 원금상환곡선은 양(+)의 기울기를 갖는다. 다음 그림은 원리금에서 원금상환분과 이자지급분의 변화를 보여주는 것으로서, 대출만기가 20년일 경우 13~14년쯤 지나야만 대출원금의 절반 정도가 상환된다는 것을 보여준다. ❶

❶ 원리금균등상환방식은 원금상환분과 이자지급분이 비대칭적인 구조를 나타내므로 상환기간의 2분의 1이 지나도 대출원금의 절반 정도도 상환되지 않는다. 즉, 대출기간의 약 3분의 2 정도가 지나야만 대출원금의 절반 정도가 상환되는 구조이다.

원리금균등상환방식에서의 원금상환분과 이자지급분의 변화

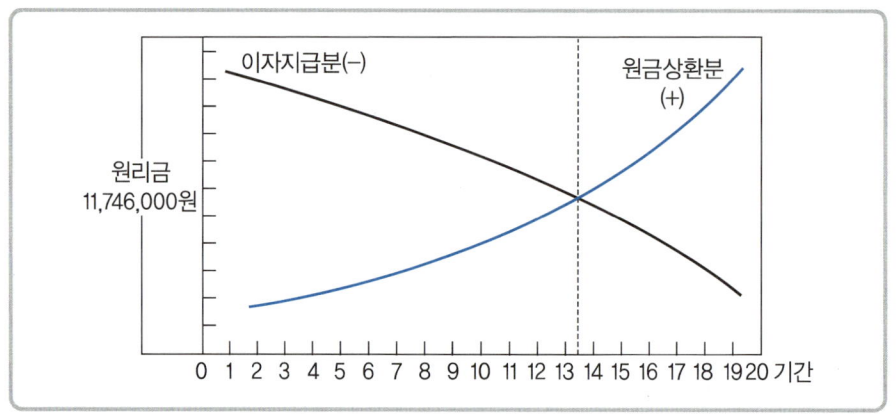

④ **원리금균등상환방식의 특징**: 원리금균등상환방식은 매기의 원리금상환액이 일정하므로 차입자의 소득이 일정한 경우에 적합한 방식이다.
　㉠ 원리금균등상환방식은 원금균등상환방식에 비하여 차입자의 초기 상환부담이 적은 편이다.
　㉡ 원리금균등상환방식은 원금균등상환방식보다 대출기관의 원금회수속도가 느린 편이다.
　㉢ 잔고가 신속하게 감소하지 않으므로 전체 대출기간을 고려한 차입자의 이자상환부담은 원리금균등상환방식이 원금균등상환방식에 비하여 많은 편이다.
　㉣ 차입자 입장에서 대출 초기에 원리금 상환부담을 줄이고자 한다면 원리금균등상환방식이 적합하지만, 잔금이 신속하게 감소하지 않아 대출만기까지의 이자부담(누적 원리금지불액)은 원금균등상환방식보다 많은 편이다.

(2) 원금균등상환방식(CAM; Constant Amortization Mortgage loan) = 체감식 상환방식

대출원금을 대출기간으로 균등하게 나누어 매기 일정한 금액(원금)을 상환하고, 이자는 매기 줄어든 융자액(잔금)에 대해서만 지급하는 방식이다. 이자는 초기에 많고, 기간이 지날수록 원금이 상환되어 대출잔액이 감소함에 따라 이자도 점차 줄어드는 특징이 있다.

① 원금균등상환방식은 매년(매기) 상환하는 원금이 균등(일정)한 방식이다.
② 매년의 원금상환분, 이자지급분, 원리금, 잔금(잔고)을 구하는 과정은 다음과 같다.

> 1. 매년 균등한 원금(원금상환분) = 대출원금(융자금) ÷ 대출(상환)기간
> 2. 매년 이자지급분 = 저당잔금 × 이자율
> 3. 매년 원리금 = 매년 균등한 원금 + 저당잔금기준에 해당하는 이자

대출원금 1억원, 대출기간(만기) 20년, 금리 10%인 경우의 상환조견표

(단위: 원)

기간	원금상환분	이자지급분	원리금	잔금
0	0	0	0	100,000,000
1	5,000,000	10,000,000	15,000,000	95,000,000
2	5,000,000	9,500,000	14,500,000	90,000,000
…	…	…	…	…
19	5,000,000	1,000,000	6,000,000	5,000,000
20	5,000,000	500,000	5,500,000	0
	균등(일정)	감소	감소	

원금균등상환방식의 현금흐름의 변화

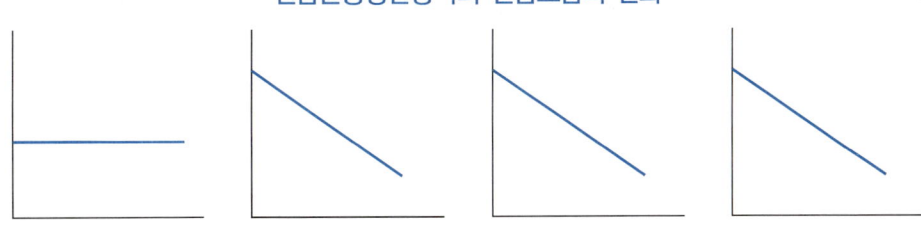

③ 매기 원금이 일정액씩 상환되므로 상환 후기로 갈수록 잔금이 감소하며, 잔금이 감소함에 따라 이자지급분도 점차 감소하게 된다. 즉, 원금상환분은 일정하고 이자지급분은 감소하기 때문에 전체 원리금도 상환기간이 지남에 따라 감소한다. 이와 같이 **첫회 원리금상환액이 가장 많고 상환기간이 지남에 따라 원리금상환액이 점차 감소하기 때문에 이를 체감식 상환방식이라고도 한다.**

④ 원금균등상환방식의 특징❶

㉠ 원금균등상환방식은 원리금균등상환방식보다 대출 초기에 원리금상환부담이 크다는 단점이 있지만, 원금상환액이 더 많아 잔금의 감소속도가 원리금균등상환방식보다 빠르므로 전체 기간 동안의 이자부담은 더 적은 편이다. 즉, **차입자가 전체 대출기간 동안의 이자상환부담을 줄이고자 한다면 원리금균등상환방식보다 원금균등상환방식이 더 적합하다.**

㉡ 대출기관 입장에서 **원금균등상환방식은 원리금균등상환방식보다 원금회수가 빠르기 때문에 대출 초기에 대출기관의 원금회수위험이 작은 편이다.**

㉢ 원금균등상환방식은 원리금균등상환방식보다 대출채권의 가중평균상환기간(Duration)이 더 짧다.❷

원금균등분할상환방식(CAM)의 원리금상환추이 및 잔고 변화

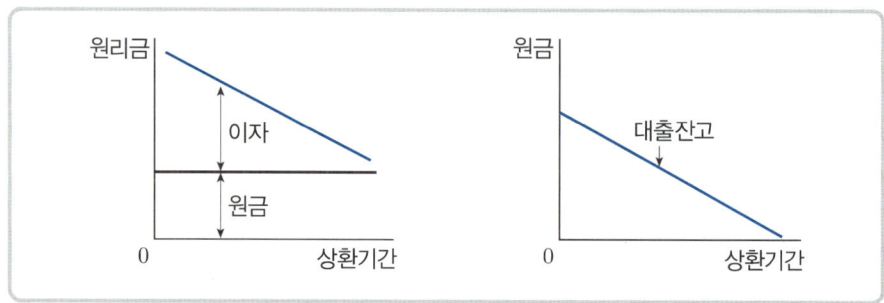

원리금균등상환방식과 원금균등상환방식의 원리금상환구조 요약

구분	원리금(A + B)	원금상환분(A)	이자지급분(B)
원리금균등상환방식	일정	증가	감소
원금균등상환방식	감소	일정	감소

(3) 체증식 상환방식

원리금균등상환방식이나 원금균등상환방식보다 대출 초기에 상환액부담을 극히 낮추어 주고, **차입자의 소득이 증가함(계획된 증가율)에 따라 상환금액을 점차 늘려가는 형태로, 점증식 상환방식이라고도 한다.**

① 주로 미래에 **소득 증가가 예상되는 젊은 계층이나 주택의 보유예정기간이 짧은 사람에게 적합한 방법**이라 할 수 있다.

---

❶ 상환하여야 할 원금이 매기 균등하므로 대출기간의 2분의 1이 경과하면 정확하게 대출원금의 2분의 1이 감소한다. 동일한 조건에서 대출기간 10년이 지나면 상환한 원금은 5,000만원(= 500만원 × 10년)이 되고, 10년 말의 잔금도 5,000만원이 된다.

❷ 대출기관의 원금회수기간[= 가중평균상환기간(Duration)]
투자금액의 회수기간을 말하며, 대출채권의 만기가 길수록 금융기관(채권투자자)이 대출원금(투자금) 회수기간이 길어진다.

② 초기 상환금액이 매기 지급이자를 충당하기에 부족하므로(상환해야 할 원리금 중 이자 일부만 상환) 대출기관 입장에서는 부(−)의 상환이 발생할 수 있다. 즉, **대출 초기에 대출기관의 원금회수위험이 큰 편이다.**❶

③ 차입자 입장에서는 초기에 상환부담이 낮은 편이지만, 그만큼 대출기관 입장에서는 원금균등상환방식이나 원리금균등상환방식보다 대출 초기에 원금회수가 늦은 편이다. 이러한 체증식 상환방식은 한국주택금융공사의 보금자리론에 활용되고 있다.

❶ 대출초기에 원금은 회수하지 않고, 이자의 일부만 회수한다. 회수하지 못한 이자의 일부가 원금에 가산되므로 대출잔액이 증가한다.

체증식 상환방식의 원리금상환추이 및 잔고변화

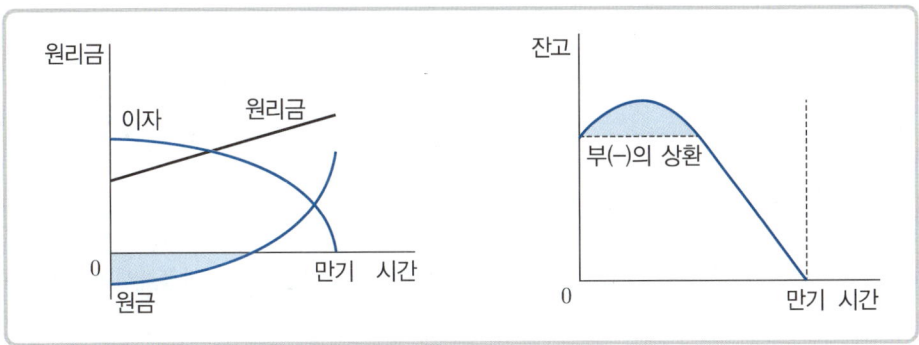

핵심 콕! 콕! 원리금균등 · 원금균등 · 체증식 상환방식 비교

Tip 각 상환방식의 원리금상환구조를 이해하면 각각을 비교하는 순서는 덤으로 얻게 된다. 세 가지 상환방식을 비교할 경우, 두 번째에 해당하는 것은 '원리금균등상환'이라는 것을 염두에 두어야 한다.

차입자의 초기 상환금액이 큰 순서 대출기관의 대출원금회수가 빠른 순서 가중평균상환기간이 짧은 순서	원금균등상환방식 > 원리금균등상환방식 > 체증식 상환방식
초기 대출기관의 원금회수위험 크기	체증식 상환방식 > 원리금균등상환방식 > 원금균등상환방식
중도상환시 미상환대출잔액 크기	체증식 상환방식 > 원리금균등상환방식 > 원금균등상환방식
대출기간 전체를 고려한 이자상환 부담 정도❷	체증식 상환방식 > 원리금균등상환방식 > 원금균등상환방식

❷ 체증식 상환방식의 조건에 따라 전체 기간 이자상환부담 정도는 표에 제시된 부등호 크기와 다를 수 있다.

(4) 원금만기일시상환방식

① 대출기간 내에 이자만 상환하고 대출의 만기에 원금을 전액 일시상환하는 방식으로, 대출채권의 가중평균상환기간(Duration)이 가장 긴 편이다.
② 고정금리형 원금만기일시상환방식의 경우, 원리금분할상환방식보다 이자수입이 더 많다.
③ 변동금리형 원금만기일시상환방식의 경우, 대출금리가 상승하면 대출기관의 이자수입이 증가한다.

(5) 계단식 상환방식

체증식 상환방식과 원리금균등상환방식 두 가지를 절충하는 방법으로, 대출 초기에는 체증식 상환방식으로 상환하다가 일정기간이 지나면 원리금균등상환방식으로 전환되는 상환방식이다.

확인예제

저당상환방법에 관한 설명 중 옳은 것을 모두 고른 것은? (단, 대출금액과 기타 대출조건은 동일함)

제29회

㉠ 원금균등상환방식의 경우, 매 기간에 상환하는 원리금상환액과 대출잔액이 점차적으로 감소한다.
㉡ 원리금균등상환방식의 경우, 매 기간에 상환하는 원금상환액이 점차적으로 감소한다.
㉢ 점증(체증)상환방식의 경우, 미래 소득이 증가될 것으로 예상되는 차입자에게 적합하다.
㉣ 대출기간 만기까지 대출기관의 총이자수입 크기는 '원금균등상환방식 > 점증(체증) 상환방식 > 원리금균등상환방식'순이다.

① ㉠, ㉡
② ㉠, ㉢
③ ㉠, ㉣
④ ㉡, ㉣
⑤ ㉢, ㉣

해설

옳은 항목은 ㉠㉢이다.
㉡ 원리금균등상환방식의 경우, 매 기간에 상환하는 원금상환액이 점차적으로 증가한다.
㉣ 대출기간 만기까지 대출기관의 총이자수입 크기는 '점증(체증)상환방식 > 원리금균등상환방식 > 원금균등상환방식'순이다.

정답: ②

제5절 우리나라의 주택금융 제28회

공공부문의 주택금융은 정부 주도하에 주택도시기금과 한국주택금융공사가 많은 역할을 담당하고 있으며, 주택신용보증기금과 주택도시보증공사도 안정적인 주택금융을 제공하는 데 기여하고 있다.

(1) 「주택도시기금법」과 주택도시기금

① 「주택도시기금법」의 제정목적과 기금의 설치
  ㉠ 「주택도시기금법」은 주택도시기금을 설치하고 주택도시보증공사를 설립하여 주거복지 증진과 도시재생 활성화를 지원함으로써 국민의 삶의 질 향상에 이바지함을 목적으로 제정되었다.
  ㉡ 정부는 「주택도시기금법」의 목적을 달성하기 위한 자금을 확보·공급하기 위하여 주택도시기금을 설치하였다.
  ㉢ 주택도시기금은 국민주택채권을 발행하거나 입주자저축 등으로 기금의 재원을 조성한다.
  ㉣ **국토교통부장관은 주택도시기금을 운용하기 위하여 기금의 부담으로 한국은행 또는 금융기관 등으로부터 자금을 차입할 수 있다.**

> **더 알아보기** 주택청약종합저축
>
> 1. 현재 시행중인 제도로, 국민주택과 민영주택을 가리지 않고 모든 신규분양주택에 사용할 수 있다.
> 2. 무주택자는 물론 유주택자와 세대주가 아닌 사람 그리고 미성년자 등 누구든지 1인 1계좌로 가입할 수 있고, 매월 2만원 이상 50만원 이내에서 납입할 수 있다. 「예금자보호법」에 의하여 보호되지는 않으나, 주택도시기금의 조성 재원으로 정부가 관리한다.
> 3. 주택도시기금의 수탁은행으로는 2025년 9월 현재 우리은행(주간사은행), 농협은행, 기업은행, 신한은행, 하나은행, 국민은행 등 9개 은행이 있다.

② 계정의 구분 및 기금의 용도: **주택도시기금은 주택계정 및 도시계정으로 구분하여 운용·관리한다.**❶
  ㉠ 주택계정의 주요 용도
    ⓐ 국민주택 및 준주택❷의 건설
    ⓑ 국민주택규모 이하 및 준주택의 구입·임차 또는 개량
    ⓒ 국민주택규모 이하인 주택의 리모델링
    ⓓ 국민주택을 건설하기 위한 대지조성사업 등
  ㉡ 도시계정의 용도: 「도시재생 활성화 및 지원에 관한 특별법」에 따른 도시재생사업의 시행에 필요한 비용의 출자·투자 또는 융자 등

---

❶ 주택도시기금은 공공임대주택리츠나 민간임대주택리츠에 임대주택의 공급에 관한 자금을 지원하고 있다.

❷ **준주택**
기숙사, 오피스텔, 다중생활시설, 노인복지주택

③ 기금의 운용 및 관리
　㉠ 주택도시기금은 국토교통부장관이 운용·관리한다.
　㉡ 국토교통부장관은 기금의 운용·관리에 관한 사무의 전부 또는 일부를 주택도시보증공사에 위탁할 수 있다.
　㉢ 주택도시보증공사는 위탁받은 사무의 일부를 국토교통부장관의 승인을 받아 금융기관 등에 재위탁할 수 있다. 다만, 국토교통부장관은 필요하다고 인정하는 경우 금융기관 등에 직접 위탁할 수 있다.

(2) **주택도시보증공사**(HUG; Korea Housing&Urban Guarantee Corporation)

주택도시보증공사는 주택도시기금의 전담 운용기관이다. 주택선분양제도하에서 주택건설사업자의 주택 완공을 보증해 입주예정자의 안전한 입주를 보장하는 기관으로, 건설회사의 부도 발생시에 계약자에게 계약금·중도금을 환급받게 해주거나 새로운 시공사를 선정하여 계속 공사를 진행할 수 있도록 주택사업보증업무를 수행한다. 도시 내 공공이 보유한 토지를 활용하여 임대주택을 공급하는 등 도시재생사업도 수행한다.

① 설립 및 자본금
　㉠ 「주택도시기금법」의 목적을 달성하기 위한 각종 보증업무 및 정책사업 수행과 기금의 효율적 운용·관리를 위하여 주택도시보증공사를 설립하였다.
　㉡ 주택도시보증공사는 법인으로 하며, 자본금은 10조원으로 하고 그 2분의 1 이상을 정부가 출자한다.

② 주요업무❶
　㉠ 주택도시기금의 운용·관리에 관한 사무
　㉡ 분양보증, 임대보증금보증, 하자보수보증, 전세보증금반환보증 그 밖에 대통령령으로 정하는 보증업무❷
　㉢ 보증을 이행하기 위한 주택의 건설 및 하자보수 등에 관한 업무와 구상권 행사를 위한 업무
　㉣ 「자산유동화에 관한 법률」에 따른 유동화전문회사 등이 발행한 유동화증권에 대한 보증업무
　㉤ 부동산의 취득·관리·개량 및 처분의 수탁 등

---

❶ 주택도시보증공사는 부동산투자회사의 위탁을 받아 부동산투자회사의 자산보관업무를 수행한다.

❷ 「전세사기피해자 지원 및 주거안정에 관한 특별법」이 제정, 시행되고 있다.

(3) 주택(금융)신용보증기금[1]

주택금융신용보증기금은 한국주택금융공사에 합병되어 있으며, 개인이나 주택건설사업자가 금융기관과 **차입계약을 할 때 보증인 역할을 수행**하며, **채무불이행을 방지·보전하여 주택금융을 활성화**하여 주택건설 촉진을 유도하며, 무주택 서민들의 주거안정을 기하는 데 그 목적이 있다.

① **주택신용보증기금의 용도**: 신용보증채무의 이행, 차입금의 원리금상환, 기금의 조성·운용 및 관리를 위한 경비, 기금의 육성을 위한 연구·개발 등에 사용한다.[2]

② **주요업무**: 전세자금보증, 중도금보증, 주택구입자금보증, 임대보증금 반환자금보증, 주택사업자보증 등의 업무를 수행한다.
  ㉠ **주택구입자금보증**: 은행에서 주택을 담보로 대출시 소액임차보증금을 공제하지 않고 주택담보대출비율(LTV)까지 대출을 받을 수 있는 보증
  ㉡ **임대보증금 반환자금보증**: 임차인에게 임대차보증금을 반환하기 위하여 금융기관으로부터 대출을 받고자 하는 보증
  ㉢ **주택사업자보증**: 주택사업자 또는 사업주가 분양하거나 임대할 목적으로 주택을 건설하기 위하여 주택도시기금으로부터 대출을 받는 경우 지원되는 보증

(4) 한국주택금융공사(HF)

한국주택금융공사는 주택저당증권(MBS)을 발행하여 조달한 자금을 금융기관에게 제공하여 주택수요자에게 필요한 자금을 공급하는 역할을 수행하고 있다.

① 보금자리론(Loan) 일반적 개요 - 2025년 9월 기준

대출금리	고정금리 적용
대상주택	부동산 등기부등본상 6억원 이하 주택[3](아파트, 연립주택, 다세대주택, 단독주택만 가능), 대출한도: 최대 3.6억원
대출기간	10년, 15년, 20년, 30년, 40년, 50년
상환방식	원리금균등분할상환, 원금균등(체감식)분할상환, 체증식 분할상환 ➡ 거치기간 없음[4]
중도상환	중도상환액에 대하여 수수료 부과

② 초장기 보금자리론

대출만기	채무자 요건
40년	만 39세 이하 또는 신혼가구
50년	만 34세 이하 또는 신혼가구

● 대출의 만기가 길수록(상환기간이 길어질수록) DTI비율이 낮아진다.

③ 그 밖에 생애최초 주택구입자 보금자리론, 주택연금 사전예약 보금자리론, 전세사기피해자 보금자리론, 디딤돌대출 등 다양한 상품을 공급하고 있다.

---

[1] 신용보증제도는 주택수요자(개인) 및 주택사업자가 은행에서 주택 관련 대출을 받고자 할 때 담보능력이 부족하여 대출이 어려운 경우, 개인 또는 기업의 신용도를 심사한 후 신용보증서를 제공하여 대출을 받을 수 있도록 하는 제도이다.

[2] 주택금융신용보증기금의 용도 및 업무는 한국주택금융공사법에 근거한다.

[3] 주거용 오피스텔, 근린생활시설, 숙박시설 등은 제외한다.

[4] DTI, 대출구조, 인정소득에 의한 소득산정 등에 따라 LTV 한도는 달라질 수 있다.

용어사전
(안심전환)적격대출
국민의 내집마련과 가계부채의 구조개선을 위해 만든 장기고정금리대출상품을 말한다.
➡ 변동금리형 기존 주택담보대출 대환용 상품으로, 주택가격 9억원까지, 소득제한이 없다.

용어사전

제도권(공식적)금융
정부·공공기관·금융기관으로부터 자금을 조달하는 것을 말한다.

비제도권(비공식적)금융
정부·공공기관·금융기관 등을 통하지 않고 전세제도나 주택선분양제도를 통하여 자금을 조달하는 것을 말한다.

> **확인예제**
>
> **주택도시기금법령상 주택도시기금 중 주택계정의 용도가 아닌 것은?** 제28회
>
> ① 국민주택의 건설에 대한 융자
> ② 준주택의 건설에 대한 융자
> ③ 준주택의 구입에 대한 융자
> ④ 국민주택규모 이상인 주택의 리모델링에 대한 융자
> ⑤ 국민주택을 건설하기 위한 대지조성사업에 대한 융자
>
> **해설**
>
> 주택도시기금의 주택계정에서는 국민주택규모 이상인 주택의 리모델링에 대한 융자(자금지원)는 하지 않는다. 주택도시기금은 주택건설자금의 원활한 공급을 통한 주택건설 촉진 및 무주택 서민을 위한 저리의 주택자금지원으로, 서민의 주거안정을 도모하기 위하여 조성된 기금이다.
>
> > 「주택도시기금법」 제9조【기금의 용도】① 기금의 주택계정은 다음 각 호의 용도에 사용한다.
> > 1. 다음 각 목에 대한 출자 또는 융자
> >   가. 국민주택의 건설
> >   나. 국민주택규모 이하의 주택의 구입·임차 또는 개량
> >   다. 준주택의 건설
> >   라. 준주택의 구입·임차 또는 개량
> >   마. 국민주택규모 이하인 주택의 리모델링
> >   바. 국민주택을 건설하기 위한 대지조성사업
> >   사. 「주택법」 제51조에 따른 공업화주택(대통령령으로 정하는 규모 이하의 주택으로 한정한다)의 건설
> >   아. 주택 건축공정이 국토교통부령으로 정하는 기준에 도달한 이후 입주자를 모집하는 국민주택규모 이하인 주택의 건설
> >   자. 「주택법」 제64조 제2항에 따라 한국토지주택공사가 분양가상한제 적용주택을 우선 매입한 비용
> >   차. 「경제자유구역의 지정 및 운영에 관한 특별법」 제4조에 따라 지정된 경제자유구역의 활성화를 위한 임대주택의 건설 및 이와 관련된 기반시설 등의 설치에 필요한 자금
>
> 정답: ④

제6절 주택연금제도 - 역저당(Reverse Mortgage) 제28·31·33·35회

(1) 개념
금융기관이 주택을 담보로 하여 차입자에게 연금형식으로 일정액을 지급하고, 연금기간 종료시 주택을 처분하여 지급된 원금과 누적된 이자를 한꺼번에 상환받는 방식이다. 역연금저당은 현재 주택은 소유하고 있으나 일정소득이 없는 경우에 매월 일정액씩 연금형식으로 지급하는 경우로서, 연금이용자가 사망하거나 기간 말에 대상주택이 처분되면 종료된다.

(2) 한국주택금융공사의 주택연금(역모기지론)
① **개념**: 한국주택금융공사가 지급보증하는 '주택담보노후연금보증서' 연계대출로서, 소득이 부족한 노년층이 주택을 담보로 맡기고 자신의 주택에 거주(소유권 유지)하면서 매달 연금을 받는 제도를 말한다.❶

② **주택소유자가 담보를 제공하는 방식**
  ㉠ 저당권(설정등기)방식: 주택소유자가 주택에 저당권을 설정하여 담보로 제공하는 방식
   ⓐ 보증금 있는 임대차 불가(원칙적 사항)
   ⓑ 주택소유자 사망 후 배우자에게 승계시 소유권이전등기, 저당권변경등기 필요함
  ㉡ 신탁(등기)방식: 주택소유자와 공사가 체결하는 신탁계약에 따른 신탁 등기(소유권이전)하여 담보로 제공하는 방식
   ⓐ 보증금 있는 임대차 가능
   ⓑ 신탁계약에 따라 주택소유자 사망 후 별도의 절차(공동상속인 동의 등) 없이 배우자로 연금 자동승계(안정적 연금승계)

③ **특징**
  ㉠ 한국주택금융공사가 연금가입자를 위하여 은행에 보증서를 발급하고, 은행은 공사의 보증서에 의하여 가입자에게 주택연금을 지급한다.
  ㉡ 평생거주·평생지급: 평생 동안 가입자 및 배우자 모두에게 거주와 연금지급을 보장. 소유자 및 배우자 사망시까지(종신) 보증

④ **내용(2025년 기준)**
  ㉠ 가입요건: 부부 중 1명이 55세 이상이고 부부합산 공시가격 12억원 이하 주택을 소유한 자
  ㉡ 대상주택: 공시가격 등이 12억원 이하 주택, 지방자치단체에 신고된 노인복지주택 및 주거목적 오피스텔(상가 등 복합용도주택은 전체 면적 중 주택이 차지하는 면적이 2분의 1 이상인 경우 가입할 수 있다)이다. 단, 확정기간방식은 노인복지주택을 제외한다.

---
❶ 국가가 연금지급을 보증하므로 연금지급 중단위험이 없다. 주택연금은 배우자에게 승계될 수 있다.

ⓒ 적용금리
  ⓐ 변동금리(CD금리 또는 COFIX 신규취급액)
  ⓑ 이자는 매월 대출잔액에 가산되고 있어, 가입자가 직접 현금으로 납부할 필요가 없으므로 매기 상환부담은 없다.
ⓔ 지급방식❶: 일반형, 주택담보대출 부분상환용, 우대방식
  ⓐ 종신방식: 월 지급금을 종신토록 지급받는 방식이다.
    • 종신지급방식: 인출한도 설정 없이 월 지급금을 종신토록 지급하는 방식이다.
    • 종신혼합방식: 인출한도(대출한도의 50% 이내) 설정 후 나머지 부분을 월 지급금으로 종신토록 지급받는 방식이다.
  ⓑ 확정기간방식
    • 고객이 선택한 일정기간 동안만 월 지급금을 지급받는 방식이다.
    • 확정기간혼합방식: 수시인출한도 설정 후 나머지 부분을 월 지급금으로 일정기간 동안만 지급받는 방식이다.
  ⓒ 대출상환방식: 주택담보대출 상환용으로 인출한도(대출한도의 50% 초과 90% 이내) 범위 안에서 일시에 찾아 쓰고 나머지 부분을 월 지급금으로 종신토록 지급받는 방식이다. 단, 매기의 담보대출이자는 상환한다.
  ⓓ 우대방식: 부부기준 2억원 미만의 1주택 소유자이면서, 1인 이상이 기초연금수급자일 경우 일반 주택연금 대비 최대 20% 이상 더 수령한다.

> **더 알아보기** 지급받을 연금액의 계산❷
>
> 확정기간방식의 경우 담보인정비율의 50%에 해당하는 금액이 2억원이라 가정하고, 2억원의 연금을 20년 동안 나누어 받고자 할 때 매년 받는 연금은 2억원에 감채기금계수(20년)를 곱하여 구할 수 있다.
>
> 매년 연금지급액 = 2억원 × 감채기금계수(20년, $r = 10\%$, 0.017460)
> = 3,492,000원

ⓕ 대출금상환: 이용자 사망 후 주택처분가격으로 일시상환한다.❸

금액 비교	비고
주택처분금액 > 연금지급총액	남는 부분에 대하여 채무자(상속인)에게 돌려줌
주택처분금액 < 연금지급총액	부족분에 대하여 채무자(상속인)에게 별도 청구 없음

---

❶ 연금지급액 산정시 이용자의 소득수준과 상환능력(DTI)은 적용하지 않는다.

용어사전
인출한도
의료비, 교육비, 주택수선유지비 및 주택담보대출 상환용도나 담보주택에 대한 임대차보증금 반환용도 등 대출한도의 50% 이내에서 수시로 지급받을 수 있도록 미리 설정한 금액이다.

❷ 연금수령이 경과할수록 대출잔액이 누적된다.

❸ 한국주택금융공사는 주택연금 담보주택의 가격하락에 대한 위험을 부담할 수 있다.

ⓑ 주택담보노후연금채권 등의 행사 범위(「한국주택금융공사법」 제43조의4)
- ⓐ 주택담보노후연금채권 및 공사의 주택담보노후연금보증채무 이행으로 인한 구상권은 주택담보노후연금채권을 담보한 대상주택(이하 "담보주택"이라 한다)에 대하여만 행사할 수 있다.
- ⓑ 그럼에도 불구하고, 한국주택금융공사와 금융기관이 담보주택에서 회수하지 못하는 금액에 대하여는 채무자의 다른 재산에 대하여도 주택담보노후연금채권 및 구상권을 행사할 수 있다.

ⓢ 중도상환수수료 없이 언제든지 전부·일부 정산이 가능하다. 단, 초기보증료는 환급되지 않는다.

ⓞ 주택연금 종료사유
- ⓐ 주택연금 이용자와 배우자가 모두 사망한 경우
- ⓑ 주택연금 이용자가 사망한 후 배우자가 6개월 이내에 담보주택 소유권이전등기(신탁계약에 따른 주택담보노후연금보증은 제외) 및 금융기관에 대한 주택연금대출인수를 마치지 않은 경우
- ⓒ 주택연금 이용자와 배우자가 담보주택에서 다른 장소로 이사한 경우(단, 담보주택을 변경한 경우 및 입원 등 공고하는 사유로 승인을 받은 경우는 제외)
- ⓓ 주택연금 이용자와 배우자가 1년 이상 계속 담보주택에 거주하지 않는 경우(단, 입원 등 공고하는 사유로 거주하지 않는 경우는 제외)
- ⓔ 주택연금 이용자가 담보주택의 소유권을 상실한 경우(단, 신탁방식으로 가입한 경우와 재개발, 재건축, 리모델링 등으로 소유권을 상실한 경우는 제외)

ⓩ 주택담보노후연금보증을 받은 자의 보호
- ⓐ 주택담보노후연금을 받을 권리는 양도·압류하거나 담보로 제공할 수 없다.
- ⓑ 주택담보노후연금보증을 받은 사람과 그 배우자의 신탁수익권은 양도·압류·가압류·가처분하거나 담보로 제공할 수 없다.
- ⓒ 지정된 주택연금전용계좌의 예금에 관한 채권은 압류할 수 없다.

> **확인예제**

한국주택금융공사의 주택담보노후연금(주택연금)에 관한 설명으로 옳은 것은? 제35회

① 주택소유자와 그 배우자의 연령이 보증을 위한 등기시점 현재 55세 이상인 자로서 소유하는 주택의 기준가격이 15억원 이하인 경우 가입할 수 있다.
② 주택소유자가 담보를 제공하는 방식에는 저당권 설정등기 방식과 신탁 등기 방식이 있다.
③ 주택소유자가 생존해 있는 동안에만 노후생활자금을 매월 연금 방식으로 받을 수 있고, 배우자에게는 승계되지 않는다.
④ 「주택법」에 따른 준주택 중 주거목적으로 사용되는 오피스텔의 소유자는 가입할 수 없다.
⑤ 주택담보노후연금(주택연금)을 받을 권리는 양도·압류할 수 있다.

> **해설**

주택연금에서 주택소유자가 담보를 제공하는 방식은 (전통적인)저당권 설정등기방식과 신탁등기방식(신탁방식 주택연금)이 있다.
① 주택소유자와 그 배우자의 연령이 보증을 위한 등기시점 현재 55세 이상인 자로서 소유하는 주택의 기준가격이 12억원 이하인 경우 가입할 수 있다.
③ 주택소유자가 생존해 있는 동안에만 노후생활자금을 매월 연금 방식으로 받을 수 있고, 배우자에게는 승계될 수 있다.(단, 저당권 설정등기방식은 소유권 이전등기와 저당권 변경 등기가 요구됨)
④ 주거목적으로 사용되는 오피스텔의 소유자는 가입할 수 있다.
⑤ 주택담보노후연금(주택연금)을 받을 권리는 타인에게 양도·압류할 수 없다.

정답: ②

제2장 부동산증권론 및 개발금융

제1절 자산유동화(ABS; Asset-Backed Securities)제도 제30·31·33·34회

(1) 「자산유동화에 관한 법률」

① **개요**: 1998년 금융기관과 일반기업의 자금조달을 원활하게 하여 재무구조의 건전성을 높이고, 주택자금의 안정적인 공급을 통하여 주택금융기반을 확충하기 위하여 「자산유동화에 관한 법률」에 의해 자산유동화제도를 도입함으로써 자산유동화증권의 발행이 시작되었다. ❶

② **목적**: 금융기관과 일반기업 등의 자금조달을 원활하게 하여 재무구조의 건전성을 높이고, 장기적인 주택자금의 안정적인 공급을 통한 주택금융기반 확충을 위하여 자산유동화에 관한 제도를 확립하며, 자산유동화에 따라 발행되는 유동화증권에 투자한 투자자를 보호함으로써 국민경제의 건전한 발전에 기여함을 목적으로 한다.

(2) 자산유동화증권(ABS)의 개념

자산유동화증권(ABS; Asset-Backed Securities)이란 기업이나 금융기관이 보유하고 있는 자산(예 매출채권, 카드대출채권, 부동산저당채권 등)을 표준화하고 특정조건별로 집합(Pooling)하여 이를 바탕으로, **기초자산의 현금흐름을 이용하여 유동화전문회사(SPC) 등이 발행하는 유가증권**을 말한다. ❷❸

(3) 「자산유동화에 관한 법률」의 주요내용

① "유동화자산"이란 자산유동화의 대상이 되는 채권, 부동산, 지식재산권 및 그 밖의 재산권을 말한다.

② **자산양도의 방식**: 유동화자산의 양도는 자산유동화계획에 따라 다음의 방식으로 하여야 한다. 이 경우 해당 유동화자산의 양도는 담보권의 설정으로 보지 아니한다.

　㉠ 매매 또는 교환으로 할 것

　㉡ 유동화자산에 대한 수익권 및 처분권은 양수인이 가질 것. 이 경우 양수인이 해당 자산을 처분할 때에 양도인이 이를 우선적으로 매수할 수 있는 권리를 가지는 경우에도 수익권 및 처분권은 양수인이 가진 것으로 본다.

　㉢ 양도인은 유동화자산에 대한 반환청구권을 가지지 아니하고, 양수인은 유동화자산에 대한 대가의 반환청구권을 가지지 아니할 것

---

❶ **주요 부동산 관련 제도 도입시기**
- 공인중개사제도(1985년)
- 부동산실명제(1995년)
- 자산유동화제도(1998년)
- 부동산거래신고제(2006년)

❷ 자산유동화증권은 자산보유자의 신용도와 분리되어 자산 자체의 신용도로 발행된다.

❸ 자산유동화증권은 다양한 구조(structure)와 신용보강 등을 통하여 일반적으로 자산보유자보다 높은 신용도를 지닌 증권이라 할 수 있다.

용어사전
양도인
자산보유자로서, 유동화대상 자산을 보유한 금융기관 등을 말한다.

양수인
유동화전문회사 등을 말한다.

㉣ 양수인이 양도된 자산에 관한 위험을 인수할 것. 다만, 해당 유동화자산에 대하여 양도인이 일정 기간 그 위험을 부담하거나 하자담보책임(채권의 양도인이 채무자의 지급능력을 담보하는 경우를 포함한다)을 지는 경우는 제외한다.

③ **유동화전문회사**, 신탁업자 및 자산유동화업무를 전업으로 하는 외국법인은 **자산유동화에 관하여 자산유동화계획을 금융위원회에 등록하여야 한다.**❶

❶ 유동화전문회사 등(신탁업자는 제외한다)이 등록할 수 있는 자산유동화계획은 유동화자산 및 자산보유자의 수에 관계없이 1개로 한정한다.

④ **유동화전문회사(명목회사; SPC)는 주식회사 또는 유한회사로 한다.**❷

㉠ 유동화전문회사는 자산유동화 고유 업무 외의 다른 업무를 할 수 없다.
㉡ 본점 외의 영업소를 설치할 수 없으며, 직원을 고용할 수 없다.
㉢ 유동화전문회사가 아닌 자는 그 상호 또는 업무를 표시할 때 유동화전문회사임을 나타내는 명칭을 사용하여서는 아니 된다.
㉣ 다른 회사와 합병하거나 다른 회사로 조직을 변경할 수 없다.

⑤ "**유동화증권**"이란 유동화자산을 기초로 하여 자산유동화계획에 따라 발행되는 **주권, 출자증권, 사채(社債), 수익증권, 그 밖의 증권이나 증서를 말한다.**

㉠ 자산유동화계획에 따른 유동화증권의 발행에 관하여는 「**자산유동화에 관한 법률**」에서 달리 정한 경우를 제외하고는 「**상법**」, 「**자본시장과 금융투자업에 관한 법률**」, 그 밖의 관계 법령에 따른다.
㉡ 유동화증권의 발행총액은 양도받거나 신탁받은 유동화자산의 매입가액 또는 평가가액의 총액을 한도로 한다. 이 경우 차입금액은 해당 발행총액에 포함하지 아니한다.

(4) 자산유동화제도의 기본구조

자산유동화제도는 다음과 같은 구조로 이루어진다.

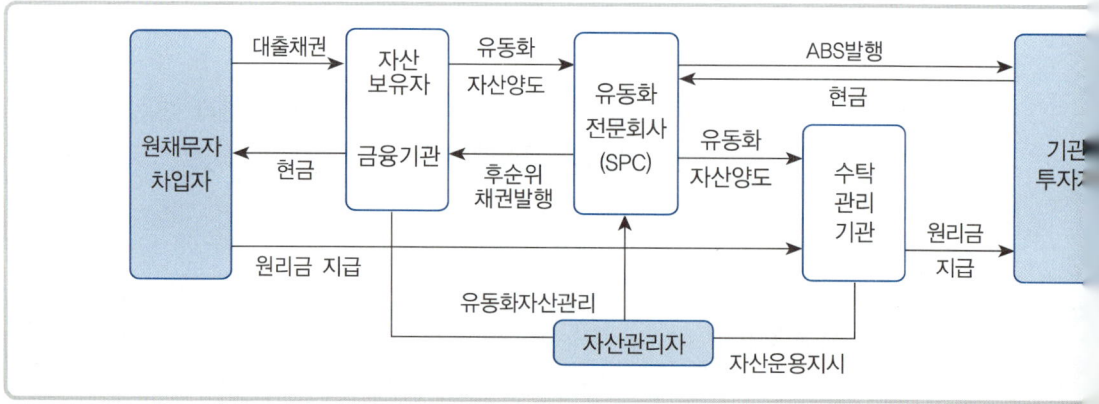

---

❶ 「상법」에 근거하는 자산담보부 기업어음(ABCP)은 금융위원회에 등록하지 않고 임의대로 유사자산을 반복하여 유동화할 수 있다.

❷ **유동화중개기관**
유동화증권의 발행을 원활하게 하고 자산보유자로부터 자산을 분리하기 위하여 설립하는 특수목적회사(SPC; Special Purpose Company)를 말한다. ➡ 명목회사

> **더 알아보기** 자산유동화증권(ABS; Asset-Backed Securities)

'자산유동화'를 ABS(Asset-Backed Securities)라고 하는데 'ABS증권'이란 자산유동화에 의하여 발행된 증권을 말하며, 여기서 유동화(流動化)는 현금흐름이 예상되는 자산을 증권화하여 유동화시킨다는 것을 의미한다. 즉, 현금흐름이 있는 자산가치를 근거로 증권을 발행하여 이를 유동화시키는 것을 'ABS'라 하고 자산유동화증권, 자산담보부증권 등의 용어로 사용된다. 주식, 채권, 자산유동화증권(ABS)을 구별하자면 다음과 같다.

- **주식**
  - 기업의 가치 총액에서 부채를 뺀 부분을 발행주식 수로 나눈 것이다.
  - 기업의 안정성·성장성·수익성이 주가를 결정하는 요인이 된다.

- **채권**
  - 채권 권면에 표시된 금액(예 액면이자율·쿠폰이자율 등)을 지급하는 부채증권으로, 신용평가회사의 신용 평가를 기준으로 발행된다.
  - 신용등급이 높을수록 낮은 금리로 자금을 조달할 수 있다.

- **ABS**
  - 현금흐름이 예상되는 자산가치를 근거로 주권, 사채 등으로 발행된다.
  - 자산(asset): 매출채권, 카드대출채권, 신용대출채권, 기업채권, 주택저당대출채권 등이 있다.

부동산금융과 관련된 주식과 채권의 개념

구분	채권	주식
자금조달형태	부채(대부)증권	지분(출자)증권
가치(가격)의 결정	신용평가사의 신용평가를 기준으로 신용등급 부여(예 AA−)	발행주체의 자산가치·수익가치·본질가치로 구성
자본의 성격	타인자본(부채)	자기자본(자본)
증권소유자의 권리	채권자(채권의 이자 수취)	주주(배당 획득)
증권의 성격	확정(고정)이자(변하지 않음)	배당은 가변적
증권가격의 변화 (가격변동위험존재)	• 금리↑ ➡ 채권가격↓ • 금리↓ ➡ 채권가격↑	투자원금 손실가능성(주가 하락 가능성) 있음
조달자금의 상환	만기에 일시상환	상환의무 없음
경영참여	불가능	가능
적용	• 국채·지방채·주택상환사채 • 부동산투자회사의 회사채 • 주택저당유동화채권(MBS)	• 부동산투자회사의 주식 • 부동산펀드의 수익증권 • 신디케이트의 출자증권
	자산유동화증권(ABS): 주로 채권(bond)형태로 발행되지만, 출자증권, 수익증권, 주권 등으로 발행할 수 있다.	

제2절 주택저당유동화증권(Mortgage Backed Securities) 및 제도

> **용어사전**
> **매수금저당**
> 미래의 주택에 저당을 설정하여 주택매입자금을 대출받는 개념으로 대출실행시에는 신용대출이나, 이후에는 저당(담보)대출로 전환되는 것을 말한다. 즉, 주로 무주택 서민들이 적은 자금으로 주택을 구입하게 하는 제도로서 보금자리론, 주택도시기금의 주택구입자금대출 등이 이에 해당한다.

주택저당유동화제도란 개별금융기관이 보유한 장기주택저당(대출)채권을 집합화(pooling, package)하여 한국주택금융공사(HF; Housing Finance)에 매각하고, 한국주택금융공사가 주택저당(대출)채권 집합물을 기초로 주택저당증권(MBS)을 발행하여 기관투자자 등에게 매각함으로써 자금을 조달하게 된다. 이렇게 조달한 자금을 금융기관(예 은행 등)에 공급하고, 금융기관이 주택의 수요자(차입자)에게 대출을 실행함으로써 차입기회를 확대하는 제도이다. 이러한 주택저당유동화제도(MBS)를 통하여 발행된 대출상품이 한국주택금융공사의 보금자리론(Loan)이다.

01 주택저당유동화(流動化)시장의 구조 제32회

주택저당유동화시장은 주택에 저당권이 설정되고 주택자금이 수요자에게 대출되는 1차 저당시장과 주택저당(대출)❶채권이 매각·유동화되어 주택자금이 금융기관에 공급되는 2차 저당시장으로 구분할 수 있다.

> ❶ **저당대출(mortgage)**
> 모기지제도의 중요한 특징은 모기지(저당대출) 그 자체에 있는 것이 아니라 금융기관이 주택자금을 대출한 후, 이 대출채권과 담보로 취득한 모기지를 함께 매각·유통시킬 수 있다는 점이다.

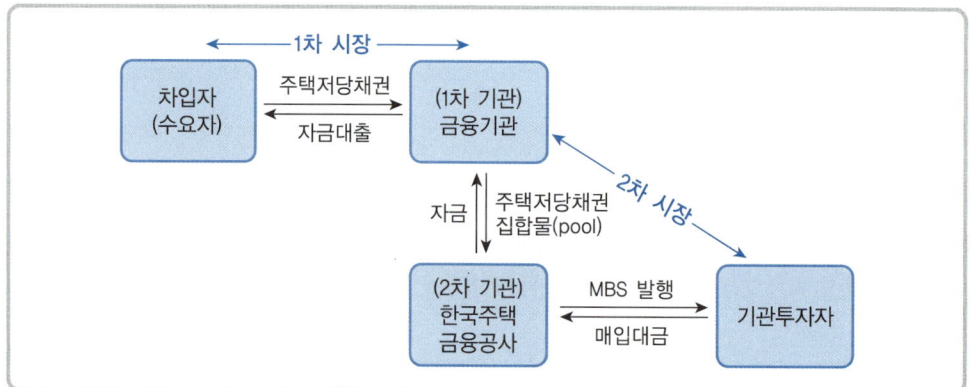

주택저당유동화시장의 구조

(1) 1차 저당시장(primary mortgage market) - 주택자금대출시장

1차 저당시장은 저당권이 설정되는 시장으로 주택금융시장이라고 한다. 즉, 주택자금의 차입자와 저당대출을 제공하는 1차 대출기관(금융기관)간의 시장이다.

① 대출기관은 저당대출을 원하는 수요자에게 저당을 설정하고 주택자금을 대출한다. 이때 대출기관이 저당대출을 실행하고 매기 원리금을 지급받을 권리를 주택저당채권이라 한다.❷

> ❷
> 주택저당(대출)채권 = 저당대출채권 = 대출채권

② 대출기관은 설정된 주택저당(대출)채권을 자산 포트폴리오의 일부로 보유하거나(매기 원리금을 상환받거나), 주택자금이 필요할 때에는 2차 저당시장에 매각하여 자금을 조달하게 된다.

저당(대출)채권을 매각할 때에는 만기·가격단위로 유사한 것들을 한꺼번에 묶어서 팔게 되는데, 이 묶음을 저당대출 풀(pool), 집합물, 패키지(package)라 한다.

③ 주택저당유동화시장이 원활하게 운영되기 위해서는 **1차 저당시장의 대출금리가 2차 저당시장의 금리보다 높아야 한다.**❶

(2) 2차 저당시장(secondary mortgage market) - 주택자금공급시장

2차 저당시장은 주택저당(대출)채권 집합물을 매각하는 1차 대출기관과 주택저당증권(MBS)을 매입하는 기관투자자간의 시장으로 **유동화시장**이라고 한다. 즉, '1차 대출기관 - 한국주택금융공사(2차 대출기관) - 기관투자자'까지의 시장이다.

① 주택저당(대출)채권의 유동화(流動化)란 주택저당(대출)채권이라는 자산이 1차 저당시장에 고정되어 있지 않고 2차 저당시장으로 계속 흘러가게 하여 새롭게 자금을 조달하는 개념으로, 2차 저당시장이 존재하여야 1차 저당시장에 더 많은 자금이 제공될 수 있다. 즉, **1차 저당시장에 많은 자금이 공급되기 위해서는 2차 저당시장(유동화시장)이 반드시 필요하다.**

② 1차 대출기관이 주택저당(대출)채권 집합물(pool)을 한국주택금융공사(HF)에 매각하면, 한국주택금융공사에 원리금을 받을 권리가 넘어간 것이므로 그만큼의 자금을 1차 대출기관에 제공한다. 한국주택금융공사는 이렇게 보유한 주택저당(대출)채권 집합물을 기초(담보)로 자산유동화증권(ABS)을 발행하게 되는데, 이를 주택저당증권(MBS)이라 한다. 이와 같이 **한국주택금융공사는 주택저당(대출)채권 집합물을 기초로 주택저당증권(MBS)을 발행하고 있다.**

③ 자산유동화증권(ABS)을 발행하기 위해서는 「자산유동화에 관한 법률」에 근거하여 유동화전문회사(SPC)가 필요한 것처럼, 주택저당유동화는 정부 주도하에 **실체회사인 한국주택금융공사가 1차 대출기관과 기관투자자 사이에서 유동화중개역할을 담당하고 있다.**

④ **1차 저당시장의 차입자와 2차 저당시장과는 아무런 관련이 없다.** 차입자의 개별적인 채무불이행 등이 주택저당증권(MBS) 투자수익률에 영향을 주지 않는다는 것이다.❷ 즉, 주택저당증권(MBS)은 차입자나 금융기관의 신용을 근거로 발행된 것이 아니라 '주택저당(대출)채권'이라는 자산을 기초로 발행된 것이므로, 자산(asset)의 신용도만 높게 평가되면 발행될 수 있다.

⑤ 2차 저당시장에서 발행되는 투자상품인 **주택저당증권(MBS)의 액면(표면)금리는 1차 저당시장의 대출금리보다는 더 낮은 편이지만, 무위험자산인 국채수익률보다는 높아야 한다.** 이렇게 하여야만 기관투자자의 자금을 주택금융시장으로 유입시킬 수 있다.

---

❶ 대출기관은 2차 저당시장에서 낮은 금리로 자금을 조달하여 1차 저당시장에 높은 금리로 대출(운용)한다는 의미이다.

❷ 대출채권에 연체가 발생하면 이는 유동화대상에 포함되지 않고 주로 한국자산관리공사에서 별도로 관리된다. ➔ 주택저당증권 투자자는 발행자의 채무불이행위험이 없다.

02 주택저당유동화증권(MBS)의 발행효과 제30회

(1) 주택의 수요자(차입자)

금융기관으로부터 더 많은 자금이 제공됨에 따라 주택소비자는 차입기회가 확대되어 보금자리론을 이용하여 적은 자기자본으로도 주택구입이 용이해진다. 한국주택금융공사의 보금자리론은 대부비율 70%까지 융자가 가능하다. 이에 따라 대출수요가 늘어나고 주택의 수요가 증가하여 주택가격 상승요인으로 작용할 수 있다. 다른 조건이 일정할 때, 장기주택저당대출의 활성화는 주택의 수요를 증가시킨다.

(2) 금융기관(1차 대출기관)

① 금융기관은 보유하고 있던 주택저당(대출)채권을 매각하여 더 많은 자금을 조달할 수 있다. 이렇게 조달한 자금을 주택금융시장의 주택수요자에게 대출함으로써 수수료수입과 부가적인 이자수입의 획득이 가능해진다.

② 한정된 재원으로 더 많은 차입자(주택수요자)에게 자금을 제공할 수 있다. ❶

③ 금융기관은 차입자에게 일시금대출을 실행하고 대출금을 장기분할회수하는 과정에서 발생하는 유동성위험을 감소시킬 수 있다. 즉, 주택저당채권을 유동화시키면 금융기관의 유동성이 늘어나는 효과가 있다는 것이다.

④ 주택저당(대출)채권은 아직 원금회수가 되지 않은 위험자산이라 할 수 있는데, 이를 매각하면 안전한 현금이 유입되므로 금융기관(은행)의 자기자본비율(BIS)이 상승하고 재무건전성이 개선되는 효과가 있다.

(3) 한국주택금융공사(HF)

① 유동화중개업무: 한국주택금융공사는 주택저당증권(MBS)을 발행하여 연기금 등 기관투자자에게 매각하고 이렇게 조달한 자금을 금융기관에 제공하고 있다. 궁극적으로 장기보금자리론 등을 주택소비자가 공급받을 수 있도록 하는 2차 저당시장에서 유동화중개기관 역할을 수행하고 있다.

② 주택(금융)신용보증업무: 국민들의 주거안정을 위하여 보증서 발급 등을 통하여 차입자의 채무불이행을 방지하고 이를 보전함으로써 대출을 원활히 제공받을 수 있도록 개인 및 주택건설사업자를 대상으로 신용보증업무를 수행한다.

③ 주택저당증권 및 「자산유동화에 관한 법률」에 따른 유동화전문회사 등이 주택저당채권을 유동화자산으로 하여 발행한 유동화증권 지급보증: 차입자의 채무불이행으로 발생할 수 있는 손실에 대해서 한국주택금융공사가 그 위험을 관리하고 보증하기 때문에 높은 신용등급의 채권이 발행된다.

④ 주택연금보증업무: 노년층이 보유하고 있는 주택을 담보로 금융기관으로부터 주택연금을 이용할 때, 이것의 보증업무를 수행함으로써 노년층의 노후복지 향상 및 생활안정자금의 안정적인 공급에 기여하고 있다.

---

❶ '한정된 재원'이란 주택저당(대출)채권을 의미하는데, 예를 들어 1천억원의 대출채권 집합물이 매각되면 통상 이것의 10배 수준인 1조원까지 주택저당증권(MBS)의 발행이 가능하다는 것이다.

용어사전
자기자본비율(BIS; Bank for International Settlement, 국제결제은행)
자기자본비율은 총자산 중에서 자기자본이 차지하는 비중을 나타내는 지표로 재무구조의 건전성을 가늠하는 지표이다. 이 비율이 높을수록 기업의 재무구조가 건전하다고 할 수 있다.

⑤ 정부 주도하에 만기 10년 이상의 다양한 보금자리론을 개발·공급함으로써 국민들의 주택구입을 용이하게 하고, 주택금융시장에 기관투자자의 지속적인 자금유입을 유도함으로써 전체적인 금융시장의 안정성을 높여주고 있다.

(4) 기관투자자

① 보험사·연기금 등 기관투자자는 자산의 투자·운용을 함에 있어서 주식이나 단기채권 이외에 주택저당증권(MBS)을 활용하여 **투자 포트폴리오를 다양화하고, 분산투자효과를 기대할 수 있다.**
② 주택저당증권(MBS)은 만기가 5년 이상인 장기채권이므로 기관투자자에게 자산운용을 장기적으로 할 수 있는 기회를 제공하고, 한국주택금융공사가 지급보증하기 때문에 안정적인 투자수단이 된다.
③ 주택금융시장에 많은 자금이 공급되기 위해서는, 즉 **저당의 유동화가 원활하게 수행되기 위해서는 저당수익률이 투자자의 요구수익률을 만족시켜야 한다.** 환언하면 주택저당증권(MBS)수익률은 국가가 발행하는 국채수익률보다 높아야 한다.
④ 기관투자자가 주택저당증권(MBS)의 매입대금을 증가시키면 1차 저당시장(주택금융시장)에 더 많은 자금이 제공될 수 있다.

(5) 정부

① 주택저당유동화제도는 **주택자금의 수급불균형을 완화**시키고, 주택수요 증가를 유도하여 침체된 주택경기를 회복시킬 수 있는 수단으로 활용된다. 즉, 일반경기나 **부동산경기의 조절수단**으로 활용할 수 있다.
② 주택저당유동화제도는 주식시장 등 다른 자본시장의 침체시 자금흐름이 왜곡되는 것을 방지할 수 있는 제도적 장치로서 유용하다.

> **확인예제**
>
> **주택저당증권(MBS)의 발행효과에 대한 설명 중 틀린 것은?** 제15회 추가 수정
> ① 주택수요자에게 안정적으로 장기대출을 해 줄 가능성이 증가한다.
> ② 금융기관은 보유하고 있는 주택저당(대출)채권을 유동화하여 자금을 조달할 수 있다.
> ③ 채권투자자는 안정적인 장기투자를 할 수 있는 기회를 가진다.
> ④ 정부는 주택저당증권을 발행하여 단기적으로 주택가격을 하락시킬 수 있다.
> ⑤ 주택금융자금의 수급불균형을 해소할 수 있다.
>
> **해설**
> 주택저당증권의 발행액이 증가하면 주택수요자에게 더 많은 자금을 제공하게 된다. 따라서 주택의 수요가 증가하고 이는 주택가격의 상승요인으로 작용한다. 이렇게 함으로써 정부 입장에서는 주택경기를 부양하거나 조절하는 수단으로 활용하는 것이지, 주택가격을 하락시키기 위해서 주택시장에 개입하는 것은 아니다.
> 정답: ④

제2장 부동산증권론 및 개발금융

> **핵심 콕! 콕!** 주택저당증권의 발행효과 요약

차입자·주택수요자	• 금융기관의 대출여력 확대로 수요자의 차입기회 확대 • 자기자금의 부담을 낮추면서 주택구입 가능 ➜ 주택수요의 증가요인
금융기관	• 대출채권매각을 통하여 현금유입·자금조달이 용이함 • 금융기관의 유동성 증가(유동성위험 감소), 자기자본비율(BIS) 상승
기관투자자	• 다양한 종류의 금융상품을 선택함으로써 분산투자효과 기대 • 장기적·안정적 투자수단으로 활용
정부	• 주택경기나 부동산경기 조절수단으로 활용 • 주택자금의 수급불균형문제 완화

> **더 알아보기** 주택금융의 원칙과 기능

1. 주택금융의 원칙
    - **자금의 확보**: 주택금융은 주로 장기성의 금융이며 거액이 소요되므로, 자금을 정부의 재정에만 의존하게 되면 자금의 충분한 확보가 곤란하다. 따라서 금융기관이나 연기금 등 기관투자자의 자금을 적극적으로 유치·확보할 수 있도록 하여야 한다.
    - **장기저금리의 책정**: 주택금융은 주로 저소득층과 중간계층을 위한 장기대출이 대부분이기 때문에 일반적인 대출보다는 낮은 금리가 요구된다.
    - **대출채권의 유동화**: 주택금융은 보통 10년 이상에 걸쳐 상환되는 장기대출이다. 이러한 대출은 금융기관 입장에서 단기로 조달한 자금이 장기적으로 고정화되는 현상이 초래되어 자금의 조달과 공급이 차질을 빚게 되므로 융자를 제한할 수 있다. 따라서 장기 고정화된 대출채권을 주택저당증권(MBS)등의 방법으로 유동화함으로써 자금의 원활한 확보와 공급이 가능하도록 하여야 한다.
    - **신용보완제도의 확립**: 주택금융은 개인을 상대로 장기대출을 해 주는 것이기 때문에 채무불이행 등 채무상환에 대한 보장이 불확실하게 되면 금융기관에서 주택융자에 참여하기를 꺼리게 된다. 이러한 장기대출에 의한 대출채권의 불확실성에 따른 위험을 보전해 주는 신용보완제도가 확립될 필요가 있다.

2. 주택금융의 기능
    - **주택자금 조성**: 정부가 주도하는 정책적인 주택금융은 주택을 마련하기 위한 저축을 유도하여 이를 통하여 필요한 주택금융재원을 조달한다.
    - **자가주택의 수요 확대**: 주택금융은 자가주택에 필요한 자금의 지원이나 주택수요자의 자가주택 마련을 위한 융자를 제공함으로써 자가주택수요를 확대시킨다.
    - **주택거래의 활성화**: 주택금융은 주택을 구입하거나 개량하고자 하는 수요자에게 주택자금을 제공함으로써 주택거래를 활성화하는 데 기여한다.
    - **주거의 안정**: 궁극적으로 무주택 서민들에게 주택금융을 확대함으로써 국민의 주거안정을 도모할 수 있다.
    - **부동산경기 조절**: 부동산경기가 침체되는 경우에는 주택금융을 확대함으로써 부동산경기를 회복시키며, 반대로 부동산경기가 과열될 경우에는 주택금융을 축소함으로써 부동산경기를 조절하는 기능을 수행한다.

> **더 알아보기** 「한국주택금융공사법」의 주요내용

1. 목적(제1조)
「한국주택금융공사법」은 한국주택금융공사를 설립하여 주택저당채권 등의 유동화(流動化)와 주택금융신용보증 및 주택담보노후연금보증업무를 수행하게 함으로써 주택금융 등의 장기적·안정적 공급을 촉진하여 국민의 복지증진과 국민경제의 발전에 이바지함을 목적으로 한다.

2. 정의(제2조)
「한국주택금융공사법」에서 사용하는 용어의 뜻은 다음과 같다.
① 채권유동화: 다음의 어느 하나에 해당하는 것을 말한다.
  ㉠ 한국주택금융공사(이하 '공사'라 한다)가 금융기관으로부터 양수한 주택저당채권을 담보로 하여 주택저당채권담보부 채권을 발행하고 그 소지자에게 원리금을 지급하는 행위
  ㉡ 공사가 금융기관으로부터 양수한 주택저당채권을 기초로 주택저당증권을 발행하고 그 수익자에게 주택저당채권의 관리·운용 및 처분으로 생긴 수익을 분배하는 행위
  ㉢ 공사가 금융기관으로부터 양수한 학자금대출채권을 기초로 학자금대출증권을 발행하고 그 수익자에게 학자금대출채권의 관리·운용 및 처분으로 생긴 수익을 분배하는 행위
② 채권보유: 공사가 채권유동화를 할 목적으로 금융기관으로부터 주택저당채권을 양수하여 보유하는 행위를 말한다.
③ 주택저당채권: 「주택법」 제2조 제1호에 따른 주택(「소득세법」 제89조 제1항 제3호에 따른 고가주택의 기준에 해당하는 주택은 제외한다. 이하 '주택'이라 한다)에 설정된 저당권(근저당권을 포함한다. 이하 같다)에 의하여 담보된 채권으로서 다음의 어느 하나에 해당하는 대출자금에 대한 채권을 말한다.
  ㉠ 해당 주택의 구입 또는 건축에 들어간 대출자금[주택의 구입 및 건축에 들어간 자금을 보전(補塡)하기 위한 대출자금을 포함한다]
  ㉡ 위 ㉠의 대출자금을 상환하기 위한 대출자금
④ 주택저당채권담보부 채권: 공사가 주택저당채권을 담보로 하여 발행하는 채권을 말한다.
⑤ 주택저당증권: 공사가 주택저당채권을 기초로 하여 발행하는 수익증권을 말한다.
⑥ 신용보증: 공사가 다음의 어느 하나의 경우에 발생하는 채무를 법 제55조에 따른 주택금융신용보증기금[법 제59조의2에 따른 주택담보노후연금보증계정(이하 '계정'이라 한다)은 제외한다. 이하 같다]의 부담으로 보증하는 행위를 말한다.
  ㉠ 주택수요자가 주택을 건축·구입·임차(전세를 포함한다) 또는 개량하거나 이에 들어간 자금을 보전하기 위하여 금융기관으로부터 대출을 받는 경우
  ㉡ 준주택수요자가 「주택법」 제2조 제4호에 따른 준주택(「소득세법」 제89조 제1항 제3호에 따른 고가주택의 기준에 해당하지 아니하는 준주택 중 대통령령으로 정하는 준주택에 한한다)을 주거목적으로 구입·임차(전세를 포함한다) 또는 개량하거나 이에 들어간 자금을 보전하기 위하여 금융기관으로부터 대출을 받는 경우
  ㉢ 주택사업자가 주택수요자에게 분양하거나 임대할 목적으로 주택을 건설하거나 구입하기 위하여 금융기관으로부터 대출을 받는 경우

② 사업주가 대통령령으로 정하는 근로자에게 분양 또는 임대(무상대여를 포함한다)의 목적으로 주택을 건설하거나 구입하기 위하여 금융기관으로부터 대출을 받는 경우

⑦ **주택담보노후연금보증**: 주택소유자가 주택에 저당권을 설정하고 금융기관으로부터 대통령령으로 정하는 연금방식으로 노후생활자금을 대출받음으로써 부담하는 금전채무를 공사가 계정의 부담으로 보증하는 행위를 말한다. 이 경우 주택소유자 또는 주택소유자의 배우자가 대통령령으로 정하는 연령 이상이어야 하며, 그 연령은 공사의 보증을 받기 위하여 최초로 주택에 저당권설정등기를 하는 시점을 기준으로 한다.

⑧ **주택담보노후연금채권**: 금융기관이 주택담보노후연금보증을 받은 사람에게 대출한 자금에 대한 채권을 말한다.

3. 업무의 범위(제22조)

공사는 다음의 업무를 수행한다.

① 채권유동화
② 채권보유
③ 다음의 증권에 대한 지급보증
  ㉠ 주택저당증권
  ㉡ 학자금대출증권
  ㉢ 「자산유동화에 관한 법률」 제3조 제1항에 따른 유동화전문회사 등이 주택저당채권을 유동화자산으로 하여 발행한 유동화증권
④ 금융기관에 대한 신용공여(信用供與)
⑤ 주택저당채권 또는 학자금대출채권에 대한 평가 및 실사(實査)
⑥ 기금·계정의 관리 및 운용
⑦ 신용보증
⑧ 주택담보노후연금보증

4. 양도의 방식(제25조)

주택저당채권의 양도는 채권유동화계획에 따라 다음 ①~④의 방식으로 하여야 한다. 이 경우 이를 담보권의 설정으로 보지 아니한다.

① **매매 또는 교환에 의할 것**
② **양수인이 주택저당채권에 대한 수익권 및 처분권을 가질 것**. 이 경우 양수인이 그 주택저당채권을 처분할 때 양도인이 이를 우선적으로 매수할 수 있는 권리를 가지는 경우에도 수익권 및 처분권은 양수인이 가진 것으로 본다.
③ **양도인은 주택저당채권에 대한 반환청구권을 가지지 아니하고, 양수인은 주택저당채권에 대한 대가의 반환청구권을 가지지 아니할 것**
④ **양수인이 양도된 자산에 관한 위험을 인수할 것**. 다만, 해당 주택저당채권에 대하여 양도인이 일정 기간 그 위험을 부담하거나 하자담보책임(채권의 양도인이 채무자의 자금능력을 담보한 경우를 포함한다)을 지는 경우에는 그러하지 아니하다.

03 주택저당유동화증권(MBS)[1]의 종류 제27·28·32·35회

❶ 주택저당증권(MBS)
= 주택저당유동화증권
= 저당담보부증권

핵심 쾍! 쾍! 주택저당유동화증권(MBS)의 종류

구분	원리금수취권 (조기상환위험)	집합물의소유권 (채무불이행위험)	콜방어	발행기관 부채표시
MPTS(지분형) 저당대출지분이전증권	투자자	투자자	불가	×
MBB(채권형) 저당대출담보부 채권	발행기관	발행기관	가능	○
MPTB(혼합형) 저당대출원리금이체채권	투자자	발행기관	불가	○
CMO(혼합형) 다계층채권	투자자	발행기관	가능 (부분)	○

(1) MPTS(Mortgage Pass-Through Securities)

지분형 주택저당증권(MBS)으로 저당대출지분이전증권, 이체증권으로 불린다.

① 저당대출집합에 대하여 **지분권**을 나타내는 증권(채권형 수익증권)으로서 관리수수료와 보증료 등의 비용을 제외한 **대출상환원리금이 투자자에게 이전되는 형태이다.❷** 즉, 투자자가 받는 증권의 수익은 기초자산인 주택저당채권 집합물의 현금흐름(저당지불액)에 의존한다. 투자자는 저당대출집합으로부터 유입된 원리금 총액 중 지분만큼 매월 상환받게 되고 또한 차입자의 중도상환시 지분만큼 중도상환을 받게 된다.

② **MPTS에서 원리금수취권(조기상환위험)은 증권투자자**가 가지고, 차입자의 채무불이행에 대한 **집합물의 소유권도 증권투자자**가 가진다. 즉, **관련 위험을 모두 증권투자자가 부담한다.❸**

③ '콜방어(call protection)'란 1차 저당시장의 차입자가 대출의 만기 전에 대출금을 조기상환하게 되면 발행기관 또한 주택저당증권의 만기 전에 주택저당증권을 투자자에게 상환하려고 할 것인데, 이러한 발행기관의 만기 전 변제위험(조기상환위험)으로부터 투자자가 회피하는 것을 말한다. **MPTS는 1차 저당시장 채무자가 상환하는 원리금(저당지불액)이 투자자에게 이전되므로, MPTS의 투자자는 콜방어를 할 수 없다.** 즉, MPTS의 투자자는 발행기관의 조기상환위험에 노출되어 있다. 이러한 이유 때문에 투자자가 콜방어를 할 수 있는 MBB(저당대출담보부 채권)가 등장하게 되었다.

❷
발행기관은 모기지(mortgage)의 소유권을 투자자에게 매각한다.
➡ 발행기관의 부채로 표기되지 않는다(off-B/S).

❸
MPTS는 원리금을 받을 권리를 지분의 형태로 보유하고 있기 때문에 지분형 MBS라고 할 뿐이지 주식과 같은 지분증권은 아니다. MPTS는 채권형 수익증권형태로 발행된다.

(2) MBB(Mortgage Backed Bond)

채권형 주택저당증권(MBS)으로 저당대출담보부 채권, 저당채권, 주택저당담보부 채권으로 불린다.

① 회사채와 비슷한 형태로 발행기관이 보유한 주택저당채권 집합물을 담보로 하여 발행하는 채권(Bond)으로, 발행액은 발행기관의 부채로 표시된다.
② 차입자가 상환하는 원리금은 MBB의 발행기관에 이전되지만, 투자자에게는 MBB의 보유기간 동안 별도의 채권(Bond)이자가 지급되며, 투자원금은 MBB의 만기 때 지급된다.❶
③ MBB는 원리금수취권과 집합물의 소유권을 모두 발행기관이 가지며, 관련 위험(조기상환위험, 채무불이행위험)을 모두 발행기관이 부담한다.
　㉠ 투자자에게 지급되는 원리금이 저당대출 집합에서 발생하는 현금흐름(예 원리금, 중도상환금)과는 직접적인 연결관계가 없으며, 주택저당채권 집합물부터 발생하는 현금흐름은 발행기관에게 모두 귀속된다. 즉, 1차 저당시장 차입자가 상환하는 원리금(원금과 이자)이 MBB발행기관에 이전되는 형태로, 차입자가 대출금을 조기상환하여도 발행기관은 투자자에게 MBB만기까지 채권이자와 원금을 투자자에게 지급해야 한다. 즉, MBB의 투자자는 콜방어를 할 수 있다.
　㉡ 차입자의 채무불이행이 발생하여도 발행기관은 투자자에게 MBB만기까지 채권이자와 원금을 투자자에게 지급해야 한다.
④ MBB는 투자자 보호를 위하여 보통 MBB발행액의 125~240% 정도의 초과담보 수준을 유지한다. 이는 기초자산인 주택저당채권 집합물보다 MBB를 더 적게 발행한다는 것이다.

(3) MPTB(Mortgage Pay-Through Bond)

지분·채권혼합형 MBS로서 저당대출원리금이체채권, 지불이체증권, 저당직불채권으로 불린다.

① MPTB에서 원리금수취권(조기상환위험)은 증권투자자가 가지고, 집합물의 소유권(채무불이행위험)은 발행기관이 가지기 때문에 지분형과 채권형의 성격이 혼합되어 있으므로 혼합형 주택저당증권이라고 한다.❷
② 1차 저당시장의 채무자가 상환하는 원리금(원금과 이자)이 투자자에게 이전되므로 역시 MPTS처럼 투자자는 콜방어를 할 수 없다.
③ MPTB는 저당대출을 담보로 하여 발행기관의 부채로 처리된다는 점에서 MBB와 유사하지만, 담보로부터 발생하는 현금흐름이 발행채권에 대한 현금흐름과 연결된다는 점에서는 MPTS와 유사하다.

용어사전
표면이자(금리)
표면이자(coupon rate)란 채권의 액면가액에 대한 연간 이자지급률을 채권 표면에 표시한 것이다.

❶ MBB 투자자는 MPTS 투자자에 비해 매기 채권의 이자를 받기 때문에 현금흐름이 안정적이다.

❷ MPTB는 'MPTS의 투자자를 조기상환위험에 노출되게 한다'는 점과 'MBB의 투자자에게 채권의 보유기간 동안 채권의 이자만 지급한다'는 점을 보완하고 이 두 가지의 특성을 결합하여 개발한 채권이다.

(4) CMO(Collateralized Mortgage Obligation)

다계층채권, 담보저당채권으로 불린다. 지분형 MBS 투자자들은 저당대출 집합에서 발생하는 조기상환위험에 노출되어 있으므로, 다양한 만기를 가지는 여러 가지 트랜치(tranche, 계층)로 하나의 상품을 구성함으로써 현금흐름의 안정성을 제고하고 조기상환위험을 완화시키기 위하여 도입되었다.

① 혼합형 주택저당증권(MBS)의 일종으로, 이미 발행된 MBB(저당채권)가 매각되거나 유통되지 않아 이를 재가공함으로써 위험의 분산과 다양한 투자욕구를 충족시키기 위하여 하나의 집합에서 트랜치(tranche)마다 만기와 이자율을 다양화하여 발행한 여러 가지 종류의 채권을 말한다. ❶

② CMO(다계층채권)에서 원리금수취권(조기상환위험)은 증권투자자가 가지고, 집합물의 소유권은 발행기관이 가진다.

③ CMO(다계층채권)는 MPTS와 MBB의 두 가지 성질을 다 가지고 있다.
  ㉠ 첫 번째 트랜치는 1차 저당시장 채무자가 상환하는 원리금(원금과 이자, 현금흐름)이 투자자에게 이전되므로 CMO의 첫 번째 트랜치에 해당하는 투자자는 콜방어를 할 수 없다. 즉, MPTS와 그 성격이 유사하다고 볼 수 있다.
  ㉡ 첫 번째 트랜치를 제외한 나머지 트랜치는 CMO(다계층채권)의 만기까지 채권의 표면이자만 지급받기 때문에 MBB와 그 성격이 유사하다. 따라서 CMO(다계층채권)의 장기투자자(후순위 트랜치)들은 콜방어를 실현할 수 있다.

> **더 알아보기** **다계층채권의 현금흐름**
>
> 집합물로부터 발생되는 현금흐름은 CMO의 현금흐름과 연결되나, 원금상환은 선순위채부터 순차적으로 이루어지고 후순위채는 선순위채에 대한 원금상환이 완료된 이후에 이루어진다. 증권에 대한 원리금지급순서는 각 계층(class or tranche)별로 이루어지는데, 우선 모든 계층에 대한 이자를 지급하고 나머지 현금흐름은 만기가 가장 빠른 계층(선순위계층)에 우선적으로 원금을 지급하며, 첫 번째 계층의 원금이 전액 상환된 이후에 두 번째 계층에 대한 원금상환이 개시된다.
>
>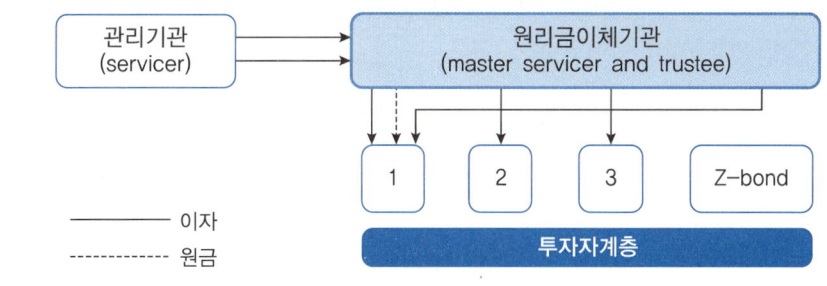

❶ CMO는 여러 투자자의 성향에 부응하는 맞춤형 상품으로 볼 수 있다.

④ 각 계층에 적용되는 채권의 이자율과 만기가 동일할 필요는 없다. 채권이자율은 고정이자율이 적용될 수도 있고, 유동(변동)이자율이 적용될 수도 있다. CMO의 선순위 증권은 후순위 증권보다 그 신용등급이 더 높다. 신용등급이 높은 채권일수록 (위험이 작기 때문에) 낮은 이자율을 지급받으며, 신용등급이 낮은 채권일수록 (위험이 크기 때문에) 높은 이자율을 지급받는다(고위험 - 고수익, 저위험 - 저수익). ❶

⑤ 우리나라의 주택저당증권(MBS)의 대부분은 CMO(다계층채권)형태로 발행된다. 예를 들어 6개의 트랜치로 구성된 CMO를 살펴보면 다음과 같다.

> ❶ 채권의 만기가 짧은 선(先)순위 트랜치보다 만기가 긴 후(後)순위 트랜치에 더 높은 이자율이 지급된다.

발행구조	만기	금리	이자지급	신용등급	원금지급
선순위 1-1	1년	5.20%	3개월이표	AAA	만기일시
선순위 1-2	3년	5.50%	3개월이표	AAA	만기일시
선순위 1-3	5년	6.01%	3개월이표	AAA	만기일시
선순위 1-4	10년	6.24%	3개월이표	AAA	만기일시
선순위 1-5	15년	6.29%	3개월이표	AAA	만기일시
선순위 1-6	20년	6.32%	3개월이표	AA	만기일시

04 주택저당유동화증권(MBS)의 특성

① 주택저당대출의 만기와 대응하므로 통상 장기로 발행된다. 주택저당대출의 만기보다 짧은 만기를 가진 또는 긴 만기를 가진 주택저당증권도 발행될 수 있다.
② 매월 대출원리금상환액에 기초하여 발행증권에 대한 고정적인 수익이 투자자에게 제공되는 것이 일반적이다.
③ 차입자의 조기상환(prepayment)에 의하여 수익이 변동되는 주택저당증권도 있다.
④ 기초자산인 주택저당대출형식 등에 따라 다양한 상품을 구성하여 발행할 수 있다.
⑤ 자산이 주택저당 집합물로 담보되어 있고 별도의 신용보완이 이루어지므로 높은 신용등급의 채권이 발행된다.

> **더 알아보기** 유동화증권의 명칭
>
> 유동화대상이 되는 기초자산에 따라 유동화증권의 명칭에도 차이가 있다.
>
> 1. CMO
>   주택저당채권(Mortgage)을 기초로 기(이미)발행된 MBB를 재가공하여 발행되는 것을 말한다.
> 2. CMBS(Commercial Mortgage Backed Securities)
>   금융기관이 보유한 상업용 모기지(Mortgage)를 기초로 유동화전문회사(SPC)가 발행하는 자산유동화증권을 말한다. ⇨ 부채증권(금융)

핵심 콕! 콕! 채권수익률과 주택저당증권(채권)가격의 변화

Tip 투자금액(원금)의 회수기간 = 가중평균상환기간(duration)

1. 주택저당증권은(채권)은 한국주택금융공사가 지급보증하므로, 투자자에게 발행자의 채무불이행위험이 없다.
2. 주택저당증권(채권)도 금리(채권수익률)변동에 따른 가격변동위험이 있다.
   ① 채권수익률(이자율·할인율)이 상승하면 채권가격은 하락한다.
   ② 채권수익률(이자율·할인율)이 하락하면 채권가격은 상승한다.
   ③ 가중평균상환기간(duration)이 긴 채권일수록 채권수익률이 상승하면 채권가격은 더 크게 하락한다. ➡ 만기가 긴 장기채권(Bond)일수록 시장금리변동에 따른 가격변동위험이 더 크다.
   ④ 채권시장 수익률이 하락하면, 가중평균상환기간(duration)이 긴 주택저당증권(채권)일수록 그 가격이 더 크게 상승한다.

확인예제

모기지(mortgage) 유동화에 관한 설명으로 틀린 것은? 제32회

① MPTS(mortgage pass-through securities)는 지분형 증권이다.
② MPTB(mortgage pay-through bond)의 경우, 조기상환위험은 증권발행자가 부담하고, 채무불이행위험은 투자자가 부담한다.
③ MBB(mortgage backed bond)의 경우, 신용보강을 위한 초과담보가 필요하다.
④ CMO(collateralized mortgage obligation)는 상환우선순위와 만기가 다른 다수의 층(tranche)으로 구성된 증권이다.
⑤ 우리나라의 모기지 유동화중개기관으로는 한국주택금융공사가 있다.

해설
MPTB(mortgage pay-through bond)의 경우, 조기상환위험은 증권투자자(증권소유자)가 부담하고, 채무불이행위험은 증권발행자(발행기관)가 부담한다.   정답: ②

제3절 부동산개발금융

부동산개발금융은 부동산의 공급자나 개발업자가 자금을 조달하는 금융기법이다. 전통적인 방법으로는 주택건설업체가 이용하는 건축대부나 주택상환사채의 발행이 있고, 최근에는 물적인 담보나 신용이 아닌 사업성을 기초로 하는 프로젝트 파이낸싱(PF), 주식 등의 지분증권 발행(지분금융)과 채권 등의 부채증권 발행(부채금융)을 통하여 자금을 조달하는 방법, 주식과 채권이 혼합된 성격의 메자닌(Mezzanine)금융기법 등으로 다양화되고 있는 추세이다.

01 전통적인 프로젝트 파이낸싱(Project Financing) 제26·27·29·30·31회

프로젝트 파이낸싱은 개발업자나 건설업자가 대규모 부동산개발사업을 추진할 때 주로 **개발사업에서 얻어지는 장래의 수익성, 분양현금흐름 등을 기초**로 개발에 필요한 자금을 **금융기관으로부터 차입**하는 것을 말한다. 즉, 사업주체의 신용도가 극히 낮게 평가되어도 **부동산개발사업에 대한 '현금흐름보고서'** 등 수익성에 관한 자료만 제출하면 융자가 가능하다는 것이다.

(1) 전통적인 기업금융(일반대출)과의 차이점

① 프로젝트 파이낸싱(Project Financing)은 프로젝트 개발회사(Project Company)❶가 차입자가 되는 금융형태로서 대출기관이 신용이나 물적 담보를 근거로 대출을 제공하는 것이 아니라, **프로젝트사업의 수익성, 즉 현금흐름과 자산을 기초로 하여 대출을 제공하는 금융기법**이다. 이는 개발업자 입장에서 차입을 통하여 자금을 조달한 것이 되므로 부채금융방식이다.

② 대출기관으로부터 차입한 원리금에 대한 상환은 프로젝트 개발회사(Project Company)가 개발사업을 수행하여 획득하는 분양수입금 등의 현금흐름을 기초로 하여 이루어진다.

③ 프로젝트금융은 전통적인 기업금융보다 위험이 크고 금융기관의 사업성 검토 등 다양하고 복잡한 업무절차로 인하여 이를 이용한 차주(借主) 입장에서는 높은 금융비용(대출금리)과 별도의 수수료부담이 있다. 또한 대출자금이 사업주에게 공급되기까지는 상당한 시간이 소요되기도 한다.❷

용어사전
주택상환사채(住宅償還社債)
한국토지주택공사와 주택건설등록사업자가 주택건설에 필요한 자금을 마련하기 위하여 발행하는 채권으로, 일정기간이 지나면 주택으로 상환받을 수 있는 채권을 말한다.

❶ 프로젝트 개발회사: 명목회사(paper company)형태의 주식회사

❷ 토지구입 및 확보에 필요한 대출(예 브릿지론) 이후 직접적 건설사업에 필요한 본 PF대출 등으로 단계별 대출이 이루어진다.

(2) 프로젝트 파이낸싱의 구조 및 특징

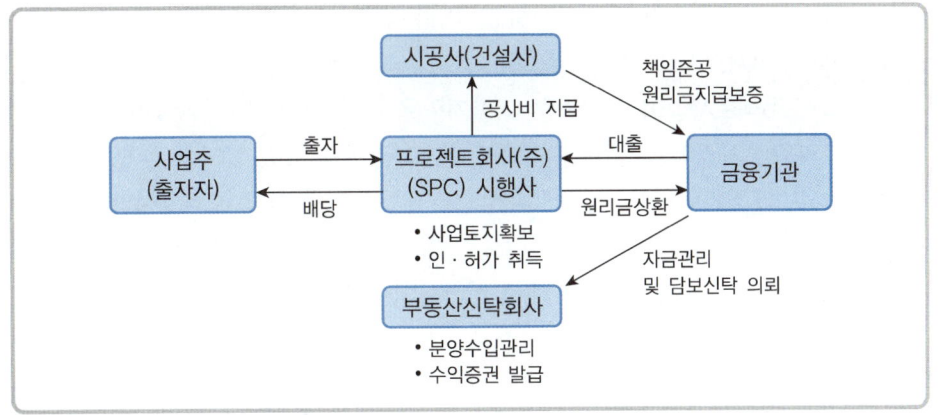

부동산개발사업의 일반적 프로젝트 파이낸싱의 구조

① 이해당사자간의 위험배분: 프로젝트 파이낸싱은 프로젝트 관련 당사자들간의 적정한 위험(risk)배분에 대한 합의를 기초로 성립된다. 물론 프로젝트사업이 실패하면 사업주체간 이해관계가 복잡하게 얽히는 문제도 있다.❶

② 개별사업주의 부외금융(Off-Balance Sheet Financing)효과
㉠ 프로젝트 파이낸싱은 법적·경제적으로 독립된 프로젝트회사(SPC)가 자금을 조달하여 프로젝트를 수행한다. 이에 따라 개별사업주의 재무상태표에는 관련 부채가 기재되지 않으므로 대외신용도에 영향을 주지 않는 부외금융의 특징을 갖는다. 즉, 개별사업주는 채무수용능력이 제고된다는 이점이 있다.
㉡ 프로젝트 사업주는 개인, 기업, 법인이 될 수도 있다.
㉢ 일정 요건을 갖춘 프로젝트회사(SPC; 주식회사)는 법인세 감면을 받을 수 있다.

③ 비소구금융·제한적 소구금융(Non-Recourse or Limited Recourse Financing)
㉠ 프로젝트회사가 파산하더라도 대출기관은 프로젝트 사업주에 대해 원리금상환을 청구할 수 없다는 측면에서 비소구금융방식이다.
㉡ 단, 실무적으로는 개별사업주가 위험의 일부를 부담하게 되며, 대출기관은 프로젝트회사(SPC)에게 원리금상환을 청구할 수 있기 때문에 제한소구(limited recourse) 금융방식이라 할 수 있다.❷
㉢ 대출기관은 프로젝트사업의 위험에 대비하여 사업주, 시공사 등에게 직접·간접의 보증을 요구하게 된다.
ⓐ 시행사와 시공사에 대한 추가적인 출자 요구
ⓑ 시공사에 책임시공(준공) 및 사업이 지연될 경우 시공권 포기각서 요구
ⓒ 프로젝트사업 부도발생시에는 부채인수 및 원리금 지급보증 요구
ⓓ 개발사업부지에 대한 권리를 확보하기 위하여 담보신탁 설정❸
ⓔ 대출금 선(先)상환, 공사비 정산 후 개발이익은 후(後)지급

---

❶ 개별사업주는 프로젝트사업을 공동으로 수행하기 위하여 컨소시엄을 구성, 프로젝트회사(SPC)를 설립하고 프로젝트에 참여하는 대출기관은 대주단(신디케이트 loan; 공동대출)을 구성하게 된다.

용어사전
재무상태표(대차대조표)
일정시점에서 기업의 재무상태, 즉 자산 및 자본의 내용을 수록한 표이다. 차변에 기록된 자산총액과 대변에 기록된 자본과 부채를 합한 금액이 일치하도록 작성된다.

❷ 전통적인 기업금융방식은 대출기관이 차주에 대하여 직접적이며 최종적인 상환요구(recourse)가 가능하다는 점에서 소구금융(recourse-finance)이라고 할 수 있다.

❸ 담보신탁
대출(금융)기관은 프로젝트 사업의 시행자에게 부채자금을 제공할 때 토지에 대한 저당권을 설정할 수 없다. 이러한 문제를 해결하기 위하여 금융기관이 해당 사업토지에 대한 권리를 확보하는 방법을 담보신탁이라 한다.
➡ 채무불이행시 대출기관 입장에서 저당권에 비해 채권실행절차(예 공매 등)에 소요되는 시간이 짧고(빠른 자금회수, 경비가 적고), 상대적으로 고가에 처분이 가능하며, 압류가 불필요하다는 장점이 있다.

④ 독립적인 결제관리계좌를 통한 자금관리: 대출기관은 개발사업의 현금흐름을 관리하고 원리금상환을 확보하기 위하여 개발사업의 **독립적인 위탁결제관리계좌(escrow account)를 설정**하고, 이를 부동산신탁회사에게 위탁하게 된다.

⑤ 이해당사자로서의 대출기관

㉠ **프로젝트사업이 성공하면 대출기관은 높은 이자수익과 수수료를 얻을 수 있지만, 사업이 부실화되면 해당 대출기관의 부실로 이어질 수 있다.** 대출기관은 채권자이면서 동시에 프로젝트사업의 능동적인 참여자이다.

㉡ 대출기관은 개별사업주와 개발사업의 현금흐름을 분리할 수 있어 개별사업주의 파산이 해당 프로젝트 개발사업에 영향을 미치지 못하게 할 수 있다.

㉢ 프로젝트회사가 해당 프로젝트사업 이외에 다른 사업을 추진하게 되면, 프로젝트의 수익성 등에 불확실한 요소가 추가되기 때문에 또 다른 위험에 직면할 수 있다. 따라서 대출기관 입장에서는 프로젝트회사가 다른 사업을 추가하는 것을 제한하고, 대상프로젝트사업에 전념할 것, 즉 단일사업(single purpose)에 치중하거나 한정할 것을 요구할 수 있다.

(3) 금융기관에 의한 PF대출채권의 유동화

① 부동산개발사업(PF) ABS

㉠ PF ABS의 개념

ⓐ **부동산개발사업(PF) ABS란 대출기관이 부동산개발업체에 PF대출을 실행하고 이를 기초자산으로 유동화전문회사(SPC)가 발행하는 자산유동화증권이다.**

ⓑ 대출기관은 PF대출로 인하여 발생하는 유동성위험을 줄이고, 더 많은 자금을 확보하여 개발업체에 공급하기 위해서 PF대출채권을 유동화전문회사(SPC)에 매각하여 자산유동화증권(ABS)을 발행한다.

㉡ PF ABS의 발행구조

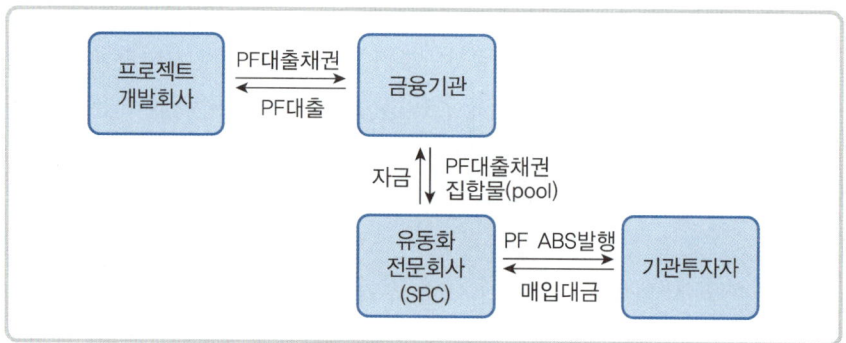

ⓐ 대출기관은 PF대출을 실행하고 보유하고 있는 PF대출채권을 유동화전문회사(유동화중개기관, SPC)에 매각한다.

ⓑ 유동화전문회사(SPC)는 PF대출채권을 기초자산으로 하여 자산유동화증권(PF ABS)을 발행하고 이를 기관투자자 등에게 판매한다.

② 부동산개발 자산담보부 기업어음(PF ABCP; Asset Backed Commercial Paper)
　㉠ 부동산개발 PF ABCP(자산담보부 기업어음)란 금융기관이 PF로 보유한 대출채권을 근거로 발행하는 자산담보부 기업어음이다. ❶
　㉡ PF ABS는 「자산유동화에 관한 법률」의 적용을 받기 때문에 발행회차마다 유동화전문회사(SPC)를 설립해야 하고, 금융위원회에게 등록(유가증권신고서 제출 등)해야 하는 등 발행절차가 까다롭고 복잡한 편이다.
　㉢ PF ABCP는 금융위원회에 등록하지 않고, 「상법」상 유동화전문회사(conduit; 도관체)를 통해 임의대로(자유롭게) 발행(유동화)할 수 있다. ❷
　㉣ 일반적으로 PF ABS의 만기는 3년이고, PF ABCP의 만기는 3개월이다. 따라서 PF ABS가 PF ABCP에 비하여 더 장기로 자금을 조달할 수 있다.

(4) 부동산시장에 미치는 효과
① 일반기업대출은 대출기관이 차주의 신용이나 물적 담보를 조사하는 과정에서 정보의 비대칭문제가 있지만, 프로젝트금융은 대출기관이 해당 프로젝트사업의 수익성에만 치중하면 되기 때문에 차주와 대주간에 발생하는 정보의 비대칭문제를 어느 정도 완화하거나 해소할 수 있다.
② 개발업자 입장에서 자금조달능력과 신용이 취약하더라도(원칙적으로 신용은 중요하지 않음) 시공능력이 우수하고 프로젝트의 높은 수익성이 검토되면 충분히 개발자금을 조달할 수 있다. ❸
③ 대출기관이 부동산개발 관련 대출채권을 유동화시키면 개발업자나 공급자에게 더 많은 자금이 제공될 수 있다.

> **확인예제**
>
> **프로젝트금융에 관한 설명으로 틀린 것은?**　　제27회
> ① 특정프로젝트로부터 향후 일정한 현금흐름이 예상되는 경우, 사전 계약에 따라 미래에 발생할 현금흐름과 사업자체자산을 담보로 자금을 조달하는 금융기법이다.
> ② 일반적으로 기업대출보다 금리 등이 높아 사업이 성공할 경우 해당 금융기관은 높은 수익을 올릴 수 있다.
> ③ 프로젝트금융의 자금은 건설회사 또는 시공회사가 자체계좌를 통하여 직접 관리한다.
> ④ 프로젝트금융이 부실화될 경우 해당 금융기관의 부실로 이어질 수 있다.
> ⑤ 비소구 또는 제한적 소구금융의 특징을 가지고 있다.
>
> **해설**
> 프로젝트금융의 자금은 건설회사나 시공회사가 직접 관리하지 않는다. 금융기관이 별도로 설정한 위탁관리계좌, 즉 부동산신탁회사에 위탁하여 에스크로우계정(위탁계좌)을 통하여 관리된다. **정답: ③**

❶ 최근의 PF개발사업은 사업부지 확보를 기본요건으로 하기 때문에 「상법」상 SPC (conduit)를 설립하고, PF ABCP를 발행하여 조달한 자금을 시행사에 제공하기도 한다.

❷ PF ABCP는 만기가 돌아온 PF ABS를 상환(차환)하기 위하여 발행되기도 한다 (공모, 사모 모두 가능).

❸ 프로젝트금융의 활성화는 주택 등 부동산공급을 증가시키는 요인으로 작용할 수 있다.

02 부동산투자회사(REITs; Real Estate Investment Trusts)

제26·27·28·29·30·31·33·34·35회

부동산투자회사란 주식을 발행하여 투자자로부터 자금을 조달하고 이를 부동산 등에 투자·운용하여 그 수익을 주주(투자자)에게 배당하는 회사(제도)를 말한다.❶ 「부동산투자회사법」에 따라 설립·운영되며, 「부동산투자회사법」에서 특별히 정한 경우를 제외하고는 「상법」의 적용을 받는다. 부동산투자회사의 주식은 부동산을 지분증권화한 대표적인 형태로서, 발행주식에 투자하면 투자회사의 운용실적에 따라 배당을 받을 수 있고 주식의 시세차익을 향유할 수도 있다. 반면에 투자원금의 손실이 발생할 수도 있다. 이러한 측면에서 볼 때 투자자 입장에서 부동산투자회사의 주식은 부동산에 대한 간접투자수단이 된다.

❶ 우리나라에서 법률상의 정의는 '부동산투자회사'이고, 증권시장에 상장된 것은 'OO리츠'라고 부르고 있다.

(1) 부동산투자회사의 발기설립 및 운용 - 국토교통부장관의 인가 및 등록(취소)

구분	자기관리 부동산투자회사	위탁관리 부동산투자회사	기업구조조정 부동산투자회사
영업개시	국토교통부 영업인가	인가 및 등록(요건 충족시)	
회사형태	실체회사, 직접 수행	명목(서류상)회사, 자산관리회사에 위탁	
설립 자본금	5억원 이상	3억원 이상	
(최저)자본금	70억원 이상	50억원 이상	
자산운용 전문인력	공인중개사·감정평가사 5년 이상, 5인 이상	없음	
투자자 보호장치	내부통제기준 준법감시인제도	정관으로 정하는 바에 따라 감독이사를 둘 수 있음	
배당	90% 이상(원칙적 조항)	이익을 초과하여 배당 가능	
공모의무비율	주식 총수의 30% 이상을 일반의 청약에 제공		의무사항 아님
주식분산	1인당 50%를 초과하여 소유하지 못함		제한 없음
투자대상 및 운용방법	부동산 취득, 개발, 개량 및 처분, 관리(시설운영), 임대차 및 전대차, 대출		기업구조조정용 부동산
상장	요건 충족시		요건 충족시 (의무사항 아님)
자산구성 (매 분기 말)	부동산, 부동산 관련 증권 및 현금: 80% 이상 (100분의 70 이상은 부동산이어야 함)		구조조정 대상 부동산 70%이상
처분제한	5년 (단, 분양이 목적일 경우 등에는 처분제한 없음)		제한 없음
자금차입 및 사채 발행	인가나 등록 이후 자기자본의 2배 이내(주총 특별결의시 10배)		

(2) 부동산투자회사와 그 외의 기관[1]

① **자기관리 부동산투자회사**: 실체회사로서 본점 외에 지점이 있으며, 상근 임직원도 있다. 회사가 부도가 나지 않는 이상 그 존속기간은 영속적이다. 자기관리 부동산투자회사는 자산운용 전문인력(예 공인중개사, 감정평가사 등)을 포함한 임직원을 상근으로 두고, 자산의 투자·운용을 직접 수행하는 회사이다.

자기관리 부동산투자회사의 구조

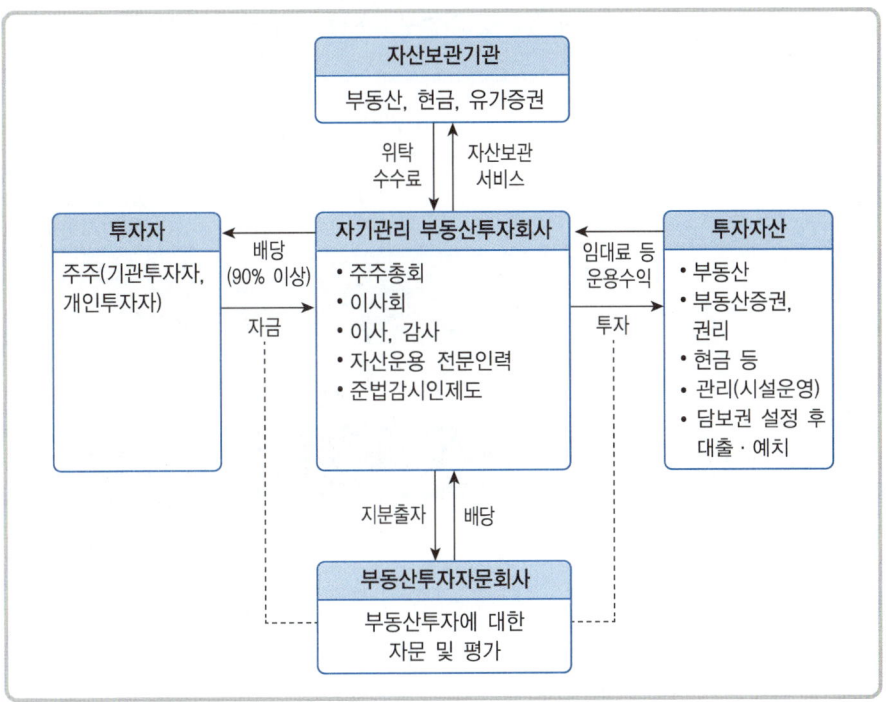

② **위탁관리 부동산투자회사**: 명목회사(paper company), 서류상 회사로서 자산의 투자·운용을 외부 별도의 자산관리회사에 위탁하는 회사이다. 위탁관리 부동산투자회사는 본점 외에 지점을 설치할 수 없으며, 직원을 고용하거나 상근 임원을 둘 수 없다. 위탁관리 부동산투자회사가 이익을 배당할 때에는 해당 연도 이익을 초과하여 배당할 수 있다.

③ **기업구조조정 부동산투자회사**
   ㉠ 명목회사(paper company), 서류상 회사로서 1997년 외환위기 이후 부실화된 대기업 등의 구조조정을 촉진할 수단으로, 기업의 정상화를 목적으로 설립된 회사이며, 존속기한은 보통 한시적(5~7년)이다. 기업구조조정 부동산투자회사도 명목회사이므로 자산의 투자·운용을 외부 자산관리회사에 위탁한다.
   ㉡ 기업구조조정 부동산투자회사에 대해서는 설립 목적인 '기업의 구조조정'이 원활하게 수행되도록 실체회사인 자기관리 부동산투자회사보다 그 운용규정이 완화되어 있다.

---

[1] 자기관리 부동산투자회사와 위탁관리 부동산투자회사는 일반부동산투자회사라 정의하는데, 이 '일반'의 의미는 기업구조조정 부동산투자회사와 구분하기 위한 표현이다.

용어사전

자산운용 전문인력
감정평가사 또는 공인중개사로서 해당 분야에 5년 이상 종사한 사람을 말한다.

준법감시인제도
자기관리 부동산투자회사 및 자산관리회사는 내부통제기준의 준수 여부를 점검하고, 내부통제기준을 위반할 경우 이를 조사하여 감사에게 보고하는 준법감시인을 상근으로 두어야 한다.

즉, 일반에 대한 주식의 공개모집(공모)의무비율(「부동산투자회사법」 제14조의8), 1인당 주식의 분산(동법 제15조), 처분제한(동법 제24조 제1항·제2항), 자산의 구성(동법 제25조) 등에 적용받지 않으며, 명목회사이므로 법인세면제특례가 있다.

ⓒ 부동산투자회사의 지점 설치 금지, 자산의 투자 및 업무위탁, 이익배당 한도를 초과하여 배당하는 조항은 위탁관리 부동산투자회사에 준하여 적용된다.

위탁관리 및 기업구조조정 부동산투자회사

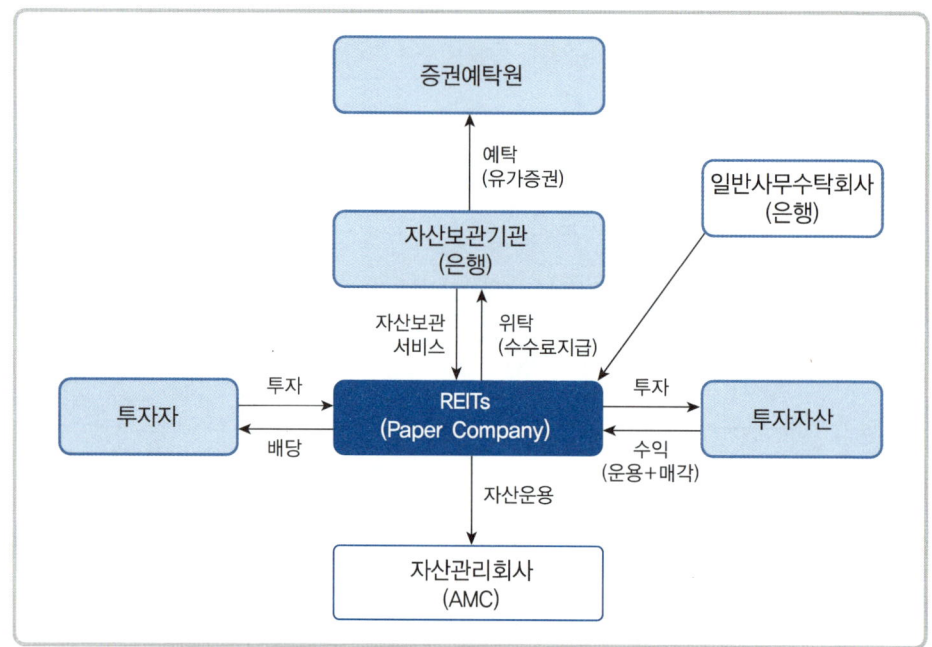

④ **자산관리회사**: 위탁관리 부동산투자회사 또는 기업구조조정 부동산투자회사의 위탁을 받아 자산의 투자·운용업무를 수행하는 것을 목적으로 설립된 회사이다. 자산관리회사는 자기자본이 70억원 이상이어야 하며, 자기관리 부동산투자회사처럼 5인 이상의 자산운용 전문인력과 투자자 보호를 위해 내부통제기준 및 준법감시인제도를 두고 있다.

⑤ **부동산투자자문회사**: 부동산투자회사의 위탁으로 그 자산의 투자·운용에 관한 자문 및 평가업무 등을 수행하는 회사이다.

(3) 부동산투자회사의 자본금조달방법

① 부동산투자회사는 주식의 공모 이외에 영업인가나 등록을 하고, 최저자본금을 갖춘 이후에 현물출자도 허용한다. 현물출자하는 자산에는 부동산, 부동산에 관한 권리, 부동산에 관한 신탁수익권, 소유권이전등기청구권, 대토보상권이 있다.

② 영업인가나 등록 이후 금융기관으로부터 자금을 차입할 수 있으며, 사채(회사채)를 발행할 수도 있다. 이렇게 자금조달을 용이하게 하여 부동산투자회사의 활성화를 유도하고 있다.

용어사전

공모(公募)
불특정다수의 일반투자자로부터 주식을 발행하여 자금을 조달하는 방법이다. 기관투자자 등 특정인을 대상으로 주식을 발행하여 자금을 조달하는 것은 사모(私募)방식이라 한다.

상장(上場)
증권거래소에서 주권을 매매할 수 있도록 인정하는 것으로 상장주식은 비상장주식에 비하여 환금성 확보가 용이하다.

뮤추얼 펀드(mutual fund)
명목회사(paper company)로서, 증권시장된 상장된 회사(것)를 말한다. 주식발행을 통해 투자자를 모집하고 모집된 투자자산을 전문적인 운용회사에 맡겨 그 운용 수익을 투자자에게 배당금의 형태로 되돌려 주는 투자회사를 말한다.

❶ **부동산투자자문회사 현황**
2025년 기준 자산관리회사 현황: 대한토지신탁(주), 코람코자산신탁(주), KB부동산신탁(주), 생보부동산신탁(주), 한국자산신탁(주), 아시아신탁, 한국토지신탁 등

용어사전

현물출자(現物出資)
자본금을 현물로 내는 것으로 현금이 아닌, 실물부동산, 부동산 관련 권리나 신탁수익권 등을 자본금의 일부로 내고 주식을 배정받는 것이다.

(4) 「부동산투자회사법」의 주요내용 ▶ 2024.8.21. 시행

제1조【목적】부동산투자회사의 설립과 부동산투자회사의 자산운용방법 및 투자자 보호 등에 관한 사항을 정함으로써 일반 국민이 부동산에 투자할 수 있는 기회를 확대하고 부동산에 대한 건전한 투자를 활성화하여 국민경제의 발전에 이바지함을 목적으로 한다.

제2조【정의】
1. '부동산투자회사'란 자산을 부동산에 투자하여 운용하는 것을 주된 목적으로 적합하게 설립된 회사로서 다음 각 목의 회사를 말한다.
   가. 자기관리 부동산투자회사: 자산운용 전문인력을 포함한 임직원을 상근으로 두고 자산의 투자·운용을 직접 수행하는 회사
   나. 위탁관리 부동산투자회사: 자산의 투자·운용을 자산관리회사에 위탁하는 회사
   다. 기업구조조정 부동산투자회사: 법 제49조의2 제1항 각 호의 부동산을 투자대상으로 하며 자산의 투자·운용을 자산관리회사에 위탁하는 회사
4. '부동산개발사업'이란 다음 각 목의 어느 하나에 해당하는 사업을 말한다.
   가. 토지를 택지·공장용지 등으로 개발하는 사업
   나. 공유수면을 매립하여 토지를 조성하는 사업
   다. 건축물이나 그 밖의 인공구조물을 신축하거나 재축(再築)하는 사업 등
5. '자산관리회사'란 위탁관리 부동산투자회사 또는 기업구조조정 부동산투자회사의 위탁을 받아 자산의 투자·운용업무를 수행하는 것을 목적으로 설립된 회사를 말한다.

제3조【법인격】① 부동산투자회사는 주식회사로 한다.
② 부동산투자회사는 「부동산투자회사법」에서 특별히 정한 경우를 제외하고는 「상법」의 적용을 받는다.
③ 부동산투자회사는 그 상호에 부동산투자회사라는 명칭을 사용하여야 한다.
④ 이 법에 따른 부동산투자회사가 아닌 자는 부동산투자회사 또는 이와 유사한 명칭(대통령령으로 정하는 외국어문자를 포함한다)을 사용하여서는 아니 된다.

제5조【부동산투자회사의 설립】① 부동산투자회사는 발기설립의 방법으로 하여야 한다.
② 부동산투자회사는 현물출자에 의한 설립을 할 수 없다.

제5조의2【자기관리 부동산투자회사의 위탁관리 부동산투자회사로의 전환에 관한 특례】자기관리 부동산투자회사는 「상법」에 따른 주주총회의 결의와 국토교통부장관의 영업인가를 받아 위탁관리 부동산투자회사로 전환할 수 있다.

제6조【설립 자본금】① 자기관리 부동산투자회사의 설립 자본금은 5억원 이상으로 한다.
② 위탁관리 부동산투자회사 및 기업구조조정 부동산투자회사의 설립 자본금은 3억원 이상으로 한다.

제8조의2【자기관리 부동산투자회사의 설립보고 등】① 자기관리 부동산투자회사는 그 설립등기일부터 10일 이내에 대통령령으로 정하는 바에 따라 설립보고서를 작성하여 국토교통부장관에게 제출하여야 한다.

제9조【영업인가】① 부동산투자회사가 업무를 하려면 부동산투자회사의 종류별로 대통령령으로 정하는 바에 따라 국토교통부장관의 인가를 받아야 한다.

④ 부동산투자회사는 영업인가 전에는 주주가 아닌 자에게 배정하는 방식으로 신주를 발행할 수 없다.

제9조의2 【등록】 ① 일정 요건을 갖춘 위탁관리 부동산투자회사 및 기업구조조정 부동산투자회사가 업무를 하려면 대통령령으로 정하는 바에 따라 국토교통부장관에게 등록하여야 한다.

제10조 【최저자본금】 영업인가를 받거나 등록을 한 날부터 6개월(이하 '최저자본금준비기간'이라 한다)이 지난 부동산투자회사의 자본금은 다음 각 호에서 정한 금액 이상이 되어야 한다.
1. 자기관리 부동산투자회사: 70억원
2. 위탁관리 부동산투자회사 및 기업구조조정 부동산투자회사: 50억원

제11조 【자기관리 부동산투자회사 주요출자자의 적격성 심사 등】 ① 국토교통부장관은 다음 각 호의 어느 하나에 해당하는 경우에는 지체 없이 주요 출자자(발행주식 총수의 100분의 5를 초과하여 주식을 소유하는 자를 말한다. 이하 같다)의 적격성을 심사하여야 한다.
1. 자기관리 부동산투자회사가 최저자본금을 준비하였음을 확인한 경우
2. 주요 출자자의 적격성 심사가 이루어진 이후 주요 출자자가 변경된 경우
⑤ 국토교통부장관은 제1항에 따라 적격성을 심사하기 위하여 주요출자자에게 30일 이내의 기간을 정하여 관련 자료의 제출을 요구할 수 있다. 이 경우 자료의 제출을 요구받은 주요출자자는 정당한 사유가 없으면 이에 따라야 한다.

제11조의2 【위탁관리 부동산투자회사의 지점 설치 금지 등】 위탁관리 부동산투자회사는 본점 외의 지점을 설치할 수 없으며, 직원을 고용하거나 상근 임원을 둘 수 없다.

제14조의3 【법인이사 및 감독이사의 선임】 ① 위탁관리 부동산투자회사는 해당 위탁관리 부동산투자회사의 자산 투자·운용업무를 위탁하는 자산관리회사인 이사(이하 '법인이사'라 한다)와 감독이사를 정관으로 정하는 바에 따라 둘 수 있다.

제14조의7 【감독이사의 직무】 ① 감독이사는 법인이사의 업무집행을 감독한다.
② 감독이사는 부동산투자회사의 업무 및 재산상황을 파악하기 위하여 필요한 경우에는 법인이사와 자산보관기관 등에 대하여 부동산투자회사와 관련되는 업무 및 재산상황에 관한 보고를 요구할 수 있다.

제14조의8 【주식의 공모】 ① 부동산투자회사는 영업인가를 받거나 등록을 하기 전까지는 발행하는 주식을 일반의 청약에 제공할 수 없다.
② 부동산투자회사는 영업인가를 받거나 등록을 한 날부터 2년 이내에 발행하는 주식 총수의 100분의 30 이상을 일반의 청약에 제공하여야 한다.
③ 다음 각 호의 어느 하나에 해당하는 경우에는 제2항에도 불구하고 주식을 일반의 청약에 제공하지 아니할 수 있다.
1. 부동산투자회사가 영업인가를 받거나 등록을 한 날부터 2년 이내에 국민연금공단이나 그 밖에 대통령령으로 정하는 주주가 단독이나 공동으로 인수 또는 매수한 주식의 합계가 부동산투자회사가 발행하는 주식 총수의 100분의 50 이상인 경우
2. 부동산투자회사의 총자산의 100분의 70 이상을 임대주택(「민간임대주택에 관한 특별법」에 따른 민간임대주택 및 「공공주택 특별법」에 따른 공공임대주택을 말한다)으로 구성하는 경우

제15조【주식의 분산】① 주주 1인과 그 특별관계자는 제14조의8 제2항에 따른 주식의 공모를 완료한 이후에는 부동산투자회사가 발행한 주식 총수의 100분의 50(이하 "1인당 주식소유한도"라 한다)을 초과하여 주식을 소유하지 못한다.
③ 국토교통부장관은 제1항을 위반하여 동일인이 1인당 주식소유한도를 초과하여 주식을 소유하는 경우에는 6개월 이내의 기간을 정하여 1인당 주식소유한도를 초과하는 주식을 처분할 것을 명할 수 있다.

제16조【1인당 주식소유한도의 예외】① 국민연금공단과 그 밖에 대통령령으로 정하는 주주에 대하여는 제15조 제1항을 적용하지 아니한다.
③ 부동산투자회사의 총자산의 100분의 70 이상을 임대주택(「민간임대주택에 관한 특별법」에 따른 민간임대주택 및 「공공주택 특별법」에 따른 공공임대주택을 말한다)으로 구성하는 경우에는 법 제15조를 적용하지 아니한다.

제19조【현물출자】① 부동산투자회사는 영업인가를 받거나 등록을 하고 법 제10조에 따른 최저자본금 이상을 갖추기 전에는 현물출자를 받는 방식으로 신주를 발행할 수 없다.
② 부동산투자회사의 영업인가 후에 「상법」에 따라 부동산투자회사에 현물출자를 하는 재산은 다음 각 호의 어느 하나에 해당하여야 한다.
1. 부동산
2. 지상권·임차권 등 부동산 사용에 관한 권리
3. 신탁이 종료된 때에 신탁재산 전부가 수익자에게 귀속하는 부동산신탁의 수익권
4. 부동산소유권의 이전등기청구권
5. 「공익사업을 위한 토지 등의 취득 및 보상에 관한 법률」에 따라 공익사업의 시행으로 조성한 토지로 보상을 받기로 결정된 권리(이하 '대토보상권'이라 한다)

제20조【주식의 상장 등】① 부동산투자회사는 「자본시장과 금융투자업에 관한 법률」에 따른 상장규정의 상장요건을 갖추게 된 때에는 지체 없이 증권시장에 주식을 상장하여 그 주식이 증권시장에서 거래되도록 하여야 한다.
③ 국토교통부장관은 상장을 명하려면 미리 금융위원회의 의견을 들어야 한다.

제21조【자산의 투자·운용방법】① 부동산투자회사는 그 자산을 다음 각 호의 어느 하나에 투자하여야 한다.
1. 부동산
2. 부동산개발사업
3. 지상권, 임차권 등 부동산 사용에 관한 권리
4. 신탁이 종료된 때에 신탁재산 전부가 수익자에게 귀속하는 부동산신탁수익권
5. 증권, 채권
6. 현금(금융기관의 예금을 포함한다)
② 부동산투자회사는 제1항 각 호에 대하여 다음 각 호의 어느 하나에 해당하는 방법으로 투자·운용하여야 한다.
1. 취득, 개발, 개량 및 처분
2. 관리(시설운영을 포함한다), 임대차 및 전대차
3. 법 제2조 제4호에 따른 부동산개발사업을 목적으로 하는 법인 등 대통령령으로 정하는 자에 대하여 부동산에 대한 담보권 설정 등 대통령령으로 정한 방법에 따른 대출, 예치

제22조【자기관리 부동산투자회사의 자산운용 전문인력】① 자기관리 부동산투자회사는 그 자산을 투자·운용할 때에는 전문성을 높이고 주주를 보호하기 위하여 대통령령으로 정하는 바에 따라 다음 각 호에 따른 자산운용 전문인력을 상근으로 두어야 한다.
1. 감정평가사 또는 공인중개사로서 해당 분야에 5년 이상 종사한 사람
2. 부동산 관련 분야의 석사학위 이상의 소지자로서 부동산의 투자·운용과 관련된 업무에 3년 이상 종사한 사람 등
3. 그 밖에 제1호 또는 제2호에 준하는 경력이 있는 사람으로서 대통령령으로 정하는 사람
② 자산운용 전문인력이 되고자 하는 사람은 자산운용에 관한 사전교육(이하 "사전교육"이라 한다)을 이수하여야 한다.
③ 사전교육을 이수한 사람이 자산운용 전문인력으로 계속해서 종사하고자 하는 경우 사전교육을 이수한 날부터 3년마다 국토교통부장관이 실시하거나 인정하는 보수교육을 받아야 한다.
④ 자산운용 전문인력이 사전교육 또는 보수교육을 이수한 날부터 3년이 지난 후에 다시 자산운용 전문인력으로 종사하는 경우에는 3개월 이내에 보수교육을 받아야 한다.

제22조의3【자산관리회사의 인가 등】① 자산관리회사를 설립하려는 자는 다음 각 호의 요건을 갖추어 국토교통부장관의 인가를 받아야 한다. 인가받은 사항을 변경하려는 경우에도 또한 같다.
1. 자기자본이 70억원 이상일 것
2. 자산운용 전문인력을 대통령령으로 정하는 수 이상 상근으로 둘 것
③ 자산관리회사는 위탁관리 부동산투자회사 및 기업구조조정 부동산투자회사로부터 위탁받은 업무 외의 다른 업무를 겸영(兼營)하여서는 아니 된다.

제22조의4【자산관리회사의 주식 취득 제한】① 위탁관리 부동산투자회사 또는 기업구조조정 부동산투자회사로부터 자산의 투자·운용을 위탁받은 자산관리회사는 해당 부동산투자회사가 영업인가 또는 등록 후 최저자본금을 갖춘 이후에는 해당 부동산투자회사가 발행한 주식 총수의 100분의 30 이내에서 대통령령으로 정하는 비율을 초과하여 주식을 취득하거나, 해당 부동산투자회사의 최대주주가 되어서는 아니 된다.

제22조의5【자기관리 부동산투자회사의 자산관리회사 설립 특례】자기관리 부동산투자회사가 제22조의3에 따라 자산관리회사를 설립하는 경우 해당 자산관리회사는 제22조의3 제1항에서 정한 요건 외에 다음 각 호의 요건을 갖추어 국토교통부장관의 인가를 받아야 한다.
1. 자기관리 부동산투자회사가 해당 자산관리회사의 자본금 전부를 출자할 것
2. 위탁관리 부동산투자회사 또는 기업구조조정 부동산투자회사로부터 자산의 투자·운용을 위탁받는 경우 제49조의3의 공모부동산투자회사가 아닌 위탁관리 부동산투자회사 또는 기업구조조정 부동산투자회사로부터만 자산의 투자·운용을 위탁받는 방식으로 업무를 수행하는 것을 목적으로 설립할 것

제23조【부동산투자자문회사의 등록】① 부동산투자회사의 위탁으로 그 자산의 투자·운용에 관한 자문 및 평가 등의 업무를 하려는 자는 국토교통부장관에게 등록하여야 한다.

1. 자본금이 5억원 이상으로서 대통령령으로 정하는 금액 이상일 것
2. 자산운용 전문인력을 대통령령으로 정하는 수 이상 상근으로 둘 것

제24조【부동산의 처분에 대한 제한 등】 ① 부동산투자회사는 부동산을 취득한 후 5년의 범위에서 대통령령으로 정하는 기간 이내에는 부동산을 처분하여서는 아니 된다. 다만, 다음 각 호의 어느 하나의 경우에는 그러하지 아니하다.
1. 부동산개발사업으로 조성하거나 설치한 토지·건축물 등을 분양하는 경우
2. 그 밖에 투자자 보호를 위하여 대통령령으로 정하는 사유가 있는 경우

③ 부동산투자회사가 부동산을 취득하거나 처분하는 경우 자기관리 부동산투자회사 또는 자산관리회사는 대통령령으로 정하는 바에 따라 해당 부동산의 현황, 거래가격 등이 포함된 실사보고서(實査報告書)를 작성하여 이를 본점에 갖추어 두어야 한다.

제25조【자산의 구성】 ① 부동산투자회사는 최저자본금준비기간이 끝난 후에는 매 분기 말 현재 총자산의 100분의 80 이상을 부동산, 부동산 관련 증권 및 현금으로 구성하여야 한다. 이 경우 총자산의 100분의 70 이상은 부동산(건축 중인 건축물을 포함한다)이어야 한다.

제25조의2【회계처리】 ① 부동산투자회사는 부동산 등 자산의 운용에 관하여 회계처리를 할 때에는 금융위원회가 정하는 회계처리기준에 따라야 한다.

제25조의3【신용평가】 ① 국토교통부장관은 부동산투자회사의 주식의 공모 여부, 총자산의 규모 등 투자자 보호를 위하여 필요한 경우로서 대통령령으로 정하는 부동산투자회사에 대하여 「자본시장과 금융투자업에 관한 법률」에 따라 인가를 받은 신용평가회사(외국 법령에 따라 외국에서 신용평가업무에 상당하는 업무를 수행하는 자를 포함한다)의 평가를 받도록 하고, 그 결과를 부동산투자회사 정보시스템을 통하여 공시하도록 할 수 있다.

제26조의4【프로젝트 부동산투자회사에 대한 특례】 ① 일정요건을 모두 갖춘 부동산투자회사(이하 "프로젝트 부동산투자회사"라 한다)는 부동산개발사업의 시행 및 이와 관련된 업무를 하려면 대통령령으로 정하는 바에 따라 국토교통부장관에게 설립신고를 하여야 한다.

제28조【배당】 ① 부동산투자회사는 「상법」 제462조 제1항에 따른 해당 연도 이익배당한도[자산의 평가손실(직전 사업연도까지 누적된 평가손실을 포함한다)은 고려하지 아니한다. 이하 이 조 및 제52조에서 같다]의 100분의 90 이상을 주주에게 배당하여야 한다. 이 경우 「상법」 제458조에 따른 이익준비금은 적립하지 아니한다.

② 제1항에도 불구하고 자기관리 부동산투자회사의 경우 「상법」 제462조 제1항에 따른 해당 연도 이익배당한도의 100분의 50 이상을 주주에게 배당하여야 하며 「상법」 제458조에 따른 이익준비금을 적립할 수 있다. 이 경우 「상법」 제462조 제2항 단서에도 불구하고 다음 각 호의 구분에 따른 방법으로 이익배당을 정한다.
1. 「상법」 제462조 제1항에 따른 해당 연도 이익배당한도의 100분의 50 이상 100분의 90 미만으로 이익배당을 정하는 경우: 「상법」 제434조에 따른 주주총회의 특별결의
2. 「상법」 제462조 제1항에 따른 해당 연도 이익배당한도의 100분의 90 이상으로 이익배당을 정하는 경우: 「상법」 제462조 제2항 본문에 따른 주주총회의 결의

③ 위탁관리 부동산투자회사가 제1항에 따라 이익을 배당할 때에는 「상법」 제462조 제1항에도 불구하고 이익을 초과하여 배당할 수 있다. 이 경우 초과배당금의 기준은 해당 연도 감가상각비의 범위에서 대통령령으로 정한다.

④ 상장된 부동산투자회사가 총자산에서 대통령령으로 정하는 비율 이상을 차지하는 부동산을 매각하여 그 이익을 배당할 때에는 해당 사업연도 말 10일 전까지 이사회를 개최하여 이사회의 결의로 배당 여부 및 배당 예정금액을 결정하여야 한다.

제29조 【차입 및 사채발행】 ① 부동산투자회사는 영업인가를 받거나 등록을 한 후에 자산을 투자·운용하기 위하여 또는 기존 차입금 및 발행사채를 상환하기 위하여 대통령령으로 정하는 바에 따라 자금을 차입하거나 사채를 발행할 수 있다.

② 제1항에 따른 자금차입 및 사채발행은 자기자본의 2배를 초과할 수 없다. 다만, 「상법」 제434조의 결의방법에 따른 주주총회의 특별결의를 한 경우에는 그 합계가 자기자본의 10배를 넘지 아니하는 범위에서 자금차입 및 사채발행을 할 수 있다.

제31조 【부동산투자회사의 겸업 제한 등】 ① 부동산투자회사는 이 법 또는 다른 법령에 따른 경우를 제외하고는 다른 업무를 하여서는 아니 된다.

② 부동산투자회사의 상근 임원은 다른 회사의 상근 임직원이 되거나 다른 사업을 하여서는 아니 된다.

제32조 【미공개 자산운용정보의 이용 금지】 다음 각 호의 어느 하나에 해당하는 자는 부동산투자회사의 미공개 자산운용정보를 이용하여 부동산 또는 증권을 매매하거나 타인에게 이용하게 하여서는 아니 된다.

1. 해당 부동산투자회사의 임직원 또는 대리인
2. 주요주주 등

제34조 【임직원 등의 손해배상책임】 ① 부동산투자회사의 임직원이 법령이나 정관을 위반한 행위를 하거나 그 임무를 게을리 하여 부동산투자회사에 손해를 입힌 경우에는 손해를 배상할 책임이 있다.

제35조 【자산보관의 위탁 등】 ① 부동산투자회사는 대통령령으로 정하는 바에 따라 자산의 보관과 이와 관련된 업무를 다음 각 호의 기관(이하 '자산보관기관'이라 한다)에 위탁하여야 한다.

1. 「자본시장과 금융투자업에 관한 법률」에 따른 신탁업자
2. 「한국토지주택공사법」에 따른 한국토지주택공사(이하 이 조에서 '한국토지주택공사'라 한다)
3. 「한국자산관리공사 설립 등에 관한 법률」에 따른 한국자산관리공사(이하 이 조에서 '한국자산관리공사'라 한다)
4. 「주택도시기금법」에 따른 주택도시보증공사
5. 그 밖에 제1호부터 제4호까지에 준하는 기관으로서 대통령령으로 정하는 기관

제37조 【투자보고서 및 공시 등】 ① 영업인가를 받은 자기관리 부동산투자회사 또는 영업인가를 받거나 등록을 한 위탁관리 부동산투자회사 및 기업구조조정 부동산투자회사의 자산관리회사는 대통령령으로 정하는 바에 따라 사업연도별로 분기마다 해당 부동산투자회사의 투자보고서를 작성하여야 하며, 이를 대통령령으로 정하는 기한까지 공시하여야 한다.

제39조의2 【금융위원회의 감독】 ① 금융위원회는 공익을 위하여 또는 부동산투자회사의 주주를 보호하기 위하여 필요하면 부동산투자회사등에 금융감독 관련 업무에 관한 자료 제출이나 보고를 명할 수 있으며, 금융감독원의 원장으로 하여금 그 업무에 관하여 검사하게 할 수 있다.

제47조 【내부통제기준의 제정 등】 ① 자기관리 부동산투자회사 및 자산관리회사는 법령을 준수하고 자산운용을 건전하게 하며 주주를 보호하기 위하여 임직원이 따라야 할 기본적인 절차와 기준(이하 '내부통제기준'이라 한다)을 제정하여 시행하여야 한다.
② 자기관리 부동산투자회사 및 자산관리회사는 내부통제기준의 준수 여부를 점검하고 내부통제기준을 위반한 경우 이를 조사하여 감사에게 보고하는 준법감시인을 상근으로 두어야 한다.

제49조의2 【기업구조조정 부동산투자회사에 관한 특례】 ① 기업구조조정 부동산투자회사는 이 법에서 정한 부동산투자회사의 요건을 갖추고 총자산의 100분의 70 이상을 다음 각 호의 부동산으로 구성하여야 한다.
1. 기업이 채권금융기관에 대한 부채 등 채무를 상환하기 위하여 매각하는 부동산
2. 채권금융기관과 재무구조 개선을 위한 약정을 체결하고 해당 약정 이행 등을 하기 위하여 매각하는 부동산 등
② 국토교통부장관은 기업구조조정 부동산투자회사의 등록을 하려는 경우에는 미리 금융위원회의 의견을 들어야 한다.

제49조의4 【협회의 설립 등】 ① 자기관리 부동산투자회사·자산관리회사 또는 부동산투자자문회사는 부동산투자회사 관련 업무의 전문화와 건전한 발전을 도모하기 위하여 자기관리 부동산투자회사·자산관리회사 또는 부동산투자자문회사의 단체(이하 '협회'라 한다)를 설립할 수 있다.

제50조 【벌칙】 다음 각 호의 어느 하나에 해당하는 자는 5년 이하의 징역 또는 1억원 이하의 벌금에 처한다.
1. 영업인가, 등록, 특례등록 또는 설립신고 없이 부동산투자회사의 명칭을 사용하여 업무를 하거나 주식을 모집 또는 매출한 자
2. 속임수나 그 밖의 부정한 방법으로 영업인가, 등록, 특례등록, 설립신고, 변경인가 또는 변경등록을 받거나 한 자
3. 영업인가를 받거나 등록을 하고 최저자본금(프로젝트 부동산투자회사의 경우에는 50억원) 이상을 갖추기 전에 현물출자를 받는 방식으로 신주를 발행한 자
4. 제21조 또는 제26조의4 제3항을 위반하여 자산을 투자·운용한 자
5. 제32조를 위반하여 부동산투자회사의 미공개 자산운용정보를 이용하여 부동산 또는 증권을 매매하거나 타인에게 이를 이용하게 한 자
6. 속임수나 그 밖의 부정한 방법으로 제22조의3에 따른 자산관리회사의 설립인가 또는 변경인가를 받은 자

용어사전

환매여부에 따른 구분
- **개방형**: 투자자의 환매요구에 수용하는 것이다.
- **폐쇄형**: 주주의 환매요구에는 응하지 않는 경우이다. 단, 환금성 보장을 위하여 증권시장에 주식을 상장하는 것이 의무화되어 있으므로 투자자가 현금이 필요할 때에는 증권시장에서 주식을 매도하여 현금화하는 것이 가능하다. 폐쇄형은 환매만 되지 않을 뿐이지 주주의 환금성에는 문제가 되지 않는다.

> **확인예제**
>
> 우리나라의 부동산투자회사(REITs)에 관한 설명으로 옳은 것은? 제26회 수정
> ① 자기관리 부동산투자회사의 설립 자본금은 5억원 이상으로 한다.
> ② 위탁관리 부동산투자회사의 설립 자본금은 3억원 이상이며, 영업인가를 받거나 등록을 한 후 6개월 이내에 30억원을 모집하여야 한다.
> ③ 자기관리 부동산투자회사와 기업구조조정 부동산투자회사는 모두 실체형 회사의 형태로 운영된다.
> ④ 위탁관리 부동산투자회사는 본점 외의 지점을 설치할 수 있으며, 직원을 고용하거나 상근 임원을 둘 수 있다.
> ⑤ 부동산투자회사는 금융기관으로부터 자금을 차입할 수 없다.
>
> **해설**
> ② 위탁관리 부동산투자회사의 설립 자본금은 3억원 이상이며, 영업인가를 받거나 등록을 한 후 6개월 이내에 최저(영업)자본금은 50억원 이상이어야 한다.
> ③ 자기관리 부동산투자회사는 실체회사이며, 기업구조조정 부동산투자회사는 명목회사이다.
> ④ 위탁관리 부동산투자회사는 본점 외에 지점을 설치할 수 없으며, 직원을 고용하거나 상근 임원을 둘 수 없다.
> ⑤ 부동산투자회사는 금융기관으로부터 영업인가 등록 이후 자금을 차입할 수 있다.
> 정답: ①

(5) 부동산투자회사의 기대효과

① 부동산투자회사의 주식은 투자지분을 표준화·증권화한 상품으로 소액투자자에게 투자기회를 제공한다.
② 투자자(주주) 입장에서는 배당소득 및 부동산가격 상승으로 인한 자본이익(주식매각차익)을 기대할 수 있다. 물론 투자원금의 손실이 발생할 수도 있다.
③ 부동산에 직접투자하는 것보다 유동성 측면에서, 포트폴리오(분산투자)효과 측면에서, 세금절감효과를 향유할 수 있다는 측면에서 이점이 있다. 부동산 관련 주식이므로 인플레이션 헷지(inflationary hedge)·보호기능도 기대할 수 있다.
④ 자산관리회사 등 전문회사를 통하여 자산에 투자·운용하므로 투자의 전문성과 자산관리의 효율성을 제고할 수 있다.
⑤ 경영실적, 사업계획, 임원변동 등을 일반인에게 공시(公示)함으로써 투자자를 보호하며, 정보의 비대칭문제를 완화시키고 투명성을 제고할 수 있다.

용어사전

공시제도(公示制度)
기업의 사업계획, 재무상황, 영업실적, 임원의 변동 등을 투자자 등 이해관계자에게 알리는 제도로서, 증권시장에서 주요 정보를 알림으로써 공정한 가격형성을 유도하기 위한 목적이 있다. 즉, 시장참여자간에 정보의 비대칭·불균형을 완화하여 투자자를 보호하고 불공정거래를 방지하기 위한 것이다.

> 「부동산투자회사법」
> 제49조의6 【부동산투자회사 정보시스템의 구축 및 운영】 ① 국토교통부장관은 부동산투자회사등의 관리 및 감독업무를 효율적으로 수행하고, 부동산투자회사등에 관한 정보 및 자료를 종합적·체계적으로 이용하도록 하기 위하여 부동산투자회사 정보시스템을 구축·운영할 수 있다.

⑥ 기업구조조정 부동산투자회사는 기업이나 금융기관 등이 보유한 불필요한 매물 부동산의 효율적 처리를 가능하게 해준다. 즉, 부실화된 기업의 구조조정수단으로 활용할 수 있다.

03 부동산펀드(부동산집합투자기구)

「자본시장과 금융투자업에 관한 법률」에 의하여 부동산펀드(fund)는 다수의 투자자로부터 자금을 조달하여 부동산펀드(공동기금)를 구성하고, 자산운용사나 투신운용사가 실물부동산·부동산증권·부동산대출 등에 투자하여 그 운용수익을 수익자에게 분배하는 투자신탁제도로, 그 법률상의 정의는 '부동산집합투자기구'라고 한다.❶

❶ 특정다수로부터 자금을 조달하게 되면 공모(公募) 부동산펀드라 하고, 기관투자자 등 특정인을 대상으로 자금을 조달하게 되면 사모(私募) 부동산펀드라고 한다. 우리나라에서는 공모방식과 사모방식 모두 가능하다.

부동산펀드의 조직구성

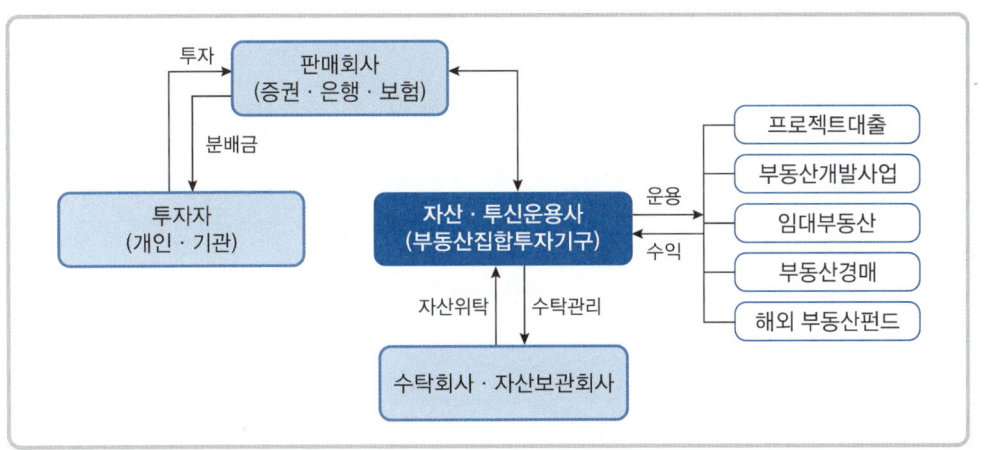

(1) 부동산펀드의 조직구성

① **펀드의 운용주체**: 자산운용사나 투신운용사 등 금융기관이 부동산펀드의 자산을 투자·운용한다. 부동산펀드는 일반투자자로부터 조달한 자금이 부족할 경우에는 자산운용의 원활함을 보장하기 위하여 외부에서 차입하는 것도 가능하다.

② **펀드의 판매회사**: 은행·증권회사·보험사 등 금융기관이 'ㅇㅇ부동산펀드'라는 상품을 투자자에게 판매하고, 이렇게 모집한 자금을 별도의 수탁회사에 보관한다.

③ **자산보관회사**: 별도의 수탁은행에 자산을 보관하는 이유는 펀드자산 및 투자자를 보호하기 위함이다.

④ **펀드가입자**: 투자자로서 이익(분배금)만 배당받는 수동적인 '수익자'의 지위를 갖는다. 부동산펀드의 수익자는 투자원금의 손실이 발생할 수 있다.

(2) 부동산펀드의 유형

대출(PF)형 부동산펀드, 임대형 부동산펀드, 경매형 펀드, 직접개발형 펀드, 해외 부동산펀드 등 다양한 형태로 투자·운용되고 있다.

(3) 부동산펀드의 특징

① 부동산펀드의 발행증권은 수익증권(지분금융)이며, 대다수가 비상장이므로 펀드가입자(수익자)의 환금성은 부동산투자회사의 주식에 비하여 다소 낮은 편이다.❶

② 부동산펀드는 일반인에 의한 설립 및 자산운용이 불가능하다. 일정규모 이상의 자본금을 갖춘 전문적인 자산운용사나 투자신탁운용회사에 의하여 운용된다.

❶ 부동산펀드는 자산운용의 안정성을 담보하기 위하여 펀드설정기간(3~5년) 내에는 원칙적으로 환매를 허용하지 않는 경우도 있다.

부동산투자회사(REITs)와 부동산집합투자기구(Fund)의 비교

구분	부동산투자회사(REITs)	부동산펀드(Fund)
근거법령	「부동산투자회사법」	「자본시장과 금융투자업에 관한 법률」
설립	국토교통부장관 인가 및 등록	금융위원회 신고
법적 성격	회사형(실체회사 · 명목회사)	투자신탁형(계약형 · 회사형 가능)
발행증권	주식	일반적 수익증권(주식 가능)
투자자 지위	주주(주식 매매차익 · 현금 및 현물배당)	수익자(현금배당 · 분배금)
개발사업	가능	가능
자금차입	가능	가능
자금대여	가능	가능
자산운용	내부형(자기관리), 외부형(위탁관리)	외부형
환금성	상대적으로 부동산투자회사의 주식이 부동산펀드의 수익증권보다 환금성이 높음	
기타	• 설립절차 복잡 • 운용규정 · 제한사항 많음	• 기존의 금융기관 활용 • 투자자 입장에서 접근 용이

04 조인트벤처(joint venture)방식의 프로젝트금융투자회사(주)

조인트벤처방식의 프로젝트금융기법은 금융기관이나 민간의 재무적 투자자가 프로젝트금융투자회사(주)에 대출이 아닌 지분투자로 참여하는 방식이다. 프로젝트금융투자회사는 주식회사(명목회사)로서 주식발행으로 조달한 자금에 대하여 투자자에게 상환하여야 할 의무가 없고, 조달한 자금이 프로젝트금융투자회사의 자기자본이 되므로 이는 지분금융방식에 해당한다.❷

❷ 프로젝트금융투자회사(PFV; Project Financing Vehicle)란 부동산개발사업, 사회간접자본시설, 주택건설 등 특정사업을 통상 한시적으로 운영하여 그 수익을 주주에게 배분하는 주식회사이다. 프로젝트금융투자회사는 특수목적회사(SPC)의 일종으로, 우리나라에서 이미 설립 · 운영된 사례가 있다.

05 부동산 신디케이트(syndicate)

부동산 신디케이트란 주로 미국 부동산시장에서 부동산투자회사가 활성화되기 이전에 소규모의 투자조합을 구성하여 부동산개발사업을 하는 방식이었다. 부동산개발사업을 수행하는 소구좌 지분형 부동산투자조합을 말한다.

(1) 일반적인 개념

부동산 신디케이트는 부동산개발사업을 공동으로 영위하기 위하여 투자자의 자금과 개발업자의 전문성이 결합된 투자조합의 조직체를 말한다. 여러 명의 투자자(조합원)가 부동산전문가(신디케이터)의 경험을 동원하여 공동으로 부동산개발사업을 일시적으로 수행하는 것이며, 조합의 목적이 달성되면 이익을 투자자(조합원)에게 배분하고 청산되는 구조가 일반적인 형태이다. 미국에서는 대중성이 결여되어 이후에 부동산투자회사(REITs)로 발전하게 되었다.

(2) 신디케이트의 구조 및 특징

조합을 구성하여 투자자를 모집하므로 그 조직형태는 대부분 합자회사이고, 발행 증권은 출자증권이다. 출자증권발행을 통하여 조달한 자금은 이에 대한 상환의무가 없고 조합의 자기자본이 되므로 지분금융방식이다.❶

06 메자닌(Mezzanine)금융 제32회

(1) 메자닌금융의 개념

메자닌금융이란 개발업자나 건설회사가 주식(예 보통주 등)발행과 외부차입으로 자금조달이 어려울 때 전환사채(CB), 신주인수권부 사채(BW), 상환우선주 등을 발행하여 자금을 조달하는 형태를 말한다. 조달한 자금의 성격이 지분(주식)과 부채·차입(채권)의 중간적 성격을 가지고 있다.❷

(2) 메자닌금융의 유형

① 전환사채(CB; Convertible Bond)
  ㉠ 미래에 일정한 시점에서 일정한 가격(전환가격)으로, 주식으로 전환할 수 있는 권리가 부여된 옵션(option)부 채권을 말한다.
  ㉡ 투자자 입장에서 주식으로 전환하기 전에는 사채(채권)로서 안정적인 확정이자를 받을 수 있고, 주식으로 전환한 후에는 주식의 배당과 매매차익을 획득할 수 있다.
  ㉢ 발행자 입장에서는 전환사채의 투자자가 주식으로 전환권 행사시 행사한 만큼 발행회사(개발업자·건설회사)의 부채가 감소하고, 동일금액만큼 자기자본이 늘어나는 효과가 있다. 즉, 타인자본(부채)이 자기자본(지분)으로 변함에 따라 재무구조가 개선되는 효과가 있다.

---

❶ 부동산개발업자(신디케이터)는 개발사업의 모든 책임을 부담하게 되므로 무한책임사원이라 하고, 투자자(출자자)는 자신이 투자한 출자범위 내에서 책임을 지게 되므로 유한책임사원이라 한다.

❷ '메자닌'이란 이탈리아어로 건물 1층과 2층의 사이에 있는 라운지, 중간층을 말한다.

② 신주인수권부 사채(BW; Bond with Warrant)
  ㉠ 미리 정해진 가격으로 정해진 수의 신주(주식)를 배정받을 수 있는 권리가 부여된 조건부 채권을 말한다.
  ㉡ 신주인수권부 사채의 투자자는 채권자 겸 주주가 된다. 물론 신주인수권부 사채의 투자자가 신주인수권을 행사하여 주식을 취득하더라도 채권은 계속 존속된다. 물론 신주(新株)를 인수하기 위해서는 채권투자금액과 별도의 현금을 납입하여야 한다.
  ㉢ 발행자 입장에서는 사채발행으로 인한 채무가 그대로 존재한 상태에서 자기자본이 늘어나는 효과가 있으며, 발행회사 내부에 현금이 유입되었으므로 유동성이 늘어나는 효과가 있다.
③ 후순위채권(대출): 채권 발행기관이 도산할 경우 사채의 변제순위에 있어 은행대출채권 등의 일반사채보다는 뒤지나, 주식보다는 우선하는 채권을 말한다. ❶
  ㉠ 채권의 만기 전에 변제를 요청할 수 없고 상환기간을 5년 이상으로 하기 때문에 자기자본으로 처리해 준다. 은행이 후순위채를 발행하면 자기자본의 50% 범위에서 채권발행액 전액을 자기자본으로 인정하도록 하고 있다.
  ㉡ 후순위채 발행은 이자 상환의무가 있다는 점에서 부채금융과 자기자본비율이 높아지는 측면에서 지분금융의 두 가지 성격을 가지고 있다.
④ 상환우선주(償還優先株): 특정기간 동안 우선주의 성격을 가지고 있다가 기간이 만료되면 발행회사에서 이를 되사도록 한 주식을 말한다. 투자자의 입장에서 보통주보다 높은 배당을 받을 수 있다는 장점이 있지만, 기업이 이익을 내는 것을 전제로 하기 때문에 채권보다 변제순위가 뒤떨어지고 담보도 없어 기업이 파산한 경우 투자금을 돌려받기가 어렵다. 상환우선주는 주식이지만 성격상 앞으로 상환하여야 할 자금으로 부채에 가깝다.
⑤ 상환전환우선주: 채권처럼 만기 때 상환받거나 보통주로 전환할 수 있는 권리가 붙은 우선주로서, 상환전환우선주는 회사채이자보다 높은 배당수익률을 약속하는 경우가 많으며, 투자자 입장에서는 주가가 오르면 보통주로 전환하여 차익을 챙길 수 있어 기본적으로 투자자에게 유리한 편이다.
⑥ 교환사채: 투자자가 보유한 채권을 일정시일 경과 후 발행회사가 보유 중인 다른 회사 유가증권(주식·채권)으로 교환할 수 있는 권리가 있는 사채를 말한다.

(3) 메자닌금융의 기대효과
① 개발업자 입장에서 제3자(예 금융기관 등)의 자본참여에 따른 소유권 상실의 우려를 최소화하면서, 무담보로 전환사채나 신주인수권부 사채 등은 일반회사채보다 낮은 금리로 자금을 조달할 수 있다.

❶ 사실상 만기가 없는 영구채적 성격을 갖는다. ➡ 채권의 만기가 없으므로 원금을 상환할 의무가 없고, 발행액의 일부를 자기자본으로 인정해준다.

② 자금의 조달 및 공급방법이 다양해짐에 따라 부동산거래 및 부동산시장의 활성화에 기여할 수 있다.

핵심 콕! 콕! 부동산금융의 구분

Tip 지분금융과 부채금융의 구분은 출제빈도가 높기 때문에 개념정리가 꼭 필요하다.

1. 주택소비금융과 개발금융

주택소비 금융	주택을 소비·구매·수요하고자 하여 주택을 담보로 제공하고 자금을 조달하는 방법이다. ① 대출(차입): 보금자리론, 디딤돌대출, 전세자금대출 등 ② 저축: 주택청약종합저축 등
개발금융	개발업자나 부동산의 공급자가 부동산을 개발·공급하고자 자금을 조달하는 방법이다. ① 전통적 건축대부 ② 부동산투자회사: 주식·회사채 발행, 외부차입 ③ 부동산펀드: 수익증권 발행, 외부차입 ④ 신디케이트: 출자증권 발행 ⑤ 프로젝트 파이낸싱: 사업의 수익성을 기초로 한 금융기관으로부터의 외부차입 ⑥ 메자닌금융: 전환사채·신주인수권부 사채·상환우선주·상환전환우선주·교환사채 발행

2. 지분금융과 부채금융, 메자닌금융 제29·31·32회

지분금융	자금조달주체가 지분권·출자증권·주식(보통주·우선주) 등을 발행하여 자금을 조달하는 것으로, **조달한 자금은 자기자본이 된다.** ① 자금조달에 대한 확정적 지급의무가 없으며, 투자자에게 투자·운영성과를 배당이나 분배금으로 지급한다. ➡ 지분증권 ② 부동산투자회사(주식)❶, 공모에 의한 증자, 부동산펀드(수익증권), 신디케이트(출자증권), 조인트-벤처(명목회사형 주식회사) 등
부채금융❷	**저당을 설정하거나 부채증권(채권) 등을 발행하여 타인자본을 조달하**는 것으로, 자금조달주체는 대출기관이나 채권투자자에게 고정적인 이자를 지급해야 하며, 대출과 부채증권의 만기에 원금을 **상환해야** 한다. ① 저당금융: 부동산(예 주택 등)담보대출 ② 프로젝트 파이낸싱: 프로젝트의 수익성(현금흐름)을 기초로 한 외부차입 ③ 부채증권 발행 • MBS(주택저당증권), CMBS, PF ABCP 등 • 국채, 지방채, 부동산투자회사의 회사채 • 주택상환사채, 토지채권

❶ 주식은 보통주와 우선주로 구분된다. ➡ 지분금융

❷ 보충
자산유동화증권(ABS)은 기초자산에 따라 채권, 주권, 출자증권, 수익증권 등으로 발행할 수 있다.
➡ 채권(bond) 형태로 발행되는 경우가 많으며, 자산유동화에 관한 법령 개정 전의 제22회 공인중개사 시험에서는 부채금융으로 출제된 바가 있다.

	④ 신탁증서금융: 부동산을 위탁한 소유자가 부동산신탁회사와의 약정에 의하여 수익증권을 교부받아 이를 금융기관에 제시하여 융자를 받는 것을 말한다. 즉, 토지소유자가 부동산신탁계약 설정기간 내에도 수익증권을 기초로 금융기관으로부터 자금차입을 할 수 있다는 것을 말하며, 담보신탁이라고도 한다. 부동산신탁증서금융은 부채금융이지만, 담보(저당)대출의 개념이 아니기 때문에 저당금융은 아니다.
메자닌금융	지분금융과 부채금융의 혼합(중간)적 성격을 가지고 있다. ① 전환사채(CB): 부채(채권) ➡ 지분(주식) ② 신주인수권부 사채(BW): 부채(채권) ➡ 지분(주식) ③ 후순위채권(대출) ④ 상환우선주: 지분(주식) ➡ 부채 ⑤ 상환전환우선주: 지분(주식) ➡ 부채 ⑥ 교환사채: 부채(채권) ➡ 지분(주식)

3. 직접금융과 간접금융

직접금융	① 자금조달주체가 자본시장을 통하여 투자자를 모집하여 주식·채권 등 유가증권을 발행함으로써 자금을 조달하는 방법이다. ② 주식, 수익증권, 채권(국채·지방채·회사채), 자산유동화증권(ABS), 주택저당증권(MBS), 전환사채(CB), 신주인수권부 사채(BW) 등을 발행하여 자금을 조달하는 것을 말한다.
간접금융	자금조달주체가 자금중개기관(예 은행 등 금융기관)을 통하여 차입(대출을 이용)하여 자금을 조달하는 것을 말한다.

> **확인예제**
>
> **다음 자금조달 방법 중 지분금융(equity financing)에 해당하는 것은?** 제29회
>
> ① 주택상환사채 ② 신탁증서금융
> ③ 부동산투자회사(REITs) ④ 자산담보부 기업어음(ABCP)
> ⑤ 주택저당채권담보부 채권(MBB)
>
> **해설**
>
> 부동산투자회사(REITs)의 주식발행이라고 명시하여야 정확한 표현이다. 출제자는 부동산투자회사가 주식회사 형태이므로 일반적인 개념으로 접근하여 지분금융에 해당한다고 출제한 것으로 판단된다.
> 지분금융이란 주식, 출자증권, 주식형 수익증권 등을 발행하여 자금을 조달하는 형태로, 조달한 자금이 자기자본이 되는 경우를 말한다(원금과 이자에 대한 상환의무가 없다).
> ① 주택상환사채 – 부채증권 발행 ➡ 부채금융
> ② 신탁증서금융(담보신탁) ➡ 수익증권 기초 차입, 부채금융
> ④ 자산담보부 기업어음(ABCP) – 부채증권 발행 ➡ 부채금융
> ⑤ 주택저당채권담보부 채권(MBB) – 부채증권 발행 ➡ 부채금융
>
> 정답: ③

land.Hackers.com

해커스 공인중개사
land.Hackers.com

10개년 출제비중분석

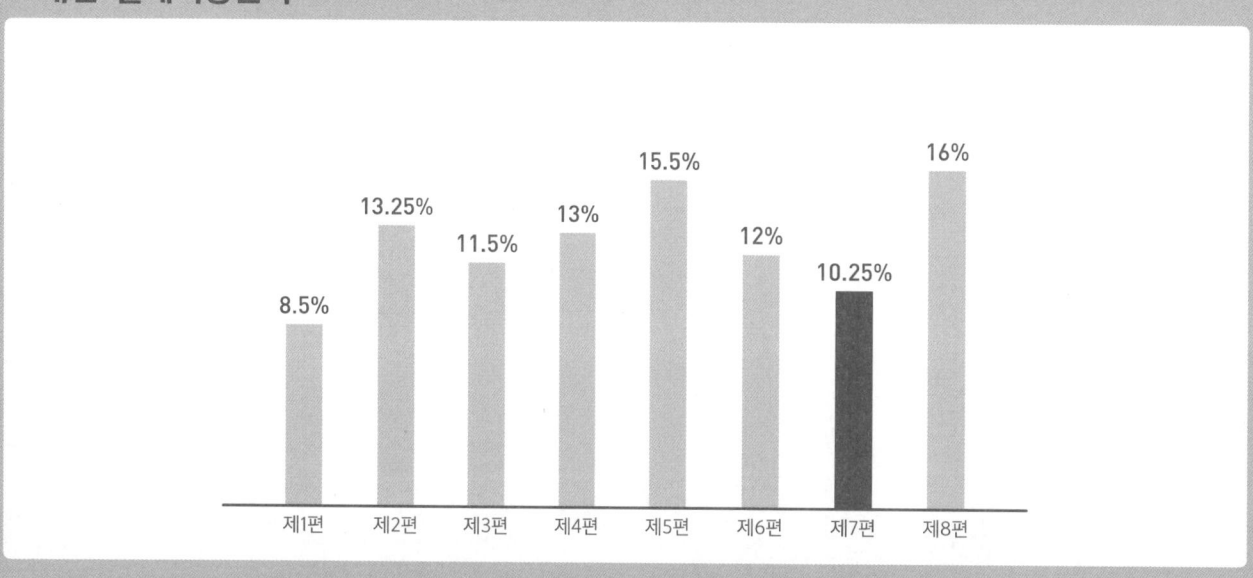

제7편
부동산개발 및 관리론

제1장 부동산이용 및 개발
제2장 부동산관리
제3장 부동산마케팅 및 광고

제7편 부동산개발 및 관리론

출제경향

평균 4~6문제가 출제되고 있으며, 전체적으로 기본서의 내용을 크게 벗어나지 않는 범위에서 출제되고 있다. 제1장은 평균적으로 2~4문제 정도 출제될 것으로 예상하여야 하며, 제2장과 제3장은 각각 1문제 정도가 출제된다.

학습전략

- 제1장에서 '부동산이용'은 다른 분야에서 학습하였던 용어와 중복되므로 복습차원으로 접근하면 된다. 민자유치 사업방식(예 BTO방식 등), 부동산개발의 타당성분석, 개발방식 유형은 자주 출제되므로 이 세 가지 부분은 반드시 복습을 통하여 그 수준을 유지하여야 한다. 입지계수(LQ)에 관한 계산문제도 연습해 둘 필요가 있다.
- 제2장과 제3장은 비교적 난도가 낮은 편으로, 기본서와 기출문제집으로 단기간 내에 학습이 가능한 분야이다. 다만, 부동산관리에서 비율임대차 계산문제의 출제빈도가 높아지고 있으므로 이에 대한 대비가 필요하다.

핵심개념

항목	난이도	페이지
부동산이용 및 현상	★☆☆☆☆	p.347
부동산개발의 주체 및 민자유치 사업방식	★★★★☆	p.354
부동산개발의 과정	★☆☆☆☆	p.357
부동산개발의 위험(개발업자의 위험)	★★★☆☆	p.359
부동산개발의 경제적 타당성분석	★★★★★	p.361
입지계수(LQ)	★★★☆☆	p.362
민간의 개발방식 유형	★★★★☆	p.367
부동산관리	★★★★★	p.373
부동산마케팅 및 광고	★★★★★	p.387

제1장 부동산이용 및 개발

제1절 부동산이용

01 토지이용활동

(1) 의의

토지이용활동이란 현실적으로 주어진 조건하에서 그 용도와 이용목적에 따라 토지를 활용함으로써 토지의 유용성을 추구하는 행위라 할 수 있다.

(2) 토지의 최유효이용

토지이용활동의 주체로서 토지를 효율적으로 이용하기 위해서는 최유효이용의 원칙이 그 기준이 된다. 특히 토지는 용도의 다양성이 있기 때문에 다양한 용도 중에서 최유효이용상태의 가치가 표준이 되어야 하며, 이는 모든 부동산활동의 행위기준이 된다.

(3) 최유효이용의 개념

최유효이용이란 부동산의 유용성이 최대화될 가능성이 있는 이용으로서 물리적으로 채택 가능하고, 합리적·합법적으로 이용이 가능한 대안 중에서 경제적으로 타당성이 있어 대상부동산의 최고의 가치를 창출할 수 있는 이용을 의미한다.

02 토지이용계획

(1) 의의

토지이용계획이란 공적·사적 토지이용을 장기적인 관점에서 최유효이용으로 유도하려는 인간의 노력의 과정이다. 토지이용계획은 공적 주체의 계획과 사적 주체의 계획으로 구분할 수 있는데, 공적 주체의 계획이 보다 더 큰 비중을 차지한다.

(2) 목적

토지이용계획은 토지이용의 효율화 및 합리화를 도모하고자 하는 것으로서, 토지이용의 균형적·체계적인 이용체계의 확립, 합리적 토지이용의 여건 조성, 토지이용을 통한 사회 생활환경수준의 향상 등이 그 목적이 된다.

03 토지이용의 집약도

(1) 의의

토지이용의 집약도란 토지이용에 있어서 단위면적당 투입되는 노동과 자본의 크기를 말한다.

$$\text{토지이용의 집약도} = \frac{\text{투입노동량} + \text{투입자본량}}{\text{토지단위면적}}$$

(2) 집약적 토지이용

① 집약도가 높은, 즉 자본과 노동의 투입비율이 상대적으로 높은 토지이용을 집약적 토지이용이라 한다.
② 집약적 토지이용에는 수확체감의 법칙이 적용된다. 따라서 집약도가 높아짐에 따라 단위면적당 투입되는 노동과 자본의 양에 대한 수익의 비율이 감소한다. 이는 건물의 고층화에도 그대로 적용된다.
③ 집약한계란 한 단위를 생산하는 한계비용이 한 단위를 통하여 얻는 한계수입과 일치하는 데까지 추가적으로 투입되는 경우의 집약도로서, 이윤극대화를 가져오는 지점이다. 즉, 토지이용 집약도❶의 상한선을 말한다.

(3) 조방적 토지이용

① 집약도가 낮은, 즉 자본과 노동의 투입비율이 상대적으로 낮은 토지이용을 조방적 토지이용이라 한다. 입체공간보다 토지의 수평공간을 많이 활용하는 토지이용이다.
② **조방한계**란 생산비에 해당하는 수익만 얻을 수 있는 집약도로서, **총수익(총수입)과 총비용이 일치하여 이윤이 '0'인 상태의 손익분기점을 가져오는 토지이용을 말한다.** 토지이용 집약도의 하한선이다. 따라서 조방한계(손익분기점)를 하회하면 손실이 발생하고, 조방한계를 상회하면 이익이 발생한다.

(4) 입지잉여

① 같은 업종이라도 입지조건이 양호한 경우에는 더 많은 이익을 올릴 수 있는데, 이를 입지잉여라 한다.
② 입지잉여는 입지조건이 나쁘면 나쁠수록 감소된다. 이때 입지잉여가 영(0)이 되는 위치를 한계입지라 한다.
③ 입지조건과 토지이용의 집약도가 같은 경우라도 입지잉여는 토지의 이용주체에 따라 달라진다. 즉, 입지잉여는 모든 입지주체에게 공통적으로 발생하지 않는다는 것이다. 따라서 입지잉여는 어떤 위치의 가치가 한계입지 이상이고 또한 그 위치를 최유효이용할 수 있는 입지주체가 이용하는 경우에 발생한다.

---

❶ **토지이용의 집약도를 증가시키는 요인**
- 도심 중심에서의 인구밀도 증가에 따른 지가(地價)의 상승
- 생산 측면에서 규모의 경제에 따른 경영효율성의 증가
- 산업의 발달
- 공법상 토지이용규제의 완화

용어사전

수확체감의 법칙(Diminishing returns of scale)
자본과 노동 등 생산요소가 한 단위 추가될 때 이로 인하여 늘어나는 한계생산량은 점차 줄어든다는 것을 의미한다.

한계비용(限界費用, marginal cost)
생산물 한 단위를 추가로 생산할 때 필요한 총비용의 증가분을 말한다.

한계수입(限界收入, marginal revenue)
생산자가 한 개의 상품을 더 팔 때 얻게 되는 추가 수입을 말한다.

04 지가구배현상(地價句配現象)

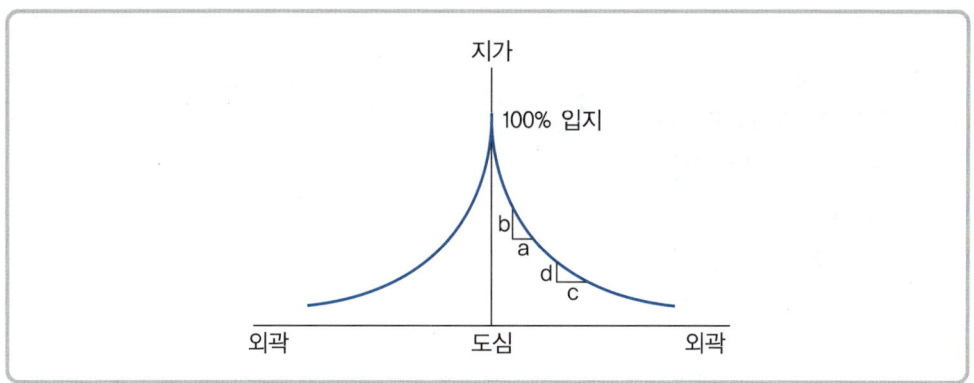

(1) 의의

① 지가구배현상이란 전통적인 소도시에서의 지가의 패턴은 도심에서 가장 높고 도심에서 멀어질수록 점점 낮아지는데, 이와 같이 도심에서 지가가 가장 높은 100% 입지에서 외곽으로 멀어짐에 따라 지가가 점점 낮아지는 현상을 말한다.

② 지가구배현상은 노스(D. S. Knos)가 미국의 소도시 토페카(Topeka)를 대상으로 한 실증적·분석적인 연구를 통하여 도시의 지가구조와 토지이용도의 관계를 발견하였다.

(2) 내용

① 외곽보다는 도심 중심에서의 단위거리(예 1km)당 지가하락률(폭)이 더 크다. 그림으로 보아도 지가구배곡선에서 $\dfrac{b}{a}$가 $\dfrac{d}{c}$보다 기울기가 더 크다. 즉, 동일한 거리를 기준으로 할 때 도심 가까이로 갈수록 지가하락률이 커지고, 외곽으로 갈수록 지가하락률은 작아진다.

② 전통적인 소도시와 단핵도시에서는 도심의 지가구조가 비교적 단순하므로 지가구배곡선은 우하향하는 지대곡선과 유사한 형태를 나타낸다.

③ 다핵심을 형성하는 대도시에서는 도심에서 외곽으로 갈수록 지속적으로 지가수준이 하락하는 것이 아니라 중간에 여러 핵(부도심)의 발달과 형성에 따라 지가수준도 점차 하락하다가 다시 상승하는 현상이 발생한다. 즉, 지가구배현상은 전통적인 소도시의 지가구조를 설명하는 데에는 유용하지만, 대도심의 지가구조를 설명하는 데에는 유용하지 않다.

05 직주분리 및 직주접근

(1) 직주분리

① 의의: 직주분리란 단일도심에서 도심의 주거환경 악화, 도심의 지가고현상 등의 이유로 직장을 도심에 두고 있는 근로자가 그 주거지를 도심에서 멀리 외곽지역에 두는 현상을 말한다.

② 직주분리의 결과
  ㉠ 도심공동화현상(도넛현상)이 나타난다. 도심공동화현상은 직장과 주거지가 멀어지면 도심의 상주인구가 감소하면서 도심의 주간인구와 야간인구가 현저한 격차를 나타내는 현상을 말한다.
  ㉡ 외곽지역은 침상도시(寢牀都市, bed town)의 기능을 가진다.
  ㉢ 도심고동(都心鼓動)의 비율이 커져서 출·퇴근시 교통혼잡이 발생한다. 도심고동이란 대도시에서 도심의 업무중심지구와 교외의 주거지구간에 주·야간 출퇴근시간에 통근·통학하는 자들의 유동성을 말한다.
  ㉣ 도심의 지가는 상대적으로 하락하고, 외곽지역의 지가는 상대적으로 상승한다.

(2) 직주접근

① 의의: 직주접근이란 직주분리현상으로 외곽에 주거지를 두고 있던 근로자가 교통체증의 심화, 도심의 환경개선 등의 이유로 그 주거지를 다시 직장에 가까운 도심에 두려는 현상을 말하며, 회귀(return)현상이라고도 한다.

② 직주접근의 결과
  ㉠ 도심의 주거용 건물이 집약화·고층화되는 결과를 초래한다.
  ㉡ 도심회춘화(都心回春化)현상이 나타난다. 도심회춘화현상은 도심의 오래된 건물이 재건축되고, 도심의 아파트가 고층화·고급화됨에 따라 도심에 거주하는 저소득층이 중·고소득층으로 유입·대체되는 현상을 말한다. 직주접근은 주택의 상향여과현상을 동반하기도 한다.

06 도시스프롤(sprawl)현상[1]

(1) 의의

도시스프롤현상이란 도시계획이나 토지이용계획을 소홀히 한 데에서 비롯되는 것으로, 도시의 성장이 무질서하고 불규칙하게 평면적으로 확산되는 현상을 말한다. 따라서 계획적인 토지이용은 스프롤현상을 방지하는 데 유용하다.

(2) 특징

① 스프롤현상은 지역에 따라 각각 다른 양상으로 나타나지만 토지의 최유효이용은 아니므로 지가수준은 표준 이하를 형성하는 경우가 많다.
② 스프롤현상은 주거지역뿐만 아니라 상업·공업지역에서도 발생한다.
③ 스프롤현상은 도심지보다는 주로 외곽부에서 더욱 많이 발생한다.

(3) 유형

① **비지적(飛地的) 현상**: 계획 없이 지가가 낮은 곳만 선택하면서 개발하는 현상으로, 마치 개구리가 뛰는 것처럼 도시의 중간중간에 상당한 공지(空地)를 남기면서 교외로 확산되는 현상이다.
② **저밀도 연쇄개발현상**: 합리적 밀도수준 이하의 수준을 유지하면서 인접지를 잠식해 가는 현상이다.
③ **고밀도 연쇄개발현상**: 합리적 밀도수준 이상의 수준을 유지하면서 인접지를 잠식해 가는 현상이다.
④ 간선도로를 따라 스프롤이 전개·확산되는 현상

확인예제

도시스프롤(urban sprawl)현상에 관한 설명으로 틀린 것은? 제23회

① 도시의 성장이 무질서하고 불규칙하게 확산되는 현상이다.
② 주로 도시 중심부의 오래된 상업지역과 주거지역에서 집중적으로 발생한다.
③ 도시의 교외로 확산되면서 중간중간에 공지를 남기기도 한다.
④ 스프롤현상이 발생한 지역의 토지는 최유효이용에서 괴리될 수 있다.
⑤ 간선도로를 따라 확산이 전개되는 현상이 나타나기도 한다.

해설

도시스프롤현상은 도심 중심부보다는 주로 도시 외곽부에서 나타나는 무질서하고 무계획적인 토지이용을 말한다.

정답: ②

---

[1] 보충
지가고(地價高)는 스프롤현상을 유발할 수 있다.

07 침입적 토지이용

(1) 의의
침입적 토지이용이란 일정지역에서 이질적인 인자의 침입으로 인하여 기존의 이용주체가 새로운 이용주체로 변화하는 것을 말한다.

(2) 침입과 천이(계승)
① **침입**: 어떤 인구집단 또는 토지이용의 형태에 새로운 이질적인 것이 개입되는 현상이다.
② **천이(계승)**: 침입의 결과 새로운 이용이 일정지역의 수준을 주도·결정해 감으로써 종래의 이용이 새로운 이용으로 교체되는 현상으로, 그 토지이용규모가 확산되는 현상이다.

(3) 특징
① 침입은 확대적 침입과 축소적 침입으로 구분하는데, 확대적 침입이 일반적인 현상이다. 확대적 침입은 집약적 토지이용이 조방적 토지이용의 상태를 침입하는 경우로서, 침입의 결과 지가가 상승할 수 있다. 반면에 축소적 침입은 조방적 토지이용이 집약적 토지이용의 상태를 침입하는 경우로서 흔히 발생하는 경우는 아니다.
② 외곽지역의 낮은 지가수준과 쾌적한 환경 등의 강한 흡입력은 침입활동을 유발하는 요인이 되며, 지가수준이 낮은 곳에 침입적 토지이용을 유인함으로써 그 지역의 지가수준을 끌어올릴 수 있다.
③ 침입적 토지이용에 있어서는 원주민과 여러 가지 마찰을 빚는 경우가 발생할 수 있다.
④ 침입적 토지이용은 행정적 규제와의 관계를 잘 고려하여야 한다. 법적 규제가 많은 지역은 침입활동이 용이하지 않은 편이다.

제2절 부동산개발

01 부동산개발

(1) 의의
부동산개발이란 인간에게 생활·작업·쇼핑·레저 등의 공간을 제공하기 위한 토지, 노동, 자본 및 기업가적 능력의 결합과정이라 할 수 있다. 즉, 토지개량을 통하여 토지의 유용성을 증가시키는 활동이다.

① **조성에 의한 개량**: 도로공사, 수도공사, 배수공사 등과 같이 토지 자체를 개량하는 것을 말한다.

② **건축에 의한 개량**: 토지 위에 건물·구축물 등을 건축함으로써 토지의 유용성을 증진시키는 것을 말한다.

> **더 알아보기** 「부동산개발업의 관리 및 육성에 관한 법률」❶ 주요내용 제35회
>
> 1. '부동산개발'이란 다음의 어느 하나에 해당하는 행위를 말한다. 다만, 시공을 담당하는 행위는 제외한다.
>   - 토지를 건설공사의 수행 또는 형질변경의 방법으로 조성하는 행위
>   - 건축물을 건축·대수선·리모델링 또는 용도변경하거나 공작물을 설치하는 행위
> 2. '부동산개발업'이란 타인에게 공급할 목적으로 부동산개발을 수행하는 업을 말한다.
> 3. '부동산개발업자'란 부동산개발업을 수행하는 자를 말한다.
> 4. '공급'이란 부동산개발을 수행하여 그 행위로 조성·건축·대수선·리모델링·용도변경 또는 설치되거나 될 예정인 부동산, 그 부동산의 이용권으로서 대통령령으로 정하는 권리(이하 '부동산 등')의 전부 또는 일부를 타인에게 판매 또는 임대하는 행위를 말한다.
> 5. 타인에게 공급할 목적으로 건축물의 연면적이 2천㎡ 또는 연간 5천㎡ 이상이거나 토지의 면적이 3천㎡ 또는 연간 1만㎡ 이상으로서 대통령령으로 정하는 규모 이상의 부동산개발을 업으로 영위하려는 자는 특별시장·광역시장·특별자치시장·도지사 또는 특별자치도지사(이하 '시·도지사')에게 등록을 하여야 한다.❷
>   - 자본금이 3억원(개인인 경우에는 영업용 자산평가액이 6억원) 이상으로서 대통령령으로 정하는 금액 이상일 것
>   - 등록사업자가 아닌 자는 등록사업자임을 표시·광고하거나 등록사업자로 오인될 우려가 있는 표시·광고를 하여서는 아니 된다.
> 6. 등록사업자는 이중으로 부동산개발업의 등록을 할 수 없다.
> 7. 등록사업자의 임직원 중 부동산개발 전문인력은 다른 등록사업자의 부동산개발 전문인력이 될 수 없다.
> 8. 대통령령으로 정하는 시설 및 부동산개발 전문인력(예 공인중개사 등)을 확보할 것

❶ 약칭: 부동산개발업법

❷ 국가, 지방자치단체, 한국토지주택공사, 지방공사, 지방공단, 「주택법」에 따라 등록한 주택건설사업자 및 대지조성사업자 등은 등록하지 않고도 개발업을 영위할 수 있다.

(2) 개발 외관에 따른 분류

① **유형적 개발**: 건축이나 토목사업 등과 같이 직접적으로 토지의 물리적 변형을 초래하는 행위를 말한다.

② **무형적 개발**: 용도지역지구의 지정 또는 변경과 같이 토지의 물리적 변형을 주지 않으면서 이용상태를 변경하는 행위를 말한다.

③ **복합적 개발**: 토지구획정리사업, 토지형질변경사업, 도시개발사업 등과 같이 토지의 유형·무형의 개발행위가 동시에 이루어지는 경우를 말한다.

02 부동산개발의 주체

부동산개발의 주체는 크게 공공부문과 사적(민간) 부문으로 나눌 수 있으며, 공공부문과 사적(민간) 부문이 공동으로 수행하는 공·사혼합부문(제3섹터) 등도 있다.

(1) 공공부문(제1섹터)

국가, 지방자치단체, 지방공사, 공기업(예 한국토지주택공사, 주택도시보증공사 등)

(2) 사적 부문(제2섹터)

토지소유자(개인·조합), 기업(민간건설업자), 부동산투자회사, 부동산펀드, 프로젝트금융투자회사(SPC) 등

(3) 공·사혼합부문(제3섹터) - 공공부문과 사적 부문의 공동개발사업

제26·28·31·32·34·35회

① 민자유치 개발방식의 유형
  ㉠ BTO(Build-Transfer-Operate)방식: 민간사업자가 투자비를 조달하여 사회기반시설을 완공함과 동시에 당해 시설의 소유권이 국가 또는 지방자치단체에 귀속되며, 일정기간 동안 사업시행자가 운영하여 시민들에게 시설이용료를 징수해서 투자자금을 회수하는 방식이다. 즉, 민간의 투자비 회수가 상대적으로 용이한 도로, 항만, 지하철 등에 활용된다.
  ㉡ BTL(Build-Transfer-Lease)방식: 사회기반시설의 준공과 동시에 해당 시설의 소유권이 국가 또는 지방자치단체에 귀속되며, 사업시행자에게 일정기간의 시설관리운영권을 인정하되, 그 시설을 국가 또는 지방자치단체 등이 협약에서 정한 기간 동안 임차하여 사용·수익하는 방식이다. 민간의 투자비 회수가 상대적으로 어려운 학교, 기숙사, 도서관 등에 활용된다. ❶

BTO방식과 BTL방식의 비교

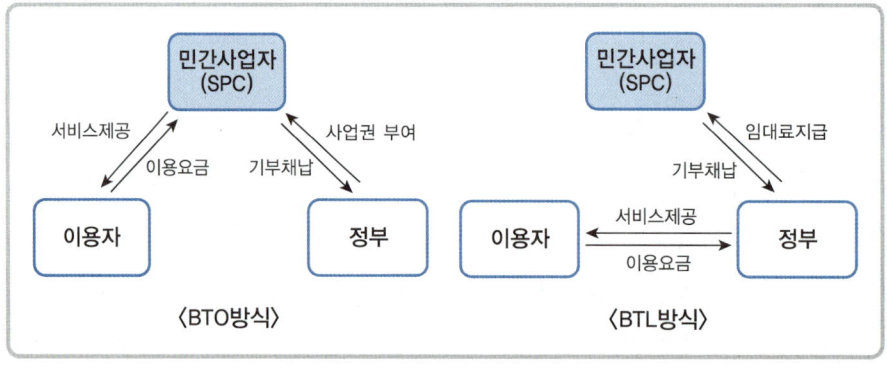

❶
- BTL방식은 정부 등이 시설물을 민간사업자로부터 빌려쓰는 방식이다. 즉, 민간사업자가 시설물을 정부 등에게 빌려주고 임대수익을 받는 방식이다.
- 정부가 적정 임대료를 산정하여 지급하므로 민간의 재무적 투자자는 사전 목표수익률(국채·지방채 +α 수준의 임대료)을 확보할 수 있다는 이점이 있다.

구분	BTO	BTL
대상시설의 성격	최종수요자에게 사용료를 부과함으로써 투자비 회수가 가능한 시설 예 도로, 지하철, 항만 등	최종수요자에게 사용료를 부과함으로써 투자비 회수가 어려운 시설 예 학교, 기숙사, 도서관 등
투자비 회수	민간사용자의 사용료	정부의 시설임대료
사업리스크	민간사업자가 수요위험 부담	민간사업자의 수요위험 배제
적정수익률 확보방법	사후적 보조금 지급	사전적 수익률 확보

ⓒ BOT(Build-Operate-Transfer)방식: 민간사업자가 사회기반시설의 준공 후에 일정기간 동안 사업시행자에게 해당 시설의 소유권(운영권)이 인정되며, 그 기간이 만료되면 시설소유권이 국가 또는 지방자치단체에게 귀속되는 방식이다.

ⓔ BLT(Build-Lease-Transfer)방식: 민간사업자가 사회기반시설을 준공한 후 일정기간 동안 사업운영권을 임대하여 투자비를 회수하고, 약정 임대기간 종료 후 그 시설물을 국가 또는 지방자치단체에 이전(기부채납)하는 방식이다.

ⓜ BOO(Build-Own-Operate)방식: 민간사업자가 투자비를 조달하여 사회기반시설을 준공 후, 소유권을 가지고(정부에 이전하지 않고) 계속 보유하면서 운영(Operate)하는 방식이다.

② 민자유치 개발방식의 추진배경 및 목적
 ㉠ 긴요하고 시급한 공공시설을 앞당겨 공급함으로써 국민들의 공공시설에 대한 사용편익을 조기에 향유할 수 있도록 유도한다.
 ㉡ 보험사·연기금·공제회 등 민간 재무적 투자자의 유휴자금을 공공투자로 전환할 것을 유도하여 민간의 창의적인 개발을 통하여 투자효율성을 제고할 수 있다.
 ㉢ 건설경기 활성화 및 일자리 창출에 기여할 수 있다.
 ㉣ 정부 등 공적 주체의 직접적인 재정부담을 줄이는 효과가 있으므로 재정 운영방식의 탄력성을 제고할 수 있다.

③ 민자유치 개발방식의 참여체계
 ㉠ 정부나 지방자치단체가 민간투자를 유치할 시설을 선정한 후 민간사업자를 모집한다.
 ㉡ 민간사업자(예 건설회사·운영전문사·재무적 투자자 등)는 공동으로 출자하여 프로젝트회사(SPC)를 설립하고 개발사업에 참여한다.

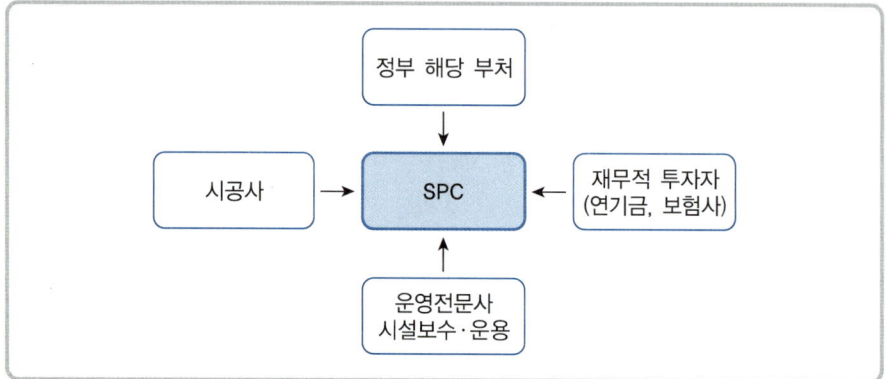

민자유치 개발방식의 참여체계

> **확인예제**
>
> **다음에서 설명하고 있는 민간투자사업방식은?** 제31회
>
> ○ 사회기반시설의 준공과 동시에 해당 시설의 소유권이 국가 또는 지방자치단체에 귀속되며, 사업시행자에게 일정기간의 시설관리운영권을 인정하되, 그 시설을 국가 또는 지방자치단체 등이 협약에서 정한 기간 동안 임차하여 사용·수익하는 방식
> ○ 학교시설, 문화시설 등 시설이용자로부터 사용료를 징수하기 어려운 사회기반시설 건설의 사업방식으로 활용
>
> ① BOT(Build-Operate-Transfer)방식
> ② BTO(Build-Transfer-Operate)방식
> ③ BLT(Build-Lease-Transfer)방식
> ④ BTL(Build-Transfer-Lease)방식
> ⑤ BOO(Build-Own-Operate)방식
>
> **해설**
>
> BTL(Build-Transfer-Lease)방식은 사회기반시설의 준공(Build)과 동시에 해당 시설의 소유권이 국가 또는 지방자치단체에 귀속(Transfer)되며, 사업시행자에게 일정기간의 시설관리운영권을 인정하되, 그 시설을 국가 또는 지방자치단체 등이 협약에서 정한 기간 동안 임차(Lease)하여 사용·수익하는 방식을 말한다.
> BTO(Build-Transfer-Operate)방식은 도로, 항만, 지하철 등 시설이용자로부터 사용료를 징수하기가 상대적으로 용이한 사회기반시설 건설의 사업방식으로 활용된다.
>
> 정답: ④

03 부동산개발의 과정 제26회

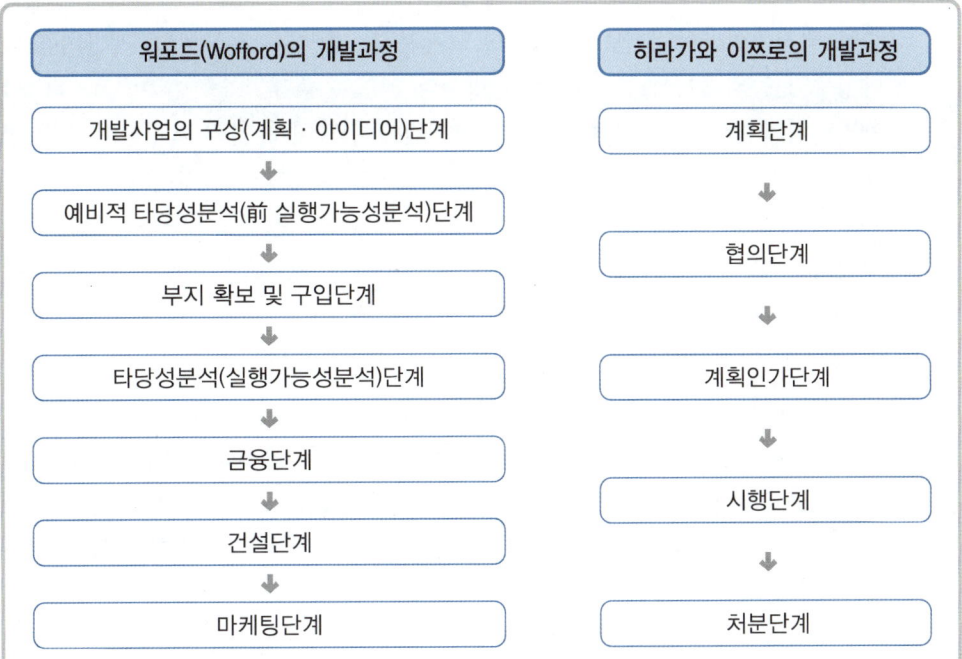

워포드(L. Wofford)와 히라가와 이쯔로(平川逸朗)는 부동산개발과정을 다음과 같이 기술하고 있지만, 개발사업의 목적이나 성격 등에 따라 개발과정은 달라질 수 있다.❶

❶ 예 사전에 부지를 확보하였다면 예비적 타당성분석이나 부지 확보 및 구입단계는 생략할 수도 있다.

(1) 구상(아이디어)단계

모든 부동산개발은 계획·구상단계로부터 시작되며, '어떠한 개발사업이 적합한가, 어떠한 형태의 공간이 필요한가, 어디에 입지하여야 하는가' 등을 결정한다.

(2) 예비적 타당성분석(前 실행가능성분석)단계

개발업자는 우선 목적에 맞는 개발부지를 찾아 기본적인 시장분석 및 시장성연구를 한다. 즉, 개발방향을 설정하기 위해 사업시행 이전에 개발여건 및 개발잠재력을 분석하는 과정으로, 부동산개발에서 얻을 수 있는 예상수익이 개발비용을 상회할 가치가 있느냐를 대략적·개괄적으로 조사하여 수익성을 검토하게 된다. 따라서 개발업자는 사전에 개발비용, 예상수익 및 개발에 따른 가치상승분 등을 개괄적으로 조사해 볼 필요가 있다.

(3) 부지구입단계

예비적 타당성분석단계에서 어떤 개발사업이 타당성이 있다고 판단되면, 개발업자는 개발대상부지를 구입하여야 한다. 여러 가지 대안적 부지를 서로 비교하여 그중에서 최선의 부지를 선택하여야 한다. 부지를 구입할 때에는 사회적·경제적·행정적 변화 등 여러 환경의 변화를 잘 고려하여야 한다.

(4) 타당성분석단계(실행가능성분석단계)

① 부지가 선택되면 개발업자는 더 세밀한 실행가능성분석을 하여야 한다. 이는 주로 택지조성공사에 필요한 공법상 규제분석, 개발 후 시장분석, 개발비용 및 예상수익 등의 현금흐름분석 등을 말한다.

② 개발사업의 완전한 타당성분석은 복합개념에 입각하여 물리적(기술적) 타당성분석, 경제적 타당성분석, 법적 타당성분석을 모두 수행하는 것이다. 이 중에서 개발사업에 충분한 수익성이 확보되는지를 판단하는 경제적 타당성분석이 가장 중요하다. 즉, 개발사업이 물리적으로나 법적으로 다소 미흡하여도 경제성이 높게 평가된다면 그 개발사업은 충분히 채택될 수 있다.

  ⊙ 물리적 타당성분석: 대상 부지의 지형, 지세, 토질과 같은 물리적 요인들이 개발대상 부동산의 건설 및 운영에 적합한지 여부를 분석하는 과정이다.
  ⓒ 경제적 타당성분석: 시장수요와 공급, 개발사업에 소요되는 비용과 수익 등을 분석하는 과정이다.
  ⓒ 법적 타당성분석: 대상 부지와 관련된 법적 제약조건을 분석해서 대상 부지 내에서 개발 가능한 용도와 개발규모를 판단하는 과정이다.

③ 개발사업의 타당성분석 결과 그 사업이 채택되느냐의 여부는 개발업자의 목적이 무엇인가, 개발사업이 그 목적을 충분히 충족시켜줄 수 있는가에 달려 있다.

④ 타당성분석의 결과가 비록 동일하더라도 개발업자마다 요구수익률이 각각 다르며, 타당성분석의 활용지표에 따라 개발사업은 채택될 수도 있고 그렇지 않을 수도 있다. 예를 들어 개발사업의 순현가(NPV)값이 '0' 이상이어도 수익성지수(PI)가 다른 사업보다 작다면 채택하지 않을 수도 있다.

(5) 금융단계

타당성분석의 결과로 개발사업이 타당성이 있는 것으로 평가되면 이것을 근거로 하여 자금을 조달하는 단계이다. 전통적인 자금조달기법으로는 융자가 있는데, 개발사업을 착공하고 완공하는 데 필요한 건축대부와 프로젝트금융기법을 활용할 수 있고, 개발사업이 완성되었을 때 완성된 부동산을 담보로 하는 저당대부를 활용할 수도 있다. 최근에는 주식이나 채권 등 유가증권을 발행하여 자금을 조달하는 직접금융방식도 많이 활용하고 있다.

(6) 건설단계

건설활동은 개발사업의 성공 여부를 결정짓는 중요한 단계 중의 하나로, 건설에 소요된 실제 비용이 타당성분석에서 예상하였던 비용을 초과하거나 개발사업이 예정된 기간 내에 계획대로 진행되지 않으면 개발업자의 수익성에 부정적인 영향을 줄 수 있다.

(7) 마케팅단계(분양 및 임대)

부동산개발사업의 성공 여부는 궁극적으로 시장성에 달려 있다. 마케팅단계는 개발된 공간을 매각하거나 임대하는 과정으로, 개발사업의 시장위험을 줄이기 위해서는 사전에 매수자를 확보하는 등 개발사업 초기부터 마케팅활동을 수행할 필요가 있다.

04 부동산개발의 위험 제27·28·32회

장래의 불확실성 때문에 부동산개발사업에는 여러 가지 위험요소가 존재한다. 워포드(L. Wofford)는 부동산개발사업에 따르는 위험으로 법적 위험, 시장위험, 비용위험을 제시하고 있다. 이러한 개발에 따르는 위험은 개발업자(Developer)에 의하여 통제가 가능한 위험이 있지만, 통제가 불가능한 위험도 있다.

(1) 법적 위험

① 법적 위험은 제도적·행정적 위험이라고도 한다. 이 중 토지이용규제와 관련된 것은 공법적 위험이고, 토지소유권과 관련된 것은 사법적 위험이다.
② 부지를 확보할 때에는 용도지역의 변경·허가 여부, 환경평가, 각종 부담금 등으로 인하여 발생하는 법적 위험에 대한 고려가 필요하다.❶ 예를 들어 개발예정부지에 군사보호시설구역이 지정된 것은 법률적 위험에 해당한다.
③ 개발사업의 행정 인·허가가 지연·취소되거나, 합법적인 개발사업이라도 인근지역 주민이나 환경단체가 반대할 수 있는 여론위험도 고려할 필요가 있다.
④ 법적 위험을 최소화하기 위해서는 그 이용계획이 확정된 토지를 구입하는 전략이 필요하다.

(2) 시장위험

① 시장위험은 시장의 불확실성이 개발업자에게 주는 부담으로, 개발부동산이 매매되지 않거나 임대되지 않을 위험이다.❷
② 개발업자는 시장위험을 줄이기 위하여 '시장성연구'를 수행하는데, 시장성연구란 개발될 부동산이 매매·임대될 가능성을 조사·연구하는 것이며, 흡수율분석이 활용된다.
  ㉠ 흡수율분석은 시장에 공급된 부동산이 일정기간 동안 시장에서 얼마만큼의 비율로 소비(흡수·분양·임대)되었는지를 분석하는 것으로, 기존 개발사업의 과거 및 현재의 흡수율을 통하여 대상개발사업에 대한 지역별·유형별 미래의 흡수율을 구체적·미시적으로 파악하는 데 궁극적인 목적이 있다.
  ㉡ 개발부동산의 흡수율이 높을수록, 흡수시간이 짧을수록 시장위험은 작다.
③ 개발업자는 사업 초기(사전)에 가격을 낮게 결정하여 매도 혹은 임대하여야 시장위험을 줄일 수 있다.

---

❶ 매장문화재 출토로 인한 위험은 법적 위험으로 개발업자가 스스로 관리할 수 없는 위험이다.

❷ 이자율의 변화, 시장침체에 따른 공실의 장기화 등은 시장위험으로 볼 수 있다.

④ 매수자의 시장위험과 개발사업의 가치: 매수자 입장에서 개발사업의 초기에는 위험이 높고 개발사업의 가치는 작은 편이다. 그러나 개발사업의 완공(후기)에 가까울수록 위험은 작아지고 개발사업의 가치는 높아진다.

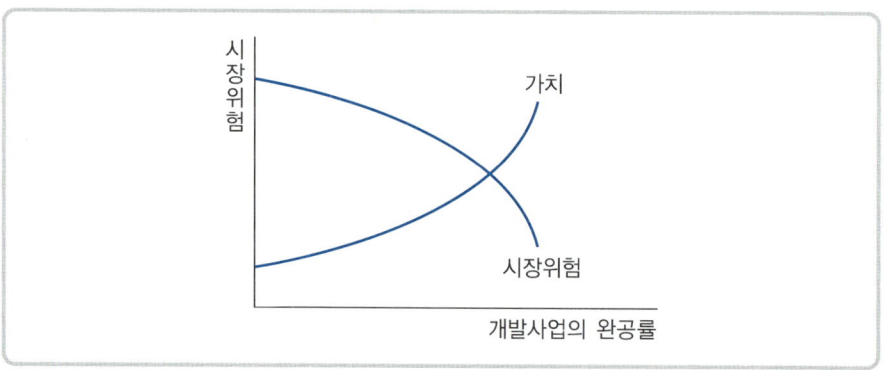

(3) 비용(증가)위험

① 비용위험은 개발비용이 늘어날 가능성을 말한다. 공사 초기에 200억원의 공사비를 예상하였는데 공사가 진행되면서 **재해의 발생, 공사기간의 장기화, 건축자재가격의 상승, 인플레이션 등으로 개발비용이 추가적으로 늘어나는 경우**를 말한다.

② 비용위험은 개발업자가 시공사와의 최대가격보증계약을 통하여 일부를 줄일 수 있다. 한편 이러한 계약은 예상하지 못한 상황의 변화로 실제 공사비가 늘어날 경우 시공사의 부실시공 가능성이 있다.

용어사전
최대가격보증계약
최대가격보증계약은 시공사와 계약을 맺을 때 공사비의 상한을 미리 정하는 방법이다. 예를 들어 최대 200억원의 공사비를 예상하였다면 사전에 200억원의 상한을 두고 추가적으로 그 이상의 공사비는 지급하지 않는 계약을 말한다.

> **확인예제**
>
> **부동산개발의 위험에 관한 설명으로 틀린 것은?** 제28회
>
> ① 워포드(L. Wofford)는 부동산개발위험을 법률위험, 시장위험, 비용위험으로 구분하고 있다.
> ② 부동산개발사업의 추진에는 많은 시간이 소요되므로, 개발사업기간 동안 다양한 시장위험에 노출된다.
> ③ 부동산개발사업의 진행과정에서 행정의 변화에 의한 사업 인·허가 지연위험은 시행사 또는 시공사가 스스로 관리할 수 있는 위험에 해당한다.
> ④ 법률위험을 최소화하기 위해서는 이용계획이 확정된 토지를 구입하는 것이 유리하다.
> ⑤ 예측하기 어려운 시장의 불확실성은 부동산개발사업에 영향을 주는 시장위험요인이 된다.
>
> **해설**
> 부동산개발사업의 진행과정에서 행정의 변화에 의한 사업 인·허가 지연위험(예 법적 위험 등)은 시행사 또는 시공사가 스스로 관리할 수 없는 위험(통제불가능위험)에 해당한다.
>
> 정답: ③

05 부동산개발의 경제적 타당성분석 제27·31·32회

부동산개발의 경제적 타당성분석은 **부동산시장분석 이후에 경제성분석으로 진행된다.** 부동산개발의 경제적 타당성을 분석을 할 때 먼저 시장상황을 분석하여 개발사업의 종류 및 해당 개발사업을 시행할 지역시장 및 부지를 선정하고(지역경제분석 ➡ 시장분석 ➡ 시장성분석), 그 사업내용이 개발업자의 수익성 목표를 충족시킬 수 있는지 여부를 판단(재무적 타당성분석 ➡ 투자분석)하게 된다.

구분	부동산시장분석	경제성분석❶
목적	• 개발사업의 채택가능성 평가 • 경제성분석에 필요한 정보·자료 제공	• 개발사업의 수익성 평가 • 개발사업에 대한 최종투자결정
내용	• 지역경제분석(①): 지역경제의 고용, 인구, 소득수준 등을 거시적 관점에서 분석 • 시장분석(②): 시장지역의 수요와 공급 상황을 분석(근린지역과 부지분석) • 시장성분석(③): 개발된 부동산이 현재나 미래의 상황에서 매매되거나 임대될 수 있는 능력을 조사·분석	• 타당성분석(④): 개발사업이 투자자의 자금을 유인할 만한 충분한 수익성이 있는지를 분석 • 투자분석(⑤): 투자자의 목적, 할인현금수지분석법을 통하여 최종투자결정

❶ tip
경제성분석에 포함되는 내용은 '투자론'에서 주로 학습한 것들이므로 기본적인 내용만 확인하고 숙지하도록 하며, 부동산시장분석에 관한 세부적인 내용에 집중하여 학습하여야 한다.

(1) 경제적 타당성분석의 체계

① 부동산시장분석❷

㉠ 개념: **특정한 개발사업이 시장에서 채택될 수 있는가를 분석**하는 것으로, 개발사업이 안고 있는 물리적·법적·경제적·사회적 제약조건에 대한 분석도 포함된다. 그리고 **특정한 개발사업에 대하여 개발업자가 투자결정을 하기 위하여 필요한 모든 정보와 자료를 제공하는 데 그 목적이 있다.**

㉡ 역할

ⓐ **부동산의 의사결정을 지원하기 위한 부동산시장의 동향과 추세를 연구하는 활동을 한다.**

ⓑ 특정용도에 어떠한 부지가 적합한가(입지론), 주어진 부지를 어떠한 용도로 이용할 것인가(적지론)를 결정하는 역할을 한다.

ⓒ 주어진 자본으로 투자할 대안을 찾는 투자자(재무적 투자자)를 위하여 수행되기도 한다.

ⓓ 새로운 개발사업뿐만 아니라 기존의 개발사업에 대해서도 행해진다.

ⓔ 일반적으로 개발 착수 전에 이루어지지만, 후속작업이나 계속적인 투자에 대한 의사결정을 위하여 사후 검증차원에서 이루어지기도 한다.

❷
부동산시장분석 = 광의의 시장분석

② 경제성분석
  ㉠ 개념: 경제성분석은 부동산시장분석에서 수집된 자료를 활용하여 개발사업에 대한 수익성을 평가하고 개발사업에 대한 최종적인 투자결정을 하는 것이다.
  ㉡ 역할
    ⓐ 개발사업에 소요되는 비용을 토지부문과 건물을 포함한 개량물부문으로 나누어 계산한다.
    ⓑ 각 항목을 공제하여 유효총소득, 순영업소득, 세전현금수지를 계산한다.
    ⓒ 개발업자나 투자자에게 실제로 귀속되는 미래의 세후현금수지를 계산하고, 이의 현재가치를 구한다.
    ⓓ 이상의 분석결과를 근거로 순현가나 수익성지수 등을 구하여 최종적인 투자결정을 한다.

(2) 경제적 타당성분석의 내용
  ① 지역경제분석
    ㉠ 개념: 지역경제분석이란 개발사업과 관련한 거시적인 경기동향, 정책환경, 지역시장의 특성 등을 분석하는 것을 말한다.
    ㉡ 지역의 경제활동, 고용상태, 인구와 소득, 지역의 전체적인 교통망, 지역의 성장이나 개발가능성 등을 총량적 단위로 분석한다.
    ㉢ 지역경제의 상황을 분석하면 향후 특정유형의 부동산시장의 추세 등을 용이하게 예측할 수 있다. 이러한 것을 경제기반분석이라 하며, 입지계수(LQ)는 지역경제분석의 유용한 기법으로 활용될 수 있다.
    ㉣ 입지계수(LQ; Location Quotient): 전국 대비 특정지역에서 특화된 산업이 무엇인가를 판단하는 지표로서 이용된다. 입지계수는 전국의 X산업의 고용률(%)에 대한 지역의 X산업의 고용률(%)❶로 구하게 된다.❷

$$\text{입지계수(LQ)} = \frac{\text{지역의 X산업 고용률}}{\text{전국의 X산업 고용률}} = \frac{\dfrac{\text{지역의 X산업 고용인구}}{\text{지역의 총고용인구}}}{\dfrac{\text{전국의 X산업 고용인구}}{\text{전국의 총고용인구}}}$$

    ⓐ 입지계수(LQ) > 1: (수출)기반산업으로, 지역 내부에서 재화나 서비스를 생산하여 다른 지역에 수출함을 통해 지역경제의 성장성을 유도하는 산업을 말한다.❸
    ⓑ 입지계수(LQ) < 1: 비기반산업으로, 지역경제의 안정성을 유지하는 산업을 말한다.
    ⓒ 입지계수(LQ) = 1: 전국 평균과 동일하게 분포된 산업을 말한다.

❶ 인구 대신 산업의 생산액이나 소득 등을 사용할 수 있다.

❷ 특정지역에서 아파트개발사업의 타당성분석을 할 때 특정지역의 기반산업이 무엇인지와 이 기반산업의 향후 발전가능성을 분석하면 이 지역으로의 인구유입의 가능성이나 지역주민의 소득 증가 정도 등을 분석할 수 있다.

❸ 전국 대비 특정지역에서 특화된 산업이라 함은 울산의 자동차산업, 수원의 반도체산업, 정선의 카지노산업 등을 그 예로 들 수 있다.

확인예제

각 지역과 산업별 고용자 수가 다음과 같을 때, A지역 X산업과 B지역 Y산업의 입지계수(LQ)를 올바르게 계산한 것은? (단, 주어진 조건에 한하며, 결괏값은 소수점 셋째 자리에서 반올림함)

제30회

(단위: 명)

구분		A지역	B지역	전지역 고용자 수
X산업	고용자 수	100	140	240
	입지계수	(㉠)	1.17	
Y산업	고용자 수	100	60	160
	입지계수	1.25	(㉡)	
고용자 수 합계		200	200	400

① ㉠ 0.75, ㉡ 0.83
② ㉠ 0.75, ㉡ 1.33
③ ㉠ 0.83, ㉡ 0.75
④ ㉠ 0.83, ㉡ 1.20
⑤ ㉠ 0.83, ㉡ 1.33

해설

입지계수(LQ) = $\dfrac{\text{지역의 X산업 고용률}}{\text{전국의 X산업 고용률}}$ 로 구한다.

㉠ A지역의 X산업 입지계수 = $\dfrac{100}{200} \div \dfrac{240}{400} ≒ 0.83$

㉡ B지역의 Y산업 입지계수 = $\dfrac{60}{200} \div \dfrac{160}{400} = 0.75$

정답: ③

> **더 알아보기** 경제기반승수(k)

1. 지역의 기반산업 고용인구의 변화를 근거로 지역의 총고용인구 변화분을 예측하고 고용상태, 인구유입, 소득 향상 등 그 파급효과를 판단하는 지표이다. 즉, 기반산업 고용인구 변화에 따라 경제기반승수(k)배만큼 지역의 총고용인구의 변화를 예측하는 것이다.

   > 지역의 총고용인구 = 기반산업 고용인구 + 비기반산업 고용인구

2. 입지계수(LQ)법에 의하면 지역의 총고용인구는 기반산업 고용인구와 비기반산업 고용인구로 구성된다. 예를 들어 A지역에서 기반산업 고용인구가 20,000명이고 비기반산업 고용인구가 80,000명일 경우 A지역의 총고용인구는 100,000명이다. 이러한 조건에서 기반산업 고용인구가 10,000명 늘어날 때 A지역의 총고용인구는 경제기반승수(k)배만큼 늘어나게 되어 파급효과를 불러일으킨다는 것이다. 이러한 개념을 수식으로 정리하면 다음과 같다.

   - 지역의 총고용인구 증가분(Δ)
     = 경제기반승수(k) × 기반산업 고용인구 증가분(Δ)
   - 경제기반승수(k) = $\dfrac{\text{지역의 총고용인구}}{\text{기반산업 고용인구}}$ = $\dfrac{1}{\text{기반산업비율}}$

   즉, 조건하에서 경제기반승수는 5(= 100,000명 ÷ 20,000명)가 되며, 이는 기반산업 고용인구가 10,000명 증가할 때 A지역의 총고용인구는 50,000명(5배) 증가한다는 의미이다.

3. 경제기반승수의 유용성을 정리하면 다음과 같다.
   - 경제기반승수를 통하여 기반산업 수출부문의 고용인구 변화가 지역의 총고용인구에 미치는 영향을 예측할 수 있다.
   - 경제기반승수를 통하여 기반산업 수출부문의 고용인구 변화가 지역의 총인구 수에 미치는 영향도 예측할 수 있다. 즉, 총고용인구 증가분에 부양가족 수를 곱하면 지역의 총인구 수의 변화도 예측할 수 있다. ➡ 총고용인구 증가분(50,000명) × 부양가족(3명) = 총인구 수의 증가분(150,000명)
   - 경제기반승수는 지역의 고용인구 변화가 부동산수요에 미치는 영향을 예측하는 데 유용하게 활용될 수 있다.

② 시장분석
  ㉠ 개념: 시장분석이란 특정부동산에 대한 **시장지역의 수요와 공급상황을 분석하는 것을 말한다.** 즉, 개발부동산이 속한 근린지역의 수요·공급상황과 개발부동산이 입지할 위치·부지를 분석하는 단계이다.
  ㉡ 시장분석은 개발부동산의 수요의 대체성 및 경쟁부동산의 공간적 분포와 밀접한 관련이 있다.
  ㉢ **시장지역은 부동산 종류에 따라 달라지며,** 물리적·사회적·법적·경제적 요소에 따라 영향을 받는다.
  ㉣ 개발업자는 해당 시장지역에서 수요자의 계층은 세분화(Segmentation)의 관점으로, 공급경쟁자의 개발상품은 차별화(Positioning)의 관점으로 구분하여 분석할 필요가 있다.❶

③ 시장성분석
  ㉠ 개념: 시장성분석이란 **개발부동산이 현재나 미래의 시장상황에서 매매(분양)되거나 임대될 수 있는 능력을 조사하는 것을 말한다.**
  ㉡ 시장성분석은 개발하고자 하는 부동산상품이 시장에서 **얼마나 경쟁력이 있는가를** 구체적으로 분석한다.
  ㉢ 흡수율분석은 시장성분석에 유용하게 활용되는데, 대상개발사업의 흡수율이 높고 흡수기간이 짧을수록 시장성이 좋은 투자대안으로 판단된다.
  ㉣ **흡수율분석은 시장에 공급된 부동산이 일정기간 동안 소비되는 비율을 조사하여 해당 부동산시장의 추세를 파악하는 데 도움을 준다.**

④ 타당성분석
  ㉠ 개념: 타당성분석은 재무적 타당성분석이라고도 하며, 부동산개발사업을 전제로 **재무적 투자자로부터 자금을 끌어들일 수 있는 충분한 수익성이 있는가에 초점을 맞춘 분석이다.**
  ㉡ 타당성분석에서는 개발업자나 투자자에게 실질적으로 귀속되는 세후현금수지를 측정한다.

⑤ 투자분석
  ㉠ 개념: 투자분석이란 투자분석기법을 이용하여 다른 투자대안과 비교하면서 개발사업에 대한 최종적인 투자결정을 하는 것을 말한다.
  ㉡ 순현가법이나 수익성지수법 등 할인현금수지분석법을 활용한다.

부동산개발의 경제적 타당성분석체계

지역경제분석 < 시장분석 < 시장성분석 < 타당성분석 < 투자분석
└─── 부동산시장분석 ───┘   └─── 경제성분석 ───┘

❶ p.389 ① STP전략 참고

용어사전
공실률분석
- 시장성분석의 핵심사항으로 분양·임대공간이 실제로 매수인·임차인들에 의하여 어느 정도 사용되고 있는가를 파악하는 것이다.
- 다른 조건이 일정할 때, 개발업자나 부동산관리자 입장에서 임대차계약기간을 짧게 하는 것보다 임대차계약기간을 길게 하는 것이 상대적으로 공실위험을 줄일 수 있다.

민감도분석
재무적 사업타당성분석 또는 투자분석에서 사용했던 주요 (독립)변수들의 투입값을 낙관적, 비관적 상황으로 적용하여 수익성을 예측하는 것을 말한다.
→ p.272 **(4) 민감도분석** 참고

> **더 알아보기** 부동산개발의 타당성분석의 구성요소

분석유형		개념	주요내용
부동산시장분석	지역분석 및 도시분석	지역의 개념은 개발사업이 시장에 영향을 미칠 수 있는 공간적 범위를 의미하는 것으로, 그 공간적 범위는 개발사업의 성격이나 규모에 따라 달라짐	• 국가경제와 지역경제와의 상관관계 • 경제기반(지역기반산업) • 인구·소득·고용수준분석
	근린분석	개발대상이 되는 부지를 중심으로 그를 둘러싸고 있는 인접지역의 동태적 변화를 정확하게 표출할 수 있도록 여러 상황을 분석	• 근린지역 내 유사개발사업의 경쟁력 • 교통의 흐름(교통량·유형·수단) • 가용토지의 양, 용도전환가능성, 재개발가능성
	부지분석	분석의 범위를 더 좁혀서 개발부동산이 입지할 대상부지 자체를 분석(입지론·적지론의 분석)	• 지역지구제 • 접근성·크기와 모양·지형 • 편익시설(예 전기, 상하수도 등)
	수요분석	대상개발사업에 대한 유효수요를 판단하는 과정	• 개발부동산의 경쟁력 • 인구·가구분석 • 흡수율 및 공실률의 추세
	공급분석	기존의 공급·재고와 건설 중인 양, 계획된 착공량, 허가된 사업량, 장래 기대되는 공급을 조사	• 공실률 및 임대료의 추세 • 공공서비스의 유용성 • 건축착공량과 건축허가면적 • 건축비용의 추세, 금융의 유용성
경제성분석		시장분석에서 수집된 자료를 활용하여 개발사업에 대한 수익성을 평가함 • 총비용을 추계하여 토지부문과 개량물부문으로 나눔 • 세전현금수지를 추계하고, 이를 토대로 미래현금흐름을 계산 • 세후현금수지를 계산하여 현재가치로 할인함 • 순현가법이나 내부수익률법을 적용하여 최종투자결정을 함	• 세후현금수지분석 • 시장가치 및 투자가치 • 할인현금수지분석법

> **확인예제**
>
> **부동산개발사업시 분석할 내용에 관한 설명으로 틀린 것은?** 제25회
> ① 민감도분석은 시장에 공급된 부동산이 시장에서 일정기간 동안 소비되는 비율을 조사하여 해당 부동산시장의 추세를 파악하는 것이다.
> ② 시장분석은 특정부동산에 관련된 시장의 수요와 공급상황을 분석하는 것이다.
> ③ 시장성분석은 부동산이 현재나 미래의 시장상황에서 매매 또는 임대될 수 있는 가능성을 조사하는 것이다.
> ④ 예비적 타당성분석은 개발사업으로 예상되는 수입과 비용을 개략적으로 계산하여 수익성을 검토하는 것이다.
> ⑤ 인근지역분석은 부동산개발에 영향을 미치는 환경요소의 현황과 전망을 분석하는 것이다.
>
> **해설**
> 흡수율분석은 시장에 공급된 부동산이 시장에서 일정기간 동안 소비되는 비율을 조사하여 해당 부동산시장의 추세를 파악하는 것이다.
> 정답: ①

06 민간의 개발방식 유형 제26·27·29·35회

지주공동사업은 토지소유자와 개발업자간에 부동산개발을 공동으로 시행하는 방식으로서, 토지소유자는 토지를 제공하고 개발업자는 개발의 경험을 제공하여 상호 이익을 추구하는 것이다. 이러한 지주공동사업의 장점으로는 개발사업의 위험을 토지소유자와 개발업자간에 분산할 수 있다는 점이다. 반면에 토지소유자에 의한 자력(자체)개발방식은 위험이 큰 만큼 그 기대수익도 큰 편이다.

(1) 사업수탁(위탁)방식

① 사업수탁방식은 토지소유자가 개발사업의 기획, 건물의 설계·완공·관리·운영까지의 사업실시 전반을 개발업자에게 수탁(위탁)하는 방식이다. 개발업자는 사업을 대행하는 업무만 수행하고 사업 전반이 토지소유자의 명의로 진행된다. 즉, 사업수탁방식의 주체는 토지소유자이다.
② 일반적으로 개발자금의 조달과 변제도 토지소유자가 담당한다.
③ 개발업자는 개발사업의 기획부터 분양이나 임대 등(사업)에 대해서 대행(시행)하고, 토지소유자로부터 그에 대한 수수료를 취하게 된다.
④ 개발사업에 대한 운영성과는 모두 토지소유자에게 귀속되므로 개발지분을 공유하는 것은 아니다.
⑤ 개발사업 이후 토지소유권에는 아무런 변동이 없다.
⑥ 토지소유자가 개발사업을 위탁하고, 수수료문제 발생, 개발지분을 공유하지 않는 측면에서 토지(개발)신탁방식과 그 효과가 유사하다.

(2) 토지(개발)신탁방식

① 토지신탁방식은 **토지소유자(위탁자)**가 자신의 토지를 **부동산신탁회사(수탁자)**에 위탁하면, 부동산신탁회사가 사업주체(명의)가 되어 토지를 개발·관리·처분하는 방식이다.❶

② **신탁계약에 따라 토지소유권이 부동산신탁회사에 형식적으로 이전되는 방식**으로, 부동산신탁회사는 토지소유자에게 수익증권을 교부한다. 토지소유자는 사업기간 내에 개인적으로 자금이 필요하면 수익증권을 활용한 신탁증서금융(담보신탁)❷을 이용할 수 있다.

③ 토지소유자가 개발능력이 부족할 경우 이용하는 방법으로, 토지를 신탁받은 부동산신탁회사는 토지소유자가 원하는 건물을 신축하거나 부지 등을 조성한 후 이를 일정기간 임대·관리하고 처분하여 그 성과를 수익자에게 실적배당한다.

④ 개발사업 이후 **운영성과는 토지소유자(위탁자)나 토지소유자가 정한 제3자의 수익자에게 귀속**되며, 부동산신탁회사는 개발사업의 대행에 대한 수수료를 취득한다. 즉, 사업수탁방식처럼 개발지분을 공유하지 않는다.

⑤ 처분신탁이 아닐 경우, 신탁기간이 종료되면 부동산신탁회사는 토지소유자에게 토지와 건물을 반환하게 된다.

(3) 등가(等價)교환방식❸

① 등가교환방식은 토지소유자가 제공한 토지 위에 개발업자가 개발자금을 부담하여 개발사업을 시행하고, **그 자금의 투입비율·출자비율(기여도)에 따라 개발지분을 공유하는 방식이다.**

② 사업수탁방식이나 토지신탁방식과 달리 **수수료문제가 발생하지 않는다.**

③ 토지소유자 입장에서는 개발자금을 부담하지 않고, 완공된 건물의 일부를 구분소유할 수 있다는 이점이 있다.

④ 개발업자 입장에서는 토지를 매입할 필요가 없기 때문에 토지매입비용을 절감할 수 있고, 건축비만을 부담하여 개발사업을 영위할 수 있다.

(4) 공사비 분양금지급형

토지소유자가 사업을 시행하면서 건설업체에 공사를 발주하고, 공사비는 장래의 분양수입금으로 지급하는 방식이다.

(5) 신차지(新借地)방식❹

① 토지소유자와 개발업자가 차지계약을 체결할 때에는 아무런 수익이 없으므로 지대(예 권리금·보증금 등)를 주고받지 않는다.

② 차지계약기간 중에 발생하는 완공된 건물의 임대수익을 근거로 토지소유자에게 지대가 지불된다.

---

❶ 토지신탁은 신탁회사가 자금을 조달하는 차입형 토지신탁과 소유자(위탁자)가 자금을 조달하는 관리형 토지신탁으로 구분된다.

❷ p.282 제6편 부동산금융론 참고

❸ 공사비 대물변제형
토지소유자가 건설공사의 도급발주시에 공사비의 변제를 준공된 건축물의 일부로 하는 방식이다. 일반적으로 토지소유자가 사업시행자가 되고, 건설업체는 시공사로 참여한다.

❹ 신차지방식은 개발업자가 건물의 임대수익을 획득하는 데 그 목적이 있는 것이 아니라, 차지계약이 종료될 때 건물의 매각차익 획득에 초점을 맞춘 개발방식이다.

③ 차지계약 종료시점에서 토지는 토지소유자에게 무상으로 반환되고, 건물은 토지소유자 혹은 제3자에게 시가로 양도된다.

(6) 투자자 모집형
① 개발업자가 조합, 부동산투자회사, 부동산펀드, 프로젝트금융투자회사(SPC) 등을 설립함으로써 기관투자자나 일반투자자를 모집하고 사업자금을 조달하여 사업을 시행하는 방식이다.
② 투자자에게는 일정한 투자수익 또는 지분을 배정한다.

(7) 컨소시엄 구성방식
① 대규모 프로젝트개발사업에 있어서 사업자금의 조달이나 기술적 보완 등을 위하여 여러 기업과 투자자들이 연합법인을 구성하여 사업을 수행하는 방식이다.
② 사업의 안정성을 확보할 수 있고 개발사업위험을 배분시킬 수 있다는 장점이 있다.
③ 사업시행에 많은 시간이 소요되고 출자회사간 상호 이해조정이 필요하며, 사업이 지연되거나 실패할 경우 책임을 회피하는 현상이 발생한다는 단점이 있다.

(8) 자체(자력)개발방식
① 자체개발사업은 토지소유자가 사업을 기획하고 직접 개발자금을 조달하여 사업을 시행하는 방식이다.
② 자기자금과 관리능력이 충분하고 사업성이 양호하다면 자체사업이 적합하다.
③ 개발사업의 이익이 모두 토지소유자에게 귀속되고, 토지소유자인 사업시행자의 의도대로 사업추진이 가능하며, 사업수행의 속도가 빠른 편이다.
④ 사업의 위험성이 매우 높기 때문에 그만큼 위기관리능력이 요구되며, 자금조달과 변제에 대한 부담도 큰 편이다.

핵심 콕! 콕! 민간의 개발방식 비교[1]

Tip 비교적 출제빈도가 높으며, 사업수탁방식과 토지신탁방식을 잘 비교해 두어야 한다.

구분	자금조달	사업주체	비고
사업수탁방식	토지소유자	토지소유자	수수료 발생
토지신탁방식	토지소유자 또는 부동산신탁회사	부동산신탁회사	• 형식적 소유권이전 • 수수료 발생
등가교환방식	개발업자	공동지분형태	수수료 문제 발생하지 않음
차지방식 (임차방식)	개발업자	개발업자	• 차지계약 종료시 토지무상반환 • 건물은 유상(시가)양도
자력개발방식	토지소유자	토지소유자	위험·수익성 높음

❶ 건설협력금 차입방식
• 건설협력금 차입방식은 토지소유자가 소유권을 그대로 보유하고 개발자 등 사업파트너가 건설자금의 일부 또는 전부를 지원하는 방식이다.
• 개발된 사업이나 건물은 제3자에게 임대하고, 그 이익을 소유자와 서로 배분하는 공동사업의 형태를 취한다.

> **확인예제**
>
> 부동산개발사업의 방식에 관한 설명 중 ㉠과 ㉡에 해당하는 것은? 제29회
>
> > ㉠: 토지소유자가 토지소유권을 유지한 채 개발업자에게 사업시행을 맡기고 개발업자는 사업시행에 따른 수수료를 받는 방식
> > ㉡: 토지소유자로부터 형식적인 토지소유권을 이전받은 신탁회사가 사업주체가 되어 개발·공급하는 방식
>
> ① ㉠: 사업위탁(수탁)방식, ㉡: 등가교환방식
> ② ㉠: 사업위탁(수탁)방식, ㉡: 신탁개발방식
> ③ ㉠: 등가교환방식,   ㉡: 합동개발방식
> ④ ㉠: 자체개발방식,   ㉡: 신탁개발방식
> ⑤ ㉠: 자체개발방식,   ㉡: 합동개발방식
>
> **해설**
>
> ㉠ 사업수탁(위탁)방식: 토지소유자가 토지소유권을 유지한 채 토지소유자 명의로, 토지소유자가 개발자금을 조달하되, 개발업자에게 사업시행을 맡기고 개발업자는 사업시행에 따른 수수료를 받는 방식
> ㉡ 토지(개발)신탁방식: 토지소유자로부터 형식적인 토지소유권을 이전받은 부동산신탁회사가 사업주체가 되어 개발·공급하는 방식
>
> 정답: ②

07 부동산개발의 유형

(1) 신개발과 재개발 제31회

① **신개발**: 도시개발사업, 일단의 주택지조성사업, **환지사업(환지방식)**, 아파트지구개발사업, 토지형질변경사업 등을 통하여 **미개발된 임야나 농지를 개발하여 새로운 택지를 조성**하는 것을 말한다.

② **재개발**

㉠ **철거재개발**: 부적당한 기존 환경을 **완전히 제거하고 새로운 환경과 시설물로 대체**시키는 가장 전형적인 도시재개발의 형태이다.

㉡ **개량재개발**: 수복재개발의 일종으로서 기존 도시환경의 시설기준 및 구조 등이 현재의 수준에 크게 미달되는 경우, 기존 시설의 확장·개선 또는 새로운 시설의 첨가를 통하여 기존 환경의 질적 수준을 높여 도시기능을 제고시키고자 하는 형태이다.

㉢ **수복재개발**: 노후·불량의 상태가 이용이나 관리소홀로 발생된 경우, **본래의 기능을 회복하기 위하여** 현재의 시설을 대부분 그대로 보존하면서 **노후·불량화의 요인만을 제거**시키는 소극적인 형태이다.

ⓔ **보전재개발**: 아직 노후·불량상태가 발생되지는 않았으나, 앞으로 노후·불량화가 야기될 우려가 있을 때 사전에 노후·불량화의 진행을 방지(예방)하기 위하여 채택하는 가장 소극적인 도시재개발의 형태이다. 선진국일수록 주로 보전재개발을 채택하고 있다.

> **더 알아보기** 도시 및 주거환경정비법령상 구분 제35회

재개발사업	정기기반시설이 열악하고 노후·불량건축물이 밀집한 지역에서 주거환경을 개선하거나 상업지역·공업지역 등에서 **도시기능의 회복 및 상권활성화** 등을 위하여 도시환경을 개선하기 위한 사업
재건축사업	**정비기반시설은 양호하나** 노후·불량건축물에 해당하는 **공동주택이 밀집한 지역**에서 주거환경을 개선하기 위하여 시행하는 사업
주거환경 개선사업	도시저소득 주민이 집단거주하는 지역으로서 정비기반시설이 **극히 열악**하고 노후·불량건축물이 **과도하게 밀집한 지역**의 주거환경을 개선하거나 단독주택 및 다세대주택이 밀집한 지역에서 정비기반시설과 공동이용시설 확충을 통하여 **주거환경을 보전·정비·개량하기 위한 사업**

(2) 용지의 취득방식에 따른 개발유형 제26·30·32·35회

① **단순개발방식**: 토지형질변경 등 토지소유자에 의한 자력개발방식으로 전통적인 개발방식이다. 개발사업 이후 토지소유권에는 변화가 없다.

② **환지방식**: 환지방식은 택지개발 전 토지의 위치·지목·면적·이용도 등 기타 필요사항을 고려하여 미개발토지를 개발하고, 개발토지(예 택지 등)를 환지기준(감보율)에 따라 원토지소유자에게 재분배하는 것이다. 즉, 개발사업 이후 원토지소유자의 소유권이 축소된다.

③ **매수(수용)방식**: 대상토지의 전면매수를 원칙으로 하여 개발하는 방식이기 때문에 사업시행자에 의한 수용절차가 필요한데, 이에는 '택지공영개발사업'이 대표적이다. 개발사업 이후 개발토지를 제3자의 실수요자에게 분양하므로 원토지소유자의 소유권은 완전히 소멸된다. 매수방식은 보상과정에서 사업시행자와 토지소유자간의 민원이나 갈등문제가 발생할 수 있다.

④ **혼합방식**: 환지방식과 매수(수용)방식을 혼합하여 개발하는 방식이다.

용어사전

도시개발사업
「도시개발법」상 "도시개발사업"이란 도시개발구역에서 주거, 상업, 산업, 유통, 정보통신, 생태, 문화, 보건 및 복지 등의 기능이 있는 단지 또는 시가지를 조성하기 위하여 시행하는 사업을 말한다.

감보율(減步率)
공공용지 확보와 공사비 충당을 위하여 토지를 공출받는 비율이다. 일정한 비율의 토지가 줄어들게 되는 것을 말한다.

환지(換地)
도시개발사업에 소요된 비용과 공공용지를 제외한 후 개발사업 전 토지의 위치, 지목, 면적 등을 고려하여 토지소유자에게 재분배하는 토지를 말한다.

체비지
도시개발사업에 필요한 경비를 충당하기 위해 환지로 정하지 아니한 토지를 말한다.

❶
환지방식은 수용방식에 비해 주민의견 수렴과정, 토지소유자의 동의를 받아야 하는 등의 사업절차가 복잡하여 사업이 장기화될 수 있다.

용어사전
합동개발방식
토지개발사업에 참여하는 토지소유자와 함께 사업시행자, 재원조달자, 건설업자가 합동으로 택지개발을 착수하기 전에 일정가격으로 대상토지를 전량 매수하여 택지를 개발하는 방식이다.

환지방식과 매수방식의 비교

구분	환지방식❶	매수(수용)방식(전면매수)
분배	원토지소유자에게 환지	제3자의 실수요자에게 분양
개발이익 환수기준	감보율	표준지공시지가 기준
재산권 침해 정도	토지소유권 존중(권리 축소)	토지소유권 소멸(권리 소멸)
특징	① 사업기간이 길어질 수 있음 ② 공공용지(기반시설) 확보 제한 ③ 원토지소유자 재정착 용이 ④ 원토지소유자 개발이익 귀속 가능성 높음	① 사업주체의 사업비부담 큼 ② 공공용지(기반시설) 확보 용이 ③ 사업속도 상대적으로 빠름 ④ 사업시행자와 피수용자간의 갈등(민원) 발생가능성

08 택지공영개발(公營開發) 제32회

(1) 개념

택지공영개발이란 공적 주체가 **공익성을 우선**으로 하여 법이 정하는 바에 따라 **토지를 수용하고 택지를 조성한 후, 실수요자들에게 분양 또는 임대**하는 토지개발방식을 말한다.

(2) 공영개발의 필요성

① 형평성과 효율성의 조화: 공적 주체의 시장개입은 시장의 비효율성을 감소시켜서 자원의 최적배분을 유도하며, 공평한 분배의 관점에서 이루어진다. 즉, **효율성 제고와 형평성 달성의 문제는 공영개발의 필요성을 제기한다.**
② 시장실패의 수정: 불완전한 토지시장의 구조적인 결함, 외부효과 등의 발생은 시장기구를 통한 토지자원의 효율적 배분을 어렵게 한다. 이와 같은 시장실패는 토지시장에 대한 정부개입의 필요성을 강조하고 있다.

(3) 장점

① 수용절차에 따라 토지를 매수하기 때문에 **공공용지를 충분히 확보할 수 있고, 계획적인 토지이용이 가능하다.**
② 개발사업으로 발생하는 **불로소득을 일정 정도 환수할 수 있다.**
③ 대량으로 택지를 매입하기 때문에 안정된 지가를 바탕으로 저렴한 주택을 원활하게 공급할 수 있으므로 저소득층의 주거안정에 기여할 수 있다.

(4) 단점

① 토지수용으로 토지소유자의 재산권의 상대적 손실감 및 민원이 발생할 수 있다.
② 사업비 전액을 사업시행자가 부담하여야 하므로 시행자의 자금부담이 큰 편이다.
③ 현금보상지출이 많으면 통화량 팽창과 주변 지역의 투기현상이 발생할 수 있다.

제 2 장 │ 부동산관리

01 부동산관리의 개념과 필요성

(1) 부동산관리의 개념
① 부동산관리란 부동산이 그 목적에 맞게 최유효이용이 될 수 있도록, 유용성을 높일 수 있도록 부동산을 유지 · 보존 · 개량 · 운용하는 일련의 행위를 말한다.
② 부동산관리는 소유자가 궁극적으로 자신의 목적[주로 부(富)의 극대화]을 달성하기 위하여 대상부동산을 이용하고 유지하는 등의 제반 활동을 말한다.
③ 부동산관리에서 '유지'란 주로 내부적인 관리행위로 부동산의 외형 · 형태를 변화시키지 않으면서 양호한 상태를 지속시키는 행위이다.

(2) 부동산관리의 필요성
토지의 영속성과 건물의 내구성은 부동산관리의 필요성을 제기한다. 즉, 토지의 경제적인 유용성을 유지하고, 건물의 내용연수가 상당기간 유지되기 위해서는 체계적이고 효율적인 관리가 필요하다.
① **도시화**: 인구의 도시집중으로 인하여 공동주택이 늘어나고 있고, 이에 따라 공동주택에 대한 전문적인 관리가 필요하게 되었다. 우리나라에서는 부동산관리와 관련된 전문자격제도로 주택관리사가 있다.
② **건축기술의 발달**: 건축기술의 발달로 인하여 대형건물이 늘어나고, 건물이 고층화되는 추세이므로 이에 따라 대형부동산의 전문적인 관리가 필요하다.
③ **기업용 · 상업용 부동산의 투자 증가**: 부동산투자회사나 부동산펀드 등의 간접투자제도가 활성화되고, 외국인의 부동산에 대한 직접투자가 늘어나고 있다.
④ **부재 부동산소유자의 요구**: 도시지역의 부동산이 대량으로 임대되면서 전문업자나 전문기관에게 맡기는 위탁관리의 필요성이 늘어나고 있다.

02 복합개념의 부동산관리 제26회

부동산관리는 부동산이 가지는 다양한 측면에서 복합개념에 따라 법률적 관리·경제적 관리·기술적 관리로 구분하며, 이 세 분야의 관리를 모두 합쳐서 광의의 부동산관리라고 한다. ❶

(1) 기술적 관리

기술적 관리를 물리적 관리, 유지관리라고도 하며, 협의의 관리를 의미한다. 즉, 대상부동산의 물리적 또는 기능적인 하자에 대하여 소극적인 기술적 조치를 취하는 것이다.

① 토지의 기술적 관리: 토지의 경계측량을 실시하여 경계를 확정하는 것과 건물과 부지의 부적응상태를 개선시키는 행위는 대표적인 기술적 관리에 해당한다. 그 밖에 사도(私道)방지대책, 경사지대책, 오염방지대책 등을 위한 관리가 이에 해당한다.

② 건물의 기술적 관리
  ㉠ 위생관리: 미관유지와 쾌적한 환경조성을 위한 관리로서 청소관리, 해충대책 등이 여기에 해당한다.
  ㉡ 설비관리: 건물 내 각종 설비의 기능이 최대한 발휘되도록 하는 관리로서 각종 설비의 운전·보수·정비 및 실내의 온도나 습도 조절 등이 여기에 해당한다.
  ㉢ 보안관리: 부동산 자체가 내포하고 있는 위험을 감소 내지 제거하기 위한 관리로서 방범·방재를 위한 화재보험이나 재해보험 가입 등이 여기에 해당한다.
  ㉣ 보전관리: 건물의 현상유지 및 예방관리로서 보수작업을 행하는 관리 등이 여기에 해당한다.

③ 부동산의 기술적 유지활동
  ㉠ 예방적 유지활동: 시설이나 장비 등이 제 기능을 효율적으로 발휘하기 위하여 수립된 유지계획에 따라 문제가 발생하기 전에 이를 교환하고 수리하는 사전적(事前的) 유지활동을 말한다. 예방적 유지활동은 불필요한 관리비용을 줄이고, 임차인에게 높은 신뢰감을 줄 수 있으므로 부동산의 유지활동 중 가장 중요하게 강조되고 있다.
  ㉡ 일상적 유지활동: 청소를 하고 소독을 한다든지, 잡초를 제거하고 잔디를 깎는 등의 통상적으로 늘 수행하는 정기적 유지활동을 말한다.
  ㉢ 대응적 유지활동: 문제가 발생하고 난 후 이에 대처하는 사후적(事後的)인 조치활동으로, 수정적 유지활동으로 지칭한다. 대응적 유지활동은 문제가 발생할 때마다 개별적으로 처리하므로 사전에 예방하는 경우보다 비용이 많이 들고 부동산에 대한 부정적인 이미지가 부각될 수 있다.

---

❶ 광의의 부동산관리

부동산 관리(광의) ─┬─ 기술적 관리(협의)
　　　　　　　　　├─ 경제적 관리
　　　　　　　　　└─ 법률적 관리

(2) 경제적 관리

대상부동산의 수익과 비용을 관리하여 순이익이 합리적으로 산출되도록 하는 적극적인 관리행위를 말한다. 경제적 관리를 경영관리라고도 하며, 복합개념의 관리 중 가장 중요하고 핵심이 되는 분야이다.

① 토지의 경제적 관리: 토지의 경우 나지를 공사장 가건물, 모델하우스, 주차공간, 자재하치장 등으로 활용하여 임대수익을 창출하는 것 등이 여기에 해당한다.
② 건물의 경제적 관리
  ㉠ 수지관리: 손익분기점(총수익과 총비용이 일치하는 점)을 파악하여 건물의 수입과 지출을 관리하는 것을 말한다.
  ㉡ 회계관리: 금전의 수입이나 지출 및 조세공과금·보험료 등의 납부관리 등을 효율적으로 관리하는 것을 말한다.
  ㉢ 인력관리: 관리요원을 적재적소에 배치하는 인사관리나 체계적인 업무분담 등이 여기에 해당한다.

(3) 법률적 관리

법률적 관리에는 계약관리, 권리분석 및 보존관리 등이 있으며, 부동산의 유용성을 보호하기 위하여 대상부동산의 법률상 제반조치를 취함으로써 이와 관련된 각종 사법 및 공법적 측면을 분석하여 유리한 권리는 보호하고 불리한 권리는 제거하는 조치를 취하는 것을 말한다.

① 토지의 법률적 관리
  ㉠ 권리관계의 확인 및 조정: 부동산에 불완전한 권리가 설정되어 있거나 필요한 권리가 결여되어 있는 경우 이에 대한 조치를 취하는 것을 말한다.
  ㉡ 토지도난의 방지대책: 토지의 불법점유, 사기에 의한 불법소유권이전 등을 사전에 방지하기 위하여 경계표시 등을 행하는 것을 말한다.
  ㉢ 법률적 이용가치의 개선: 공법상 규제사항이나 변경사항 등을 파악하고 지목변경 등 최유효이용을 위한 노력을 지속적으로 하는 것을 말한다.
② 건물의 법률적 관리
  ㉠ 임대차예약: 건물이 완공되기 전에 임대인을 모집하기 위하여 광고판을 부착하거나 개업공인중개사에게 위탁하는 등 임대차예약을 위한 관리를 말한다.
  ㉡ 임대차계약: 임차인을 선정하고 계약을 체결하는 것을 말한다. 통상 계약서에는 임대차기간, 임료의 개정 또는 제한사항, 보증금과 관련된 사항, 필요경비의 부담 여부 등을 약정하기도 한다.
  ㉢ 부대시설에 대한 이용계약: 주차시설이나 광고시설의 이용 및 기타 공용부분에 대한 시설사용계약을 말한다.
  ㉣ 소유 건물의 권리보전이나 공법상 규제나 변경에 대한 각종 대응책을 마련하여야 한다.

03 관리영역에 따른 부동산관리 제26·30·34회

부동산관리는 그 영역에 따라 자산관리(AM; Asset Management), 부동산관리(PM; Property Management) 또는 건물 및 임대차관리 그리고 시설관리(FM; Facility Management)로 나누어 판단하기도 한다.

구분		관리내용
자산관리	자산관리	매입·매각관리, 투자리스크관리, 재투자결정, 포트폴리오관리, 리모델링 투자의사결정 등
	건물 및 임대차관리 = 재산관리 = 부동산관리	수입목표수립, 임차인 모집 및 유지관리, 지출계획 수립, 비용통제 등
	시설관리	설비의 운전·보수, 에너지관리, 위생관리, 방범·방재 등 보안관리

> **용어사전**
> **기업관리**
> 독립적인 부동산회사가 부동산을 관리하거나 기업이 부동산투자회사를 설립, 주로 자산관리회사를 설립·활용하여 부동산을 관리하는 경우를 말한다. 예를 들어 명목부동산투자회사가 자산관리회사를 통하여 행하는 관리를 말한다.
>
> ❶ 학자들의 견해에 따라 자산관리를 자산관리와 재산관리로 구분하기도 한다.

(1) 자산관리

① **자산관리는 부동산소유자나 기업의 자산(재산)을 극대화시키기 위한 다양한 방법을 모색하는 적극적인 관리를 말한다.** 부동산관리 중 가장 중요한 것으로 인식되고 있다.
② 자산관리는 부동산자산의 포트폴리오 관점에서 자산-부채의 재무적 효율성을 최적화하는 것이다.
③ **자산관리의 영역: 포트폴리오관리, 재투자(개발) 여부 결정, 투자리스크관리, 매입과 매각관리, 프로젝트 파이낸싱 검토 등이 자산관리에 해당하며, 오피스빌딩에 대한 대대적인 리모델링 투자의사결정도** 부동산관리업무 중 자산관리에 속한다.
④ 부동산의 자산관리자는 장기적이고 전략적인 관점에서의 역할이 요구된다. 따라서 자산관리자는 부동산관리, 계약, 부동산세금, 감정평가 등에 대한 다양한 지식과 경험이 필요하다.

(2) 건물 및 임대차관리

재산관리, 부동산관리라고도 하며 부동산의 임대 및 수지관리의 측면을 말한다. 수익목표수립, 자본적 또는 수익적 지출계획수립, 연간 예산수립, 임대차 유치 및 유지, 비용통제 등이 부동산관리에 해당한다.

(3) 시설관리

각종 부동산시설을 운영하고 유지하는 것으로 시설사용자나 기업의 요구에 부응하는 정도의 기술적 측면의 소극적인 관리를 말한다. **부동산설비의 운전과 보수, 위생관리, 에너지관리, 방범 및 방재 등에 관한 관리 등이 시설관리에 해당한다.**

> **확인예제**
>
> 부동산관리에 관하여 다음 설명과 모두 관련이 있는 것은? 제30회
>
> - 포트폴리오관리 및 분석
> - 부동산투자의 위험관리
> - 재투자 · 재개발 과정분석
> - 임대마케팅 시장분석
>
> ① 재산관리(property management)
> ② 시설관리(facility management)
> ③ 자산관리(asset management)
> ④ 건설사업관리(construction management)
> ⑤ 임대차관리(leasing management)
>
> **해설**
> 자산관리(asset management)는 기업이나 개인의 부를 극대화하는 적극적 관리로, 포트폴리오관리 및 분석, 부동산투자의 위험관리, 건물의 매입과 매각관리, 투자리스크관리, 재투자 · 재개발 과정분석, 임대마케팅 시장분석 등을 포함하는 개념이다.
> 정답: ③

04 관리주체에 따른 부동산관리 제26 · 27 · 33 · 34 · 35회

부동산의 관리방식은 관리주체에 따라 자가관리 · 혼합관리 · 위탁관리로 구분하며, 부동산신탁회사를 활용하는 신탁관리(관리신탁)도 있다.

(1) 자가관리(직접관리, 자영관리, 자치관리, 자기관리)

① 개념
  ㉠ 부동산소유자가 단독으로 또는 약간의 관리요원을 고용하여 직접 관리하는 방식이며, 전통적인 관리방식이다.
  ㉡ 규모가 작은 단독주택, 연립주택, 소규모 공동주택, 소규모 부동산 등에 적합하다.

② 장점
  ㉠ 소유자의 지시 및 통제력이 강하다.
  ㉡ 기밀이나 보안유지에 강점이 있다.
  ㉢ 입주자와의 의사소통 측면에서 위탁관리보다 유리한 측면이 있다.
  ㉣ 관리요원의 부동산설비에 대한 애호정신이 강하다.
  ㉤ 유사시 협동이 잘 되고, 각 부문의 통합적인 운영이 용이하다.

③ 단점
  ㉠ 위탁관리에 비하여 관리의 전문성과 효율성이 떨어진다.
  ㉡ 비전문가에 의한 관리가 수행되므로 불필요·불합리한 관리비용이 많이 발생할 수 있다.
  ㉢ 관리업무의 안일화·타성화(매너리즘)에 대한 우려가 있다.

(2) 혼합관리
  ① 개념
    ㉠ 자가관리에서 위탁관리로 이행하는 과도기에 채택되는 방식으로, 자가관리와 위탁관리의 장점을 혼합한 형태로서 필요한 일부분만 위탁하고 나머지는 자가관리하는 방식이다.
    ㉡ 전통적·일반적인 혼합관리는 청소나 경비 등 기술적인 측면은 전문업자에게 위탁하고, 법률적인 측면과 경제적인 측면은 소유자가 자가관리를 행하는 방식이었다.
    ㉢ 최근에는 건물관리에서 재무·회계관리, 시설이용·임대차계약, 인력관리 등은 전문업자에게 위탁하고, 반면에 청소를 포함한 그 외 나머지의 기술적 관리를 소유자가 직접 관리하는 혼합관리도 채택되고 있다.
  ② 장점
    ㉠ 자가관리와 위탁관리의 두 가지 방식의 장점만을 이용할 수 있다.
    ㉡ 관리업무에 대한 적절한 지휘통제력을 확보하면서 관리의 전문성이나 효율성을 기대할 수 있다.
  ③ 단점
    ㉠ 혼합관리에서 운영이 잘못되면 자가관리와 위탁관리 두 가지 방식의 단점만 노출될 수 있다.
    ㉡ 협조가 제대로 이루어지지 못하면 자가관리요원과 위탁관리요원 사이에 충돌이 발생할 수 있다.
    ㉢ 여러 측면에서 관리상의 문제가 발생하면 제도적인 책임한계가 명확하지 않아 그 책임소재가 불분명해진다.

(3) 위탁관리(외주관리, 간접관리)
  ① 개념
    ㉠ 부동산소유자가 직접 관리하지 않고, 전문적인 부동산관리업자나 관리회사에 위탁하여 관리하는 방식으로 현대적 의미의 전문적인 관리방식이다.
    ㉡ 토지이용의 집약도가 높아지고, 건물의 대형화·고층화, 부재 부동산소유자의 증가, 부동산 간접투자제도의 활성화 등으로 인하여 위탁관리방식이 늘어나고 있다.

② 장점
  ㉠ 전문적이고 합리적 · 효율적인 부동산관리를 통하여 불필요한 관리비용을 절감할 수 있다.❶
  ㉡ 자가관리의 단점인 관리업무의 타성화를 방지할 수 있다.
  ㉢ 위탁관리는 소유와 경영의 분리가 가능하며, 부동산소유자는 본업에 전념할 수 있다.
  ㉣ 장기적인 관점에서 안정적인 관리를 기대할 수 있다.

③ 단점
  ㉠ 소유자 · 위탁자 입장에서 기밀유지 및 보안관리에 취약할 수 있다.
  ㉡ 위탁회사 관리요원들의 부동산설비에 대한 애호정신이 결여될 수 있다.
  ㉢ 소유자의 지휘통제력 확보가 용이하지 않아 각 부문의 종합적인 관리가 미흡하다.

❶ 위탁관리는 전문업자의 관리서비스를 받을 수 있고, 건물설비의 고도화에 대응할 수 있다. ➜ 관리환경 변화에 대한 예측과 적응에 유리하다.

핵심 콕! 콕! 관리주체에 따른 부동산관리방식 비교

Tip 자가관리와 위탁관리의 장 · 단점을 반대관점으로 정리하는 요령이 필요하다.

구분	자가관리(직접 · 자영)	위탁관리(간접 · 외주)	혼합관리
개념	• 소유자 단독 또는 소수의 관리요원을 활용 • 단독주택 · 소규모 부동산에 적용	• 전문가에게 관리를 위탁 • 현대적인 전문적 관리 • 대형 · 고층 부동산에 적용	• 일부 업무만을 전문업자에게 위탁, 나머지는 소유자가 자가관리 • 자가관리에서 위탁관리로 이행하는 과도기에서 채택
특징	• **기밀 · 보안관리에 강점** • **지휘통제력 확보 용이** • 관리의 전문성 결여 • 불필요한 관리비용 발생 • 관리업무의 타성화	• 기밀 · 보안관리에 단점 • 지휘통제력 확보 곤란 • **관리의 전문성 제고** • **불필요한 관리비용 절감** • **관리업무의 타성화 방지** • **소유와 경영의 분리가능**	• 자가관리와 위탁관리의 장점을 채용 • 잘못 운영되면 단점만 노출 • 문제발생시 책임소재가 불분명해질 수 있음

(4) 신탁관리(관리신탁)

① 개념: 법률상 부동산 소유권을 부동산신탁회사에게 이전하고, 부동산신탁회사가 신탁재산으로 인수한 부동산의 소유권을 관리하거나 임대차관리, 시설물의 유지관리, 법률 및 세무관리, 수익금의 운용 등 수탁받은 부동산관리업무 일체를 관리하는 것을 말한다.

② 특징
　㉠ 부동산에 대한 전문지식이 부족하여 효율적인 관리가 곤란한 경우나 부동산의 납세, 임차인관리 등 종합적이고 복잡한 관리를 안전하게 맡기고자 하는 경우에 활용할 수 있다.
　㉡ 신탁관리를 이용하면 관리비 이외에 추가적인 신탁보수(수수료)부담이 있다.
　㉢ 신탁기간 중에 대인 및 대물사고가 발생할 경우, 관리의 주체인 부동산신탁회사가 그 책임을 지게 된다.

> **용어사전**
> **분양신탁관리**
> 상가 등 건축물 분양의 투명성과 안전성을 확보하기 위하여 신탁회사에게 사업부지의 신탁과 분양에 따른 자금관리업무를 부담시키는 것을 말한다.

확인예제

부동산관리방식별 장·단점에 대한 설명 중 **틀린** 것은?　　제17회
① 위탁관리방식은 전문적인 계획관리를 통하여 시설물의 노후화를 늦출 수 있다는 장점이 있다.
② 위탁관리방식에서 관리업체가 영리만을 추구할 경우 부실한 관리를 초래할 우려가 있다.
③ 혼합관리방식은 자가관리에서 위탁관리로 이행하는 과도기에 유용할 수 있다.
④ 혼합관리방식은 필요한 부분만 선별하여 위탁하기 때문에 관리의 책임소재가 분명해지는 장점이 있다.
⑤ 자가관리방식은 관리하는 각 부분을 종합적으로 운영할 수 있을 뿐만 아니라 기밀유지에도 유리하다.

해설
혼합관리방식은 자가관리에서 위탁관리로 이행하는 과도기적 형태의 관리방식으로, 잘못 운영되면 관리의 책임소재가 불분명해질 수 있다.　　정답: ④

05 부동산관리자의 활동

부동산관리자의 업무는 임차인 선정과 임대차계약, 대상부동산의 기술적 유지활동, 보험활동, 예산 작성과 보고서 작성 및 장부처리활동 등으로 구분할 수 있다. 여기에서는 주로 유형별 임차인의 선정과 임대차계약, 보험활동 위주로 살펴보도록 한다.

(1) 임차인의 선정과 임대차계약 제26·30·31·34·35회

적절한 임대조건으로 부동산의 성격에 적합한 임차인을 선정하는 것은 관리활동의 가장 기초가 되는 활동이다. 일반적인 임차인의 선정기준과 임대차유형(임대료결정방법)은 용도에 따라 다음과 같다.

① 임차인의 선정기준
   ㉠ **주거용 부동산**: 다른 입주자와 얼마나 잘 어울릴 수 있는가의 여부, 즉 연대성이나 유대성을 기준으로 선정한다.
   ㉡ **매장용 부동산**: 얼마나 높은 매상고나 수익성을 올릴 수 있는 임차인인가의 여부, 즉 가능매상고를 기준으로 임차인을 선정한다. 쇼핑센터나 대규모 업무용 빌딩 등은 명성이 있는 상점이나 유명회사의 지점 등 중요임차인(key tenant)을 사전에 확보할 필요가 있다.
   ㉢ **공업용 부동산**: 산업활동이나 기업활동이 임대공간에 적합한 활동인지의 여부, 즉 적합성을 기준으로 선정한다.

② 임대차계약의 유형
   ㉠ **주거용 부동산**: 조(총)임대차가 일반적이다. 임대인이 기본임대료와 부동산의 운영에 필요한 제(諸) 경비를 반영하여 임대료를 결정하는 방식이다.
   ㉡ **매장용 부동산**: 비율임대차가 일반적이다. 임대인은 기본임대료의 일정액을 받고, 매상고가 일정액을 초과하면 그 초과액의 일정비율을 추가임대료로 지불받는 방식이다. 즉, 비율임대차는 임차인의 총수입의 일정비율을 임대료로 지불하는 것을 말한다.

> **용어사전**
> **중요임차인**
> 중요임차인은 한곳에 그 입지를 정하게 되면, 다른 곳으로 잘 이동하지 않는 경향이 있다. 이러한 중요임차인을 '정박임차인(anchor tenant)'이라 하는데 기타 군소임차인(minor tenant)들은 이 같은 정박임차인이 입지하느냐의 여부에 의해서 그 입지를 결정하는 경우가 많다. 즉, 관리자에게 적절한 '임차인 혼합'이 요구된다.

확인예제

A회사는 분양면적 500m²의 매장을 손익분기점 매출액 이하이면 기본임대료만 부담하고, 손익분기점 매출액을 초과하는 매출액에 대하여 일정 임대료율을 적용한 추가임대료를 가산하는 비율임대차(percentage lease)방식으로 임차하고자 한다. 향후 1년 동안 A회사가 지급할 것으로 예상되는 연 임대료는? (단, 주어진 조건에 한하며, 연간 기준임)

제30회

- 예상매출액: 분양면적 m²당 20만원
- 기본임대료: 분양면적 m²당 6만원
- 손익분기점 매출액: 5,000만원
- 손익분기점 매출액 초과 매출액에 대한 임대료율: 10%

① 3,200만원 ② 3,300만원 ③ 3,400만원
④ 3,500만원 ⑤ 3,600만원

해설

비율임대차에 의한 연 임대료 = 기본임대료 + (예상매출액 − 손익분기점 매출액) × 요율(%)
= (6만원 × 500m²) + [(20만원 × 500m²) − 5,000만원] × 0.1 = 3,500만원
= 3,000만원 + (1억원 − 5,000만원) × 0.1 = 3,500만원

정답: ④

ⓒ **공업용 부동산**: 순임대차가 일반적이다. 즉, 임차인은 임대인에게 순수한 임대료만을 지불하며, 특히 공업용 부동산은 경비의 변동이 심하기 때문에 임대인과 임차인이 사전협상을 하여 임대료를 결정하는 방식이다.

핵심 콕! 콕! 용도별 임차인의 선정기준과 임대차계약 유형

구분	임차인 선정기준	임대차계약 유형
주거용	연대성 (유대성)	조임대차 • 총임대료 = 기본임대료 + 필요제경비
매장용	가능매상고 (수익성)	비율임대차 • 총 임대료 = 기본임대료 + 추가임대료 ※ 추가임대료 = [(예상매출액 − 손익분기점 매출액) × 요율(%)]
공업용	적합성	순임대차 • 총임대료 = 기본임대료 + 경비협상

(2) 부동산보험

① **손해보험**: 화재나 홍수 등 예기치 못한 사고 등의 재산상 손실 및 관리요원이나 종업원 등의 인적 손실에 대한 손해를 보상해주는 보험으로 화재보험 등이 있다. 이러한 위험을 순수위험이라 하며, 보험가입을 통하여 그 일부를 보험회사에 전가할 수 있다.

② **임대료손실보험(업무장애보험)**: 대상부동산에 화재가 발생한 경우, 원상회복기간 동안 임대사업을 하지 못하여 추가적으로 발생하는 임대료손실 등을 보상해주는 보험을 말한다. 화재사고가 발생하여 보험회사로부터 피해에 대한 보상을 받았다고 하더라도 건물을 복원하고 수리하는 데에는 상당한 시간이 소요된다. 이 기간 동안 소유자는 임대료수입을 획득할 수 없음에도 불구하고 저당지불액이나 기타 영업경비는 계속 발생할 수 있다. 이러한 상황에서 추가적인 비용을 충당하고 보호받기 위하여 활용되는 것이 임대료손실보험이다.❶

③ **채무보험(책임보험)**: 대상부동산의 사고에 의하여 임차인이나 고객 또는 인접 부동산이 입은 손해를 보상해주는 보험을 말한다.

---

❶ 임대료손실보험은 임대부동산의 수요가 부족하여 발생하는 공실위험에 대비하기 위하여 가입하는 것이 아니다.

06 주택임대관리업 제29회

(1) 개념

주택임대관리업이란 주택의 소유자로부터 임대관리를 위탁받아 관리하는 업(業)을 말한다(「민간임대주택에 관한 특별법」 제2조 제10호). 즉, 임대주택의 유지·관리 업무를 수행하는 것으로, 임대인으로부터 일정한 보수를 받고 임대사업자의 업무를 대행하는 관리업을 말한다.

(2) 등록 및 자격요건(「민간임대주택에 관한 특별법」)

① 주택임대관리업자: 주택임대관리업을 하기 위하여 등록한 자를 말한다.

② 주택임대관리업의 등록

㉠ 주택임대관리업을 하려는 자는 시장·군수·구청장에게 등록할 수 있다. 다만, 100호 이상의 범위에서 대통령령으로 정하는 규모 이상으로 주택임대관리업을 하려는 자는 등록하여야 한다.

㉡ 자기관리형 주택임대관리업과 위탁관리형 주택임대관리업을 구분하여 등록하여야 한다. 이 경우 자기관리형 주택임대관리업을 등록한 경우에 위탁관리형 주택임대관리업도 등록한 것으로 본다.

ⓐ 자기관리형 주택임대관리업: 주택의 소유자로부터 주택을 임차하여 자기책임으로 전대(轉貸)하는 형태의 업을 말한다. 즉, 주택임대관리업자가 고정보수를 지급받는 것으로 공실, 임대료 미납 등의 위험을 주택임대관리업자가 부담한다. 자본금 1억 5천만원, 전문인력 2인 이상이 필요하다.

ⓑ 위탁관리형 주택임대관리업: 주택의 소유자로부터 수수료를 받고 임대료 부과·징수 및 시설물 유지·관리 등을 대행하는 업을 말한다. 즉, 주택임대관리업자가 공실 등 임대리스크를 부담하지 않고(일부 업무만 부담), 매월 실제 임대료의 일정비율을 지급받는 방식이다. 자본금 1억원, 전문인력 1인 이상이 필요하다.

③ 주택임대관리업자의 업무범위

㉠ 임대를 목적으로 하는 주택에 대하여 다음과 같은 업무를 수행한다.❶

ⓐ 임대차계약의 체결·해제·해지·갱신 및 갱신거절 등

ⓑ 임대료의 부과·징수 등

ⓒ 임차인의 입주 및 명도·퇴거 등(「공인중개사법」 제2조 제3호에 따른 중개업은 제외한다)

㉡ 주택임대관리업자는 임대를 목적으로 하는 주택에 대하여 부수적으로 다음과 같은 업무를 수행할 수 있다.

ⓐ 시설물 유지·보수·개량 및 그 밖의 주택관리 업무

ⓑ 그 밖에 임차인의 주거편익을 위해 필요하다고 대통령령으로 정하는 업무

❶ 주택임대관리업자는 임차인에게 대출알선업무는 수행하지 않는다.

④ 전문인력: 주택임대관리업을 등록하려는 자는 관련 시설과 전문인력을 보유하여야 한다.
  ㉠ 변호사, 법무사, 공인회계사, 세무사, 감정평가사, 건축사, 공인중개사, 주택관리사 자격을 취득한 후 각각 해당 분야에 2년 이상 종사한 사람
  ㉡ 부동산 관련 분야의 석사 이상의 학위를 취득한 후 부동산 관련 업무에 3년 이상 종사한 사람
  ㉢ 부동산 관련 회사에서 5년 이상 근무한 사람으로서 부동산 관련 업무에 3년 이상 종사한 사람
⑤ 국토교통부장관 및 시장·군수·구청장은 임대인과 임차인의 권리 보호를 위하여 필요한 경우 주택임대관리업자에게 자료제출이나 보고를 명할 수 있다.

(3) 주택임대관리업의 도입효과

① 임대인은 수수료 또는 임대료의 일부를 전문관리업자에게 주는 방식으로 세입자를 직접 관리할 필요가 없으며, 임차인의 임대료 체납이나 퇴거문제에 대한 부담을 줄일 수 있다.
② 임차인은 임대인의 불성실한 시설관리·보안과 재산손실에 따른 위험을 차단할 수 있으며, 하자 발생시 임대인과 직접적인 갈등문제에서 탈피하여 양질의 서비스를 제공받을 수 있다.

07 건물의 내용연수와 생애주기 제26회

(1) 건물의 내용연수

건물의 내용연수란 보통 건물의 수명을 말한다. 즉, 건물이 그 본래의 용도·용법에 의하여 예정한 효과를 올릴 수 있는 연수, 유용성을 지속하는 내구연한을 건물의 내용연수라 한다. 건물의 내용연수는 건축의 시공상태, 입지조건, 관리방법, 관리자의 태도에 따라 달라진다. 부동산활동에서는 물리적·기능적·경제적·행정적(법정) 내용연수 중에서 경제적 내용연수를 가장 중요시한다.

① **물리적 내용연수**: 건물의 이용에 의하여 생기는 마멸·파손, 시간의 경과 또는 풍우 등의 자연적 작용에 의하여 생기는 노후화, 지진·화재 등의 우발적 사건에 의하여 생기는 손상 등으로 사용이 불가능하게 될 때까지의 버팀연수를 말한다.
② **기능적 내용연수**: 건물의 기능적 유효기간을 말하며 건물과 부지와의 부적응, 설계의 불량, 형식의 구식화, 설비의 부족과 불량, 건물의 외관·디자인 등은 기능적 내용연수와 관계된다.
③ **경제적 내용연수**: 경제적 수명이 다하기까지의 버팀연수를 말하며, 경제적 내용연수는 물리적 내용연수보다 그 주기가 짧다. 인근지역의 변화, 인근환경과의 부적합, 시장성 감퇴 등에 따라 경제적 내용연수는 달라진다.

④ 행정적(법정) 내용연수: 법·제도나 행정적 조건에 의하여 건물의 수명이 다하기까지의 기간을 말하며, 주로 세법규정에 의한 내용연수는 법정 내용연수라 한다.

(2) 건물의 생애주기

건물은 구체적인 관리상태나 유지의 정도에 있어서 개별적인 차이가 있지만, 완공되어 그 내용연수가 전부 만료하여 철거되기까지의 일반적인 국면과 현상이 나타나는데, 이것을 건물의 생애주기 또는 수명사이클이라고 한다. 부동산관리자는 건물의 생애주기비용(Life Cycle Cost)분석을 통하여 초기투자비용과 관리유지비용의 비율을 조절함으로써 보유기간 동안 효과적으로 총비용을 관리할 수 있다.

① 전(前)개발단계, 신축 전(前) 단계
  ㉠ 전(前)개발단계는 신축하기 전으로 앞으로 건물이 건축될 용지상태에 있는 단계를 말한다.
  ㉡ 가격수준, 시장성(시장조사), 건축 후의 관리계획 및 공법적인 규제 검토 등을 수행하는 국면이다.
  ㉢ 건축사·회계사·감정평가사·공인중개사·권리분석사 등의 전문가를 활용하기도 한다.

② 신축단계
  ㉠ 신축단계는 건물이 완성된 단계를 말한다. 일반적으로 건물의 물리적 유용성은 이 단계에서 가장 높이 나타난다.
  ㉡ 기능·규모면에서 건축계획과 실제 건축상황이 일치하지 못하여 최유효이용이 되지 못하는 경우도 있다.
  ㉢ 신축 후의 다른 빌딩과의 신축관계, 그 지역의 시장상황 등을 예측하는 것도 중요하다.

③ 안정단계
  ㉠ 안정단계는 건물의 경제적 유용성이 가장 높은 단계로서, 빌딩의 양호한 관리가 이루어지면 안정단계는 상당기간 연장될 수 있으며, 빌딩이 존속하는 기간에서 가장 장기간에 이른다.
  ㉡ 건물의 수명에 영향을 미치는 여러 가지 요인이 이 단계에서 어떻게 작용하는가에 따라 건물수명의 장단이 결정된다. 따라서 개조·수선은 이 단계에서 하는 것이 효과적이다.
  ㉢ 건물의 관리상태가 대단히 중요시되며, 임대의 경우에는 적정수준의 임대료를 유지하도록 하기 위한 경제적 관리가 필요하다.

④ 노후화단계
  ㉠ 노후화단계는 건물의 물리적·기능적 상태가 급속히 악화되기 시작하는 단계이다.
  ㉡ 악화현상은 구조·설비의 낙후, 외관의 악화, 이전보다 소득수준이 낮은 임차인이 들어서는 것 등으로 측정할 수 있다.
  ㉢ 이 단계에서 부분적인 건축구조나 시설 등의 개량을 통하여 건물의 전체적인 악화를 방지하기는 어려우므로 추가투자를 제한하는 대신 건물 자체를 교체할 계획을 검토하는 것이 좋다.

⑤ 완전폐물단계
  ㉠ 완전폐물단계는 건물의 설비 등의 쓸모가 거의 없어지는 단계이다.
  ㉡ 건물의 철거결정은 물리적·기능적인 마멸의 정도에 따르는 것이 당연하지만, 경제적인 측면에서도 타당성이 있어야 한다.
  ㉢ 교체된 새 건물의 가격이 현재 건물의 가격과 교체하는 데 소요되는 비용을 합산한 것보다 많아야 한다. 즉, 빌딩의 철거결정은 경제적 계산에 따라야 한다. ❶

❶ 현재 빌딩가격 + 교체소요비용 < 교체된 새 빌딩의 가격

핵심 콕! 콕! 건물의 생애주기 요약

Tip 물리적 유용성이 가장 높은 시기는 신축단계이고, 경제적 유용성이 가장 높은 시기는 안정단계이다.

단계	내용
전(前)개발단계	• 신축 전 단계 • 관리계획수립 • 타당성분석단계
신축단계	• 건물완공단계 • 물리적 유용성 최고수준 • 건축계획과 일치하지 않을 가능성도 있음
안정단계	• 가장 긴 존속기간 • 경제적 유용성 최고수준 • 개량에 유용한 국면
노후화단계	• 새로운 개량비(자본적 지출) 억제 • 건물의 교체계획
완전폐물단계	물리적·경제적 타당성을 고려하여 철거결정

제3장 부동산마케팅 및 광고

01 부동산마케팅의 개념과 현대적 추세

(1) 부동산마케팅의 개념

① 부동산마케팅이란 부동산활동의 주체가 소비자의 욕구를 파악하고 창출하여 자신의 목적을 달성하기 위하여 시장을 정의하고 관리하는 과정이라 할 수 있다. 즉, 부동산과 부동산업에 대한 고객의 태도나 행동을 형성·유지·변경하기 위하여 수행하는 일련의 활동을 말한다.

② 부동산마케팅은 부동산재화 및 서비스의 개발, 가격설정, 유통 및 촉진을 계획하고 실행하여 개인과 조직의 목표를 충족시키는 과정으로 판매(sale)보다는 넓은 개념의 활동이다.

③ 제품의 가치를 창출하여 상대방과 교환함으로써 원하는 것을 획득하는 사회적·관리적 과정으로 시장조사, 설문조사, 상품기획, 광고, 홍보, 판매, 사후적 관리 등을 포괄하는 개념으로 이해할 수 있다.

④ 부동산마케팅에서는 물적 부동산, 부동산서비스 그리고 부동산증권의 세 가지 유형의 부동산제품을 사고, 팔고, 임대차하는 것을 포함한다.

(2) 부동산마케팅의 현대적 추세 제32회

① 부동산마케팅은 부동산시장이 판매자중심시장에서 구매자중심시장으로 인식이 전환됨에 따라 더욱 중요하게 되었다.

② 과거의 공급자 중심의 단발성 마케팅이 한계에 봉착하면서, 기업이나 조직체의 성장성과 경쟁력을 확보하기 위하여 고객 중심의 장기적인 쌍방향 관계마케팅이 강조되고 있다.

③ 현대적 마케팅에서는 인터넷 등 대중매체를 적극적으로 활용하여 고객정보를 수집·획득하고, 고객 특성에 기초한 맞춤형 마케팅이 광범위하게 수행되고 있는 추세이다.

④ 시너지효과(synergy effect)를 얻기 위하여 기업간 전략적 제휴를 통한 동반자관계를 중시하는 현상이 두드러지고 있다.

> **용어사전**
> **시너지효과**
> 전체의 효과에 도움을 주는 각 기능이 공동으로 작용해 발휘하는 기대 이상의 효과로, 상승효과로도 불린다.

❶ 마케팅 환경
```
       ┌ 자연적 환경
┌ 거시적 ┤
│ 환경  └ 인문적 환경
│
└ 미시적
  환경
```

02 부동산마케팅과 환경❶

부동산마케팅활동에 영향을 미치는 제반환경으로서 거시적 환경과 미시적 환경으로 구분한다. 마케팅활동을 효율적으로 수행하려면 마케팅환경이 부동산마케팅에 어떠한 영향을 미치는지를 면밀히 분석하여야 한다. 부동산마케팅의 환경은 다음과 같다.

(1) 거시적 환경

마케팅의 거시적 환경은 자연적 환경과 인문적 환경으로 구분할 수 있다.

① **자연적 환경**: 부동산마케팅 분야에서도 공기오염의 정화, 유해물질의 처리, 일조권의 보호 등 자연환경을 보전하고 개선함으로써 쾌적한 자연환경을 강조한 마케팅이 설득력이 높다.

② **인문적 환경**
   ㉠ **경제적·기술적 환경**: 부동산마케팅 분야는 경제시스템의 한 부분을 구성하고 있다. 따라서 경기변동, 저축, 투자, 세금부담 정도 등은 부동산마케팅에 영향을 주고, 이러한 환경이 부동산가격을 결정하는 요인으로 작용할 수 있다.
   ㉡ **제도적·행정적 환경**: 제도적·행정적 환경은 기업에 대하여 기회를 창조함과 동시에 억제하는 역할을 하기도 한다. 정부의 시장개입이나 법적 환경의 변화는 부동산시장에 영향을 줄 수 있다.
   ㉢ **사회적·문화적 환경**: 인구, 가족구성, 공공시설, 사회복지, 부동산의 거래 및 이용관행 등을 마케팅의 사회적 환경으로 구분하고 있다.

(2) 미시적 환경

미시적 환경은 기업의 목표시장에 대한 적응능력에 영향을 미치는 **경쟁업자(공급자), 공중(수요자), 정부, 유통경로 구성원** 등과 같은 **경제주체들간의 관계로 구성되어** 있다.

① **경쟁업자**: 부동산기업은 시장점유율을 높여 이익을 증대시키기 위하여 동업종의 공급업자와 경쟁한다.

② **공중**: 부동산마케팅의 환경에는 여러 종류의 공중이 있는데, 이들은 기업목적을 달성하는 데 실질적 혹은 잠재적으로 이해관계를 가지는 집단이다.

③ **정부**: 적극적인 행정작용을 통하여 부동산기업이나 마케팅업자에게 긍정적이거나 부정적인 영향을 줄 수 있는 주체이다.

03 부동산마케팅전략 제26·27·28·31·32·33·34·35회

구분	마케팅의 관점	주요전략 및 특징
시장점유마케팅전략	공급자·판매자 중심	STP전략, 4P MIX전략
고객점유마케팅전략	수요자·소비자 중심	고객과의 심리적 접점, AIDA
관계마케팅전략	공급자와 소비자간 상호작용	지속적·장기적 관계유지, 충성고객 확보

(1) 시장점유마케팅전략

시장점유마케팅전략이란 **공급자의 전략차원**으로서 표적시장을 선점하거나 틈새시장을 점유하는 마케팅전략으로, STP전략과 4P MIX전략을 구사하는 것이다.

① STP전략: STP전략이란 수요자 집단을 세분화(Segmentation)하고, 세분화된 시장에서 목표시장이나 표적시장(Target)을 선정하며, 자신의 상품이 다른 경쟁업자와는 특화된 차별화(Positioning)를 시도하는 전통적인 마케팅전략이다.

  ㉠ 시장세분화(Segmentation)전략
   ⓐ **수요자(소비자·구매자·구매고객) 집단을** 인구 경제학적 특성(예 성별, 직업, 연령, 소득수준, 기호 등)에 의하여 **세분**하고,❶ 그 세분화된 시장을 대상으로 상품의 판매지향점을 분명히 하는 전략을 말한다.
   ⓑ **고객행동변수 및 고객특성변수에 따라 시장을 나누어서 몇 개의 세분시**장으로 **구분**하는 것이다. 즉, 마케팅활동을 수행할 만한 가치가 있는 명확하고 유의미한 **구매자집단으로** 시장을 **분할**하는 것을 말한다.

  ㉡ 표적·목표시장(Target)선정전략
   ⓐ **표적시장**이란 세분된 시장 중에서 부동산기업이 **표적**으로 삼아 마케팅활동을 수행하는 **시장**을 말한다.❷
   ⓑ 표적시장선정(Targeting)전략이란 세분화된 수요자 집단에서 경쟁상황과 자신의 능력을 고려하여 **가장 자신 있는 수요자 집단을 찾아내는 전략**을 말한다. 즉, 자신의 경쟁우위와 경쟁상황을 고려할 때 가장 좋은 기회를 제공해 줄 수 있는 **특화된 시장을 찾는 전략**을 말한다.

  ㉢ 차별화·포지셔닝(Positioning)전략
   ⓐ 동일한 표적시장을 가지는 다양한 공급경쟁자들 사이에서 경쟁력을 확보할 수 있도록 **자신의 상품을 어디에 위치시킬 것인가 결정하는 전략**이다. 즉, 자사의 상품을 고객의 인식에 각인시키도록 특화시키는 전략이다.❸
   ⓑ 목표시장에서 고객의 욕구를 파악하여 경쟁제품과 **차별성**을 가지도록 **제품개념을 정하고** 소비자의 지각속에 적절히 **위치시키는 전략**이다.
   ⓒ 표적 고객의 마음속에 특정 상품이나 서비스가 **자리잡는 느낌**을 말하며, 즉, 고객에게 자사의 상품과 서비스 **이미지를 자리잡게 디자인하는 활동**을 말한다.

❶
- 시장세분화의 기준으로는 지리적 변수, 인구통계학적 변수, 심리적 변수, 행동적 변수 등이 사용된다.
- 세분시장은 마케팅전략에 대해 다르게 반응한다.

❷
판매자는 어떠한 수요자 집단을 대상으로 하여 부동산을 판매할 것인가를 결정하여야 하는데, 이 경우 그 대상이 되는 '수요자 집단'을 표적시장이라 한다.

❸
시장세분화는 수요자의 특성에 따라, 시장차별화는 공급상품의 특성에 따라 시장을 구분하는 것이다.

② **4P MIX전략**: 마케팅믹스(Marketing Mix)란 기업이 마케팅효과를 극대화하기 위하여 제품(Product), 가격(Price), 유통경로(Place), 판매촉진(Promotion)의 각 부분을 유기적으로 결합시켜 차별화를 도모하는 전략이다. 주로 상업용 부동산마케팅에 사용되지만, 대규모 공동주택마케팅에도 널리 활용되고 있다.

㉠ 제품전략(Product)
ⓐ 제품전략으로는 수요계층에 적합한 신제품 개발, 기존 제품의 개량, 기존 제품의 새 용도로의 개척 등을 들 수 있다. 즉, 기존 제품이나 다른 제품과의 차별성을 두는 전략이다.
ⓑ 단지 내 커뮤니티 시설에 헬스장·골프연습장·친환경적인 실개천 설치, 녹지공간의 확대, 거주자의 라이프스타일을 반영한 평면설계, 보안설비의 디지털화, 주차장의 지하화 등이 제품전략에 해당한다.

㉡ 가격전략(Price): 수요자의 자금동원능력과 금융관계를 연계하여 품질, 경제적·정책적 환경, 고객의 반응도 등을 고려하여 궁극적으로 수익을 극대화하는 가격을 결정하는 전략이다.
ⓐ 고가(高價)전략: 우수한 고객층을 빨리 파악하여 가능한 한 위험을 최소한으로 하려는 경우에 이용된다. 자사의 상품이 브랜드가치가 높은 경우나 수요의 가격탄력성이 비탄력적인 경우에는 고가전략이 적합하다.
ⓑ 저가(低價)전략: 단위면적당 가격을 낮게 책정함으로써 소비자로 하여금 구매력이 생기게 하여 다수의 고객을 확보하는 정책으로 장기적인 면에서 이익을 확대하려는 정책이다. 자사의 브랜드가치가 낮은 경우나 수요의 가격탄력성이 탄력적인 경우, 분양 침체기에는 저가전략이 적합하다.
ⓒ 시가(市價)전략(시장평균가격전략): 각 기업이 경쟁업자와 동일한 가격으로 혹은 경쟁업자의 가격을 추종하여야 할 경우에 취하는 가격전략이다.
ⓓ 단일가격전략: 부동산을 동일조건으로 가정하고 단위면적당 가격을 모든 고객에게 동일하게 적용하여 제공하는 전략이다.
ⓔ 신축가격전략: 부동산기업이 같은 자재·시공·설비를 한 경우라도 부동산의 개별적·지역적 특성에 따라 다른 가격으로 파는 전략을 말한다.
ⓕ 적응가격전략: 동일하거나 유사한 제품으로 수요자들의 구매를 유도하고, 구매량을 늘리도록 유도하기 위하여 가격을 다르게 하여 판매하는 것을 말한다.

㉢ 유통경로전략(Place)
ⓐ 직접유통경로전략이란 전문적인 무형의 서비스를 제공하는 법률서비스처럼 중간상을 필요로 하지 않는 전략이다.
ⓑ 간접유통경로전략이란 개업공인중개사나 분양대행사를 활용하는 것처럼 중간상(매개체)이 요구되는 전략이다.

용어사전

초기고가전략 [스키밍(skimming)전략]
제품의 차별성이 높은 경우 초기에 높은 가격을 책정하여 판매단위당 높은 이익을 실현하려는 목적으로 경쟁업자가 나타나면 점차 가격을 낮추는 전략이다.

초기저가전략 (시장침투가격전략)
기업의 전략적 목표를 단기간 내 시장 확보에 두어 시장점유율을 높이고자 초기에 가격을 가능한 한 낮게 책정하는 전략이다.

ⓔ 판매촉진전략(Promotion)
  ⓐ 예상고객이 될 수 있는 수요자에게 여러 가지 매체를 동원하여 수요자의 구매욕구를 증진시키고, 상품구매를 자극·유인하는 전략이다. 의사소통·커뮤니케이션전략이라고도 한다.
  ⓑ 판매촉진수단으로는 광고, 홍보, 자동차·냉장고 등 경품 제공, 인적 판매, 의견선도자의 활용을 들 수 있다.

> **용어사전**
> **의견선도자(opinion leader)**
> 어떤 집단 내에서 타인의 사고방식이나 행동에 강한 영향을 주는 사람, 즉 기업이 발송한 제품정보를 의견선도자가 먼저 받아들이고, 이를 일반소비자 또는 대중에게 전하는 개념으로서 기업의 홍보활동에 많이 이용된다.
>
> **인적 판매**
> 구입을 유도하기 위하여 고객 및 예상고객과 직접 접촉할 때 판매원이 기울이는 여러 가지 노력으로서, 고도의 유연성이 요구된다.

확인예제

부동산마케팅 4P[가격(Price), 제품(Product), 유통경로(Place), 판매촉진(Promotion)] 전략과 다음 부동산마케팅활동의 연결이 옳은 것은? 제27회

㉠ 아파트단지 내 자연친화적 실개천 설치
㉡ 부동산중개업소 적극 활용
㉢ 시장분석을 통한 적정 분양가 책정
㉣ 주택청약자 대상 경품 추첨으로 가전제품 제공

	㉠	㉡	㉢	㉣
①	제품	판매촉진	가격	유통경로
②	유통경로	판매촉진	가격	제품
③	유통경로	제품	가격	판매촉진
④	제품	유통경로	가격	판매촉진
⑤	제품	유통경로	판매촉진	가격

해설
㉠ 제품전략 ➡ 제품의 설계
㉡ 유통경로전략 ➡ 중간상 활용
㉢ 가격전략 ➡ 분양가 책정
㉣ 판매촉진전략 ➡ 경품(가전제품) 제공

정답: ④

(2) 고객점유마케팅전략 ❶❷

① 고객점유마케팅전략이란 소비자의 구매의사결정과정의 각 단계에서 소비자와의 심리적 접점을 마련하고, 전달되는 메시지의 톤과 강도를 조절하여 마케팅효과를 극대화하는 전략이다.

② 부동산판매원리인 AIDA[주목(Attention) ➡ 흥미(Interest) ➡ 욕망(Desire) ➡ 행동(Action)]원리에 기반을 두면서 소비자의 욕구를 파악하여 마케팅효과를 극대화하는 전략이다.

③ AIDA원리는 소비자가 대상 상품을 구매할 때까지 나타나는 심리 변화의 4단계를 의미한다.

> ❶ 시장점유마케팅전략이 공급자를 중심으로 하는 마케팅전략이라면, 고객점유마케팅전략은 소비자를 중심으로 하는 마케팅전략이다.
>
> ❷ 고객점유마케팅은 1회성, 단발성 마케팅이라는 한계가 있다.

용어사전
바이럴 마케팅
(viral marketing)
네티즌들이 이메일, SNS, 블로그 등 다양한 매체를 통해 자발적으로 해당 브랜드나 제품에 대한 입소문을 내게 하여 널리 퍼지게 하려는(바이러스처럼 확산되게 하려는) 마케팅 기법을 말한다. 인터넷 광고 기법의 하나이다.

(3) 관계마케팅전략

① 관계마케팅전략이란 공급자와 소비자간의 **쌍방향 상호작용**을 중요시하는 마케팅전략으로 가장 현대적인 마케팅전략이다.
② 공급자와 소비자간의 1회성 거래를 전제로 한 종래의 고객점유마케팅에 대한 반성으로 **양자간의 장기적·지속적인 관계유지를 중요시하는 마케팅전략이다.**
③ 회사가 브랜드(brand) 이미지를 내세우는 판매전략이나 상품을 판매한 후 만족도를 파악하는 등의 사후적 관리도 관계마케팅전략의 일종으로 볼 수 있다.

> **확인예제**
>
> 부동산마케팅에 관한 설명으로 틀린 것은?   제32회
>
> ① 부동산시장이 공급자 우위에서 수요자 우위의 시장으로 전환되면 마케팅의 중요성이 더욱 증대된다.
> ② STP전략이란 고객집단을 세분화(Segmentation)하고 표적시장을 선정(Targeting)하여 효과적으로 판매촉진(Promotion)을 하는 전략이다.
> ③ 경쟁사의 가격을 추종해야 할 경우 4P Mix의 가격전략으로 시가전략을 이용한다.
> ④ 관계마케팅전략이란 고객과 공급자간의 지속적인 관계를 유지하여 마케팅효과를 도모하는 전략이다.
> ⑤ 시장점유마케팅전략이란 부동산시장을 점유하기 위한 전략으로 4P Mix전략, STP전략이 있다.
>
> **해설**
> STP전략이란 고객집단을 세분화(Segmentation)하고 표적시장을 선정(Targeting)하여 효과적으로 차별화·포지셔닝(Positioning)을 하는 전략이다. 판매촉진(Promotion)은 4P MIX 전략 중 하나이다.
> 정답: ②

> **더 알아보기 | SWOT분석**
>
> 마케팅 전략의 한 방법으로, 기업 내외의 환경 요인을 파악하여 내부 환경 요인인 강점(strength)과 약점(weakness), 외부 환경 요인인 기회(opportunity)와 위협(threat)의 조합을 말한다.
> 1. SO: 강점을 가지고 기회를 살리는 전략
> 2. ST: 강점을 가지고 위협을 회피하거나 최소화하는 전략
> 3. WO: 약점을 보완하여 기회를 살리는 전략
> 4. WT: 약점을 보완하면서 동시에 위협을 회피하거나 최소화하는 전략

04 부동산광고

(1) 부동산광고의 개념과 기능

① 개념: 부동산광고란 명시된 광고주가 대가를 지불하고 부동산상품을 제시하여 고객의 의사결정을 도와주는 설득의 과정 중 하나이며, 부동산마케팅활동을 수행하기 위한 수단 중 하나이다.

② 기능: 부동산광고의 기능은 시장에 부동산상품을 소개하고 고객에게 정보를 제공함으로써 수요를 자극하여 결과적으로 부동산판매의 목적을 달성함에 있다.

③ 광고와 홍보
  ㉠ 광고: 부동산광고는 시장에 상품을 소개하고, 부동산의 판매방법을 강구하는 데 의의가 있다. 이러한 기능은 상품과 서비스에 대한 수요를 자극하고, 기업에 대한 호의를 창출하기 위한 일종의 커뮤니케이션이다. 광고는 명시된 광고주가 있고, 비용이 수반되며, 반복하여 할 수 있다는 점에서 홍보와는 차이가 있다.
  ㉡ 홍보: 홍보는 자사제품을 알리기 위하여 보도기관 등 언론매체에 뉴스의 소재를 제공하는 활동을 말한다.

(2) 부동산광고의 특성

① 광고의 양면성: 매수자와 매도자가 동시에 광고주체가 되기도 하고, 광고의 대상이 되기도 한다. 즉, 부동산광고는 살 사람과 팔 사람을 모두 대상으로 한다.

② 광고내용의 개별성: 부동산상품의 개별성으로 인하여 광고의 내용도 개별적이고, 판매기법도 일반상품과는 다르다.

③ 지역적 제한성: 부동산상품은 일반적으로 지리적 위치가 고정되어 있기 때문에 견본의 제시가 어렵고 부동산광고의 효과와 범위는 일정한 지역에 국한된다는 특징이 있다.

④ 시간적 제한성: 부동산상품은 개별성이 있어서 한 번 거래가 성립되면 더 이상 광고의 필요성이 사라지고, 일정한 시간이 지나면 광고효과가 감소되는 경향이 있다.

(3) 부동산광고매체(수단)의 구분

① 신문광고
  ㉠ 안내광고: 신문매체의 안내광고는 한정된 공간에 많은 정보를 넣어야 하므로 간단한 약어를 많이 사용하며, 동종의 광고를 여러 개 나열한 것이 특징이다. 생활정보지에 기존 부동산의 매물광고나 임대차광고를 싣는 것으로 주로 활용된다.

ⓒ 전시광고: 안내광고보다 공간이 넓기 때문에 캐치프레이즈나 사진 등을 사용하여 광고를 하는 것이 일반적이며, 상세한 설명문 등을 자유로이 기재할 수 있다는 특징이 있다. 일간신문 전면이나 전면 하단에 대형부동산의 신규 분양광고로 주로 활용된다.

② 직송우편(DM; Direct Mail)광고: 이메일, 엽서, 우편물에 의한 직접광고를 말한다. 업자가 희망하는 표적고객을 대상으로 광고할 수 있고, 비교적 광고내용이나 형식이 자유롭다는 장점이 있다.

③ 노벨티(novelty)광고: 개인 또는 가정에서 이용되는 실용적이며 장식적인 조그만 물건을 광고매체로 이용하는 방법이다. 즉, 탁상용 달력, 볼펜, 자 등에 상호와 전화번호 등을 기재하여 부동산업자를 일반인에게 알리고 감사·호의의 표시를 함과 동시에 잠재고객을 확보하는 데 그 목적이 있다.

④ 점두(店頭)광고: 주로 점포의 간판 등 영업점포의 외부를 광고매체로 이용하는 방법으로 중개사무실의 경우, 유리창이나 게시판을 통하여 하는 광고를 말한다.

⑤ TV·라디오광고: 많은 고객에게 순간적으로 알릴 수 있으며 신뢰성이 크다는 장점이 있으나, 비용이 많이 들기 때문에 대규모 부동산광고에 이용하는 경우가 많다.

⑥ 교통광고: 전철·버스 등 차내광고와 역이나 터미널 구내의 간판광고, 회사 소유 차량을 이용한 차량광고를 말한다.

(4) 부동산광고의 규제

부동산광고를 규제하는 방법에는 법률에 의한 타율규제와 부동산업자단체가 스스로 통제하는 자율규제가 있다.

① 부동산광고가 사회적 부당성을 가지는 경우에는 「표시·광고의 공정화에 관한 법률」에 따라 규제를 받게 되는데, 이처럼 정부나 법적 근거에 의하여 규제를 받는 것을 타율규제라 한다. 부동산광고는 면적, 거리와 교통여건, 융자금, 상품의 특징, 생활환경 등에 대하여 불공정한 내용이 있으면 규제를 받게 된다.

② 주택건설업자는 일정한 기준에 따라 분양대상인 주택의 가격·규모 등을 표기하여야 한다.

③ 불공정한 광고로 직·간접 피해를 받게 되면 한국소비자원 등에 구제를 요청하거나 조정을 신청할 수 있다.

용어사전
애드믹스(AD mix)
광고예산이 편성되며 광고주가 광고효과를 극대화하기 위하여 신문·DM·노벨티 등 광고매체(수단)를 적절하게 혼합하여 광고비를 책정하는 것을 말한다. 그러나 애드믹스가 결코 절대적인 것은 아니므로 동업자와의 경쟁뿐 아니라 제반여건도 함께 고려하여야 한다.

(5) 부동산광고의 목적

① **기업광고**: 호의적인 기업이미지를 심기 위한 광고로서, 최종적으로 판매촉진의 의미가 있다.
② **인명광고**: 개업공인중개사 개인의 성명과 영업에 대한 광고이다.
③ **특정광고**: 특정부동산의 판매촉진을 목적으로 하는 광고이다. 부동산광고는 대부분 특정광고에 해당한다.
④ **계몽광고**: 부동산업에 대한 인식을 긍정적으로 유도하기 위한 광고이다.

확인예제

부동산광고를 설명한 것으로 틀린 것은? 제14회

① 부동산광고는 다른 상품과 달리 팔 사람, 살 사람을 모두 대상으로 하는 특징이 있다.
② 부동산광고의 매체는 신문, DM, 업체출판물, 교통시설, 라디오, TV 등이 있다.
③ 부동산광고를 규제하는 근거는 「표시·광고의 공정화에 관한 법률」이다.
④ 주택건설사업자는 일정한 기준에 따라 분양광고 등을 하는데, 주택규모·가격 등을 표기해야 한다.
⑤ 신문매체의 안내광고는 이용공간이 크기 때문에 캐치프레이즈, 사진, 상세한 설명문 등을 자유로이 이용할 수 있다.

해설
안내광고가 아니라 전시광고에 대한 설명이다. 정답: ⑤

해커스 공인중개사
land.Hackers.com

10개년 출제비중분석

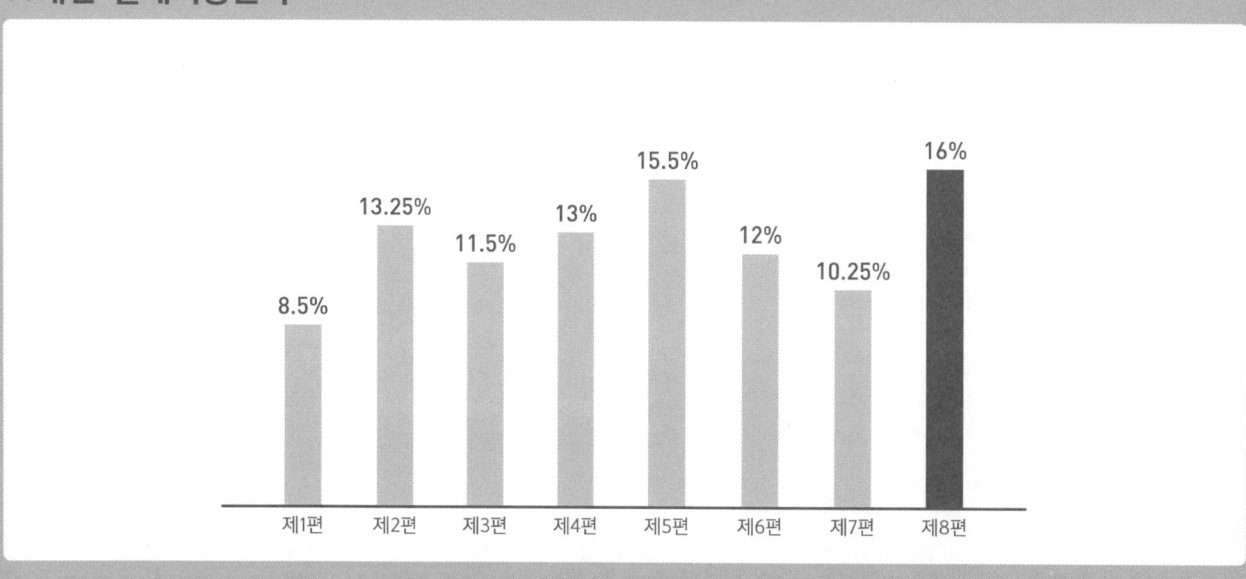

제8편

부동산감정평가론

제1장 감정평가의 기초이론
제2장 감정평가의 방식
제3장 부동산가격공시제도

제8편 부동산감정평가론

목차 내비게이션

제1장 감정평가의 기초이론
제2장 감정평가의 방식
제3장 부동산가격공시제도

출제경향

'15% 내외'의 비율인 매년 6~7문제 정도 출제된다. 감정평가방식은 제2편 경제론, 제5편 투자론, 제6편 금융론의 학습이 선행되어야 접근이 용이하다. 3~4문제 정도는 확보한다는 전략으로, 제1장과 제3장 내용은 반복하여 학습해야 한다.

학습전략

- 제1장에서는 2~3문제가 출제되며 기준시점의 개념, 부동산가격의 형성과정, 가격 제 원칙, 지역분석 및 개별분석은 비교적 중요도가 있으며, 「감정평가에 관한 규칙」에서는 1문제 이상 출제되고 있다.
- 제2장에서는 원가방식·비교방식·수익방식 중에서 가액(가격)을 평가하는 방법 위주로 각 1문제씩 출제되고, '공시지가기준법'의 출제빈도와 계산문제의 출제비중이 높기 때문에 학습역량을 고려·선별하여 학습할 필요가 있다.
- 제3장에서는 1문제 이상은 반드시 출제되는데, 개념과 체계만 잘 정리하면 비교적 쉽게 해결할 수 있다.
- 시험 관련 법령(「감정평가에 관한 규칙」과 「부동산 가격공시에 관한 법률」)에 대한 학습을 병행하는 것이 좋다.

핵심개념

감정평가의 개념과 기준시점	★★★★☆ p.399	거래사례비교법 및 공시지가 기준법	★★★★★ p.439
감정평가의 분류	★★★☆☆ p.402	수익환원법	★★★★★ p.447
부동산가격이론	★★☆☆☆ p.405	임대료의 평가방법	★☆☆☆☆ p.459
부동산가격의 제 원칙	★★★☆☆ p.413	물건별 평가방법	★★★☆☆ p.467
지역분석 및 개별분석	★★★★☆ p.420	부동산가격공시제도	★★★★★ p.470
원가법	★★★★★ p.429		

제1장 | 감정평가의 기초이론

제1절 감정평가

(1) 의의

① 감정평가란 토지 등의 경제적 가치를 판정하여 그 결과를 가액으로 표시하는 것을 말한다.
② 감정평가란 타인의 의뢰에 의하여 일정한 보수를 받고 부동산 등의 **소유권 및 기타 권리·이익에 대한 경제적 가치(value)를 판정**하여 그 결과를 가격·가액(price)으로 표시하는 것을 말한다. ❶
③ 감정평가는 **기준시점**에서 최유효이용을 전제로 하여 대상부동산의 '**시장가치**'를 구하는 작업이라 할 수 있다.

> **핵심 쾩! 쾩!** 기준시점(「감정평가에 관한 규칙」) 제28·30·35회
>
> **Tip** 출제비중이 높은 편이므로 '기준시점'에 대한 개념을 명확하게 정리하여야 하며, '감정평가서 작성일'과는 구별하여야 한다.
>
> 1. '기준시점'이란 대상물건의 감정평가액을 결정하는 기준이 되는 날짜를 말한다. ❷❸
> 2. 기준시점은 대상물건의 가격조사를 완료한 날짜로 한다. 다만, 기준시점을 미리 정하였을 때에는 그 날짜에 가격조사가 가능한 경우에만 기준시점으로 할 수 있다(「감정평가에 관한 규칙」 제9조 제2항).
> 3. 감정평가에 있어 가치형성요인이 변동하므로 기준시점의 확정이 중요하다.
>   → 변동의 원칙
>
> | | | |
> |---|---|---|
> | 1/20 | 감정평가 의뢰일 | |
> | | ↓ | |
> | 2/2 | 가격조사 개시일(시작일) | |
> | | ↓ | |
> | 3/2 | 가격조사 완료일(기준시점) | |
> | | ↓ | |
> | 3/15 | 감정평가서 작성일: 시장가치 8억원 | |
> | | ↓ | |
> | 3/20 | 감정평가서 전달일 | |

❶ 감정평가의 결과는 기준시점에 있어서 대상부동산의 감정평가액에 대한 전문가의 의견이라고 할 수 있으므로 그 결과가 절대적인 것은 아니다.

❷ 과거에는 가격시점이라 하였다.

❸ 현장조사 완료일(×)
가격조사 개시일(×)
감정평가 의뢰일(×)
감정서 작성일(×)

> **확인예제**
>
> 기준시점에 관한 설명 중 틀린 것은? 제11회 수정
> ① 기준시점은 대상물건의 감정평가액을 결정하는 기준이 되는 날짜를 말한다.
> ② 일반적으로 물건의 가격은 시일의 경과에 따라 변동하는 것이므로 감정평가에 있어서 기준시점을 명확히 할 필요가 있다.
> ③ 감정평가에 있어서 기준시점이 중시되는 가격원칙은 변동의 원칙이다.
> ④ 기준시점을 미리 정하였을 때에는 그 날짜에 가격조사가 가능한 경우에만 기준시점으로 할 수 있다.
> ⑤ 기준시점은 원칙적으로 감정평가서의 실제 작성을 완료한 일자로 함으로써 감정평가사의 책임시점을 분명히 할 수 있다.
>
> **해설**
> 기준시점은 가격조사를 완료한 날짜를 말한다. 기준시점과 감정평가서의 작성일자는 동일한 개념이 아니다.
> 정답: ⑤

(2) 감정평가의 필요성

① **부동산시장의 불완전성**: 부동산은 개별성·부동성·부증성 등 자연적 특성으로 인하여 합리적인 시장이 존재하지 않으며, 이러한 불완전한 부동산시장에서는 균형가격이 형성되지도 않으므로 부동산의 객관적 가치를 판단하는 전문가의 평가활동이 필요하다.

② **부동산 가치형성요인의 복잡성 및 다양성**: 부동산가격에 영향을 미치는 가치형성요인이 매우 복잡하고 다양할 뿐만 아니라 항상 변화의 과정에 있으므로 감정평가사라는 전문가가 가치형성요인들을 파악하여 객관적인 가치를 평가할 필요가 있다.

③ **부동산의 사회성·공공성**: 부증성과 국토성은 부동산시장에 법적 규제의 필요성을 제기하며, 부동산의 감정평가액이 거래당사자가 아닌 제3자의 경제적 후생에도 영향을 미치기 때문에 부동산시장은 다른 재화시장에 비하여 사회성·공공성이 높게 강조된다. 이에 따라 국가나 지방자치단체가 감정평가를 수행하기도 하는데, 부동산가격공시제도를 그 예로 들 수 있다.

(3) 감정평가의 기능

감정평가의 기능은 정부에 의한 정치적 기능과 사적 시장에 의한 경제적 기능으로 나누어 볼 수 있다.

① **정치적 기능(공적 기능)**
  ㉠ **부동산의 효율적 이용에 관한 관리 및 규제**: 부동산의 객관적인 가치를 판정하는 것은 곧 부동산의 최유효이용방법의 기준을 설정하고 유도함으로써 국토공간의 효율적인 이용과 관리를 가능하게 한다.

용어사전
가치형성요인
대상물건의 경제적 가치에 영향을 미치는 일반요인·지역요인·개별요인 등을 말한다.

ⓒ **적정한 부동산가격의 유도**: 정부에 의한 객관적인 가치평가가 시장참여자에게는 일반적인 토지거래의 지표가 됨으로써 비정상적인 부동산가격의 형성을 억제하고 정상적인 거래를 유도할 수 있어 부동산가격의 적정화에 기여하게 된다.

ⓒ **합리적인 손실보상**: 공공사업을 위하여 특정한 개인의 재산권을 침해하는 경우 적정한 평가활동을 통한 결과를 손실보상의 기준으로 삼고 이를 통하여 공공사업의 원활한 수행을 지원한다.

ⓔ **과세의 합리화**: 부동산에 대한 적정한 감정평가는 조세주체로 하여금 부동산가치에 따라 적절한 세금을 부과할 수 있는 기준이 된다.

② **경제적 기능(사적 시장기능)**
ⓐ **부동산자원의 효율적 배분**: 감정평가는 부동산시장의 불완전성을 보완하고 적정한 가격을 제시하여 시장참여자의 행동을 결정한다는 측면에서 부동산자원의 효율적 배분을 가능하게 한다.

ⓑ **의사결정의 판단기준 제시**: 부동산투자·부동산금융·부동산개발 등에 있어서 부동산에 대한 의사결정이 필요한 경우 부동산평가가격은 시장참여자의 의사결정에 대한 판단기준으로서의 기능을 한다.

ⓒ **거래질서의 확립과 유지**: 부동산의 적정한 가격을 제시함으로써 매매·임대차 등의 제반 부동산활동을 합리적이고 원활하게 하는 기능을 한다.

(4) 감정평가의 업무영역

전문적인 감정평가사들은 다양한 감정평가의 기능을 바탕으로 고객에게 여러 가지 서비스를 제공한다. 즉, 부동산의 시장가치를 추계하는 것뿐만 아니라 고객이 가지고 있는 문제에 대하여 조언·상담을 하기도 하며, 부동산의사결정에 대한 근거를 제공하기도 한다. 이 같은 측면에서 감정평가사들이 행하는 업무는 '가치추계적 평가'와 '비(非)가치추계적 평가'로 나누어진다.

① **가치추계적 평가**: 대상부동산의 가치를 추계하는 일을 말한다. 전통적으로 감정평가사의 가장 중요한 업무는 대상부동산의 가치를 추계하는 것으로, 예를 들면 시장가치, 담보가치, 보상가치, 과세가치, 사용가치, 보험가치 등을 추계하는 것이 있다.

② **비가치추계적 평가**: 감정평가사가 전통적인 가치추계 이외에 행하는 부수적인 업무를 말한다. 감정평가사가 행하는 비가치추계적 평가활동에는 대상부동산에 대한 수요·공급분석, 시장성분석, 부동산투자결정에 대한 상담·자문, 개발사업의 타당성분석, 최유효이용의 분석 등의 다양한 영역이 포함된다.

제2절 감정평가의 분류 제27회

감정평가의 분류의 목적과 유용성은 첫째, 이론구성에 대한 지침을 제시하여 평가활동의 목표를 명확하게 규정함으로써 평가방법의 체계화에 기여하며 둘째, 감정평가활동의 능률화를 도모하고 셋째, 대상부동산의 확정 및 평가조건·목적 등을 명확하게 하는 데 있다.

(1) 평가조건에 따른 분류

① **소급평가**: 과거의 일정시점을 기준으로 부동산의 가치를 평가하는 것을 말한다. 「감정평가에 관한 규칙」에서 "기준시점을 미리 정하였을 때에는 그 날짜에 가격조사가 가능한 경우에만 기준시점으로 할 수 있다."라고 하여 소급평가를 허용하고 있다.

② **현황평가**: 대상부동산의 상태·구조·이용상황·제한물권·점유상태 등의 현황을 있는 그대로 평가하는 것을 말한다.

③ **조건부평가**: 장래 도래가 불확실한 조건의 성취를 전제로 부동산을 평가하는 것으로, 다소 불확실하지만 부동산가격의 증감요인이 되는 새로운 상황의 발생을 상정하여 이것이 성취되는 경우를 전제로 평가하는 것을 말한다.

④ **기한부평가**: 장래 도래가 확실한 일정한 시점을 기준으로 하는 평가를 말한다.
  예 2026년 2월 2일 현재, 2026년 10월 24일을 기준으로 평가하는 경우

> **핵심 콕! 콕!** 현황기준 원칙(「감정평가에 관한 규칙」 제6조)❶
>
> 1. 감정평가는 기준시점에서의 대상물건의 이용상황(불법적이거나 일시적인 이용은 제외한다) 및 공법상 제한을 받는 상태를 기준으로 한다.
> 2. 감정평가법인등은 1.에도 불구하고 다음의 어느 하나에 해당하는 경우에는 기준시점의 가치형성요인 등을 실제와 다르게 가정하거나 특수한 경우로 한정하는 조건(이하 '감정평가조건'이라 한다)을 붙여 감정평가할 수 있다.
>   ① 법령에 다른 규정이 있는 경우
>   ② 의뢰인이 요청하는 경우
>   ③ 감정평가의 목적이나 대상물건의 특성에 비추어 사회통념상 필요하다고 인정되는 경우
> 3. 감정평가법인등은 2.에 따라 감정평가조건을 붙일 때에는 감정평가조건의 합리성, 적법성 및 실현가능성을 검토해야 한다. 다만, 2.의 ①의 경우에는 그렇지 않다.
> 4. 감정평가법인등은 감정평가조건의 합리성·적법성이 결여되거나 사실상 실현 불가능하다고 판단할 때에는 의뢰를 거부하거나 수임을 철회할 수 있다.

❶ 조건부평가가 남용되는 것을 방지하기 위하여 '현황기준'으로 평가하도록 개정하였다.

(2) 개별물건기준 원칙 등(「감정평가에 관한 규칙」 제7조)에 따른 분류 제35회

① **개별평가**: 감정평가는 대상물건마다 개별로 하여야 한다.

② **일괄평가**
  ㉠ 둘 이상의 대상물건이 일체로 거래되거나 대상물건 상호간에 용도상 불가분의 관계가 있는 경우에는 일괄하여 감정평가할 수 있다.
  ㉡ 단독주택과 공동주택 등의 평가를 할 때에, 여러 필지가 1획으로 구성되는 경우에는 일괄하여 감정평가할 수 있다.

③ **구분평가**
  ㉠ 하나의 대상물건이라도 가치를 달리하는 부분은 이를 구분하여 감정평가할 수 있다.
  ㉡ 대로변에 위치한 1필지의 전면 가치와 후면 가치가 다른 경우에는 구분평가할 수 있다. 즉, 1필지가 여러 획지로 구성되는 경우에는 구분평가할 수 있다.

④ **부분평가**
  ㉠ 일체로 이용되고 있는 대상물건의 일부분에 대하여 감정평가하여야 할 특수한 목적이나 합리적인 이유가 있는 경우에는 그 부분에 대하여 감정평가할 수 있다.
  ㉡ 500m^2의 대지 중 공공사업에 100m^2가 수용된 경우, 수용된 부분인 100m^2를 보상평가하는 경우에는 부분평가할 수 있다.

(3) 독립평가와 부분평가

① **독립평가**: 평가대상토지 위에 건물이 있는 경우 건물이 없는 나지(裸地)를 상정하여 토지를 평가하는 것, 즉 나지상정평가❶를 말하며 이는 조건부평가에 속한다.

② **부분평가**: 평가대상토지 위에 건물이 있는 경우 건물이 있는 상태 그대로 토지를 평가하는 것, 즉 건부지평가를 말하며 이는 현황평가에 속한다.

(4) 공적 평가와 공인평가

① **공적 평가**: 정부 등 공적 기관이 평가주체가 되는 것으로, 특정한 감정평가활동에 있어 공적 수행력이 강하다고 볼 수 있다.

② **공인평가**: 국가 또는 단체로부터 자격을 부여받은 감정평가사 개인이 평가주체가 되는 것으로, 우리나라의 감정평가제도가 이에 속한다.

(5) 필수적 평가와 임의적 평가

① **필수적 평가**❷: 일정한 사유가 발생하면 평가기관이 강제성을 가지고 의무적으로 행하는 평가를 말한다.
  [예] 토지수용시 보상평가, 법원의 경매평가, 국유재산 처분을 위한 평가, 과세를 위한 평가 등

---

❶ 건부지도 표준지로 선정될 수 있다. 공시지가를 평가할 때에는 '나지상정평가'를 한다.

❷ **법정평가(法定評價)**
법정평가란 부동산가격을 시장가격과 다르게 구할 필요가 있는 경우 그 평가방법을 법률의 규정에 정해 놓고 그 규정에 의하여 평가하는 것을 말한다. 그 분야로는 공공용지의 매수 및 보상평가, 표준지공시지가의 평가가 있다.

② **임의적 평가**: 강제성 없이 이해관계인의 자유로운 의사에 의하여 감정평가가 행하여지는 것을 말한다.
  예 금융기관의 담보대출을 위한 담보평가

(6) 공익평가와 사익평가
① **공익평가**: 평가의 목적이 공공의 이익에 이용되는 평가이다. 국가기관에 의한 보상평가, 표준지공시지가의 평가 등 대부분의 필수적 평가가 이에 속한다.
② **사익평가**: 평가의 목적이 사익(私益)에 이용되는 평가이다. 담보평가, 일반거래를 위한 평가 등이 이에 속한다.

(7) 단독평가와 공동평가
① **단독평가**: 주로 규모가 작은 부동산에 대하여 한 사람의 평가주체에 의하여 이루어지는 평가를 말하며, 신속하고 경제적인 장점이 있지만 공동평가보다 객관성이 결여될 수 있다는 단점이 있다.
② **공동평가(합의제평가)**: 주로 규모가 큰 대형부동산에 대하여 여러 사람의 평가주체에 의하여 이루어지는 평가를 말하며, 단독평가보다 객관적이라는 장점이 있다.

(8) 참모평가(參謀評價)와 수시적 평가(隨時的 評價)
① **참모평가**: 평가주체가 주로 피고용관계에서 그가 고용된 단체의 업무를 위해, 고용주를 위하여 행하는 평가를 말한다. 한국부동산원에 소속된 감정평가사가 평가하는 경우가 이에 속한다.
② **수시적 평가**: 감정평가주체의 자격과는 무관하며, 특별한 고도의 전문적 지식이 요구되는 경우 여러 분야의 전문가들로 구성된 조직에 의하여 행하는 일시적인 평가를 말한다. 대규모 공장의 입지선정을 위한 평가, 대규모 개발사업의 경제적 타당성평가 등이 이에 속한다.

(9) 전문성에 따른 분류
① **1차 수준의 평가**: 부동산의 소유자, 임차인 등이 부동산과 관련하여 투자·금융·개발 등의 의사결정을 하기 위하여 수행하는 평가를 말한다.
② **2차 수준의 평가**: 감정평가의 전문가가 아닌 부동산 관련 업무 종사자(예 공인중개사, 금융기관, 공무원 등)가 자신들의 일상업무와 관련하여 수행하는 평가를 말한다.
③ **3차 수준의 평가**: 부동산감정평가에 대한 전문가인 감정평가사가 수행하는 전문적인 평가를 말하며, 가장 높은 수준의 전문성과 신뢰도를 갖는다.

제3절 부동산가격이론 제27·28회

01 시장가치

핵심 획! 획! 시장가치 제33회

1. 시장가치의 정의(「감정평가에 관한 규칙」 제2조 제1호)[1]
   '시장가치'란 감정평가의 대상이 되는 토지등(이하 '대상물건'이라 한다)이 통상적인 시장에서 충분한 기간 동안 거래를 위하여 공개된 후 그 대상물건의 내용에 정통한 당사자 사이에 신중하고 자발적인 거래가 있을 경우 성립될 가능성이 가장 높다고 인정되는 대상물건의 가액(價額)을 말한다.

2. 시장가치기준 원칙(「감정평가에 관한 규칙」 제5조)
   ① 대상물건에 대한 감정평가액은 시장가치를 기준으로 결정한다.
   ② 감정평가법인등은 ①에도 불구하고 다음의 어느 하나에 해당하는 경우에는 대상물건의 감정평가액을 시장가치 외의 가치를 기준으로 결정할 수 있다.
      ㉠ 법령에 다른 규정이 있는 경우
      ㉡ 감정평가 의뢰인(이하 '의뢰인'이라 한다)이 요청하는 경우
      ㉢ 감정평가의 목적이나 대상물건의 특성에 비추어 사회통념상 필요하다고 인정되는 경우
   ③ 감정평가법인등은 ②에 따라 시장가치 외의 가치를 기준으로 감정평가할 때에는 다음의 사항을 검토해야 한다. 다만, ②의 ㉠의 경우에는 그렇지 않다.
      ㉠ 해당 시장가치 외의 가치의 성격과 특징
      ㉡ 시장가치 외의 가치를 기준으로 하는 감정평가의 합리성 및 적법성
   ④ 감정평가법인등은 시장가치 외의 가치를 기준으로 하는 감정평가의 합리성 및 적법성이 결여(缺如)되었다고 판단할 때에는 의뢰를 거부하거나 수임(受任)을 철회할 수 있다.

[1]
- 기준가치란 감정평가의 기준이 되는 가치를 말한다.
- 시장가치와 기준가치는 동일한 개념이 아니다.

확인예제

「감정평가에 관한 규칙」에 규정된 내용이 아닌 것은? 제27회

① 감정평가법인등은 감정평가 의뢰인이 요청하는 경우에는 대상물건의 감정평가액을 시장가치 외의 가치를 기준으로 결정할 수 있다.
② 시장가치란 한정된 시장에서 성립될 가능성이 있는 대상물건의 최고가액을 말한다.
③ 감정평가는 기준시점에서의 대상물건의 이용상황(불법적이거나 일시적인 이용은 제외한다) 및 공법상 제한을 받는 상태를 기준으로 한다.
④ 둘 이상의 대상물건이 일체로 거래되거나 대상물건 상호간에 용도상 불가분의 관계가 있는 경우에는 일괄하여 감정평가할 수 있다.
⑤ 하나의 대상물건이라도 가치를 달리하는 부분은 이를 구분하여 감정평가할 수 있다.

해설
시장가치란 대상물건이 통상적인 시장에서 충분한 기간 동안 거래를 위하여 공개된 후 그 대상물건의 내용에 정통한 당사자 사이에 신중하고 자발적인 거래가 있을 경우 성립될 가능성이 가장 높다고 인정되는 대상물건의 가액을 말한다.

정답: ②

02 부동산가격(price)과 가치(value)

(1) 부동산가격(price)과 가치(value)의 구분

부동산의 가치(value)란 부동산의 소유에서 비롯되는 장래이익에 대한 현재가치를 말한다. 즉, 영속성에 의하면 부동산가치는 부동산으로부터 발생하는 장래 유·무형의 편익을 현재가치로 환원한 값이라고 정의할 수 있다.

① 가격과 가치의 개념
　㉠ 가격(price): 매매당사자간에 교환의 대가로 시장에서 지불된 금액을 말하며, 대상부동산에 대한 과거의 값이다.
　㉡ 가치(value): 장래 유·무형의 편익을 현재가치로 환원한 값을 말하며, 대상부동산에 대한 현재의 값이다.

핵심 콕! 콕! 가격과 가치 비교

> **Tip** 가격(price)과 가치(value)의 개념을 비교함으로써 감정평가가 무엇인지에 대한 개념을 정립하여야 한다.

가격(price)	가치(value)
시장에서 교환의 대가로 실제 지불된 금액	통상적인 시장에서 매매가 성립될 가능성이 높다고 인정되는 가액(시장가치)
과거의 값	장래 유·무형의 편익을 현재가치로 환원한 값
일정시점에서 하나만 존재	여러 가지 개념 성립(가치다원설)
객관적·구체적 개념	주관적·추상적 개념
가격 ± 오차 = 가치	

② 가격과 가치의 관계
　㉠ **가격은 가치의 화폐적 표현**: 가치는 화폐를 매개체로 하여 가격으로 표시된다. 따라서 가격의 기초에는 가치가 존재하므로, 부동산가치가 상승하면 부동산가격도 상승한다. 그러나 화폐가치가 상승하면 부동산가격은 하락한다.
　㉡ **가치 = 가격 ± 오차**: 부동산이 가지는 자연적 특성으로 인하여 불완전한 부동산시장에서는 거래가격이 정상적인 가치를 반영하기가 사실상 어려우며, 부동산가격과 가치 사이에는 일정한 차이·오차가 발생할 수 있다.

ⓒ 가격과 가치의 일시적 괴리(오차): 가격은 수요·공급의 변동에 따라 변동하므로 일시적(단기적)으로 가치와 괴리될 수도 있다. 즉, 수요가 공급을 초과하면 가격은 균형수준을 벗어나서 가치 이상이 되고, 공급이 수요를 초과하면 가격은 균형수준을 벗어나서 가치 이하가 된다.

ⓓ 가격과 가치의 장기적 일치: 경쟁의 원칙이 작용하여 장기적으로는 가격과 가치는 일치하게 된다. 결국 가치란 가격의 장기적 균형치로 볼 수 있다.

> **확인예제**
>
> 부동산가격이론에서 가치와 가격에 관한 설명 중 틀린 것은? 제19회
> ① 가치는 주관적·추상적인 개념이고, 가격은 가치가 시장을 통하여 화폐단위로 구현된 객관적·구체적인 개념이다.
> ② 가치가 상승하면 가격도 상승하고, 가치가 하락하면 가격도 하락한다.
> ③ 수요와 공급의 변동에 따라 단기적으로 가치와 가격은 일치하게 되고, 장기적으로 가격은 가치로부터 괴리되는 현상을 나타낸다.
> ④ 부동산가치는 평가목적에 따라 일정시점에서 여러 가지가 존재하나, 부동산가격은 지불된 금액이므로 일정시점에서 하나만 존재한다.
> ⑤ 부동산의 가치는 장래 기대되는 유·무형의 편익을 현재가치로 환원한 값을 의미한다.
>
> **해설**
> 단기적으로 가치와 가격은 괴리·오차가 발생할 수 있지만, 수요와 공급의 변동에 따라 장기적으로는 가치와 가격은 일치한다.
> 정답: ③

(2) 가치의 다원적 개념

부동산가치는 평가목적이나 가치형성원인에 따라 다양하며 현실의 부동산활동에 있어서 동일한 부동산에 다양한 가치가 존재한다.

① **투자가치**(investment value): 대상부동산이 특정한 투자자에게 부여하는 주관적인 가치를 말한다.
② **교환가치**(exchange value): 대상부동산이 시장에서 매매(매도)되었을 때 형성될 수 있는 객관적인 가치를 말한다.
③ **사용가치**(use value): 대상부동산이 특정한 용도로 사용될 때 가질 수 있는 가치를 말한다.
④ **과세가치**(assessed value): 중앙정부나 지방정부에서 소득세나 재산세를 부과하는 데 사용되는 기준으로서 관련 법규에 의하여 조정된 가치를 말한다.
⑤ **보험가치**(insurable value): 보험금 산정과 보상에 대한 기준으로 사용되는 가치를 말한다.

ⓖ 보상가치(compensatory value): 국가 또는 공공단체가 공익을 위하여 부동산을 매수 또는 수용하는 경우 경제적 손실을 보상하는 평가가치를 말한다.

⑦ 공익가치(public interest value): 보존과 같은 공공목적의 비경제적 이용이 있을 때 대상부동산이 지니는 가치를 말한다.

⑧ 장부가치(book value): 회계상 사용하는 자산가치로, 대상부동산의 '취득원가 + 자본적 지출'에서 법적으로 허용하는 방법에 의한 감가상각분을 제외한 나머지로서 장부상의 잔존가치를 말한다.

(3) 부동산가격의 형성과정

감정평가란 '부동산의 가치를 찾아가는 과정'이며, 감정평가사가 가치를 평가하기 위해서는 부동산가치에 영향을 미치는 가치형성요인을 파악하게 된다. **가치형성요인은 가치발생요인에 영향을 주고, 가치발생요인은 부동산의 수요와 공급을 변화시키며 이에 따라 부동산가치가 결정된다.**

부동산가격의 형성과정

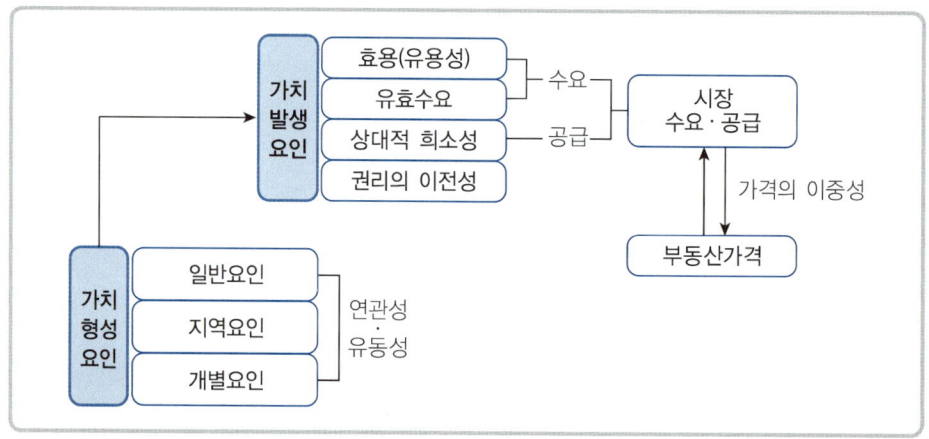

① 부동산의 가치형성요인 제31·32회
  ㉠ 개념
    ⓐ '가치형성요인'이란 대상물건의 경제적 가치에 영향을 미치는 일반요인, 지역요인 및 개별요인 등을 말한다(「감정평가에 관한 규칙」 제2조 제4호).
    ⓑ 부동산가치의 형성요인은 그 요인을 이루는 여러 현상의 변동에 따라 항상 변화하기 때문에 동태적으로 파악하여야 하며, 이는 각각 독립하여 개별적으로 작용하는 것이 아니라 서로 유기적인 연관성을 가지고 작용한다.
    ⓒ 부동산가치의 형성요인은 일반요인과 지역요인 그리고 개별요인으로 구분할 수 있으며, 감정평가사는 '일반요인 ➡ 지역요인 ➡ 개별요인'의 순서대로 가치형성요인을 파악하게 된다. 이러한 작업이 진행됨에 따라 각각의 부동산가치는 구체화되고 개별화된다.

- ⓒ **일반요인**: 부동산의 가치수준에 영향을 주는 전반적인 제(諸) 요인을 말한다. 이는 모든 부동산가치에 영향을 주는 공통적인 요인이다.
  - ⓐ **사회적 요인**: 부동산에 대한 인구의 상태 및 사회적 환경의 변화 등 부동산의 가치형성에 영향을 주는 사회적 여건을 말한다.
  - ⓑ **경제적 요인**: 부동산에 대한 거시적인 경제환경이나 재정 및 금융상태 등의 환경이 부동산의 가치형성에 영향을 주는 요인을 말한다.
  - ⓒ **행정적 요인**: 부동산 가치형성에 영향을 미치는 정책이나 공적 규제 등의 요인을 말한다.
- ⓒ **지역요인**: 평가의 대상이 된 부동산이 속한 지역이 다른 지역과 구분되는 지역특성을 형성하는 요인을 말한다.
  - ⓐ 지역요인은 부동산이 속한 지역의 일반요인과 지역의 자연적 조건이 결합하여 부동산가치에 영향을 미친다.
  - ⓑ 지역요인을 파악하여 대상부동산이 그 지역의 일반적인 용도에 적합한지에 대한 표준적 이용을 판단할 수 있으며, 지역분석에서는 이렇게 파악된 지역요인을 분석하여 그 지역의 가격수준을 판정하게 된다.
- ⓔ **개별요인**
  - ⓐ 부동산의 개별성이 가치형성에 영향을 미치는 요인으로, 이는 대상부동산의 특성을 형성하는 요인인 동시에 가치형성을 개별화하고 구체화시키는 제 요인을 말한다.
  - ⓑ 부동산의 개별요인을 파악하여 최유효이용을 판정할 수 있으며, 개별분석에서는 이렇게 파악된 개별요인을 분석하여 대상부동산의 구체적인 가격을 구하게 된다.

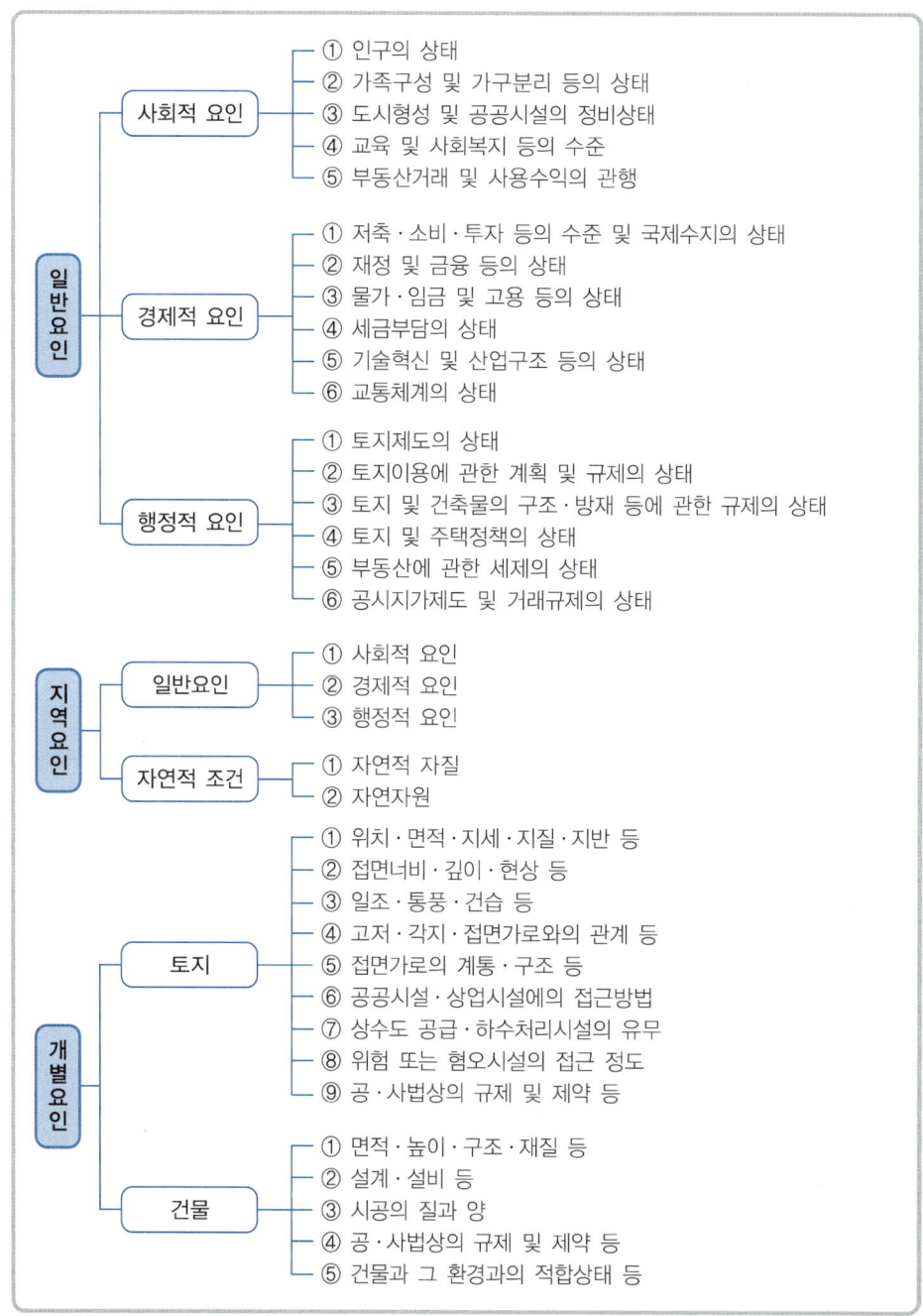

② **부동산의 가치발생요인**: 부동산가격은 부동산의 효용(유용성), 유효수요, 상대적 희소성 세 가지가 상호 밀접하게 결합하여 부동산의 경제적 가치로서의 가격을 발생시킨다. 즉, 부동산이 하나의 상품으로서 가치를 가지려면 효용(유용성)과 유효수요, 상대적 희소성의 요건을 모두 갖추어야 하며, 이들 중 어느 한 요인의 변동은 필연적으로 부동산가격에 반영된다.

㉠ **효용(유용성)**: 부동산의 효용(유용성, utility)이란 부동산을 사용·수익함에 따른 인간의 필요나 욕구를 만족시켜 줄 수 있는 재화의 능력을 말한다. 효용(유용성)은 부동산의 용도에 따라 주거지는 쾌적성, 상업지는 수익성, 공업지는 생산성으로 표현된다. 즉, 부동산을 통하여 얻는 효용(유용성)이 있어야만 부동산의 가치가 발생한다는 것이다. ❶

㉡ **유효수요**: 유효수요란 부동산을 구매할 의사(욕구)와 지불능력(구매력)을 갖춘 실질적인 수요를 말한다. 일반재화와는 달리 부동산에서 유효수요가 가치발생요인으로 강조되는 이유는 부동산은 고가성(高價性)을 띤 재화에 해당하므로 효용(유용성)이 있다고 하더라도 구매자가 구매할 능력을 갖추고 있지 못하면 시장에서 수요행위가 이루어지지 않기 때문이다. 즉, 잠재수요가 아닌 유효수요가 있어야 부동산의 가치가 발생한다는 것이다.

㉢ **상대적 희소성**: 희소성이란 인간의 욕망에 비하여 욕망의 충족수단이 질적·양적으로 유한·부족한 상태를 의미하는 것으로, 부동산의 수요에 비하여 공급이 상대적으로 부족한 상태를 말한다. 부동산은 부증성·개별성이 있어 일반재화보다 희소성이 높지만, 용도적 관점에서 그 대체성은 인정될 수 있다. 이러한 의미에서 희소성은 절대적이 아니라 상대적인 개념이다. 즉, 상대적 희소성(희소가치)이 있어야 부동산의 가치가 발생한다는 것이다.

㉣ **권리의 이전성(이전가능성)**: 법적 개념인 이전성(transferability)이란 권리의 양도 등을 의미한다. 이는 단순히 물리적인 이동만을 의미하는 것이 아니라, 부동산의 소유권을 구성하고 있는 권리가 법적으로 이전되는 것을 의미한다. 즉, 소유권의 이전가능성이 있어야 부동산의 가치가 발생한다는 것이다.

③ **부동산가격의 이중성**: 가격의 이중성이란 수요·공급의 상호작용을 통하여 가격이 결정되고, 결정된 가격은 다시 수요·공급에 영향을 주어 수요와 공급을 조절한다는 것을 의미한다. 즉, 부동산의 가격도 그 부동산의 효용(유용성), 유효수요, 상대적 희소성의 상호 결합에 의하여 결정되고, 결정된 가격은 다시 수요와 공급을 조절하여 효용(유용성), 유효수요, 상대적 희소성에 영향을 주게 된다. 이를 부동산가격의 이중성이라 하며, 여기에는 피드백(feedback)원리가 적용된다. ❷

❶ 대상부동산의 물리적 특성뿐 아니라 토지이용규제 등과 같은 공법상의 제한 및 소유권의 법적 특성도 대상부동산의 효용에 영향을 미친다.

❷ 피드백(feedback)관계란 부동산의 용도나 이용방법은 부동산가격에 영향을 미치고, 부동산가격은 부동산의 용도나 이용방법에 영향을 미친다는 것이다.

> **확인예제**
>
> **부동산의 가치발생요인에 관한 설명으로 틀린 것은?** 제24회
> ① 대상부동산의 물리적 특성뿐 아니라 토지이용규제 등과 같은 공법상의 제한 및 소유권의 법적 특성도 대상부동산의 효용에 영향을 미친다.
> ② 유효수요란 대상부동산을 구매하고자 하는 욕구로, 지불능력(구매력)을 필요로 하는 것은 아니다.
> ③ 상대적 희소성이란 부동산에 대한 수요에 비하여 공급이 부족하다는 것이다.
> ④ 효용은 부동산의 용도에 따라 주거지는 쾌적성, 상업지는 수익성, 공업지는 생산성으로 표현할 수 있다.
> ⑤ 부동산의 가치는 가치발생요인들의 상호 결합에 의하여 발생한다.
>
> **해설**
> 유효수요란 구매의사와 지불능력(구매력)을 갖춘 실질적 수요를 말한다. 잠재수요만으로 가치에 영향을 주는 것은 아니다.   정답: ②

(4) 부동산가격의 특징

일반재화가격과 달리 부동산가격에는 불완전한 부동산의 특성이 많이 반영되어 있고, 불완전한 시장에서 형성된 부동산가격은 적정한 균형가격이라 할 수 없다.

① **부동산가격은 교환의 대가인 가격과 용익의 대가인 임료로 구성된다**: 여기서 가격과 임료는 원본(元本)과 과실(果實)의 상관관계에 있다. 일반재화는 시간의 경과에 따라 소멸하기 때문에 사용·이용이익을 얻기가 제한되지만, 부동산은 소유이익에 해당하는 매각대금 외에도 영속성과 내구성의 특성이 있어 타인에게 빌려주고 사용·이용이익에 해당하는 임대료수입을 획득할 수 있다. 환언하면 부동산가격을 구성하는 것은 부동산의 매각대금 외에 임대료수입도 포함된다는 것이다.❶

② **부동산가격은 소유권 및 기타 권리·이익의 가격이다**: 부동산가격은 대상물건의 물리적인 실체에 대한 가격이 아니라, 부동산에 관한 소유권 및 기타 권리·이익의 가격이라 할 수 있다. 즉, 부동산에 부여된 권리와 여러 가지 유·무형의 편익이 부동산가격을 형성한다는 것이다. 또한 동일 부동산에 2개 이상의 권리·이익이 병존할 때에는 개개의 권리·이익에 대해서 각각 가격이 형성될 수 있다.

③ **부동산가격은 장기적인 고려하에 형성된다**: 부동산가격은 과거와 현재의 상태를 기초로 하여 장래에 걸쳐서 장기적인 고려(배려)하에서 형성되며, 가치형성요인의 변동에 따라 항상 변화의 과정에 있다. 영속성과 위치의 가변성에 따라 부동산가격은 항상 변화의 과정에 있기 때문에 장래를 예측하여 평가하여야 하며, 감정평가에 있어서 '기준시점의 확정'이 필요하다.

❶ 협의의 가격이란 가격만을 의미하고, 광의의 가격이란 임료까지를 포함하는 의미로 정의되기도 한다.

④ 부동산가격은 지역적·개별적으로 형성된다.
   ㉠ 부동산시장은 지역시장이므로 물리적으로 동일한 부동산이더라도 지역의 환경이 달라지면 부동산가격도 달라진다. 또한 부동산가격은 해당 지역 및 다른 부동산과의 상호작용에 의해 가격이 결정되는 부동산의 지역성(국지성)의 특징이 있다.
   ㉡ 부동산가격은 개별성이 있어 당사자의 개별적 사정이나 특수한 동기가 개재되기 쉽다는 특징이 있다. 즉, 부동산가격은 거래 등의 필요에 따라 개별적으로 형성되기 때문에 부동산의 가격형성도 각각 개별화된다. 즉, 부동산시장에서는 일물일가의 법칙이 성립하지 않는다.
⑤ 부동성·부증성·개별성·영속성 등의 불완전한 부동산의 특성은 부동산시장의 수급조절을 곤란하게 하고 균형가격의 성립을 저해하는 요인이 된다.❶

> ❶ 부동산가격은 수요가 감소하더라도 즉각적으로 하락하지 않는 하방경직의 특성이 있다.

제4절 부동산가격의 제 원칙(감정평가원리) 제26·28회

부동산가격의 제 원칙❷이란 부동산의 가격이 어떻게 형성되고 유지되는가에 관한 법칙성을 도출하여 평가활동의 지침으로 삼으려는 행위기준을 말한다. 가격 제 원칙은 각각 독립되어 작용하는 것이 아니라, **최유효이용의 원칙을 상위원칙으로**(중심으로) 서로 직·간접의 관계를 맺으며 하나의 체계를 형성하고 있다.

> ❷ 가격 제 원칙은 「감정평가에 관한 규칙」에서 규정하는 사항이 아니다.

가격 제 원칙의 체계

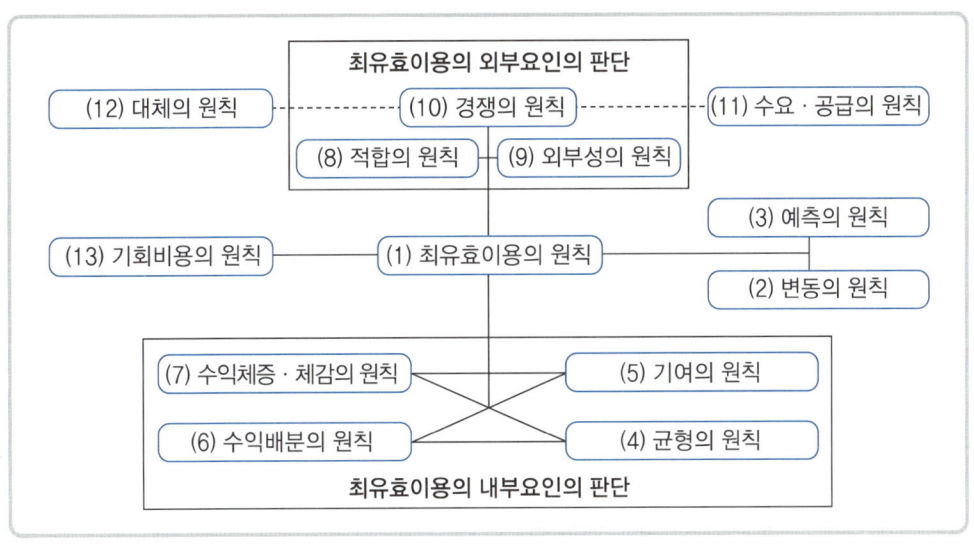

(1) 최유효이용의 원칙

① 개념 및 성립근거

　㉠ 개념: 부동산가격은 최유효이용을 기준으로 형성된다는 원칙을 말하며, 가격제 원칙 중에서 가장 중추적인 기능을 담당한다. 최유효이용(최고·최선의 이용, highest and best use)이란 객관적인 양식과 통상의 사용능력을 가진 사람에 의한 합리적·합법적인 최고·최선의 이용방법을 의미한다.

　㉡ 성립근거: 최유효이용의 원칙이 성립되고 강조되는 이론적인 근거는 부동산의 '용도의 다양성' 때문이다. ❶

② 최유효이용의 판정기준: 최유효이용은 대상부동산의 물리적 채택가능성, 합리적이고 합법적인 이용, 최고수익성을 기준으로 판정할 수 있다.

　㉠ 물리적 채택가능성: 대상부동산이 의도하고 있는 부동산의 이용이 물리적·기술적으로 적합한지의 여부는 최유효이용을 결정하는 요인이 된다.

　㉡ 합리적 이용: 최유효이용은 합리적으로 이용이 가능하여야 하며 투기목적의 비합리적인 이용이나 먼 장래의 불확실한 이용은 합리적 이용이 될 수 없다.

　㉢ 합법적 이용: 최유효이용은 사적 제한, 지역지구제, 「건축법」 등의 규제 등 공·사법상의 규제요건을 충족시키는 범위 내에서의 이용이어야 한다. 즉, 불법적인 부동산의 이용은 최유효이용이 될 수 없다.

③ 최유효이용원칙과의 연관성

　㉠ 토대·바탕이 되는 원칙: 변동의 원칙, 예측의 원칙

　㉡ 내부적 관련 원칙: 균형의 원칙, 기여의 원칙, 수익배분의 원칙, 수익체증·체감의 원칙

　㉢ 외부적 관련 원칙: 적합의 원칙, 외부성의 원칙, 경쟁의 원칙

　㉣ 간접적 관련 원칙: 수요·공급의 원칙, 대체의 원칙

> **더 알아보기** 최유효이용의 분석
>
> 최유효이용의 분석이란 지역분석과 개별분석을 통하여 대상부동산의 최대의 가치를 창출할 수 있는 용도를 찾아내는 작업으로, 특정토지의 용도가 인근지역의 일반적인 용도와는 전혀 다른데도 최유효이용이 될 수 있는 이유 중의 하나는 부동산의 개별성 때문이다.
>
> 1. 최유효이용이 아닌 이용
>   과거에는 최유효이용으로 개발하였지만, 시장의 변화 등으로 인하여 현재 용도가 최유효이용이 아닌 상태를 말한다.
>
> 2. 중도적 이용
>   가까운 장래에 대상부동산의 새로운 최유효이용이 도래할 것으로 예상될 때 그 대기과정 중에 있는 현재의 이용을 말한다.

❶ 부동산의 공급은 상대적으로 희소성을 가지는 데 반하여 그 용도가 다양하기 때문에 최유효이용을 하여야 하는 목적지향성에서 최유효이용원칙의 이론적 근거를 제시할 수 있다.

3. 나지를 가정한 토지의 최유효이용

나지를 가정한 토지의 최유효이용을 분석할 때에는 예상하는 몇 개의 대안적 용도로 개발하였다고 가정하고, 개량부동산의 전체 가치에서 개발비용을 공제한 토지가치가 최대가 되는 용도를 토지의 최유효이용으로 결정한다.

4. 개량물 전체의 최유효이용

개량물 전체의 최유효이용은 개량부동산 전체 가치가 최대가 되는 용도를 결정한다. 이때 현재 용도가 아닌 다른 대안적 용도를 고려한다면, 각 용도별 개량부동산가치에서 전환비용을 공제한 순개량부동산가치를 비교하여 최고가치가 되는 용도를 개량부동산의 최유효이용으로 결정한다.

5. 초과토지

현존 지상개량물에 필요한 적정면적 이상의 토지를 말하며, 그 부분을 다른 용도와 분리하여 매각할 수 있고 동일한 최유효이용으로 개발할 수도 있다.

6. 잉여토지

초과토지와 달리 독립적으로 분리하여 사용할 수 없고 별도의 최유효이용을 할 수 없는 부가적인 토지로서 기존 용도나 기존 개량물의 확장으로만 이용이 가능하며 기존 용도 외의 다른 용도로 사용할 수 없는 토지를 말한다.

7. 복합이용

어떤 지역이나 건물이 여러 용도를 조합하여 이용하는 상태를 말한다.

8. 특수목적이용

매우 제한적인 용도 또는 단 하나의 용도로만 이용하도록 설계한 부동산을 말한다.

(2) 변동의 원칙

① 개념: 부동산의 유용성은 그 내·외적 요인의 변화에 따라 부단히 변동한다. 즉, 부동산의 가치형성요인이 변동함에 따라 부동산가격도 항상 변화의 과정에서 형성된다는 원칙이다.

② 적용: 부동산가격은 변화의 과정에 있으므로 기준시점(基準時點)을 명확히 할 필요성이 있으며, 가치형성요인을 동태적으로 파악하여야 한다. 과거의 변동과정을 기초로 하여 장래를 예측하므로 예측의 원칙과 관련이 있으며, 변동과정에서 최유효이용을 지향하게 되므로 최유효이용의 원칙의 토대가 된다.

(3) 예측의 원칙(예상의 원리)

① 개념: 부동산의 가치형성요인은 부단히 변화하고 이에 따라 부동산가격도 변동하기 때문에 평가활동에 있어서 현재가 아닌 장래의 그 요인의 추이나 동향에 대한 예측을 하여야 한다는 원칙이다.

② 적용: 예측의 원칙에 의하면 부동산의 가치란 장래 유·무형의 편익에 대한 현재가치라고 할 수 있다.

(4) 균형의 원칙

① 개념: 건물의 경우 부동산의 유용성이 최고도로 발휘되기 위해서는 구조·설비·기능 등 내부구성요소간에 균형을 이루어야 한다는 원칙으로, 부동산의 내부적 요인들을 판단하여 최유효이용을 판정하는 원칙이다.

② 적용
   ㉠ 대상부동산 내부구성요소(예 건물과 부지의 적응상태 등)의 개별요인분석과 생산요소간의 결합 정도를 통하여 가치를 평가하는 데 유용하게 활용된다.
   ㉡ 대상부동산이 내부구성요소간의 부조화로 균형의 원칙에 부합하지 못하면 기능적 감가가 발생할 수 있다.

(5) 기여의 원칙(공헌의 원칙)

① 개념: 부동산은 여러 가지 내부구성요소가 결합되어 있는데, 부동산가격은 각 구성요소의 기여도·공헌도에 따라 영향을 받는다는 원칙이다. 이는 부동산의 어떤 부분이 해당 부동산 전체의 수익 또는 가격에 어느 정도 기여하는가에 대한 부분과 전체에 관계되는 원칙이다. 이러한 기여의 원칙은 균형의 원칙에 선행하는 원칙이다.

② 적용
   ㉠ 시장가격이 20억원인 건물에 1억원을 투입하여 엘리베이터를 설치하였더니 건물가치가 22억원이 되었다면, 이러한 사실은 엘리베이터의 추가투입비용이 전체 부동산가치를 높이는 데 기여하였다는 것을 의미한다.
   ㉡ 기여의 원칙은 인접한 다른 토지를 매입하여 합병하거나, 건물을 증축하는 경우 등 부동산의 추가투자의 적정성 판정에 유용하게 사용된다.

(6) 수익배분의 원칙(잉여생산성의 원리)

① 개념: 토지·자본·노동의 각 생산요소에 의하여 발생하는 총수익은 이들 제 요소에 배분되는데 자본·노동에 배분된 이외의 잔여액은 그 배분이 정당하게 행해지는 한 토지에 귀속된다는 것이다. 토지는 부동성을 가진 수동적 생산요소이므로 잔여수익을 지대로 최종적으로 배분받게 되며, 토지에 배분된 지대가 지가형성에 영향을 준다는 원칙이다.

② 적용: 부동산에 귀속되는 순수익을 기초로 가치를 평가하는 수익방식과 토지잔여법 등의 이론적 근거가 된다.

(7) 수익체증·체감의 원칙

① 개념: 토지에 수확체감의 법칙이 적용되는 것처럼 부동산에 단위투자액을 계속적으로 증가시키면 이에 따라 총수익은 증가되지만, 일정한 한계점(= 집약한계점 = 이윤극대화점)을 넘으면 단위투자액에 대한 수익이 점차 감소하게 된다는 원칙을 말한다.

② 적용
  ㉠ 토지이용효율의 극대화를 위한 추가투자의 적정성 판정에 유용하게 활용된다.
  ㉡ 수익체증·체감의 원칙은 토지공간의 입체이용률의 판단이나 부동산의 이윤 극대화를 위한 투자분석 등에서도 유용하게 활용될 수 있다.

(8) 적합의 원칙
① 개념: 부동산의 유용성이 최고도로 발휘되기 위해서는 대상부동산이 외부(지역) 환경에 적합하여야 한다는 것으로, 위치와 입지 등을 고려하여 가치를 평가하는 원칙이다. 이는 최유효이용의 외부적인 판단기준이 되는 가격 제 원칙이다. 즉, 주택은 주거지역에, 상점은 상업지역에, 공장은 공업지역에 입지하는 것에 대한 그 표준적 이용을 판정하여 가치를 평가하는 원칙이다.
② 적용
  ㉠ 대상부동산의 용도나 이용을 판단하는 경우, 지역분석의 결과인 표준적 이용에 적합하면서 최유효이용을 충족하는지를 평가하는 데 활용된다.
  ㉡ 대상부동산이 인근 환경과 조화를 이루지 못하여 적합의 원칙에 부합하지 못하면 경제적 감가[1]가 발생할 수 있다.

(9) 외부성의 원칙
① 개념: 부동산이 속한 지역의 외부적 요인이 대상부동산의 가치에 긍정적인 영향을 미칠 때를 외부경제[정(+)의 외부효과]라 하고, 부정적인 영향을 미칠 때를 외부불경제[외부비경제, 부(-)의 외부효과]라 한다.
② 적용
  ㉠ 부동산은 인접성과 위치의 고정성으로 인하여 다른 재화보다 외적 요소에 의한 영향을 많이 받는다. 또한 부동산은 그 부동산이 속한 지역 및 지역 내의 다른 부동산과 상호관계를 형성하며, 이러한 상호관계를 통하여 해당 부동산의 사회적·경제적·행정적 위치가 결정된다.
  ㉡ 외부성의 원칙은 가치형성요인에 대한 지역분석과 분해법에 의한 경제적(외부적) 감가를 파악할 때 유용하게 활용될 수 있다.

(10) 경쟁의 원칙
① 개념: 초과이윤은 경쟁을 야기하고, 경쟁의 결과 초과이윤이 감소 또는 소멸한다는 원칙이다. 부동산가격이 경쟁의 과정을 통하여 형성된다는 것을 말한다.[2]
② 적용
  ㉠ 경쟁의 원칙이 의미하는 바는 일시적인 초과이윤을 잘못 판단하여 대상부동산의 가격을 실제 이상으로 과대평가하여서는 안 된다는 것이다. 즉, 부동산의 가격은 경쟁의 원칙에 준하여 평가하여야 한다는 것이다.
  ㉡ 현재 발생하고 있는 초과이윤이 일시적인 것인지 또는 앞으로 상당 기간 지속될 것인지를 판단하는 원칙이다.

[1] 경제적 감가는 부동성으로 인하여 발생하기 때문에 기능적 감가와 달리 치유불가능감가라 하는데, 이를 외부적 감가, 환경적 감가, 위치적 감가라고도 한다.

[2] 부동산은 부증성·개별성 때문에 공급자 경쟁보다는 수요자 경쟁이 더 강하게 나타난다.

(11) 수요·공급의 원칙

① 개념: 부동산가격은 수요와 공급의 상호작용에 의하여 결정되고 그 가격은 다시 수요와 공급에 영향을 미친다는 원칙으로, 이는 가격의 이중성과 밀접한 관련이 있다.❶

② 적용: 부동산시장은 지역·가격·특성 등에 따라 여러 개의 부분시장으로 나누어지므로 대상부동산이 속한 부분시장의 수요·공급의 상황을 면밀히 파악하여야 한다.

(12) 대체의 원칙

① 개념: 부동산가격은 대체성이 있는 다른 재화 및 부동산과의 상호작용과정 속에서 형성된다는 원칙이다. 즉, 동일한 효용을 가진 여러 부동산 중에서 가격이 가장 낮은 것이 선택되고, 이 가격이 다른 부동산의 가격형성에 영향을 미친다는 가정하에 가치를 평가한다는 것이다.

② 적용
  ㉠ 대체관계에 있는 사례부동산가격이 5억원이면 대상부동산도 그와 유사한 가격이 형성될 수 있다는 것으로, 대체재가 되기 위해서는 효용·용도·가격면에서 유사성이 있어야 한다.❷
  ㉡ 대체의 원칙은 감정평가에 있어서 대체·경쟁관계에 있는 사례부동산을 활용되는 비교방식(예 거래사례비교법 등)을 적용하는 경우에 이론적 근거가 된다.
  ㉢ 부동산에 대한 수요·공급과정에서 대체·경쟁관계가 발생하므로 수요·공급의 원칙 및 경쟁의 원칙과 밀접한 관계를 가진다. 그리고 기회비용은 대체의 원칙을 전제로 성립하므로 기회비용의 원칙과도 관련이 있다.

(13) 기회비용의 원칙

① 개념: 어떤 투자대상의 가치평가를 그 투자대상의 기회비용(포기한 대가)으로 평가한다는 원칙이다.❸

② 적용: 어떤 부지가 주거용지로 이용될 수 있음에도 불구하고, 현재 공업용지로 이용되고 있다면 그 공업용지의 평가는 기회비용인 주거용지로 평가하여야 한다는 것이 기회비용의 원칙이다. 따라서 부동산의 감정평가액은 기회비용을 반영한 가격이라고 정의할 수 있다.

---

❶ 부동산의 불완전한 특성으로 인하여 수요·공급의 원칙을 적용하는 데 제한이 있기 때문에 대체의 원칙과 함께 최유효이용의 원칙과는 간접적으로 관련이 있는 원칙으로 분류된다.

❷ 부동산은 개별성으로 인하여 원칙적으로는 비대체적이지만, 인접성과 용도의 다양성에 근거한 용도적 관점에서는 대체가 가능하다.

❸ 기회비용이란 어떠한 대안을 선택함으로써 포기한 다른 대안들 중 최선의 것을 말하며, 이는 실제로 지불된 비용이 아니라 계산된 비용, 인식된 비용을 의미한다.

> 확인예제

부동산감정평가에서 가격의 제 원칙에 관한 설명으로 틀린 것은? 제23회

① 부동산가격의 원칙은 부동산의 가격이 어떻게 형성되고 유지되는지 그 법칙성을 찾아내어 평가활동의 지침으로 삼으려는 행동기준이다.
② 대체의 원칙은 대체성 있는 2개 이상의 재화가 존재할 때 그 재화의 가격은 서로 관련되어 이루어진다는 원칙으로 유용성이 동일할 때에는 가장 가격이 싼 것을 선택하게 된다.
③ 균형의 원칙은 내부적 관계의 원칙인 적합의 원칙과는 대조적인 의미로 부동산 구성요소의 결합에 따른 최유효이용을 강조하는 것이다.
④ 기여의 원칙은 부동산의 각 구성요소가 각각 기여하여 부동산 전체의 가격이 형성된다는 원칙이다.
⑤ 변동의 원칙은 재화의 가격이 그 가격형성요인의 변화에 따라 달라지는 것으로 부동산의 가격도 사회적·경제적·행정적 요인이나 부동산 자체가 가지는 개별적 요인에 따라 지속적으로 변동한다는 것을 강조하는 것이다.

> 해설

균형의 원칙은 외부적 관계의 원칙인 적합의 원칙과는 대조적인 의미로, 부동산 (내부)구성요소의 결합에 따른 최유효이용을 강조하는 것이다.
- 균형의 원칙: 부동산의 내부구성요소(예 구조, 기능, 설계 등)를 고려하여 가치를 평가
- 적합의 원칙: 부동산이 속한 지역의 외부환경, 위치, 입지 등을 고려하여 가치를 평가

정답: ③

> 더 알아보기 | 감정평가의 특별원칙

감정평가의 특별원칙이란 부동산학에서 감정평가 분야에만 적용하는 부동산학과 부동산활동의 학문원칙이다. 이것은 **가격제원칙(감정평가원리)과는 다른 개념이다.**

1. 능률성의 원칙
   부동산학은 부동산활동의 능률화를 목표로 하고 있으며 감정평가 역시 부동산평가활동의 능률화를 목표로 하는 부동산학의 제 응용분야 중 하나이다.

2. 안전성의 원칙
   안전성의 원칙이란 감정평가활동과 감정평가이론의 능률화에만 치중한 나머지 합리적 안전성의 유지를 소홀히 해서는 안 된다는 원칙을 말한다.

3. 전달성의 원칙
   전달성의 원칙은 평가활동에 있어서 사회성과 공공성이 강조되므로 그 결과를 대외 정확하고 신속하게 전달하여야 한다는 것을 말한다.

제5절 지역분석 및 개별분석 제27·29·30·31·32·34회

01 지역분석과 개별분석

구분	지역분석(선행분석)	개별분석(후행분석)
분석내용	지역요인 파악	개별요인 파악
분석기준	표준적 이용 판정	최유효이용 판정
가격판단	가격수준 분석	구체적 가격 구함
근거·필요성	부동성·인접성·지역성	개별성
관련 원칙	적합의 원칙	균형의 원칙
감가유형	경제적 감가	기능적 감가
분석범위	전체적·광역적·거시적 분석	개별적·구체적·미시적 분석

> **용어사전**
> **표준적 이용과 가격수준**
> - **표준적 이용**: 인근지역에 속하는 개개의 부동산에 대한 평균적이고 일반적인 사용방법이며, 그 지역의 표준적 이용은 최유효이용을 판정하는 기준이 된다.
> - **가격수준**: 개개 부동산의 가격이 아니라, 지역 내 부동산의 평균가격수준을 의미하며 지역간의 격차를 나타내 준다. 따라서 부동산가격은 그 부동산이 속하는 지역의 가격수준에서 형성되므로, 그 지역 내 부동산의 일반적·표준적 이용의 상태와 장래의 동향을 파악함으로써 그 판정이 가능하다.

(1) 지역분석

① 의의
  ㉠ 지역분석이란 해당 부동산이 속한 지역을 파악하고 그 지역 내 부동산의 가치형성에 영향을 미치는 **지역요인의 분석**을 통하여 해당 지역의 지역특성 및 그 장래 동향을 명백히 하고 그 지역 내 부동산에 대한 **표준적 이용 및 가격수준을 판정하는 작업**을 말한다.
  ㉡ 지역분석은 대상부동산이 어떤 지역에 속하며, 그 지역특성이 무엇이며, 전반적으로 그 특성이 지역 내 부동산가치 형성에 어떠한 영향을 미치는가를 분석하는 것이다.

② 필요성
  ㉠ 부동산은 그 지역의 구성분자로서 그 지역 내의 다른 부동산과의 상호관계를 통하여 사회적·경제적·행정적 위치가 정하여진다. 따라서 대상부동산의 가격수준을 판정하는 데에는 지역분석이 필요하다.
  ㉡ 지역적 특성은 그 지역의 일반적이고 표준적인 이용에 의하여 나타나며, 표준적 이용은 그 지역에 속해 있는 부동산의 최유효이용을 판정하는 데 있어서 기준이 된다.
  ㉢ 대상부동산이 속한 지역은 대상부동산의 가격에 전반적인 영향을 미치며, 고정적인 것이 아니라 항상 변동한다. 따라서 표준적 이용을 정태적(靜態的)으로 파악하여서는 안 되며, 변화할 가능성이 있는 것으로 인식하고 변동의 원칙과 예측의 원칙을 적용하여 동태적(動態的)으로 파악하고 분석하여야 한다.
  ㉣ 지역분석을 행함으로써 사례선택의 범위(동일수급권)를 파악할 수 있다.

(2) 개별분석

① 의의

개별분석이란 지역분석에 의하여 판정된 지역의 표준적 이용과 가격수준을 전제로 하여 대상부동산의 **개별요인을 파악**하여 **최유효이용을 판정**하고 대상부동산의 **구체적인 가격을 구하는 작업**을 말한다.

② **필요성**: 각각의 부동산은 개별요인이 다르고 개별성으로 인하여 지역의 표준적 이용과 대상부동산의 최유효이용이 일치하지 않을 수 있기 때문에 개별분석이 필요하다.

> **핵심 콕! 콕!** 지역분석과 개별분석 비교
>
> **Tip** 출제비중이 높은 지문들이므로 충분히 숙지하고, 지역분석과 개별분석을 구분하여 정리하여야 한다.
>
> 1. 지역분석은 지역요인을 파악하여 표준적 이용의 현상과 장래의 동향을 명백하게 함으로써 그 지역부동산의 가격수준을 판정하는 것이고, 개별분석은 대상부동산의 개별요인을 파악하여 최유효이용을 판정함으로써 구체적인 가격을 구하는 작업이다.
> 2. 부동산의 감정평가액을 구할 때에는 먼저 지역분석을 통하여 인근지역의 가격수준을 파악하고 그 가격수준 중에 있는 개개 부동산의 가격을 판단하여야 한다.
> 3. 개별부동산의 최유효이용의 판정은 인근지역의 지역적 특성의 제약하에 있으므로 인근지역의 표준적 이용과의 상관관계를 명백히 하여야 한다.
> 4. 지역분석은 거시적·광역적 개념인 데 비하여 개별분석은 미시적·구체적 개념이다.
> 5. 지역분석은 적합의 원칙과 관련이 있고, 개별분석은 균형의 원칙과 관련이 있다.

02 지역분석의 대상지역

지역분석의 대상은 인근지역뿐만 아니라 유사지역 및 동일수급권을 포함한다.

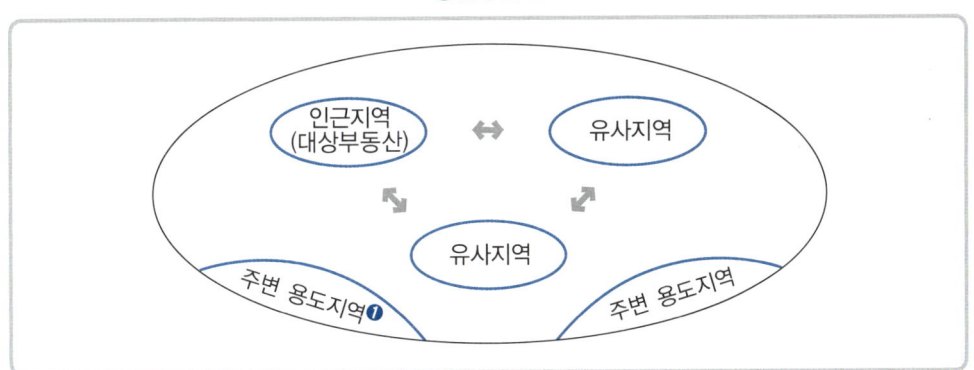

❶ 주변 용도지역: 다른 부동산

(1) 인근지역
① 개념: 인근지역이란 감정평가의 대상이 된 부동산(이하 '대상부동산'이라 한다)이 속한 지역으로서 부동산의 이용이 동질적이고 가치형성요인 중 지역요인을 공유하는 지역을 말한다(「감정평가에 관한 규칙」 제2조 제13호).
② 특징
  ㉠ 인근지역은 대상부동산이 속한 용도적 지역으로, 대상부동산의 가치형성에 직접 영향을 미치는 지역이다.
  ㉡ 인근지역은 도시·농촌과 같은 지역사회보다 작은 지역으로, 그 지역의 전체가 아닌 일부인 지역을 말한다.
  ㉢ 인근지역 내 부동산은 대상부동산과 기능적·용도적인 측면에서 동질성·대체성을 갖는다.
  ㉣ 인근지역은 주거·상업·공업활동 등의 특정한 토지용도를 중심으로 집중된 형태이다.
  ㉤ 가치형성요인이 변화함에 따라 인근지역은 경직적·고정적인 것이 아니라 유동적·가변적인 것이다. 즉, 인근지역은 발전하기도 하고 쇠퇴하기도 한다.
③ 경계와 범위❶
  ㉠ 인근지역의 경계와 범위는 자연적 조건이나 공법적 규제 등에 따라 물리적으로 명백하게 구분되는 경우도 있고, 그렇지 않은 경우도 있다. 물리적으로 그 경계와 범위가 명백하게 구분되지 않는 경우에는 그 경계와 범위는 표준적 이용을 중심으로 판정할 필요가 있다.
  ㉡ 인근지역의 범위가 지나치게 확대되면 가치수준을 판정하는 것이 어려워지고, 지나치게 축소되면 사례자료를 구하기가 어려워진다. 즉, 인근지역의 범위는 적절하게 선정할 필요가 있다.
④ 인근지역의 성쇠현상: 인근지역의 성쇠현상은 '성장기 ➡ 성숙기 ➡ 쇠퇴기 ➡ 천이기(과도기) ➡ 악화기'의 다섯 단계로 구분되며, 인근지역의 변화를 동태적으로 파악함으로써 감정평가활동의 지역분석에 유용하게 활용된다. 즉, 인근지역의 성쇠현상을 파악하는 것은 인근지역의 변화에 따라 적합의 원칙 등을 적용하여 그 지역 부동산의 가격수준을 분석하는 데 의의가 있다.

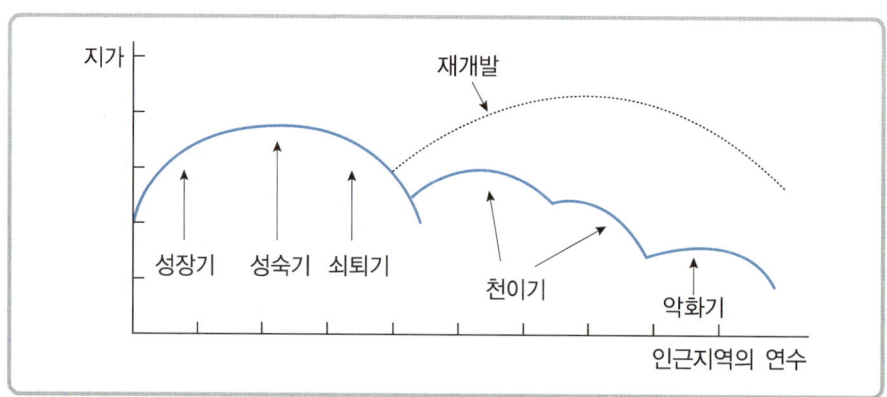

❶ 인근지역의 경계와 범위는 그 지역사회에 정통한 감정평가사의 판단에 따라 여러 가지 사항을 종합하여 선정하는 경우가 많다.

㉠ **성장기**: 어떤 지역이 새롭게 개발되거나, 과거부터 존재하던 건물이 새로운 건물로 교체됨으로써 지역의 변화가 생기는 단계이다. 즉, 지역이 신개발이나 재개발되어 발전을 시작하는 시기이다.
  ⓐ 지역 내의 입지경쟁이 치열하고 지역기능이 새롭게 형성되는 국면으로, 주로 젊은 계층이 많이 입주하게 되고 입주하는 계층의 교육수준도 높은 편이다.
  ⓑ 지가 상승이 가장 활발하여 지가상승률(폭)이 가장 높은 국면으로, 부동산에 대한 투기현상이 개재되기 쉽다. 이 국면에서는 신축부동산을 대상으로 하는 부동산활동이 활발하게 수행된다.
  ⓒ 주택의 상향여과현상이 활발한 국면이다.
㉡ **성숙기**: 지역개발이 진행됨에 따라 지역기능이 점차 안정되어 가는 단계로, 이 단계에 이르면 지역을 구성하는 부동산들은 안정단계에 들어간다.
  ⓐ 성장기에 비해 주민들의 유동이 많지 않은 까닭에 입지경쟁은 비교적 안정적이다.
  ⓑ 부동산의 가격수준과 지역기능은 최고조, 즉 정점(peak)에 이르며 지역주민의 사회적·경제적 수준 또한 최고도로 높아진다.
㉢ **쇠퇴기**: 시간이 흐름에 따라 지역은 점차 쇠퇴하고 건물은 점차 노후화되어 건물의 수선비나 관리비의 급격한 상승이 발생하면서 지역기능이 저하되는 단계이다.❶
  ⓐ 주택의 하향여과(filtering-down)현상이 시작된다. 즉, 성장기나 성숙기에 유입된 상위계층의 주민들이 다른 지역으로 이동하고, 하위계층의 주민들이 이주해온다.
  ⓑ 지가수준은 점차 하락하게 되며, 중고부동산의 거래가 부동산시장의 중심을 이룬다.
㉣ **천이기(과도기)**: 쇠퇴기의 다음 단계로서 지역이 새롭게 재개발될 수 있는 과도기에 해당하는 단계이다.
  ⓐ 주택의 하향여과(filtering-down)현상이 매우 활발해진다.
  ⓑ 하위계층의 활발한 주거이동으로 부동산수요가 자극되어 부동산가격은 가벼운 상승을 나타내기도 하는데, 지역이 재개발되면 그 지역의 성쇠현상은 새로운 사이클(cycle)로 형성될 수 있다.
㉤ **악화기**: 쇠퇴기와 천이기의 기간 중 지역개선을 위한 아무런 노력이 없으면 지역은 악화기에 이르게 된다. 이는 슬럼(slum)화 직전의 단계이지만 천이기 때에 재개발 등이 이루어지면 악화기가 도래하지 않을 수도 있다.

❶ 인근지역이 쇠퇴기에 접어들면 부동산의 경제적 감가가 나타난다.

(2) 유사지역

① 개념: 유사지역이란 대상부동산이 속하지 아니하는 지역으로서 인근지역과 유사한 지역특성을 갖는 지역을 말한다(「감정평가에 관한 규칙」제2조 제14호).

② 특징
   ㉠ 유사지역은 대상부동산의 가치형성에 간접적으로 영향을 미치는 지역이다.
   ㉡ 유사지역을 선정할 때에는 인근지역과의 지리적 근접성을 기준으로 선정하는 것이 아니라, 인근지역과 기능적·용도적인 면에서의 대체관계를 고려하여야 한다. 즉, 유사지역은 인근지역과 지리적 위치는 다르지만 기능적·용도적으로 유사하여 지역 구성요소가 동질적인 지역으로 볼 수 있다.❶
   ㉢ 사례부동산을 선택함에 있어 인근지역 내에 적절한 사례부동산이 없을 때에는 동일수급권 안의 유사지역에서 사례자료를 선택할 수 있다.
   ㉣ 사례부동산을 인근지역에서 선택하였다면 동일지역에 존재하므로 지역요인의 비교과정은 필요하지 않다. 그러나, 사례부동산을 동일수급권 안의 유사지역에서 선택하였다면 지역요인이 서로 다르기 때문에 지역요인의 비교과정이 필요하다.

(3) 동일수급권

① 개념
   ㉠ 동일수급권이란 대상부동산과 대체·경쟁관계가 성립하고 가치형성에 서로 영향을 미치는 관계에 있는 다른 부동산이 존재하는 권역을 말하며, 인근지역과 유사지역을 포함한다(「감정평가에 관한 규칙」제2조 제15호).
   ㉡ 동일수급권은 인근지역 및 유사지역 그리고 주변 용도지역을 포함하는 광역적인 개념으로서 부동산 상호 대체·경쟁관계가 성립하며 상호 영향을 주고받는 권역을 말한다. 즉, 사례부동산의 선택범위를 의미한다.

② 동일수급권의 판정: 동일수급권을 판정할 때 그 지역적 범위는 부동산의 종별·성격·규모에 따라 다르므로 적절히 판정할 필요가 있다.
   ㉠ 주거지: 주거지의 동일수급권은 도심으로 통근이 가능한 지역범위와 일치하는 경향이 있다. 주거지의 동일수급권은 주택가격, 지역적 선호나 사회적 지위·명성 등에 따라 좁아지거나 넓어질 수 있다. 또한 전철 등 교통수단이 발달하면 주거지의 동일수급권의 범위는 확장될 수 있다.
   ㉡ 상업지: 상업지의 동일수급권은 배후지(상권)를 배경으로 일정한 영업수익을 올릴 수 있는 지역의 범위와 일치하는 경향이 있다. 고도의 상업지역은 광역적인 배후지를 배경으로 성립되고, 보통의 상업지역은 보다 좁은 배후지를 배경으로 성립된다.

---

❶ 유사지역을 선정하여 분석하는 이유는 유사지역의 지역특성을 분석함으로써 인근지역의 상대적 위치와 지역특성을 명백히 하고 적정한 가격수준을 파악하여 감정평가의 신뢰도를 높이는 데 있다.

ⓒ 공업지: 공업지의 동일수급권은 제품의 생산과 판매활동에 관한 비용의 경제성이나 생산성에 있어서 대체성을 가지는 지역범위와 일치하는 경향이 있다.
② 농지: 농지의 동일수급권은 해당 농지에 대하여 농업경영이 가능한 거리의 범위와 일치하는 경향이 있다.
◎ 후보지·이행지: 후보지나 이행지의 동일수급권은 전환 후(後)나 이행 후(後)의 종별에 따라 그 범위를 정하는데, 다만 전환이나 이행의 속도가 완만하거나 그 성숙도가 낮은 경우에는 전환 전(前)이나 이행 전(前)의 동일수급권과 일치하는 경향이 있다.

> **확인예제**
>
> **감정평가이론상 지역분석에 관한 설명으로 틀린 것은?** 제20회
> ① 지역분석에서는 인근지역뿐만 아니라 유사지역까지 분석함으로써 대상부동산의 구체적인 가격을 정한다.
> ② 지역분석이란 대상부동산이 어떤 지역에 속하며, 지역특성이 무엇이며, 전반적으로 지역특성이 지역 내 부동산 가격형성에 어떠한 영향을 미치는가를 분석하는 것이다.
> ③ 지역분석의 결과로 그 지역의 표준적 이용을 파악할 수 있다.
> ④ 지역분석은 해당 지역을 전체적으로 거시적인 차원에서 분석한다.
> ⑤ 지역분석은 개별분석보다 선행되는 것이 일반적이다.
>
> **해설**
> 지역분석은 대상지역의 (평균적인) 가격수준을 파악하는 작업이고, 개별분석은 대상부동산의 구체적인 가격을 구하는 작업이다.
> 정답: ①

제 2 장 │ 감정평가의 방식

제1절 감정평가방법의 적용 및 시산가액의 조정 제27·29·30·33회

01 가격의 3면성 및 감정평가방법

(1) 비용성
① 투입되는 비용이 부동산의 가치를 결정한다는 것으로, 원가방식에서 가격을 구하는 방법은 원가법이라 하고, 임대료를 구하는 방법은 적산법이라 한다.
② 원가방식은 거래·매매가 빈번하지 못하여 주로 시장성이 낮은 공공용 부동산(예 학교, 관공서 등)의 평가에 적합한 방식이다.

(2) 시장성
① 시장에서 거래·매매될 가능성이 높은 가격이 부동산의 가치를 결정한다는 것으로, 비교방식에서 가격을 구하는 방법은 거래사례비교법이라 하고, 임대료를 구하는 방법은 임대사례비교법이라 한다.
② 비교방식은 시장성이 높은 물건(예 주택, 아파트, 동산 등)의 평가에 적합한 방식이다. 토지의 가치를 평가하는 공시지가기준법도 비교방식에 속한다.

(3) 수익성
① 부동산에서 산출되는 임차인의 효용(소득·임대료)이 부동산의 가치를 결정한다는 것으로, 수익방식에서 가격을 구하는 방법은 수익환원법이라 하고, 임대료를 구하는 방법은 수익분석법이라 한다.
② 수익방식은 장래 수익이 예상되는 상업용이나 기업용 부동산 등의 평가에 적합한 방식이다.

핵심 콕! 콕! 감정평가방식

가격의 3면성	3방식	가격의 성격	평가조건	6방법	시산가액 및 임대료
비용성	원가방식 (비용접근법)	공급자가격 (투입가치)	가액	원가법	적산가액
			임대료	적산법	적산임료
시장성	비교방식 (시장접근법)	균형가격 (시장가치)	가액	거래사례비교법	비준가액
			임대료	임대사례비교법	비준임료
			토지	공시지가기준법	토지가액
수익성	수익방식 (소득접근법)	수요자가격 (산출가치)	가액	수익환원법	수익가액
			임대료	수익분석법	수익임료

더 알아보기 감정평가 3방식 성립의 이론적 근거

1. 고전학파
   고전학파는 노동가치설(생산비가치설)을 전개하면서 공급과 비용 측면을 강조하여 재화의 가치는 투입된 생산비에 의하여 결정된다고 하였다.

2. 신고전학파
   신고전학파의 대표학자인 마샬(A. Marshall)은 공급 측면의 고전학파 이론과 수요 측면의 한계효용학파 이론에 단기와 장기라는 시간개념을 도입하여 양 학파의 견해를 조정하였다. 즉, 수요와 공급의 상호작용에 따라 가격이 결정된다는 것이다.

3. 한계효용학파
   한계효용학파는 재화의 가치는 한계효용에 의하여 결정된다고 하였다. 이들은 수요와 가격 측면을 강조하여 재화의 교환가치는 효용의 정도에 비례하는 것으로서, 시장에서의 수요자의 반응에 의해서 부여되는 것이라고 하였다.

4. 가치이론과 감정평가 3방식과의 관계
   감정평가 3방식에는 가치이론들이 근거가 되고 있는데, 원가방식은 고전학파의 생산비가치설에서, 비교방식은 신고전학파의 가치이론에서, 수익방식은 한계효용학파의 가치이론에서 접근하고 있다.

학파	대표학자	가치의 결정	3방식과의 관계
고전학파	리카도(D. Ricardo)	생산비	원가방식
신고전학파	마샬(A. Marshall)	수요·공급의 상호작용	비교방식
한계효용학파	멩거(C. Menger)	수요자의 효용	수익방식

02 감정평가 3방식 병용의 필요성

① 적산가액, 비준가액, 수익가액 등은 대상부동산의 감정평가액을 산출하는 과정에서 도출된 각각의 시산가액이다.
② 3방식의 이론적 근거는 가치의 3면 등가성에 있는데, 3면 등가성의 논리는 비용성·시장성·수익성으로 구한 가치는 모두 일치한다는 것으로, 이는 완전경쟁시장을 전제로 하고 있다.
③ 3방식은 각각 다른 입장에서 접근한 것이고, 각각의 장·단점이 있으며, 각 단계에 있어서 감정평가주체의 주관적인 판단이 작용하는 등의 현실적 제약으로 인하여 시산가액의 등가성을 기대하기가 어렵다.
④ 3면 등가성에 의하여 각각의 세 가지 방식으로 구한 가격이 일치하여야 하지만, 현실적으로 부동산시장은 불완전하기 때문에 각 방식으로 산정한 시산가액이 일치하지 않는다는 문제가 있다. 이에 따라 시산가액의 조정이 필요하다.

03 시산가액(試算價額)의 조정

(1) 의의

시산가액의 조정이란 3방식을 통하여 구하여진 시산가액을 상호 관련시켜 재검토함으로써 각 시산가액 상호간의 격차를 축소하는 작업을 말한다. 감정평가 3방식에 의하여 구하여진 세 가지 가격을 단순히 산술평균하는 것이 아니라 가장 적절한 한 가지 방식을 기준으로 하되 다른 방식으로 그 합리성을 검토하여야 한다(예 가중평균).

(2) 시산가액의 조정방법(「감정평가에 관한 규칙」 제12조)

① 감정평가법인등은 대상물건별로 정한 감정평가방법(주된 방법)을 적용하여 감정평가해야 한다. 다만, 주된 방법을 적용하는 것이 곤란하거나 부적절한 경우에는 다른 감정평가방법을 적용할 수 있다.
② 감정평가법인등은 대상물건의 감정평가액을 결정하기 위하여 어느 하나의 감정평가방법을 적용하여 산정(算定)한 가액(시산가액)을 감정평가방식 중 다른 감정평가방식에 속하는 하나 이상의 감정평가방법(이 경우 공시지가기준법과 그 밖의 비교방식에 속한 감정평가방법은 서로 다른 감정평가방식에 속한 것으로 본다)으로 산출한 시산가액과 비교하여 합리성을 검토해야 한다. 다만, 대상물건의 특성 등으로 인하여 다른 감정평가방법을 적용하는 것이 곤란하거나 불필요한 경우에는 그렇지 않다.
③ 감정평가법인등은 산출한 시산가액의 합리성이 없다고 판단되는 경우에는 주된 방법 및 다른 감정평가방법으로 산출한 시산가액을 조정하여 감정평가액을 결정할 수 있다.

제2절 원가법 제28·29·31·32·34·35회

01 원가법(原價法)의 개요

(1) 의의

① 원가법[1]이란 대상물건의 재조달원가에 감가수정(減價修正)을 하여 대상물건의 가액을 산정하는 감정평가방법을 말한다.

> 적산가액 = 재조달원가 − 감가수정[2](감가누계액)

② 기준시점에 있어서 대상물건을 재생산 또는 재취득하는 데 소요되는 재조달원가에 경과연수에 해당하는 감가수정을 실시하여 대상물건의 가액을 산정하는 방법을 말하며, 이때 산정된 가치를 적산가액이라 한다.

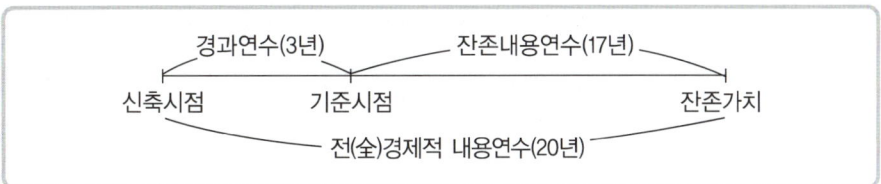

(2) 적용대상 및 특징

① **적용대상**: 건물, 구축물, 건설기계, 항공기, 선박, 기계 등 재생산·재취득할 수 있는 물건의 평가에 적합하다.

② **특징**
  ㉠ 건물·기계 등 재생산이 가능한 상각자산과 시장성이 없는 공공용 부동산 등의 평가에 널리 적용된다.
  ㉡ 원가법은 토지와 같이 재생산이 불가능한 자산에는 원칙적으로 적용이 곤란하다. 다만, 조성지·매립지 등의 평가에는 적용할 수 있다.[3]
  ㉢ 재조달원가나 감가수정액을 파악하는 데 기술적인 제한이 있으며, 비용성에만 치중하므로 시장성이나 수익성이 반영되지 않을 우려가 있다.

02 재조달원가(再調達原價) 제35회

(1) 개념

재조달원가[4]란 기준시점에 있어서 대상부동산을 새로 재생산 또는 재취득하는 데 소요되는 적정원가의 총액을 말한다. 재조달원가는 부동산가격의 상한선으로 표시된다.

---

[1] 원가법은 원가방식에서 가액을 산정하는 방법이다.

[2] **감가**
물리적 감가, 기능적 감가, 경제적 감가를 말한다.

용어사전
잔존가격(가치)
일반적으로 내용연수 만료 시 그 부동산의 남아 있는 잔존가격을 말한다.
● 잔존가치는 재조달원가를 기준으로 산정한다.

[3] 토지는 부증성·영속성의 특성으로 원가법 적용이 제한된다.

[4] 부동산가격(적산가액)은 재조달원가를 넘을 수 없다.

(2) 종류

① **복제원가**(reproduction cost, 복조원가): 기준시점 현재 대상부동산과 동일 또는 유사한 자재를 사용하여 재생산하는 데 소요되는 물리적 측면의 원가를 말하는데, 이는 주로 최근의 신축부동산의 원가를 구하는 데 적합하다.

② **대체원가**(replacement cost, 대치원가): 건축자재·공법·기술 등의 변화로 대상물건과 동일한 물건의 재조달원가를 구하기가 곤란한 경우, 대상부동산과 동일한 효용을 가지는 부동산으로 대체하는 경우의 원가를 말한다. 즉, 건물을 신축한 지 오래되어 복제하기가 곤란한 경우(예 오래된 건물 등)에는 대체원가를 적용하는 것이 적합하다.

③ 비교
  ㉠ 이론적으로 복제원가보다 대체원가가 설득력이 더 높다. 왜냐하면 오래된 건물의 경우 건축자재·건축공법 등에 변화가 있어도 대체원가는 동일한 효용이라는 점을 충족하며, 수요자 역시 물리적 구조의 유사성보다는 동일한 효용을 가지는 현대적 감각의 부동산을 선호한다는 점 때문이다.
  ㉡ 대체원가에 의하여 재조달원가를 구하는 경우에는 따로 기능적 감가는 행하지 않는다. 왜냐하면 대체원가란 동일한 효용(유용성) 측면의 원가로서 재조달원가를 구할 때 대체원가를 적용하면 이미 기능적 감가가 수행된 것이므로, 감가수정에서 기능적 감가를 또 하게 되면 이중감가가 발생할 수 있기 때문이다.

(3) 재조달원가의 구성요소와 구하는 방법

① **구성요소**: 재조달원가는 도급(都給)건설이든 자가(自家)건설이든 도급건설을 기준으로 하여야 하는데, 이는 주관적인 요소를 배제한 적정한 원가를 적용한다는 것이다. 재조달원가는 표준적인 건설비(= 직접공사비 + 간접공사비 + 수급인의 적정이윤)와 건설에 수반되는 통상적인 부대비용의 합으로 구성된다.

용어사전
도급(都給)
당사자의 일방이 건축공사를 완성할 것을 약정하고 상대방이 그 일의 결과에 대하여 보수지급을 약정함으로써 성립하는 계약을 말한다. 건축공사를 완성할 것을 약정한 자를 수급인(개발업자), 완성한 일에 대해서 보수를 지급하기로 약정한 자를 도급인이라 한다.

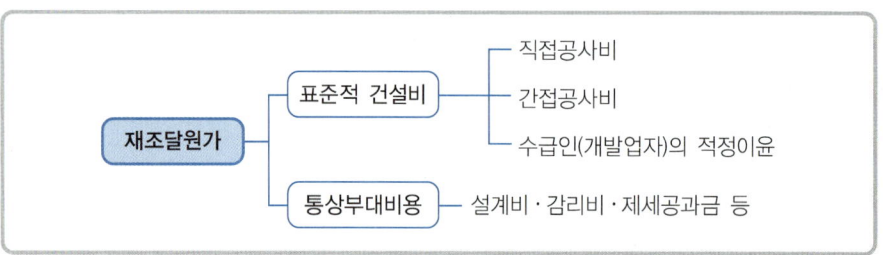

- 건물의 재조달원가 = 표준적 건설비 + 통상 부대비용
- 토지의 재조달원가 = 소지(素地)의 취득가격 + 표준적 건설비 + 통상 부대비용

② 구하는 방법[1]: 재조달원가는 직접법과 간접법을 병용하여 사용할 수 있다.
　㉠ **총가격적산법(총량조사법)**: 대상부동산의 전체에 소요된 재료비, 노무비, 경비 등을 합산하여 원가를 구하는 방법이다.
　㉡ **부분별 단가적용법(구성단위법)**: 주요구조부별(예 지붕, 벽, 기둥 등) 표준단가에 각 부분의 수량을 곱한 후 부대비용을 합산하여 원가를 구하는 방법이다.
　㉢ **단위비교법**: 단위면적당, 평방미터(m^2)당 원가를 구하는 방법으로 실무에서 가장 널리 사용되고 있다. ➡ 간접법
　㉣ **변동률적용법(비용지수법)**: 신축시점의 원가총액에 물가(건축비)변동률을 곱하여 원가를 구하는 방법이다. ➡ 직접법 또는 간접법으로 사용될 수 있다.

[1]
- **직접법**: 대상부동산으로부터 재조달원가를 구하는 방법
  ➡ 총가격적산법, 부분별 단가적용법, 변동률적용법
- **간접법**: 사례부동산으로부터 재조달원가를 구하는 방법
  ➡ 단위비교법
- 변동률 적용법은 직접법, 간접법 모두 사용

> **확인예제**
>
> 다음 자료를 활용하여 산정한 A건물의 m^2당 재조달원가는? ·제20회
>
> - A건물은 10년 전에 준공된 4층 건물이다(대지면적 $400m^2$, 연면적 $1,250m^2$).
> - A건물의 준공 당시 공사비 내역(단위: 천원)
>
> | 직접공사비 | 270,000 |
> | 간접공사비 | 30,000 |
> | 공사비 계 | 300,000 |
> | 개발업자의 이윤 | 60,000 |
> | 총계 | 360,000 |
>
> - 10년 전 건축비지수 100, 기준시점 현재 건축비지수 135
>
> ① 388,800원/m^2　　② 324,000원/m^2
> ③ 288,000원/m^2　　④ 240,000원/m^2
> ⑤ 216,000원/m^2
>
> **해설**
>
> 재조달원가는 기준시점에서 산정하므로, 10년 전 준공당시 건축비지수(100)와 기준시점까지의 건축비지수(135)의 변동을 반영하여 계산한다. 표준적 건설비에는 직접공사비 간접공사비, 개발업자(수급인)의 이윤이 포함된다.
>
> $360,000,000원 \times \dfrac{135(기준시점\ 건축비지수)}{100(10년\ 전\ 건축비지수)} = 486,000,000원$
>
> ∴ m^2당 재조달원가 $= \dfrac{486,000,000원}{1,250m^2} = 388,000원/m^2$
>
> 정답: ①

03 감가수정 제33회

(1) 개념

감가수정이란 대상물건에 대한 재조달원가를 감액하여야 할 요인이 있는 경우 물리적·기능적·경제적 감가 등을 고려하여 그에 해당하는 금액을 재조달원가에서 공제하여 기준시점에 있어서의 대상물건의 가액을 적정화하는 작업을 말한다.

(2) 감가요인

감가요인은 부동산의 가치가 감소하는 요인을 말하며, 물리적·기능적·경제적 감가요인은 각각 독립하여 작용하는 것이 아니고 상호 연관되어 영향을 미친다. 즉, 부동산의 물리적 감가는 기능적 감가를 유발할 수 있다는 것이다.

① **물리적 감가**: 대상부동산의 외형적인 측면에서 물리적인 상태가 저하되어 하자가 발생하는 경우를 말한다.

② **기능적 감가**: 대상부동산의 내부상태의 기능적 효용이 변화함으로써 발생하는 가치손실로서 대상부동산의 내부구성요소의 하자, 즉 균형의 원칙에 부합하지 못하여 발생하는 감가이다. 기능적 감가는 물리적 감가와 함께 그 타당성을 고려하여 치유할 수 있고, 그렇지 않을 수도 있다. 즉, 치유 가능감가와 치유 불가능감가로 구분할 수 있다.

③ **경제적 감가**: 대상부동산 그 자체와는 관계없이 대상부동산이 그것이 위치하고 있는 인근 환경과 조화를 이루지 못하여 발생하는 감가요인으로, 대상부동산이 적합의 원칙에 부합하지 못하여 발생하는 것이라 할 수 있다. 이는 대상부동산에 생산요소(예 자본·노동 등)를 투입한다고 하더라도 치유되지 않으므로 치유 불가능감가에 해당한다.

④ **법률적 감가**: 공·사법상의 하자 및 불완전상태로 발생하는 감가를 말한다. 즉, 소유권과 권리관계 측면에서의 법률적·행정적·제도적인 하자를 말한다.

구분		감가요인	관련 원칙	치유 여부
내부적 요인	물리적 감가요인	• 시간의 경과로 인한 노후화 • 사용으로 인한 마모·파손 • 재해 등의 우발적 손상 • 기타 물리적 하자	변동의 원칙	치유 가능 및 치유 불가능
	기능적 감가요인	• 건물과 부지의 부적합 • 설계의 불량, 설비의 부족 • 능률의 저하, 형의 구식화 등	균형의 원칙	
외부적 요인	경제적 감가요인	• 인근지역의 쇠퇴 • 시장성의 감퇴 • 주위 환경과의 부적합 • 표준적 이용에의 부적합	적합의 원칙	치유 불가능

(3) 감가수정의 방법

감가수정방법은 직접법(대상부동산)과 간접법(사례 또는 유사부동산)으로 구분된다. 감가수정을 할 때에는 직접법을 사용할 수 있으며, 간접법을 사용할 수도 있다. **감정평가의 감가수정에는 경제적 내용연수를 사용한다.**

직접법	내용연수법: 정액법, 정률법, 상환기금법
	실제감가 구하는 방법: 관찰감가법, 분해법
간접법	시장추출법, 임대료손실환원법[1] 등

① 내용연수법

㉠ 정액법(균등상각법, 직선법)

ⓐ 개념: 정액법이란 매년의 감가액이 일정한 방법으로, 대상부동산의 감가총액(= 재조달원가 − 잔존가치)을 경제적 내용연수로 평분하여(나누어) 매년의 일정한 감가액을 구하는 방법이다. 매년의 감가액이 전 내용연수를 통하여 일정하기 때문에 **균등상각법** 또는 **직선법**이라고도 한다. 정액법은 감가누계액이 경과연수에 정비례하여 증가하므로, 초기(매년) 감가액이 1억원이고 경과연수가 2년이면 감가누계액은 2억원이다.

ⓑ 산정방법

1. 매년(초기)의 감가액 = $\dfrac{\text{감가총액}(= \text{재조달원가} - \text{잔존가치})}{\text{경제적 내용연수}}$
2. 감가누계액 = 매년의 감가액 × 경과연수
3. 적산가액 = 재조달원가 − 감가누계(감가수정)액

ⓒ 건물·구축물은 그 사용횟수가 일정하므로 감가되는 금액도 일정하다. 계산은 간편하지만 실제의 감가와 일치하지 않으므로 관찰감가법과 병용하여 쓰인다.

확인예제

원가법에 의한 대상물건 기준시점의 감가수정액은? 제25회

- 준공시점: 2009년 6월 30일
- 기준시점: 2014년 6월 30일
- 기준시점 재조달원가: 200,000,000원
- 경제적 내용연수: 50년
- 감가수정은 정액법에 의하고, 내용연수 만료시 잔존가치율은 10%이다.

① 17,000,000원 ② 18,000,000원 ③ 19,000,000원
④ 20,000,000원 ⑤ 21,000,000원

---

[1]
- **시장추출법**: 대상부동산과 유사한 거래사례를 분석하여 적정한 감가수정률을 구하고, 이를 적용하여 대상부동산의 감가수정액을 구하는 방법으로 신뢰성 있는 사례자료가 충분할 때 유용하다.
- **임대료손실환원법**: 감가요인으로부터 발생한 임대료손실을 자본환원율로 환원하여 감가액을 추계하는 방법이다.

용어사전

내용연수
감가상각자산의 수명을 말한다.

경제적 내용연수
부동산의 유용성이 지속되어 경제적 수익의 발생이 예상되는 기간을 말한다. 경제적 내용연수는 물리적 내용연수보다 그 기간이 짧다.

물리적 내용연수
부동산이 물리적으로 존속 가능한 기간으로서 관리상태에 따라 기간이 달라지는 물리적·기술적 개념을 말한다.

> **해설**
> 재조달원가가 200,000,000원이고, 이에 대한 잔존가치율이 10%이므로 잔존가치는 20,000,000원이다. 정액법에 의한 초기 감가액은 다음과 같이 구한다.
>
> 초기(매년) 감가액 = $\dfrac{\text{재조달원가}(200,000,000원) - \text{잔존가치}(20,000,000원)}{\text{경제적 내용연수}(50년)}$
>
> 따라서 초기 감가액은 3,600,000원(= 180,000,000원 ÷ 50년)이며, 신축시점부터 기준시점까지 경과연수가 5년이므로 감가수정액(감가누계액)은 18,000,000원[= 3,600,000원 × 경과연수(5년)]이다.
>
> 정답: ②

  ⓒ 정률법(체감상각법)
  ⓐ 개념: **매년(기)의 감가율이 일정한 방법으로**, 매년(기) 말의 잔존가액에 일정한 감가율을 곱하여 매년(기)의 감가액을 산출하는 방법이다. 이 방법은 **첫 해의 감가액이 가장 크고** 가치가 하락함에 따라 **감가액도 점차 체감**하므로 기계·기구 등의 감가수정에 적합하다.
  ⓑ 산정방법

  > 1. 매년 감가액 = 전년 말 잔존가액 × 감가율
  > 2. 적산가액 = 재조달원가 × (1 - 매년 감가율)^{경과연수}
  >   = 재조달원가 × (전년 대비 잔가율)^{경과연수}

  ⓒ 기계·기구 등은 성능이 좋은 초기에 많이 사용되므로 초기 감가액을 많이 반영하며 자본회수가 빠르기 때문에 안전하지만, 매년(기) 일정한 감가율이 발생함을 전제로 하기 때문에 매년(기)의 감가액이 표준적이지 못하다. 또한 정액법과 같이 실제의 감가와 일치하지 않는다는 단점이 있다.

> **확인예제**
>
> 원가법에 의한 공장건물의 적산가액은? (단, 주어진 조건에 한함)   제28회
>
> - 신축공사비: 8,000만원
> - 준공시점: 2015년 9월 30일
> - 기준시점: 2017년 9월 30일
> - 건축비지수
>   - 2015년 9월: 100
>   - 2017년 9월: 125
> - 전년 대비 잔가율: 70%
> - 신축공사비는 준공 당시 재조달원가로 적정하며, 감가수정방법은 공장건물이 설비에 가까운 점을 고려하여 정률법을 적용함
>
> ① 3,920만원 ② 4,900만원 ③ 5,600만원
> ④ 7,000만원 ⑤ 1억원

> **해설**
> - 경과연수: 2015년 9월 30일에서 기준시점 2017년 9월 30일까지 ➜ 2년
> - 재조달원가 = 신축공사비(8,000만원) × $\frac{125}{100}$ = 1억원
> - ∴ 정률법에 의한 적산가액 = 재조달원가 × (1 − 매년 감가율)^{경과연수}
>   = 재조달원가 × (전년 대비 잔가율)^{경과연수}
>   = 1억원 × $(0.7)^2$ = 4,900만원
>
> 정답: ②

ⓒ 상환기금법(감채기금법)

ⓐ **개념: 대상부동산의 내용연수 만료시 감가누계상당액과 그에 대한 복리계산의 이자상당액을 포함하여 당해 내용연수로 상환하는 방법이다.**

ⓑ 기준시점에서의 상태와 동일한 효용을 가지는 부동산을 취득하기 위하여 매년의 감가액을 국공채나 정기예금에 투자하여 복리로 이자가 발생한다는 것을 전제로 계산한 원리금의 합계를 감가총액과 일치시키려는 방법이다. 매기의 감가수정액은 정액법의 경우보다 작기 때문에 적산가액은 정액법의 경우보다 크다.

ⓒ 상환기금법에 의한 매년의 감가액은 정액법보다 작지만, 세금공제대상이 작아짐에 따라 세금부담이 크고 감가액을 외부에 재투자하는 것이 비현실적이며 대상물건의 가격 상승시 대체가 제한된다는 단점이 있다.

감가액과 적산가액의 변화❶

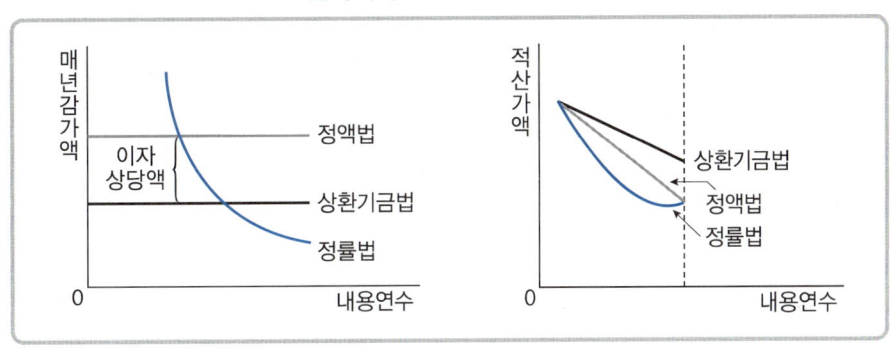

❶
- 1차 말 감가누계액이 큰 순서: 정률법 > 정액법 > 상환기금법
- 1차 말 평가액(적산가액)이 큰 순서: 상환기금법 > 정액법 > 정률법

| 더 알아보기 | 내용연수의 조정 |

1. **필요성**
   내용연수는 유지·관리·추가투자 등에 따라 단축 또는 연장될 수 있으므로 내용연수를 일률적으로 적용할 경우 현실적으로 타당성이 낮아진다. 부동산은 개별성의 특성이 있어 감가에도 개별성이 작용하기 때문에 적정한 평가액을 구하기 위해서는 내용연수의 조정이 필요하다.

2. **내용연수의 구분**
   건물의 실제 경과한 연수나 남은 연수를 '실제연수'라 하며, 건물의 상태나 효용에 따라 조정된 연수를 '유효연수'라 한다.
   - **실제경과연수**: 신축시점 이후 대상부동산에 실제로 경과한 내용연수를 말한다.
   - **실제잔존연수**: 대상부동산의 전체 내용연수 중 실제로 남은 내용연수를 말한다.
   - **유효경과연수**: 감정평가사가 대상부동산을 직접 관찰하여 건물의 상태나 효용에 따라 조정한 내용연수를 말한다.
   - **유효잔존연수**: 감정평가사가 대상부동산을 직접 관찰하여 건물의 상태나 효용에 따라 조정되고 남은 내용연수를 말한다.

② 실제 감가를 구하는 방법

㉠ 관찰감가법

ⓐ 관찰감가법은 대상부동산에 대한 내용연수나 잔가율 등의 계산과정 없이 감정평가사가 대상부동산이 소재한 현장에서 직무지식과 경험을 바탕으로 대상부동산 전체에 대한 감가요인과 감가액을 직접 관찰하여 감가를 추계하는 방법이다.

ⓑ 대상부동산의 개별적인 상태를 세밀하게 관찰하므로 그 결과가 상세하고 정확한 편이다. 그러나 감정평가사의 주관이 개입될 가능성이 크며, 감정평가사의 개별적 능력에 따라 그 결과가 달라질 수 있다.

㉡ 분해법

ⓐ 분해법은 대상부동산에 대한 감가요인을 물리적·기능적·경제적 요인으로 세분한 후 이에 대한 감가액을 각각 별도로 측정하고, 이것을 전부 합산하여 감가액을 산출하는 방법으로 내구성 분해방식이라고도 한다.

ⓑ 물리적·기능적 감가요인은 치유 가능한 감가와 치유 불가능한 감가로 세분(분해)할 수 있지만, 경제적 감가요인은 모두 치유 불가능한 감가에 해당한다.

핵심 쾩! 쾩! 감가수정방법 비교

Tip 건물은 사용횟수가 일정하여 매년 감가액이 일정하고, 기계는 성능이 좋은 초기에 많이 사용하므로 초기 감가액이 크다.

구분	정액법(균등상각법)	정률법	상환기금법
적용	건물·구축물	기계·기구·동산	광산
특징	• 감가액이 일정(직선법) • 감가누계액이 경과연수에 정비례함	• 감가율이 일정 • 감가액은 첫 해에 가장 크고, 감가액은 체감함	감가누계상당액과 그에 대한 복리 이자상당액을 포함하여 당해 연수로 상환하는 방법
장점	계산이 용이함	능률성이 높은 초기에 감가를 많이 행하므로 안전하게 자본 회수	연간 감가액은 정액법보다 작음

(4) 감가수정과 감가상각의 차이

부동산감정평가를 행할 때에는 감가수정이라 하며, 회계·세무상에서 주로 비용배분의 목적으로 행할 때에는 감가상각이라 한다.

감정평가의 감가수정과 회계·세무상의 감가상각

구분	감정평가의 감가수정	회계·세무상의 감가상각
목적	기준시점에서의 부동산가액의 적정화	비용배분·자본회수
적용	재조달원가를 기초로 함	취득원가를 기초로 함
	감가에 있어 시장성을 고려함	시장성을 고려하지 않음
	경제적 내용연수를 사용함	법정 내용연수를 사용함
	물리적·기능적·경제적 감가요인 모두 고려함	물리적·기능적 감가요인만 취급하고, 경제적 감가요인은 고려하지 않음
	관찰감가법·분해법이 인정됨	관찰감가법이 인정되지 않음
	감가액이 실제 감가와 일치함	감가액이 실제 감가와 일치하지 않음
	물건마다 잔가율(잔존가치)이 다른 개별성이 있음	잔가율이 일정함

> **확인예제**

원가법에서 사용하는 감가수정 방법에 관한 설명으로 틀린 것은? 제32회

① 정률법에서는 매년 감가율이 감소함에 따라 감가액이 감소한다.
② 정액법에서는 감가누계액이 경과연수에 정비례하여 증가한다.
③ 정액법을 직선법 또는 균등상각법이라고도 한다.
④ 상환기금법은 건물 등의 내용연수가 만료될 때 감가누계상당액과 그에 대한 복리계산의 이자상당액분을 포함하여 당해 내용연수로 상환하는 방법이다.
⑤ 정액법, 정률법, 상환기금법은 모두 내용연수에 의한 감가수정 방법이다.

> **해설**

정률법에서는 매년 감가율이 일정함에 따라 기간이 경과할수록 감가액이 감소(체감)한다. 기계, 기구 등 감가수정에 활용한다. 정답: ①

원가법의 구성도

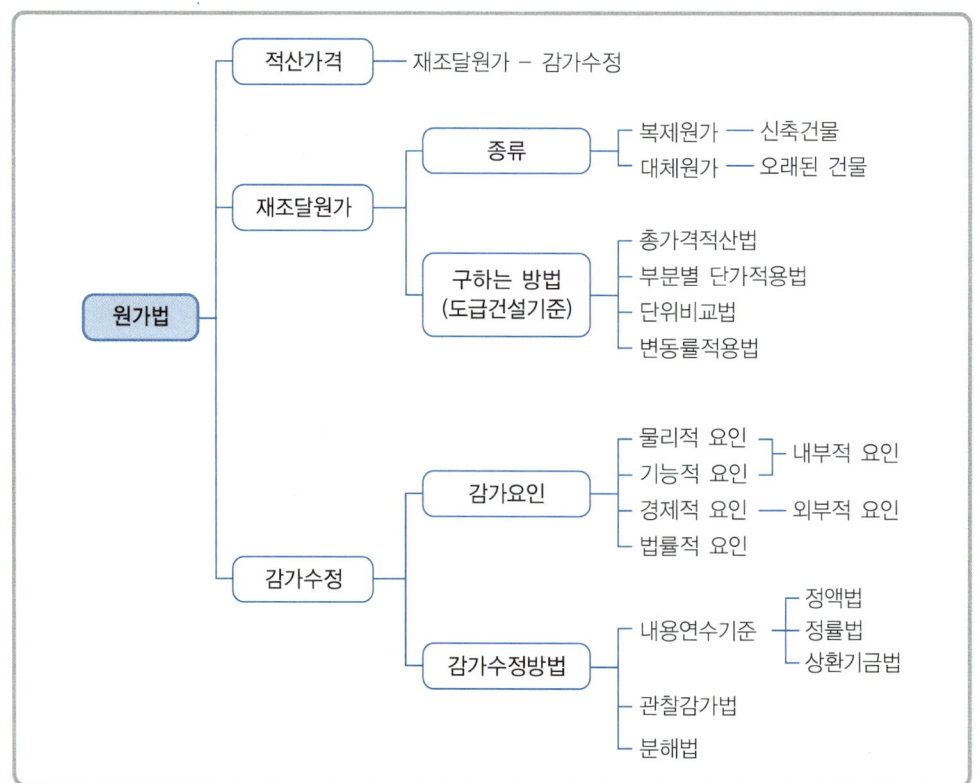

제3절 거래사례비교법 제28·29·31·32·33·35회

01 거래사례비교법(去來事例比較法)의 개요

(1) 개념

거래사례비교법이란 대상물건과 가치형성요인이 같거나 비슷한 물건의 거래사례와 비교하여 대상물건의 현황에 맞게 사정보정(事情補正), 시점수정(時點修正), 가치형성요인 비교 등의 과정을 거쳐 대상물건의 가액을 산정하는 감정평가방법을 말한다.❶

> 비준가액 = 사례부동산가격 ×❷ 사정보정 × 시점수정 × 가치형성요인 비교 등

❶ 상호 비교
대상부동산: 방배동 소재 아파트 ↔ **사례부동산**: 신사동 소재 아파트

❷ 상승식
각 수치를 곱하여 ('×') 계산하는 방법

(2) 적용대상 및 특징

① **적용대상**: 자동차, 아파트, 주택, 동산, 과수원, 상장주식, 상장채권, 기타 시장성이 있는 물건의 평가에 유용하다.

② **특징**

㉠ 실제 매매·거래된 사례부동산을 기준으로 평가하기 때문에 현실성이 있고 실증적이다. 다만, 시장성이 없는 공공용 부동산 등의 물건에는 적용하기가 곤란하다.

㉡ 안정적인 시장상황에서 적절한 거래사례가 있으면 부동산 전반에 적용할 수 있다. 단, 극단적인 호황이나 불황기의 매매사례는 신뢰도가 떨어지므로 적용하기가 곤란하다.

㉢ 평가사의 주관과 경험이 많이 작용하므로 비과학적이고, 가격편차가 큰 편이다.

02 거래사례자료의 선택기준

거래사례비교법은 사례가격에 사정보정, 시점수정, 가치형성요인 비교, 면적 비교 등을 행하여 대상물건의 가액을 구하는 방법이므로 평가의 정확성을 기하기 위해서는 다음의 조건을 모두 만족하는 적절한 사례부동산의 선택이 선행되어야 한다.

(1) 사정보정(事情補正)의 가능성

사정보정이란 수집된 거래사례 등에 거래당사자의 특수한 사정 또는 개별적인 동기가 개재되어 있거나 평가선례 등에 특수한 평가조건 등이 반영되어 있는 경우에는 그러한 사정이나 조건 등이 없는 상태로 이를 적정하게 보정하는 것을 말한다(「표준지공시지가 조사·평가기준」 국토교통부 훈령).

> **더 알아보기** 대표성이 없는 매매사례
>
> 대표성이 없는 매매사례란 대상부동산과 사례부동산을 비교할 수 없는 경우를 말한다.
> 1. 공적 기관에 의한 매매사례
>   정부나 공적 기관이 거래당사자가 되는 경우를 말한다. 예를 들어 수용에 의한 매매사례, 국·공유부동산의 공매처분으로 인한 매매사례, 세금체납으로 인한 매매사례, 법원의 경매처분으로 인한 매매사례는 그 성격상 강제성이 내포되어 있는 경우가 많다.
> 2. 관련 당사자간의 매매사례
>   계열기업들간의 매매사례나 가족구성원간의 매매사례 등 관련 당사자간의 매매사례는 대표성이 없다.
> 3. 당사자간의 편의에 의한 매매사례
>   유언 당시 당사자에 의한 자발적 매매사례나 자선단체가 당사자인 매매사례 등 당사자간의 편의에 의한 매매사례는 대표성이 없다.

(2) 시점수정(時點修正)의 가능성(시간적 유사성)

① 시점수정이란 거래사례의 거래시점과 대상물건의 기준시점 사이에 시간적 불일치가 있고, 이로 인하여 두 시점간의 지가(가격)변동률에 차이가 있을 때 거래시점의 사례가격을 기준시점의 수준으로 수정하는 작업을 말한다.

② 지가(가격)변동률에 관한 지수는 가능한 한 최근의 사례를 선택하는 것이 평가의 신뢰도를 높일 수 있다. 즉, 기준시점에 유사한 거래사례이거나 최근의 거래사례일수록 시점수정에 효과적이다.

(3) 가치형성요인 비교가능성

① 지역요인 비교가능성(위치적 유사성)
  ㉠ 거래사례비교법은 대체의 원칙을 근거로 하므로 거래사례는 위치적으로 대상부동산과 대체·경쟁관계에 있어야 한다.
  ㉡ 사례자료는 대상물건과 동일성·유사성이 있는 동일수급권 안의 인근지역이나 유사지역에 존재하는 것이어야 한다. 즉, 지리적 위치의 근접성보다 기능적·용도적인 동질성을 중시하여야 한다는 것이다.

② 개별요인 비교가능성(물적 유사성)
  ㉠ 사례자료는 대상물건과 물적 사항에 있어서 동일성·유사성이 있는 사례를 선택하여야 한다. 예컨대 아파트에 대한 매매사례를 단독주택에서 구한다면 물적 유사성이 결여되었다고 할 수 있다.
  ㉡ 사례부동산이 복합부동산인 경우에는 대상부동산과 이유형(異類型)의 부분은 제외하고, 동유형(同類型)의 부분만을 사례로 선택할 수 있는 배분법(配分法)을 적용할 수 있다.

> **더 알아보기** | 배분법❶
>
> 배분법(配分法)이란 사례부동산이 대상부동산과 같은 유형의 부분을 포함한 복합부동산으로 구성되어 있는 경우 거래가격 총액에서 대상부동산과 다른 유형의 부분을 제외하고 같은 유형의 부분만을 사례자료로 채택하는 방법을 말한다.
>
> 1. 적용방법
>   - 공제방식: 복합부동산의 거래사례가격에서 대상물건과 같은 유형 이외의 부분에 해당하는 가격을 공제하여 같은 유형부분의 가격을 구하는 방식이다.
>   - 비율방식: 거래사례물건에 대하여 각 구성부분별 가격비율을 알 수 있을 경우 거래가격에서 같은 유형부분의 가격비율을 곱하여 구하는 방식이다.
> 2. 유의할 점
>   - 나지의 사례자료를 구하는 경우 사례의 부지가 최유효이용상태에 있는 것을 채용하여야 한다. 최유효이용의 상태가 아니면 건부감가 등이 발생한다.
>   - 건부지의 사례자료를 구하는 경우 사례부동산의 부지·건물의 적응상태가 대상부동산과 유사한 것을 채용하여야 한다.

❶ 대도시에서 대부분의 토지가 건부지로서 순수한 나지만을 사례로 선택하기가 용이하지 않을 때 배분법이 유용하게 활용될 수 있다. 즉, 토지가치를 평가할 때 나지가 아닌 건부지도 표준지로 선정될 수 있다는 것이다.

03 사례자료의 정상화

(1) 사정보정

사정보정작업은 거래당사자간의 비정상적인 거래에 대한 보정이므로 보정시 증액 또는 감액하여야 할 사정을 정확하게 판단하여야 한다.❷

$$\text{사정보정치} = \frac{\text{대상부동산}}{\text{사례부동산}} = \frac{\text{사정의 개입}}{\text{사정의 개입}} = \frac{100 \pm \alpha(\%)}{100 \pm \beta(\%)}$$

(2) 시점수정

거래사례의 거래시점과 대상물건의 기준시점 사이에 시간적 불일치가 있을 때 사례가격을 기준시점의 수준으로 정상화하는 작업을 말한다.

① 지수법

$$\text{시점수정치} = \frac{\text{대상부동산의 기준시점 (물가)지수}}{\text{사례부동산의 거래시점 (물가)지수}}$$

② 변동률적용법❸

$$\text{시점수정치} = (1 + r)^n$$

❷ 예 100을 기준값으로 놓고 고가(高價)로 거래되거나 우세(優勢)라는 조건이 제시되면 기준값 100에 더하고(+), 저가(低價)로 거래되거나 열세(劣勢)라는 조건이 제시되면 기준값 100에서 빼서(−), 그 결과를 도출하게 된다.

❸ r: 지가변동률, n: 기간
예 매년 10%씩 2년 동안 가격이 상승할 경우
→ $(1 + 0.1)^2 = 1.21$

❶
- 수집·정리된 거래사례 등의 토지가 표준지의 인근지역에 있는 경우에는 개별요인만을 비교하고, 동일수급권 안의 유사지역에 있는 경우에는 지역요인 및 개별요인을 비교한다.
- **종합적 비교법**: 종합적으로 비교·분석하는 방법으로, 계산은 간편하지만, 감정평가사의 주관이 개입될 여지가 크다.
- **평점법**: 여러 가지 비교항목을 설정하여 항목별로 점수를 부여함을 통하여 비교·분석하는 방법이다.

(3) 가치형성요인(지역요인 및 개별요인)의 비교❶

가치형성요인(지역요인 및 개별요인 등)의 비교는 공법상 용도지역과 실제이용상황 등을 기준으로 그 용도적 특성 등에 따라 분류하고, 가로조건·접근조건·환경조건·획지조건·행정적 조건·기타조건 등에 관한 사항을 비교한다.

- 지역요인 비교치 = $\dfrac{\text{인근지역(대상부동산) } 100 \pm \alpha}{\text{유사지역(사례부동산) } 100 \pm \beta}$
- 개별요인 비교치 = $\dfrac{\text{대상부동산 } 100 \pm \alpha}{\text{사례부동산 } 100 \pm \beta}$

확인예제

01 사례부동산이 매입자의 강매로 인하여 정상적인 가격보다 20% 저가로 거래되었을 경우의 사정보정치는?

해설

사정보정치 = $\dfrac{100}{100 - 20} = \dfrac{100}{80} = 1.25$

02 사례부동산의 거래시점에서 대상부동산의 기준시점까지 평균지가상승률이 10%일 경우의 시점수정치는?

해설

시점수정치 = $\dfrac{100 + 10}{100} = \dfrac{110}{100} = 1.1$

03 대상부동산이 속한 인근지역이 사례부동산이 속한 유사지역보다 지역적으로 10% 열세일 경우 지역요인의 비교치는?

해설

지역요인의 비교치 = $\dfrac{100 - 10}{100} = \dfrac{90}{100} = 0.9$

04 대상부동산이 사례부동산보다 개별적 측면에서 5% 우세할 경우 개별요인의 비교치는?

해설

개별요인의 비교치 = $\dfrac{100 + 5}{100} = \dfrac{105}{100} = 1.05$

> **확인예제**
>
> 다음 자료를 이용하여 대상부동산의 비준가격(가액)을 구하면? 제19회
>
> - 대상부동산은 면적이 900m²이며, 사례부동산보다 개별요인이 10% 우세하다.
> - 사례부동산은 면적이 1,000m²이며, 기준시점 1년 전 200,000,000원에 거래되었다.
> - 연간 지가상승률은 5%이다(단, 다른 조건은 사례부동산과 동일함).
>
> ① 198,000,000원 ② 207,900,000원
> ③ 220,600,000원 ④ 231,200,000원
> ⑤ 246,000,000원
>
> **해설**
>
> 비준가격 = 사례가격(비교표준지) × 시점수정 × 가치형성요인 비교(면적 등)
>
> $= 200,000,000원 \times \dfrac{110}{100} \times 1.05 \times \dfrac{900}{1,000} = 207,900,000원$
>
> 정답: ②

거래사례비교법의 구성도

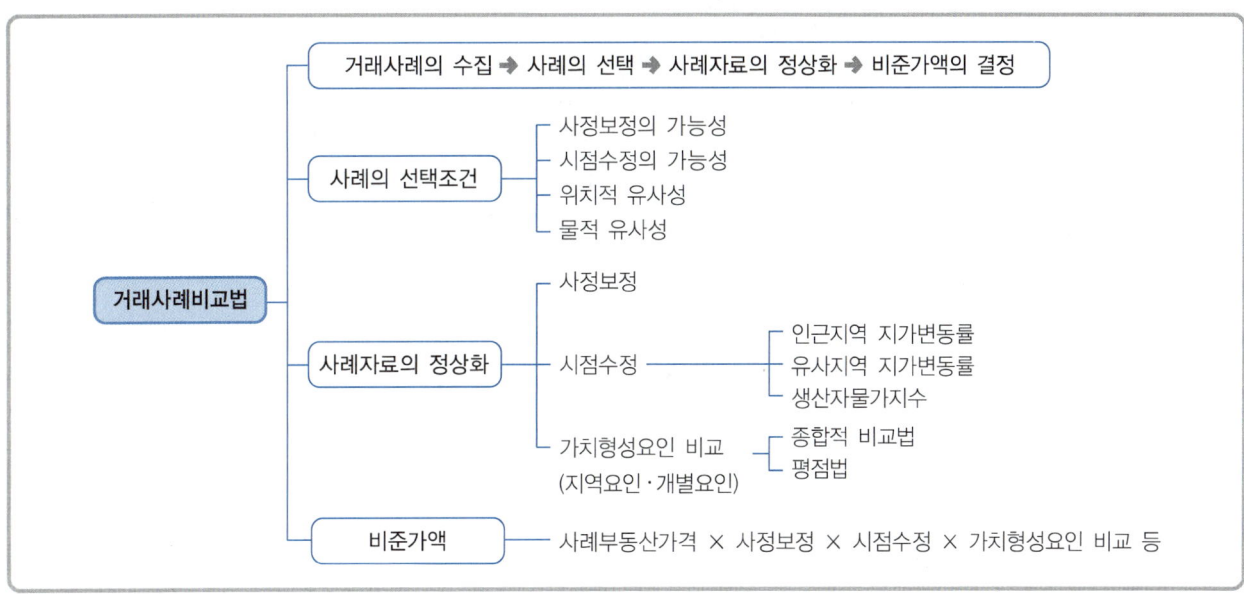

제4절 공시지가기준법 제26·30·31·32·34회

01 의의

'공시지가기준법'이란 「감정평가 및 감정평가사에 관한 법률」에 따라 감정평가의 대상이 된 토지(이하 '대상토지'라 한다)와 가치형성요인이 같거나 비슷하여 유사한 이용가치를 지닌다고 인정되는 표준지(이하 '비교표준지'라 한다)의 공시지가를 기준으로 대상토지의 현황에 맞게 시점수정, 지역요인 및 개별요인 비교, 그 밖의 요인의 보정(補正)을 거쳐 대상토지의 가액을 산정하는 감정평가방법을 말한다.

> 토지가액 = 비교표준지 × 시점수정 × 지역요인 비교 × 개별요인 비교 × 그 밖의 요인 보정

> **더 알아보기** 「감정평가에 관한 규칙」 제2조 제12의2호, 제3조, 제14조 제3항
>
> 1. 감정평가법인등은 자신의 능력으로 업무수행이 불가능하거나 매우 곤란한 경우에는 감정평가를 하여서는 안 된다.
> 2. 감정평가법인등은 적정한 실거래가를 기준으로 토지를 평가할 때에는 거래사례비교법을 적용해야 한다.
> 3. 적정한 실거래가는 「부동산 거래신고 등에 관한 법률」에 따라 신고된 실제 거래가격으로서(이하 '거래가격'이라 한다) 거래시점이 도시지역은 3년 이내, 그 밖의 지역은 5년 이내인 거래가격 중에서 감정평가법인등이 인근지역의 지가수준 등을 고려하여 감정평가의 기준으로 적용하기에 적정하다고 판단하는 거래가격을 말한다.

02 평가절차

감정평가법인등은 공시지가기준법에 따라 토지를 감정평가할 때에는 다음과 같은 순서에 따라야 한다.

(1) 비교표준지의 선정

인근지역에 있는 표준지 중에서 대상토지와 용도지역·이용상황·주변환경 등이 같거나 비슷한 표준지를 선정할 것. 다만, 인근지역에 적절한 표준지가 없는 경우에는 인근지역과 유사한 지역적 특성을 갖는 동일수급권 안의 유사지역에 있는 표준지를 선정할 수 있다.

(2) 시점수정

「부동산 거래신고 등에 관한 법률」에 따라 국토교통부장관이 조사·발표하는 비교표준지가 있는 시·군·구의 같은 용도지역 지가변동률을 적용할 것. 다만, 다음의 경우에는 그러하지 아니하다.

① 같은 용도지역의 지가변동률을 적용하는 것이 불가능하거나 적절하지 아니하다고 판단되는 경우에는 공법상 제한이 같거나 비슷한 용도지역의 지가변동률, 이용상황별 지가변동률 또는 해당 시·군·구의 평균지가변동률을 적용할 것
② 지가변동률을 적용하는 것이 불가능하거나 적절하지 아니한 경우에는 「한국은행법」에 따라 한국은행이 조사·발표하는 생산자물가지수에 따라 산정된 생산자물가상승률을 적용할 것

(3) 지역요인 비교

(4) 개별요인 비교

(5) 그 밖의 요인 보정

대상토지의 인근지역 또는 동일수급권 내 유사지역의 가치형성요인이 유사한 정상적인 거래사례 또는 평가사례 등을 고려할 것

확인예제

01 다음 자료를 활용하여 공시지가기준법으로 산정한 대상토지의 단위면적당 시산가액(원/m²)은? (단, 주어진 조건에 한함) 제34회

- 대상토지 현황: A시 B구 C동 120번지, 일반상업지역, 상업용
- 기준시점: 2023.10.28.
- 표준공시지가(A시 B구 C동, 2023.01.01. 기준)

기호	소재지	용도지역	이용상황	공시지가(원/m²)
1	C동 110	준주거지역	상업용	6,000,000
2	C동 130	일반상업지역	상업용	8,000,000

- 지가변동률(A시 B구, 2023.01.01 ~ 2023.10.28)
  - 주거지역: 3% 상승
  - 상업지역: 5% 상승
- 지역요인: 표준지와 대상토지는 인근지역에 위치하여 지역요인이 동일함
- 개별요인: 대상토지는 표준지 기호 1에 비해 개별요인 10% 우세하고, 표준지 기호 2에 비해 개별요인 3% 열세함
- 그 밖의 요인 보정: 대상토지 인근지역의 가치형성 요인이 유사한 정상적인 거래사례 및 평가사례 등을 고려하여 그 밖의 요인으로 50% 증액 보정함
- 상승식으로 계산할 것

① 6,798,000원/m² ② 8,148,000원/m²
③ 10,197,000원/m² ④ 12,222,000원/m²
⑤ 13,860,000원/m²

> **해설**

토지가액 = 비교표준지 × 시점수정 × 지역요인 비교 × 개별요인 비교 × 그 밖의 요인 보정
대상토지가 일반상업지역에 속하는 상업용이므로, 기호 2가 비교표준지(사례토지)가 된다.
(표준지 기호 1의 내용은 사용하지 않으며, 지가변동률의 주거지역 4% 상승도 사용하지 않는다.)

- 지가변동률: 상업지역 5% 상승 ➡ $\frac{105}{100}$ = 1.05

- 개별요인: 3% 열세함 ➡ $\frac{100 - 3}{100}$ = 0.97

- 그 밖의 요인 보정: 50% 증액보정 ➡ $\frac{100 + 50}{100}$ = 1.5

따라서, 대상 토지가액은 12,222,000원/m² = 800만원 × 1.05 × 0.97 × 1.5

정답: ④

02 다음 자료를 활용하여 거래사례비교법으로 산정한 토지의 비준가액은? (단, 주어진 조건에 한함)

제33회

- 대상토지: A시 B구 C동 350번지, 150m²(면적), 대(지목), 주상용(이용상황), 제2종 일반주거지역(용도지역)
- 기준시점: 2022.10.29.
- 거래사례
  - 소재지: A시 B구 C동 340번지
  - 200m²(면적), 대(지목), 주상용(이용상황)
  - 제2종 일반주거지역(용도지역)
  - 거래가격: 800,000,000원
  - 거래시점: 2022.6.1.
- 사정보정치: 0.9
- 지가변동률(A시 B구, 2022.6.1.~2022.10.29): 주거지역 5% 상승, 상업지역 4% 상승
- 지역요인: 거래사례와 동일
- 개별요인: 거래사례에 비해 5% 열세
- 상승식으로 계산

① 533,520,000원   ② 538,650,000원
③ 592,800,000원   ④ 595,350,000원
⑤ 598,500,000원

> **해설**

- 공시지가기준법이 아닌 거래사례비교법에 의해서 대상 토지가액을 구하는 문제이다.
- 대상토지가 제2종 일반주거지역에 소재하므로, 시점수정을 할 때에는 지가변동률 주거지역 5% 상승을 사용한다(상업지역 4% 상승은 활용하지 않는다).

- 비준가액 = 사례부동산가격 × 사정보정 × 시점수정 × 가치형성요인 비교 등
∴ 538,650,000원 = 8억원 × 사정보정치 0.9 × 시점수정치 1.05 × 개별요인비교치 0.95 × 면적비교치 $0.75\left(=\dfrac{\text{대상토지 } 150m^2}{\text{사례토지 } 200m^2}\right)$

정답: ②

제5절 수익환원법 제28·30·31·32·33·35회

01 수익환원법(收益還元法)의 개요

(1) 의의

수익환원법이란 대상물건이 장래 산출할 것으로 기대되는 순수익이나 미래의 현금흐름을 환원하거나 할인하여 대상물건의 가액을 산정하는 감정평가방법을 말한다.

(2) 적용대상 및 특징

① 적용대상: 상업용 부동산, 공장재단, 광업재단, 광업권, 어업권, 영업권, 기업가치평가, 비상장채권, 기타 수익성 자산 등의 평가에 적합하다.

② 특징

㉠ 임대용·기업용 부동산 등 수익성 부동산평가에 유용하며, 장래 순수익을 예상하여 부동산의 현재가치를 구하므로 논리적인 평가기법이다.

㉡ 수익에만 치중하기 때문에 신규부동산과 오래된 부동산을 기준으로 평가하지 않는다. 즉, 오래된 부동산이라도 장래의 수익이 예상되면 그 가액은 높게 평가될 수 있다.

㉢ 불안정한 시장에서는 순수익이나 환원이율의 파악이 용이하지 않다.

(3) 소득접근법(수익방식)의 분류

```
  조소득             ············ ① 조소득승수법
 - 영업경비
  순영업소득          ············ ② 직접환원법(전통적 소득접근법·잔여환원법)
 - 부채서비스
  세전현금수지        ············ ③ 저당지분환원법(엘우드법)
 - 영업소득세
  세후현금수지        ············ ④ 할인현금수지분석법
```

① 조소득승수법(총소득승수법): 조소득(총소득)을 기준으로 평가하기 때문에 영업경비, 저당지불액, 영업소득세 등을 고려하지 못한다는 단점이 있다.
② 전통적 소득접근법 · 잔여환원법
　㉠ **전통적 소득접근법**: 오래전부터 사용해오던 평가방법으로, 순영업소득에 적절한 환원이율로 할인하여 대상부동산의 가치를 구하는 방법이다.
　㉡ **잔여환원법**: 순영업소득을 토지의 소득과 건물의 소득으로 나누고, 이러한 소득을 각각 토지환원이율과 건물환원이율로 할인하는 방법으로 대상부동산의 가치를 구하는 방법이다.
　㉢ 전통적 소득접근법 및 잔여환원법은 부동산의 가치를 평가할 때 부채서비스나 영업소득세를 반영하지 못한다는 단점이 있다.
③ 저당지분환원법(엘우드법)
　㉠ 저당지분환원법에서는 순영업소득에서 부채서비스(저당지불액)를 공제한 나머지 세전현금수지를 할인하여 부동산의 가치를 구하는 방법이다.
　㉡ 저당지분환원법에서는 순영업소득을 지분투자액에 대한 소득과 저당투자액에 대한 소득으로 나누는데, 지분소득을 지분수익률로 할인하여 지분가치를 구한 후 여기에 저당가치를 합산하여 대상부동산의 가치를 구한다.
④ 할인현금수지분석법
　㉠ 할인현금수지분석법에서는 세전현금수지에서 영업소득세와 자본이득세를 공제한 세후현금수지를 할인율로 할인하여 지분가치를 구한 후 여기에 저당가치를 합산하여 대상부동산의 가치를 구한다.
　㉡ 할인현금수지분석법은 현재 가장 일반적으로 사용되고 있으며, 논리적으로도 그 타당성이 가장 높게 인정되는 평가기법이다.

02 전통적 소득접근법(conventional income approach) - 직접환원법

전통적 소득접근법이란 오래전부터 사용해오던 방법으로 장래의 순영업소득을 환원이율로 환원하여 대상부동산의 가치를 구하는 방법이다. 수익환원법을 적용할 때 가장 중요한 요소로는 순수익, 환원이율, 환원방법이 있으며, 이를 수익환원법의 3요소라 한다.

$$수익가격(가액) = \frac{순수익(순영업소득)}{환원이율}$$

(1) 순수익(순영업소득)

① 개념

㉠ 전통적인 관점에서 순수익이란 부동산이 산출하는 총수익에서 그에 필요한 총비용을 공제한 금액을 말하며, 이를 구체화하면 평가의 기초가 되는 순수익은 순영업소득을 의미한다.

> • 순수익 = 총수익 − 총비용
> • 순영업소득 = 유효조소득 − 영업경비

㉡ 수익가액의 기초가 되는 순수익은 대상부동산이 얻은 과거와 현재의 순수익을 기초로 하여 궁극적으로 장래의 순영업소득을 예측하여 구하게 된다.

② 요건

㉠ 객관적인 양식과 통상의 이용능력을 가진 사람에 의한 최고·최선의 이용방법에 의하여 발생하는 수익이어야 한다.

㉡ 순수익은 과거나 현재가 아닌 장래(미래)의 수익을 예측하여 구하게 되며, 합리적·합법적으로 발생하는 것이어야 한다.

㉢ 순수익은 안전하고 확실한 순수익이어야 하며, 표준적이고 객관적인 수익이어야 한다.

③ 순수익을 구하는 방법

㉠ 직접법: 대상부동산으로부터 직접적으로 순수익을 구하는 방법이다.

㉡ 간접법: 사례부동산으로부터 간접적으로 순수익을 구하는 방법이다.

㉢ 잔여법: 순수익이 복합부동산에 관계된 것일 경우에는 잔여법으로 순수익을 구할 수 있으며, 복합부동산에서 발생된 수익을 제 요소로 배분한다는 점에서 수익배분의 원칙을 이론적 근거로 한다.

ⓐ 토지잔여법: 전체 순수익 − 건물 순수익 = 토지 순수익
ⓑ 건물잔여법: 전체 순수익 − 토지 순수익 = 건물 순수익
ⓒ 부동산잔여법: 부동산 전체 순수익을 환원이율로 환원하는 방법이다.

(2) 환원이율(還元利率)·자본환원율❶

① 개념: 환원이율이란 부동산가격에 대한 순영업소득의 비율로서, 장래 기대되는 순영업소득을 환원하여 부동산가격을 구하기 위한 할인율을 말한다.

$$환원이율(자본환원율) = \frac{순영업소득}{수익(부동산)가액}$$

㉠ 환원이율은 장래의 순영업소득을 현재가치로 환원하는 이율이다.

---

❶ 환원이율
= (종합)자본환원율
= 총투자수익률
= 환원율

      ⓒ 다른 조건이 일정할 때 환원이율이 커지면 수익가액은 낮아지고, 환원이율이 작아지면 수익가액은 높아진다.
      ⓒ 부동산가치(가격)에 대한 순영업소득의 비율이므로 대상물건의 수익성을 나타내는 이율이다.
  ② **구성요소:** 환원이율은 일종의 요구수익률(기회비용)에 해당하는 개념으로, 투자액에 대한 최소한의 수익의 보장을 전제로 하는 것이므로 필수적 투자수익률이라 할 수 있다.

$$\text{환원이율(자본환원율)} = \text{자본수익률} \pm \text{자본회수율}$$

    ㉠ 자본수익률
      ⓐ 자본수익률이란 부동산의 투자자본(투자액)에 대한 수익률로서 이자율, 무위험률(시장금리)로 표현된다.
      ⓑ 자본수익률은 시장에서 지역분석을 통하여 구하기 때문에 동일시장권역에 속해 있는 부동산은 동일한 자본수익률을 적용하게 된다.
    ㉡ 자본회수율
      ⓐ 투자자본이 매 기간 회수되는 부분에 대한 비율이며 감가상각률, 위험할증률, 위험보상률, $\dfrac{1}{\text{잔존경제적 내용연수}(n)}$로 표현된다.
      ⓑ 자본회수율은 개별부동산에 대한 개별분석을 통하여 구한다. 따라서 동일시장권역에 속해 있다고 하더라도 잔존경제적 내용연수가 다르면 자본회수율은 **부동산마다 다르게 적용된다.** ➡ **자본환원율도 달라진다.**❶

> ❶ 부동산시장이 균형을 이루더라도 자산의 유형, 위치 등에 따라 자본환원율이 서로 다른 부동산이 존재할 수 있다.

확인예제

다음의 자료를 이용하여 환원이율을 바르게 계산한 것은? 제18회

- 총투자액: 200,000천원
- 연간 가능총소득(potential gross income): 19,500천원
- 연간 기타소득: 1,000천원
- 연간 공실에 따른 손실: 500천원
- 연간 영업경비(operating expenses): 연간 유효총소득(effective gross income)의 40%

① 6%
② 9.5%
③ 9.75%
④ 10%
⑤ 10.25%

> **해설**
>
> | | | |
> |---|---|---|
> | | 가능조소득 | 1,950만원 |
> | − | 공실 및 불량부채 | 50만원 |
> | + | 기타소득 | 100만원 |
> | | 유효조소득 | 2,000만원 |
> | − | 영업경비 | 800만원 |
> | | 순영업소득 | 1,200만원 |
>
> ● 영업경비 800만원 = 유효총소득 2,000만원 × 0.4(40%)
>
> ∴ 환원이율 = $\dfrac{\text{순영업소득}}{\text{부동산가치(총투자액)}}$ = $\dfrac{1{,}200\text{만원}}{2\text{억원}}$ = 0.06 = 6%
>
> 정답: ①

③ 환원이율의 종류

㉠ **개별환원이율**: 토지와 건물의 환원이율이 다른 경우 각각의 토지개별환원이율, 건물개별환원이율을 말한다.

㉡ **종합환원이율**: 부동산의 순수익이 토지와 건물에서 함께 산출된 경우 토지와 건물에 대한 환원이율을 일체적으로 구하게 된다. 이처럼 토지와 건물의 개별환원이율을 그 가격구성비율에 따라 종합(가중평균)하여 구하는 것을 종합환원이율이라고 한다.

> **종합환원이율**
> = (토지가격구성비율 × 토지개별환원이율) + (건물가격구성비율 × 건물개별환원이율)

④ 환원이율을 구하는 방법

㉠ **시장추출법**

ⓐ **개념**: 환원이율을 동일수급권에서 평가대상부동산과 대체·경쟁관계에 있는 **매매사례**로부터 구하는 방법이다. 즉, 유사한 매매사례에서 환원이율을 구하고, 이를 평가대상부동산의 환원이율로 사용하는 것이다.

$$\text{환원이율} = \dfrac{\text{사례부동산의 순영업소득}}{\text{사례부동산가격}}$$

ⓑ **특징**: 사례부동산으로부터 환원이율을 간편하게 구할 수 있으며 실증적이고 현실성이 있다. 다만, 과거의 역사적 자료를 비교하여 구한 것이므로 장래의 기대수익을 반영하기가 제한적이다.

㉡ **요소구성법(조성법)**[1]

ⓐ **개념**: 대상부동산에 관한 위험을 **구성요소**로 분해하여 **위험할증률을 가감(加減)하여 환원이율을 구하는 방법**이다. 즉, 순수이율에 대상물건의 위험률을 가산하여 환원이율을 구한다.

---

[1] 환원이율의 결정과정에서 지나치게 감정평가사의 주관이 개입할 여지가 많아 실무에서는 거의 사용되지 않고 있다.

ⓑ 구성요소

> 환원이율
> = 순수이율 ± 위험률(위험성, 비유동성, 관리의 난이성 / 자금의 안전성)

- **순수이율**: 안전한 투자이율을 말하며 일반적으로 국공채, 지방채 등의 이율과 정기예금의 이율에 기초를 둔다. 무위험률, 안전이율, 축적이율 등으로도 표현된다.
- **위험률**: 상업용 부동산에 대한 위험이 커지면 위험률은 높아지고, 위험이 작아지면 위험률은 낮아진다. 위험률에 가산(+)할 요인으로 위험성, 비유동성, 관리의 곤란성 등을 들 수 있으며, 차감(−)할 요인으로 자금의 안전성, 부동산가치의 증가성 등을 들 수 있다.

ⓒ 투자결합법(이자율합성법)

ⓐ **물리적 투자결합법**: 소득을 창출하는 부동산의 능력은 토지와 건물이 서로 다르며, 그 소득이 별도로 분리될 수 있다는 가정에 근거하여 성립한다. 즉, 토지와 건물의 가격구성비율에 각각 토지환원이율과 건물환원이율을 가중평균하여 환원이율을 구하고 있다.

> 환원이율
> = (토지가격구성비율 × 토지환원이율) + (건물가격구성비율 × 건물환원이율)

ⓑ **금융적 투자결합법**: 금융적 투자결합법은 지분투자자의 요구수익률과 저당투자자의 요구수익률이 서로 다르다는 것에 근거하여 성립한다. 즉, 지분투자액과 저당투자액의 구성비율에 각각의 요구수익률을 가중평균하여 환원이율을 구하는 것이다.

> 환원이율 = (지분비율 × 지분배당률) + (저당비율 × 저당상수)

ⓓ 엘우드(Ellwood)법

ⓐ 부동산을 구입할 때 투자자들이 자기자본과 타인자본을 이용한다는 전제 하에 매 기간 동안의 세전현금수지, 보유기간(5~7년) 동안의 지분형성분과 부동산의 가치변화분을 토대로 환원이율을 구하는 방법이다.❶

ⓑ 금융적 투자결합법을 응용·보완한 방법으로, 엘우드법에서 부동산의 보유기간은 경제적 수명까지 보유하고 있는 것이 아니라 일정기간 후에 처분하며, 처분시 부동산시장의 변화로 부동산가치는 상승 또는 하락한다고 가정한다.

❶ 지나치게 지분투자자의 입장만을 고려한다는 것과 영업소득세를 반영하지 못한다는 단점이 있다.

ⓜ 부채감당법(Gettel)
  ⓐ 부채감당법은 **저당투자자(대출기관)의 입장**에서 대상부동산의 순영업소득이 매 기간 원리금(원금과 이자)을 상환할 수 있는가에 대한 부채감당률에 근거하여 환원이율을 구하는 방법이다.

  > 환원이율 = 부채감당률 × 저당(대부)비율 × 저당상수

  ⓑ 환원이율을 객관적이고 간편하게 구할 수 있다는 장점이 있지만, 대출비율이 작을 때에는 적정한 환원이율을 산정하기 곤란하며 대출자의 입장에 치우쳐 있다는 단점이 있다.

ⓑ 자본자산가격결정모형(CAPM; Capital Asset Pricing Model): 투자부동산의 위험을 산정하여 증권시장으로부터 위험에 상응하는 적절한 자본수익률을 구하는 방법으로, 부동산투자회사(리츠) 주식의 환원이율을 구하는 방법이다.

확인예제

다음 자료를 활용하여 산정한 대상부동산의 수익가액은? (단, 연간 기준이며, 주어진 조건에 한함) 제33회

- 가능총소득(PGI): 44,000,000원
- 공실손실상당액 및 대손충당금: 가능총소득의 10%
- 운영경비(OE): 가능총소득의 2.5%
- 대상부동산의 가치구성비율: 토지(60%), 건물(40%)
- 토지환원율: 5%, 건물환원율: 10%
- 환원방법: 직접환원법
- 환원율 산정방법: 물리적 투자결합법

① 396,000,000원   ② 440,000,000원   ③ 550,000,000원
④ 770,000,000원   ⑤ 792,000,000원

해설

1. 순영업소득 38,500,000원의 계산과정
   - 공실손실상당액 및 대손충당금 4,400,000원 = 가능총소득 44,000,000원 × 0.1(10%)
   - 유효총소득 39,600,000원
     = 가능총소득 44,000,000원 − 공실손실상당액 및 대손충당금 4,400,000원
   - 운영경비(영업경비) 1,100,000원 = 가능총소득 44,000,000원 × 0.025(2.5%)
   ➡ 순영업소득 38,500,000원 = 유효총소득 39,600,000원 − 운영(영업)경비 1,100,000원
2. 물리적 투자결합법에 의한 환원(이)율 0.07(7%)의 계산과정
   (토지가격 구성비율 × 토지환원율) + (건물가격 구성비율 × 건물환원율)
   ➡ 7%(0.07) = (0.6 × 5%) + (0.4 × 10%)

∴ 수익가액 550,000,000원 = $\dfrac{\text{장래 순영업소득 38,500,000원}}{\text{환원(이)율 0.07}}$

정답: ③

> **핵심 콕! 콕!** 부동산 프로젝트 사업과 자본환원율(환원이율)과의 연관성
>
> 1. 자본환원율은 자산가격 상승에 대한 투자자들의 기대를 반영한다.
> 2. 자본환원율은 자본의 기회비용(일종의 요구수익률)으로, 프로젝트의 위험을 반영하므로, 자본시장에서 시장금리가 상승하면 함께 상승한다.
> 3. 다른 조건이 일정할 때, 프로젝트의 위험이 높아지면 대출기관이 요구하는 금리가 높아지고 이에 따라 자본환원율도 상승한다.
> 4. 자본환원율이 상승하면 부동산가격이 하락하고, 이에 따라 신규개발사업 추진이 어려워질 수 있다.
> 5. 프로젝트는 자본시장 내 다른 투자수단들과 경쟁하므로, 동일 위험수준의 투자수익률에 수렴하는 경향이 있다.

03 순수익의 환원방법

(1) 개념

순수익의 환원방법이란 매 기간마다 얼마만큼을 자본회수액으로 할당하는가, 자본회수기간을 얼마로 하는가의 문제와 밀접한 관련이 있는 것으로 물건마다 그 방법이 다르다.

① 전형적인 투자자는 일반적으로 대상부동산을 보유기간 말에 매각할 때 투자한 자본을 매도한 가격에서 회수하고 있는데, 저당지분환원법이나 할인현금수지분석법이 이에 해당한다.

② 투자자가 대상부동산을 경제적 수명까지 보유한다고 가정하면, 그 수명이 다하기 전에 매 기간의 순영업소득에서 투하자본을 회수하여야 한다. 왜냐하면 경제적 수명이 다하게 되면, 기간 말에는 부동산의 잔존가치가 '0'이 되므로 더 이상 투하자본을 회수할 수가 없기 때문이다.

③ 전통적 소득접근법이나 잔여환원법은 투자자가 경제적 수명이 다할 때까지 대상부동산을 보유한다고 가정하고 있으므로, 매 기간 순영업소득의 일정분을 자본회수분으로 계상하여야만 한다. 투자자본의 회수방법으로는 직선환원법, 감채기금환원법, 평준연금환원법이 있다.

(2) 종류

① 직접법

㉠ 직접법이란 대상부동산의 순수익을 감가율(상각률)을 고려하지 않고, 환원이율로 직접 수익을 환원하여 수익가격을 구하는 방법이다.

ⓛ 토지와 같이 내용연수가 무한하여 수익이 영속적인 물건의 평가에 적용된다.

$$수익가액 = \frac{순수익}{환원이율}$$

② **직선법(직선환원법)**
  ㉠ 직선법은 매년 일정한 액수를 순영업소득에서 자본회수분으로 할당하며, 매 기간마다 순영업소득이 건물의 수명에 따라 감소한다고 가정한다.
  ㉡ 건물·구축물 등과 같이 내용연수가 유한한 상각자산과 순영업소득이 점점 감소할 것으로 예상되는 부동산에 적용된다.

$$수익가액 = \frac{순수익}{환원이율 + 감가율^{❶}}$$

❶ 감가율
 $= \frac{1}{잔존내용연수}$

③ **감채기금환원법(상환기금법, Hoskold방식)**[❷]
  ㉠ 감채기금환원법은 매 기간마다 순영업소득이 일정하고, 자본회수액은 무위험자산 등에 재투자하는 것으로 가정한다.
  ㉡ 매 기간의 일정한 자본회수액을 무위험률로 재투자한다고 할 때 기간 말의 원리금의 합계가 건물가치와 동일하다고 한다면, 건물에 투자된 전체 금액은 안전하게 회수가 되는 것이다.
  ㉢ 감채기금환원법은 건물가치가 하락함에도 불구하고 건물소득은 기간 말까지 일정한 것으로 가정하고 있다. 따라서 채굴가능매장량까지 매년 일정량을 생산할 수 있는 광산 등의 평가에 적용할 수 있다.
  ㉣ 감채기금환원법은 환원이율(자본수익률)과 축적이율(안전율)이라는 두 가지 이율을 사용한다.

❷ 호스콜드(Hoskold)는 매 기간의 자본회수액은 본래의 사업에 재투자하지 않고 원금을 안전하게 회수할 수 있는 곳에 투자하여야 한다고 주장하며, 재투자율은 안전율이 되어야 한다고 주장하였다.

$$수익가액 = 순수익 \times 수익현가율$$
$$= 순수익 \times \frac{1}{환원이율 + \frac{축적이율}{(1 + 축적이율)^n - 1}}$$

④ **연금법(평준연금환원법, Inwood방식)**
  ㉠ 투자자들은 자본회수액을 가능한 한 수익이 높은 곳에 투자하려 한다는 점을 고려하여, 연금법에서는 건물회수율에 안전율을 적용하는 것이 아니라 유사한 부동산의 전형적인 자본수익률을 적용한다.
  ㉡ 연금법은 순수익에 환원이율과 잔존내용연수를 기초로 한 복리연금현가율을 곱하여 수익가액을 구하는 방법이다. 이는 내용연수기간 중에 매년 발생하는 수익을 복리로 현재가치화하여 합한 것이 부동산가격이라는 것이다.

ⓒ 연금법은 매년의 순영업소득이 상대적으로 안정적이거나 일정할 것으로 생각되는 어장이나 어업권 등의 평가에 적합하다.
ⓓ 축적이율에는 위험성을 배제한 가장 낮은 이율이 적용된다. 즉, 축적이율은 환원이율보다 낮으므로 연금법에 의한 평가액은 상환기금법에 의한 평가액보다 높은 것이 일반적이다. 따라서 수익가액의 크기는 '평준연금환원법 > 감채기금환원법 > 직선법'의 순이다.

$$수익가액 = 순수익 \times 수익현가율$$
$$= 순수익 \times \frac{1}{환원이율 + \frac{환원이율}{(1 + 환원이율)^n}}$$

04 잔여환원법

(1) 개념
① 잔여환원법에서는 순영업소득을 건물소득과 토지소득으로 나눈다. 건물소득은 다시 자본수익분과 자본회수분으로 나누어지는 반면, 토지는 감가상각이 되지 않기 때문에 자본수익분으로만 구성된다.
② 순영업소득을 토지와 건물에 할당하는 방법으로 토지잔여법과 건물잔여법이 있고, 순영업소득을 토지소득과 건물소득으로 나누지 않는 방법으로 부동산잔여법이 있다.

(2) 종류
① 토지잔여법
  ㉠ 토지잔여법은 건물가치는 알고 있으나 토지가치를 모를 때 사용되는 방법이다.
  ㉡ 건물가치와 계산된 토지가치를 합하여 대상부동산의 시장가치를 구한다. 이때 자본회수율은 직선법, 상환기금법, 연금법으로 구한다.

$$토지가치 = \frac{(순영업소득 - 건물소득)}{토지환원이율} = \frac{토지소득}{토지환원이율}$$
$$\therefore 부동산가치 = 건물가치 + 토지가치$$

② 건물잔여법
  ㉠ 건물잔여법은 토지가치는 알고 있으나 건물가치를 모를 때 사용되는 방법이다.
  ㉡ 토지가치와 계산된 건물가치를 합하여 대상부동산의 시장가치를 구한다.

$$건물가치 = \frac{(순영업소득 - 토지소득)}{건물환원이율} = \frac{건물소득}{건물환원이율}$$

$$\therefore 부동산가치 = 토지가치 + 건물가치$$

③ 부동산잔여법
  ㉠ 부동산잔여법은 순영업소득이 토지와 건물에 의하여 복합적으로 산출되는 것으로 간주하고 있으므로, 순영업소득을 건물소득과 토지소득으로 나누지 않는다.
  ㉡ 부동산잔여법은 기간 말 건물가치는 '0'이고 토지가치는 일정하다고 전제하여 부동산의 전체 순수익을 특정기간에 대한 환원이율로 환원하고 토지의 복귀가치를 더하여 가격을 구한다.

$$부동산가액(가치) = \frac{순영업소득의 \ 현재가치[1] + 토지가치[2]}{부동산가치}$$

[1] 순영업소득 × 연금의 현가계수

[2] 기간 말의 토지가치 × 일시불의 현가계수

05 할인현금수지분석법

(1) 개념
① 할인현금수지분석법은 순영업소득에서 부채서비스액과 영업소득세를 공제한 매 기간의 세후현금수지와 보유기간 말 세후지분복귀액을 할인율로 할인하여 현재가치를 구한 후, 이에 저당가치를 합산함으로써 부동산가치를 구하는 방법이다.
② 할인현금수지분석법은 현재 가장 일반적으로 사용되고 있으며, 논리적으로도 가장 타당성이 인정되는 평가기법이다.

(2) 계산 방법
① 대상부동산의 시장가치는 평가시점인 기간 '0'을 중심으로 매 기간 예상되는 세후현금수지를 현재가치로 할인하고, 기간 말의 세후지분복귀액을 현재가치로 할인하여 지분가치를 구한 다음, 기간 초의 저당대부액을 더한 값이다.

- 수익가액 = $\frac{매년의 \ 세후현금수지의 \ 합 + 기간 \ 말의 \ 세후지분복귀액}{(1+r^{[3]})^n}$ + 저당가치
- 시장가치 = 지분가치 + 저당가치
  = (매 기간 세후현금수지의 현가합 + 지분복귀액의 현가) + 저당투자액

[3] r: 할인율

② 직접환원법과 달리 감가상각률을 고려하지 않고, 투자기간 말에 부동산을 매도(지분복귀액)하여 투하자본을 회수한다고 가정한다.

③ 부동산을 일정기간 보유한 후 처분할 때, 재매도가격과 매수가격의 크기를 기준으로 자본회수를 고려하게 된다.
  ㉠ 재매도가격 > 매수가격일 경우: 자본회수가 필요 없으므로 자본회수율은 '0'보다 작다.
  ㉡ 재매도가격 = 매수가격일 경우: 자본회수율은 '0'이 된다.
  ㉢ 재매도가격 < 매수가격일 경우: 추가적인 자본회수가 필요하므로 자본회수율은 '0'보다 크다.

직접환원법과 할인현금수지분석법의 비교

구분	직접환원법	할인현금수지분석법
환원대상소득	순영업소득	세후현금수지
할인율	환원이율	할인율
저당조건	고려하지 못함	고려함
보유기간	경제적 내용연수	전형적인 보유기간(5년)
가치의 구성요소	토지가치 + 건물가치	지분가치 + 저당가치
세금효과	고려하지 않음	세후현금흐름을 고려함
가치변화	고려하지 않음	가치변화를 고려함(세금·저당)

수익환원법의 구성도

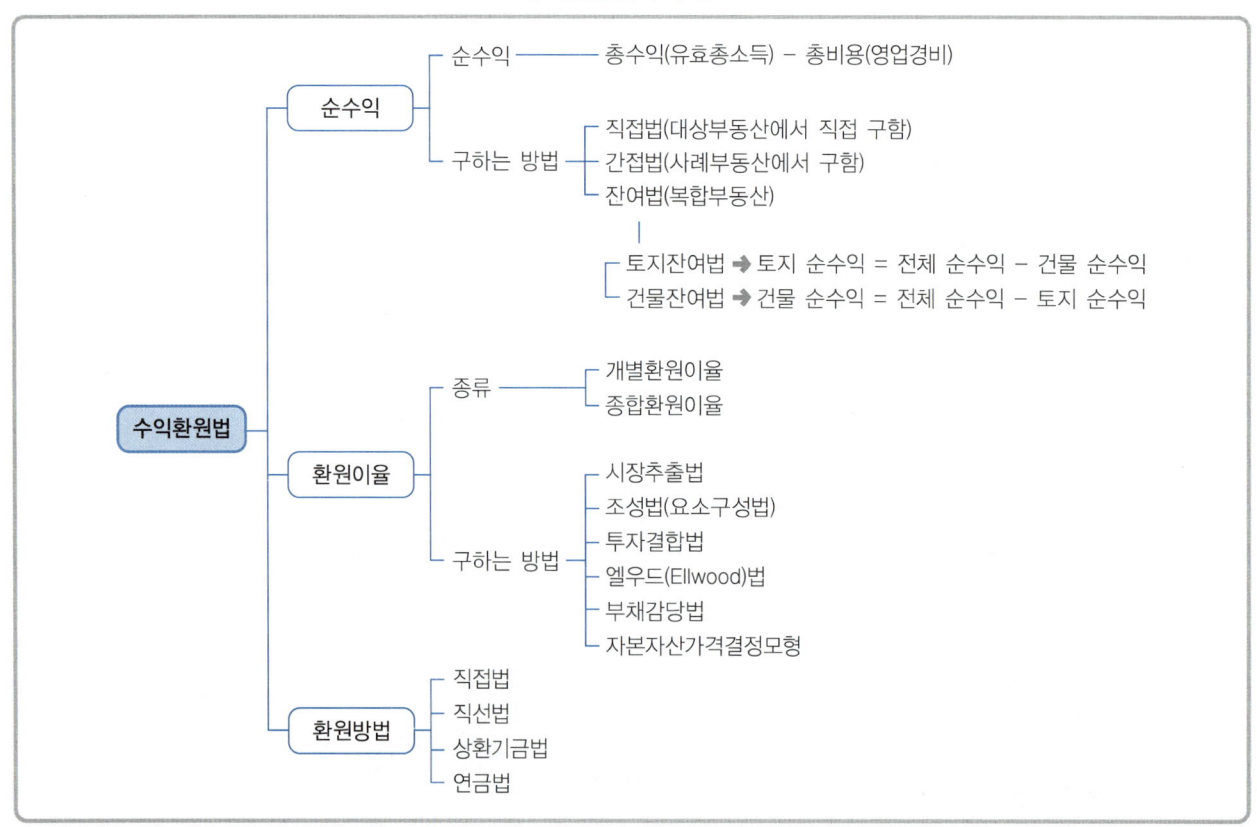

제6절 임대료의 평가방법 제27·28·34회

> 「감정평가에 관한 규칙」
> 제22조【임대료의 감정평가】 감정평가법인등은 임대료를 감정평가할 때에 임대사례비교법을 적용하여야 한다.

01 원가방식 – 적산법(積算法)

(1) 적산법의 의의

적산법이란 대상물건의 기초가액에 기대이율을 곱하여 산정된 기대수익에 대상물건을 계속하여 임대하는 데에 필요한 경비를 더하여 대상물건의 임대료(사용료를 포함한다)를 산정하는 감정평가방법을 말한다.

$$적산임료 = (기초가액 \times 기대이율) + 필요제경비$$

(2) 기초가액(基礎價額)

① 기초가액이란 적산임료를 구하기 위한 기초가 되는 부동산가격을 말한다. 예를 들어 10층 건물 중에서 5층까지 임대차계약이 된 경우 5층까지의 가격을 기초가액으로 본다.
② 기초가액은 적산가액, 비준가액을 참작하여 구하며, 적산임료의 성격상 수익가액으로 구하는 것은 불합리하다.

(3) 기대이율(期待利率)

기대이율이란 임대차 등에 제공되는 물건을 취득하는 데 투입된 자본에 대하여 기대되는 수익의 비율을 말한다. 즉, 임대사업을 통하여 예상되는 기대수익률이다.

(4) 필요제경비

필요제경비란 일정기간에 대상부동산을 임대하여 투자수익을 확보하고자 하는 데 소요되는 여러 가지 경비를 말하는데, 영업경비를 포함하여 임대사업에 소요되는 기회비용의 개념이다.
① 감가상각비: 건물·기계와 같은 상각자산은 투하자본의 회수방법으로 감가상각비를 계산하여야 한다.
② 유지·관리비: 대상물건의 유용성을 적정하게 유지하기 위하여 필요한 비용을 말하는데, 유의할 점은 공익비와 부가사용료는 공동사용료에 해당하는 항목이므로 필요제경비에는 반영하지 않는다.

용어사전

공익비(公益費)
임대부동산의 공용부분의 이용으로 발생하는 비용을 말하며, 청소비, 승강기비, 주차관리비, 수도광열비, 설비비, 안전관리비 등이 있다.

부가사용료(附加使用料)
건물을 임대할 때 수도료, 전기료, 가스료, 냉·난방비 등 전용부분에 사용되는 실비 성격의 생활비로, 임차인이 직접 전력회사 등에 지급하지 않고 임대인에게 지급하는 비용을 말한다.

③ **화재보험료**: 필요제경비에 가산할 것은 소멸성 보험료를 기준으로 한다.
④ **조세공과**: 필요제경비에 계상될 조세공과는 재산세, 종합부동산세, 도시계획세, 수익자부담금 등 당해 임대자산에 부과되는 세금을 말한다. 그러나 임대인의 영업수익으로서 부과될 소득세나 법인세는 포함하지 않는다. 또한 대상부동산의 취득에서 발생하는 취득세, 등록면허세 등은 취득원가에 포함되므로 필요제경비에는 역시 포함되지 않는다.
⑤ **공실(空室) 등에 의한 손실상당액**: 공실 등에 대한 손실을 보전하기 위한 비용을 말하는데, 이는 임대사업에 소요되는 기회비용이 되므로 필요제경비에 포함된다. 단, 만실(滿室)일 것이 예상되면 계상할 필요가 없다.
⑥ **대손(결손)준비비**: 대손준비비 또는 대손충당금은 임차인의 임대료 지불의 불이행에 따른 결손의 위험부담을 사전에 반영하여 공제하는 것으로, 임대보증금을 받을 경우에는 별도로 대손준비금을 계상할 필요가 없다.
⑦ **정상운전자금이자**: 임대사업을 하기 위하여 소요되는 정상적인 운전(운영)자금에 대한 이자를 말한다. 다만, 건설자금이자와 같이 임대인의 운영에 필요한 자금이 아닌 이자는 제외된다.

02 비교방식 – 임대사례비교법(賃貸事例比較法)

(1) 임대사례비교법의 의의

임대사례비교법이란 대상물건과 가치형성요인이 같거나 비슷한 물건의 임대사례와 비교하여 대상물건의 현황에 맞게 사정보정, 시점수정, 가치형성요인 비교 등의 과정을 거쳐 대상물건의 임대료를 산정하는 감정평가방법을 말한다.

> 비준임료 = 사례임료 × 사정보정 × 시점수정 × 가치형성요인 비교 등

(2) 임대사례의 선택기준

① **사정보정의 가능성**: 임대차 등의 계약이 체결된 사정이 정상적이거나, 정상적인 것으로 보정이 가능한 사례이어야 한다.
② **시점수정의 가능성(시간적 유사성)**: 임대시점과 기준시점의 임료는 차이가 나는 것이 일반적이다. 이 경우 임대시점과 기준시점의 시간 차이가 적은 사례일수록 그 신뢰도가 높다.
③ **가치형성요인 비교가능성**
  ㉠ **위치적 유사성(지역요인 비교가능성)**: 임대사례자료는 대상물건과 동일성·유사성이 있는 동일수급권 안의 인근지역이나 유사지역에 존재하는 것이어야 한다.

ⓒ **물적 유사성(개별요인 비교가능성)**: 임대사례자료는 대상물건과 물적 사항에 있어서 대체·경쟁관계에 있는 임대사례를 선택하여야 한다.

④ **계약내용·조건의 비교성**: 임대차계약의 내용·조건 등에 있어서 비교할 수 있는 임대사례이어야 한다.

⑤ **사례부동산의 실질임료를 기준으로 평가**: 임대사례비교법의 적용에 있어서 가장 적정한 임대사례자료는 임대차계약이 개시된 첫 회(연 단위)에 지불되는 실질임료를 기준으로 하여야 한다.

(3) 실질임료(총임료)의 구성요소

1. 예금적 성격을 갖는 일시금(보증금)의 운용익	
2. 선불적 성격을 갖는 일시금(권리금)의 상각액	
3. 선불적 성격을 갖는 일시금(권리금)의 미상각에 대한 운용익	
4. 각 지불시기에 지불되는 순임료 상당액 5. 공익비·부가사용료 중 실비초과액	6. 필요제경비

● 1.~5. → 순임료, 4.~6. → 지불임료

실질임료(총임료)는 부동산의 임대차에 있어서 임대기간에 대응하여 임차인이 임대인에게 지불하는 실질적인 모든 경제적 대가를 말한다. 이는 순임료와 필요제경비로 구성된다.

① **순임료**: 실질임료(총임료)에서 필요제경비를 제외하고 임대인에게 귀속되는 순수익을 말한다. 이 순임료에는 예금적 성격을 가지는 일시금의 운용익이나 공익비와 부가사용료 중 실비초과액도 포함된다.

② **지불임료**: 각 지불시기에 임차인이 임대인에게 지불하는 월세 등의 임료를 말한다.

03 수익방식 – 수익분석법(收益分析法)

(1) 수익분석법의 의의

수익분석법이란 일반기업경영에 의하여 산출된 총수익을 분석하여 대상물건이 일정한 기간에 산출할 것으로 기대되는 순수익에 대상물건을 계속하여 임대차를 하는데 필요한 경비를 더하여 대상물건의 임대료를 산정하는 감정평가방법을 말한다.

$$수익임료 = 순수익 + 필요제경비$$

(2) 구하는 방법

기업경영에 기한 순수익은 매출액에서 매출원가, 판매비 및 일반관리비, 정상운전자금 등을 차감하여 구하게 되며, 임대료를 평가할 때에는 공통적으로 필요제경비를 반영한다.

(3) 적용

수익분석법은 일반기업경영에 의한 기업용 부동산에만 적용되며, 주거용 부동산 또는 상업용 부동산에는 수익분석법을 적용할 수 없다.

제7절 「감정평가에 관한 규칙」 ▶ 2023.9.14. 시행

제1조 【목적】 이 규칙은 「감정평가 및 감정평가사에 관한 법률」 제3조 제3항에 따라 감정평가법인등이 감정평가를 할 때 준수해야 할 원칙과 기준을 규정함을 목적으로 한다.

제2조 【정의】 이 규칙에서 사용하는 용어의 뜻은 다음 각 호와 같다.
1. "시장가치"란 감정평가의 대상이 되는 토지등(이하 "대상물건"이라 한다)이 통상적인 시장에서 충분한 기간 동안 거래를 위하여 공개된 후 그 대상물건의 내용에 정통한 당사자 사이에 신중하고 자발적인 거래가 있을 경우 성립될 가능성이 가장 높다고 인정되는 대상물건의 가액(價額)을 말한다.
2. "기준시점"이란 대상물건의 감정평가액을 결정하는 기준이 되는 날짜를 말한다.
3. "기준가치"란 감정평가의 기준이 되는 가치를 말한다.
4. "가치형성요인"이란 대상물건의 경제적 가치에 영향을 미치는 일반요인, 지역요인 및 개별요인 등을 말한다.
5. "원가법"이란 대상물건의 재조달원가에 감가수정(減價修正)을 하여 대상물건의 가액을 산정하는 감정평가방법을 말한다.
6. "적산법(積算法)"이란 대상물건의 기초가액에 기대이율을 곱하여 산정된 기대수익에 대상물건을 계속하여 임대하는 데에 필요한 경비를 더하여 대상물건의 임대료[賃貸料), 사용료를 포함한다. 이하 같다]를 산정하는 감정평가방법을 말한다.
7. "거래사례비교법"이란 대상물건과 가치형성요인이 같거나 비슷한 물건의 거래사례와 비교하여 대상물건의 현황에 맞게 사정보정(事情補正), 시점수정, 가치형성요인 비교 등의 과정을 거쳐 대상물건의 가액을 산정하는 감정평가방법을 말한다.
8. "임대사례비교법"이란 대상물건과 가치형성요인이 같거나 비슷한 물건의 임대사례와 비교하여 대상물건의 현황에 맞게 사정보정, 시점수정, 가치형성요인 비교 등의 과정을 거쳐 대상물건의 임대료를 산정하는 감정평가방법을 말한다.
9. "공시지가기준법"이란 「감정평가 및 감정평가사에 관한 법률」(이하 "법"이라 한다) 제3조 제1항 본문에 따라 감정평가의 대상이 된 토지(이하 "대상토지"라 한다)와 가치형성요인이 같거나 비슷하여 유사한 이용가치를 지닌다고 인정되는 표준지(이하 "비교표준지"라 한다)의 공시지가를 기준으로 대상토지의 현황에 맞게 시점수정, 지역요인 및 개별요인 비교, 그 밖의 요인의 보정(補正)을 거쳐 대상토지의 가액을 산정하는 감정평가방법을 말한다.
10. "수익환원법(收益還元法)"이란 대상물건이 장래 산출할 것으로 기대되는 순수익이나 미래의 현금흐름을 환원하거나 할인하여 대상물건의 가액을 산정하는 감정평가방법을 말한다.
11. "수익분석법"이란 일반기업 경영에 의하여 산출된 총수익을 분석하여 대상물건이 일정한 기간에 산출할 것으로 기대되는 순수익에 대상물건을 계속하여 임대하는 데에 필요한 경비를 더하여 대상물건의 임대료를 산정하는 감정평가방법을 말한다.

12. "감가수정"이란 대상물건에 대한 재조달원가를 감액하여야 할 요인이 있는 경우에 물리적 감가, 기능적 감가 또는 경제적 감가 등을 고려하여 그에 해당하는 금액을 재조달원가에서 공제하여 기준시점에 있어서의 대상물건의 가액을 적정화하는 작업을 말한다.

12의2. "적정한 실거래가"란 「부동산 거래신고 등에 관한 법률」에 따라 신고된 실제 거래가격(이하 "거래가격"이라 한다)으로서 거래 시점이 도시지역(「국토의 계획 및 이용에 관한 법률」 제36조 제1항 제1호에 따른 도시지역을 말한다)은 3년 이내, 그 밖의 지역은 5년 이내인 거래가격 중에서 감정평가법인등이 인근지역의 지가수준 등을 고려하여 감정평가의 기준으로 적용하기에 적정하다고 판단하는 거래가격을 말한다.

13. "인근지역"이란 감정평가의 대상이 된 부동산(이하 "대상부동산"이라 한다)이 속한 지역으로서 부동산의 이용이 동질적이고 가치형성요인 중 지역요인을 공유하는 지역을 말한다.

14. "유사지역"이란 대상부동산이 속하지 아니하는 지역으로서 인근지역과 유사한 특성을 갖는 지역을 말한다.

15. "동일수급권(同一需給圈)"이란 대상부동산과 대체·경쟁 관계가 성립하고 가치 형성에 서로 영향을 미치는 관계에 있는 다른 부동산이 존재하는 권역(圈域)을 말하며, 인근지역과 유사지역을 포함한다.

제3조【감정평가법인등의 의무】 감정평가법인등은 다음 각 호의 어느 하나에 해당하는 경우에는 감정평가를 해서는 안 된다.
1. 자신의 능력으로 업무수행이 불가능하거나 매우 곤란한 경우
2. 이해관계 등의 이유로 자기가 감정평가하는 것이 타당하지 않다고 인정되는 경우

제4조【적용범위】 감정평가법인등은 다른 법령에 특별한 규정이 있는 경우를 제외하고는 이 규칙으로 정하는 바에 따라 감정평가해야 한다.

제5조【시장가치기준 원칙】 ① 대상물건에 대한 감정평가액은 시장가치를 기준으로 결정한다.
② 감정평가법인등은 제1항에도 불구하고 다음 각 호의 어느 하나에 해당하는 경우에는 대상물건의 감정평가액을 시장가치 외의 가치를 기준으로 결정할 수 있다.
1. 법령에 다른 규정이 있는 경우
2. 감정평가 의뢰인(이하 "의뢰인"이라 한다)이 요청하는 경우
3. 감정평가의 목적이나 대상물건의 특성에 비추어 사회통념상 필요하다고 인정되는 경우
③ 감정평가법인등은 제2항에 따라 시장가치 외의 가치를 기준으로 감정평가할 때에는 다음 각 호의 사항을 검토해야 한다. 다만, 제2항 제1호의 경우에는 그렇지 않다.
1. 해당 시장가치 외의 가치의 성격과 특징
2. 시장가치 외의 가치를 기준으로 하는 감정평가의 합리성 및 적법성
④ 감정평가법인등은 시장가치 외의 가치를 기준으로 하는 감정평가의 합리성 및 적법성이 결여(缺如)되었다고 판단할 때에는 의뢰를 거부하거나 수임(受任)을 철회할 수 있다.

제6조【현황기준 원칙】 ① 감정평가는 기준시점에서의 대상물건의 이용상황(불법적이거나 일시적인 이용은 제외한다) 및 공법상 제한을 받는 상태를 기준으로 한다.

② 감정평가법인등은 제1항에도 불구하고 다음 각 호의 어느 하나에 해당하는 경우에는 기준시점의 가치형성요인 등을 실제와 다르게 가정하거나 특수한 경우로 한정하는 조건(이하 "감정평가조건"이라 한다)을 붙여 감정평가할 수 있다.
1. 법령에 다른 규정이 있는 경우
2. 의뢰인이 요청하는 경우
3. 감정평가의 목적이나 대상물건의 특성에 비추어 사회통념상 필요하다고 인정되는 경우
③ 감정평가법인등은 제2항에 따라 감정평가조건을 붙일 때에는 감정평가조건의 합리성, 적법성 및 실현가능성을 검토해야 한다. 다만, 제2항 제1호의 경우에는 그렇지 않다.
④ 감정평가법인등은 감정평가조건의 합리성, 적법성이 결여되거나 사실상 실현 불가능하다고 판단할 때에는 의뢰를 거부하거나 수임을 철회할 수 있다.

제7조【개별물건기준 원칙 등】 ① 감정평가는 대상물건마다 개별로 하여야 한다.
② 둘 이상의 대상물건이 일체로 거래되거나 대상물건 상호 간에 용도상 불가분의 관계가 있는 경우에는 일괄하여 감정평가할 수 있다.
③ 하나의 대상물건이라도 가치를 달리하는 부분은 이를 구분하여 감정평가할 수 있다.
④ 일체로 이용되고 있는 대상물건의 일부분에 대하여 감정평가하여야 할 특수한 목적이나 합리적인 이유가 있는 경우에는 그 부분에 대하여 감정평가할 수 있다.

제8조【감정평가의 절차】 감정평가법인등은 다음 각 호의 순서에 따라 감정평가를 해야 한다. 다만, 합리적이고 능률적인 감정평가를 위하여 필요할 때에는 순서를 조정할 수 있다.
1. 기본적 사항의 확정
2. 처리계획 수립
3. 대상물건 확인
4. 자료수집 및 정리
5. 자료검토 및 가치형성요인의 분석
6. 감정평가방법의 선정 및 적용
7. 감정평가액의 결정 및 표시

제9조【기본적 사항의 확정】 ① 감정평가법인등은 감정평가를 의뢰받았을 때에는 의뢰인과 협의하여 다음 각 호의 사항을 확정해야 한다.
1. 의뢰인
2. 대상물건
3. 감정평가 목적
4. 기준시점
5. 감정평가조건
6. 기준가치
7. 관련 전문가에 대한 자문 또는 용역(이하 "자문등"이라 한다)에 관한 사항
8. 수수료 및 실비에 관한 사항
② 기준시점은 대상물건의 가격조사를 완료한 날짜로 한다. 다만, 기준시점을 미리 정하였을 때에는 그 날짜에 가격조사가 가능한 경우에만 기준시점으로 할 수 있다.
③ 감정평가법인등은 필요한 경우 관련 전문가에 대한 자문등을 거쳐 감정평가할 수 있다.

제10조 【대상물건의 확인】 ① 감정평가법인등이 감정평가를 할 때에는 실지조사를 하여 대상물건을 확인해야 한다.
② 감정평가법인등은 제1항에도 불구하고 다음 각 호의 어느 하나에 해당하는 경우로서 실지조사를 하지 않고도 객관적이고 신뢰할 수 있는 자료를 충분히 확보할 수 있는 경우에는 실지조사를 하지 않을 수 있다.
 1. 천재지변, 전시·사변, 법령에 따른 제한 및 물리적인 접근 곤란 등으로 실지조사가 불가능하거나 매우 곤란한 경우
 2. 유가증권 등 대상물건의 특성상 실지조사가 불가능하거나 불필요한 경우

제11조 【감정평가방식】 감정평가법인등은 다음 각 호의 감정평가방식에 따라 감정평가를 한다.
 1. 원가방식: 원가법 및 적산법 등 비용성의 원리에 기초한 감정평가방식
 2. 비교방식: 거래사례비교법, 임대사례비교법 등 시장성의 원리에 기초한 감정평가방식 및 공시지가기준법
 3. 수익방식: 수익환원법 및 수익분석법 등 수익성의 원리에 기초한 감정평가방식

제12조 【감정평가방법의 적용 및 시산가액 조정】 ① 감정평가법인등은 제14조부터 제26조까지의 규정에서 대상물건별로 정한 감정평가방법(이하 "주된 방법"이라 한다)을 적용하여 감정평가해야 한다. 다만, 주된 방법을 적용하는 것이 곤란하거나 부적절한 경우에는 다른 감정평가방법을 적용할 수 있다.
② 감정평가법인등은 대상물건의 감정평가액을 결정하기 위하여 제1항에 따라 어느 하나의 감정평가방법을 적용하여 산정(算定)한 가액[이하 "시산가액(試算價額)"이라 한다]을 제11조 각 호의 감정평가방식 중 다른 감정평가방식에 속하는 하나 이상의 감정평가방법(이 경우 공시지가기준법과 그 밖의 비교방식에 속한 감정평가방법은 서로 다른 감정평가방식에 속한 것으로 본다)으로 산출한 시산가액과 비교하여 합리성을 검토해야 한다. 다만, 대상물건의 특성 등으로 인하여 다른 감정평가방법을 적용하는 것이 곤란하거나 불필요한 경우에는 그렇지 않다.
③ 감정평가법인등은 제2항에 따른 검토 결과 제1항에 따라 산출한 시산가액의 합리성이 없다고 판단되는 경우에는 주된 방법 및 다른 감정평가방법으로 산출한 시산가액을 조정하여 감정평가액을 결정할 수 있다.

제13조 【감정평가서 작성】 ① 감정평가법인등은 법 제6조에 따른 감정평가서(「전자문서 및 전자거래기본법」에 따른 전자문서로 된 감정평가서를 포함한다. 이하 같다)를 의뢰인과 이해관계자가 이해할 수 있도록 명확하고 일관성 있게 작성해야 한다.
② 감정평가서에는 다음 각 호의 사항이 포함돼야 한다.
 1. 감정평가법인등의 명칭
 2. 의뢰인의 성명 또는 명칭
 3. 대상물건(소재지, 종류, 수량, 그 밖에 필요한 사항)
 4. 대상물건 목록의 표시근거
 5. 감정평가 목적
 6. 기준시점, 조사기간 및 감정평가서 작성일
 7. 실지조사를 하지 않은 경우에는 그 이유

8. 시장가치 외의 가치를 기준으로 감정평가한 경우에는 제5조 제3항 각 호의 사항. 다만, 같은 조 제2항 제1호의 경우에는 해당 법령을 적는 것으로 갈음할 수 있다.
9. 감정평가조건을 붙인 경우에는 그 이유 및 제6조 제3항의 검토사항. 다만, 같은 조 제2항 제1호의 경우에는 해당 법령을 적는 것으로 갈음할 수 있다.
10. 감정평가액
11. 감정평가액의 산출근거 및 결정 의견
12. 전문가의 자문등을 거쳐 감정평가한 경우 그 자문등의 내용
13. 그 밖에 이 규칙이나 다른 법령에 따른 기재사항

제14조 【토지의 감정평가】 ① 감정평가법인등은 법 제3조 제1항 본문에 따라 토지를 감정평가할 때에는 공시지가기준법을 적용해야 한다.
② 감정평가법인등은 공시지가기준법에 따라 토지를 감정평가할 때에 다음 각 호의 순서에 따라야 한다.
1. 비교표준지 선정: 인근지역에 있는 표준지 중에서 대상토지와 용도지역·이용상황·주변환경 등이 같거나 비슷한 표준지를 선정할 것. 다만, 인근지역에 적절한 표준지가 없는 경우에는 인근지역과 유사한 지역적 특성을 갖는 동일수급권 안의 유사지역에 있는 표준지를 선정할 수 있다.
2. 시점수정: 「부동산 거래신고 등에 관한 법률」 제19조에 따라 국토교통부장관이 조사·발표하는 비교표준지가 있는 시·군·구의 같은 용도지역 지가변동률을 적용할 것. 다만, 다음 각 목의 경우에는 그러하지 아니하다.
   가. 같은 용도지역의 지가변동률을 적용하는 것이 불가능하거나 적절하지 아니하다고 판단되는 경우에는 공법상 제한이 같거나 비슷한 용도지역의 지가변동률, 이용상황별 지가변동률 또는 해당 시·군·구의 평균지가변동률을 적용할 것
   나. 지가변동률을 적용하는 것이 불가능하거나 적절하지 아니한 경우에는 「한국은행법」 제86조에 따라 한국은행이 조사·발표하는 생산자물가지수에 따라 산정된 생산자물가상승률을 적용할 것
3. 지역요인 비교
4. 개별요인 비교
5. 그 밖의 요인 보정: 대상토지의 인근지역 또는 동일수급권내 유사지역의 가치형성요인이 유사한 정상적인 거래사례 또는 평가사례 등을 고려할 것
③ 감정평가법인등은 법 제3조 제1항 단서에 따라 적정한 실거래가를 기준으로 토지를 감정평가할 때에는 거래사례비교법을 적용해야 한다.
④ 감정평가법인등은 법 제3조 제2항에 따라 토지를 감정평가할 때에는 제1항부터 제3항까지의 규정을 적용하되, 해당 토지의 임대료, 조성비용 등을 고려하여 감정평가할 수 있다.

제15조 【건물의 감정평가】 ① 감정평가법인등은 건물을 감정평가할 때에 원가법을 적용해야 한다.

제16조 【토지와 건물의 일괄감정평가】 감정평가법인등은 「집합건물의 소유 및 관리에 관한 법률」에 따른 구분소유권의 대상이 되는 건물부분과 그 대지사용권을 일괄하여 감정평가하는 경우 등 제7조 제2항에 따라 토지와 건물을 일괄하여 감정평가할 때에는 거래사례비교법을 적용해야 한다. 이 경우 감정평가액은 합리적인 기준에 따라 토지가액과 건물가액으로 구분하여 표시할 수 있다.

제17조【산림의 감정평가】① 감정평가법인등은 산림을 감정평가할 때에 산지와 입목(立木)을 구분하여 감정평가해야 한다. 이 경우 입목은 거래사례비교법을 적용하되, 소경목림(小徑木林: 지름이 작은 나무·숲)인 경우에는 원가법을 적용할 수 있다.

② 감정평가법인등은 제7조 제2항에 따라 산지와 입목을 일괄하여 감정평가할 때에 거래사례비교법을 적용해야 한다.

제18조【과수원의 감정평가】감정평가법인등은 과수원을 감정평가할 때에 거래사례비교법을 적용해야 한다.

제19조【공장재단 및 광업재단의 감정평가】① 감정평가법인등은 공장재단을 감정평가할 때에 공장재단을 구성하는 개별 물건의 감정평가액을 합산하여 감정평가해야 한다. 다만, 계속적인 수익이 예상되는 경우 등 제7조 제2항에 따라 일괄하여 감정평가하는 경우에는 수익환원법을 적용할 수 있다.

② 감정평가법인등은 광업재단을 감정평가할 때에 수익환원법을 적용해야 한다.

제20조【자동차 등의 감정평가】① 감정평가법인등은 자동차를 감정평가할 때에 거래사례비교법을 적용해야 한다.

② 감정평가법인등은 건설기계를 감정평가할 때에 원가법을 적용해야 한다.

③ 감정평가법인등은 선박을 감정평가할 때에 선체·기관·의장(艤裝)별로 구분하여 감정평가하되, 각각 원가법을 적용해야 한다.

④ 감정평가법인등은 항공기를 감정평가할 때에 원가법을 적용해야 한다.

⑤ 감정평가법인등은 제1항부터 제4항까지에도 불구하고 본래 용도의 효용가치가 없는 물건은 해체처분가액으로 감정평가할 수 있다.

제21조【동산의 감정평가】① 감정평가법인등은 동산을 감정평가할 때에는 거래사례비교법을 적용해야 한다. 다만, 본래 용도의 효용가치가 없는 물건은 해체처분가액으로 감정평가할 수 있다.

② 제1항 본문에도 불구하고 기계·기구류를 감정평가할 때에는 원가법을 적용해야 한다.

제22조【임대료의 감정평가】감정평가법인등은 임대료를 감정평가할 때에 임대사례비교법을 적용해야 한다.

제23조【무형자산의 감정평가】① 감정평가법인등은 광업권을 감정평가할 때에 제19조 제2항에 따른 광업재단의 감정평가액에서 해당 광산의 현존시설 가액을 빼고 감정평가해야 한다. 이 경우 광산의 현존시설 가액은 적정 생산규모와 가행조건(稼行條件) 등을 고려하여 산정하되 과잉유휴시설을 포함하여 산정하지 않는다.

② 감정평가법인등은 어업권을 감정평가할 때에 어장 전체를 수익환원법에 따라 감정평가한 가액에서 해당 어장의 현존시설 가액을 빼고 감정평가해야 한다. 이 경우 어장의 현존시설 가액은 적정 생산규모와 어업권 존속기간 등을 고려하여 산정하되 과잉유휴시설을 포함하여 산정하지 않는다.

③ 감정평가법인등은 영업권, 특허권, 실용신안권, 디자인권, 상표권, 저작권, 전용측선이용권(專用側線利用權), 그 밖의 무형자산을 감정평가할 때에 수익환원법을 적용해야 한다.

제24조【유가증권 등의 감정평가】① 감정평가법인등은 주식을 감정평가할 때에 다음 각 호의 구분에 따라야 한다.
1. 상장주식[「자본시장과 금융투자업에 관한 법률」 제373조의2에 따라 허가를 받은 거래소(이하 "거래소"라 한다)에서 거래가 이루어지는 등 시세가 형성된 주식으로 한정한다]: 거래사례비교법을 적용할 것
2. 비상장주식(상장주식으로서 거래소에서 거래가 이루어지지 아니하는 등 형성된 시세가 없는 주식을 포함한다): 해당 회사의 자산·부채 및 자본 항목을 평가하여 수정재무상태표를 작성한 후 기업체의 유·무형의 자산가치(이하 "기업가치"라 한다)에서 부채의 가치를 빼고 산정한 자기자본의 가치를 발행주식 수로 나눌 것

② 감정평가법인등은 채권을 감정평가할 때에 다음 각 호의 구분에 따라야 한다.
1. 상장채권(거래소에서 거래가 이루어지는 등 시세가 형성된 채권을 말한다): 거래사례비교법을 적용할 것
2. 비상장채권(거래소에서 거래가 이루어지지 아니하는 등 형성된 시세가 없는 채권을 말한다): 수익환원법을 적용할 것

③ 감정평가법인등은 기업가치를 감정평가할 때에 수익환원법을 적용해야 한다.

제25조【소음 등으로 인한 대상물건의 가치하락분에 대한 감정평가】 감정평가법인등은 소음·진동·일조침해 또는 환경오염 등(이하 "소음등"이라 한다)으로 대상물건에 직접적 또는 간접적인 피해가 발생하여 대상물건의 가치가 하락한 경우 그 가치하락분을 감정평가할 때에 소음등이 발생하기 전의 대상물건의 가액 및 원상회복비용 등을 고려해야 한다.

제26조【그 밖의 물건의 감정평가】 감정평가법인등은 제14조부터 제25조까지에서 규정되지 아니한 대상물건을 감정평가할 때에 이와 비슷한 물건이나 권리 등의 경우에 준하여 감정평가해야 한다.

제27조【조언·정보 등의 제공】 감정평가법인등이 법 제10조 제7호에 따른 토지등의 이용 및 개발 등에 대한 조언이나 정보 등의 제공에 관한 업무를 수행할 때에 이와 관련한 모든 분석은 합리적이어야 하며 객관적인 자료에 근거해야 한다.

제28조【그 밖의 감정평가 기준】 이 규칙에서 규정하는 사항 외에 감정평가법인등이 감정평가를 할 때 지켜야 할 세부적인 기준은 국토교통부장관이 정하여 고시한다.

제29조【규제의 재검토】 국토교통부장관은 제13조에 따른 감정평가서의 작성에 대하여 2024년 1월 1일을 기준으로 3년마다(매 3년이 되는 해의 기준일과 같은 날 전까지를 말한다) 그 타당성을 검토하여 개선 등의 조치를 해야 한다.

제 3 장 | 부동산가격공시제도

제26·27·28·29·30·31·32·33·34·35회

용어사전
적정가격
토지, 주택 및 비주거용 부동산에 대하여 통상적인 시장에서 정상적인 거래가 이루어지는 경우 성립될 가능성이 가장 높다고 인정되는 가격을 말한다.

❶ 표준지공시지가
➡ 감정평가법인등 의뢰

❷ 개별공시지가의 검증
➡ 감정평가법인등

❸ 표준주택, 공동주택가격
➡ 한국부동산원 의뢰

❹ 개별주택가격의 검증
➡ 한국부동산원

「부동산 가격공시에 관한 법률」에서는 "부동산의 적정가격(適正價格) 공시에 관한 기본적인 사항과 부동산시장·동향의 조사·관리에 필요한 사항을 규정함으로써 부동산의 적정한 가격형성과 각종 조세·부담금 등의 형평성을 도모하고 국민경제의 발전에 이바지함을 목적으로 한다."라고 규정하고 있다.

핵심 콕! 콕! 부동산가격공시제도 요약

Tip 시험 지문에 익숙해지기 위해서는 먼저 표의 내용을 정확히 이해하고 숙지하여야 한다.

구분			결정·공시	공시일	효력
토지	표준지 공시지가❶		국토교통부 장관	공시기준일 1.1.	• 토지시장의 가격정보 제공 • 일반적인 토지거래의 지표 • 공적 지가의 산정(보상)기준 • 개별토지의 감정평가기준
	개별공시지가❷		시장·군수 또는 구청장	결정·공시일 5.31.까지	조세·부담금 부과기준
주택	단독 주택	표준 주택❸	국토교통부 장관	공시기준일 1.1.	개별주택가격 산정기준
		개별 주택❹	시장·군수 또는 구청장	결정·공시일 4.30.까지	• 주택시장의 가격정보 제공 • 조세 부과를 위한 기준
	공동주택❸		국토교통부 장관	• 공시기준일 1.1. • 산정·공시일 4.30.까지	
비주거용	일반 부동산	표준 부동산	국토교통부 장관	공시기준일 1.1.	비주거용 개별부동산가격의 산정기준
		개별 부동산	시장·군수 또는 구청장	결정·공시일 4.30.까지	• 비주거용 부동산시장에 대한 가격정보 제공 • 조세 부과를 위한 기준
	집합부동산		국토교통부 장관	• 공시기준일 1.1. • 산정·공시일 4.30.까지	

제1절 공시지가제도

01 표준지공시지가

(1) 의의

① 국토교통부장관은 토지이용상황이나 주변 환경 그 밖의 자연적·사회적 조건이 일반적으로 유사하다고 인정되는 일단의 토지 중에서 선정한 표준지❶에 대하여 매년 공시기준일 현재의 단위면적당 적정가격(이하 '표준지공시지가'라 한다)을 조사·평가하고, 중앙부동산가격공시위원회의 심의를 거쳐 공시하여야 한다.

② 국토교통부장관은「부동산 가격공시에 관한 법률」에 따라 표준지를 선정할 때에는 일단의 토지 중에서 해당 일단의 토지를 대표할 수 있는 필지의 토지를 선정하여야 한다.❷

(2) 표준지공시지가의 공시기준일

① 표준지공시지가의 공시기준일은 1월 1일로 한다.

② 다만, 국토교통부장관이 표준지공시지가 조사·평가인력 등을 고려하여 부득이하다고 인정되는 경우에는 일부 지역을 지정하여 해당 지역에 대한 공시기준일을 따로 정할 수 있다.

(3) 표준지공시지가의 조사·평가·공시 등

① 국토교통부장관이 표준지공시지가를 조사·평가하는 경우에는 인근 유사토지의 거래가격·임대료 및 해당 토지와 유사한 이용가치를 지닌다고 인정되는 토지의 조성에 필요한 비용추정액, 인근지역 및 다른 지역과의 형평성·특수성, 표준지공시지가 변동의 예측 가능성 등 제반사항을 종합적으로 참작하여야 한다.

② 국토교통부장관이 표준지공시지가를 조사·평가할 때에는 업무실적, 신인도 등을 고려하여 둘 이상의「감정평가 및 감정평가사에 관한 법률」에 따른 감정평가법인등에게 이를 의뢰하여야 한다. 다만, 지가변동이 작은 경우 등 대통령령으로 정하는 기준에 해당하는 표준지에 대해서는 하나의 감정평가법인등에게 의뢰할 수 있다.

③ 감정평가법인등에게 의뢰한 표준지공시지가는 감정평가법인등이 제출한 조사·평가액의 산술평균치를 기준으로 한다.

---

❶ **표준지**
지가의 공시를 위해 가치형성요인이 같거나 유사하다고 인정되는 일단의 토지 중에서 선정한 토지를 말한다.

❷ **표준지의 선정기준**
- 지가의 대표성
- 토지특성의 중용성
- 토지용도의 안정성
- 토지구별의 확정성

(4) 표준지 평가기준(「표준지공시지가 조사·평가 기준」 국토교통부훈령)

① 적정가격기준평가
  ㉠ 표준지의 평가가격은 일반적으로 해당 토지에 대하여 통상적인 시장에서 정상적인 거래가 이루어지는 경우 성립될 가능성이 가장 높다고 인정되는 가격(이하 '적정가격'이라고 한다)으로 결정하되, 시장에서 형성되는 가격자료를 충분히 조사하여 표준지의 객관적인 시장가치를 평가한다.
  ㉡ 특수토지❶ 등 시장성이 없거나 거래사례 등을 구하기가 곤란한 토지는 해당 토지와 유사한 이용가치를 지닌다고 인정되는 토지의 조성에 필요한 비용추정액 또는 임료 등을 고려한 가격으로 평가하거나, 해당 토지를 인근지역의 주된 용도의 토지로 보고 ㉠에 의하여 평가한 가격에 그 용도적 제한이나 거래제한의 상태 등을 고려한 가격으로 평가한다.

② 실제용도기준평가: 표준지의 평가는 공부상의 지목에도 불구하고 공시기준일 현재의 이용상황을 기준으로 평가하되, 일시적인 이용상황은 이를 고려하지 않는다.

③ 나지상정평가: 표준지의 평가에 있어서 그 토지에 건물이나 그 밖의 정착물이 있거나 지상권 등 토지의 사용·수익을 제한하는 사법상의 권리가 설정되어 있는 경우에는 그 정착물 등이 없는 토지의 나지상태를 상정하여 평가한다.

④ 공법상 제한상태기준평가: 표준지의 평가에 있어서 공법상 용도지역·지구·구역 등 일반적인 계획제한사항 뿐만 아니라 도시계획시설 결정 등 공익사업의 시행을 직접목적으로 하는 개별적인 계획제한사항이 있는 경우에는 그 공법상 제한을 받는 상태를 기준으로 평가한다.

⑤ 개발이익반영평가
  ㉠ 표준지의 평가에 있어서 다음의 개발이익은 이를 반영하여 평가한다.
    ⓐ 공익사업의 계획 또는 시행이 공고 또는 고시됨으로 인한 지가의 증가분
    ⓑ 공익사업의 시행에 따른 절차로서 행하여진 토지이용계획의 설정·변경·해제 등으로 인한 지가의 증가분
    ⓒ 그 밖에 공익사업의 착수에서 준공까지 그 시행으로 인한 지가의 증가분
  ㉡ 다만, 그 개발이익이 주위환경 등의 사정으로 보아 공시기준일 현재 현실화·구체화되지 아니하였다고 인정되는 경우에는 그러하지 아니하다.
  ㉢ 개발이익을 반영함에 있어서 공익사업시행지구 안에 있는 토지는 해당 공익사업의 단계별 성숙도 등을 고려하여 평가하되, 인근지역 또는 동일수급권 안의 유사지역에 있는 유사용도 토지의 지가수준과 비교하여 균형이 유지되도록 하여야 한다.

❶ 특수토지
토지용도가 특수하고 거래사례가 희소하여 시장가치의 측정이 어려운 토지를 말한다.

⑥ 평가방식의 적용
  ㉠ 표준지의 평가는 거래사례비교법, 원가법 또는 수익환원법의 3방식 중에서 해당 표준지의 특성에 가장 적합한 평가방식 하나를 선택하여 행하되, 다른 평가방식에 따라 산정한 가격과 비교하여 그 적정여부를 검토한 후 평가가격을 결정한다.
  ㉡ 일반적으로 시장성이 있는 토지는 거래사례비교법으로 평가한다. 다만, 새로이 조성 또는 매립된 토지는 원가법으로 평가할 수 있으며, 상업용지 등 수익성이 있는 토지는 수익환원법으로 평가할 수 있다.

(5) 표준지공시지가의 공시사항
① 표준지의 지번
② 표준지의 단위면적당 가격
③ 표준지의 면적 및 형상
④ 표준지 및 주변 토지의 이용상황
⑤ 지목
⑥ 용도지역
⑦ 도로상황
⑧ 그 밖에 표준지공시지가 공시에 관하여 필요한 사항

(6) 표준지공시지가에 대한 이의신청
① 표준지공시지가에 대하여 이의가 있는 자는 표준지공시지가의 공시일부터 30일 이내에 서면(전자문서를 포함한다. 이하 같다)으로 국토교통부장관에게 이의를 신청할 수 있다.
② 표준지공시지가에 이의신청을 하려는 자는 이의신청서에 이의신청사유를 증명하는 서류를 첨부하여 국토교통부장관에게 제출하여야 한다.
③ 국토교통부장관은 이의신청이 만료된 날부터 30일 이내에 이의신청을 심사하여 그 결과를 신청인에게 서면으로 통지하여야 한다. 이 경우 국토교통부장관은 이의신청의 내용이 타당하다고 인정될 때에는 해당 표준지공시지가를 조정하여 다시 공시하여야 한다.

(7) 표준지공시지가의 효력
① 공시지가는 토지시장의 지가정보를 제공한다.
② 일반적인 토지거래의 지표가 된다.
③ 국가·지방자치단체 등이 그 업무와 관련하여 지가를 산정하는 경우에 그 기준이 된다(손실보상기준).
④ 감정평가법인등이 개별적으로 토지를 감정평가하는 경우에 그 기준이 된다.

02 개별공시지가

(1) 개별공시지가의 결정·공시

① 시장·군수 또는 구청장은 국세·지방세 등 각종 세금의 부과, 그 밖의 다른 법령이 정하는 목적을 위한 지가산정에 사용하도록 하기 위하여 시·군·구 부동산가격공시위원회의 심의를 거쳐 매년 공시지가의 공시기준일 현재 관할구역 안의 개별토지의 단위면적당 가격(이하 '개별공시지가'라 한다)을 결정·공시하고, 이를 관계 행정기관 등에 제공하여야 한다.

② 표준지로 선정된 토지, 조세 또는 부담금 등의 부과대상이 아닌 토지, 그 밖에 대통령령이 정하는 토지에 대하여는 개별공시지가를 결정·공시하지 아니할 수 있다. 이 경우 표준지로 선정된 토지에 대하여는 해당 토지의 공시지가를 개별공시지가로 본다.

③ 시장·군수 또는 구청장은 매년 5월 31일까지 개별공시지가를 결정·공시하여야 한다.

(2) 분할·합병 등이 발생한 토지의 개별공시지가

시장·군수 또는 구청장은 공시기준일 이후에 분할·합병 등이 발생한 토지에 대하여는 대통령령이 정하는 날을 기준으로 하여 개별공시지가를 결정·공시하여야 한다.

① 개별공시지가의 공시기준일을 다르게 할 수 있는 토지
  ㉠ 「공간정보의 구축 및 관리 등에 관한 법률」에 따라 분할 또는 합병된 토지
  ㉡ 공유수면 매립 등으로 「공간정보의 구축 및 관리 등에 관한 법률」에 따른 신규등록이 된 토지
  ㉢ 토지의 형질변경 또는 용도변경으로 「공간정보의 구축 및 관리 등에 관한 법률」에 따른 지목변경이 된 토지
  ㉣ 국유·공유에서 매각 등에 따라 사유(私有)로 된 토지로서 개별공시지가가 없는 토지

② '대통령령으로 정하는 날'이란 다음의 구분에 따른 날을 말한다.
  ㉠ 1월 1일부터 6월 30일까지의 사이에 위 ①의 사유가 발생한 토지: 그 해 7월 1일
  ㉡ 7월 1일부터 12월 31일까지의 사이에 위 ①의 사유가 발생한 토지: 다음 해 1월 1일

(3) 토지가격비준표의 사용

시장·군수 또는 구청장이 개별공시지가를 결정·공시하는 경우에는 해당 토지와 유사한 이용가치를 지닌다고 인정되는 하나 또는 둘 이상의 표준지의 공시지가를 기준으로 토지가격비준표를 사용하여 지가를 산정하되, 해당 토지의 가격과 표준지공시지가가 균형을 유지하도록 하여야 한다.

> **더 알아보기** 토지가격비준표
>
> 1. 국토교통부장관은 개별공시지가의 산정을 위하여 필요하다고 인정하는 경우에는 표준지와 산정대상 개별토지의 가격형성요인에 관한 표준적인 비교표(이하 '토지가격비준표'라 한다)를 작성하여 시장·군수 또는 구청장에게 제공하여야 한다.
> 2. 토지가격비준표의 작성기준이 되는 것은 표준지공시지가이고, 개별공시지가의 산정기준이 되는 것은 토지가격비준표이다.
> 3. 토지가격비준표는 표준지와 개별공시지가를 연계해주는 장치로서, 지가조사 공무원이 신속하게 지가를 산정하거나 대량토지의 평가를 간편하게 산정할 수 있도록 계량적으로 고안된 지가산정표이다.
>
> **토지가격비준표의 예**
>
> | 구분 | 광대로한면 | 광대로각지 | 중로한면 | 중로각지 | 세로 | 맹지 |
> |---|---|---|---|---|---|---|
> | 광대로한면 | 1.00 | 1.12 | 0.87 | 0.92 | 0.52 | 0.48 |
> | 광대로각지 | 0.94 | 1.00 | 0.64 | 0.78 | 0.42 | 0.39 |
> | 중로한면 | 1.32 | 1.69 | 1.00 | 1.12 | 0.74 | 0.59 |
> | 중로각지 | 1.27 | 1.34 | 0.94 | 1.00 | 0.94 | 0.75 |
> | 세로 | 2.13 | 2.74 | 1.52 | 1.86 | 1.00 | 0.91 |

(4) 개별공시지가의 검증 및 의견청취

① 시장·군수 또는 구청장은 개별공시지가를 결정·공시하기 위하여 개별토지의 가격을 산정할 때에는 그 타당성에 대하여 감정평가법인등의 검증을 받고 토지소유자, 그 밖의 이해관계인의 의견을 들어야 한다. 다만, 시장·군수 또는 구청장은 감정평가법인등의 검증이 필요 없다고 인정되는 때에는 지가의 변동상황 등 대통령령이 정하는 사항을 고려하여 감정평가법인등의 검증을 생략할 수 있다.

② 시장·군수 또는 구청장이 검증을 받으려는 때에는 해당 지역의 표준지의 공시지가를 조사·평가한 감정평가법인등 또는 대통령령이 정하는 감정평가실적 등이 우수한 감정평가법인등에게 의뢰하여야 한다.

(5) 개별공시지가에 대한 이의신청

① 개별공시지가에 대하여 이의가 있는 자는 개별공시지가의 결정·공시일부터 30일 이내에 서면으로 시장·군수 또는 구청장에게 이의를 신청할 수 있다.
② 시장·군수 또는 구청장은 이의신청기간이 만료된 날부터 30일 이내에 이의신청을 심사하여 그 결과를 신청인에게 서면으로 통지하여야 한다. 이 경우 시장·군수 또는 구청장은 이의신청의 내용이 타당하다고 인정될 때에는 해당 개별공시지가를 조정하여 다시 결정·공시하여야 한다.

(6) 개별공시지가의 활용

개별공시지가는 국세의 부과기준 및 지방세의 과세시가표준액의 조정자료로 활용됨은 물론 각종 부담금의 부과기준이 된다.
① 재산세 과세표준액 결정
② 종합부동산세 과세표준액 결정
③ 국유지의 사용료 산정기준
④ 개발부담금 부과를 위한 개시시점지가 산정기준

확인예제

「부동산 가격공시에 관한 법률」에 규정된 내용으로 틀린 것은? 제30회 수정

① 표준지공시지가에 이의가 있는 자는 그 공시일로부터 30일 이내에 서면으로 국토교통부장관에게 이의를 신청할 수 있다.
② 표준지공시지가는 국가·지방자치단체 등이 그 업무와 관련하여 지가를 산정하거나 감정평가법인등이 개별적으로 토지를 감정평가하는 경우에 기준이 된다.
③ 표준지로 선정된 토지에 대하여 개별공시지가를 결정·공시하여야 한다.
④ 시장·군수 또는 구청장은 공시기준일 이후에 분할·합병 등이 발생한 토지에 대하여는 대통령령으로 정하는 날을 기준으로 하여 개별공시지가를 결정·공시하여야 한다.
⑤ 개별공시지가에 이의가 있는 자는 그 결정·공시일로부터 30일 이내에 서면으로 시장·군수 또는 구청장에게 이의를 신청할 수 있다.

해설

표준지로 선정된 토지에 대하여는 개별공시지가를 별도로 결정·공시하지 않고, 해당 토지의 표준지공시지가를 개별공시지가로 본다.
표준지로 선정된 토지, 조세 또는 부담금 부과대상이 아닌 토지 그 밖에 대통령령이 정하는 토지에 대하여는 개별공시지가를 결정·공시하지 아니할 수 있다. 이 경우 표준지로 선정된 토지에 대하여는 해당 토지의 표준지공시지가를 개별공시지가로 본다(「부동산 가격공시에 관한 법률」 제10조 제2항). 정답: ③

제2절 주택가격공시제도

단독주택은 표준주택가격과 개별주택가격으로 구분하여 공시하지만, 공동주택가격은 구분공시하지 않고 전수조사(全數調査)하여 주택가격을 공시한다.

01 단독주택가격

(1) 표준주택가격

① 표준주택의 선정·공시
   ㉠ 국토교통부장관은 용도지역, 건물구조 등이 일반적으로 유사하다고 인정되는 일단의 단독주택 중에서 선정한 표준주택에 대하여 매년 공시기준일 현재의 적정가격(이하 '표준주택가격'이라 한다)을 조사·산정하고, 중앙부동산가격공시위원회의 심의를 거쳐 이를 공시하여야 한다.
   ㉡ 표준주택을 선정할 때에는 단독주택 중에서 해당 일단의 단독주택을 대표할 수 있는 주택(대표성·중용성·안정성·확정성)을 선정하여야 한다.
   ㉢ 국토교통부장관은 표준주택가격을 조사·산정하고자 할 때에는 「한국부동산원법」에 따른 한국부동산원(이하 '부동산원'이라 한다)에 의뢰한다.
   ㉣ 표준주택가격의 공시기준일은 1월 1일로 한다.

② 표준주택가격의 조사·산정기준
   ㉠ 인근 유사 단독주택의 거래가격 또는 임대료의 경우: 해당 거래 또는 임대차가 당사자의 특수한 사정에 의하여 이루어지거나 단독주택 거래 또는 임대차에 대한 지식의 부족으로 인하여 이루어진 때에는 그러한 사정이 없었을 때에 이루어졌을 거래가격 또는 임대료를 기준으로 할 것
   ㉡ 해당 단독주택과 유사한 이용가치를 지닌다고 인정되는 단독주택의 건축에 필요한 비용추정액의 경우: 공시기준일 현재 해당 단독주택을 건설하기 위한 표준적인 건축비와 일반적인 부대비용으로 할 것
   ㉢ 표준주택에 전세권 또는 그 밖의 단독주택의 사용·수익을 제한하는 권리가 설정되어 있을 때에는 그 권리가 존재하지 아니하는 것으로 보고 적정가격을 산정하여야 한다.

③ 표준주택가격의 공시사항
   ㉠ 표준주택의 지번
   ㉡ 표준주택가격
   ㉢ 표준주택의 대지면적 및 형상
   ㉣ 표준주택의 용도, 연면적, 구조 및 사용승인일(임시사용승인일을 포함한다)
   ㉤ 지목

- ⓑ 용도지역
- ⓢ 도로상황
- ⓞ 그 밖에 표준주택가격공시에 관하여 필요한 사항
④ **표준주택가격에 대한 이의신청**: 공시한 표준주택가격에 대하여 이의가 있는 자는 표준주택가격의 공시일부터 30일 이내에 서면(전자문서를 포함한다)으로 국토교통부장관에게 이의를 신청할 수 있다.
⑤ **표준주택가격공시의 효력**: 표준주택가격은 국가·지방자치단체 등이 그 업무와 관련하여 개별주택가격을 산정하는 경우에 그 기준이 된다.

(2) 개별주택가격

① 개별주택가격의 결정·공시
  - ⓐ 시장·군수 또는 구청장은 시·군·구 부동산가격공시위원회의 심의를 거쳐 매년 표준주택가격의 공시기준일 현재 관할구역 안의 개별주택의 가격(이하 '개별주택가격'이라 한다)을 결정·공시하고, 이를 관계 행정기관 등에 제공하여야 한다.
  - ⓑ 표준주택으로 선정된 단독주택, 그 밖에 대통령령으로 정하는 단독주택에 대하여는 개별주택가격을 결정·공시하지 아니할 수 있다. 이 경우 표준주택으로 선정된 주택에 대하여는 해당 주택의 표준주택가격을 개별주택가격으로 본다.
  - ⓒ 시장·군수 또는 구청장은 매년 4월 30일까지 개별주택가격을 결정·공시하여야 한다.
  - ⓓ 시장·군수 또는 구청장은 개별주택가격을 결정·공시하기 위하여 개별주택의 가격을 산정할 때에는 표준주택가격과의 균형 등 그 타당성에 대하여 대통령령으로 정하는 바에 따라 부동산원의 검증을 받고 토지소유자, 그 밖의 이해관계인의 의견을 들어야 한다. 다만, 시장·군수 또는 구청장은 부동산원의 검증이 필요 없다고 인정되는 때에는 주택가격의 변동상황 등 대통령령으로 정하는 사항을 고려하여 부동산원의 검증을 생략할 수 있다.

② 개별주택가격의 공시사항
  - ⓐ 개별주택의 지번
  - ⓑ 개별주택가격
  - ⓒ 개별주택의 용도 및 면적
  - ⓓ 그 밖에 개별주택가격공시에 필요한 사항

③ 시장·군수 또는 구청장은 공시기준일 이후에 토지의 분할·합병이나 건축물의 신축 등이 발생한 경우에는 대통령령으로 정하는 날을 기준으로 하여 개별주택가격을 결정·공시하여야 한다.
  ⊙ 개별주택가격의 공시기준일을 다르게 할 수 있는 단독주택
    ⓐ 「공간정보의 구축 및 관리 등에 관한 법률」에 따라 그 대지가 분할 또는 합병된 단독주택
    ⓑ 「건축법」에 따른 건축·대수선 또는 용도변경이 된 단독주택
    ⓒ 국유·공유에서 매각 등에 따라 사유로 된 단독주택으로서 개별주택가격이 없는 단독주택
  ⓛ '대통령령으로 정하는 날'이란 다음의 구분에 따른 날을 말한다.
    ⓐ 1월 1일부터 5월 31일까지의 사이에 위 ⊙의 사유가 발생한 단독주택: 그 해 6월 1일
    ⓑ 6월 1일부터 12월 31일까지의 사이에 위 ⊙의 사유가 발생한 단독주택: 다음 해 1월 1일
④ 주택가격비준표의 활용: 시장·군수 또는 구청장이 개별주택가격을 결정·공시하는 경우에는 해당 주택과 유사한 이용가치를 지닌다고 인정되는 표준주택가격을 기준으로 주택가격비준표를 사용하여 가격을 산정하되, 해당 주택의 가격과 표준주택가격이 균형을 유지하도록 하여야 한다.
⑤ 개별주택가격 공시의 효력
  ⊙ 개별주택가격은 주택시장의 가격정보를 제공한다.
  ⓛ 국가·지방자치단체 등이 과세 등의 업무와 관련하여 주택의 가격을 산정하는 경우에 그 기준으로 활용될 수 있다.

02 공동주택가격

(1) 공동주택가격의 결정·공시

① 국토교통부장관은 공동주택에 대하여 매년 공시기준일 현재의 적정가격(이하 '공동주택가격'이라 한다)을 조사·산정하여 중앙부동산가격공시위원회의 심의를 거쳐 공시하고, 이를 관계 행정기관 등에 제공하여야 한다.
② 다만, 대통령령이 정하는 바에 따라 국세청장이 국토교통부장관과 협의하여 공동주택가격을 별도로 결정·고시하는 경우는 제외한다.
③ 국토교통부장관이 공동주택가격을 조사·산정하고자 할 때에는 부동산원에 의뢰한다.
④ 공동주택가격의 공시기준일은 1월 1일로 하며, 국토교통부장관은 매년 4월 30일까지 공동주택가격을 산정·공시하여야 한다.

⑤ 공동주택가격의 공시사항
  ㉠ 공동주택의 소재지·명칭·동·호수
  ㉡ 공동주택가격
  ㉢ 공동주택의 면적
  ㉣ 그 밖에 공동주택가격공시에 관하여 필요한 사항

(2) 공동주택소유자 등의 의견청취
국토교통부장관은 공동주택가격을 공시하기 위하여 공동주택의 가격을 산정할 때에는 대통령령이 정하는 바에 따라 공동주택소유자와 그 밖의 이해관계인의 의견을 들어야 한다.

(3) 공동주택가격의 조사·산정기준
① 국토교통부장관이 공동주택가격을 조사·산정하는 경우에는 인근 유사 공동주택의 거래가격·임대료 및 해당 공동주택과 유사한 이용가치를 지닌다고 인정되는 공동주택의 건설에 필요한 비용추정액, 인근지역 및 다른 지역과의 형평성·특수성, 공동주택가격 변동의 예측 가능성 등 제반사항을 종합적으로 참작하여야 한다.
② 공동주택가격을 조사·산정하는 경우 공동주택에 전세권 또는 그 밖에 공동주택의 사용·수익을 제한하는 권리가 설정되어 있는 때에는 그 권리가 존재하지 아니하는 것으로 보고 적정가격을 산정하여야 한다.

(4) 토지의 분할·합병이나 건축물의 신축 등이 발생한 경우의 공동주택가격
국토교통부장관은 공시기준일 이후에 토지의 분할·합병이나 건축물의 신축 등이 발생한 경우에는 대통령령이 정하는 날을 기준으로 하여 공동주택가격을 결정·공시하여야 한다.
① 공동주택가격의 공시기준일을 다르게 할 수 있는 공동주택
  ㉠ 「공간정보의 구축 및 관리 등에 관한 법률」에 따라 그 대지가 분할 또는 합병된 공동주택
  ㉡ 「건축법」에 따른 건축·대수선 또는 용도변경이 된 공동주택
  ㉢ 국유·공유에서 매각 등에 따라 사유로 된 공동주택으로서 공동주택가격이 없는 주택
② '대통령령으로 정하는 날'이란 다음의 구분에 따른 날을 말한다.
  ㉠ 1월 1일부터 5월 31일까지의 사이에 위 ①의 사유가 발생한 공동주택: 그 해 6월 1일
  ㉡ 6월 1일부터 12월 31일까지의 사이에 위 ①의 사유가 발생한 공동주택: 다음 해 1월 1일

(5) 공동주택가격에 대한 이의신청

① 공시된 공동주택가격에 이의가 있는 공동주택소유자 그 밖의 이해관계인은 공시일로부터 30일 이내에 서면(전자문서를 포함한다)으로 국토교통부장관에게 이의를 신청할 수 있다.

② 국토교통부장관은 이의신청의 내용이 타당하다고 인정할 때에는 중앙부동산가격공시위원회의 심의를 거쳐 조정·공시하고, 이의신청인에게 그 결과를 서면으로 통지하도록 하고 있다.

(6) 공동주택가격공시의 효력

① 공동주택가격은 주택시장의 가격정보를 제공한다.

② 국가·지방자치단체 등이 과세 등의 업무와 관련하여 주택의 가격을 산정하는 경우에 그 기준으로 활용될 수 있다.

확인예제

「부동산 가격공시에 관한 법률」에 규정된 내용으로 틀린 것은? 제32회

① 국토교통부장관은 표준주택가격을 조사·산정하고자 할 때에는 한국부동산원에 의뢰한다.

② 표준주택가격은 국가·지방자치단체 등이 그 업무와 관련하여 개별주택가격을 산정하는 경우에 그 기준이 된다.

③ 표준주택으로 선정된 단독주택, 그 밖에 대통령령으로 정하는 단독주택에 대하여는 개별주택가격을 결정·공시하지 아니할 수 있다.

④ 개별주택가격 및 공동주택가격은 주택시장의 가격정보를 제공하고 국가·지방자치단체 등이 과세 등의 업무와 관련하여 주택의 가격을 산정하는 경우에 그 기준으로 활용될 수 있다.

⑤ 개별주택가격 및 공동주택가격에 이의가 있는 자는 그 결정·공시일부터 30일 이내에 서면(전자문서를 포함한다)으로 시장·군수 또는 구청장에게 이의를 신청할 수 있다.

해설

- 개별주택가격에 이의가 있는 자는 그 결정·공시일부터 30일 이내에 서면으로 시장·군수 또는 구청장에게 이의를 신청할 수 있다(「부동산 가격공시에 관한 법률」 제11조 제1항).
- 공동주택가격에 이의가 있는 자는 그 결정·공시일부터 30일 이내에 서면(전자문서를 포함한다)으로 국토교통부장관에게 이의를 신청할 수 있다(「부동산 가격공시에 관한 법률」 제18조 제8항 및 제7조 준용).

정답: ⑤

제3절 비주거용 부동산가격공시제도

> **핵심 콕! 콕!** 비주거용 부동산
>
> 1. '비주거용 부동산'이란 주택을 제외한 건축물이나 건축물과 그 토지의 전부 또는 일부를 말하며 다음과 같이 구분한다.
>   - 비주거용 일반부동산: 비주거용 집합부동산을 제외한 비주거용 부동산을 말한다.
>   - 비주거용 집합부동산: 「집합건물의 소유 및 관리에 관한 법률」에 따라 구분소유되는 비주거용 부동산을 말한다.
> 2. 비주거용 일반부동산가격은 비주거용 표준부동산가격과 비주거용 개별부동산가격으로 구분하여 공시하지만, 비주거용 집합부동산가격은 구분공시하지 않고 전수조사(全數調査)하여 비주거용 부동산가격을 공시한다.

01 비주거용 일반부동산가격

(1) 비주거용 표준부동산가격

① 비주거용 표준부동산가격의 선정·공시

㉠ 국토교통부장관은 용도지역, 이용상황, 건물구조 등이 일반적으로 유사하다고 인정되는 일단의 비주거용 일반부동산 중에서 선정한 비주거용 표준부동산에 대하여 매년 공시기준일 현재의 적정가격(이하 '비주거용 표준부동산가격'이라 한다)을 조사·산정하고, 중앙부동산가격공시위원회의 심의를 거쳐 이를 공시할 수 있다.

㉡ 국토교통부장관은 비주거용 표준부동산을 선정할 때에는 일단의 비주거용 일반부동산 중에서 해당 일단의 비주거용 일반부동산을 대표할 수 있는 부동산을 선정하여야 한다. 이 경우 미리 해당 비주거용 표준부동산이 소재하는 시·도지사 및 시장·군수·구청장의 의견을 들어야 한다.

㉢ 국토교통부장관은 비주거용 표준부동산가격을 조사·산정하려는 경우 감정평가법인등 또는 대통령령으로 정하는 부동산가격의 조사·산정에 관한 전문성이 있는 자에게 의뢰한다.

㉣ 국토교통부장관이 비주거용 표준부동산가격을 조사·산정하는 경우에는 인근 유사 비주거용 일반부동산의 거래가격·임대료 및 해당 비주거용 일반부동산과 유사한 이용가치를 지닌다고 인정되는 비주거용 일반부동산의 건설에 필요한 비용추정액 등을 종합적으로 참작하여야 한다.

ⓜ 국토교통부장관은 비주거용 개별부동산가격의 산정을 위하여 필요하다고 인정하는 경우에는 비주거용 표준부동산과 산정대상 비주거용 개별부동산의 가격형성요인에 관한 표준적인 비교표(이하 '비주거용 부동산가격비준표'라 한다)를 작성하여 시장·군수 또는 구청장에게 제공하여야 한다.

ⓗ 비주거용 표준부동산가격의 공시기준일은 1월 1일로 한다.

② 비주거용 표준부동산가격의 조사·산정기준

　㉠ 인근 유사 비주거용 일반부동산의 거래가격 또는 임대료의 경우: 해당 거래 또는 임대차가 당사자의 특수한 사정에 의하여 이루어지거나 비주거용 일반부동산거래 또는 임대차에 대한 지식의 부족으로 인하여 이루어진 때에는 그러한 사정이 없었을 때에 이루어졌을 거래가격 또는 임대료를 기준으로 할 것

　㉡ 해당 비주거용 일반부동산과 유사한 이용가치를 지닌다고 인정되는 비주거용 일반부동산의 건축에 필요한 비용추정액의 경우: 공시기준일 현재 해당 비주거용 일반부동산을 건설하기 위한 표준적인 건축비와 일반적인 부대비용으로 할 것

　㉢ 비주거용 일반부동산에 전세권 또는 그 밖의 비주거용 일반부동산의 사용·수익을 제한하는 권리가 설정되어 있을 때에는 그 권리가 존재하지 아니하는 것으로 보고 적정가격을 산정하여야 한다.

③ 비주거용 표준부동산가격의 공시사항

　㉠ 비주거용 표준부동산의 지번
　㉡ 비주거용 표준부동산가격
　㉢ 비주거용 표준부동산의 대지면적 및 형상
　㉣ 비주거용 표준부동산의 용도, 연면적, 구조 및 사용승인일(임시사용승인일을 포함한다)
　㉤ 그 밖에 비주거용 표준부동산공시에 관하여 필요한 사항

④ 비주거용 표준부동산가격에 대한 이의신청: 공시한 비주거용 표준부동산가격에 대하여 이의가 있는 자는 비주거용 표준부동산가격의 공시일부터 30일 이내에 서면(전자문서를 포함한다)으로 국토교통부장관에게 이의를 신청할 수 있다.

⑤ 비주거용 표준부동산가격공시의 효력: 비주거용 표준부동산가격은 국가·지방자치단체 등이 그 업무와 관련하여 비주거용 개별부동산가격을 산정하는 경우에 그 기준이 된다.

(2) 비주거용 개별부동산가격

① 비주거용 개별부동산가격의 결정·공시
  ㉠ 시장·군수 또는 구청장은 시·군·구부동산가격공시위원회의 심의를 거쳐 매년 비주거용 표준부동산가격의 공시기준일 현재 관할 구역 안의 비주거용 개별부동산의 가격(이하 '비주거용 개별부동산가격'이라 한다)을 결정·공시할 수 있다. 다만, 대통령령으로 정하는 바에 따라 행정안전부장관 또는 국세청장이 국토교통부장관과 협의하여 비주거용 개별부동산의 가격을 별도로 결정·고시하는 경우는 제외한다.
  ㉡ 비주거용 표준부동산으로 선정된 비주거용 일반부동산 등 그 밖에 대통령령으로 정하는 비주거용 일반부동산에 대하여는 비주거용 개별부동산가격을 결정·공시하지 아니할 수 있다. 이 경우 비주거용 표준부동산으로 선정된 비주거용 일반부동산에 대하여는 해당 비주거용 표준부동산가격을 비주거용 개별부동산가격으로 본다.
  ㉢ 시장·군수 또는 구청장은 매년 4월 30일까지 비주거용 개별부동산가격을 결정·공시하여야 한다.

② 비주거용 개별부동산가격의 공시사항
  ㉠ 비주거용 개별부동산의 지번
  ㉡ 비주거용 개별부동산가격
  ㉢ 그 밖에 대통령령으로 정하는 사항(용도 및 면적 등)

③ 시장·군수 또는 구청장은 공시기준일 이후에 토지의 분할·합병이나 건축물의 신축 등이 발생한 경우에는 대통령령으로 정하는 날을 기준으로 하여 비주거용 개별부동산가격을 결정·공시하여야 한다.
  ㉠ 비주거용 개별부동가격의 공시기준일을 다르게 할 수 있는 비주거용 일반부동산
    ⓐ 「공간정보의 구축 및 관리 등에 관한 법률」에 따라 그 대지가 분할 또는 합병된 비주거용 일반부동산
    ⓑ 「건축법」에 따른 건축·대수선 또는 용도변경이 된 일반부동산
    ⓒ 국유·공유에서 매각 등에 따라 사유로 된 일반부동산으로서 비주거용 개별 부동산가격이 없는 비주거용 일반부동산
  ㉡ '대통령령으로 정하는 날'이란 다음의 구분에 따른 날을 말한다.
    ⓐ 1월 1일부터 5월 31일까지의 사이에 위 ㉠의 사유가 발생한 비주거용 일반부동산: 그 해 6월 1일
    ⓑ 6월 1일부터 12월 31일까지의 사이에 위 ㉠의 사유가 발생한 비주거용 일반부동산: 다음 해 1월 1일

④ **비주거용 부동산가격비준표의 활용**: 시장·군수 또는 구청장이 비주거용 개별부동산가격을 결정·공시하는 경우에는 해당 비주거용 일반부동산과 유사한 이용가치를 지닌다고 인정되는 비주거용 표준부동산가격을 기준으로 비주거용 부동산가격비준표를 사용하여 가격을 산정하되, 해당 비주거용 일반부동산의 가격과 비주거용 표준부동산가격이 균형을 유지하도록 하여야 한다.

⑤ **비주거용 개별부동산가격공시의 효력**
㉠ 비주거용 개별부동산가격은 비주거용 부동산시장의 가격정보를 제공한다.
㉡ 국가·지방자치단체 등이 과세 등의 업무와 관련하여 비주거용 부동산가격을 산정하는 경우에 그 기준으로 활용될 수 있다.

02 비주거용 집합부동산가격

(1) 비주거용 집합부동산가격의 결정·공시

① 국토교통부장관은 비주거용 집합부동산에 대하여 매년 공시기준일 현재의 적정가격(이하 '비주거용 집합부동산가격'이라 한다)을 조사·산정하여 중앙부동산가격공시위원회의 심의를 거쳐 공시하고, 이를 관계 행정기관 등에 제공하여야 한다.

② 위 ①에도 불구하고, 대통령령이 정하는 바에 따라 행정안전부장관 또는 국세청장이 국토교통부장관과 협의하여 비주거용 집합부동산가격을 별도로 결정·고시하는 경우에는 해당 비주거용 집합부동산의 비주거용 개별부동산가격을 결정·공시하지 아니한다.

③ 국토교통부장관은 비주거용 집합부동산가격을 조사·산정할 때에는 부동산원 또는 대통령령으로 정하는 부동산가격의 조사·산정에 관한 전문성이 있는 자에게 의뢰한다.

④ 비주거용 집합부동산가격의 공시기준일은 1월 1일로 하며, 국토교통부장관은 매년 4월 30일까지 비주거용 집합부동산가격을 산정·공시하여야 한다.

⑤ **비주거용 집합부동산가격의 공시사항**
㉠ 비주거용 집합부동산의 소재지·명칭·동·호수
㉡ 비주거용 집합부동산가격
㉢ 비주거용 집합부동산의 면적
㉣ 그 밖에 비주거용 집합부동산가격공시에 필요한 사항

(2) 비주거용 집합부동산 소유자 등의 의견청취

국토교통부장관은 비주거용 집합부동산가격을 공시하기 위하여 비주거용 집합부동산의 가격을 산정할 때에는 대통령령이 정하는 바에 따라 비주거용 집합부동산의 소유자와 그 밖의 이해관계인의 의견을 들어야 한다.

(3) 비주거용 집합부동산가격의 조사·산정기준

① 국토교통부장관이 비주거용 집합부동산가격을 조사·산정하는 경우에는 인근 유사 비주거용 집합부동산가격의 거래가격·임대료 및 해당 비주거용 집합부동산과 유사한 이용가치를 지닌다고 인정되는 비주거용 집합부동산의 건설에 필요한 비용추정액 등을 종합적으로 참작하여야 한다.

② 비주거용 집합부동산가격을 조사·산정하는 경우 비주거용 집합부동산가격에 전세권 또는 그 밖에 비주거용 집합부동산의 사용·수익을 제한하는 권리가 설정되어 있는 때에는 그 권리가 존재하지 아니하는 것으로 보고 적정가격을 산정하여야 한다.

(4) 토지의 분할·합병이나 건축물의 신축 등이 발생한 경우의 비주거용 집합부동산가격

국토교통부장관은 공시기준일 이후에 분할·합병이나 건축물의 신축 등이 발생한 경우에는 대통령령이 정하는 날을 기준으로 하여 비주거용 집합부동산가격을 결정·공시하여야 한다.

① 공동주택가격의 공시기준일을 다르게 할 수 있는 비주거용 집합부동산가격
  ㉠ 「공간정보의 구축 및 관리 등에 관한 법률」에 따라 그 대지가 분할 또는 합병된 비주거용 집합부동산
  ㉡ 「건축법」에 따른 건축·대수선 또는 용도변경이 된 비주거용 집합부동산
  ㉢ 국유·공유에서 매각 등에 따라 사유로 된 비주거용 집합부동산으로서 비주거용 집합부동산가격이 없는 비주거용 집합부동산

② '대통령령으로 정하는 날'이란 다음의 구분에 따른 날을 말한다.
  ㉠ 1월 1일부터 5월 31일까지의 사이에 위 ①의 사유가 발생한 집합부동산: 그 해 6월 1일
  ㉡ 6월 1일부터 12월 31일까지의 사이에 위 ①의 사유가 발생한 집합부동산: 다음 해 1월 1일

(5) 비주거용 집합부동산가격에 대한 이의신청

① 공시된 비주거용 집합부동산가격에 이의가 있는 비주거용 집합부동산소유자 그 밖의 이해관계인은 공시일로부터 30일 이내에 서면(전자문서를 포함한다)으로 국토교통부장관에게 이의를 신청할 수 있다.

② 국토교통부장관은 이의신청의 내용이 타당하다고 인정할 때에는 중앙부동산가격공시위원회의 심의를 거쳐 조정·공시하고, 이의신청인에게 그 결과를 서면으로 통지하도록 하고 있다.

(6) 비주거용 집합부동산가격공시의 효력
① 비주거용 집합부동산가격은 비주거용 부동산시장의 가격정보를 제공한다.
② 국가·지방자치단체 등이 과세 등의 업무와 관련하여 비주거용 부동산가격을 산정하는 경우에 그 기준으로 활용될 수 있다.

> **더 알아보기** 심의기관(부동산가격공시위원회)
>
> 1. 중앙부동산가격공시위원회
>   다음의 사항을 심의하기 위하여 국토교통부장관 소속으로 중앙부동산가격공시위원회를 둔다.
>   - 부동산 가격공시 관계 법령의 제정·개정에 관한 사항 중 국토교통부장관이 심의에 부치는 사항
>   - 표준지의 선정 및 관리지침
>   - 조사·평가된 표준지공시지가
>   - 표준지공시지가에 대한 이의신청에 관한 사항
>   - 표준주택의 선정 및 관리지침
>   - 조사·평가된 표준주택가격
>   - 표준주택가격에 대한 이의신청에 관한 사항
>   - 공동주택의 조사 및 산정지침
>   - 조사·산정된 공동주택가격
>   - 공동주택가격에 대한 이의신청에 관한 사항
>   - 비주거용 표준부동산의 선정 및 관리지침
>   - 조사·산정된 비주거용 표준부동산가격
>   - 비주거용 표준부동산가격에 대한 이의신청에 관한 사항
>   - 비주거용 집합부동산의 조사 및 산정지침
>   - 조사·산정된 비주거용 집합부동산가격
>   - 비주거용 집합부동산가격에 대한 이의신청에 관한 사항
>   - 적정가격 반영을 위한 계획 수립 등에 관한 사항
>   - 그 밖에 부동산정책에 관한 사항 등 국토교통부장관이 심의에 부치는 사항
>
> 2. 시·군·구 부동산가격공시위원회
>   다음의 사항을 심의하기 위하여 시장·군수 또는 구청장 소속으로 시·군·구 부동산가격공시위원회를 둔다.
>   - 개별공시지가의 결정에 관한 사항
>   - 개별공시지가에 대한 이의신청에 관한 사항
>   - 개별주택가격의 결정에 관한 사항
>   - 개별주택가격에 대한 이의신청에 관한 사항
>   - 비주거용 개별부동산가격의 결정에 대한 사항
>   - 비주거용 개별부동산가격에 대한 이의신청에 관한 사항
>   - 그 밖에 시장·군수 또는 구청장이 심의에 부치는 사항

해커스 공인중개사
land.Hackers.com

부록

제36회 기출문제 및 해설

제36회 기출문제 및 해설

제36회 기출문제 해설강의 바로가기 ▲

01 다음에서 설명하고 있는 토지의 자연적 특성은?

- 최유효이용의 근거가 된다.
- 지대 또는 지가를 발생시킨다.
- 토지이용을 집약화시킨다.
- 물리적으로 생산할 수 없다.

① 부증성 ② 인접성 ③ 개별성
④ 영속성 ⑤ 적재성

해설 부증성(= 비생산성 = 면적의 유한성 = 희소성)에 대한 설명이다.
- 희소성에 따른 한정된 재화의 최유효이용의 근거를 제기한다.
- 토지의 절대량이 한정되어 있으므로 도심 중심 쪽으로 갈수록 단위면적당 자본의 투입비율을 높이는 집약적 이용을 필연화시킨다.
- 토지가격이 상승해도 물리적 공급을 늘릴 수 없으므로, 가격이 수요·공급조절을 곤란하게 하며, 균형가격 성립을 저해하는 요인이 된다.
- 독점 소유욕구를 증대시켜 지대 발생 및 지가 상승의 원인이 된다.

02 한국표준산업분류(KSIC)에 따라 부동산업을 분류할 경우 부동산관련 서비스업에 해당하지 <u>않는</u> 것은?

① 부동산 임대 및 공급업 ② 부동산 중개 및 대리업
③ 부동산 감정 평가업 ④ 부동산 투자 자문업
⑤ 부동산 분양 대행업

해설 부동산 임대 및 공급업은 부동산관련 서비스업에 해당하지 않는다. 소분류로 구분할 때 부동산임대 및 공급업, 부동산 관련 서비스업으로 나뉜다.

● 한국표준산업분류상의 부동산업

중분류	소분류	세분류	세세분류
부동산업	부동산 임대 및 공급업	부동산 임대업	• 주거용 건물임대업 • 비주거용 건물임대업 • 기타 부동산임대업
		부동산개발 및 공급업	• 주거용 건물개발 및 공급업 • 비주거용 건물개발 및 공급업 • 기타 부동산개발 및 공급업
	부동산 관련 서비스업	부동산 관리업	• 주거용 부동산관리업 • 비주거용 부동산관리업
		부동산중개, 자문 및 감정평가업	• 부동산중개 및 대리업 • 부동산투자자문업 • 부동산감정평가업 • 부동산분양대행업

03 건축법령상 용도별 건축물의 종류 중 단독주택에 해당하는 것은?

① 아파트 ② 연립주택 ③ 다중주택
④ 오피스텔 ⑤ 다세대주택

해설
• 단독주택: 단독주택, 다중주택, 다가구주택, 공관
• 공동주택: 아파트, 연립주택, 다세대주택, 기숙사
• 준주택: 기숙사, 오피스텔, 다중생활시설, 노인복지주택

01. ① 02. ① 03. ③ 정답

04 부동산 용어에 관한 설명으로 옳은 것을 모두 고른 것은?

> ㄱ. 주거용·상업용·공업용으로 이용되고 있거나 해당 용도로 이용할 목적으로 조성된 토지는 택지(宅地)에 해당한다.
> ㄴ. 토지의 현황을 조사하고 측량해서 토지의 소재, 지목, 지번, 경계 또는 좌표를 지적공부에 등록하는 단위가 되는 일정한 토지를 획지(劃地)라 한다.
> ㄷ. 용도상 불가분의 관계에 있는 2필지 이상의 일단의 토지를 일단지(一團地)라 한다.
> ㄹ. 소유권이 인정되지 않는 바다와 육지 사이의 해변토지를 포락지(浦落地)라 한다.
> ㅁ. 택지지역·농지지역·산지(임지)지역 상호 간에 다른 지역으로 전환하고 있는 지역의 토지는 후보지(候補地)에 해당한다.

① ㄱ, ㄴ
② ㄱ, ㄹ
③ ㄱ, ㄷ, ㅁ
④ ㄴ, ㄷ, ㅁ
⑤ ㄴ, ㄹ, ㅁ

해설 옳은 것은 ㄱ, ㄷ, ㅁ 이다.
ㄴ. 토지의 현황을 조사하고 측량해서 토지의 소재, 지목, 지번, 경계 또는 좌표를 지적공부에 등록하는 단위가 되는 일정한 토지를 필지라 한다.
ㄹ. 소유권이 인정되지 않는 바다와 육지 사이의 해변토지를 빈지라 한다.

05 부동산마케팅에 관한 설명으로 틀린 것은?

① 4P Mix전략에서 4P는 제품(Product), 가격(Price), 유통경로(Place), 판매촉진(Promotion)을 말한다.
② 관계 마케팅전략은 고객과 공급자의 관계를 일회적이 아닌 지속적인 관계로 유지함으로써 마케팅효과를 도모하는 전략이다.
③ 고객점유 마케팅전략에서 AIDA는 주의(Attention), 관심(Interest), 욕구(Desire), 행동(Action)의 과정을 의미한다.
④ STP전략에서 STP는 시장세분화(Segmentation), 표적시장 선정(Targeting), 동반자관계(Partnership)로 구성된다.
⑤ STP전략에서 시장세분화는 부동산시장에서 마케팅활동을 수행하기 위하여 고객의 집단을 세분하는 것이다.

해설 STP전략에서 STP는 시장세분화(Segmentation), 표적시장 선정(Targeting), 차별화(positioning) 전략을 말한다.

06 부동산 수요와 공급의 변화에 관한 설명으로 <u>틀린</u> 것은? (단, X축은 수량, Y축은 가격, 수요곡선은 우하향, 공급곡선은 우상향하며, 다른 조건은 동일함)

① 담보대출금리의 인하는 부동산의 수요곡선을 우측(우상향)으로 이동하게 한다.
② 건축자재 가격의 하락은 부동산의 공급곡선을 우측(우하향)으로 이동하게 한다.
③ 대체재 가격의 상승은 해당 부동산의 수요곡선을 좌측(좌하향)으로 이동하게 한다.
④ 공급자에 대한 보조금 지급은 부동산의 공급곡선을 우측(우하향)으로 이동하게 한다.
⑤ 보완재 가격의 하락은 해당 부동산의 수요곡선을 우측(우상향)으로 이동하게 한다.

[해설] 대체재 가격의 상승(대체재 수요량은 감소하고, 이에 따라)은 해당 부동산의 수요곡선을 우측(우상향)으로 이동하게 한다. ➡ 대체재 가격이 상승하면(대체재 수요량 감소하고, 이에 따라) 해당 부동산의 수요는 증가한다.

07 다음은 부동산관련 경제변수들이다. 유량(flow)과 저량(stock)의 경제변수로 옳게 묶인 것은?

ㄱ. 통화량	ㄴ. 연간 이자비용
ㄷ. 자본총량	ㄹ. 주택거래량
ㅁ. 신규주택 공급량	ㅂ. 주택재고량

	유량변수	저량변수		유량변수	저량변수
①	ㄱ, ㄴ, ㄹ	ㄷ, ㅁ, ㅂ	②	ㄱ, ㄷ, ㅂ	ㄴ, ㄹ, ㅁ
③	ㄱ, ㄹ, ㅁ	ㄴ, ㄷ, ㅂ	④	ㄴ, ㄷ, ㅂ	ㄱ, ㄹ, ㅁ
⑤	ㄴ, ㄹ, ㅁ	ㄱ, ㄷ, ㅂ			

[해설]
ㄱ. 통화량 – 저량지표
ㄴ. 연간 이자비용 – 유량지표
ㄷ. 자본총량 – 저량지표
ㄹ. 주택거래량 – 유량지표
ㅁ. 신규주택 공급량 – 유량지표
ㅂ. 주택재고량 – 저량지표

유량(flow) – 일정기간	저량(stock) – 일정시점
수요(소비), 공급(생산), 소득(급여·임금), 임대료(지대), 수입, 당기순이익, 순영업소득, 주택거래량, 신규주택공급량, 부채서비스액(원리금), 이자비용, 투자, 수입/수출, 손익계산서 등	인구, 부동산 가격(가치), 매각대금, 순자산가치, 통화량, 주택보급률, 기존주택공급량(주택재고량), 외환보유고, 재무상태표(자산/자본, 부채) 등

정답 04. ③ 05. ④ 06. ③ 07. ⑤

08 토지시장의 특성에 관한 설명으로 틀린 것은?

① 수급조절이 용이하다.
② 법·제도적 규제가 많다.
③ 재화의 이질성을 보인다.
④ 정보의 불완전성 및 비대칭성을 보인다.
⑤ 부분시장으로 나뉠 수 있는 국지성을 보인다.

해설
- 부증성 등에 따라 수급조절이 용이하지 않다.
- 가격이 토지시장의 수요와 공급을 조절하기 쉽지 않다. ➡ '수급조절의 곤란성'

09 부동산의 수요와 공급이 동시에 변화할 때, 균형가격이 상승하고 균형거래량이 감소하는 경우는? (단, X축은 수량, Y축은 가격, 수요곡선은 우하향, 공급곡선은 우상향, 수요곡선과 공급곡선 기울기의 절댓값은 1이며, 다른 조건은 동일함)

① 수요의 증가폭이 공급의 증가폭보다 클 경우
② 수요의 감소폭이 공급의 감소폭보다 클 경우
③ 수요의 증가폭이 공급의 감소폭보다 작을 경우
④ 수요의 감소폭이 공급의 증가폭보다 작을 경우
⑤ 수요의 증가폭이 공급의 증가폭보다 작을 경우

해설
① 수요의 증가폭이 공급의 증가폭보다 클 경우
  ➡ 균형가격 상승, 균형거래량 증가
② 수요의 감소폭이 공급의 감소폭보다 클 경우
  ➡ 균형가격 하락, 균형거래량 감소
④ 수요의 감소폭이 공급의 증가폭보다 작을 경우
  ➡ 균형가격 하락, 균형거래량 증가
⑤ 수요의 증가폭이 공급의 증가폭보다 작을 경우
  ➡ 균형가격 하락, 균형거래량 증가

10 부동산매매시장의 수요와 공급에 관한 설명으로 옳은 것은? (단, 수요곡선은 우하향, 공급곡선은 우상향하며, 다른 조건은 동일함)

① 수요곡선은 한계비용곡선이다.
② 수요곡선상의 수요량은 주어진 가격에서 수요자들이 구입하고자 하는 부동산의 최소수량이다.
③ 수요량의 변화는 수요 자체의 변화를 말하며, 수요곡선 자체를 이동시킨다.
④ 공급곡선은 한계편익곡선이다.
⑤ 공급함수는 부동산의 공급량에 영향을 미치는 요인들과 공급량의 관계를 나타내는 함수이다.

해설
① 수요곡선은 한계편익(효용)곡선이다. ➡ 수요곡선의 높이는 수요자의 편익(효용)을 의미한다.
② 수요곡선상의 수요량은 주어진 가격에서 수요자들이 구입하고자 하는 부동산의 최대수량이다.
③ '수요의 변화'는 수요 자체의 변화를 말하며, 수요곡선 자체를 이동시킨다.
　● '수요량의 변화'는 해당 부동산 가격변화로 인한 동일한 수요곡선상의 점의 이동으로 나타난다.
④ 공급곡선은 한계비용곡선이다. ➡ 공급곡선의 높이는 공급자의 비용을 의미한다.

11 C지역의 부동산시장에서 시장수요는 개인 A의 수요와 개인 B의 수요로만 구성되어 있고, 개인 A의 수요함수는 $P = 100 - Qd_A$, 개인 B의 수요함수는 $P = 100 - 2Qd_B$일 때, 시장수요함수는? (단, X축은 수량, Y축은 가격, Qd_M은 시장수요량, Qd_A와 Qd_B는 각각 개인 A와 B의 개별수요량, P는 가격, C지역의 부동산시장은 완전경쟁시장이며, 다른 조건은 동일함)

① $P = 100 - \frac{2}{3}Qd_M$　　② $P = 100 - \frac{3}{2}Qd_M$　　③ $P = 200 - \frac{1}{2}Qd_M$

④ $P = 200 - \frac{2}{3}Qd_M$　　⑤ $P = 200 - \frac{3}{2}Qd_M$

해설 시장수요함수는 개별수요함수를 수평적으로 합한 것을 말한다. 따라서, 시장수요함수가 개별수요함수보다 더 탄력적이 되며, 수요함수의 기울기는 완만해지고, 기울기의 절댓값이 작아진다. 시장수요함수의 기울기를 계산하는 문제이다.
A와 B의 수요함수(수식)에서 'P = 100'은 동일하다.
· A의 함수에서 P = 0일 때, 수요량은 100이다.
· B의 함수에서 P = 0일 때, 수요량은 50이다.
P = 0일 때, A와 B의 수요량을 합하면(더하면) 150이다.
따라서, 시장수요함수의 기울기는 높이(가격 100)를 밑변(수요량 150)으로 나눈 값은 $\frac{높이\ 100}{밑변\ 150} = \frac{2}{3}$이다.
∴ 개별수요함수와 시장수요함수에서 P = 100은 동일하므로, 새로운 시장수요함수는 $P = 100 - \frac{2}{3}Q_M$이 된다.

08. ①　09. ③　10. ⑤　11. ①　**정답**

● 다음과 같이 구할 수도 있다.
  1. 시장수요량은 개별수요량을 수평적으로 합한 것이므로, 각각의 함수를 'Qd(수요량)='으로 정리한다.
     - $P = 100 - Qd_A$ ➡ $Qd_A = 100 - P$
     - $P = 100 - 2Qd_B$ ➡ $2Qd_B = 100 - P$
     ➡ 양변을 2로 나누어서 정리한다. ➡ $Qd_B = 50 - \frac{1}{2}P$
  2. A와 B의 수요량(Qd)를 더하면 $(100 - P) + (50 - \frac{1}{2}P)$

     $Qd_{(A+B)} = 150 - \frac{3}{2}$ ➡ 'P ='으로 정리하기 위해 양변에 $\frac{2}{3}$를 곱한다.

     ➡ $\frac{2}{3} \times Qd_{(A+B)} = [150 - \frac{3}{2}P] \times \frac{2}{3}$

     ∴ 시장수요함수: $P = 100 - \frac{2}{3}QM$

12
어느 지역 아파트시장에서 수요의 가격탄력성이 1.6이다. 아파트가격이 5% 하락할 때 수요량의 변화는? (단, 수요곡선은 우하향, 수요의 가격탄력성은 절댓값이며, 다른 조건은 동일함)

① 4% 증가 ② 4% 하락 ③ 6% 증가
④ 6% 하락 ⑤ 8% 증가

해설 가격과 수요량은 비례관계이다(가격이 하락하면 수요량은 증가한다).

수요의 가격탄력성 1.6 = $\frac{수요량의 변화율(a) \uparrow}{가격 변화율 5\% \downarrow}$

➡ 수요량의 변화율(a) = 1.6 × 5%(0.05) = 8% 증가

13 베버(A. Weber)의 최소비용이론에 관한 설명으로 옳은 것은? (단, 기업은 단일 입지 공장이고, 다른 조건은 동일함)

① 국지원료의 중량이 제품의 중량보다 무거우면, 원료지수(material index)는 음(−)의 값을 갖는다.
② 등비용선(isodapane)은 최소운송비지점으로부터 기업이 입지를 바꿀 경우, 이에 따른 추가적인 운송비의 부담액이 동일한 지점을 연결한 것이다.
③ 임계등비용선(critical isodapane)은 최소운송비지점을 중심으로 운송비 절감액과 운송비 추가 부담액이 동일한 등비용선을 말한다.
④ 최소운송비지점은 원료 및 제품의 중량, 노동비, 집적이익에 따라 결정된다.
⑤ 최소비용보다 최대수익이 더 큰 곳을 기업의 최적입지로 본다.

해설 ① 국지원료의 중량이 제품의 중량보다 무거우면, 원료지수(material index)는 1보다 큰 값을 갖는다.
③ 임계등비용선(critical isodapane)은 일정 수준 이상의 생산이나 활동에서는 추가적인 이익이 없으므로, 더 이상 생산을 늘리지 않는 임계점에서의 총비용을 나타내는 선을 말한다. 즉, 수송비 증가분과 노동비 감소분이 일치하거나 수송비 증가분과 집적이익이 일치하는 지점을 말한다(수송비 증가분=노동비 감소분 또는 수송비 증가분=집적이익).
④ 최소운송비지점은 지역 간에 생산 요소의 가격에 차이가 없는 경우 최소운송비 지점은 「원료 및 제품의 무게 × 원료 및 제품의 운송 거리」의 값이 최소가 되는 지점이다.
⑤ 최소비용지점을 기업의 최적입지로 본다.

14 지대이론에 관한 설명으로 옳은 것을 모두 고른 것은?

ㄱ. 리카도(D. Ricardo)는 지대 발생의 원인으로 비옥한 토지의 부족과 수확체감의 법칙을 제시하면서, 지대는 잉여이기 때문에 생산물의 가격에 영향을 주지 않는다고 보았다.
ㄴ. 알론소(W. Alonso)는 토지를 소유하고 있다는 독점적 지위 때문에 토지소유자가 받는 수입이 지대이며, 이 지대는 토지의 비옥도나 생산력에 관계없이 발생한다고 보았다.
ㄷ. 튀넨(J. H. von Thünen)은 운송수단의 차이에 따라 한계지대곡선의 기울기가 달라지며, 이 곡선의 기울기에 따라 집약적 농업과 조방적 농업으로 구분된다고 보았다.

① ㄱ
② ㄷ
③ ㄱ, ㄷ
④ ㄴ, ㄷ
⑤ ㄱ, ㄴ, ㄷ

해설 옳은 것은 ㄱ 이다.
ㄴ. 마르크스(K. Marx)의 절대지대설은 토지를 소유하고 있는 독점적 지위 때문에 토지소유자가 받는 수입이 지대이며, 이 지대는 토지의 비옥도나 생산력에 관계없이 발생한다고 보았다.
ㄷ. 튀넨(J. H. von Thünen)은 운송비(수송비)의 차이에 따라 한계지대곡선의 기울기가 달라지며, 이 곡선의 기울기에 따라 집약적 농업과 조방적 농업으로 구분된다고 보았다.
● 고립국이론에서 운송수단은 우마차(달구지)만을 고려한다.

정답 12. ⑤ 13. ② 14. ①

15

부동산시장에 관한 설명으로 틀린 것은? (단, 다른 조건은 동일함)

① 약성 효율적 시장에서는 과거의 자료를 토대로 시장가치의 변동을 분석하는 기술적 분석으로 초과이윤을 얻을 수 없다.
② 준강성 효율적 시장에서는 공표된 사실을 토대로 시장가치의 변동을 분석하는 기본적 분석으로 초과이윤을 얻을 수 없다.
③ 강성 효율적 시장에서는 어떠한 정보를 이용하더라도 초과이윤을 얻을 수 없다.
④ 불완전경쟁시장은 할당효율적 시장이 될 수 없다.
⑤ 불완전경쟁시장에서는 초과이윤이 발생할 수 있다.

> [해설] 불완전경쟁시장은 정보비용과 (초과)이윤이 일치할 경우 할당효율적 시장이 될 수 있으며, 정보비용과 (초과)이윤이 일치하지 않을 경우에는 할당효율적이지 못할 수도 있다.

16

허프(D. Huff)모형으로 다음 자료를 활용하여 산출한 2022년 점포 A의 월 매출액은 4억원이었다. 다른 조건은 기존과 동일하지만, 점포 A의 경우 증축을 통해 2024년 매장면적이 2,500m^2가 되었다. 허프(D.Huff)모형을 활용한 2024년 점포 A의 월 매출액은? (단, 주어진 조건에 한함)

- X지역에는 점포 A, 점포 B, 점포 C만 존재함
- X지역의 주민은 모두 구매자이고, 점포(A, B, C)에서만 구매함
- X지역의 주민: 8,000명
- 공간(거리)마찰계수: 2
- 점포(A, B, C)의 매출액은 X지역 주민에 의해서만 발생함
- 1인당 월 점포 구매액은 2022년과 2024년이 동일함

구분	점포 A	점포 B	점포 C
매장면적(2022년 기준)	500m^2	2,000m^2	1,000m^2
X지역 거주지로부터의 거리	5km	10km	5km

① 6억원 ② 10억원 ③ 16억원
④ 20억원 ⑤ 26억원

> [해설] 1. 2022년도의 각 점포의 중력(유인력)을 계산하여 점포A의 구매확률을 계산한다.
>
> - 점포 A의 중력 $20 = \dfrac{500m^2}{5km^2}$, • 점포 B의 중력 $20 = \dfrac{2,000m^2}{10km^2}$, • 점포 C의 중력 $40 = \dfrac{1,000m^2}{5km^2}$
>
> → 각 점포의 중력은 A20 : B20 : C40이다.
>
> 이에 따른 각 점포의 구매확률은 전체 80(20 + 20 + 40) 중에서 A점포 25% = $\dfrac{20}{80}$, B점포 25% = $\dfrac{20}{80}$, C점포 50% = $\dfrac{40}{80}$이다.
>
> 조건에서 2022년 점포A의 월 매출액이 4억원으로 제시되었으므로 각 점포의 월 매출액은 A점포 4억원(25%), B점포는 A점포와 동일한 비율(25%)에 해당하는 4억원, C점포는 50%에 해당하는 8억원으로 추정하여 계산할 수 있다.
>
> ∴ A점포 월 매출액 4억원(25%) + B점포 월 매출액 4억원(25%) + C점포 월 매출액 8억원(50%) = 세 점포의 전체 월 매출액 16억원
>
> 2. 증축을 통한 점포A의 면적 2,500m²를 반영하여 각 점포의 구매중력(또는 구매확률)을 계산한다.
>
> - 점포 A의 중력 $100 = \dfrac{2,500m^2}{5km^2}$, • 점포 B의 중력 $20 = \dfrac{2,000m^2}{10km^2}$, • 점포 C의 중력 $40 = \dfrac{1,000m^2}{5km^2}$
>
> → 전체 160(100 + 20 + 40) 중에서 각 점포의 중력(또는 구매확률)은 A100(62.5%) : B20(12.5%) : C40(25%)이다.
>
> ∴ 증축을 고려한 A점포의 매출액 10억원 = 세 점포의 전체 매출액 16억원 × 0.625(62.5%)

17 부동산관련 조세 중 국세와 보유세에 모두 해당하는 것은?

① 재산세
② 상속세
③ 등록면허세
④ 양도소득세
⑤ 종합부동산세

> [해설] 종합부동산세는 국세이면서, 보유단계에 부과되는 세금이다.
>
> ● 부동산 관련 조세
>
> | 구분 | 취득단계 | 보유단계 | 처분단계 |
> |---|---|---|---|
> | 국세 | 상속세, 증여세, 인지세 | 종합부동산세 | 양도소득세 |
> | | 부가가치세(전 단계 적용) | | |
> | 지방세 | 취득세, 등록면허세 | 재산세 | 지방소득세 |

15. ④   16. ②   17. ⑤   정답

18 국토의 계획 및 이용에 관한 법령상 용도지역 중 도시지역에 해당하는 것은 모두 몇 개인가?

- 농림지역
- 근린상업지역
- 계획관리지역
- 준주거지역
- 자연녹지지역
- 자연환경보전지역

① 1개 ② 2개 ③ 3개
④ 4개 ⑤ 5개

해설 2차 과목 공법에서 학습하는 내용이다. 도시지역에 해당하는 것은 준주거지역, 근린상업지역, 자연녹지지역 3개이다.

● 용도지역의 구분

도시지역	주거지역	전용주거지역
		일반주거지역
		준 주거지역
	상업지역	중심, 일반, 근린, 유통
	공업지역	전용, 일반, 준 공업지역
	녹지지역	보전, 생산, 자연
관리지역		
농업지역		
자연환경보전지역		

19 부동산투자의 분석기법 중 할인현금수지분석법(DCF)에 해당하는 것을 모두 고른 것은?

ㄱ. 순현재가치법 ㄴ. 회수기간법
ㄷ. 내부수익률법 ㄹ. 승수법
ㅁ. 수익성지수법

① ㄱ, ㄴ ② ㄱ, ㄷ, ㅁ ③ ㄱ, ㄹ, ㅁ
④ ㄴ, ㄷ, ㄹ, ㅁ ⑤ ㄱ, ㄴ, ㄷ, ㄹ, ㅁ

해설 할인현금수지분석법에 해당하는 것은 ㄱ, ㄷ, ㅁ이다.

20 부동산조세에 관한 설명으로 옳은 것을 모두 고른 것은? (단, 다른 조건은 동일함)

> ㄱ. 취득세는 지방자치단체의 재정수요를 충족시키는 기능이 있다.
> ㄴ. 부동산 거래세를 부과하면 총잉여가 증가하므로 경제적 순손실이 발생하지 않는다.
> ㄷ. 양도소득세가 강화되어 동결효과(lock-in effect)가 발생하면 부동산가격이 하락한다.
> ㄹ. 공급의 가격탄력성이 수요의 가격탄력성보다 작은 경우 공급자가 수요자보다 조세부담이 더 크다.
> ㅁ. 헨리 조지(H. George)는 토지세가 임차인에게 모두 전가되는 것을 근거로 토지단일세 도입을 주장하였다.

① ㄱ, ㄴ ② ㄱ, ㄹ ③ ㄴ, ㄷ, ㅁ
④ ㄴ, ㄹ, ㅁ ⑤ ㄱ, ㄷ, ㄹ, ㅁ

해설 옳은 것은 ㄱ, ㄹ 이다.
  ㄴ. 부동산 거래세를 부과하면 수요곡선과 공급곡선이 좌측으로 이동함에 따라 총잉여가 감소하므로 경제적 순손실이 발생할 수 있다.
  ㄷ. 양도소득세가 강화되어 동결효과(lock-in effect)가 발생하면 공급이 감소함에 따라 부동산가격이 상승할 수 있다.
  ㅁ. 헨리 조지(H. George)는 토지세가 임차인에게 전가되지 않는다(토지소유자가 모든 세금을 부담하기 때문에 경제에 부정적 영향을 주지 않는다)는 것을 근거로 토지단일세 도입을 주장하였다.

21 A도시의 임대주택시장에서 수요함수는 Qd = 1,000 − 2P, 공급함수는 Qs = 100 + 4P이고, 정부는 A도시의 임대료상한(최고가격)을 호당 120만원으로 규제하였다. 임대주택 수요량과 공급량이 호당 120만원의 임대료에서 결정되는 경우 발생하는 초과수요량은? [단, 임대주택의 규모와 품질은 모두 동일하고, Qd는 임대주택의 수요량(단위: 호), Qs는 임대주택의 공급량(단위: 호), P는 호당 임대료(단위: 만원)이며, 다른 조건은 동일함]

① 100호 ② 120호 ③ 150호
④ 180호 ⑤ 200호

해설 시장균형가격(임대료) 이하로 임대료를 규제하면 임대주택공급은 감소하고 수요는 증가하여 임대주택에 대한 초과수요가 발생한다. 정부가 임대료를 120만원으로 규제하였으므로 각각의 수요함수와 공급함수에 P = 120을 대입하면 다음과 같다.
  • 수요량(Qd): 1,000 − 2P = 1,000 − (2 × 120) = 760호
  • 공급량(Qs): 100 + 4P = 100 + (4 × 120) = 580호
  따라서, 초과수요량은 760호 − 580호 = 180호가 된다.
  ● 해당 조건에서 균형가격(임대료)를 구하면 다음과 같다.
    1,000 − 2P = 100 + 4P ➡ 6P = 900 ➡ P = 150
    시장균형임대료 150만원보다 낮은 가격인 120만원으로 규제하였으므로 문제조건에 하자가 없으며, 임대주택에 대한 초과수요량 180호가 발생한다.

18. ③ 19. ② 20. ② 21. ④ **정답**

22

부동산정책을 직접개입방식과 간접개입방식으로 구분할 때, 간접개입방식에 해당하는 것을 모두 고른 것은? (단, 다른 조건은 동일함)

ㄱ. 임대료 보조	ㄴ. 재산세 부과
ㄷ. 공공임대주택 공급	ㄹ. 공공토지비축제도
ㅁ. 토지거래허가제도	ㅂ. 개발부담금제도

① ㄱ, ㄴ, ㄷ ② ㄱ, ㄴ, ㅂ ③ ㄷ, ㄹ, ㅁ
④ ㄱ, ㄹ, ㅁ, ㅂ ⑤ ㄴ, ㄷ, ㄹ, ㅁ, ㅂ

해설 간접적 개입 방법은 ㄱ, ㄴ, ㅂ이다.
- ㄷ. 공공임대주택 공급 ➡ 직접적 개입
- ㄹ. 공공토지비축제도 ➡ 직접적 개입
- ㅁ. 토지거래허가제도 ➡ 투기 억제를 위한 거래규제

23

부동산 대출에 관한 설명으로 옳은 것은? (단, 다른 조건은 동일함)

① 담보인정비율(LTV)은 담보물의 자산가치에 대한 융자 비율로 LTV가 올라갈수록 차입자의 자기자본 비율도 증가한다.
② 총부채상환비율(DTI)은 상업용 부동산의 순수입에 대한 연간채무부담액을 의미하므로 DTI가 올라가면 부채 서비스액도 증가한다.
③ 고정금리대출은 이자율 변동으로 인한 위험을 차입자에게 전가하는 방식이므로 금융기관(대출자)은 금리가 변동해도 위험이 없다.
④ 총부채원리금상환비율(DSR)은 차입자의 총 금융부채 상환부담을 판단하기 위하여 산정하는 차입자의 연간 소득 대비 연간 금융부채 원리금 상환액 비율을 말한다.
⑤ 부동산담보대출의 금리가 인상되어 차입자가 원리금에 대한 채무상환을 정해진 시기에 이행하지 못하는 것을 조기상환위험이라고 한다.

해설
① 담보인정비율(LTV)은 부동산 자산가치에 대한 융자액의 비율로 LTV가 올라갈수록(융자비율이 증가할수록) 차입자의 자기자본비율은 반대로 하락한다.
② 총부채상환비율(DTI)은 연소득에 대한 연 원리금상환액의 비율을 의미하므로 DTI가 올라가면(융자액이 늘어남에 따라) 부채서비스액도 증가한다. 상업용 부동산은 총부채상환비율(DTI)이 아닌, 부채감당률(DSCR)이나 임대업이자상환비율(RTI)을 적용하여 융자액을 판단한다.
③ 변동금리대출은 이자율 변동으로 인한 위험을 차입자에게 전가하는 방식으로, 금융기관(대출자)의 금리변동위험이 없는 것은 아니다. 대출기관이 고정금리대출을 실행할 경우, 대출기관의 금리변동위험은 상대적으로 커진다.
⑤ 부동산담보대출의 금리가 인상되어 차입자가 원리금에 대한 채무상환을 정해진 시기에 이행하지 못하는 것을 채무불이행위험이라고 한다.

24 주거정책에 관한 설명으로 틀린 것은? (단, 다른 조건은 동일함)

① 공공임대주택의 공급은 소득재분배 효과를 기대할 수 있다.
② 주택임대료를 시장가격 미만으로 규제하면 주택임대시장에서는 이중가격이 형성될 수 있다.
③ 공공주택 특별법령상 통합공공임대주택이란 국가나 지방자치단체의 재정이나 주택도시기금의 자금을 지원받아 최저소득 계층, 저소득 서민, 젊은 층 및 장애인·국가유공자 등 사회 취약계층 등의 주거안정을 목적으로 공급하는 공공임대주택을 말한다.
④ 임대료 보조정책은 저소득층의 실질소득을 증가시킬 수 있다.
⑤ 주거급여법령상 주택을 소유한 모든 사람은 주거급여의 수급권자가 될 수 없다.

해설 주거급여법령상 주택을 소유한 모든 사람도 (재산과 무관하게) 주거급여의 수급권자가 될 수 있다. 주거급여는 부양의무자의 소득·재산과 무관하게 신청가구의 소득과 재산만을 반영한 소득인정액이 기준 중위소득 43% 이하면 신청 가능하다.

> 「주거급여법」 제5조【수급권자의 범위】① 수급권자는 소득인정액이 「국민기초생활 보장법」 제20조 제2항에 따른 중앙생활보장위원회의 심의·의결을 거쳐 결정하는 금액(이하 이 항에서 "주거급여 선정기준"이라 한다) 이하인 사람으로 한다. 이 경우 주거급여 선정기준은 기준 중위소득의 100분의 43 이상으로 한다.

25 부동산투자에 관한 설명으로 틀린 것은? (단, 다른 조건은 동일함)

① 투자위험과 요구수익률은 정(+)의 관계를 가진다.
② 위험회피형 투자자는 기대수익률이 요구수익률보다 높을 경우 투자가치가 있다고 판단한다.
③ 민감도분석은 투자효과를 분석하는 모형의 투입요소가 변화함에 따라 순현재가치와 내부수익률에 어떠한 영향을 주는가를 분석하는 기법이다.
④ 부(−)의 레버리지효과란 부채비율이 커질수록 자기자본수익률이 하락하는 것을 말한다.
⑤ 부동산관련 세제 등 정부정책이나 각종 토지의 이용규제의 변화로 야기되는 불확실성은 유동성 위험이다.

해설 부동산관련 세제 등 정부정책이나 각종 토지의 이용규제의 변화로 야기되는 불확실성은 법적(행정적) 위험이다.
● 유동성(환금성)위험은 시장가치보다 낮은 가격으로 매도하는 과정에서 발생하는 시장가치의 손실가능성을 말한다.

정답 22. ② 23. ④ 24. ⑤ 25. ⑤

26 부동산투자의 포트폴리오이론에 관한 설명으로 옳은 것은? (단, 다른 조건은 동일함)

① 인플레이션, 경기변동 등의 체계적 위험은 분산투자를 통해 제거할 수 없다.
② 2개 투자자산의 수익률이 서로 아무런 관계없이 움직인다면 상관계수는 1이다.
③ 투자자가 효용이 동일하다고 느끼는 조합을 연결한 선을 효율적 투자선이라 한다.
④ 포트폴리오 구성자산의 수익률이 같은 방향으로 움직일 경우 위험감소의 효과가 크다.
⑤ 기대수익률의 분산 또는 표준편차는 투자안의 수익을 측정하는 전통적인 방법이다.

해설 ② 2개 투자자산의 수익률이 서로 아무런 관계없이 움직인다면 상관계수는 0이다.
③ 투자자가 효용이 동일하다고 느끼는 조합을 연결한 선을 무차별효용곡선이라 한다.
④ 포트폴리오 구성자산의 수익률이 같은 방향으로 움직일 경우 위험감소의 효과가 작다.
⑤ 기대수익률의 분산 또는 표준편차는 투자안의 위험을 측정하는 전통적인 방법이다.

27 다음은 甲의 부동산 임대사업의 1년간 운영수지에 관한 내용이다. 甲의 1년간 자기자본수익률은? (단, 주어진 조건에 한함)

- 기간 초 부동산 매입가격: 8억원
- 대출비율: 80%
- 1년간 부동산가격 상승률: 연 5%
- 매입 1년 후 부동산을 처분함
- 순영업소득(NOI): 연 4,000만원(기간 말 발생)
- 대출조건: 이자율 연 5%, 대출기간 1년, 원리금은 만기시 일시 상환함

① 15%   ② 25%   ③ 30%
④ 40%   ⑤ 45%

해설 자기자본수익률 = $\dfrac{\text{세전현금수지}(= \text{순영업소득} - \text{부채서비스액})}{\text{지분투자액(자기자본)}}$

- 총투자액(부동산가격) 8억원
  대부비율 80% ➡ 8억원 × 0.8 = 타인자본(차입금) 6.4억원,
  자기자본 20% ➡ 8억원 × 0.2 = 1.6억원
- 순영업소득은 4,000만원이다.
- 문제에서 제시한 부동산가격 상승분 4,000만원[= 부동산가격 8억원 × 0.05(5%)]까지 반영하여 계산한다.
- 부채서비스액은 매기 이자지급분만 반영하면 된다.

∴ 자기자본수익률 = $\dfrac{4{,}000\text{만원} + 4{,}000\text{만원} - 3{,}200\text{만원}(= 6.4\text{억원} \times 0.05)}{1.6\text{억원}} = \dfrac{4{,}800\text{만원}}{1.6\text{억원}} = 30\%(0.3)$

28 다음 대상부동산의 3년간 현금흐름을 이용한 임대사업의 수익성지수(PI)는? (단, 연간 기준이며, 결과값은 소수점 셋째자리에서 반올림하고, 주어진 조건에 한함)

- 모든 현금의 유입과 유출은 매년 말에만 발생
- 현금유입은 1년차 800만원, 2년차 1,000만원, 3년차 1,200만원
- 매년 현금유출은 현금유입의 70%
- 1년 후 일시불의 현가계수 0.90
- 2년 후 일시불의 현가계수 0.85
- 3년 후 일시불의 현가계수 0.80

① 0.70 ② 0.93 ③ 1.22
④ 1.43 ⑤ 1.62

해설 각 년도의 현금흐름에 해당하는 일시불의 현가계수를 사용하여 현재가치를 구한다.
1. 각 년도의 현금유입의 현재가치

구분	0년차	1년차	2년차	3년차
현금유입	0	800만원	1,000만원	1,200만원
현재가치	0	720만원 (=800만원×0.9)	850만원 (=1,000만원×0.85)	960만원 (=1,200만원×0.8)

→ 각 년도 현금유입의 현재가치 합 = 2,530만원

2. 각 년도의 현금유출의 현재가치
(문제에서 제시된 것으로, 현금유출은 현금유입의 70%를 반영하며, 이를 현재가치로 할인하여 현금유출의 현재가치 합을 계산한다)

구분	0년차	1년차	2년차	3년차
현금유입	0	800만원×0.7 =560만원	1,000만원×0.7 =700만원	1,200만원×0.7 =840만원
현재가치	0	504만원 (=560만원×0.9)	595만원 (=700×0.85)	672만원 (=840만원×0.8)

→ 각 년도 현금유출의 현재가치 합 = 1,771만원

따라서, 수익성지수(PI) 1.4285 ≒ $\dfrac{\text{현금유입의 현재가치 합}}{\text{현금유출의 현재가치 합}} = \dfrac{2{,}530만원(=720만원+850만원+960만원)}{1{,}771만원(=504만원+595만원+672만원)}$

29 다음 대상부동산의 순영업소득(NOI)은? (단, 연간 기준이며, 주어진 조건에 한함)

- 건축연면적: 2,000m²
- 연평균임대료: 유효임대면적 m2당 6만원
- 영업경비: 유효총소득의 50%
- 유효임대면적: 건축연면적의 80%
- 평균공실률: 유효임대면적의 10%
- 연부채상환액: 1,000만원

① 3,820만원 ② 4,320만원 ③ 6,900만원
④ 7,680만원 ⑤ 8,640만원

해설
- 계산과정에서 연간 연부채상환액(부채서비스액)은 필요하지 않다.
- 임대단위 수(면적) = 건축연면적 × 임대면적비율
  = 2,000m² × 0.8 (80%) = 1,600m²
- 가능조소득 = 연평균임대료 × 유효임대면적(임대단위수)
  = 6만원 × 1,600m² = 9,600만원
- 유효조소득 = 가능조소득 - 공실 및 대손충당금(10%) = 9,600만원 - 960만원(= 9,600만원 × 0.1) = 8,640만원
- 영업경비 = 유효총소득 8,640만원 × 0.5(50%) = 4,320만원

단위당 예상임대료	6만원
× 임대단위 수	1,600m²
가능조소득	9,600만원
- 공실 및 불량부채	960만원
유효조소득	8,640만원
- 영업경비	4,320만원
순영업소득	4,320만원

30 프로젝트 금융(Project Financing)에 관한 설명으로 틀린 것은?

① 프로젝트 자체의 사업성을 기초로 자금을 조달하는 금융기법이다.
② 비소구 또는 제한적 소구 금융의 특징을 가지고 있다.
③ 해당 프로젝트가 부실화되더라도 대출기관의 채권회수에는 영향이 없다.
④ 다양한 사업주체가 참여하고 이해당사자 간에 위험배분이 가능하다.
⑤ 프로젝트의 사업자금은 일반적으로 에스크로우 계정(escrow account)을 통해 관리한다.

해설 해당 프로젝트가 부도 등의 사유로 부실화될 경우, 대출기관의 채권회수에 영향이 있다. ➡ 이러한 이유 때문에 대출기관은 직·간접 보증을 요구한다.

31 甲은 A은행에서 주택을 담보로 5,000만원을 대출받은 상태이다. 甲이 A은행에서 동일한 주택을 담보로 받을 수 있는 추가대출의 최대금액은? (단, 제시된 두 가지 대출승인기준을 모두 충족하여야 하며, 주어진 조건에 한함)

- 담보주택의 시장가치: 4억원
- 연소득: 7,000만원
- 연간 저당상수: 0.2
- 대출승인기준
  - 담보인정비율(LTV): 60% 이하
  - 총부채상환비율(DTI): 40% 이하

① 2,800만원　　② 9,000만원　　③ 1억 4,000만원
④ 1억 9,000만원　　⑤ 2억 4,000만원

해설 기존 주택담보대출을 받은 금액 5,000만원을 반영하여 융자가능액을 계산한다.

- $LTV\ 60\% = \dfrac{융자금(a)}{부동산가격(4억원)}$
  → 담보인정비율(LTV)을 적용한 융자금(a)은 2.4억원(= 4억원 × 0.6)이다.
- $DTI\ 40\% = \dfrac{원리금(b)}{연간\ 소득(7,000만원)}$ → 원리금(b)은 2,800만원(= 7,000만원 × 0.4)이다.
  여기서 분자값인 원리금(b)은 2,800만원 = 융자금(c) × 저당상수(0.2)이다.
  → 융자금(c)는 1.4억원 = $\dfrac{원리금(2,800만원)}{저당상수(0.2)}$ 이다.

∴ 담보인정비율(LTV)을 적용한 융자가능액은 2억 4,000만원이고, 총부채상환비율(DTI)을 적용한 융자액은 1억 4,000만원이다. 두 가지 조건을 모두 충족시키려면 둘 중 적은 한도금액인 1억 4,000만원이 최대대출가능금액이다. 그러나, 기존 주택담보대출금액 5,000만원이 있으므로, 이를 차감(반영)하여 계산한 최대융자가능액은 9,000만원이다.
(1.4억원 – 기존주택담보대출금액 5,000만원 = 9,000만원)

29. ②　30. ③　31. ②　**정답**

32 甲은 주택구입을 위해 연초에 9억원을 대출받았다. 甲이 받은 대출조건이 다음과 같을 때, 대출금리(ㄱ)와 10회차 이자납부액(ㄴ)은? (단, 주어진 조건에 한함)

- 대출금리방식: 고정금리
- 대출기간: 30년
- 원리금 상환조건: 원금균등분할상환방식, 매년 말 연단위로 상환
- 1회차 원리금상환액: 5,700만원

① ㄱ: 연 3%, ㄴ: 1,710만원
② ㄱ: 연 3%, ㄴ: 1,800만원
③ ㄱ: 연 3%, ㄴ: 1,890만원
④ ㄱ: 연 4%, ㄴ: 2,450만원
⑤ ㄱ: 연 4%, ㄴ: 2,520만원

해설

매년 균등한 원금 3,000만원 = $\dfrac{\text{융자원금 9억원}}{\text{융자기간 30년}}$

기간	원금상환분	이자지급분	원리금	잔금
1	3,000만원	2,700만원	5,700만원	…
…	3,000만원	…	…	…
9	3,000만원	…	…	6억 3,000만원
10	3,000만원	(ㄴ):1,890만원		

- 1차년도 이자지급분 2,700만원 = 원리금 5,700만원 − 1차년도 원금상환분 3,000만원

  ∴ 대출금리(ㄱ): 0.03(3%) = $\dfrac{\text{이자 2,700만원}}{\text{융자원금 9억원}}$

- 10차년도의 이자납부액(지급분)을 계산하기 위해서는 9차년도 말의 잔금을 구한다.
  9차년도 말까지 상환한 원금 2.7억원 = 균등한 원금 3,000만원 × 상환기간 9년
  9차년도 말 잔금 6.3억원 = 융자금 9억원 − 9차년도 말까지 상환한 원금 2.7억원
- 10차년도 이자지급분(ㄴ) 1,890만원 = 9차년도말 잔금 6억 3,000만원 × 이자율 0.03

33 부동산투자회사법령상 위탁관리 부동산투자회사(REITs)에 관한 설명으로 틀린 것은?

① 본점 외의 지점을 설치할 수 없으며, 직원을 고용하거나 상근 임원을 둘 수 없다.
② 자산의 투자·운용업무는 자산관리회사에 위탁하여야 한다.
③ 최저자본금준비기간이 지난 회사의 최저자본금은 50억원 이상이 되어야 한다.
④ 설립 자본금은 3억원 이상으로 한다.
⑤ 영업인가를 받거나 등록을 한 후에 자산을 투자·운용하기 위하여 자금을 차입하거나 사채를 발행할 수 없다.

[해설] 영업인가를 받거나 등록을 한 후에 자산을 투자·운용하기 위하여 자금을 차입하거나 사채를 발행할 수 있다(「부동산투자회사법」 제29조).

34 고정금리대출의 상환방식에 관한 설명으로 틀린 것은? (단, 주어진 조건에 한하며, 다른 조건은 동일함)

① 원금균등분할상환방식은 원리금균등분할상환방식에 비해 1회차 원리금상환액이 더 적다.
② 만기일시상환방식은 대출 만기까지 이자만 지급하다가 대출 만기에 대출원금을 일시에 상환하는 방식이다.
③ 원리금균등분할상환방식은 상환기간 중 납입하는 대출원리금이 일정하다.
④ 원리금균등분할상환방식은 원금균등분할상환방식에 비해 대출채권의 가중평균상환기간이 더 길다.
⑤ 체증식분할상환방식은 상환기간 초기에는 원리금상환액을 적게 하고 시간의 경과에 따라 늘려가는 방식이다.

[해설] 원금균등분할상환방식은 원리금균등분할상환방식에 비해 1회차 원리금상환액이 더 많다. 두 가지 상환방식의 1회차 이자지급분은 동일하지만, 원금균등상환방식이 1회차 원금상환액이 더 많기 때문에, 1회차 원리금상환액도 더 많다.
➡ 원금균등상환방식은 원리금균등상환방식보다 대출초기 차입자의 원리금상환부담이 더 큰 편이다.

정답 32. ③ 33. ⑤ 34. ①

35 감정평가에 관한 규칙에 규정된 내용으로 틀린 것은?

① 감정평가법인등은 법령에 다른 규정이 있는 경우에는 대상물건의 감정평가액을 시장가치 외의 가치를 기준으로 결정할 수 있다.
② 적산법이란 일반기업 경영에 의하여 산출된 총수익을 분석하여 대상물건이 일정한 기간에 산출할 것으로 기대되는 순수익에 대상물건을 계속하여 임대하는 데에 필요한 경비를 더하여 대상물건의 임대료를 산정하는 감정평가방법을 말한다.
③ 둘 이상의 대상물건이 일체로 거래되거나 대상물건 상호간에 용도상 불가분의 관계가 있는 경우에는 일괄하여 감정평가할 수 있다.
④ 임대사례비교법이란 대상물건과 가치형성요인이 같거나 비슷한 물건의 임대사례와 비교하여 대상물건의 현황에 맞게 사정보정, 시점수정, 가치형성요인 비교 등의 과정을 거쳐 대상물건의 임대료를 산정하는 감정평가방법을 말한다.
⑤ 감정평가법인등은 법령에 다른 규정이 있는 경우에는 기준시점의 가치형성요인 등을 실제와 다르게 가정하거나 특수한 경우로 한정하는 조건을 붙여 감정평가할 수 있다.

> **해설** 수익분석법이란 일반기업 경영에 의하여 산출된 총수익을 분석하여 대상물건이 일정한 기간에 산출할 것으로 기대되는 순수익에 대상물건을 계속하여 임대하는 데에 필요한 경비를 더하여 대상물건의 임대료를 산정하는 감정평가방법을 말한다(「감정평가에 관한 규칙 제2조」 11).
> ● 적산법이란 대상물건의 기초가액에 기대이율을 곱하여 산정된 기대수익에 대상물건을 계속하여 임대하는 데 필요한 경비를 더하여 대상물건의 임대료를 산정하는 감정평가방법을 말한다(「감정평가에 관한 규칙 제2조」 6).

36 감정평가 과정상 지역분석 및 개별분석에 관한 설명으로 틀린 것은?

① 대상부동산의 최유효이용을 판정하기 위해 개별분석이 필요하다.
② 유사지역이란 대상부동산이 속하지 아니하는 지역으로서 인근지역과 유사한 특성을 갖는 지역을 말한다.
③ 개별분석보다 지역분석을 먼저 실시하는 것이 일반적이다.
④ 해당 지역 내 부동산의 표준적 이용과 가격수준 파악을 위해 지역분석이 필요하다.
⑤ 인근지역이란 대상부동산이 속한 지역으로서 부동산의 이용이 동질적이고 가치형성요인 중 개별요인을 공유하는 지역을 말한다.

> **해설** 인근지역이란 대상부동산이 속한 지역으로서 부동산의 이용이 동질적이고 가치형성요인 중 지역요인을 공유하는 지역을 말한다(「감정평가에 관한 규칙 제2조」 13).

37 다음 자료를 활용하여 공시지가기준법으로 산정한 대상토지의 단위면적(m^2)당 시산가액은? (단, 주어진 조건에 한함)

- 대상토지 현황
  - 소재지: A시 B구 C동 123번지
  - 용도지역: 제2종일반주거지역
  - 이용상황: 상업용
- 기준시점: 2025.10.25.
- 비교표준지
  - 소재지: A시 B구 C동 135번지
  - 용도지역: 제2종일반주거지역
  - 이용상황: 상업용
  - 2025.01.01. 기준 공시지가: 5,000,000원/m^2
- 지가변동률(A시 B구, 2025.01.01.~2025.10.25.)
  - 주거지역 5% 상승
  - 상업지역 10% 상승
- 지역요인: 비교표준지와 대상토지는 인근지역에 위치하여 지역요인 동일함
- 개별요인: 대상토지는 비교표준지에 비해 가로조건 5% 열세하고, 획지조건 8% 우세하며, 다른 조건은 동일함
- 그 밖의 요인 보정: 대상토지 인근지역의 가치형성요인이 유사한 정상적인 거래사례 및 평가사례 등을 고려하여 그 밖의 요인으로 60% 증액 보정함
- 상승식으로 계산할 것

① 5,386,500원 ② 5,643,000원 ③ 8,400,000원
④ 8,618,400원 ⑤ 9,028,800원

해설 토지가액 = 비교표준지 × 시점수정 × 지역요인 비교 × 개별요인 비교 × 그 밖의 요인 보정
- 용도지역이 제2종 일반주거지역에 해당하므로, 지가변동률의 '상업지역 10% 상승'은 사용하지 않는다.
- 시점수정치: 1.05 $\left(=\dfrac{105}{100}\right)$
- 가로조건: 0.95 $\left(=\dfrac{95}{100}\right)$
- 획지조건: 1.08 $\left(=\dfrac{100+8}{100}\right)$
- 그 밖의 요인 보정: 1.6 $\left(=\dfrac{100+60}{100}\right)$

∴ 5,000,000원/m^2 × 1.05 × 0.95 × 1.08 × 1.6 = 8,618,400원/m^2

35. ② 36. ⑤ 37. ④

38 부동산 가격공시에 관한 법령에 규정된 내용으로 틀린 것은?

① 표준지공시지가의 공시기준일은 1월 1일로 한다. 다만, 국토교통부장관은 표준지공시지가 조사·평가인력 등을 고려하여 부득이하다고 인정하는 경우에는 일부 지역을 지정하여 해당 지역에 대한 공시기준일을 따로 정할 수 있다.
② 표준지공시지가에 이의가 있는 자는 그 공시일부터 30일 이내에 서면(전자문서를 포함한다)으로 국토교통부장관에게 이의를 신청할 수 있다.
③ 표준지로 선정된 토지에 대하여는 개별공시지가를 결정·공시하지 아니할 수 있다.
④ 시장·군수 또는 구청장은 공시기준일 이후에 분할·합병 등이 발생한 토지에 대하여는 그 사유가 발생한 시기에 따라 그 해 6월 1일 또는 다음 해 1월 1일을 기준으로 하여 개별공시지가를 결정·공시하여야 한다.
⑤ 표준지공시지가는 토지시장에 지가정보를 제공하고 일반적인 토지거래의 지표가 되며, 국가·지방자치단체 등이 그 업무와 관련하여 지가를 산정하거나 감정평가법인등이 개별적으로 토지를 감정평가하는 경우에 기준이 된다.

> **해설** 시장·군수 또는 구청장은 공시기준일 이후에 분할·합병 등이 발생한 토지에 대하여는 그 사유가 발생한 시기에 따라 그 해 7월 1일 또는 다음 해 1월 1일을 기준으로 하여 개별공시지가를 결정·공시하여야 한다.
> - 분할·합병 등이 발생한 토지의 개별공시지가
>   시장·군수 또는 구청장은 공시기준일 이후에 분할·합병 등이 발생한 토지에 대하여는 대통령령이 정하는 날을 기준으로 하여 개별공시지가를 결정·공시하여야 한다.
>   ① 1월 1일부터 6월 30일까지의 사이에 분할·합병 등의 사유가 발생한 토지: 그 해 7월 1일 기준
>   ② 7월 1일부터 12월 31일까지의 사이에 분할·합병 등의 사유가 발생한 토지: 다음 해 1월 1일 기준

39 다음 자료를 활용하여 원가법으로 산정한 대상건물의 시산가액은? (단, 주어진 조건에 한함)

- 대상건물 현황: 철근콘크리트조, 단독주택, 연면적 200㎡
- 기준시점: 2025.10.25.
- 사용승인시점: 2019.10.25.
- 사용승인시점의 신축공사비: 1,400,000원/㎡ (신축공사비는 적정함)
- 건축비지수(건설공사비지수)
  - 사용승인시점: 100
  - 기준시점: 125
- 경제적 내용연수: 50년
- 감가수정방법: 정액법
- 내용연수 만료 시 잔존가치 없음

① 246,400,000원   ② 274,400,000원   ③ 308,000,000원
④ 329,000,000원   ⑤ 350,000,000원

해설
1. 경과연수 6년 + 잔존 경제적 내용연수 44년 = 전(全) 경제적 내용연수 50년
2. 사용승인일부터 기준시점까지 건축비 변동:
   $$\frac{\text{기준시점의 건축비지수 } 125}{\text{사용승인일(신축시점) 건축비지수 } 100} = 1.25$$
3. 재조달원가 3.5억원 = 1,400,000원/m² × 연면적 200m² × 건축비 변동분 1.25
4. 매년 일정한 감가액 700만원 = $\frac{\text{감가총액}(= \text{재조달원가 } 3.5\text{억원} - \text{잔존가치 } 0)}{\text{경제적 내용연수 } 50\text{년}}$
5. 감가누계액 4,200만원 = 매년 감가액 700만원 × 경과연수 6년
 ∴ 적산가액 308,000,000원 = 재조달원가 3.5억원 - 감가누계액 4,200만원

40. 감정평가에 관한 규칙상 대상물건과 대상물건별로 정한 감정평가방법(주된 방법)의 연결이 옳은 것은 모두 몇 개인가?

- 광업재단 – 원가법
- 항공기 – 거래사례비교법
- 기업가치 – 수익환원법
- 임대료 – 수익환원법
- 건물 – 원가법
- 과수원 – 수익환원법
- 자동차 – 원가법

① 2개 ② 3개 ③ 4개
④ 5개 ⑤ 6개

해설 옳은 것은 기업가치 – 수익환원법, 건물 – 원가법 2개이다.

「감정평가에 관한 규칙 제14조~25조」
- 광업재단 – 수익환원법
- 항공기 – 원가법
- 임대료 – 임대사례비교법
- 과수원 – 거래사례비교법
- 자동차 – 거래사례비교법

38. ④ 39. ③ 40. ①

 **Memo**

한 번에 합격!
해커스 공인중개사 직영학원

해커스 공인중개사

공인중개사 1위 해커스
한경비즈니스 2024 한국브랜드만족지수 교육(온·오프라인 공인중개사 학원) 1위

강남본원
강남역 9번 출구
세계빌딩 6층 (1층 커피빈)
02 597 9000

종로직영학원
종각역 11번 출구
대일빌딩 6층
02 548 3333

수원직영학원
수원역 12번 출구
위더뷰상가 2층
031 245 7777

개인별 성적관리

* 공인중개사 자격보유 전문가의 관리
* 1:1 맞춤상담

데일리 학습관리
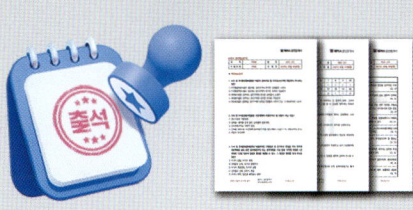
* 1:1 출결관리
* 데일리 학습자료+답안제공

쾌적한 학습시설

* 대형모니터, 음향장비 구비
* 개인사물함, 동영상학습실, 자습실 완비

매월 모의고사 + 성적분석

* 매월 모의고사 시행
* 1:1 성적분석+학습상담 제공

1588-2332   land.Hackers.com

해커스 공인중개사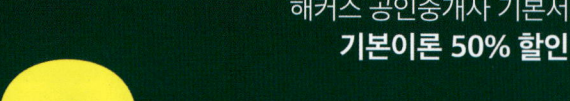

해커스 공인중개사 기본서
기본이론 50% 할인

50%

| 2026년 시험 대비 기본이론 단과강의 할인쿠폰 |

EEE836AF23EAECFK

해커스 공인중개사 사이트 land.Hackers.com에 접속 후 로그인
▶ [나의 강의실 - 쿠폰 등록] ▶ 본 쿠폰에 기재된 쿠폰번호 입력

- 아이디당 1회에 한하여 사용 가능하며, 다른 할인수단과 중복 사용 불가합니다.
- 본 쿠폰은 기본이론 단과강의에만 적용됩니다.
- 쿠폰 사용 기간: 등록 후 7일간 사용
- 쿠폰 유효 기한: 2026년 10월 24일

| 온라인 전국 실전모의고사 응시방법 |

우측 QR코드를 통해 접속하여 로그인 후 신청

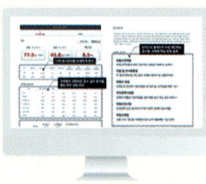
개인 성적분석
서비스 당일제공

스타 교수진
해설강의 제공

시험지, OMR 카드 제공
*온라인 응시생은 인쇄 후 사용가능

- 기타 쿠폰 사용과 관련된 문의는 해커스 공인중개사 고객센터 1588-2332로 연락해 주시기 바랍니다.